Antonio Barbato

L'ENNEAGRAMMA DELLA FERITA ORIGINARIA

A Marina, Jolanda, Elisa e Giovanna.
Le quattro donne senza le quali questo libro non sarebbe mai stato.

L'ENNEAGRAMMA DELLA FERITA ORIGINARIA

INTRODUZIONE ALLA SECONDA EDIZIONE

Fin dal primo momento in cui venni a conoscere l'Enneagramma dei Tipi di Carattere o Personalità nacque in me anche il desiderio di comprendere cosa fosse all'origine di un tipo e delle sue sfumature. Avevo voglia di capire cosa potesse, ad esempio, rendere alcune persone molto simili, mentre altri erano apparentemente così distanti, cosa guidasse alcuni ad esprimere il proprio ego apertamente ed in tutte le forme, a dispetto di coloro che, invece, coltivavano con attenzione e rispetto una forma di profonda riservatezza.

Quell'indagine sulle origini del tipo mi sembrava indispensabile. Essa, infatti, non era finalizzata a fare della "archeologia" rispetto alla propria vita e nemmeno a cercare di trovare un principio che, come un punto al termine di una frase, concludesse la ricerca di spiegazione e comprensione con l'irrevocabilità di un evento passato immodificabile e condizionante.

Secondo la mia opinione di allora, confermata peraltro da questi anni di ricerca, studio e applicazione, solo partendo da una rilettura delle situazioni esistenziali in cui ognuno era vissuto, si sarebbero potuti trovare elementi validi per modificare quella meccanicità che avvolge buona parte delle nostre vite e ci rende più simili a esseri che vagano per l'esistenza con degli schemi predefiniti, che non a soggetti determinati dal loro libero arbitrio.

L'oltre quarto di secolo trascorso da allora mi ha permesso di entrare in contatto, direttamente o mediante le testimonianze raccolte dai miei allievi, con le storie di vita di persone che hanno voluto lavorare sulle caratteristiche psicologiche del proprio ambiente di origine. Esse mi hanno permesso di cominciare a supporre, dapprima, che esistessero nessi specifici fra le storie infantili raccontate da soggetti appartenenti allo stesso tipo e poi a vederli ripetuti così tante volte da potere ritenere che non si trattava di casualità ma di un comune tessuto di relazioni, percezioni ed elaborazioni.

Se all'inizio della mia ricerca pensavo che all'origine di un tipo potesse esservi una costellazione di fattori più o meno fissi, ai quali il bambino era soggetto in un modo esclusivamente passivo e ai quali poteva solo adeguarsi per sopravvivere, in seguito ho cominciato a comprendere che avevo sottovalutato la volontà auto affermatrice di cui gli esseri umani sono forniti dalla natura e dalla loro storia evolutiva.

Nel suo sforzo di trovare un ruolo, che gli permetta di sentirsi relativamente sicuro, un bambino è sicuramente interessato a fare di tutto r di ottenere l'approvazione e la cura dell'ambiente in cui si sviluppa cionondimeno, egli riesce, in un modo che definire inventivo non è ato, a mettere in atto complesse dinamiche di accettazione/rifiuto e

frustrazione rispetto ai messaggi che continuamente riceve per tutta la durata del suo percorso formativo. Esse daranno, infine, forma a un catalogo al quale attingere per fronteggiare successivamente, in modo predeterminato, eventuali problemi e situazioni simili a quelle che la persona ha vissuto in origine.
Il lettore che avrà la pazienza e la voglia di seguirmi nel percorso di questo libro, sarà gradualmente introdotto nel contenuto e nelle modalità di attuazione di queste dinamiche e potrà, in prima persona, verificare se alcune di esse gli sono familiari e in che modo esse hanno contribuito a renderlo quello che attualmente è. In particolare, sarà esposta una teoria secondo la quale all'origine di tutte le tipologie esiste una forma di squilibrio nella possibilità di utilizzo di una delle varie forme di energie che sono indispensabili per la crescita e lo sviluppo di stati via via più evoluti della coscienza e della capacità di comprensione.
Il libro si rivolge sia ai neofiti dell'argomento, sia a coloro che già hanno una conoscenza almeno di base dei nove enneatipi e può essere letto in una maniera simile a quella proposta dallo scrittore argentino Julio Cortàzar, nel suo libro *Ottaedro*.[1] I più esperti potranno leggere i primi cinque capitoli e passare poi alla parte finale, omettendo, se lo desiderano, di leggere la parte dedicata alla descrizione dei tratti tipologici, quelli meno pratici dovrebbero, preferibilmente, partire dalla lettura del capitolo sei, ritornare a quella dei primi cinque e concludere con la lettura del capitolo sette.
Voglio sottolineare con forza fin da questa premessa che, nella mia visione, l'EdT non offre al proprio praticante qualcosa di simile a una terapia psicologica, quanto, piuttosto, un percorso di crescita della propria consapevolezza, analogo a quello che si può ottenere in qualsiasi altro lavoro attinente al sé, che si pratichi con attenzione, rispetto e amore per la materia, con la fondamentale differenza che l'EdT ci permette di esplorare nel profondo le motivazioni che sottostanno ai comportamenti nostri e delle altre persone che fanno parte della nostra vita.
A moltissimi devo dire grazie, per aver voluto contribuire al mio lavoro, raccontandomi le esperienze non sempre gradevoli della propria infanzia e includendovi sia il modo col quale essi avevano percepito quanto gli stava accadendo all'epoca, sia le rivisitazioni che, nel corso degli anni, avevano fatto di quegli eventi. Ad altri il grazie è dovuto per l'aiuto nella raccolta dei dati e, ad altri ancora, per aver concorso in vari modi alla realizzazione di questo libro.

[1] Julio Cortàzar, *Ottaedro*, ediz.ital. Einaudi 2014

Fra i tanti una citazione particolare deve andare alla dottoressa Raffaella Foggia che, con dedizione intensa ed appassionata, è stata molto più che una collaboratrice nella stesura dei testi e nella elaborazione delle fonti bibliografiche, al mio caro amico Jack Labanauskas, editore dell'unica rivista di rilievo mondiale del settore, lo *Enneagram Monthly*, per essere stato compagno di tante discussioni stimolanti sui temi che troverete esposti e per la straordinaria generosità con la quale mi ha messo a disposizione materiale che altrimenti avrei fatto fatica a reperire ed a mia moglie Marina, stimolante fonte di approfondimenti e autrice della originale copertina del libro, che suggerisce visivamente come le difficoltà ma anche le conoscenze che vengono trasmesse dal bambino all'adulto, possano essere recepite grazie all'enneagramma.
Infine, un ringraziamento ed un saluto vanno a tutti gli amici ed i collaboratori della nostra associazione, l'ASS.I.S.E. (sito web www.enneagramma.info), per il loro sostegno, lo stimolo e la fiducia che hanno riposto in me, nel mio lavoro e per la convinzione, ripetutamente espressami, che esso potrà essere di interesse e beneficiare il lettore.

CAPITOLO 1

IL SISTEMA DELL'ENNEAGRAMMA DEI TIPI CARATTERIALI

1.1 Introduzione al Sistema

Sono trascorsi solo quarant'anni da quando il filosofo e ricercatore spirituale Oscar Ichazo cominciò a divulgare, a gruppi ristretti di persone, quella che lui definiva *Protoanalisi*: l'analisi, cioè, degli elementi primari che concorrono a formare quella che comunemente è definita come Personalità o, in modo secondo me più preciso, Carattere, in abbinamento[2] a un simbolo poco noto, l'Enneagramma.
Nonostante lo scarso tempo relativamente trascorso, l'Enneagramma dei nove tipi caratteriali (EdT) o Enneatipi, che da quegli insegnamenti seminali germinò, si è diffuso in tutto il mondo come un valido strumento per la crescita personale e professionale.
Molte ragioni hanno concorso a tale successo. Fra le principali va ricordata l'universalità dei meccanismi che sono riconosciuti e descritti dalla teoria dell'EdT, l'estrema maneggiabilità del materiale illustrativo e l'uso di un linguaggio che, seppur tecnico come ogni altro linguaggio specialistico, è profondamente semplice da comprendere, perché radicato nella trama stessa della cultura occidentale.
Un buon modo per comprendere intuitivamente questo discorso è quello di far ricorso allo stile e alle specificità dei caratteri tipografici. Malgrado che nei secoli ne sia stata prodotta una serie quasi infinita, in cui ognuno ha specificità e proprietà che lo distinguono da tutti gli altri, i caratteri, tuttavia, servono a un unico scopo, quello di trasmettere un contenuto interiore all'osservatore esterno, indipendentemente da quanto ciò sia reso più o meno facile dalla grandezza dell'espressione o dal modo con il quale è manifestato.

Quello che rende l'Enneagramma dei Tipi unico, fra i tanti sistemi di classificazione, è che esso non si propone di disegnare solo una visione

---

[2] Secondo Wikipedia con il termine Personalità si intende l'insieme delle caratteristiche psichiche e delle modalità comportamentali (inclinazioni, interessi, passioni, eccetera) che definiscono il nucleo delle differenze individuali, nella molteplicità dei contesti in cui la condotta umana si sviluppa. Il termine Carattere, invece, impliciterebbe, secondo alcuni, anche una connotazione di ordine morale. A mio avviso nell'uso corrente del linguaggio non esiste una vera differenza fra i due termini e riterrei più corretto, dato il suo significato etimologico, l'uso del termine carattere, come dirò meglio in seguito.

teorica dell'essere umano, ma di fornire utili strumenti per lavorare, mediante un processo di auto formazione (favorito talvolta dal sostegno di un gruppo di supporto e condivisione) su se stessi e sulle proprie problematiche principalmente esistenziali e, secondariamente, psicologiche, nel senso che oggigiorno si usa dare al termine.

L'EdT, come suggeriva Confucio, piuttosto che farci continuare a maledire l'oscurità della nostra meccanicità, ci dà la possibilità di accendere una candela e ci permette di percepire quale è la specifica motivazione che occupa il centro motore del nostro mondo emozionale (la Passione). Ci fa, inoltre, comprendere quello che può essere definito come il "programma", che fa elaborare, secondo un certo ordine predeterminato, i dati cognitivi che esprimono il nostro modo di vedere il mondo e di interpretare le sue esperienze (la Fissazione) e di vedere come le suddette contaminano altri aspetti fondamentali del nostro esistere (come gli istinti, i desideri, la percezione di come si dovrebbe essere e di altro ancora che sarà parzialmente descritto nel corso del libro).

Affianco a questi indubbi vantaggi, tuttavia, esiste la necessità di usare con cautela le informazioni che si apprendono. All'inizio, ad esempio, la riduzione del complesso mondo interiore delle persone a solo nove tipi di carattere o personalità, può apparire arbitraria e grossolana, se non si specifica, fin da subito, che ogni persona è, in realtà, unica e irripetibile.

Come afferma giustamente l'autore americano Tom Condon: "*L'enneagramma si presta agli equivoci. Ci seduce con la sua apparente sicurezza, offrendoci categorie strutturate con precisione che promettono di contenere e spiegare la realtà. La verità è che questo sistema mira a qualcosa di più profondo ed esistenziale: l'intricato mistero che sta dietro le apparenze quotidiane, un mondo invisibile che non tutti possono vedere*".[3]

Il simbolo stesso dell'Enneagramma può apparire astratto, arbitrario, e suscitare più l'idea di qualcosa che è vicina alla magia e alla credulità, che non a uno strumento utilmente applicabile ad ambiti diversissimi.

La teoria completa dell'EdT, anche se apparentemente semplice, a causa della sua capacità di comunicazione immediata, è estremamente complessa e per tale motivo non potranno in questo libro essere approfonditi molteplici aspetti che meriterebbero, per la loro importanza nella vita quotidiana delle persone, di essere adeguatamente analizzati e compresi.

---

[3] *The Trouble with Typing* in Enneagram Monthly issue 85 Luglio/Agosto 2002 pag.1 e segg. traduz. mia

In realtà, situandosi in un punto di contatto fra filosofia, spiritualità, psicologia, sociologia e antropologia, l'EdT conserva intatto, e direi anche felicemente, il fascino di una visione olistica del significato dell'esistenza umana che guarda aldilà dei singoli aspetti nei quali, talvolta arbitrariamente, la si vuole identificare.
Preferisco ribadire ancora, e fin dall'inizio, che l'EdT non può essere considerato solo come uno strumento di mera applicazione psicologica. Esso non si occupa soltanto di fornire liste più o meno accurate di tratti specifici, utili ad analizzare e classificare aspetti delle rigidità caratteriali, ma può essere inteso come un'Analisi Esistenziale, nel senso che, come scriveva Assagioli parlando dell'approccio proposto dalla Psicosintesi: "ritiene che le forze in conflitto all'interno del carattere non siano tanto le pulsioni istintuali della psicoanalisi classica, ma quelle relative alle grandi questioni dell'esistenza umana".[4]
Fra queste, in particolare, l'EdT cerca di dare risposta a una fondamentale domanda, posta dallo psicologo Erich Berne nel suo libro *Ciao e poi*??[5] Quella relativa ai modi con i quali strutturiamo il tempo delle nostre vite, per dare un senso alle nostre esistenze.
Partendo da questa prospettiva si può, quindi, affermare che il sistema nacque quando un simbolo dall'incerta origine e dal dubbio significato (l'Enneagramma, appunto), fu utilizzato in connessione a quella conoscenza, nata su base intuitiva ed esperienziale, che gli scrittori classici cristiani denominavano come *lettura dell'anima.*
In altri termini, quando le peculiarità proprie del simbolo e le sue leggi interiori, prima usate per cercare di descrivere le fasi di un qualunque processo, furono usate come una mappa per descrivere gli aspetti di quell'assetto della psiche umana col quale correntemente ci identifichiamo e che denominiamo Ego o identità individuale.
Tale identità può essere considerata come una consapevolezza di livello più elevato, rispetto a quella che hanno gli altri esseri viventi su questo pianeta e si fonda su un insieme auto riconosciuto di specificità, costanti nel tempo e coerenti, che ci definiscono e ci rendono diversi da ogni altro.
Proprio la composizione diseguale di questo insieme permette di cogliere differenze e consonanze fra i diversi esseri umani e ci fa, in ultima analisi, affermare che è possibile trovare alcuni elementi che accomunano alcuni, differenziandoli dagli altri.
Questa classificazione dei tratti, per così dire distintivi e costanti, che formano il nostro carattere o personalità, è il punto di partenza dell'EdT. Il sistema, tuttavia, non si esaurisce nell'indicare, dopo averli catalogati,

[4] *Principi e metodi della Psicosintesi Terapeutica* Ed. Astrolabio Ubaldini 1973
[5] *Ciao E Poi?* Erich Berne Ediz it. Bompiani 2000

gli elementi che possono essere più o meno disarmonici in noi, ma li mette in connessione a quella che dovrebbe essere una più corretta percezione della realtà oggettiva.
A operare questo decisivo collegamento, di cui si dirà in seguito più estesamente, fu, come già accennato, Oscar Ichazo, il cui scopo era quello di fornire strumenti per operare una mappatura delle specificità dell'Ego umano, al fine di trovare un metodo completo che avrebbe dovuto condurre il ricercatore spirituale a uno stato di trascendenza.
Da qui la conclusione secondo cui il vero scopo dell'EdT è anche e soprattutto quello di fornire un percorso di conoscenza e di crescita delle potenzialità insite in ognuno di noi, che spesso restano solo allo stato virtuale, un cammino di liberazione personale che consiste di tre fasi: auto osservazione, auto comprensione e auto trasformazione.
La prima fase partirà necessariamente con la presa di coscienza degli elementi più grossolani (ma non per questo meno difficili da integrare) e facilmente osservabili della nostra psiche e fra questi la Passione è, a mio avviso, l'elemento fondamentale che deve essere più compreso, poiché determina la nascita di tutti i tratti che vanno poi a formare i sistemi che costituiscono la struttura del carattere o personalità. Da questo punto di vista la mia visione differisce da quella di Ichazo, che vedeva nella Fissazione l'elemento centrale della struttura egoica, e da quella del più noto dei suoi allievi, lo psichiatra Claudio Naranjo, che la riteneva più simile a un'ellisse con due fuochi.
Successivamente, indirizzandosi verso strati più interiori, sarà necessario confrontarsi con quella strutturazione che, a mio avviso, va considerata come la somma di schemi maladattativi, appresi nel corso della nostra infanzia e che continuiamo a ripetere, malgrado siano evidentemente non più coerenti con lo status di adulti (Qualcosa che, secondo me, è molto affine alla visione dello psicologo canadese Eric Berne e alle sue considerazione sul cosiddetto *copione*).[6]
Alla fine di questa prima fase, anche grazie al supporto di un gruppo il cui scopo è quello di essere di aiuto nella crescita della comprensione reciproca, la persona dovrebbe aver raggiunto la stabilità necessaria per affrontare in modo più deciso la propria sofferenza infantile ed essere così, finalmente stabile e pronto per *Imparare ad Imparare* come diceva il maestro sufi Idries Shah.[7]

Nella parte conclusiva di questo percorso, infine, dovrebbe essere affrontato il rapporto con la spiritualità e la possibilità di ulteriore

---

[6] Vedi Eric Berne *Ciao e Poi?* Edizioni Bompiani Milano 1979
[7] Idries Shah *Imparare ad Imparare*, edizioni Ubaldini, Roma 1993

integrazione dell'essere umano che, secondo buona parte della tradizione dell'EdT, trova la propria radice non più nell'individuale, ma in quell'aspetto dell'universale che i mistici definiscono come *divino.*
Sotto quest'aspetto, tuttavia, il percorso proposto in questo libro differisce profondamente nei suoi presupposti dalla ricerca di Ichazo e dagli approcci di tenore più spiccatamente spirituale.
Alla base della formazione del tipo di carattere, infatti, non viene qui postulata una carenza derivante dalla perdita di contatto con un qualche aspetto del divino (la perdita della cosiddetta *essenza*), ma una visione alternativa, basata sull'osservazione diretta, o più frequentemente indiretta, delle fasi della crescita dei bambini, durata circa un quindicennio e sull'ascolto delle storie che molti hanno voluto generosamente condividere, relative al proprio ambiente di infanzia ed alle dinamiche che sembravano regnare in esso.
Tale approccio vede nell'improprietà per eccesso/difetto di energie ricevute nella prima e seconda infanzia (e soprattutto nella carenza di quelle di tipo emozionale), necessarie per ottenere un pieno sviluppo, il principale ostacolo rispetto a un completo fiorire delle facoltà proprie di un essere umano integrato.
Lo scopo di questa ricerca, beninteso, non consiste nel fare un esercizio di scavo nel passato della propria vita fine a se stesso, ma di ben comprendere quali siano state le energie che abbiamo ricevuto in un modo non equilibrato e funzionale a una crescita sana, per permetterci, una volta che questa comprensione sia diventata capacità di azione, di potere intervenire sugli schemi adattativi che abbiamo sviluppato da bambini e cercare da adulti di riprendere il pieno controllo della nostra vita e della nostra libertà di sentire e agire.
Questa rappresentazione è in qualche modo simile alla preoccupazione di carattere filosofico/esistenziale evidente già nelle formulazioni di Aristotele e di buona parte della filosofia da lui derivante, che ritenevano che il percorso di un essere umano dovesse rispondere in modo concreto a questa esigenza.

1.2 Il simbolo dell'Enneagramma, le sue leggi, le sue specificità e l'applicazione al carattere.

L'Enneagramma è un simbolo il cui nome è composto dalle parole greche ennea= nove e gramma= linea, una rappresentazione grafica (come nei termini cardiogramma e pentagramma), che indica che siamo di fronte ad un poligono, sulla cui superficie esterna possiamo distinguere nove punti. Più precisamente l'Enneagramma è composto di una circonferenza in cui si inscrive un triangolo equilatero, che tocca la prima in tre punti situati convenzionalmente nel vertice della parte alta, nella parte destra e in quella sinistra e dà un esagono irregolare, che tocca a sua volta la circonferenza in sei distinti punti e che li collega secondo un ordine specifico (Fig.1).

Figura 1 L'Enneagramma

L'origine e il significato stesso del simbolo sono molto controversi. Se, infatti, George Gurdijeff, colui che per primo lo descrisse e lo fece conoscere in modo ampio, affermava che si trattava di un simbolo della massima importanza, molto antico e le cui origini potevano essere fatte risalire all'epoca del secondo impero caldeo babilonese (circa 600 AC.)[8], altri, basandosi sull'assenza di una sua qualsiasi traccia nella vastissima

---

[8] In questo senso vedi *Gurdijeff un Nuovo Mondo* pag. 318-319 di J.Bennett Ed.Ubaldini, Roma, che affermò che "il simbolo ed i concetti che esso rappresenta nacquero con la società esoterica Sarman circa 2.500 anni fa".

letteratura misterica universale, sono giunti a concludere che in realtà l'Enneagramma, nella forma che noi conosciamo oggi, fosse opera dello stesso *cercatore di verità* greco-armeno.[9]
In verità lo stesso Gurdijeff aveva affermato che "questo simbolo è sconosciuto agli "occultisti" ed è introvabile sia nei loro libri che nella tradizione orale. Il significato di questo simbolo era reputato di tale importanza da coloro che lo conoscevano, che non fu mai divulgato."[10] Di contro aveva, però, anche affermato che "Questo insegnamento, di cui viene esposta la teoria, è completamente autonomo, indipendente da tutte le altre vie e fino ad oggi è rimasto completamente sconosciuto".[11]
Altri, soprattutto di fede musulmana hanno, a loro volta, cercato di ascrivere il simbolo alla tradizione dei mistici islamici, i cosiddetti dervisci o, se si parla di individui spiritualmente ancora più integrati, i sufi. Fra tali fonti meritano attenzione particolare le affermazioni del sayed Idries Shah e della dottoressa Laleh Bakhtiar.
Il primo che è stato molto più che un magnifico divulgatore dell'influenza dell'arte e della letteratura (soprattutto quella mistica/religiosa) islamica su quelle occidentali, ha più volte sostenuto che "l'*enneagono*[12], o figura a nove punti, è tutt'altro che sconosciuto nei circoli occulti occidentali....Esso è arrivato in Europa con la Kabala, basata sul noto lavoro matematico dell'antico filosofo arabo Ibn el Laith". Aldilà della sua origine, tuttavia, Shah sottolineava che la cosa veramente importante era il fatto che il simbolo potesse essere descritto in modi che divergevano in apparenza, ma che, tuttavia, erano accomunati da un unico significato.
La dottoressa Bakthiar, invece, autrice di una trilogia intitolata *God's Will Be Done,* nella quale esplora le connessioni fra psicoetica, personalità e cavalleria spirituale islamica, afferma che il nostro simbolo deriverebbe dalla trasposizione nella tradizione sufi *Naqsbandi* delle originali intuizioni del pensatore Nasir al-Din Tusi. L'Enneagramma sarebbe, quindi, il cosiddetto *Segno della Presenza di Dio* (Wajh Allah), ma, in verità, la forma apparente dei due simboli differisce in numerosi aspetti.[13]
Anche Ichazo riteneva che l'Enneagramma (o, l'*Enneagono*, come lo chiamava all'epoca delle guerre legali per ottenere il copyright sulle applicazioni psicologiche del simbolo) fosse molto antico, anche se dapprima affermò che: "Tutto quello che abbiamo è una leggenda: non

---

[9] Fra i molti Anthony Blake, un attento studioso delle opere di Gurdijeff. Vedi, ad esempio, l'intervista rilasciata allo Enneagram Monthly del Dicembre 96, pag,5 e segg.
[10] *Frammenti di un Insegnamento Sconosciuto* di P.D.Ouspensky pag.318 Ubaldini, Roma
[11] Ibid. stessa pagina.
[12] Vedi *L'Io che Comanda* pag.212 Ed.Ubaldini, Roma
[13] *Interview with Laleh Bakthiar* in Enneagram Monthly issue 24 Feb 1997 pag. 21 e *God's Will Be Done* vol.1 pag.XI.

abbiamo dati storici. Ma si dice che sia antico, estremamente antico".[14] In seguito, precisò che: "La figura dell'enneagono......è in realtà una delle figure conosciute come *sigilli*, che furono prodotti dalla scuola Pitagorica (500 AC) e dai matematici Platonici (300 AC) ".[15] In ogni caso e nonostante alcune vaghe similitudini, non sembra che vi sia una sufficiente corrispondenza fra il nostro simbolo e quelli prodotti dalla scuola del filosofo di Crotone.

Diverso è il caso dei riferimenti fatti da molti all'opera del filosofo e mistico francescano Ramon Llull, meglio noto col nome latinizzato di Raimondo Lullo, quale possibile originatore dell'Enneagramma, perché, effettivamente, in almeno un diagramma (la cosiddetta *Mens Dei)* fra quelli che egli proponeva nella sua opera *Ars Generalis Ultima* o *Ars Magna,* sarebbe possibile intravvedere, mescolato ad altre tantissime forme geometriche, anche una figura identica al nostro simbolo. Tuttavia, in nessuna delle tantissime opere di Llull si fa riferimento diretto all'Enneagramma, o si accenna a esso come a una figura avente un particolare rilievo, per cui credo si possa concludere che, anche in questo caso, non esiste una prova determinata che attesti la supposta antichità del simbolo.[16]

L'enneagramma presenta, in ogni caso, una serie di specificità che lo rendono davvero unico nel pur amplissimo panorama della letteratura simbolica universale. Nelle parole riferite da Ouspensky, uno degli allievi più eminenti di Gurdijeff, "l'Enneagramma è il moto perpetuo, è quel perpetuum mobile che gli uomini hanno cercato dalla più remota antichità, e sempre invano"[17]. Non diversamente John Bennett, un altro degli allievi diretti di Gurdijeff ed eminente studioso del suo sistema, riteneva che: "L'Enneagramma fosse il simbolo dell'evoluzione o trasformazione che si mantiene da sé e che presenta infinite possibilità d'interpretazione", potendosi ravvisare in esso "tre processi indipendenti che si sostengono l'un l'altro".[18]

---

[14] *Interview with Oscar Ichazo* trad.mia pag.112 Arica Institute Press 1982

[15] *Letter to the Transpersonal Community* pag.101 in The Arican Journal Autumn 1991 traduzione mia

[16] Nell'opera già citata di Idries Shah l'autore afferma di: "averlo visto in un manoscritto nella biblioteca di Grenoble". Per quanto io mi sia sforzato di trovare rispondenza all'affermazione, non sono riuscito a trovare un'opera che contenesse il nostro simbolo, mentre ce ne era più di una che riportava il lavoro di Llull. Può darsi che il grande maestro anglo/afgano si riferisse, quindi, proprio ai diagrammi riportati da quest'ultimo.

[17] *Frammenti di un Insegnamento Sconosciuto* di P.D.Ouspensky pag.327 Ubaldini, Roma

[18] *Gurdjieff Un Nuovo Mondo* di John G.Bennett pag.318-319 Ubaldini Roma

Mi soffermerò adesso brevemente su alcune di queste “leggi” o specificità, tralasciando per il momento di esporre l’interpretazione che ne dà Ichazo, che sarà trattata nel paragrafo dedicato al suo insegnamento.
La prima legge è espressa dall’utilizzo stesso del cerchio. Ciò sta a indicare che tutti i punti, poiché equidistanti rispetto al centro, hanno un uguale valore e una pari dignità. Non esiste pertanto un punto che, come vedremo, esprime una posizione che è intrinsecamente migliore o peggiore di un’altra o ha maggiore rilevanza. Da questo punto di vista tutte le posizioni possono essere lette come espressioni, solo apparentemente diversificate, di un’unica sorgente originale, come le variazioni che la luce, in origine bianca, subisce per effetto della riflessione attraverso i corpi che attraversa.
Il triangolo interno dell’Enneagramma secondo Ouspensky, ha la specificità di “mettere in relazione la legge del Sette e la legge del Tre” [19] e ritengo sia utile, a questo punto, che queste leggi siano descritte almeno nelle loro linee generali.
La legge del Tre anche detta *legge dei Tre Principi o delle Tre Forze* [20] afferma, secondo quanto riferito da Ouspensky, che: “Ogni fenomeno su qualsiasi scala e in qualsiasi mondo abbia luogo....è il risultato della combinazione o dell’incontro di tre forze differenti...La prima forza può essere chiamata attiva o positiva; la seconda passiva o negativa; la terza neutralizzante.... Anche se ci accorgiamo spesso che a ogni nostra azione (forza attiva) si oppone una certa resistenza (forza passiva), raramente ci rendiamo conto dell'influenza di una terza forza neutralizzante che opera nel senso di un equilibrio tra le altre due. Affinché qualcosa accada, si deve verificare una combinazione delle tre forze, che sono quanto mai mobili e variabili: qualsiasi avvenimento, umano o naturale, nasce in conseguenza del loro incontro”.[21]
Tuttavia, “in realtà queste tre forze sono tutte ugualmente attive; esse appaiono come attive, passive o neutralizzanti, solamente nel loro punto d’incontro, cioè soltanto nel momento in cui entrano in relazione le une con le altre”[22] e ciò viene mostrato in modo visivo nell’Enneagramma proprio nei punti del triangolo centrale.
Gurdijeff stesso (che chiamava questa legge *Triamazikamno sacro* e la terza forza come Santa Conciliazione) affermava che “tutto nasce dalla correlazione fra l’azione congiunta delle tre forze, che si manifestano

[19] *Frammenti di un Insegnamento Sconosciuto* di P.D.Ouspensky pag.322 Ubaldini, Roma
[20] *Frammenti di un Insegnamento Sconosciuto* di P.D.Ouspensky pag.88 Ubaldini, Roma
[21] *Frammenti di un Insegnamento Sconosciuto* di P.D.Ouspensky pag.89 Ubaldini, Roma
[22] Ibid. pag.89

come un tutt'uno nel cosiddetto *Sole Assoluto,* e il loro svolgersi attraverso i vari "centri di gravità"[23].
Alla luce di queste parole, ritengo sia condivisibile il pensiero di Ouspensky che equiparava questo Assoluto o Sole Assoluto alla concezione della divinità suprema di molti "insegnamenti antichi" (Trinità, Trimurti, Guna, eccetera)[24].
La legge del Sette o legge dell'ottava (facendo riferimento ai toni delle note musicali), rappresenterebbe, invece, il totale delle manifestazioni che la legge del Tre può assumere in un determinato insieme, non importa quale questo insieme possa rappresentare (il cosmo, un organismo, una pianta, eccetera).[25] Essa sarebbe espressa nel simbolo dell'enneagramma in termini grafici con l'esagono irregolare che collega, con una linea continua e in modo ciclico, i punti situati ai numeri 1-4-2-8-5-7-1 della circonferenza.

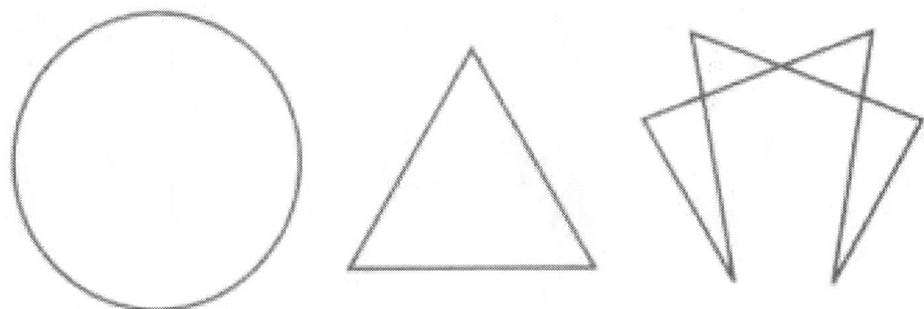

Fig.2 Le Tre Leggi dell'Enneagramma Espresse Graficamente

Quest'ordine ripetitivo non è assolutamente arbitrario in quanto è ottenuto, secondo la chiave di lettura di Ouspensky, dalla immutabile sequenza dei resti che si conseguono dopo lo zero e la virgola, dividendo un qualunque numero primo per sette.
Secondo alcuni proprio questo ricorso al concetto di zero, introdotto in occidente verso l'anno mille dai matematici arabi, che lo avevano mutuato dai loro colleghi indiani, testimonierebbe dell'origine medioevale e medio orientale dell'Enneagramma.

---

[23] *I Racconti di Belzebù al suo Piccolo Nipote* pag.117 e seg. L'Ottava Milano
[24] Ibid. pag.90
[25] *Frammenti di un Insegnamento Sconosciuto* di P.D.Ouspensky pag.326 Ubaldini, Roma

Tuttavia, come ci riferisce Bennett, "A metà degli anni trenta, feci parte di un gruppo di studenti che, sotto la guida di Ouspensky, cercarono di scoprire le fonti delle leggi del tre e del sette di Gurdijeff. Fummo capaci di rilevare tracce della triade in tutti gli insegnamenti tradizionali. I Caldei prendevano a base il numero 120[26] ....Ecco perché abbiamo 360 gradi in un cerchio, nonché i numeri 60 e 24 nelle misurazioni cronologiche. Ma 7 è un numero dissidente. Non si divide esattamente in nessun numero e sembra abbia attinenza con la quadratura del cerchio...La credenza in base alla quale il sette è un numero sacro è attribuibile a fonti caldee e allo sviluppo iniziale dell'aritmetica".[27]
Effettivamente nelle tavolette matematiche caldee ritrovate il numero 7 ha un particolare rilievo, poiché, come abbiamo appena visto, non si prestava come gli altri numeri a essere un facile divisore per il quoziente 60. L'uso dell'abaco permetteva, però, di risolvere il problema pratico di giungere a una definizione del dividendo e grazie al ricorso alla decina superiore e senza nessun utilizzo del concetto dello zero veniva ottenuta la ripetuta sequenza 8-5-7-1-4-2-8-5, eccetera.
Anche in questo caso, quindi, si può dire che la legge del Sette *potrebbe,* ed è opportuno sottolineare ancora che nessuna certezza può aversi in tal senso, far risalire l'Enneagramma, o almeno una delle sue componenti fondamentali, a un'epoca effettivamente remota quale quella del secondo impero caldeo (550 AC circa).
Si può, in conclusione, dire che il simbolo dell'enneagramma si presta a una lettura che ne divide lo spazio interno in tre aree ideali, ciascuna delle quali a sua volta composta da tre punti che, quando si applica il simbolo alle specifiche psicologiche, possono essere descritte come l'area del *ventre*, connessa principalmente all'azione pratica (parte alta dell'enneagramma), l'area del *cuore* in cui predomina l'espressione delle emozioni (lato di destra) e quella della *mente* connessa in via primaria al pensiero logico.
Di conseguenza, quando utilizziamo il simbolo come una mappa, per descrivere i tipi di carattere o personalità, possiamo affermare che esistono dei tipi che sono prevalentemente di azione, di emozione o di pensiero e che il numero complessivo di tipologie fondamentali ricompreso dalle partizioni è di nove.

---

[26] NdA, il numero base dei Caldei era 60, ma la correttezza del discorso di Bennett resta immutata

[27] *Gurdjieff Un Nuovo Mondo* di John G.Bennett trad. Pietro Negri pag.213 Ubaldini Roma

Figura 3 I Punti dei Tre Centri

1.3 Carattere, Ego, Personalità e Temperamento.

Fin dalla più remota antichità l'uomo è stato molto interessato a fare confronti fra se stesso e gli altri. Fisicamente le somiglianze o le disomogeneità erano facili da vedere e classificare; un uomo alto era alto, una persona dalla carnagione scura era molto diversa da un'altra con la pelle molto chiara, qualcuno grasso era facilmente distinguibile da un magro, eccetera.
Non così si poteva dire per la parte interiore dell'essere umano, quella parte che oggi definiremo come psicologica, che sembrava molto più variegata e sfumata al tempo stesso, mutevole eppure, da un altro punto di vista, altrettanto costante e fissa delle caratteristiche fisiche.
Elementi profondi rendevano, ad esempio, qualcuno pronto al riso e facile al divertimento, mentre altri, al contrario, venivano percepiti come sempre seri e laboriosi. Alcuni erano pronti a partecipare a ogni manifestazione sociale col desiderio di sentirsi parte di una comunità in cui si riconoscevano e altri, invece, si sottraevano, per quanto era loro possibile, a ogni tipo di condivisione e comunione e ciò anche se le persone erano sottoposte allo stesso tipo di stimolo e vivevano la stessa situazione.
Il desiderio di comprendere queste complementarietà e queste differenze originò naturalmente uno studio prima intuitivo e poi, col passare del tempo e l'affinarsi degli strumenti di intendimento, via via più sistematico. Così uno dei primi testi scritti dell'intera umanità, i cosiddetti *Insegnamenti di Pthahotep*, risalenti al 2500 avanti Cristo, elenca in modo preciso anche se non sistematico, alcuni modi di comportarsi di uomini dominati, ad esempio, dalla vanità, dall'avidità, dall'ingordigia, dall'orgoglio eccetera.
Questo sforzo teso a classificare le varie sfumature e a trovare un tratto comune fra le varie manifestazioni dell'individualità, s'intensificò col fiorire della civiltà ellenica. I greci, nel tentativo di cercare di dare un significato e di definire quali fossero quelle qualità distintive, che rendevano ogni essere umano unico eppure tanto simile agli altri uomini, coniarono la parola *"charaktèr"*, derivata dal verbo *charassò* .
Tale verbo indicava il gesto col quale l'artefice incideva in modo permanente la materia dalla quale avrebbe tratto una statua o un vaso. Fin dall'inizio, quindi, la parola stava a indicare qualcosa che dava un'impronta definita e denotava le specificità di una persona e sottolineava a un tempo la permanenza e la durevolezza di questa traccia.

Il concetto è rimasto pressoché immutato fino ai giorni nostri, estendendosi a materie diverse come l'arte tipografica, l'informatica, la

teologia, la biologia, la matematica, oltre che all'aspetto più propriamente morale e psicologico.
Un'altra parola che viene utilizzata nel linguaggio corrente come sinonimo di carattere, anche se non ne è un perfetto equivalente, è la parola *"personalità"*, derivante dalla parola latina *persona.* Essa nel teatro romano corrispondeva a quella di maschera, visto che gli attori avevano il volto coperto e potevano esprimere solo i sentimenti scolpiti nella mimica immobile della maschera. Così come l'attore non era il personaggio che interpretava, la *persona* non corrispondeva alla realtà interiore.
La personalità, in altri termini, rappresenta l'insieme delle caratteristiche di ciascun individuo quali esse si manifestano nelle modalità del suo vivere sociale, nelle sue interrelazioni con il contesto; l'insieme di ciò che è evidente, che appare in superficie e che, anche in questo caso, distingue un individuo da un altro, ma in relazione solo all'aspetto esteriore. Si può dire anche, in contrapposizione al carattere, che essa costituisce l'aspetto dinamico dell'esistenza dell'uomo.
E' facile capire che non sempre si è ciò che appare, anche se per alcune persone, come vedremo in seguito, si può dire che esse sono, o meglio credono di essere, ciò che appaiono. La differenza di contenuto, in quest'accezione, fra carattere e personalità, dà ragione anche di una fonte di potenziali equivoci dovuti al fatto che tratti osservabili, in apparenza simili, possono avere origine in motivazioni profondamente diverse, così come delle bolle sulla superficie di un lago possono essere originate in profondità da accadimenti molto dissimili.
Debbo aggiungere che una parte della moderna ricerca psicologica fa, invece, un uso diverso dei termini *carattere, personalità e temperamento.* Con quest'ultima parola s'intenderebbe il ventaglio d'inclinazioni che differenzia fin dalla nascita un soggetto da un altro, derivante esclusivamente dal corredo genetico individuale che forma la sua identità biologica.
Farebbero parte del *temperamento* la reattività emotiva, la vulnerabilità, l'irritabilità[28]. La parola *carattere*, invece, designerebbe il prodotto specifico delle influenze ambientali uniche con le quali l'essere si deve confrontare e che lo formano. Da questo punto di vista, quindi, il carattere potrebbe essere studiato proficuamente solo nel caso di coppie di gemelli mono ovulari separati all'atto della nascita, tenendo presente, comunque, che anche in questo caso andrebbero considerati gli importanti effetti

---

[28] La Reattività emozionale sarebbe il grado di risposta emozionale più o meno intenso alle sollecitazioni dell'ambiente, la Vulnerabilità la propensione a sentirsi a disagio, colpiti, attaccati o delusi dal comportamento altrui, l'Irritabilità la propensione a reagire con rabbia ed aggressività. Vedi Scardovelli *Subpersonalità e Crescita dell'Io* pag.33 Borla Ediz.

ambientali che si fanno sentire sui nascituri fin dalle prime fasi gestazionali. La *personalità*, infine, sarebbe costituita a partire dalle interazioni delle due precedenti componenti.
Tuttavia, nel seguito di questo lavoro farò riferimento indifferentemente alle parole carattere, o tipo, per descrivere il complesso di tratti psicologici e di esperienze che si tende a evitare/ripetere e che definiscono la percezione della propria esistenza come essere diverso e separato rispetto a tutti gli altri (identità).
Ciò perché, come meglio dirò in seguito, quando tratterò più direttamente del problema delle relazioni fra natura e cultura, ritengo sia più corretto utilizzare la differenziazione fra carattere e personalità che avevo definito in precedenza.
Dopo aver chiarito il significato di cosa sia il carattere/tipo, dobbiamo necessariamente porci due domande: quale è l'elemento fondamentale che lo definisce concretamente e quale è il suo ruolo e il suo significato per un essere umano?
Riguardo alla prima domanda le risposte degli autori principali differiscono. Se generalmente si concorda che il carattere/tipo definisce l'identità di una persona (o *Io, o Ego*) e si ordina a partire da uno o più elementi centrali, esistono, invece, significative differenze nell'identificazione di questo/i "centri di gravità".
Per Ichazo esso consiste nella tendenza a dare risposte fisse e quasi immutabili (denominate proprio per questo *Fissazioni*), alle domande vitali poste dai tre Istinti fondamentali, che fanno emergere una Fissazione o Ego Principale e due Co-Ego minori.[29]
All'interno della stessa scuola di Ichazo, però, la definizione di cosa sia una Fissazione differisce profondamente. Così John Lilly e Joseph Hart nel capitolo intitolato *l'Insegnamento di Arica*[30], contenuto in *Transpersonal Psychologies,* la bibbia del movimento transpersonale degli anni settanta del secolo scorso,[31] sottolinearono che il centro intellettuale aveva un'importanza maggiore e riferirono che il termine Fissazione aveva il significato di uno "specifico modello di pensiero"[32].

In modo non dissimile Elliott Dunderdale, direttore esecutivo dell'Arica Institute, dichiarava in una testimonianza resa in tribunale che: "Una

[29] Vedi *Interview with Oscar Ichazo* in Enneagram Monthly issue 21 Nov 1996 pag. 19
[30] Arica è la località cilena dove, nell'Aprile del 1971, 55 nordamericani si unirono ad Ichazo per impegnarsi in un training di dieci mesi sotto la sua supervisione.
[31] *Transpersonal Psychologies*, a cura di Charles Tart, Harper and Row Pubb.Inc. 1975, della quale esiste anche una versione completa in spagnolo edita da Paidòs Orientalia nel 1994.
[32] Ibidem a pag.315 della edizione in spagnolo.

fissazione egoica è il risultato di un accumulo di esperienze di vita, strutturata durante la propria infanzia e che da forma alla propria personalità".[33]
Claudio Naranjo invece, utilizzando l'immagine dell'ellissi, riteneva che il nucleo fondamentale del carattere avesse una duplice natura, con "un aspetto motivazionale che interagisce con una tendenza cognitiva, una "passione" associata a una "fissazione".[34]
Come detto, io ritengo che il carattere si strutturi attorno allo squilibrio, per carenza o eccesso, di un'energia necessaria al corretto sviluppo delle facoltà proprie di un essere umano e che la Passione, risultante da questo squilibrio, sia il motore di tutto l'edificio egoico.
Non intendo, ovviamente, negare l'importanza dell'aspetto cognitivo ma sottolineare che esso resta, in qualche modo, secondario, limitandosi al ruolo di elemento di spiegazione a posteriori degli impulsi e degli stimoli derivanti dal cervello emozionale/istintuale.
Tuttavia, l'aspetto razionale è anche l'unico sul quale potere all'inizio lavorare e mediante il quale possiamo sperare di raggiungere, i livelli più profondi delle emozioni condizionate e l'energia contenuta nelle pulsioni istintuali.
Un processo che mi sembra ben comprensibile paragonandolo a quello che si verifica quando la pioggia bagna il terreno. All'inizio solo lo strato più superficiale assorbe l'umidità caduta, ma poi col tempo essa si propaga ai livelli più profondi e si rende, sperabilmente, disponibile come energia per lo sviluppo di nuove forme di vita o per il supporto e l'ulteriore crescita di quelle già esistenti.
In merito alla seconda domanda, la mia personale risposta è che, come affermava il grande psicologo tedesco Erich Fromm: "Il carattere è la seconda natura dell'uomo, il sostituto dei suoi istinti scarsamente sviluppati, e le passioni umane...sono risposte a esigenze esistenziali, a loro volta radicate nelle condizioni stesse dell'esistenza umana".[35]

---

[33] In *Owning Enlightnment* della Buffalo Law Review vol.51 pag.491, trad. mia.
[34] *Carattere e Nevrosi* di C.Naranjo pag.31 Astrolabio editore, 1996
[35] *Anatomia della Distruttività Umana* di Erich Fromm pag.22 Mondadori 1978

1.4 Il carattere è innato o acquisito?

Una questione della quale spesso si discute, e che ha importanza soprattutto come presupposto logico dal quale partire, per ben comprendere che tipo d'intervento operare per modificare tratti indesiderabili o attaccamenti meccanici, è quella relativa all'origine del carattere.
I punti di vista sulla questione spesso divergono, ma si possono genericamente individuare tre distinte teorie; quelle che vedono l'origine del carattere nella genetica (ma lo stesso discorso può valere per quelle di matrice spirituale), quelle che lo vedono esclusivamente nascere ed evolversi nell'ambito delle esperienze ambientali e infine quelle che lo considerano come una combinazione delle altre due.
Un godibile riassunto di queste diverse visioni è riportato con chiarezza dallo scrittore e psicologo dell'infanzia Oliver James nel suo libro *Ti Hanno F****to* e ad esso farò, quindi, riferimento per dare al lettore una breve illustrazione concreta di queste teorie.[36]
Secondo la prima teoria: "Noi veniamo alla luce con tendenze molto distinte che fanno parte della nostra eredità genetica e determinano in gran parte chi siamo. Per la maggior parte degli aspetti inerenti alla nostra personalità, i genitori non hanno un grande effetto, senza dubbio non maggiore di quello dei nostri fratelli o dei nostri amici. L'unica eccezione è rappresentata da bambini che sono cresciuti in ambienti estremi, come un orfanotrofio, o hanno subito reiterati episodi di abusi sessuali a partire dalla tenera età. Poiché questi eventi accadono soltanto a una esigua minoranza di noi, in genere i geni sono la chiave per interpretare la nostra personalità. Le esperienze precoci non hanno un'influenza maggiore di quelle tardive".[37]
La seconda è espressa chiaramente dallo stesso James con queste parole: "Per la maggior parte degli aspetti, le differenze nella psicologia della maggioranza delle persone non sono molto influenzate dai geni. Essi possono avere un potente effetto sullo sviluppo di malattie mentali estreme e rare, come la schizofrenia, ma perfino queste possono dipendere in gran parte, o completamente, da come siamo stati cresciuti. In generale, le cure parentali sono cruciali, specialmente nei primi sei anni di vita del bambino. Gli schemi elettrochimici cerebrali creati in questo periodo vengono applicati nelle scelta degli amici, delle persone di cui ci si innamora e nella riproduzione costante dei modelli del passato. Quanto

---

[36] *Ti Hanno F****to* di Oliver James pagg. 377 e segg. Rizzoli Edit. 2002

[37] *Why Childcare has little impact on most children's development* di Sandra Scarr in Current Directions in Psychological Science 6, 1997.

prima uno schema è stato stabilito, tanto più è difficile cambiarlo. Le esperienze successive possono modificare quello che accade nei primi anni di vita, ma si deve trattare di cambiamenti importanti".[38]
Torneremo più tardi sulla tesi intermedia, perché credo che sia più utile al momento sottolineare alcuni aspetti, veramente rilevanti ai fini pratici, delle prime due teorie.
La prima tesi che esprime il cosiddetto *Determinismo Biologico* ritiene che solo i fattori biologici, quindi i geni di un organismo, (e non ad esempio i fattori sociali o ambientali) determinano il modo in cui un organismo agisce o cambia nel tempo.
Studi recenti affermano che il determinismo genetico ha fallito la prova di realtà, secondo i suoi stessi principi scientifici. Infatti, ogni gene esiste in molteplici varianti e inoltre una delle principali funzioni dei geni (che sono all'incirca venticinquemila, un numero sorprendentemente basso) è quella di codificare i circa 100.000 enzimi, i quali catalizzano le migliaia di reazioni chimiche dell'organismo che ci forniscono l'energia che ci permette di vivere. Di conseguenza si può anche escludere che vi sia linearità fra l'opera del singolo gene e il suo risultato.
Questo significa che lo stesso gene avrà effetti diversi da individuo a individuo e che la scienza è in errore sia se afferma che un individuo è interamente determinato dal suo corredo genetico, sia se ritiene che il corredo genetico delle cellule adulte rimanga inalterato.
L'eminente genetista Luca Cavalli-Sforza lo conferma in modo molto chiaro in questo modo: "Che l' organismo sia formato di una sola o di moltissime cellule, ciascuna acquista le sue caratteristiche finali interagendo con il suo ambiente attraverso vari fenomeni chimici che determinano la espressione dei singoli geni, ad esempio rallentandone o bloccandone il funzionamento. Le nostre attività, quindi, oppure agenti patogeni cui siamo esposti, o ciò che mangiamo, possono modificare il modo in cui lavorano le nostre cellule...... Il linguaggio, i comportamenti, tutto quello che impariamo nella vita sta "sopra" la genetica. È l' impianto biologico a rendere questo possibile, ma c'è una grande distanza fra la base biologica e l'effettiva capacità umana di produrre ciò che chiamiamo "cultura"". [39]
Una conclusione non dissimile da quella alla quale era giunta Craig Venter, capo di un gruppo di ricerca concorrente col cosiddetto Progetto Genoma che, dopo aver per primo mappato il genoma umano, ha affermato in modo categorico: "Il modesto numero di geni umani indica che dobbiamo cercare altrove, per comprendere i meccanismi che

---

[38] Opera citata pagg.378-379
[39] Articolo sul quotidiano *La Repubblica* del 22 Aprile 2012.

genererano le complessità proprie dello sviluppo umano e che..La magnifica varietà della specie umana non è predeterminata dal nostro codice genetico. L'ambiente riveste un ruolo decisivo".[40]

La confutazione della teoria del Determinismo Genetico (e, ancor di più di quello su base più o meno spirituale) e la comprensione dell'importanza che ha la maniera con la quale siamo stati accuditi, significa anche capire, come afferma James, che altrimenti: "non sarebbe possibile alcun cambiamento personale o sociale".[41]

Non ci sarebbe, in altre parole, nessuno spazio per una possibile evoluzione o integrazione, né per alcun processo creativo personale. Come macchine etero-guidate, non potremmo in un ragionevole modo sperare di apportare alcun cambiamento alle nostre caratteristiche, così come non potremmo contrastare o variare alcun tratto caratteriale predeterminato.

In modo analogo, la seconda tesi sostenuta dallo stesso James, anche se ammette una difficoltosa possibilità di cambiamento degli schemi, esprime, se estremizzata, un'altra forma di determinismo che quasi priva l'essere umano di una libera e autonoma capacità di auto decidere.

Sarebbe una posizione che, infatti, finirebbe col coincidere con quella espressa dal cosiddetto *Comportamentismo* formulato originariamente dallo psicologo statunitense J.B. Watson, o con una sua più recente versione introdotta da Burrhus Skinner.[42]

Secondo questa visione l'uomo è totalmente il prodotto delle esperienze cui è soggetto passivamente. L'importanza centrale va data allo studio dell'apprendimento, alla maniera mediante la quale si acquisiscono, attraverso l'esperienza, un repertorio di comportamenti motori, verbali, sociali che verranno poi ad essere gli elementi costitutivi della personalità complessiva. Quello che va studiato è il comportamento manifesto, inteso come espressione dell'individuo nel suo processo di adattamento all'ambiente, mentre gli "aspetti interni" dell'individuo, vanno ignorati.

Appare, in definitiva, evidente che tale posizione può essere considerata agli antipodi rispetto a quella che sostiene la priorità del libero arbitrio.

La personalità, quindi, sarebbe un catalogo, un insieme di repertori comportamentali che l'individuo apprende in modo cumulativo e gerarchizzato, secondo un processo in cui inventari più complessi vengono man mano ad affiancarsi/sostituirsi a repertori più semplici.

---

[40] *The Sequence of Human Genome* in Scienze Magazine vol.291 del 16/2/2001 pagg. 1304-1351, trad. mia

[41] Opera citata, pagina 19

[42] *Oltre la Libertà e la Dignità,* B.F.Skinner, Mondadori Edit. 1973

Eccederebbe di gran lunga i limiti di quest'opera effettuare un'analisi anche solo parziale delle teorie e delle prassi comportamentiste[43], tuttavia, è difficile non concordare con Erich Fromm quando affermava che: "la massima comportamentista secondo cui il comportamento manifesto è un dato scientificamente valido, è semplicemente non vera. Il fatto è che il comportamento stesso varia secondo l'impulso che lo motiva, anche se un esame superficiale non rivelerà una differenza visibile".[44]
L'inevitabile conseguenza di ciò è che "comportamenti apparentemente analoghi, sono in realtà completamente diversi: oltre alla sensibilità intuitiva, per capire scientificamente questa differenza, occorre un'analisi delle motivazioni, cioè la comprensione delle rispettive strutture caratteriali"[45].
Occorre, in altri termini, per avere una vera comprensione di un fenomeno, ripartire proprio dal punto dal quale i comportamentisti ritenevano di poter prescindere; cioè il carattere e la sua genesi.
Come vedremo, il carattere si struttura fondamentalmente per rispondere a problematiche di tipo esistenziale, per dare soluzioni alle esigenze di sopravvivenza ed affermazione dell'individuo e, quindi, per influenzare l'ambiente in modo attivo, *prevenendo* ogni tipo di stimolo che venga percepito come distonico rispetto a quelle esigenze.
Credo che ogni genitore possa confermare questa affermazione, semplicemente considerando con oggettività come le risposte osservabili del proprio piccolo non dipendono tanto dagli ordini che gli vengono impartiti o dalle ricompense che vengono promesse od elargite ma dal desiderio che ha il bambino di non essere forzato nel rispetto di se stesso e dei propri desideri (non importa quanto irrazionali o infantili essi possano essere).
Arriviamo, a questo punto, alla posizione intermedia fra le due già esaminate, che non nega l'importanza della genetica ma ritiene anche che: "Le risposte date dai genitori al bambino possono influenzare in qualche misura il modo in cui i suoi geni trovano espressione: un bambino inibito che viene attivamente spinto ad uscire dal suo guscio può essere incoraggiato ad essere meno timido, uno estroverso può essere contenuto dai suoi genitori che lo frenano. Entrambi avranno una tendenza,

---

[43] Chi può essere interessato alle teorie comportamentaliste oltre alle opere dei citati Watson e Skinner, può riferirsi a *Mechanical Man* di K.W. Buckley, Guilford Pres 1989. Una visione fortemente critica dei principi e della prassi comportamentaliste si può trovare in *Anatomia della Distruttività Umana* di Erich Fromm, pag.61-96. Mondadori Editori 1978

[44] Op. citata pag.70

[45] Op. citata pag. 71

rispettivamente all'introversione o all'estroversione, ma l'ambiente ne modificherà il grado di espressione".[46]
Questo punto di vista non nega che esistono comportamenti innati, ma non esclude nemmeno la compensazione dell'azione educativa su quanto viene ereditato; ciononondimeno continua ad assegnare al neonato/infante/bambino un ruolo puramente passivo nello svolgimento dei processi che conducono alla nascita ed alla formazione del suo carattere. In ogni caso ha, almeno, il vantaggio di chiarire come mai i fratelli (che pur condividono buona parte del patrimonio genetico) siano così diversi fra loro.[47]
A tale scopo essa distingue un *ambiente condiviso*, che comprende le esperienze comuni, ritenute responsabili della somiglianza tra fratelli (come il livello d'istruzione dei genitori e il numero di libri presenti in casa), da uno *non condiviso*, che comprende le esperienze uniche responsabili delle differenze. L'ambiente familiare è uguale in apparenza ma in realtà profondamente diverso per ogni fratello (a causa, ad esempio, del trattamento differenziato riservato dai genitori ai figli, dell'ordine di nascita, del rapporto tra fratelli e della rivalità/complicità che può caratterizzare tale rapporto).
Anche se i caregiver non agiscono allo stesso modo verso lo stesso bambino nel corso del tempo, essi dovrebbero assumere, in linea di massima, un comportamento coerente verso i fratelli quando hanno la stessa età. Tuttavia ciò accade solo di rado e le differenze nel comportamento dei genitori verso i figli sono spesso marcate: di conseguenza i bambini sono dolorosamente consapevoli del diverso trattamento in termini di affetto e interesse loro riservati e provano complesse interazioni rispetto a tali disparità.
Oltre a questo, anche l'ambiente non condiviso extrafamiliare (ad esempio, la scuola e il gruppo dei pari età) produce esperienze che impattano profondamente sul carattere in formazione e sono responsabili di ulteriori differenze fra fratelli.
Tornando di nuovo al discorso sulla genesi del carattere, voglio ripetere che personalmente credo che all'atto della nascita non siamo totalmente una "tabula rasa", come gli psicologi comportamentisti e Oscar Ichazo sembrano ritenere[48], ma possediamo già alcune tendenze specifiche. La nostra mente è certamente vuota di esperienze, tranne quelle connesse alla gestazione e al parto, ma abbiamo anche alcune inclinazioni genetiche e istintuali. Siamo forniti, ad esempio, di alcune esclusive disposizioni,

---

[46] *Natura ed Esperienza,* Plomin Robert, Cortina Raffaello Edit.1998
[47] *Vite separate. Perché i fratelli sono così diversi?* Robert Plomin, Judy Dunn, Giunti
[48] Arica Hypergnostic Questions di Oscar Ichazo Arica Institute pag.1, traduzione mia

quali una costituzione più o meno forte, una maggiore o minore capacità di sopportazione del dolore e della fame ed altro.
Esse non sono, tuttavia, tanto rilevanti o forti da generare una vera e propria grande differenza fra le risposte dei neonati, ma influenzano il modo mediante il quale si comincia a stabilire la complessa interazione ambiente/bambino, che porterà per fasi successive allo sviluppo del Sé.
Così, ad esempio, un bambino che piange poco, sarà considerato dai propri genitori più forte di altri fratellini che, magari, avevano una minore capacità di sopportazione.
Il *sé*, presente fin dalla nascita come espressione di una pura potenzialità (e, in questo senso specifico, posso accettare che venga anche definito come *essenza*) che non ha ancora trovato una propria forma definita, può essere considerato come l'elemento di unificazione e di integrazione dell'esperienza soggettiva, come un riferimento interno, un sistema centrale di autoregolazione ed auto direzione che orienta selettivamente i processi attentivi e mnestici in modo tale che determinati elementi dell'ambiente assumono salienza e rilevanza mentre altri vengono quasi ignorati.[49]
In altri termini, la particolare sensibilità e ricettività del bambino, incontrando un sistema complesso quale l'ambiente e confrontandosi con i suoi stimoli, origina una serie di stati di transizione dello sviluppo (ognuno dei quali con un Sé che si auto percepisce), in cui piccolissimi eventi possono generare grandi risultati, che non possono essere previsti in anticipo.
Fisicamente ciò si traduce nella selezione delle cellule nervose che si dimostrano funzionali e nella creazione delle reti neuronali fondamentali, che rimarranno poi attive per il resto della vita. Il bambino è, quindi, non solo un soggetto passivo, ma un co-creatore del proprio mondo interno. Egli tradurrà, in una maniera assolutamente individuale e indeterminabile a priori, le stimolazioni di tipo emozionale provenienti dall'ambiente in un sistema di risposte creative e di reazioni che lo renderanno assolutamente unico e irripetibile.
In definitiva, io ritengo che la risposta alla domanda iniziale sembra risiedere nel superamento della dicotomia fra ambientalismo e innatismo in favore di una più compiuta definizione del ruolo del Sé.
Questo perché i bambini, pur se ovviamente interessatissimi a non perdere l'amore dei caregiver, hanno la capacità di sviluppare risposte autonome che formeranno la loro unicità e che li rende attori e cocreatori attivi del loro nucleo di enunciazione individuale

---

[49] In questo senso leggasi *Introduzione alla Psicologia della Personalità* di G. Accursio ediz. Il Mulino 2004 pag.267

1.5. L'EdT come modalità di classificazione dei caratteri.

I modelli tipologici rispondono alla richiesta di semplificazione che è una delle caratteristiche umane e, tuttavia, essi stessi sono molteplici e mostrano numerose differenze. Una differenza fondamentale è data dalla loro posizione rispetto al cambiamento: alcuni fanno riferimento a teorie deterministiche, che conseguentemente vedono i tipi come immutabili, altri, invece, li considerano come delle condizioni più o meno sensibili al cambiamento.

L'EdT è fondamentalmente proprio un sistema di classificazione dei caratteri, basato sulla concezione che il cambiamento è possibile e non solo sperabile ipoteticamente, perché si può lavorare consciamente per ottenerlo, sapendo su quali temi portare la propria attenzione e in che modo cercare di recuperare gli squilibri che ci sono capitati presto nella vita.

Ovviamente l'EdT è solo uno dei tanti sistemi di classificazione utilizzati, soprattutto in ambito psicologico, per cercare di descrivere quali possano essere gli aspetti maggiormente significativi di un carattere o personalità. In appendice ne riporterò una brevissima sintesi, soprattutto per permettere al lettore di poterli, successivamente, comparare con quello proposto dall'EdT.

Si potrà così osservare e comprendere come quest'ultimo abbia un approccio molto più completo e adeguato per descrivere quelli che sono gli stati più "normali" e quotidiani delle persone, poiché non mira a catalogare stati di malattia psichica o di deformità, ma piuttosto a comprendere le motivazioni esistenziali di tipo profondo che spingono ad assumere e mantenere certi comportamenti e modi di sentire e pensare.

1.6. Dominare le Passioni per forgiare il carattere; il contributo dei filosofi Stoici e l'insegnamento degli Esicasti Cristiani

I filosofi stoici furono i primi a sottolineare con forza la necessità di una continua lotta contro le *Passioni*, quei turbamenti emozionali, intesi come un sentire di forte intensità, di solito connotato anche da una grande attrazione per un soggetto, che fanno perdere un vero dominio su se stessi. Essi furono anche i primi a formulare il concetto stesso di *passione,* intesa come l'elemento attrattivo centrale di un'anima che brancola nel mondo, cercando inutilmente in esso un fine. Nell'ideale stoico il dominio sulle Passioni (le quali, soprattutto nella filosofia aristotelica, trasmettono il senso di una "soggezione passiva" rispetto a ciò che accade, già presente anche nell'etimologia antica della parola), è fondamentale in quanto ciò permette allo spirito il raggiungimento della saggezza e la forgiatura del carattere.

Ogni *"dispersione*" rispetto alla ricerca del senso ultimo dell'esistenza colpiva, quindi, l'anima, l'elemento percettivo più prezioso e, contemporaneamente, seppure a un livello inferiore, anche gli altri aspetti (mente, emozioni, risposte corporee), che caratterizzano un uomo.

Proprio per questo la massima turbativa che si poteva subire fu ritenuta una forma di *"ignoranza"* profonda della verità ultima delle cose; un concetto affine a quello che permea gran parte della filosofia buddista.

Secondo questa visione il fine ultimo del saggio era, infatti, *l'imperturbabilità"* (*l'apatheia o anche atarassia)*, intesa come una forma di illuminato distacco, come una indifferenza verso ogni turbativa, un non attaccamento alle cose del mondo, per sua natura sempre mutevole e soggetto alle convulsioni del caos. Ogni cedimento, quindi, recava con sé un carico di dolore (*pathos)*, più o meno mascherato.

Per gli stoici, quindi, il raggiungimento del fine ultimo dell'apatia era fondamentalmente un compito individuale, che scaturiva dalla capacità del saggio di disfarsi delle idee e dei condizionamenti che l'ambiente in cui viveva gli aveva impresso, anche se la sua evoluzione aveva un valore educativo e morale per società tutta.

Nella dura visione degli stoici, soprattutto in quella della cosiddetta epoca media o periodo eclettico, solo pochi sfuggivano alla distruzione del proprio corpo fisico (mediante la creazione di un *corpo etereo* o astrale) ed anche la loro esistenza ultraterrena sarebbe durata solo a fino quando l'intero universo non sarebbe stato distrutto da un immane processo distruttivo/rigeneratore.

Non esiste, in questa visione, quindi, un intervento rivolto a tutti che opera in maniera salvifica, una disposizione della grazia universale che permetta a ognuno di ottenere, indipendentemente dalla sua cultura o dalle sue capacità, un'integrazione e una compartecipazione in essa.
Questa mancanza, questa limitazione della speranza, sarà superata nel cristianesimo grazie all'opera del messia, che assumerà per amore (quello che viene denominata anche *carità,* traduzione della parola greca agapè) in modo indissolubile la natura umana e quella divina, per permettere attraverso di lui ad ognuno di diventare quasi compartecipe della sostanza divina, come affermano lo stesso Gesù[50] e i suoi discepoli[51].
In ogni caso l'eredità degli stoici e, a dire il vero, anche di gran parte della filosofia greca e romana, si trasmetterà anche a molti eminenti scrittori cristiani dei primi secoli (basti dire che il primo testo della *Filocalia,* la veneratissima raccolta degli scritti di molti padri orientali, è un testo attribuito erroneamente ad Antonio Abate, ma, in realtà, opera di uno scrittore stoico molto affine a Epitteto) e, soprattutto grazie alla mediazione di Origene e della scuola catechetica di Alessandria d'Egitto, influenzerà la considerazione dell'essere umano di molti ferventi uomini di fede.
Ciò si può osservare in particolare esaminando le vite e le opere di quelli che la tradizione cristiana definisce come *Padri del Deserto.* Questi uomini formidabili, pur vivendo una vita d'isolamento e di ritiro da quelle che consideravano come follie del mondo, avevano una visione lucidissima delle dinamiche dell'esistenza umana. Se astraiamo dal fatto che la loro è una rappresentazione necessariamente religiosa e spirituale, operata da uomini vissuti principalmente fra il quarto e il quinto secolo dell'era cristiana, le loro deduzioni sono e saranno sempre universalmente valide per comprendere e descrivere molti processi profondi della nostra psiche.
Un esame, anche solo superficiale, dei contributi di quelli che sono comunemente chiamati come Padri del Deserto (anche se diversi fra essi si occuparono, almeno per una parte della loro vita, di problemi mondani a un livello anche molto elevato, come nel caso di Massimo) richiederebbe un approfondimento e una capacità che eccede di gran lunga i limiti di questa opera[52].

---

[50] "Non è forse scritto nella vostra Legge: Io ho detto; voi siete dei ".(Vangelo di Giovanni 10,34)

[51] Ad esempio in san Paolo, lettera ai Corinti 2,20:si legge: "Non sono più io che vivo, ma Cristo che vive in me".

[52] La letteratura sui Padri del Deserto è amplissima, oltre alla già citata Filocalia ricordiamo, a solo titolo di esempio, *I Padri del Deserto* Ediz.Paoline 1997, *Vita e Detti dei Padri del Deserto* a cura di Luciana Mortari ediz..Città Nuova 1999 che raccoglie gli

Qui mi limiterò a fare dei brevi cenni ad alcuni dei temi che più direttamente richiamano quelli propri del mondo dell'EdT, che si possono ritrovare nelle opere di Marco l'Asceta, di Evagrio Pontico, di Massimo il Confessore, di Gregorio Magno e di Giovanni di Damasco.[53]

***Evagrio Pontico*:**

Evagrio seguace di Origene, un nemico fierissimo degli Gnostici e compagno di scuola di Plotino, visse lungamente a contatto diretto con i primi Padri del Deserto ed era un profondo conoscitore sia della filosofia greca che di quella orientale.
La condanna postuma di Evagrio come eretico da parte della chiesa cristiana, ha a lungo impedito che gli fosse riconosciuto un giusto merito. Ciò non di meno la sua comprensione del "*corretto discernimento*", indispensabile per distinguere fra Passioni e Pensieri (in greco logoi, parola che può significare sia pensiero che spirito e, quindi, essere interpretata come ragionamento o essere incorporeo di origine divina o demoniaca), la sua classificazione degli stati attraverso il quale il monaco deve passare, la lista sistematica ed originale dei "pensieri del male" e, più in generale, gran parte del suo insegnamento, trasmesso principalmente attraverso i suoi discepoli Cassiano e Massimo il Confessore, influenzarono profondamente tanto la chiesa d'Occidente che quella di Oriente. Non a caso il monaco Nicodimo Aghiorita, redattore della veneratissima *Filocalia*, lo inserì fra i più grandi santi e maestri spirituali della chiesa d'Oriente.
Un primo riconoscimento alla grandezza di Evagrio è venuto da parte degli studiosi dell'Enneagramma da Andreas Ebert[54], col suo articolo al quale rimando coloro che potrebbero essere interessati ad indagare su una possibile origine cristiana dell'Enneagramma.
Io voglio, invece, sottolineare altri aspetti del genio psicologico di Evagrio, presenti soprattutto nel libro *Sui Diversi Pensieri della Malvagità,*[55] attribuito per secoli a Nilo di Ancyra, ma opera certa di Evagrio a causa dello stile e delle concezioni espresse.

---

apoftegmi attribuiti dalla tradizione cristiana ai vari padri.

[53] Una parte dei contenuti che si leggeranno di seguito sono già contenuti nel mio articolo in tre parti *Istincts, Centers and Subtypes,* pubblicato sullo Enneagram Monthly Novembre e Dicembre 2001 e Gennaio 2002.

[54] *Are the Origins of the Enneagram Christian after all?* In Enneagram Monthly Gennaio 96 pag.1

[55] *Sui Diversi Pensieri della Malvagità* Ediz. San Paolo 1996- Una versione parziale si trova anche nella Filocalia Ed.Gribaudi volume 1 pagg.107 e seguenti.

In questo libro Evagrio, seguendo la classica tripartizione dell'anima propria della filosofia greca, da Platone in poi, distingue fra parte "razionale" dell'anima, identificabile con il nous, l'intelletto, e le parte "passionale" dell'anima, composta dalla parte irascibile e da quella concupiscibile, sottolineando che la prima può cedere all'assalto dei "demoni", nel senso sopra indicato, solo se la seconda è stata già conquistata. In altri termini che la Passione è l'elemento primario, perché è da essa che la parte intellettuale viene corrotta e condizionata, dando origine a quei pensieri fissi che nel mondo dell'EdT definiamo *Fissazioni.*

Nei *Diversi Pensieri*, inoltre, Evagrio aggiunge alla sua lista degli otto "spiriti" (che diventeranno, poi, semplicemente vizi o peccati capitali) già da lui elencati in altri trattati, altri nuovi *pensieri*, quello dell'Ansia, quello Errante (che, tuttavia, coincide con l'Accidia) e un altro spirito che egli chiama il Demonio dell'Insensibilità. Se leggiamo con gli occhi dell'EdT quest'ultimo elenco, non possiamo fare a meno di notare che esso coincide con quello delle passioni che normalmente usiamo.

E, tuttavia, questo non basta, perché Evagrio invita anche a stare in guardia rispetto alle diverse manifestazioni che una passione può avere, sottolineando come la stessa passione possa manifestarsi in modi apparente tanto diversi fra di loro da sembrare opposti. Un concetto che, come vedremo, troverà una piena espressione nelle manifestazioni delle cosiddette Polarità.

Per dare un ulteriore esempio dell'acume psicologico di Evagrio, voglio, infine, spendere due parole ulteriori su quello che come detto veniva da lui chiamato come lo "Spirito dell'Insensibilità".

E' facile riconoscere nella descrizione di questo nuovo *demonio,* che aggressivamente: " si spoglia del timore di Dio e...non ha paura del giudizio eterno e del castigo" un atteggiamento tipico di quello che descriveremo come Sei controfobico.

Inoltre, spiegando l'origine di questo demonio, Evagrio ci fa sottilmente capire che esso è guidato da ossessivi pensieri di Vanagloria e che "fugge davanti all'idea delle disgrazie altrui, di quelli che sono tormentati dalle malattie, dal carcere", poiché, altrimenti, si correrebbe il pericolo che "l'anima si commuova e soffra anch'essa".

In questo modo Evagrio sottolinea il fatto decisivo che nel Sei controfobico è in azione quell'accrescimento "mitizzato" della propria immagine ed importanza che ho descritto nell'articolo *From Essence to Birth of Ego.*[56]

[56] *From Essence to Birth of Ego* In Enneagram Monthly Maggio, Giugno e Settembre 2001.

Indubbiamente, la lettura e la comprensione delle opere di Evagrio sono, per noi moderni, faticose. Come nota un acuto osservatore, nella sua prefazione a una traduzione di un'altra opera: "La concezione essenzialmente neo-platonica e gnostica dell'universo e dell'uomo, i presupposti filosofici e l'uso di un linguaggio prevalentemente mitico-simbolico, nel descrivere i fenomeni del cosmo e quelli intrapsichici, i continui rimandi a fatti e a personaggi biblici di cui si dà per scontata la conoscenza e che, di conseguenza, vengono soltanto evocati e sono letti anch'essi in chiave prevalentemente simbolica – rappresentano una reale difficoltà per chi vive e respira in un clima culturale profondamente diverso. Ciò nonostante, se affrontiamo con coraggio questa fatica, Evagrio ha molto da insegnare e da donare".

Marco l'Asceta

Questo uomo, della cui vita non si conosce praticamente nulla, fu stimato, da quasi tutti i grandi "padri del deserto", come un maestro illuminato al quale attingere. Il motivo di questa ammirazione appare evidente, anche ad un moderno lontanissimo dalle pratiche ascetiche, leggendo le sue opere.

Oltre ad un intuito psicologico non comune che gli permise, ad esempio, di considerare l'Ira come una passione che nasce dall'Oblio e "si sostiene e si rafforza in modo speciale con la Superbia e solo allora diviene impossibile dissolverla[57]"; in un modo, quindi, assolutamente identico a quello col quale anche l'EdT la considera, Marco ebbe una intuizione assolutamente geniale con la quale individuò quelli che egli considerava i mali che accecavano l'intelligenza dell'uomo.

Secondo Marco, infatti, all'origine di ogni problema dell'uomo vi è una completa confusione nella percezione della realtà, che lo porta a scambiare l'apparenza illusoria per il vero e viceversa. Come accade ciò? Attraverso tre forze psicologiche che, successivamente, Giovanni Damasceno, avrebbe visto come passioni dell'anima e denominato i *Giganti del Male*, l'Oblio, l'Ignoranza e la Noncuranza o Negligenza.[58]

Ma come, in concreto, queste tre forze agiscono per produrre un totale oscuramento delle capacità dell'intelletto, come operano per far perdere

[57] *Lettera al Monaco Nicola* in La Filocalia ediz. Gribaudi vol. 1 pag.221

[58] Opera citata pag.214 e seguenti. In esse, inoltre, Marco elenca una serie di passioni che vede come conseguenza dell'interazione di queste tre, anche se egli considera, come molti altri padri del deserto, prioritarie le passioni dell'avarizia, della vanagloria e della concupiscenza.

l'uomo, tenendolo incatenato, attraverso la forza dei sensi, in un mondo di decadenza ed impermanenza che terminerà con la morte?
Qui il pensiero di Marco assurge a livelli altissimi, con una spiegazione che si può considerare, a ben vedere, come una vera e propria sorgente dalla quale discende la vena spirituale che è parte fondamentale della teoria e della comprensione dell'uomo trasmessa dall'EdT.
L'Oblio, infatti, non è solo un allontanarsi da Dio per disperdersi nel mondo delle "realtà sensibili", esso è anche un dimenticarsi di se stesso, della propria origine e del significato del proprio stare al mondo, qualcosa che, come vedremo meglio in seguito, è alla radice di gran parte delle motivazioni e dei comportamenti che attribuiremo a quello che verrà denominato come tipo Nove.
La Noncuranza, invece, è una forma d'inganno che oscura l'intelligenza, la fuorvia (rivolgendola verso l'esteriore e rendendola attenta solo alle sensazioni di ciò che si vede) e che separa l'uomo da se stesso. Un processo che può essere considerato come la radice dalla quale emergono comportamenti e motivazioni che attribuiremo al tipo Tre.
L'Ignoranza, infine, è considerata come un tentativo di possedere una forma di conoscenza artificiale che, non avendo più la guida della luce spirituale, può ricorrere, per spiegarsi il perché delle cose del mondo, solo a principi arbitrari che essa stessa definisce, errando così in uno stato di permanente agitazione.
Quando cercheremo di comprendere le motivazioni psico-esistenziali che si possono vedere in azione nel tipo Sei, ci accorgeremo che, probabilmente, non se ne possono trovare più esatte e convincenti di quelle che Marco esponeva.
Ovviamente queste tre radici fondamentali della "errata comprensione" dell'esistenza, da parte degli esseri umani, non sono esclusive dei tipi che ho citato e, se le rappresentassimo graficamente con un triangolo al vertice del quale porre l'Oblio, avremo una raffigurazione che spiega con immediatezza visiva come altri fenomeni possano nascere dall'interazione di queste tre.

Massimo il Confessore

Le speculazioni di Massimo si rivolgono fondamentalmente al mistero della incarnazione di Cristo e, conseguentemente, al percorso che l'uomo deve compiere per giungere ad una sua deificazione mediante di lui. Non è, pertanto, sorprendente che il suo pensiero sia particolarmente significativo per tutti coloro che possono essere interessati al percorso di integrazione spirituale che porta, per fasi successive, dal dominio delle passioni (che non vanno, secondo lui, distrutte, ma ricondotte, piuttosto, al

loro oggetto naturale)[59], alla contemplazione delle ragioni ultime delle cose ed, infine, alla compartecipazione dell'essenza divina.
La chiave fondamentale per compiere questo percorso è, soprattutto, l'amore (agapè), come esprime molte bene nelle sue opere, che per lui era il cardine della ricomposizione prima dell'unità individuale e poi dell'uomo in quell'universale.
Così agli gnostici che aborrivano il corpo, come nel corso dei secoli hanno fatto tutti quelli che si affidano solo alla ragione, e negavano che gli ilici/psichici potessero sperare in un processo di risveglio, Massimo rispondeva: "Nessuno può avere vera conoscenza se non ama ugualmente tutti gli uomini ad imitazione di Dio, che ama ugualmente tutti gli uomini e vuole che siano salvi e giungano alla conoscenza della verità".[60]
E alle complicate speculazioni degli gnostici, riguardo al come vincere la resistenza della nostra parte istintuale, emozionale e cognitiva, che in termini di EdT verrà definita come *Riequilibrio dei Centri,* Massimo replica in modo pratico: "Chi ha sinceramente rinunciato all'attaccamento alle cose del mondo e serve il prossimo per amore, si libera rapidamente da ogni passione e ottiene di aver parte all'amore e alla conoscenza". Siamo evidentemente al cuore del problema sentito da molti autori di EdT, del come risvegliare la nostra parte più spirituale.[61]
Anche se non è particolarmente innovativo sotto il profilo della comprensione delle Passioni e delle loro manifestazioni, Massimo, tuttavia, fornisce numerosi contributi originali per la comprensione della dimensione psicologica dell'uomo e delle sue problematiche.
Il primo di questi contributi risiede nella risposta alla domanda fondamentale: che cosa dobbiamo fare per liberarci dal dominio delle passioni e risvegliare la nostra essenza? Per dare senso compiuto a questa questione, dice Massimo, dobbiamo ben comprendere qual è il problema dell'ego, che lui definisce spesso, *amor proprio.*
Perché abbiamo un ego? Massimo risponde: "Dio che ha creato la natura degli uomini, non ha creato insieme ad essa né piacere né dolore; ha invece immesso nella creazione una forza intellettuale grazie alla quale essa potrà godere inesprimibilmente di lui"[62]. Se la funzione originaria della coscienza nell'uomo è di percepire che: "Dio ci ha creato perché diventassimo partecipi della natura divina e divenissimo simili a lui", che cosa è, allora, che non funziona nell'ego?

---

[59] Vedi anche l'introduzione alla Filocalia op.cit. di Artioli e Lovato vol. II pagg.9 e segg.
[60] In *Sulla Carità* I centuria nr.61 in Filocalia op.cit. vol.II pag.56
[61] Fra di essi, segnatamente la mia compianta amica Gloria Davenport nell'articolo *Awakening Essence a Process* in EM dell'Ottobre 2001 numero 76 pag.6
[62] *Capitoli Vari III* in Filocalia op.cit. Centuria 33 p.247

La risposta di Massimo è acutissima e sorprendente: il problema dell'uomo non sta nel corpo, nei sentimenti, o nel mondo delle idee, ma nell'*abuso* di ognuno di essi, che si traduce in una sorta di malattia, in un amore cieco per la propria realtà personale, che ciascuno crede di affermare confinando nell'inconscio la paura del dolore. In questo modo l'uomo rompe la sua naturale unità e si volge anche contro chi ha invece, per natura, gli stessi suoi diritti.
Un altro contributo che mi sembra opportuno sottolineare, riguarda la comprensione stessa delle passioni e di come operano. Anche altri padri, prima del nostro autore o contemporaneamente a lui, avevano individuato che, all'origine dell'inclinazione verso una passione, vi era una disposizione verso il piacere, Massimo, tuttavia, eccede tutti gli altri nell'analisi di come essa opera e di cosa essa, invece, essa nasconde.
Secondo il Confessore, infatti, ogni passione è il risultato di uno squilibrio fra l'eccessivo attaccamento al piacere e il tentativo di evitare il dolore che, tuttavia, è nello stato normale della nostra esistenza completamente ineludibile.
Come egli scrive: "la pena del dolore è, infatti, mescolata al piacere, anche se questo sembra sfuggire a quelli che lo provano, poiché ciò che è predominante vela la percezione di ciò che si presenta insieme con esso. Reclamando dunque il piacere, a causa del nostro amor proprio e cercando di sfuggire al dolore, noi volgiamo nell'animo inaudite passioni corruttrici".[63]
Massimo non si spinge fino ad analizzare compiutamente quale sia lo specifico piacere che si può trovare dietro ad ogni passione (questo, ovviamente, non lo interessa, dato che il suo pensiero è essenzialmente rivolto al trascendimento della stessa e non a una sua analisi fine a se stessa), ma le conclusioni di questa sua intuizione sono rilevantissime.
E' così facile, da questo punto di vista, capire, ad esempio, che la vanagloria non è il piacere di operare bene, ma la soddisfazione che si prova sentendosi lodati per quello che si è riuscito a fare, l'accidia non è un semplice disperdersi fra le cose ma il piacere di sapersi accomodare con facilità. Perfino l'invidia, letta in quest'ottica, non è tanto "l'odio per la felicità degli altri", come affermava Agostino d'Ippona[64], quanto, piuttosto, il piacere di desiderare di riparare a un'ingiustizia, ottenendo ciò che non si ha e altri hanno.
Interessante, infine, è la notazione che una passione può manifestarsi per mancanza di una virtù (qualcosa che, come vedremo, è alla base dalla moderna teoria dell'EdT), ma anche per un suo eccesso, come si verifica

[63] Op. cit. I Centuria 53 pag.176
[64] Così in *Esortazione rivolta ai Neofiti* discorso 353

nei casi della Superbia, della Vanagloria e della presunzione di essere nel giusto propria dell'Ira[65].

Gregorio Magno

Gregorio non appartiene, in senso stretto, alla tradizione esicastica, poiché era un monaco occidentale ammiratore di Benedetto da Norcia, che divenne in seguito papa in un'epoca nella quale ciò significava dare un'attenzione costante a ciò che accadeva nella quotidianità.
Tuttavia, la sua vasta cultura e le sue esperienze presso la corte imperiale bizantina, frequentata nello stesso periodo da numerosi personaggi che ben conoscevano la vita e le opere dei Padri del Deserto, gli permisero di assimilare in profondità il sistema dei *logoi* e di trasformarlo in modo significativo.
In primo luogo numero stesso dei "pensieri" fu ridotto a sette, per renderlo più in linea con la sacralità che a questo numero dava la tradizione cristiana, e, inoltre, l'elenco subì una profonda trasformazione nei contenuti e una vera e propria secolarizzazione. Se, infatti, Vanagloria e Superbia erano già considerate come un'unica forza, a seguito dell'influsso di Giovanni Climaco,[66] fu a seguito dell'opera di Gregorio che l'Accidia e la Tristezza furono unificate e che s'introdusse un "vizio" tipicamente sociale quale l'Invidia.
Come afferma molto propriamente a questo proposito la ricercatrice Carla Casagrande in suo articolo sui Vizi Capitali: "Gregorio si rivolge agli uomini in generale; e gli uomini in generale, d'abitudine, come la loro natura richiede, vivono in società. Il sistema dei vizi, che in Cassiano (e ovviamente in Evagrio) segna le tappe di un processo di separazione dal mondo, dopo l'operazione di Gregorio è pronto a essere usato per insegnare agli uomini a vivere nel mondo. Un sistema morale costruito per governare le anime è stato insomma trasformato in un sistema capace di governare, attraverso il governo delle anime, l'intero corpo sociale".
In questo processo di "socializzazione" dei vizi, Gregorio introdusse anche delle significative innovazioni e rese esplicito il concetto di "filiazione" di un vizio da un altro, facendo numerosi esempi sia del come una sequenza di manifestazioni (che nel mondo dell'EdT oggi definiamo come *Tratti Caratteristici*) sono, in realtà, espressioni di una unica radice, sia del come i vizi trovano una precisa concatenazione l'uno nell'altro (qualcosa che troveremo espresso nell'EdT sotto forma di linee di collegamento fra tipi).

---

[65] *Capitoli Vari III* op.cit. Centuria 77 p.232
[66] *La Scala del Paradiso* ediz. Paoline XXII, 122

Come altri scrittori cristiani Gregorio riteneva che la Superbia, il primo peccato di Lucifero e di Adamo, che si erano ribellati e avevano osato di paragonati a Dio, fosse all'origine di tutti i vizi e pensava anche che da essa derivavano poi tutti gli altri. Come scrive egli stesso: *"La vanagloria genera l'invidia, poiché chi aspira a un potere vano soffre se qualcun altro riesce a raggiungerlo. L'invidia genera l'ira, perché quanto più l'animo è esacerbato dal livore interiore, tanto più perde la mansuetudine della tranquillità... Dall'ira nasce la tristezza, perché la mente turbata, quanto più è squassata da moti scomposti tanto più si condanna alla confusione, e, una volta persa la dolcezza della tranquillità, si pasce esclusivamente della tristezza. Dalla tristezza si arriva all'avarizia, poiché, quando il cuore, confuso, ha perso il bene della letizia interiore, cerca all'esterno motivi di consolazione e non potendo ricorrere alla gioia interiore, desidera tanto più ardentemente possedere i beni esteriori"* [67].

Giovanni Damasceno

Di poco posteriore a Gregorio fu Giovanni, nato a Damasco da famiglia araba di fede cristiana, che ebbe un ruolo rilevante nell'amministrazione della città, ed è considerato particolarmente importante per la chiesa cristiana soprattutto per la sua opera in tre parti *Fons Scientiae* di cui solo la terza parte, *La Fede Ortodossa*,[68] è disponibile al lettore italiano. In essa egli operò in modo da porsi come una specie di ponte fra la cultura greca classica e la tradizione patristica.

Tuttavia, ai nostri fini, Giovanni è significativo soprattutto per un piccolo trattatello contenuto nella Filocalia, il *Discorso Utile all'Anima e Mirabile* nel quale, appoggiandosi a quasi tutti i padri che lo hanno preceduto e in particolare a Marco e a Massimo, egli presenta in poche pagine un quadro chiarissimo delle "virtù e dei vizi, perché se ne potesse agevolmente discernere e distinguere la ripartizione e la differenza, con una informazione particolareggiata e, proprio per questo, abbiamo esposto ciascuna virtù e ciascun vizio nella sua molteplicità e varietà".[69]

Giovanni opera un raggruppamento quasi sistematico dei tratti con i quali si può manifestare una passione[70] (che egli considera come una indulgenza eccessiva verso un piacere, un velo che oscura l'intelletto)[71] e distingue fra pensiero passionale, passione, abitudine e vizio.

---

[67] *Commento Morale a Giobbe* vol.I trad. E Gandolfo ediz. Città Nuova XXXI

[68] *La Fede Ortodossa* a cura di V.Fazzo ediz. Città Nuova

[69] Op.cit. pag.352

[70] Vedi, ad esempio, in *Discorso Utile all'Anima e Mirabile* pag. 346 in Filocalia op.cit. vol.2,

[71] Questo modo di interpretare la passione, come un velo frapposto rispetto alla percezione

Così mentre i pensieri si manifestano come rappresentazioni, prodotte dalle percezioni dei sensi interni ed esterni, che si producono ed autoriproducono e, pur occupando temporaneamente la nostra mente non sono il nostro io, le passioni vengono considerate come moti dell'anima con i quali ci identifichiamo, ma che, in realtà, sono degli impulsi fisico/emozionali che manipolano il nostro io e lo costringono al vizio, visto come una forma di malattia, come l'abitudine ad "avere il cuore trascinato con violenza ed involontariamente dalla predisposizione e dalla lunga consuetudine da cui è tiranneggiato".[72]
La chiarezza espositiva del Damasceno fu probabilmente una delle cause principali della diffusione delle sue opere, in un mondo cristiano orientale ormai costretto a fare i conti con l'avanzata dell'Islam. Grazie alla sua opera e a quella dei suoi allievi Teodoro Abu Qurrah e Michele Sincello, inoltre, gran parte della spiritualità cristiana si rese fruttuosamente disponibile ai conquistatori arabi.

---

dell'essenza, si ritrova in gran parte della tradizione spirituale sufica. Vedi, ad esempio, in *I Sufi* trad. P.Davico pag.250 di I. Shah ed.Mediterranee
[72] Op. cit. pag.349

1.4.3 George Gurdijeff

Un esame anche solo superficiale delle opere e della lezione di George Ivanovic Gurdijeff (1866-1949) eccede di gran lunga i limiti e i propositi di quest'opera. Mi limiterò, pertanto, solo a commentare di seguito alcune delle sue idee e insegnamenti che sono più direttamente attinenti al nostro argomento, ricordando innanzitutto che solo grazie a Gurdijeff il simbolo dell'enneagramma fu fatto conoscere prima a un gruppo ristretto di persone e poi, grazie all'opera di molti suoi allievi, a un più vasto pubblico, anche se egli non volle mai dire nulla di concreto sulla sua origine.

L'impressione generale che si ha, leggendo molte delle opere del pensatore greco/armeno, è che egli abbia, in qualche modo, disegnato la cornice nella quale si sono poi inserite quasi tutte le scoperte e le precisazioni che hanno portato alla nascita del moderno sistema dell'EdT.

Così, ad esempio, egli sosteneva esistere un numero elevato di tipi di esseri umani, ma che, nelle condizioni della vita ordinaria, se ne potevano distinguere solo sei o sette. Essi, tuttavia, non potevano essere definiti nel linguaggio comune, per cui era virtualmente impossibile conoscerli. Così il passaggio che si doveva fare, per cercare di avvicinarsi a una forma di comprensione delle dinamiche di un tipo era solo quello di osservare se stessi nel modo più dettagliato possibile.[73]

Questo conduceva alla necessità di comprendere bene quale fosse quello che Gurdjieff definiva come il *tratto caratteristico principale* della persona, che, però, non veniva mai descritto nei termini oggettivi con i quali nell'attuale mondo dell'EdT si usa parlare, ad esempio, della Passione o della Fissazione di un tipo.

Se ricordiamo l'insegnamento degli scrittori cristiani, secondo i quali la Passione non è tanto ricerca del piacere quanto soggezione alla sofferenza, possiamo ben comprendere perché egli sollecitasse con forza a "sacrificare la propria sofferenza", anche se, poi, non forniva chiarimenti in proposito ed, anzi, invitava i suoi allievi a capire cosa ciò volesse dire.[74]

Un altro aspetto dell'insegnamento di Gurdijeff che sembra essere molto attinente con quello che viene insegnato dagli studiosi di EdT, è quello relativo ai cosiddetti *ammortizzatori.* Essi, secondo la sua concezione, erano meccanismi usati dai molteplici io all'interno della persona per

[73] P.D.Ouspensky op. cit pag.273 Ubaldini, Roma

[74] Ouspensky op.cit. pagina 304 e seguenti

mantenere una falsa idea di morale e per preservare quelle menzogne intellettive che l'uomo dice a se stesso. Da questo punto di vista gli ammortizzatori sono del tutto simili a quelli che la moderna teoria dell'EdT denomina come *Guardiani delle Fissazioni* e che Claudio Naranjo considera coincidenti coi cosiddetti *Meccanismi di Difesa*, quei meccanismi psichici, consci e inconsci, messi in atto dall'individuo per proteggersi da situazioni ambientali, esistenziali e relazionali dolorose o potenzialmente pericolose.

Più ancora che nella parte prettamente psicologica, è nella parte più propriamente di ordine spirituale (che sottostà alla teorizzazione dei tipi), che l'impronta degli insegnamenti di Gurdijeff risulta particolarmente evidente. Così la differenza fra una personalità, addormentata rispetto a ciò che veramente conta, dimentica della sua origine e composta di molteplici ego, e una *essenza*, nella quale non c'è frazionamento o divisione, teorizzata e proposta dal mistagogo di Gyumri, non è stata mai messa in discussione da nessuno dei vari autori che hanno scritto qualcosa relativamente all'EdT e, ancora oggi, resta l'imprescindibile punto di partenza per ogni tipo di speculazione che vorrebbe condurre le persone verso il trascendimento dell'ego.

Alla luce dei recenti ritrovamenti di diverse opere appartenenti alle varie correnti del movimento filosofico-religioso dello gnosticismo, sembrerebbe che molti degli insegnamenti di Gurdijeff trovino le proprie radici proprio in quel tipo di visione. Così quando egli parlava di uomini che erano come delle macchine rotte, per i quali non era possibile alcun tipo di evoluzione e il cui destino era solo quello di morire ed essere riciclati, come alimento per lo sviluppo della vita organica, egli sembrava ripetere con altre parole le considerazioni che facevano alcune scuole gnostiche, quando dividevano gli uomini in vari gruppi e ritenevano che solo per alcuni di essi fosse possibile giungere ad una qualche forma di evoluzione.

Anche il concetto dei Centri di Gurdijeff (l'Emozionale, il Cognitivo, il Motore, l'Istintuale, eccetera) pur se derivato da fonti più antiche, appartiene alla tradizione degli gnostici, i quali sostenevano che gli uomini potessero essere addirittura classificati in base al loro centro dominante.

Lo stesso si può dire rispetto al tema del ricordo di sé e della possibilità di un "risveglio", che era un punto fondamentale delle credenze gnostiche e richiama chiaramente la necessità di vincere la meccanicità dello stato normale dell'ego, molto presente in tutta l'opera di Gurdjieff .

1.4.4 L'insegnamento di Oscar Ichazo

Se, come detto, l'opera di Gurdijeff fornì una specie di cornice teorica o matrice, nella quale potevano essere inseriti, in linea di massima, insegnamenti tradizionali e moderne intuizioni, relative alle problematiche ed alla natura della coscienza umana, quella di Oscar Ichazo (Roboré, Bolivia, 1931)[75] ha dato corpo concreto e sostanza a quel mondo ideale.
Infatti, solo grazie al lavoro geniale di Ichazo e alle numerose applicazioni del nostro simbolo al mondo della personalità e a quello del trascendente, che egli ha ideato, possiamo parlare in termini tangibili di un sistema altrimenti fumoso e destinato a rimanere confinato nelle librerie nei settori dell'occultismo e del simbolico.
Come nel caso di Gurdijeff, un'analisi anche solo superficiale e incompleta delle idee di Ichazo non può essere compiuta nel presente testo, per cui mi limiterò solo a richiamare alcuni principi di base della sua visione, rimandando il lettore per ogni altro approfondimento alla lettura delle sue opere o alla fruizione di qualcuno dei programmi che vengono realizzati alla Arica School, l'istituto da lui fondato all'inizio degli anni settanta per far conoscere le sue idee.
Ichazo sosteneva di aver realizzato, come in una visione, un set di 108 enneagrammi che descrivevano compiutamente tutte le interrelazioni fra di essi e tutti gli elementi della psiche umana[76], ma, e non è difficile credere a quanto egli afferma, quel set di diagrammi si basava in realtà sulle intuizioni che aveva elaborato, in modo originale ed autonomo, partendo da insegnamenti appartenenti a varie tradizioni spirituali preesistenti. Di conseguenza, anche se sembra evidente che alcuni argomenti o punti specifici del suo lavoro possano essere riallacciati a questo o quell'aspetto di una religione o di una struttura mistica, il sistema nell'insieme è assolutamente originale, basandosi su una concezione, soprattutto filosofica, che non trova precedenti.
Alla radice, infatti, dell'interpretazione dell'enneagramma da parte di Ichazo vi è un sistema di tre leggi logiche (la cosiddetta *trialettica*) che, a suo avviso, rappresenterebbe il superamento della logica aristotelica e della dialettica hegeliana, permettendo di comprendere correttamente quale sia il senso delle connessioni esistenti fra i vari punti del simbolo e come ogni punto possa essere considerato espressione di una serie di interrelazioni fra i punti ad esso collegati.

---

[75] *Interviews with Oscar Ichazo pag.73*

[76] *Letters to the School* di Oscar Ichazo edizioni Arica Institute 1988 pag. 70 e segg.

Avevo già accennato in precedenza al fatto che per Ichazo (che in questo ha una visione simile a quella di Gurdijeff) l'ego non è un fenomeno unitario, ma è scisso in tre parti che, a causa della loro fissazione su un determinato aspetto, danno origine a quello che egli definiva come *Trifix,* un combinato di tre distinte fissazioni, una per ognuno dei tre istinti, che definirebbero una persona, ad esempio, come un 7-9-4 o un 3-6-1.
In questo senso non si dovrebbe neppure discutere di un tipo in senso specifico, ma di una combinazione di caratteristiche e, tuttavia, il concetto di *tipo* resterebbe valido poiché, in ogni caso, esisterebbe un'interpretazione cognitiva (la *Fissazione*) che darebbe una coerenza interna alla spasmodica ricerca dell'ego facendogli interpretare in un modo univoco le cose dell'esistenza.
Ogni processo che voglia realizzare un vero cambiamento deve, secondo il nostro autore, lavorare, quindi, prioritariamente più su quei tre istinti fissati, di cui parlerò meglio in seguito, che non su aspetti cognitivi o emozionali.
Anche per Ichazo la differenza fra ego ed essenza, che abbiamo già discusso parlando dell'insegnamento di Gurdijeff, è centrale per la comprensione dell'uomo e del suo destino ma, a differenza del secondo, la definizione dei due aspetti, che il primo opera, è netta e precisa.
Secondo Ichazo, infatti, "Una persona mantiene la purezza dell'essenza per un breve periodo. Essa è persa fra i quattro e i sei anni di età quando il bambino comincia a imitare i suoi genitori, dice bugie e finge. Si sviluppa una contraddizione fra i sentimenti profondi del bambino e la realtà sociale esteriore alla quale deve conformarsi. La coscienza egoica è la consapevolezza limitata che si sviluppa come risultato dell'ingresso in società. La personalità forma uno strato difensivo sull'essenza e, di conseguenza, c'è separazione fra il sé e il mondo. L'ego avverte il mondo come alieno e pericoloso perché non è capace di soddisfare i bisogni più profondi del sé".[77]
Di conseguenza il percorso che viene proposto punta, come suggeriscono anche molti tradizioni mistiche o lo zen, a portare l'ego in uno stato nel quale esso si annulla (la cosiddetta Illuminazione), diventando seppur temporaneamente uno con un principio di livello superiore.
Ichazo è convinto che questo si possa ottenere quasi pianificandolo, ricorrendo a specifiche meditazioni con suoni e oggetti, al lavoro con stati emozionali di carattere non egoico (le Virtù), alla comprensione cognitiva di stati oggettivi della realtà (le Idee Sante o Psicocatalizzatori), a una forma di trasformazione energetica interiore (la Psicoalchimia) e a molto altro ancora.

---

[77] *Interviews with Oscar Ichazo* pag.9 traduzione mia.

In conclusione voglio ribadire che tutto il mondo attuale dell'EdT è profondamente debitore nei confronti di Ichazo e della sua opera, dalla quale sono derivate, direttamente od indirettamente, tutte le applicazioni e gli sviluppi di cui siamo oggi a conoscenza. Come lui stesso ebbe a dire, in un'intervista rilasciata alla giornalista Dorothy De Christopher, a lui deve andare il merito di essere riconosciuto come l'unica vera radice di questa nuova tradizione.[78]

[78] D. De Christopher, "I am the root of a new tradition" int. con O. Ichazo, *The Movement Newspaper,* Maggio 1981.

CAPITOLO DUE:

GLI ISTINTI

2.1 Ego, Essenza ed Istinti

Ho già accennato al fatto che secondo la teoria dell'EdT, sviluppata originariamente da Oscar Ichazo e seguita più o meno in modo pedissequo da tutti gli altri autori, un bambino all'atto della nascita, viene al mondo in uno stato di *Essenza.*[79] Questo concetto, mutuato dalla tradizione filosofica greca, indicherebbe che il nuovo essere ha un modo di esistere che è perfettamente adeguato alla sua nuova forma e compartecipa pienamente alla realtà del mondo per come essa è, poiché risponde senza alcun filtro alle esperienze che vive.

Questo stato, però, è limitato dalla primaria incapacità a fare e ad amare consapevolmente, qualità queste che è indispensabile sviluppare per vivere al meglio la propria vita.

Per evolvere da questa situazione originale, ogni essere umano, spinto, come vedremo poco oltre, dalla forza degli Istinti, è naturalmente portato a sviluppare delle complesse relazioni con l'ambiente che, col tempo, portano a strutturare schemi comportamentali preconfezionati.

Questi ultimi, a loro volta, danno origine a quella specifica forma, fatta di consapevolezza limitata e di meccanismi ripetitivi e involontari, denominata Ego, che comincia a formarsi in modo compiuto verso i due o tre anni, con il primo sviluppo delle facoltà cognitive e ci permette da un lato di interagire con pienezza con il mondo, ma che, dall'altro, fa perdere l'originaria essenzialità.

Secondo molti autori di opere sull'EdT che seguono, consapevolmente o meno, l'idea originaria di Ichazo, questo Ego opererebbe, quindi, in contrapposizione all'essenza, poiché, come un filtro che si interpone, esso precluderebbe la piena adesione al fluire naturale delle cose, limitando ed ostacolando la "naturalezza" dell'essere umano.

Esaminato da vicino l'Ego può essere considerato come un centro di volontà (in quanto l'essere umano ha in esso la sua capacità di auto determinazione), capace di senso storico (poiché ha una spiccata capacità di percepire il trascorrere del tempo) e dotato di un apparato di sintonia con il mondo che gli permette di entrare in contatto consapevole con esso.

[79] Vedi *Interviews* op.cit. pagg. 8 e segg.

Queste specificità, però, danno anche origine a tre diverse limitazioni cui l'Ego si assoggetta: la paura del cambiamento, il condizionamento nelle relazioni con gli altri e una limitazione dell'azione, che sarà finalizzata sempre a conseguire quello che sarà ritenuto come il "meglio" in quel momento, secondo i presupposti dell'Ego stesso.

L'Ego cerca, quindi, di difendersi in tutti i modi da un vissuto che lo metterebbe drammaticamente a confronto con le sue "pecche" fondamentali e, per questo, tende a "disperdersi"[80] in tre modi diversi:

- **Una ricerca del piacere** (che si traduce in un assoggettamento ad una Passione) come difesa rispetto alla percezione di una carenza di base,
- **Una fuga dalla verità del dolore**, attuata mediante strategie cognitive che lo allontanino o lo rendano tanto costante da poter essere sopportato più o meno agevolmente,
- **Una serie di distrazioni pratiche** che permettano, almeno per un poco, di non percepire il senso della propria e dell'altrui finitezza e limitatezza.

Prima che l'Ego si strutturi, tuttavia, l'uomo, come ogni altra forma vivente esistente su questo pianeta, è spinto nel suo sviluppo e fin dal primo momento in cui viene concepito, da tre Istinti, formidabili forze contenute nel tessuto genetico di cui è composto e che guidano il suo cammino, portandolo a sviluppare una serie diversificata di funzioni, che lo condurrà, unico essere su questo pianeta, a veder nascere quella particolare consapevolezza di sé che viene definita *identità.*
Queste *forze* hanno la caratteristica di essere necessarie alla vita stessa e sono, secondo la scala evolutiva di ogni essere vivente, il retaggio della storia e della specificità della sua specie. Esse sono, il basamento e il tessuto dal quale si svilupperanno tutte le altre caratteristiche, non importa quanto queste possano essere successivamente diversificate.
Si può affermare, di conseguenza, che tutto nasce dagli istinti fondati su base genetica e che anche nelle più evolute funzioni si potranno rivedere in filigrana le spinte originarie di queste insopprimibili forze, non a caso definite da Peter O'Hanrahan *Imperativi Biologici*.[81]

---

[80] Anche se la dispersione, come vedremo, è più propria dell'enneatipo Nove, essa può essere considerata come un fenomeno che influenza in modo molto forte tutta l'esperienza della realtà umana.
[81] In EM. nr.41 Luglio 1998, *Working With Instincts and Sub-Types*

Vista l'importanza degli istinti è, a mio avviso, necessario definire esattamente quali essi siano, come funzionino e a quali funzioni assolvano, per poter poi procedere a veder le interrelazioni esistenti fra istinti liberi ed istinti modificati, per così dire, dalle istanze del carattere/ego.

2.2 Che cosa è un istinto?

Anche se esistono in diverse discipline scientifiche varie concezioni di che cosa sia un istinto, possiamo, ai nostri fini, utilizzare proficuamente una definizione utilizzata in campo biologico che definisce un istinto come una disposizione innata che tende, attraverso un insieme di comportamenti, a rispondere a determinate necessità della vita, pur senza che l'essere abbia una coscienza di tali fini.
Possiamo, quindi, affermare che un istinto, per essere tale, debba essere presente e rispondere allo stesso modo, in tutti gli esseri viventi, indipendentemente dal grado di coscienza o dal posto che essi hanno raggiunto nella scala evolutiva.
Da questo punto di vista risulta chiaro che è possibile identificare solo tre "spinte" fondamentali, che rispondono alle caratteristiche richieste nella definizione di istinto: una ad espandersi o affermarsi, che diventa negli animali sessuati una predisposizione alla riproduzione, una ad adattarsi o a relazionarsi all'ambiente in cui si vive ed una terza legata alla sopravvivenza dell'essere.
Poiché la più fondamentale e basilare necessità è senz'altro quella di procurarsi, gestire e conservare le *energie* continuamente necessarie a qualsiasi essere vivente, questa visione, che chiameremo classica, considerava che l'istinto di conservazione fosse quello preminente, poiché gli altri due istinti erano funzionali allo scopo fondamentale di garantire la sopravvivenza della specie.
Tuttavia, già nel corso dell'Ottocento gli studi di Emile Durkheim sul così detto suicidio altruistico[82], quello. in altre parole. in cui si sacrifica la propria vita per un ideale o per il bene delle persone care, avevano sottolineato come, in determinate circostanze, l'istinto di conservazione potesse essere annullato dalla forza di quello di relazione.
In anni successivi gli studi effettuati sulle cavie di laboratorio mostrarono come, se era fornito il nutrimento necessario, esse tendessero a riprodursi incessantemente fino al punto in cui cominciavano a verificarsi effetti di cannibalismo e di auto distruzione. Questi esperimenti dimostrarono in modo inequivocabile che l'istinto di riproduzione non era solo indipendente da quello di conservazione, ma che esso operava, con un solo limite fondamentale: quello dello spazio.

In altre parole, l'istinto di riproduzione era una disposizione innata negli organismi, che aveva come proprio fine quello di utilizzare l'energia

---

[82] Emile Durkheim *Il Suicidio* BUR 2007

vitale per l'occupazione di tutto lo spazio disponibile. Un processo energetico, quindi, di espansione della materia vivente simile a quello che anima l'universo dal Big Bang.
Se questa forza istintuale non trovasse un freno prima nelle condizioni ambientali e poi nel controllo da parte della ragione, essa ci spingerebbe, come le cavie dell'esempio citato, non solo a riprodurci fisicamente oltre il limite dello spazio disponibile ma anche a gravi disturbi sotto il profilo psicologico.
Dato che, infatti, l'istinto di espansione non opera solo nell'ambito fisico ma anche in quello psicologico, richiedendo una crescita della nostra "importanza" e della nostra "immagine", esso ci condurrebbe alla perdita del senso di realtà e alla megalomania. I limiti ambientali, d'altra parte, non agiscono solo come freno all'istinto di espansione, ma attivano anche l'istinto di conservazione.
Di fronte a una situazione di stress ambientale il neonato prima e il bambino piccolo dopo, non hanno altra difesa che lanciare messaggi d'aiuto sempre più disperati. Se questi messaggi non sono raccolti, l'unica risposta per evitare la morte è quella di limitare la propria attività e ritrarre le proprie energie. Questo processo di ritrazione si realizza quindi sia mediante una forma di "rinuncia" ad alcune esigenze, sia attraverso la costruzione di una barriera difensiva pronta a cogliere anche il minimo segno di pericolo nell'ambiente.

2.3 La Visione di Freud, Berne e Ichazo

Freud nel suo libro *Al di là del Principio del Piacere* propone una sua definizione di istinto che, pur se non correttissima dal punto di vista biologico, ha il pregio di mettere in evidenza alcuni aspetti, fino a quell'epoca non considerati appropriatamente, degli istinti stessi.
Per Freud esistono fondamentalmente due istinti oggettuali: quello di vita (Eros) e quello di morte (Thanatos).[83] Il primo raggruppa comportamenti finalizzati alla conservazione della vita dell'individuo, della specie e della sua organizzazione; il secondo raggruppa comportamenti che tendono alla distruzione e al ritorno a uno stato inorganico di tutto ciò che è organico.
I pregi derivanti da tale impostazione sono fondamentalmente due: da un lato la necessità di capire qual è la modalità di funzionamento, o comune elemento interno, che è alla base di questi comportamenti, dall'altro la considerazione che tutta la vita è il risultato di uno stato di costante flusso interattivo fra queste due energie. Per capire, quindi, che cosa muove i nostri istinti è necessario chiedersi come funziona quella che noi dell'EdT chiamiamo Ragione Istintuale.
La risposta di Freud è che alla base dell'istinto di vita (la cosiddetta libido) vi è un principio di piacere che richiede, per essere soddisfatto, un "accostamento" ad altri esseri umani, mentre l'istinto di morte (la cosiddetta mortido) opera secondo un principio di "separazione".
Eric Berne seguendo le orme di Freud[84] aggiunge che queste due spinte istintuali possono dirigere l'energia vitale sia verso l'interno dell'individuo sia verso il mondo esterno. Egli, inoltre, fa un successivo passo in avanti quando, discutendo delle energie utilizzate dagli organismi, afferma che "l'energia utilizzata dalla parte motrice, sentimentale e intellettuale (i nostri tre Centri dell'EdT) è probabilmente la stessa, anche se usata in modo differente".[85]
Il limite fondamentale di questa impostazione sta nella scarsa rilevanza che è data all'istinto di adattamento. Secondo Berne: "Ciò che chiamiamo adattamento altro non è che la capacità di variare le proprie immagini in modo da adattarle ad ogni nuova realtà".
Ichazo, pur seguendo la visione che abbiamo definito "classica", diede una sua specifica interpretazione degli istinti che è alla base di quasi tutte le successive evoluzioni delle teorie sull'EdT. Mi sembra, quindi, indispensabile riguardare con attenzione la sua teoria.

---

[83] In questo Freud seguì le intuizioni fondamentali di Sabine Spielrein.
[84] Vedi *Guida per il Profano alla Psichiatria e alla Psicoanalisi* Ediz. Astrolabio 1969
[85] Op.cit. pagg.18 e segg.

In *Between Metaphysics and Protoanalysis* egli afferma: " Noi abbiamo tre istinti, uno per ciascun aspetto relativo alla nostra sopravvivenza", e definisce gli istinti come " domande vitali con le quali ci interroghiamo in modo permanente. La prima domanda è, *come sono*? Ed è il nostro istinto di Conservazione. La seconda è, *con chi sono*? Ed è il nostro Istinto di relazione. La terza, nella sua formulazione originale, è, *che cosa sto facendo*?[86] (successivamente Ichazo nel suo *Io sono la Radice di una Nuova Tradizione* trasformò la terza domanda in, *dove sono*?).[87] Quest'ultima domanda è il nostro istinto di Adattamento.

Egli poi aggiunge: "Ognuno degli istinti evolve in una sorta di entità (le *Ragioni*) che è indipendente in se stessa" e conclude affermando che: "la sopravvivenza non è lo scopo principale dell'esistenza degli esseri umani. La vera domanda è, per quale motivo io sono qui?....La sola risposta è che la sopravvivenza non è lo scopo principale di un essere umano, ma deve essere una conseguenza della sua realizzazione".[88]

Nella conferenza tenuta alla Seabury Hall nella città di Maui, nelle isole Hawai, egli operò una decisa connessione fra gli istinti e i *Piani dell'Esistenza* (i nostri Centri) affermando: "Ciascuno dei tre Piani è collegato ad uno dei tre tipi di ragione nati dagli istinti. Il piano fisico è collegato alla ragione Empatica che è la prima a manifestarsi durante la vita....se il bambino è stato maltrattato, egli lo ricorderà per il resto della sua vita e la sua empatia non sarà mai completamente funzionante. Egli ricorderà sempre l'evento come un'ombra che lo segue.......La ragione Analogica, che opera mediante paragoni, è collegata alle emozioni e, naturalmente, si manifesta durante l'infanzia, quando il bambino è dominato dalle sue emozioni. Quello che il bambino fa è imitare i suoi genitori, particolarmente il padre....La ragione Analitica, poi, è collegata al nostro intelletto".[89]

Nel manuale *Arica Hypergnostic Questions* egli espone ulteriormente il suo punto di vista: "Quando cresciamo, la nostra coscienza assorbe quelle impressioni psicologiche che ci circondano, che riceviamo come carico emozionale. Un neonato è particolarmente influenzabile e indifeso. Ciò significa che il neonato assorbirà tutto quello che accade nell'ambiente. Da bambini la nostra coscienza tende a riempirsi di tutta la negatività che la circonda e contro la quale non abbiamo difesa.....Siamo così influenzati dalla nostra esperienza passata che spesso non siamo in grado di comprendere la realtà per quello che essa realmente è. Diventiamo

[86] Between Metaphysics and Protoanalysis ediz. Aric a Press 1982 pagg.82 e segg.
[87] Vedi Interviews op.cit. pagg 61 e segg.
[88] Op.cit. traduzione mia
[89] Op.cit. pagg.91e segg. Traduzione mia

prigionieri delle esperienze della nostra vita, anche se talvolta non abbiamo più ricordo di eventi traumatici particolarmente significativi. Pertanto, nonostante i nostri sforzi per trasformare le nostre vite, noi tendiamo a ripetere gli inconsci schemi di comportamento e di pensiero che generarono la nostra sofferenza nella situazione originaria".[90]

Ci sono quattro appunti che si possono muovere alla visione di Ichazo. La prima è che gli istinti non sono per niente "domande": essi sono, piuttosto, ordini o risposte insopprimibili e predeterminate. La seconda è che egli non dice nulla sul "come" reagiamo in modo istintuale alle nostre dolorose passate esperienze. La terza è che la cosiddetta "ragione sentimentale", a mio avviso, non usa paragoni o analogie. E' la ragione istintuale che opera mediante l'intuizione ed usa analogie. Se provo dolore, ansia o gioia, non faccio paragoni e, soprattutto, non uso il pensiero. Sento, semplicemente, quel sentimento. La quarta è che parlare di tre entità indipendenti è un nonsense, poiché una persona non è la somma delle sue parti separate (corpo, sentimento e mente), ma un essere vivente integrato.

Possiamo certamente dire, come affermano la tradizione sufica, che le tre ragioni parlano linguaggi differenti, o, come suggerisce Berne, che esse esprimono la stessa energia in modi diversi, ma dobbiamo sempre ricordare che è ferita la totalità del nostro essere e non solo una sua parte separata. Tornerò in seguito sul problema della consapevolezza ed esploreremo meglio la relazione fra istinti e centri quando tratterò di questi ultimi.

---

[90] Ediz. Arica Press 1976 pagg. 1 e segg. traduzione mia

2.5 La Legge di espansione / ritrazione.

Questa legge, formulata dallo psichiatra francese Claude Sigaud e arricchita di espressivi insight da parte dello psicologo Louis Corman, spiega in modo molto chiaro quello che accade a qualsiasi organismo vivente, a seguito degli impatti che esso subisce a causa dell'ambiente in cui esso nasce e si sviluppa.

Essa parte dalla constatazione che in un ciascun organismo vivente esistono sempre e costantemente all'opera tre diversi istinti: quello di espansione (sessuale) quello di adattamento (sociale) e quello di conservazione (auto conservazione) ma a differenza della visione biologica classica degli istinti, che considera come primordiale l'istinto di conservazione, questa interpretazione presuppone che l'istinto basilare sia quello di espansione, dato che tale istinto è quello che guida la crescita e la riproduzione degli esseri viventi.

Così, ad esempio, è sotto la spinta dell'istinto di espansione che l'embrione prima e il neonato dopo, nutrendosi di tutto ciò che l'ambiente esterno gli fornisce, cresce rapidamente di forma e di volume, occupando col trascorrere del tempo uno spazio via via più grande in cui irradiare attraverso le sue opere la sua forza.

Sotto l'azione di tale forza la potenza vitale dell'essere è portata a manifestarsi attraverso un'azione diretta sullo spazio esteriore. Occorre rilevare che questa forza nell'uomo non opera solo sotto un profilo strettamente fisico, poiché essa agisce nello stesso modo nel campo emozionale e in quello del pensiero, spingendo il bambino a manifestarsi e a evolvere nel mondo.

D'altra parte l'istinto di conservazione si oggettiva attraverso la ritrazione, attraverso, cioè, un processo tramite il quale l'essere vivente, posto in una situazione di pericolo, spezza il contatto con l'ambiente percepito come minaccioso e si chiude in se stesso concentrando la propria forza all'interno. In questo caso l'energia vitale, che resta ovviamente immodificata, è utilizzata per erigere una barriera difensiva, attenta a captare anche il minimo segnale di pericolo.

Possiamo concludere che quelle persone nelle quali domina l'istinto di espansione saranno più portate a "spendersi" nel mondo, mentre coloro nei quali domina l'istinto di ritrazione saranno più propensi a privilegiare il proprio mondo interiore: i primi saranno ipo-sensibili mentre i secondi saranno iper-sensibili.

Quando applichiamo questo principio all'Enneagramma, possiamo ritenere che un generico atteggiamento di "espansione" si troverà con più probabilità nei tipi della parte alta, mentre quello di "ritrazione" si troverà più frequentemente nei tipi della parte bassa.

Bisogna, in ogni caso, sottolineare che sarebbe un errore ritenere che un istinto sia migliore di un altro, dato che essi sono tutti ugualmente indispensabili per lo sviluppo della vita, come un semplice esempio ci mostrerà meglio.
Se prendiamo un semplice organismo unicellulare come l'ameba e la poniamo in un terreno di coltura favorevole, noteremo che essa tenderà a espandere il suo citoplasma e ad aumentare di dimensione fino al punto in cui, quando avrà raggiunto un determinato limite, essa si riprodurrà scindendosi. Tuttavia, se introduciamo nel suo ambiente un elemento "pericoloso" come un blando acido, l'ameba reagirà contraendosi e riducendo le sue dimensioni per sfuggire alla minaccia.
Questa forma di difesa, che è fondamentale per consentire all'essere di continuare ad esistere e opera anche in assenza di un ego, che percepisca la differenza esistente fra un "sé" e "l'altro", è anche l'indispensabile presupposto dal quale si svilupperà compiutamente quel senso conscio di auto conservazione che è proprio di una coscienza differenziata.
Occorre comprendere che l'istinto di adattamento ha un ruolo determinante in questa interazione, che si realizza in tutti noi "normali", e osservare in che modo esso si è concretizzato nelle diverse forme passionali nate per difesa davanti ad una minaccia di tipo emozionale.
Da questo punto di vista ritengo che Freud avesse ragione, quando sosteneva che la nevrosi (che nel mondo dell'EdT può essere compresa come la sommatoria della passione e della fissazione) fosse principalmente una "cattiva" forma di adattamento che l'essere nel suo sviluppo aveva adoperato.

2.7 Il Mio Punto di Vista

Voglio ripetere che, a mio avviso, ogni Passione nasce e si sviluppa per effetto dell'inestricabile azione congiunta che queste spinte istintuali hanno sulla nostra capacità emozionale e che il pensiero gioca in questo processo un ruolo molto povero.
Come la ricerca neurologica infantile ci ha dimostrato, fino all'età di quattro/cinque anni il nostro pensiero non è capace di elaborare a livello logico nessun tipo di difesa verso le perturbazioni di tipo emozionale che attraversano, determinandone lo svolgimento successivo, il corso della nostra vita. Il livello emozionale è, quindi, quello decisivo per lo sviluppo dell'ego ed è su questo livello che dovremo operare prevalentemente, se vogliamo intraprendere un reale percorso di crescita.
In particolare è utile capire che da quegli istinti derivano due fondamentali tensioni, le quali sembrano in apparente opposizione fra loro. Una porta a difendersi da potenziali pericoli percepiti o, col tempo, immaginati, mentre l'altra spinge a cercare di ottenere soddisfazione.
L'equilibratura di queste spinte è decisiva per lo sviluppo del senso di realtà ma essa non si realizza in modo naturale poiché il bambino, quasi completamente dipendente per la sua sopravvivenza dall'ambiente circostante, è costretto ad accettare (o a rifiutare, o a sentirsi frustrato) quello che l'ambiente richiede da lui.
Questo processo forzato genera dei sovraccarichi emozionali e, a cascata, da luogo ad altre formazioni difensive che concorreranno a formare il tipo. Poiché esso, inoltre, riduce la naturalezza primaria del bambino alterandone la naturale omeostasi, ho denominato il risultato di questo processo con l'espressione *Ferita Originaria.*
La conclusione finale di questo sviluppo si ha quando la Ferita, provocando anche una forma d'irrigidimento dell'istinto di adattamento, rende "fisse" le risposte dell'Istinto di Espansione (sessuale) e di quelle dell'Istinto di Conservazione (ritrazione). Io e il mio amico Jack Labanauskas abbiamo denominato la forma estrema di queste "tensioni", *Polarità Interne*, poiché esse danno origine alla Passione e ne sono contemporaneamente anche l'elemento estremo di manifestazione come i due poli del globo terrestre[91].
Ritengo che per meglio comprendere questo processo in modo intuitivo, possiamo paragonare lo sviluppo di un bambino con quello della crescita di un albero. Come sappiamo un albero nasce dal seme e, seguendo il fondamentale istinto d'espansione, sviluppa prima le radici e poi,

[91] Vedi *Inner Polarities: The Structure of the Passion* di A. Barbato e J. Labanauskas, EM Marzo e Aprile 2000,

evolvendo, il proprio tronco. In assenza di fattori perturbanti questo tronco si sviluppa naturalmente diritto, anche se le radici potranno contrarsi in una direzione ed espandersi in un'altra.
Tuttavia se il nostro albero è esposto continuamente a un forte vento che spira in un certo senso costante (la Ferita Originaria), esso comincerà a inclinarsi in questa direzione ma anche a contrarsi, per trovare un modo di manifestarsi. L'albero continuerà a crescere grazie al suo istinto d'adattamento, ma lo farà, ovviamente, con un tronco definitivamente storto (la Passione.)
A mio avviso è pertanto decisivo per la propria crescita personale, e per evitare che i nostri figli abbiano a soffrire del nostro contagio emozionale, lavorare in modo deciso e consapevole su questa Ferita Originaria; questo sarà il percorso che sarà esposto nel seguito del presente libro, anche se mi dovrò limitare a un'esposizione che sarà necessariamente solo teorica e senza parte pratica.

Capitolo Tre

DALL'ISTINTOALL'IDENTITA'

Le Fasi di Sviluppo e le Energie Necessarie: Nutrimento/Calore/Controllo

Alcune funzioni necessarie alla vita stessa come l'attività del sistema nervoso, la digestione e la circolazione sanguigna, sono attive molto prima che la personalità evolva. Tali funzioni sono vitali durante tutte le fasi dello sviluppo e restano indispensabili anche quando sviluppiamo delle qualità più complesse e raffiniamo le nostre facoltà.
Ken Wilber[92] ed altri hanno suggerito che c'è un'immutabile gerarchia nelle fasi di sviluppo. Viene prima sviluppato un livello elementare di funzioni indispensabili alla vita, poi un livello primitivo di coscienza (oceanica, indifferenziata o riflessa), successivamente un primitivo nucleo di sensazioni differenziate di piacere e dolore ed infine, con lo shock del riconoscimento che c'è un "altro" diverso da noi, la fase della maturazione verso il nostro divenire adulti.
Ogni nuovo stato più elevato di coscienza non elimina gli stadi precedenti, ma si aggiunge semplicemente ad essi incorporandoli. Pertanto le strutture basilari della personalità restano elementi primari, indipendentemente da quanto sofisticati siamo nel frattempo diventati.
Come nel caso delle piramidi a gradoni, nelle quali ogni piano, pur essendo finito in se stesso, si inserisce fra un livello precedente ed uno successivo diventando parte di un insieme più articolato, così nell'essere umano le funzioni che si sviluppano per prime nella nostra vita formano il terreno dal quale fioriranno le successive facoltà e queste ultime manterranno sempre una stretta relazione di discendenza/dipendenza da quelle più primitive che le hanno precedute.
Nel presente capitolo verrà descritta la sequenza di fasi che porta ogni essere umano allo sviluppo di una coscienza differenziata, alla nascita del senso di sé e allo sviluppo delle Passioni, delle Fissazioni e degli altri tratti e meccanismi specifici, che possono essere visti come sistemi

---

[92] Wilber rileva che i diversi livelli di corpo, mente, anima e Spirito compongono il terreno delle potenzialità umane e rappresentano una oloarchia (il termine, coniato dallo scrittore A. Koestler, deriva da holos, che vuol dire intero e archè che vuol dire gerarchico). Questo termine indica non solo l'interrelazione gerarchica tra i diversi piani dell'essere umano, ma anche il fatto che ogni piano è un intero autorganizzato ed autonomo, che tuttavia diventa parte dell'intero del livello successivo, più complesso ed organizzato del precedente.

interconnessi all'interno della psiche, che formano nel loro insieme ciò che viene definito "tipo".
Come è facile osservare, gli indispensabili elementi che favoriscono e permettono questa fioritura sono quelli che genericamente vengono definiti "Energia", nella accezione aristotelica della facoltà di fare assumere realtà formale alle cose, di ciò che permette ad ogni essere di avere la capacità di svilupparsi ed agire.
L'esperienza comune ci fa comprendere che ogni essere vivente ha il problema di procurarsi le energie che sono necessarie per la sua sopravvivenza ed evoluzione. Nell'uomo, a causa del senso d'identità, ciò si traduce in una comprensione acuta del proprio essere limitato, nella percezione di essere separato e di non potere bastare a se stesso, che secondo i padri della chiesa cristiana erano i fattori alla base dell'ego.
A ben vedere, ciò che differenzia un essere vivente dalla materia inorganica è proprio la necessità di procurarsi quelle energie che gli sono indispensabili, mediante una complessa *interazione adattativa* con l'ambiente che lo circonda.
Quando parliamo di energie, non dobbiamo pensare solo a quelle necessarie al corpo fisico ma comprendere che, per avere un'adeguata crescita e lo sviluppo di funzioni via via più evolute, è necessario che il bambino riceva, crescendo, energie differenziate e più sofisticate.
Un esperimento, voluto per altri fini dal grande imperatore Federico II, intorno alla metà del milleduecento, dimostra chiaramente la verità di quello che abbiamo affermato. Federico, animato da una grande curiosità intellettuale, era intenzionato a scoprire quale potesse essere il linguaggio che un essere umano avesse parlato naturalmente.
Per l'imperatore ciò significava verificare se l'essere umano, cresciuto in assenza di stimoli da parte dell'ambiente, avesse sviluppato quella che per lui era la forma più primitiva di linguaggio.
Federico riteneva che i bambini, cresciuti senza essere contattati dalle persone che li circondavano, ma nutriti ed adeguatamente seguiti dal punto di vista della salute fisica, avessero cominciato a parlare in ebraico, cioè in quella che all'epoca era ritenuta essere la lingua più antica dell'umanità. Selezionò così un gruppo di una ventina di bambini e ordinò alle balie che li accudivano di non far mancare loro nulla dal punto di vista del benessere fisico.
Ogni altro tipo di contatto doveva, però, essere inibito. Le balie dovevano nutrire i bambini, pulirli, dar loro le cure necessarie al mantenimento di una buona salute fisica ma non dovevano assolutamente rivolgersi a essi, prenderli in braccio o avere con loro un qualunque tipo di comunicazione, non importa se verbale o non verbale.

I bambini dell'esperimento finirono tutti col subire la stessa sorte: raggiunta l'età di sette o otto mesi e in mancanza di ogni risposta ai loro stimoli da parte del mondo esterno, cominciarono a scoppiare in un pianto disperato, cui seguì una fase di ritrazione e di assoluta chiusura in se stessi e poi, con una sorta di fatalistica rassegnazione, morirono.[93]
Questo esempio illustra, in maniera simile ad altri casi sporadici verificatisi nel corso della storia, che il tempo per poter avere un adattamento al mondo che ci circonda e ci contiene e poter diventare esseri dotati di consapevolezza, è molto limitato.
In assenza di adeguate energie sotto il profilo emozionale e intellettuale un bambino non potrà sviluppare funzioni cognitive superiori e non riuscirà nemmeno a progredire a un livello superiore a quello degli altri primati. Va rimarcato, quindi, che ogni essere umano ha una necessità assoluta di ricevere adeguate energie, per potersi sviluppare lungo una scala che va dal puro istinto alla completa identità.
Possiamo dire, in prima approssimazione, che le energie di cui un essere umano necessita riguardano il **nutrimento**, il **calore** e il **controllo** al livello fisico, emozionale e cognitivo.
Dall'analisi dei dati di un migliaio di casi concreti (ottenuti attraverso il colloquio ma soprattutto l'ascolto), sembra potersi ipotizzare che in ogni tipo dell'enneagramma sia presente una carenza energetica fondamentale o - per meglio dire - una situazione di **non equilibrio per eccesso o per difetto** nella fornitura di quella specifica energia da parte dell'ambiente.
Questa difficoltà nel condurre il bambino secondo la prospettiva del "giusto mezzo" aristotelico, derivante, come vedremo, da specifici messaggi genitoriali e dalle risposte del bambino, provoca una sorta di deformazione della personalità, che, a sua volta, genera una forma di rattrappimento difensivo che copre, senza sanarlo, il buco sottostante.

Nutrimento

Sotto il profilo del nutrimento, possiamo dire che il livello fisico è quello più semplice da comprendere. Ogni bambino ha sicuramente bisogno di cibo, aria e acqua ma accanto a questo ha bisogno di essere riconosciuto nelle sue necessità. Il cibo, pertanto, deve essere inteso come " **cibo-riconoscimento**" della natura e dell'esistere del bambino.
Secondo lo psicologo Heinz Kohut, l'essere vivente da un punto di vista prettamente fisiologico e biologico, ha alcune necessità da soddisfare (fame, sete e sonno). Quando le necessità di base del bambino vengono

[93] Salimbene de Adam de Parma "Chronica"par. 1664-1665

soddisfatte tramite la loro comprensione, l'individuo può crescere senza bisogni rimasti inespressi.
In questo mondo ideale l'individuo prenderà coscienza di Sé attraverso gli oggetti che lo circondano. Nascerà così *l'oggetto-Sé*, che rappresenterà per il bambino un importante elemento per i suoi sentimenti di coesione, elasticità e comprensione di ciò che lo circonda. Egli, partendo da uno stato di fusione con gli oggetti-sé[94], assumerà posizioni di grandiosità e onnipotenza, poiché cercherà di avere conferma e approvazione per "ciò che è". Se la risposta delle figure di accudimento sarà un riconoscimento empatico, il bambino si sentirà coeso e non subirà nessuna frammentazione.
Tuttavia, poiché l'ego non si è ancora formato, il bambino può solo richiedere all'ambiente circostante in modo istintuale di intervenire per soddisfare le sua necessità. Fin dai primi giorni di vita, il cibo può diventare un termometro che misura il grado della relazione affettiva instaurata con l'ambiente. Essere nutrito significa essere amato e ricevere attenzione e, pertanto, il nutrimento avrà un ruolo portante anche nello sviluppo psichico del bambino.
In una prima fase il bambino non effettua distinzione tra sé e la madre[95]; solo successivamente riesce a riconoscere la madre come non sé, e questo è il primo passo per l' individuazione della propria identità.
La prima forma di relazione che il bambino realizza con il mondo esterno, quindi, passa attraverso la madre ed ha come primo strumento proprio il cibo. Attraverso di esso il bambino vede realizzati i suoi bisogni elementari di sicurezza e di benessere e, come già detto, il cibo diventa strumento della relazione affettiva.
La fame, però, non è solo semplice bisogno fisico; essa diventa bisogno di sostegno, di un contenimento che viene realizzato attraverso il contatto fisico. Nutrire il bambino non è solo un'attività materiale ma un dono da parte dell'ambiente che attraverso quest'atto diventa esso stesso nutrimento.
Una eco della mancanza di un adeguato nutrimento del bambino, farà sì che alcune persone sentano che il proprio istinto di sopravvivenza sia permanentemente minacciato. Per tale motivo, inconsciamente, alcune porranno una particolare attenzione nel pretendere e nel ricevere il nutrimento anche sotto il profilo strettamente fisico.

---

[94] L'oggetto-Sé e la necessaria idealizzazione e fusione con, ad esempio, la figura di uno dei due genitori, servirà al bambino per crescere.

[95] Per *madre* qui e in seguito si intende la persona che si prende cura attivamente di nutrire e seguire il bambino, senza voler dare al termine una valenza sessuale tradizionale.

A livello emozionale il nutrimento è quello dell'**accettazione** del bambino da parte dell'ambiente. La sua rilevanza anche sociale, può essere facilmente compresa ricordando la tradizione propria del diritto romano[96] che imponeva al padre, nel momento in cui il neonato gli veniva presentato, di prenderlo fra le sue braccia e di sollevarlo. Questo atto era considerato una sorta di seconda nascita del bambino perché, senza questa accettazione, non sarebbe stato ammesso nella famiglia e, di fatto, condannato ad una sorte avversa.
E' necessario sottolineare che, a causa della specifica evoluzione cui siamo stati soggetti in quanto esseri umani, non siamo in grado di superare la prima parte dell'infanzia senza una persona amorevole che si occupi di noi e dei nostri bisogni e ci sostenga accettandoci.
E' così che impariamo a comprendere i primi significati della parola "amore"; attraverso un corpo caldo, due mani che accolgono e proteggono, una voce carezzevole e un sorriso che ci rispecchia.
Chi ha difficoltà a sperimentare gratificazione rispetto al bisogno di amore si può trovare senza gli strumenti necessari ad affrontare la vita, poiché resta in qualche modo carente ed insicuro di sé e del mondo.
Se il bisogno di accettazione non viene affrontato, esso continuerà a spingere i soggetti verso la ricerca di un "paradiso perduto", che risulterà irraggiungibile. L'accettazione del bambino è dunque una forma di riconoscimento del suo diritto a esistere e avere attenzioni che si sostanzia attraverso un atteggiamento di comprensione e di empatia ed un'accoglienza incondizionata.
Sotto il profilo mentale il nutrimento si manifesta sotto forma di **coerenza.** Vi deve essere coerenza (che possiamo anche definire come *prevedibilità*) fra ciò che viene detto e ciò che viene fatto. Il bambino deve sentire che le risposte che arrivano sono prevedibili e ripetibili. Al suo impulso deve corrispondere un adeguato livello di interazione da parte dell'ambiente.
Abbiamo bisogno di avere qualcuno che interpreti il mondo per noi e che questa interpretazione sia coerente con lo stimolo che l'ha originata. Il bambino apprende, ad esempio, che il dolore che prova nella bocca si chiama mal di denti attraverso l'intervento del caregiver che, raccolto il suo stimolo, dà ad esso un significato particolare spiegandogli il mondo.
Un altro esempio: se un bambino piange, perché prova dolore nel ventre, c'è la necessità dell'intervento di un adulto che comprenda il suo stato e faccia un intervento atto a risolvere la situazione. Così, davanti al vagito del bambino che ha appena mangiato, l'adulto capirà che esso non può trovare origine nel senso di fame e, di conseguenza, non si precipiterà a

[96] Il verbo stesso trae origine dall'etimo latino *accipere* =ricevere con gradimento

dargli altro cibo, ma, pensando che il bambino possa soffrire per una colica, lo metterà sulla pancia e gli darà alcuni colpetti per permettergli di affrontare la situazione.
L'azione, in altri termini, deve essere coerente con lo stimolo che il bambino avverte, perché se un genitore desse delle risposte incoerenti, ciò menomerebbe la naturale capacità di controllo.
Così, riprendendo l'esempio precedente, il genitore davanti al pianto del bambino non si metterebbe di certo a ridere o ad avere un atteggiamento fisico non coerente col richiamo. Questa coerenza è quindi la decodificazione corretta dell'impulso del bambino.
Secondo Robert Cialdini, un esperto di psicologia sociale e persuasione, esiste (tra quelle che lui ritiene le sei Leggi fondamentali che governano il comportamento umano nel prendere decisioni) la *legge della coerenza*,[97] secondo la quale tutti gli esseri umani si comportano in modo tale da rispecchiare il proprio comportamento passato: quello che hanno detto, quello che hanno fatto, quello che la gente pensa di loro, eccetera, al fine di evitare lo stress causato dalla sensazione della dissonanza cognitiva[98]

Calore

A livello fisico si può comprendere l'energia che abbiamo definito genericamente come calore, sia un bisogno di **contatto.** Un contatto caldo che deve permettere al bambino di sentire, attraverso l'interezza del proprio corpo, di essere pienamente accolto.
Ciò significa che il corpo fisico del bambino non solo non deve provocare sensazioni di ripulsa nei genitori ma che essi debbono permettergli di contattarsi e di contattarli liberamente perché, in questo modo, si svilupperà compiutamente il proprio senso del sé fisico che permetterà di autodefinirsi mediante un preciso riconoscimento del proprio limite. Bisogna sottolineare che il contatto veramente indispensabile non è quello che si realizza mediante una prossimità materiale al corpo dell'adulto ma la disponibilità di quest'ultimo ad accogliere e a delimitare il bambino mediante l'uso carezzevole del proprio corpo.
Lo psicoanalista francese Didier Anzieu ha introdotto il concetto di *Io-pelle* e lo ha associato a una parte precisa della madre interiorizzata dal bambino: le sue mani. Secondo la sua teoria è attraverso la manipolazione

---

[97] Robert Cialdini *Le Armi della Persuasione* ediz. Giunti 1989
[98] La *dissonanza cognitiva* (Leon Festinger, 1957) è il concetto usato per descrivere la situazione di complessa elaborazione cognitiva in cui credenze, nozioni, opinioni esplicitate contemporaneamente nel soggetto in relazione ad un tema si trovano a contrastare funzionalmente tra loro.

operata dalla madre che il bambino impara a sentire il corpo, a riconoscerlo come proprio e come parte del proprio Sé. Come la membrana cellulare protegge l'individualità della singola cellula, così l'Io-pelle assicura all'individuo il sentimento di essere unico.
Quando il bisogno di contatto – che Anzieu definisce "*avvicinamento libidico al mondo*" – viene frustrato, anziché lo sviluppo di sani confini viene a crearsi una sorta di corazza psichica che non permette l'individuazione.
Il limite corporeo, che diviene anche psichico, rappresenta non solo una protezione ma anche un modo per prendersi cura di sé e dell'altro: rispettare il limite significa non confondersi con l'altro, ma differenziarsi, stando in uno spazio creativo di incontro, dialogo e contatto.
Il calore a livello emozionale si può esplicitare mediante l'uso della parola **incoraggiamento**[99]**.**
Ogni bambino ha la necessità di avere un adeguato supporto emozionale lungo il percorso di apprendimento che, partendo dalla realtà sensibile, gli permetterà di raggiungere in ultimo lo stadio simbolico del livello cognitivo. L'incoraggiamento può, quindi, essere visto come una sorta di equità nei confronti del bambino, al quale non deve essere richiesto qualcosa che non può o non è in grado di fare e che, al tempo stesso, non si deve sentire inferiore rispetto a qualche figura idealizzata che l'ambiente può, anche inconsciamente, veicolare.
L'incoraggiamento, come si può ben comprendere dal suo significato etimologico, che significa proprio *dar cuore*, è quella forma di empatia che permette al bambino di sentire di avere nel rapporto con il genitore il proprio radicamento e il sostegno più efficace.
Esso crea e sostiene la fiducia in se stessi e si può considerare come un calore che permette di poter commettere degli errori senza temere che, a causa loro, la relazione possa essere distrutta o che i genitori stessi possano essere persi.
Va sottolineato che una carenza di incoraggiamento si può verificare anche quando i genitori non permettono ai figli di esprimere la loro autonomia o quando, dopo una iniziale fase di apparente vicinanza, si sottraggono emozionalmente alle loro richieste e ai bisogni, lasciando nei bambini la dolorosa sensazione che non è permesso di poter fare completo affidamento su nessuno.

---

[99] Secondo lo psicologo Alfred Adler incoraggiare non è lodare ma è cercare di ottenere il miglioramento e non la perfezione, Stimolare, non spingere oltre le reali possibilità. Apprezzare più l'impegno che i risultati. Non considerare gli errori come insuccessi, ma aiutare l'individuo ad avere il coraggio di essere imperfetto.

In questi casi il bambino non riuscirà nemmeno a provare rabbia per questi atteggiamenti, perché sentirà soltanto, con doloroso stupore, che l'iniziale apparente disponibilità è stata persa a causa di una sua incapacità, di una sua colpa o di una sua richiesta eccessiva.
A livello mentale il calore si manifesta soprattutto come la capacità di poter comprendere in modo efficace, intesa nel suo significato etimologico di *contenere in sé.* Ciò avviene soprattutto grazie allo sviluppo di un'adeguata capacità di comunicare.
Il termine **comunicazione,** derivante dal latino cum-munire, vuole, appunto significare *il mettere in comune*, ossia il condividere con gli altri pensieri, opinioni, esperienze, sensazioni e sentimenti.
La comunicazione umana non è semplicemente parlare, poiché essa presuppone una relazione effettiva fra parti che vogliono darsi attenzione e quindi avere uno scambio. Essa si distingue in: sociale[100] e interpersonale[101] e quest'ultima a sua volta può essere suddivisa in verbale, non verbale e paraverbale.
La prima si sostanzia attraverso l'uso del linguaggio scritto o orale e dipende da precise regole sintattiche e grammaticali. La seconda avviene attraverso mimiche facciali, sguardi, gesti, posture, andature, ecc. e riguarda le qualità della voce (tono, volume, ritmo) ma anche le pause, le risate, il silenzio ed altre espressioni sonore (schiarirsi la voce, tamburellare, far suoni) e il giocherellare con oggetti[102].
È indispensabile che la comunicazione fra genitore e bambino sia attiva fin dai primi momenti, e che nel corso del processo di crescita, essa assuma connotazioni via via più sofisticate. Il bambino deve sentire che ciò che dice interessa al genitore, che questo ultimo gli risponde allo stesso livello e che può esprimere ciò che sente, senza temere che possa, ad esempio, ferire, danneggiare o fare arrabbiare il genitore.
La comunicazione è una energia potentissima sotto il profilo mentale poiché essa rappresenta un elemento fondamentale per il raggiungimento del senso di realtà. Il bambino deve ricevere l'attenzione necessaria e sapere che, dopo un periodo più o meno lungo di attesa, ci sarà una risposta e che essa sarà coerente; in caso contrario la fiducia nella propria

[100] Più nota come "comunicazione di massa", viene realizzata da una o poche persone, ma è rivolta ad una intera collettività o gruppo sociale

[101] Coinvolge due o più persone e si basa sempre su una relazione in cui gli interlocutori si influenzano l'un l'altro, anche quando non se ne rendono conto

[102] Sia il non verbale che il paraverbale inviano messaggi spesso inconsapevoli di tipo emotivo . Ad esempio è stato dimostrato che per scoprire un mentitore basta ascoltare il tono della sua voce che vibra, anche se non è facile rendersene conto ad orecchio nudo.

capacità di interagire in modo efficace con il mondo resterà inevitabilmente compromessa e porterà con sé come corollario la paura del vuoto e dell'alienità.

Controllo

Si può dire che a livello fisico il controllo diventa **contenimento**[103] **o rispondenza**. Con queste parole indico il fatto che il bambino ha la necessità di avere qualcuno che raccolga, elabori e decodifichi gli stimoli interni che egli, ovviamente, non è ancora in grado di comprendere. In quest'accezione rientrano, inoltre, quelle azioni volte a impedire che il bambino faccia cose che producano danno o che siano distruttive per se stesso.

Il contenimento è rappresentato concretamente dalle modalità con le quali la madre tiene tra le braccia il lattante, dal modo con cui gli sostiene il capo, orienta il suo volto verso il proprio, regolando la pressione del corpo su quello del bambino a seconda degli stati presentati dal piccolo. Tale funzione – secondo lo psicoanalista Winnicott - caratterizza la madre «*sufficientemente buona*», ovvero sufficientemente empatica, in grado di identificarsi con i bisogni del bambino, di comprendere i suoi stati di malessere o benessere, di dare ad essi un significato e di agire o non agire, a seconda delle circostanze.

Se tale funzione è carente[104], la madre sarà incapace di rispondere in modo adeguato alle emozioni negative del bambino, evitandole o lasciandosene coinvolgere a tal punto da rimanerne a sua volta invischiata in una sorta di corto circuito emozionale.

A livello emozionale il controllo è sicuramente quello del **rispecchiamento**. Ciò significa che il bambino deve correttamente visto, riconosciuto, ascoltato nelle sue richieste e apprezzato per quello che realmente fa. Si può dire che in questo ambito si situa quella necessità di ricevere le convalide emozionali che formeranno il senso di interezza del bambino.

---

[103] Lo «Holding» (letteralmente «sostegno» ma anche «contenimento») è una funzione di primaria importanza nello sviluppo psichico. Il termine fu introdotto dal pediatra e psicoanalista inglese Donald Winnicott per definire la capacità del caregiver di fungere da «contenitore» delle angosce del bambino, di costituire una sorta di spazio fisico, ma soprattutto psichico, in cui il bambino si sente accolto, sostenuto, rassicurato, incoraggiato nelle prime espressioni di sé.

[104] Secondo Winnicott quando la funzione di holding è stata deficitaria o assente, è possibile rinvenire nell'adulto alcune manifestazioni delle paure infantili, come l'angoscia di disintegrazione, il sentirsi immersi in un nulla liquido e informe, o un'improvvisa e ricorrente esperienza di perdita di senso e di continuità della propria esistenza.

Una supervalutazione delle capacità e delle caratteristiche del bambino genererà, paradossalmente, una visione distorta del sé e non gli permetterà di esprimere interamente i suoi bisogni reali e di accettare i suoi limiti.
Analogamente la situazione nella quale il bambino sente che se la deve cavare da solo (perché gli viene fatto sentire che è in grado di potercela fare, gli viene chiesto di fungere da sostegno o di farsi carico di una situazione pesante), provoca un'alterazione del corretto rispecchiamento. L'accrescimento forzato della rappresentazione di sé concorrerà alla strutturazione di una falsa immagine di potenza, che cercherà di compensare bisogni e carenze che non potranno più essere manifestate.
Paradossalmente, quindi, un accrescimento immotivato e innaturale delle caratteristiche e delle capacità del bambino, provocherà una perdita del vero senso del sé, che sarà sostituito da una struttura egoica inflazionata e auto manipolativa.
Il controllo a livello mentale si sostanzia attraverso un adeguato livello di autorizzazione a fare **o permesso,** oppure, se la vogliamo vedere dal suo lato complementare, attraverso un giusto grado di proibizione, un astenersi dal fare alcune cose (**senso del limite**).
Anche questo aspetto è fondamentale perché il bambino ha bisogno di gestire il proprio mondo mentale con chiarezza e precisione. Se l'accettazione è l'esperienza di essere rassicurato e accolto in un modo incondizionato, il permesso è lo input basilare per muoversi nel mondo esterno. Si può dire che il permesso è il necessario corollario dell'accettazione, poiché dà al bambino quel senso della realtà che egli da solo non ha.
Soltanto un'elaborazione del mondo fatta dall'adulto e accettata dal bambino, potrà permettere a quest'ultimo di sentirsi in grado di andare in giro senza la preoccupazione di allontanarsi dapprima dalla madre o, più tardi, dall'intero ambiente familiare.
Secondo la psicoterapeuta Asha Philips quando il bambino si trova a vivere in un ambiente ipercontrollante, la sua reazione può essere un'inibizione comportamentale oppure una reazione difensiva, che lo porta a opporsi a tutto.
Un corretto livello di autorizzazione/divieto deve tener presente che i bambini non sono tutti uguali. Essi possono essere più difficili o semplicemente più lenti nell'adattarsi ai cambiamenti, nel sottostare alle regole, nel rispondere alle richieste, senza avere nulla di sbagliato.
Dare regole non vuol dire crescere una persona regolata. Quando i *No* dei genitori sono tanti, infatti, essi diventano solo rumore di fondo, non hanno significato e non agiscono. Possiamo concludere con la Philips, *fortunatamente,* perché se i *No* sono molti e funzionano, schiacciano e reprimono.

	Nutrimento	Calore	Controllo
Fisico	Cibo/Riconoscimento	Contatto	Contenimento
Emozionale	Accettazione	Incoraggiamento	Rispecchiamento
Mentale	Coerenza/Prevedibilità	Comunicazione.	Permesso/limite

Le Emozioni e la loro prevalenza

Le emozioni[105] sono una componente fondamentale della vita umana. Per la loro importanza esse hanno da sempre attirato l'attenzione di quanti in ogni epoca hanno cercato di capire l'uomo: filosofi, poeti, romanzieri, musicisti, pittori, e, in tempi più recenti, gli scienziati e in particolare psicologi ed etologi.

Come abbiamo visto in precedenza, l'importanza delle emozioni era ben nota già nell'antichità. Platone e Aristotele ritenevano che le emozioni (o *passioni*, come furono chiamate fino all'Ottocento) dovessero essere attentamente controllate dalla ragione. Nella loro visione, infatti, quando esse s'impadroniscono dell'animo umano possono portare disordine e infelicità: per questo occorre saperle riconoscere ed esprimere adeguatamente, grazie alla indispensabile mediazione della ragione.

Per trovare una considerazione positiva delle passioni, unitamente ad un inizio di analisi scientifica, bisogna attendere l'età moderna e, in particolare, la riflessione di Cartesio. Nella sua ultima opera *Le Passioni dell'Anima* (1649), Cartesio individua sei passioni "primitive", o originarie, dalle quali tutte le altre sono derivabili: la meraviglia, il desiderio, l'amore, l'odio, la gioia e la tristezza. Esse, secondo Cartesio, svolgono una funzione importante per la sopravvivenza[106], ma, anche per il pensatore francese, è necessario controllare le emozioni con «giudizi saldi e precisi» su ciò che è bene e su ciò che è male.

Il primo testo scientifico sulle emozioni viene pubblicato solo nel 1872 da Darwin, con il titolo *L'Espressione delle Emozioni nell'Uomo e negli Animali.* Il titolo è significativo, perché mette in evidenza l'idea secondo cui la vita emotiva non è una caratteristica esclusiva della specie umana, ma accomuna tutti gli animali, per i quali rappresenta un importante strumento di sopravvivenza e di adattamento all'ambiente, contribuendo alla selezione dei caratteri nell'evoluzione delle varie specie[107]. Per quanto riguarda le emozioni umane, è interessante ricordare che secondo Darwin

---

[105] Il Dizionario Oxford definisce così l'emozione: «ogni agitazione o turbamento della mente, sentimento, passione; ogni stato mentale violento o eccitato».

[106] La tristezza, ad esempio, è una sorta di "campanello d'allarme" che induce l'anima a provare odio per gli oggetti che la provocano, così come la gioia, che si prova per ciò che è utile al corpo, induce l'anima ad amare le cose che giovano alla vita. La meraviglia, poi, è il moto dell'anima suscitato da un oggetto nuovo, raro o eccezionale e costituisce la passione filosofica per eccellenza, una vera e propria "molla" che spinge verso il sapere.

[107] Ritenendo che anche gli animali provino emozioni, Darwin apre la strada all'etologia e all'osservazione del comportamento degli animali nei loro contesti abituali di vita.

esistono alcune emozioni universali, che tutte le culture esprimono nello stesso modo.
Nel Novecento un'importante teoria scientifica delle emozioni viene elaborata da Freud ma ripropone l'antico conflitto tra ragione e passioni e reputa necessaria la "civilizzazione" delle emozioni, con il suo inevitabile carico di disagio e di infelicità personale.
Attualmente, grazie agli studi della psicologia scientifica (dal comportamentismo al cognitivismo), si riconosce alle emozioni un valore positivo: esse sono importanti per la sopravvivenza e non si oppongono alla ragione, perché, al contrario, possiedono una loro "intelligenza".
Per i cognitivisti, cui dobbiamo la teoria oggi più accreditata, ogni emozione è un processo interiore complesso, che passa attraverso più fasi e che parte sempre da un "antecedente", cioè da un evento scatenante, che deve essere significativo per il soggetto. Tale evento produce una reazione nella quale si possono distinguere aspetti cognitivi, fisiologici ed espressivi. Le emozioni sono violente e di breve durata, e vanno dunque distinte dagli stati d'animo[108].
Secondo lo psicologo statunitense Paul Ekman[109] ci sono quattro emozioni fondamentali, che gli uomini esprimono in maniera identica in tutte le culture: paura, collera, tristezza e gioia. Accanto ad esse ci sono l'amore, la sorpresa, il disgusto, la vergogna e l'invidia, che insieme alle prime formano le principali "famiglie" di emozioni[110].
Le emozioni, poi, possono avere un significato positivo anche quando a prima vista non sembra. Ad esempio, un'esplosione di rabbia, che può apparire un'emozione del tutto negativa, può essere più sana della sua repressione e, in certi casi, perfino costruttiva. La paura, a sua volta, induce alla prudenza mentre la vergogna si collega al giudizio che il prossimo formula su di noi e, quindi, può essere vista come una bussola nel nostro modo di rapportarci agli altri. Anche all'invidia, che viene comunemente considerata negativa e antisociale, si può attribuire una conseguenza non socialmente dannosa, consistente nell'emulazione di comportamenti positivi.
Verso la metà degli anni Novanta, Peter Salovey e Daniel Goleman, hanno diffuso la nozione di "*intelligenza emotiva*" e sottolineato l'importanza di una efficace educazione emozionale per valorizzare le

---

108 Ad esempio l'euforia, la malinconia, l'aggressività che sono assimilabili all'umore e che sono "stabili", poiché possono durare a lungo e non essere stati provocati da alcun evento scatenante.
109 Considerato il massimo studioso delle espressioni facciali e dei gesti comunicativi.
110 Ad esempio, alla "famiglia" della collera appartengono la furia, lo sdegno, il risentimento, l'ira, l'irritazione ecc.

proprie caratteristiche, avere successo nella vita sociale e professionale e prevenire la depressione.

Dal punto di vista del rapporto con le proprie emozioni, secondo questi studiosi si possono distinguere tre tipologie di individui:

- *i sopraffatti*: coloro che non sono consapevoli dei propri sentimenti, e sono incapaci di mettere in atto un atteggiamento distaccato. Non avendo controllo sulla propria vita emotiva, sono spesso sopraffatti dalle emozioni, che li "immobilizzano" nelle scelte concrete;
- *i rassegnati*: coloro che, pur essendo consapevoli dei propri stati d'animo, sono poco motivati a mettersi in gioco e a cercare di modificare il proprio comportamento.
- *gli autoconsapevoli*: chi ha le idee chiare sulle proprie emozioni e sanno gestire gli stati d'animo grazie all'attenzione che prestano alla loro vita interiore.

Le teorizzazioni più recenti del neuroscienziato portoghese A. R. Damasio (1995) ribaltano la tradizione culturale che ha sempre svalutato le emozioni perché perturberebbero la serenità della ragione e dimostrato come, al contrario, esse siano alla base del buon funzionamento della mente: se l'uomo perde la capacità emozionale non è in grado di essere ragionevole.

Negando la concezione cartesiana del dualismo mente-corpo, Damasio[111] mette in evidenza l'azione reciproca del corpo e del cervello, che costituiscono un organismo unico e indissociabile. La ragione non potrebbe funzionare correttamente senza le emozioni, ovvero senza uno stretto collegamento con il corpo, che offre costantemente la materia di base con la quale il cervello costruisce le immagini da cui origina il pensiero. In questo modo Damasio restituisce dignità alle emozioni che considera dimensioni cognitive.

Alla nascita il cervello emozionale[112] è pressoché già al massimo delle sue capacità, mentre quello logico è ancora ad uno stato embrionale di funzionamento. Ciò fa sì che non comprendiamo il mondo e quello che ci succede ma che ne subiamo tutte le conseguenze possibili a livello emozionale. A differenza degli animali, però, nella stragrandissima maggioranza dei casi, ognuno di noi vive con persone che interpretano la situazione e si spera agiscano in un modo ragionevole.

Il nostro cervello emozionale nei primi anni di vita è, inoltre, predominante anche a causa delle sensazioni sinestetiche che producono

---

111 Damasio A. R. *L'errore di Cartesio. Emozione, ragione e cervello umano,* Adelphi, 1995, ed. orig.:"Descartes'Error: Emotion, Reason, and the Human Brain, Putnam, 1994.

112 Le parti componenti il cervello emozionale (sistema limbico, ipotalamo, amigdala, ippocampo e giro cingolato) sono pienamente formate e completamente operative sin dai primi giorni di vita.

sintomi simili alle parestesie (disturbi, cioè, della sensibilità dovuti a problemi nella percezione oggettiva) e che sono prevalenti durante la fase pre-verbale per poi tendere ad attenuarsi, quando i centri della logica e del linguaggio cominciano a svilupparsi a scapito della parte sensoriale.
Durante i primi due o tre anni di vita, le nostre percezioni emozionali sono molto più complesse, perché noi riceviamo informazioni sensoriali multiple, tutte "raggruppate insieme"[113].
È circa all'età di tre anni che viene perso l'impatto prevalente delle parestesie, quando sviluppiamo l'abilità a comprendere simbolicamente e cominciamo ad usare il linguaggio. In questa maniera l'emisfero sinistro del nostro cervello riceve influenze culturali che creano un ambiente diverso per la nostra successiva crescita.
Si può dire, come afferma Oliver James nel libro citato, che il nostro "senso di sé" (la sensazione di esistere basata soprattutto sul corpo) viene determinato dalle cure di cui siamo oggetto nella primissima infanzia.
Il nostro "modello relazionale", il modo, cioè, col quale ci relazioniamo emotivamente ed eticamente agli altri, è influenzato dalla attenzione che ci viene data da quando cominciamo a gattonare fino a quando non acquisiamo un buon dominio del linguaggio.
In ultimo la nostra abilità cognitiva, cioè la nostra "consapevolezza di verifica e controllo", risente dalle energie di freno e spinta che riceviamo fra i tre e i sei anni.
Il bambino cerca, finché può, di accontentare le richieste dell'ambiente e sviluppa relazioni diverse con i vari componenti (i genitori, i nonni, I fratelli, soprattutto se molto più grandi di età) ma quest'adattamento non riesce a risolvere tutti i problemi perché è forzato.
Il bambino, cioè, non può chiedere od esprimere quello di cui ha bisogno e men che meno ottenerlo. Impara così a fare senza ed ad adattarsi. Gran parte di questo processo è inconscio, provoca danni e potrebbe essersi verificato prima dello sviluppo dello stesso ego.

---

113 La parola "latte", non ha solo uno specifico significato per un bambino di due anni, ma ha un suono, una immagine, una percezione tattile ed un odore. Vedi, ad esempio, *Una memoria Prodigiosa* di Aleksandr Lurija.

Temi emozionali dominanti dell'Enneagramma

Vediamo ora, come vengono definiti i temi emozionali dominanti sul grafico dell'Enneagramma. Come sappiamo, il grafico dell'Enneagramma è suddiviso in tre raggruppamenti fondamentali di punti che individuano tre zone distinte del cerchio.

La zona superiore, che contiene i punti 8, 9 e 1, è detta **centro dell'azione o del ventre;** le persone nelle quali prevale questo centro sono fondamentalmente persone di azione, che prediligono il fare concreto. Esse tendono a riempire la propria giornata di cose da fare, anche se spesso hanno poca importanza, a utilizzare tutto il tempo disponibile, come se evitassero di avere momenti per pensare a se stessi.

In alternativa, paradossalmente, possono trascorrere giornate intere a dormire. Possiedono un'energia molto attiva, s'identificano molto con il proprio corpo e tendono all'impatto fisico, istintuale.

La zona destra, che contiene i punti 2, 3 e 4, è detta **centro dell'emozione o del cuore**; qui ci sono persone nelle quali prevale l'aspetto emotivo, l'impatto emozionale con la vita, ma che soprattutto danno una grande attenzione alla propria immagine. Vorrebbero essere vincenti, importanti o decisivi ad ogni costo e sentirsi dire che sono bravi. Per loro è molto importante l'apprezzamento degli altri e fanno di tutto per suscitarlo.

Nella zona sinistra, che contiene i punti 5, 6 e 7, detta **centro del pensiero o della mente** la prevalenza spetta al razionale, al cognitivo. Questo centro può essere rappresentato come una foresta intricata attraverso la quale le azioni e le emozioni devono passare prima di poter affiorare e nella quale esse spesso si perdono, costrette a fare giri tortuosi per ritrovare una faticosa e condizionata via di uscita.

Sono persone che quando si tratta di agire hanno grandi perplessità, fanno molti ragionamenti e, essendo alla ricerca della certezza, esitano molto. Per loro è spesso sofferto e difficile passare dal pensiero all'azione se non c'è l'ottimismo a sostenerli.

Secondo la teoria dell'Enneagramma, ogni essere umano è riconducibile principalmente a uno di questi tre centri, che corrispondono a tre diversi modi di essere, ciascuno dei quali caratterizzato da un tema emozionale dominante, e in particolare:

La parte superiore dell'Enneagramma ha come tema emozionale dominante la **rabbia**[114].

---

114 Dal sanscrito *Rabh ate* = agire violentemente, viene definita come un violento moto che turba le viscere e si porta rapidamente al cuore)

Nel Nove, la rabbia viene annullata o distratta. La sua valenza come aggressività vitale viene, cioè, deviata o repressa tanto da non poter essere espressa direttamente verso coloro che l'hanno provocata. Per i Nove è possibile esprimere la propria rabbia solo se entra in gioco la giustizia[115]. Essi possono consentirsi di sentire ed esprimere la propria rabbia solo se si trovano di fronte ad un'ingiustizia nei confronti dei deboli, tanto che paradossalmente, tra le persone di questo tipo si ritrovano rivoluzionari che, però, utilizzano la cosiddetta violenza della non violenza.

Gli Otto, invece, affermano apertamente la propria rabbia e la esprimono direttamente. Potremmo dire che sono capaci di trasformarsi in macchine da combattimento, nel momento in cui il loro senso di giustizia viene vissuto come funzionale alla propria reazione di furore.

Nell'Uno la rabbia viene negata e trasformata nel suo opposto. Queste persone sembrano incapaci di arrabbiarsi, se non per un più che degno motivo e trasformano questa energia nella necessità di comportarsi bene e di controllare affinché anche gli altri lo facciano.

Il lato destro dell'Enneagramma ha come tema emozionale dominante **la vergogna**[116] o, all'opposto, **la soddisfazione** e la sua ricerca. Il lato di destra dell'Enneagramma, quindi, sente come emozione prevalente un sentimento di adeguatezza o inadeguatezza, che deriva dalla capacità o meno di riuscire ad aderire all'immagine richiesta dall'ambiente, cosa che garantisce l'attenzione e la vicinanza.

Possiamo, quindi, dire che il Quattro la afferma la Vergogna, cioè la sente e la percepisce come propria, il Due la nega reprimendola fino a non

---

115 La parte superiore dell'Enneagramma (8 – 9 – 1) ha come tema dominante dell'attenzione la **Giustizia**. Nel Nove c'è una forma di poca equità nei propri confronti; rendere giustizia agli altri, invece lo rende vivo e reattivo. Gli Otto vogliono giustizia rispetto a quello che hanno subito e non garantiscono impunità a nessuno; è questo che li fa tendere alla vendetta immediata. Gli Uno si ritengono giusti e pertanto sostengono chiaramente che l'unico modo adeguato di comportarsi è il proprio.

Il lato destro dell'Enneagramma (2 – 3 – 4) ha come tema dominante dell'attenzione l'**Identità**. Nel Due c'è un'identificazione nell'abbondanza e nella piacevolezza ed un rifiuto ad accorgersi dei propri lati carenti. I Quattro, invece, si identificano con i lati negativi e rivolgono la propria attenzione a come vorrebbero essere. Nel Tre, l'Identità è apparenza, nel senso che l'essere interiore è quasi completamente sepolto dalla maschera.

La parte sinistra dell'Enneagramma (5 – 6 – 7) ha come tema dominante dell'attenzione la **Sicurezza**. I Sei cercano la sicurezza negli altri, in ciò che garantisce una certezza indiscutibile. Il Sette tende a cercare la Sicurezza convincendosi che a lui non potranno mai accadere cose negative. Il Cinque cerca la sicurezza nella solitudine e nella rarefazione dei contatti tra sé e gli altri.

116 Dal latino verecundia che deriva da vereri = proteggere e var = intento, viene definita come perturbazione penosa che prova l'animo consapevole di aver commesso, commettere o stare per commettere, atti che portano disonore, biasimo, avvilimento o beffa

sentirne nemmeno il significato e il Tre la riconcilia, mediante i risultati conseguiti.
Questo processo opera in modo inverso se, anziché considerare la vergogna, parliamo della gioia che si prova per essere in un certo modo. Da questa visuale si comprende che il Due afferma di provare e donare gioia, il Quattro di non saper provare gioia, perché non riesce mai a essere completamente come vorrebbe e il Tre sente che la gioia sta nel raggiungere l'identificazione con un ruolo.

Il lato sinistro dell'Enneagramma ha come tema emozionale dominante la **paura**[117], che va interpretata come un'insicurezza profonda rispetto all'agire e alle sue possibili conseguenze, dovuta a una forma di profonda sfiducia nei confronti del proprio sentire istintuale.
Nel Sei la paura viene gestita mediante una serie di comportamenti che tendono a limitare gli eventuali effetti negativi di una situazione reale o solo immaginaria. Prevalgono, quindi, comportamenti che negano di poter subire le conseguenze di un agire irresponsabile o temerario e, contemporaneamente, c'è l'affermazione di quello che appare come un elementare principio di prudenza.
Il Sette nega la paura mediante una serie di prospettive mentali che mettono in evidenza solo il lato positive delle cose, impedendosi contemporaneamente di avere una visione più realistica delle plausibili conseguenze del proprio operato.
Il Cinque, infine, soggiace apertamente alla paura e sviluppa strategie per limitare i temuti danni tramite l'allontanamento, per quanto possibile, dal mondo dell'azione e della partecipazione agli eventi.

117 Dal greco pa – io = percuotere. Essa viene definita come un forte movimento d'animo per cui si è spinti a fuggire da un oggetto considerato nocivo

Capitolo Quarto

La Ferita Originaria

Come ho già detto precedentemente, fin dal primo momento in cui mi sono interessato all'EdT, ho desiderato di possedere un metodo logico di discriminazione che permettesse di comprendere "l'elemento fondamentale" che genera la differenza fra un tipo e un altro. L'osservazione di questi anni mi ha portato a ritenere che tale elemento va ricercato principalmente nei fattori adattativi, che generano lo sviluppo delle varie strutture psichiche del bambino, piuttosto che in fattori di origine genetica o di altro genere. Concordo, pertanto, in questo con il neuropsichiatra Oliver Sacks quando afferma che: "Ognuno di noi è il frutto delle esperienze che fa".[118]

In questo gioca un ruolo determinante la specificità dello sviluppo umano, che vede il bambino dipendere completamente, per un tempo decisamente lungo, dal proprio ambiente di riferimento, prima di poter sviluppare delle modalità di relazione indipendenti col resto del mondo. Abbiamo visto che le cure genitoriali sono fondamentali per la stessa sopravvivenza; chi non riceve cure non riesce nemmeno a raggiungere il livello nel quale si struttura la personalità.

L'essere umano ha, quindi, assoluto bisogno di sapere dove si trova, cosa gli sta accadendo, quanto è in contatto con il resto del proprio "mondo" e, per questo, deve assolutamente sviluppare delle modalità (schemi neuronali, circuiti di azione/reazione emozionali, eccetera) con le quali si può relazionare con l'ambiente.

Da questo punto di vista mi sembra di poter dire che ogni essere umano ripercorre, nel suo percorso di crescita, lo schema evolutivo dell'intera specie. Possono essere, quindi, distinte alcune tappe successive che, pur innestandosi l'una sull'altra e richiedendo, per potersi avere almeno un minimo di crescita rispetto a quella precedente, risposte utili, non possono essere considerate come una risoluzione degli eventuali problemi che si erano verificati nella fase anteriore.

Ecco un breve schema riassuntivo di queste fasi:

---

[118] *La natura della Consapevolezza*: intervista con Oliver Sacks sul sito web Innernet.

Fase individuale	Evoluzione della Specie
Fase Simbiotica nella quale il bambino non è differenziato, ma è tutt'uno con la madre.	*L'essere umano in **natura**,* ancora non consapevole della sua stessa percettività.
*Fase della **Gioia del vivere***, nella quale guidato dall'istinto di espansione il bambino inizia ad avvertire un distacco dalla madre e a cercare di "affermarsi" come essere autonomo. Considerato da Freud come la fase di onnipotenza infantile.	La percezione di essere **vivo.**
*Fase della **Differenziazione** (o Definizione*) si realizza a partire dal primo anno e fino verso il terzo. Il bambino inizia a dire "no", a interagire in termini di contrasto con l'ambiente, a reagire alle indicazioni comportamentali.	Fondamento del principio di **Identità**
*Fase della **Ferita Originaria***: l'ambiente limita il bambino e lo costringe a un adattamento principalmente difensivo. Si struttura una forma caratteriale definitiva e rigida.	**Esame di realtà:** adozione delle risposte che vengono percepite come le migliori in relazione alla realtà per come essa si presenta.
Ego: identità stabile e ben definita denotata da senso di sé e di senso morale.	**Adattamento difensivo richiesto.**

Quello che leggerete di seguito, come tentativo di comprensione della plausibile genesi di un ego, è il risultato di un'opera di ricerca che dura ormai da una ventina di anni, portata avanti mediante tre procedimenti di osservazione che hanno cercato di comprendere, con il massimo della oggettività possibile, quali fossero state le relazioni che il bambino, in via di crescita, strutturava con l'ambiente familiare e con gli altri.

In primo luogo si è cercato di osservare direttamente i bambini (figli propri, di amici, parenti, conoscenti o oggetto della propria attività professionale) nella propria vita quotidiana e di verificare quanto e se esistessero schemi ripetuti di azione/reazione fra ambiente e bambino. Questo tipo di osservazione sembra dimostrare che la relazione con la madre permette, sin dai primi momenti di vita, di strutturare un senso di sé

basato sulle cure e sul contatto ricevuti, mentre la relazione col padre organizzerà il senso della percezione sociale e dell'adattamento.
Un secondo elemento è poi stato ottenuto ascoltando (e successivamente chiedendo di fissare su carta) le testimonianze delle persone che hanno partecipato a corsi e seminari sulla possibile origine del proprio tipo. L'analisi dei racconti ha permesso alle persone di individuare certi percorsi comuni e anche di poter rileggere le proprie esperienze di vita, scrostando da miti e illusioni di tutti i generi, le relazioni e i contenuti che regnavano nell'ambiente familiare in cui sono cresciuti fino ai sei o sette anni di vita.
Un terzo metodo, i cui risultati si sono rilevati davvero sorprendenti per i partecipanti, è consistito nel mettere a confronto le persone dei gruppi con il proprio genitore reale. I colloqui hanno spesso assunto toni vibranti e hanno fatto rivedere convincimenti che duravano inalterati anche da quaranta o cinquanta anni, formando le basi sulle quali poggiavano idee radicate e convinzioni sul mondo e sulle relazioni da tenere con esso.
Vorrei sottolineare che la Ferita Originaria non è una esperienza traumatica, nel senso che essa non è un episodio o un elemento di forte discontinuità rispetto al quotidiano del bambino. Essa è, piuttosto, il risultato delle abitudini alle quali il bambino viene assuefatto e che si strutturano come percorsi neuronali in risposta ad esperienze ripetute. Può essere facilmente compreso quanto sia difficile modificare queste abitudini, una volta che una di esse si è strutturata, osservando, ad esempio, lo sforzo enorme che deve fare un mancino per scrivere, in caso di necessità, con la mano destra o viceversa.
La Ferita Originaria è, dunque, il vissuto quotidiano del bambino, le relazioni giornaliere, l'aria che respirava, per così dire, e con la quale doveva interagire, cercando di attuare quelle risposte che sembravano garantire i migliori risultati per lui. Non c'è nulla di masochistico nel bambino; c'è solo il desiderio di essere rispecchiato in modo positivo dalle persone che gli sono vicine e che ama. Quando ciò non accade l'esperienza del dolore si verifica naturalmente, ed il bambino reagisce cercando sempre di lanciare un segnale che possa far comprendere agli altri quello che prova.

L'ambiente familiare e i paradigmi genitoriali

Ho ripetutamente parlato di ambiente familiare, ma cosa intendiamo con questo termine? A mio avviso, l'ambiente familiare può essere definito come la combinazione degli atteggiamenti e delle specificità di tutti coloro che si prendono cura del bambino. In generale, gli elementi più importanti dell'ambiente sono i genitori e, a seconda delle relazioni che si instaurano sia con il genitore più influente nella vita del bambino che con l'altro, si generano risposte emozionali peculiari che ci rendono unici[119].
L'essere umano, immerso sin dalla nascita in una realtà che gli offre infinite stimolazioni, ha bisogno di sapere dove si trova e cosa gli sta accadendo; per questo motivo costruisce schemi comportamentali e struttura circuiti neuronali particolari che gli permettono di sviluppare specifiche modalità con cui si può relazionare al mondo esterno.
Mi sembra necessario sottolineare la forza e la persistenza che hanno, all'interno della nostra psiche, determinate risposte ai messaggi genitoriali e i danni derivati da una loro "imperfezione".
Non a caso, la psicologa Alice Miller affermava che, in tutta la sua attività professionale, non aveva mai incontrato un analizzando che non presentasse altamente compromessa la capacità di vivere i propri sentimenti in modo autentico e contestava, con parole che riecheggiavano senza saperlo uno dei fondamentali insegnamenti di Gurdijeff, che la sola elaborazione a livello di pensiero del proprio vissuto potesse avere alcun risultato pratico.[120]
Quello che particolarmente la colpiva, era soprattutto l'incapacità di alcune persone ad avere una reale "comprensione" verso se stessi. Secondo la Miller, con la quale concordo appieno, il bambino si è adattato all'ambiente che lo circonda imparando a non vivere e poi a rimuovere determinati sentimenti non graditi. Come scrive l'autrice: "*Il bambino può vivere i sentimenti solo se c'è una persona che con questi sentimenti lo accetta, lo comprende e lo asseconda. Se manca tale condizione, se il bambino per vivere un sentimento deve rischiare di perdere l'amore della madre o della figura materna sostitutiva, se deve reagire "per conto suo", in segreto, ai sentimenti più naturali, allora preferisce non viverli per niente. E tuttavia...qualcosa resta. In tutta la sua vita successiva l'adulto cercherà di mettere in atto inconsciamente situazioni in cui far rivivere i*

---

[119] Come affermato da Winnicott, i genitori non devono essere perfetti, ma *sufficientemente buoni* in modo da permettere la sopravvivenza emozionale del bambino
[120] Vedi, a questo proposito, Miller. *Il Bambino Inascoltato e* Bennett *Gurdijeff, un Nuovo Mondo* pag.156 e segg. ediz. Ubaldini 1981

sentimenti che in quel lontano passato erano stati abbozzati, ma senza che sia più comprensibile il contesto originario". [121]

Vediamo allora in dettaglio questi messaggi che io interpreto come *paradigmi* per il bambino, cioè come matrici all'interno delle quali si cristallizza una visione globale dell'esistenza, e più specificamente, del mondo in cui si vive.

Le modalità cardine alla base dei paradigmi familiari sono fondamentalmente tre: *obbedienza* (più sentita nella parte alta dell'Enneagramma), *aspettativa* (più propria del lato destro) e *contraddittorietà* (più presente nel lato sinistro).

Possiamo sostenere, alla luce di questo, che i tipi appartenenti alla parte superiore dell'Enneagramma (8 – 9 – 1), sono persone molto attente alla rispondenza pratica alle domande ambientali e alla pretesa di conformarsi a esse. Per questo motivo in questi tipi prevale l'azione (o nel Nove quella particolare forma di azione che è l'inazione) ed essi rispondono in modi diversi ad una richiesta di obbedienza.

Coloro che appartengono alla parte destra (2 – 3 – 4) pongono la loro attenzione all'essere come l'ambiente li vuole; queste persone sentono di essere sottoposte continuamente alla rispondenza a un'immagine richiesta e vivono in modi diversi la gestione della compiacenza verso l'ambiente.

Infine, i tipi della parte sinistra (5 – 6 – 7) sono particolarmente attenti alle conseguenze delle azioni e hanno continuamente bisogno di analizzare sia quanto gli accade sia le persone che li circondano, nel tentativo di gestire, ognuno in un modo specifico, un profondo senso di ribellione.

Possiamo sintetizzare, sostenendo che il primo gruppo si domanda costantemente come fare le cose, il secondo come è e il terzo cosa deve fare.

Comune a tutti i tipi di relazione è la complessità delle risposte del bambino (a causa del suo stato di confusione o incertezza), davanti alle richieste che l'ambiente porta all'interno dello scambio relazionale.

Il tentativo di descrivere in poche parole questo complesso sistema di azione/reazione è, ovviamente, soggetto a un'inevitabile forma di approssimazione, per cui le parole con le quali verranno espressi i messaggi veicolati dai caregiver[122] e rielaborati dal bambino, sconteranno inevitabilmente il fatto che esse sono solo in parte evocative delle articolate problematiche che il bambino deve affrontare.[123]

---

[121] Alice Miller *Il Dramma del Bambino Dotato* ediz. Bollati Boringhieri, pagg.13 e segg.

[122]Il termine caregiver sottolinea il fatto che non intendo riferirmi al solo genitore biologico, ma a colui o colei che svolge effettivamente la funzione di "fornitore di cure" ed è l'elemento più influente nell'ambiente che circonda il bambino.

[123] Benché il termine caregiver sia più preciso, nel seguito farò ricorso per semplicità alla parola "genitore".

Tali parole sono il risultato della richiesta fatta ai partecipanti a diversi lavori sull'argomento, per circa un decennio, di definire in modo univoco il messaggio che si riteneva di aver ricevuto dai genitori; il risultato che esporrò, pertanto, potrebbe essere distorto da bias di carattere culturale o dallo stato di salute psichica e integrazione dei partecipanti.

Riportare un unico aspetto per ogni messaggio è necessariamente una forzatura, che talvolta sovrappesa uno solo dell'insieme dei tratti del genitore reale vissuto ed interiorizzato dal bambino. Come in tutti i casi in cui si tenta di sintetizzare in una sola parola un complesso di caratteristiche distintive e specifiche, si deve, quindi, tener presente che essa tende a dare al lettore solo il "sapore" di quello che il bambino ha percepito.

I vocaboli, quindi, non descrivono compiutamente la persona reale, o come essa effettivamente era, o quello che intendeva trasmettere effettivamente al bambino ma quello che quest'ultimo ha percepito essere il contenuto fondamentale della richiesta genitoriale. Così ogni parola non descrive una modalità ma solo uno schema generale.

Ad esempio, un genitore percepito come manipolativo, poteva esserlo in modi totalmente diversi, la costanza del messaggio però consisteva in un ordine/invito univoco. Anche se l'ambito di espressione della manipolazione utilizzabile da un genitore può, infatti, andare dal ricatto morale a quello affettivo o all'utilizzo di uno stato di salute, l'elemento comune consisterà in un messaggio del tipo: "*non chiedere di più perché hai già ricevuto molto e, quindi, accontentati senza dare fastidio*".

Credo sia importante sottolineare che la portata del messaggio genitoriale è soprattutto di ordine emozionale e che, pertanto, un genitore seduttivo appare più facilmente al bambino come modello da seguire, sia perché è stato in grado di ottenere l'amore dell'altro genitore, sia perché è percepito come interessato emozionalmente alle sorti del bambino (anche se può essere, invece, che egli sia molto più attento alla propria capacità di sedurre che non al bambino in quanto persona).

Il seguente schema riassume il messaggio del genitore che le persone intervistate appartenenti ai singoli tipi, hanno percepito come il più caratteristico nella relazione.[124]

TIPO	GENITORE 1	GENITORE 2
Nove	Distante emozionalmente	Manipolativo
Uno	Superficiale	Educativo
Due	Sfuggente	Impegnato
Tre	Persuasivo	Delegante
Quattro	Condizionante	Rifiutante/Respingente
Cinque	Invadente	Formale
Sei	Iperprotettivo (Ansioso)	Sfidante /Pressante
Sette	Permissivo (Dolente/ Complice)	Normativo
Otto	Arrabbiato	Assente (Debole o Inerte)

Per quanto riguarda il bambino **Nove**, il genitore *manipolativo* tenta di convincerlo a fare quello che vuole, utilizzando il legame che ha con lui. La manipolazione è veicolata attraverso un messaggio affettivo, come se questo genitore sostenesse il bambino dicendogli che ha già abbastanza, che non deve chiedere di più, che è in grado di farsi bastare le cose e che così otterrà accettazione e vicinanza. I suoi ordini sono, da questo punto di vista, trasmessi attraverso una sorta di manipolazione, di ricatto morale. Il genitore *distante*, invece, si prende quasi esclusivamente cura del bambino dal punto di vista materiale ma, a causa della distanza emotiva percepita, viene sentito come scarsamente affettivo.

- Nessuno di noi a casa aveva particolare attenzione; semplicemente i miei non avevano tempo per quello. Mia madre, però, mi diceva sempre che io mi potevo accontentare perché, a differenza dei miei fratelli, ero nato più forte. A tavola, spesso, ero l'ultimo a ricevere da mangiare ma mamma faceva sempre in modo che ne avessi un po'di più, come se fosse il modo di dirmi che andavo bene. Papà lavorava sempre tantissimo per cercare di fare quadrare il bilancio e, a casa, sembrava sempre che dicesse: "*Bambini lasciatemi stare, ho molto da fare e poco tempo*".

---

[124] I genitore vengono definiti come genitore Uno e genitore Due perché il ruolo paterno e materno non corrispondono con i messaggi rivolti ai figli.

- Mia madre mi è sempre apparsa lontana, come se avesse delle braccia troppo lunghe per potermi stringere al petto e darmi calore. Sembrava quasi che non ci fosse. Era buona ma di una bontà quasi disimpegnata; si prendeva cura di me ma non dovevo chiederle troppa attenzione. Mio padre, invece, era il centro di tutto il mio mondo, il mio punto di riferimento per tutto. Era sempre presente e premuroso, persino troppo. Diceva sempre a me e mia sorella: "*Non chiedete niente a mamma, è già troppo stanca e potrebbe perfino morire*".
- A casa eravamo in tanti e mia madre era sempre stanca, sciupata. La ricordo da sempre come una donna invecchiata molto in fretta che trovava conforto in me e nella mia comprensione. "*Non mi creare problemi*", mi diceva spesso, "*non crearmeli almeno tu che mi puoi capire*". Io avrei fatto di tutto per accontentarla e starle vicino. Papà era sempre preso dai suoi affari e sembrava un essere diverso quando era con noi. Tanto era gioviale e allegro nel suo negozio e con i suoi amici, quanto era distratto e taciturno quando stava con noi a casa. Mi rassegnai presto a non poter contare su di lui.
- Mia madre mi diceva sempre: "*sei proprio un bravo figlio; non chiedi mai niente*". A pensarci bene io non mi sentivo così ma sapevo che dovevo comportarmi in un certo modo perché altrimenti lei si sarebbe dispiaciuta tanto. Papà era molto attento a come mi comportavo ed ero vestito ma, aldilà di questo, non sembrava avere alcun piacere nello stare con me: infatti, lo vedevo poco e non mi metteva mai a letto.

Nel caso del bambino **Uno**, il genitore *superficiale* è percepito come qualcuno che ferisce la sensibilità del bambino, perché quasi incapace di comprenderne la profondità di reazione emozionale e di proteggerlo, evitando di esporlo a comportamenti inadeguati da parte sua o allo scherno o al dileggio da parte di altri. Inoltre, questo genitore è spesso poco autorevole agli occhi del bambino e quasi incapace di imporsi sull'altro. Al contrario, il genitore *educativo* è sentito come coerente in quanto è colui che, pur essendo rigido, fa esattamente ciò che dice. Il bambino viene iper responsabilizzato a sforzarsi nel fare le cose nel miglior modo possibile, perché confrontato permanentemente con il meccanismo del: "*mi aspetto quello che dovresti fare*", in termini soprattutto di comportamento e di controllo. Questa è una grande differenza rispetto al tipo Tre, dove l'attenzione, più che sul comportamento, va al risultato finale.

- Mia madre faceva esattamente sempre quello che prometteva. Nonostante l'impegno che gli procuravamo io e i miei fratelli lei era sempre attenta e premurosa in quello che faceva, anche se non ammetteva deroghe rispetto a quelli che erano gli standard di comportamento che dovevamo rispettare. Mio padre andava al traino; non prendeva mai una decisione importante da solo e aveva una ammirazione totale nei confronti di mamma. Quando lei è morta all'improvviso tutta la mia famiglia, ed io più di tutti, si è trovata senza direzione.
- Mia madre era una donna molto vanitosa, diretta, intransigente. Ragionava sempre in termini di bianco o nero e, una volta presa una posizione, non tornava indietro. Era autoritaria ma anche una fonte di sicurezza e di praticità. Mio padre, invece, aveva un forte senso del dovere ma era moralista e non sapeva farsi valere né sul lavoro né con i parenti. Non mi ha mai difeso veramente dai miei fratelli, anche se io ero la più piccola.
- Mio padre era un uomo esemplare; mi portava con sé a fare belle passeggiate e, fin da piccola, ha cercato di spiegarmi le cose del mondo come meglio poteva e di fare quello che predicava. Mia madre, invece, era quasi sempre malata e pensava quasi esclusivamente a se stessa. Ogni cosa l'affaticava e spesso non si rendeva proprio conto di offenderci per un nonnulla. Io mi sono abituata fin da subito a non poter contare su di lei e, per non far dispiacere papà, a cercare di fare il meglio possibile per sostituirla nelle faccende di casa.
- Papà era un gran lavoratore e mi ha insegnato sin da piccolissimo il senso del dovere e la soddisfazione per un lavoro ben riuscito. Era un uomo serio che non avrebbe mai sopportato di venir meno ad un impegno per il proprio piacere personale. Non ha mai alzato le mani su di me ma non ce ne era bisogno perché io avrei dato anche la vita pur di non deluderlo. Mia madre, invece, era una persona completamente dipendente e poco profonda che aveva paura di tutto e quasi non usciva di casa, se non c'era papà ad accompagnarla.

Il bambino **Due** ha un genitore presente e di sostegno, molto somigliante a quello del bambino Nove ma, a differenza di quest'ultimo, che manipola per far fare al bambino quello che vuole, quello del Due è un genitore *sfuggente* e trasmette al bambino una sorta di ambivalenza emozionale, perché da un lato sembra richiedere la sua vicinanza e dall'altro, temendone una eccessiva, prende le distanze dal bambino, trasmettendogli la sensazione che può essere perso da un momento all'altro.

Talvolta nella relazione il bambino viene investito simbolicamente di una funzione vicariale dell'altro genitore. Di conseguenza si sente molto responsabilizzato ma ha anche dentro di sé la naturale sensazione di non essere adatto a svolgere quel ruolo. L'altro genitore, invece, appare come molto *impegnato*, perché preso dai suoi obblighi che sembrano non permettere di dedicare troppo tempo al bambino. In questo caso, tuttavia, il bambino viene rafforzato nel suo senso di sé, attraverso una sorta di messaggio implicito che sottintende che il bambino ce la può (in questo caso si tenderà a ripetere il modello del genitore) o ce la deve fare, da solo (in questo caso il bambino pur accettando il messaggio si strutturerà per essere diverso da quel modello).
Proprio per questo il genitore impegnato è visto come esempio di seduttività, visto che è la persona che ha *conquistato* il genitore sfuggente.

- Io ero la piccola principessa di papà, quasi un regalo che mamma gli aveva fatto. Quando stavo male, era lui che non andava a lavoro per restare con me e starmi vicino. Restavo per ore nel loro lettone a giocare con lui e, quando mamma tornava, non mi piaceva per niente doverne uscire. Lo facevo di malavoglia perché sentivo, in qualche modo, di volere anche con lei lo stesso rapporto, ma lei mi teneva lontana, anche se in certe occasioni mi voleva vicino. Passava, ad esempio, molto tempo a pettinarsi i capelli e voleva che io le stessi vicino così da poter imparare.
- Ero il primo di quattro fra fratelli e sorelle ed, ovviamente, sono sempre stato speciale per mia madre. Lei cantava di continuo le mie lodi col resto della sua famiglia e mi faceva sedere al suo fianco a tavola. Raccontava sempre con compiacimento di quanto fossi diventato geloso quando nacque mia sorella e di come pretendevo che fosse lei e solo lei, a farmi da mangiare e mi lavasse. Mio padre, invece, era più legato a mia sorella e per questo sembrava che non fosse mai molto contento del legame fra me e mamma. Verso i sette anni ho iniziato a compiacerlo in tutti i modi per averlo più vicino ma ho sempre sentito di non esserci riuscito.
- Ero la confidente di mamma, quasi la sua sorellina minore, e lei mi raccontava sempre tutto, anche cose che, ora che sono adulta, mi rendo conto non avrebbe dovuto dirmi. Passava molto tempo con me e, fino a quando la malattia di mia sorella non esplose, si divertiva a farmi vedere come ballava, come si truccava, come sceglieva i vestiti. Tutto questo, ovviamente, doveva essere tenuto nascosto a papà che era un uomo molto possessivo, poco incline a

giocare con tutti noi. Io sentivo, confusamente, di essere molto importante per lui, anche se non lo avrebbe mai detto.

- Mio padre è sempre stato enormemente legato a me o, almeno, questo è quello che emerge in me sin dai miei primi ricordi. Forse perché somigliavo alla sua amatissima mamma, con la quale passava gran parte del suo tempo libero, forse perché mi aveva avuto tardi, ero il suo principe, la persona per la quale era disposto a sacrificare tutto. Mia madre forse era un po' gelosa di tutte quelle attenzioni; ovviamente mi amava, non ho mai avuto dubbi su quello ma sembrava infastidita da tutto quell'interesse verso di me e si rifugiava spesso in un silenzio risentito e un po' minaccioso.

Quando si parla di genitore *persuasivo* di un bambino **Tre**, ci si riferisce a qualcuno in grado di essere molto convincente in merito alle capacità del bambino, capace di supportarlo se risponde alle sue aspettative e ottiene risultati ma anche capace di grandi svalutazioni nel caso non ci riesca. Il messaggio che viene trasmesso è: "*Non importa come ci arrivi, l'importante è che raggiungi il risultato*". Questo genitore somiglia, quindi, al genitore del Due nel senso che sta vicino al figlio ma, a differenza dell'altro, gli vende qualcosa facendolo, però, sempre restare solo un bambino. La *vendita* riguarda ciò che il bambino deve fare per andar bene e viene passata battendo molto sul bisogno che il bambino ha di ricevere l'amore e le attenzioni del genitore. Di conseguenza come afferma Oliver James: " Il bambino finisce per avere la fissazione di realizzare gli obiettivi dei genitori, compito reso più facile da un debole senso del sé, cosicché il contrasto fra i suoi desideri e quello del genitore è minore".[125]
Al contrario, l'altro genitore, pur se presente, sembra partecipare poco alla vita del bambino, tanto da venire percepito come *distaccato* rispetto a quello che fa e soprattutto rispetto alla forte influenza dell'altro. Spesso, infatti, anche se non è d'accordo con quello che viene detto al bambino, non lo manifesta in modo netto, ripercorrendo un po' la modalità sfuggente del genitore del tipo Due. Ciò, paradossalmente, spinge il bambino a sforzarsi ancora di più, cercando di attirare anche l'attenzione del genitore apparentemente poco attento a lui .

- Per mio padre io potevo raggiungere la luna con un balzo, se solo mi fossi impegnata. Ovviamente io cercavo di fare di tutto per compiacerlo e, mentre mia sorella era sempre quella che si

[125] Opera citata pag.383

attirava rimproveri, io ero la sua benvoluta. Mamma non era mai molto impressionata dai miei risultati scolastici e di quelli che ottenevo nelle altre attività. Sembrava quasi che mi dicesse continuamente: "*non mi distrarre, non vedi che ho troppo da fare per perdere il mio tempo con te?*".

- Mia madre mi diceva sempre: "*tu sarai un grande uomo se solo saprai combattere per ottenerlo*" e, guardando mio padre, spesso mi sussurrava di nascosto: "*almeno tu ce la farai e avrai la vita che io non ho avuto*". Mio padre, invece, sembrava non essere mai interessato a me, mi guardava con poca attenzione e, anche se mi voleva bene, sembrava sempre dirmi: "*va bene, dopo tutto sei solo un bambino*".
- Mio padre soffriva di una leggera malattia mentale e, praticamente, era come se non ci fosse, soprattutto durante le sue crisi. Mia madre era, invece, attentissima a che riuscissi a far vedere a tutti che non avevamo problemi a causa di mio padre e mi spingeva ad eccellere in ogni cosa. Una volta tornai a casa con tutti 10 in pagella ma uno era scritto con un carattere più piccolo e mia madre mi chiese con severità: "*perché questo è così piccolo?*". Io scoppiai a piangere disperata.
- Mia madre mi ripeteva sempre, come un mantra, tu diventerai un luminare, un grande medico e avrai tanto successo nella tua vita. A scuola era un tormento perché mi sentivo costretto a fare sempre meglio degli altri, a studiare di più, a dedicare il mio tempo alle ricerche piuttosto che alle attività che mi potevano divertire e, a casa, mio padre con un sorriso mi rimproverava dicendomi: "*ma quanto vuoi prendere, undici*??"

Il bambino **Quattro** si trova a vivere uno dei genitori come *condizionante*, nel senso che è attento al bambino ma gli pone condizioni, per ottenere la sua vicinanza e accettazione, che sono spesso irraggiungibili (o, in alternativa, gli dà considerazione emotiva solo in determinate situazioni quali la malattia) e che lo costringono in un continuo stato di speranza e delusione. L'altro genitore viene sentito, invece, come più chiaramente *respingente o rifiutante*, sia in modo diretto e chiaro che in modi più sottili. Un genitore suicida, ad esempio, può essere vissuto come fortemente rifiutante da parte del bambino che si può colpevolizzare per la perdita subita.

- Mio padre diceva di amarmi, ma il suo amore era un inganno, una falsità. Mi amava solo per modo di dire, perché non mi era mai vicino e pretendeva che io stessi sempre al mio posto, non chiedessi mai nulla, mi sforzassi nel fare quello che mi chiedeva senza mai ottenere un abbraccio o un bacio da parte sua. Mia madre vedeva solo mio fratello; sin da piccola seppi che non potevo aspettarmi niente da lei.

- Mia madre mi diceva un sacco di cose belle ma dovevo essere la sua bambolina e non dovevo mai manifestare desideri o capricci. In definitiva non mi ha mai fatto crescere ed io, a cinquanta anni, mi sento ancora come una bambina che non ha il diritto di diventare adulta e non può nemmeno dirlo. Mio padre, invece, era apertamente svalutante. Sento ancora nelle orecchie le sue imprecazioni per ogni cosa che non riuscivo a fare e la collera che lo prendeva quando io mi mettevo a piangere.
- Dopo la morte improvvisa di mia sorella i miei avrebbero voluto avere un'altra femmina e invece nacqui io; così non andavo bene fin dall'inizio. Mio padre mi faceva sempre sentire una femminuccia, incapace di essere all'altezza di quello che lui si aspettava da me, mia madre si curava di me dal punto di vista della salute fisica ma, per il resto, era fredda e parecchio anaffettiva. Ogni qual volta io cercavo di abbracciarla lei si ritirava infastidita.
- Mia madre si uccise che io avevo sei anni e di lei ho solo il ricordo di una donna che non voleva che le stessi fra i piedi. Mio padre, dopo quella tragedia, prima mi mandò a stare con i miei nonni e poi si trovò in fretta un'altra donna. Mi veniva a trovare una volta ogni mese più o meno e mi diceva che non poteva tenermi con sé in quel momento ma l'avrebbe fatto in seguito. Si arrabbiava moltissimo se io piangevo e mi diceva di non fare la stupida.

Il bambino **Cinque** vive uno dei genitori come *formale*, come qualcuno che non è in grado o non è interessato a creare un reale legame emozionale con lui; questo talvolta fa sì che il bambino lo percepisca quasi come un elemento marginale nell'ambito delle dinamiche familiari. Ciononostante, sente contemporaneamente un forte desiderio di entrare in contatto con lui malgrado ne rifiuti il tipo di messaggio. Il bambino, infatti, mantiene la speranza che questo gli permetta di mantenere un proprio spazio di espressione rispetto ai dettami dell'altro genitore che, al contrario, è vissuto come estremamente possessivo e *invadente*; qualcuno capace di imporre un impatto tanto forte da inibire la naturale capacità espressiva del bambino.

- Mio padre era sempre iperansioso e preoccupato per ogni cosa; il contesto sociale, le malattie, la criminalità. Mi costringeva a dormire con lui nel nostro negozio, perché aveva paura dei ladri e mi imponeva di mettermi con la brandina vicino alla serranda così che, in caso di pericolo, io avrei dovuto dare l'allarme e dargli il tempo di armarsi. Mia madre era sempre presa dal far quadrare il bilancio di casa con i soldi che le dava mio padre. Quando mi accompagnava a scuola non mi rispondeva nemmeno, perché era presa dal pensiero di dove andare a spendere e quanto.
- Mia madre andava a servizio e mi costringeva ad accompagnarla, quando non sapeva a chi affidarmi e per me era orrendo, perché restavo lì per ore senza sapere cosa fare e senza poter giocare con niente. Un giorno, la mattina di Natale, mio padre mi portò con sé alla mensa dell'azienda dove lavorava, perché c'era una distribuzione di regali ai figli dei dipendenti. Io ero molto contento perché lui non stava mai con me e, anche se durante la cerimonia non mi diede molta attenzione, fui molto contento di ricevere un trenino di legno verde e bianco anche se era abbastanza sgraziato. Al ritorno a casa mia madre mi forzò ad andare con lei; io ero molto riottoso, perché volevo passare del tempo con il mio nuovo gioco ma non ci fu nulla da fare e dovetti seguirla. Mi consentì, però, di portare con me il trenino. A casa delle persone per cui lavorava c'era una sorpresa per me. Mi regalarono un bellissimo treno tutto rosso fiammante ma io ero troppo arrabbiato per placarmi. Passai tutto il tempo a giocare col trenino verde e non guardai nemmeno l'altro. Mia madre era furente ma non ci fu nulla da fare; la sua collera era per me una soddisfazione troppo grande.
- I miei lavoravano sempre ed io ero affidato a mio nonno: ricordo che mangiavamo in un silenzio quasi totale, sempre. Per me, però, andava benissimo perché, quando tornava a casa, mia madre era insopportabile. Mi stava sempre addosso e mi angustiava con i suoi problemi e le sue richieste. Le sue lamentele e i suoi strilli mi perseguitavano. Avevo trovato un angolo nascosto nel giardino e mi ci nascondevo ogni volta che mi cercava. Mio padre, invece, non parlava quasi mai. Qualche volta mi portava a pesca con lui; sedevamo vicini per ore senza rivolgerci nemmeno una parola.
- Mia madre era una donna forte, dispotica. Tutta la famiglia dipendeva da lei perché era quella che si prendeva carico dei problemi, a differenza di mio padre che si rintanava nei suoi studi e nei suoi adorati libri. Lei decise che io dovevo imparare il piano e mia sorella l'arpa, perché le sembrava socialmente adeguato che

una ragazza sapesse suonare uno strumento. Quello che non poté prevedere, però, fu la mia reazione alla sua imposizione. Mi lanciai in uno studio appassionatissimo che mi permetteva di stare per ore e ore lontano da lei e dai suoi ordini. La voce del piano divenne, per me, l'alter voce della mia voce che col tempo, cominciò a farsi sentire sempre di meno…..

Il bambino **Sei** si confronta con un genitore estremamente ansioso, tanto da essere avvertito come *iperprotettivo* e che blocca sul nascere tutte le sue iniziative. Il bambino è percepito come fragile e a sua volta fa sua questa percezione. L'altro genitore, invece, è apertamente *pressante o sfidante*, fino a essere soffocante ma al contrario del genitore del tipo Uno, non è coerente, anzi dà al bambino dei messaggi che non trovano riscontro nei propri comportamenti. Questi messaggi portano il bambino a non comprendere chiaramente da che parte stare, perché sente che seguire uno dei modelli genitoriali significherebbe non corrispondere all'altro. Ci sono anche alcuni casi particolari in cui lo stesso genitore può oscillare tra le due modalità, come nel caso di qualcuno che fa uso di sostanze stupefacenti o abusa di alcool il quale, nelle fasi di sobrietà è molto ansioso per effetto del senso di colpa e nella fase di crisi diventa molto aggressivo.

- Mia madre mi ha avuto che era troppo giovane e, di conseguenza, era sempre troppo ansiosa. "*Attento a quello che fai*", "*non farti male*", "*non saltare che puoi cadere*", questi sono i miei primi ricordi di quello che mi diceva. Talvolta era faticoso, perché mi stava addosso continuamente ma lei almeno cercava di farmi sentire importante, mentre per mio padre ero un soldatino che doveva obbedire e basta. Mi sforzavo di eseguire i suoi ordini e di esaudirlo ma sembrava che non andasse mai bene. Tutto quello che sembrava andar bene per uno non andava bene per l'altro.
- Ancora oggi mi è difficile immaginare due persone più diverse di mio padre e mia madre; lui era un edonista trasgressivo e scialacquatore, lei quella che stava attenta al centesimo, faceva mantenere l'ordine a tutti in famiglia e che dettava le regole badando al sodo. Non ho mai avuto molta attenzione da mia madre ma, se sbagliavo qualcosa, venivo duramente punita mentre mio padre non mi hai picchiato.
- Da bambino ho avuto sempre difficoltà a capire se una cosa andava bene o no, perché i miei erano in disaccordo su tutto. Mia madre mi trasmetteva la sua ansia impedendomi di fare qualcosa alla leggera, mentre mio padre sembrava più disinvolto; però,

ogni tanto, tutto si capovolgeva. Mia madre sembrava incapace di sopportare anche il minimo malessere mio o dei miei fratelli, mentre papà seguiva le cure alla lettera e non permetteva la minima trasgressione da parte nostra.

- Una famiglia normalissima la nostra all'apparenza e ci tenevano tantissimo a farsi vedere così. Poi, però, nell'intimità non erano d'accordo su niente e litigavano su quasi tutto, in particolare sul modo di comportarsi con noi figli. Sembrava una guerra: non sapevi mai cosa andava bene e cosa no. Ai miei fratelli maggiori andava meglio rispetto a me, perché loro erano stati scelti come degli alleati ed avevano dei permessi, mentre a me sembrava che venisse detto solo quello che non potevo o dovevo fare.

Il bambino **Sette** fa l'esperienza di un genitore che è tanto *permissivo* da essere vissuto quasi come un complice. Molto spesso ciò si verifica perché il genitore ha la necessità della distrazione prodotta dal bambino per sostenersi rispetto ad un'esperienza dolorosa. Appare, quindi, come una persona che va sostenuta emotivamente, perché sofferente. Il bambino sente che se lui manifesta il suo star male anche il genitore sta male, mentre se è allegro egli sta bene. Il bambino viene spostato in un ruolo di sostegno, un po' come se fosse il genitore del genitore; in questo modo è come se fra i due si instaurasse un'alleanza segreta molto forte. Spesso, però, le esigenze dell'educazione fanno sì che anche questo genitore debba dare delle indicazioni normative, cambiando un po' il proprio atteggiamento. Questo cambiamento viene vissuto dal bambino come un tradimento, cosa che lo porta ad una ribellione dettata da un senso di perdita di qualcosa che aveva prima e che improvvisamente non ha più. Dall'altro lato c'è un genitore *normativo* che sente necessario dare al bambino regole definite e porsi come un'autorità autorevole, in grado di fargli capire come è il mondo e come comportarsi. Ovviamente, quest'atteggiamento, poco caloroso dal punto di vista affettivo, provoca un ulteriore moto di ribellione nel bambino.

- Sono nato alla fine della seconda guerra mondiale in un campo di profughi ed ero l'unica consolazione di mio padre. Sentivo che voleva sempre la mia compagnia e che provava piacere se giocavo con lui; mi specializzai nel fargli da spalla mettendo da parte i miei sentimenti e le mie sensazioni anche se potevo star male. Mia madre si era ammalata di tubercolosi e non mi poteva nemmeno abbracciare, ma cercava di tirare su me e il resto della famiglia guardando incessantemente avanti, a differenza di mio padre che sembrava perso nel ricordo del passato e di quello che aveva dovuto lasciare.

- Mia madre era molto giovane quando nacqui e aveva dovuto seguire mio padre in una regione nella quale non conosceva nessuno. Lei si lamentava sempre della sua solitudine e della lontananza dalla sua famiglia. Passavamo ore intere a giocare con le bambole e lei mi diceva sempre che ero la sua consolazione, la sua gioia, la sua compagnia. Se stavo male andava immediatamente in crisi; credo che non sapesse bene cosa fare e, di conseguenza, andava ogni volta in panico. Imparai molto presto a cercare di non farle vedere come stavo veramente per non mandarla in crisi. Mio padre era un uomo autorevole, tutto preso dalla sua carriera. Era a casa molto poco ma, quando c'era, riusciva a tenere a bada le ansie e le malinconie di mamma ed io potevo finalmente essere più me stessa.
- Sono il primo dei miei fratelli e, quando nacqui, portai molta gioia alla mia famiglia. Mia madre era stata colpita da una lunga sequenza di lutti familiari e non era riuscita a portare a termine le precedenti gravidanze, per cui io fui colui che la faceva star meglio. Inoltre, mi fu dato il nome di un fratello di mio padre molto amato che era morto in guerra. Questo mi rese il beniamino di mia nonna che mi proteggeva dalle sfuriate di mio padre, quando facevo qualcosa di sbagliato. Avvertivo che nonna e mamma erano in qualche modo alleate per cercare di impedire che mio padre mi trattasse duramente come era solito fare con tutti e, anche se lo temevo e mi faceva paura, cercavo sempre di fargliela sotto il naso.
- Mia madre era molto permissiva con me quando eravamo soli ma quando c'era la nonna, invece, cambiava e diventava più severa, perché lei era rigidissima e questo a me non piaceva per niente. Papà faceva i fatti suoi e, quando c'era, cercava sempre di spiegarmi le cose come se fossi più grande della mia età. Anche se non riuscivo a capire le sue spiegazioni, credo che si divertisse a vedere le mie reazioni, visto che diceva che io ero un bambino veramente originale.

Il bambino **Otto** si trova ad avere a che fare con un genitore *arrabbiato* (con il partner, con un proprio genitore o con il bambino stesso) che non potrà mai essere percepito come un alleato ma dal quale è necessario difendersi per sopravvivere. L'altro genitore, invece, è *assente* (spesso realmente a causa della morte o di un allontanamento e pertanto mitizzato come un possibile salvatore) o tanto debole da non essere in grado di proteggere il bambino dalla rabbia e dall'impositività del primo. La sua debolezza scatena, a sua volta, nel bambino frustrazione e rabbia, perché si sente abbandonato o indifeso. Per questi motivi il tipo Otto sente di dovercela fare solo ed esclusivamente con le proprie forze.

- Mia madre era un uccellino, un fuscello, un nulla, al confronto di mio padre. Era assolutamente incapace di difendere se stessa e meno ancora me. Mio padre tornava a casa nervosissimo, se qualcosa lo aveva contrariato o gli era andata storta, e scaricava la sua collera su di noi. Talvolta, quando beveva, le sere per noi potevano diventare molto lunghe e dolorose, e questo durò fino a quando non fui abbastanza forte da tenergli testa direttamente.
- Da quando ho memoria ricordo che mio padre mi voleva forte, sempre forte e non esitava a farmi fare cose che un bambino non poteva essere in grado di fare. Ricordo che, non so se mia madre fosse d'accordo con lui o semplicemente non sapeva, mi portava in campagna a cacciare e pretendeva che io fossi in grado di camminare anche per diverse ore dietro di lui. Ovviamente, se io mi lamentavo o chiedevo di fermarmi, partiva immancabile lo scherno e poi la punizione per la mia debolezza.
- Mia madre era furiosa con mio padre perché l'aveva lasciata e non perdeva occasione di attaccarmi sia perché gli somigliavo, sia perché lui di tanto in tanto mi mandava dei regali che, il più delle volte, venivano distrutti. Una volta mi picchiò fino a farmi uscire il sangue dal naso e dalla bocca perché avevo osato, all'uscita della scuola, parlare con mia nonna (la madre di mio padre) senza prima chiedere a lei il permesso che, lo sapevo già, non mi avrebbe mai dato.
- Mio padre morì che io avevo sette anni ed ero il terzo di sei fratelli. I primi due seguirono mia madre, che si trasferì in un'altra città per cercare lavoro, mentre noi venimmo lasciati ai genitori di mamma, persone molto severe ed alquanto insensibili. Spesso ci davano poco da mangiare ed io e i miei fratelli più piccoli pativamo quasi la fame. Una volta rubai dei soldi per comprare la colazione per me e gli altri, ma venni scoperto e duramente picchiato. Mentre mi picchiavano non potevo fare a meno di pensare che, se mio padre fosse stato vivo, quello non sarebbe sicuramente accaduto e giurai a me stesso che un giorno li avrei ripagati della stessa moneta per quell'ingiustizia.

Le risposte del bambino

Ogni nuovo nato è soggetto, come abbiamo visto in precedenza, a un mix di aspettative, richieste di obbedienza e a conseguenze non sempre prevedibili perché nell'ambiente familiare ci possono essere delle contraddizioni o ambiguità.
Anche nei casi migliori (quelli nei quali il bambino è dotato di una base sicura) egli avverte un conflitto tra le proprie manifestazioni (desideri ed espressioni esteriori) e l'ambiente circostante. Tutto ciò gli fa sperimentare una confusa percezione di dolore, che viene vissuta come una limitazione della naturale tendenza verso l'altro e gli fa percepire sentimenti di **rabbia** che a loro volta danno origine alla **vergogna** (un malessere interiore derivato dal non sentirsi buono), ed alla **paura** delle conseguenze non solo delle proprie azioni ma anche delle proprie emozioni[126].
Col passare del tempo le risposte ammesse e quelle vietate concorrono a formare quello che sarà il codice familiare cui attenersi[127]. Le risposte del bambino a tale codice possono essere classificate nei modi seguenti: **accettazione** del messaggio genitoriale; **frustrazione**, vissuta dal bambino come incapacità a rispondere in modo positivo alle richieste del genitore che non dà gratificazione ai suoi sforzi e **rifiuto** di ciò che viene trasmesso, percepito come pericoloso o inibente.
Quando c'è un movimento di accettazione, il bambino, sentendosi rassicurato, tenderà ad adeguarsi e a corrispondere alla richiesta del genitore e ciò gli permetterà di sviluppare quel complesso di capacità che ho definito come "*base sicura*". Tale base formerà il fondamento che, a sua volta, sosterrà tutti gli sviluppi successivi.
Anche il movimento di rifiuto dà, paradossalmente, al bambino una chiarezza interna, solo che, in questo caso, tale qualità verrà utilizzata per erigere una ferma barriera di resistenza rispetto a quelle che vengono percepite come pretese. Il rifiuto può essere considerato come una difesa rispetto alla percezione di non avere abbastanza energie o capacità per affrontare le richieste genitoriali.

---

126 Particolarmente importante, a tal proposito, è la relazione con il "genitore di supporto". Con questa espressione intendo riferirmi al genitore che viene percepito dal bambino come più vicino emozionalmente ma che è anche colui che ha una responsabilità maggiore nella profondità della ferita.

127 Il "codice familiare" può essere definito come la somma dei comandi che vengono dall'ambiente e che il bambino non può che accettare per evitare di subire altre conseguenze. Va sottolineato, a questo proposito, che il bambino non rifiuta quasi mai la figura del genitore ma, piuttosto, il messaggio che sente di ricevere.

Nella frustrazione, infine, possiamo vedere permanentemente attivi due diversi movimenti: da un lato il tentativo di esaudire la richiesta genitoriale, dall'altro un'implicita forma di sabotaggio dello stesso, che diventa poi auto sabotaggio e conduce ad una inefficacia dello sforzo prodotto. La frustrazione, quindi, da un lato inchioda il bambino a una risposta che è vana o inefficace, dall'altro fa sì che anche la ricerca di soluzioni alternative sia finalizzata a rendere vano il messaggio genitoriale.
Ovviamente ciò che ci è accaduto nel passato non si può cambiare e le esperienze che hanno portato alla specifica risposta al messaggio genitoriale sono ormai impresse dentro di noi; ciò che invece può ancora essere modificato è la nostra risposta **attuale** a quel messaggio.
I movimenti nei confronti dei genitori possono essere riassunti nel modo seguente:

TIPO	MOVIMENTO PRIMARIO	MOVIMENTO SECONDARIO
Nove	Accettazione della relazione col genitore Distante Emozionalmente	Accettazione della relazione col genitore Manipolativo
Uno	Rifiuto della relazione con il genitore Incapace	Accettazione della relazione col genitore Educativo
Due	Frustrazione nella relazione col genitore Sfuggente	Accettazione della relazione con il genitore Impegnato
Tre	Accettazione della relazione col genitore Persuasivo	Rifiuto della relazione con il genitore Delegante
Quattro	Frustrazione nella relazione col genitore Condizionale (Esigente)	Frustrazione nella relazione col genitore Rifiutante/Respingente
Cinque	Rifiuto nella relazione col genitore Invadente	Rifiuto della relazione con il genitore Formale
Sei	Accettazione della relazione col genitore Iperprotettivo (Ansioso)	Frustrazione nella relazione col genitore Sfidante (Pressante)
Sette	Frustrazione nella relazione col genitore Complice/Permissivo	Rifiuto della relazione con il genitore Normativo
Otto	Rifiuto della relazione col genitore Arrabbiato	Frustrazione nella relazione con il genitore Debole/Assente

Nel caso del tipo Nove vi è una completa accettazione del messaggio genitoriale. Questa persona, accetta, infatti, il doppio diktat (sia del genitore Manipolativo sia di quello Distante), smette di chiedere per sé (quasi rifiutandosi di raggiungere l'autonomia emozionale) e di aspettarsi di ricevere attenzione. Questo paradigma viene recepito per come viene proposto ed è vissuto come una *conditio sine qua non* per avere vicinanza ed essere parte della famiglia.
Nel tipo Cinque assistiamo al rifiuto nei confronti del messaggio del genitore invadente, sentito come talmente vicino da essere in grado di

limitare le capacità espressive del bambino. La relazione con tale genitore è vissuta con un profondo senso di colpa, perché- nonostante tutto- egli dà nutrimento e calore. Il genitore formale è percepito come qualcuno che non è interessato a stabilire un rapporto profondo e, tuttavia, il rifiuto del suo messaggio non impedisce al bambino di instaurare talvolta con lui una relazione fondata sulla condivisione di una passione comune.

Nel tipo Quattro, infine, troviamo una situazione di doppia frustrazione nei confronti dei messaggi. Il bambino cerca costantemente di rispondere alle richieste che gli sono poste ma non vi riesce; ciò attiva un circuito di auto sabotaggio che innesca, nutre e rinforza la frustrazione. In ciò è visibile anche una sorta di aggressività nei confronti di entrambi i genitori, poiché il non riuscire frustra, inevitabilmente, le richieste del genitore condizionante e rende inattivo il rifiuto percepito dall'altro, attraverso un atteggiamento di richiesta e provocazione che sottolinea il legame che in ogni caso sussiste con lui.

Le altre posizioni sono miste.

Nel tipo Uno troviamo l'accettazione del messaggio del genitore educativo, ed il rifiuto di quello superficiale. Il bambino, infatti, spesso prova la vergogna suscitata in lui dal genitore superficiale e lo sente tanto fragile da cercare di non assomigliargli e di non incarnare quella scarsa solidità da cui si è sentito invalidato. Cercherà, invece, di corrispondere al meglio alle richieste coerenti del genitore educativo anche se questi, come vedremo, è molto spesso un genitore esigente.

Nel tipo Due si assiste alla frustrazione nei confronti del genitore sfuggente che, però, proprio perché appare irraggiungibile è più desiderato ed è percepito come colui che ha il potere di allontanarsi. L'accettazione del messaggio indotto dal genitore impegnato, d'altro canto, spinge il Due a prenderlo come modello (positivo o negativo) e a vivere una sorta di una compulsione a essere gradevole.

Nel tipo Tre abbiamo l'accettazione del messaggio del genitore persuasivo ed il rifiuto di quello del genitore distaccato. Il Tre sembra provare una sorta di perplessità verso quest'ultimo, che, come abbiamo sottolineato in precedenza, sembra non dare molta importanza a quello che fa.

Nel tipo Sei vediamo in azione l'accettazione del messaggio del genitore iperprotettivo, e la frustrazione nei confronti di quello del genitore sfidante/pressante. Costui costringe il bambino in un ruolo non piacevole ma è anche colui che gli dà le regole che lo agevolano nella relazione con il mondo. Il tipo Sei, quindi, sembra essere schiacciato tra il messaggio limitante del genitore iperprotettivo (che lo difende al prezzo, però, di renderlo fragile), ed uno più disinibente del genitore sfidante/pressante che è coercitivo ma, pur invalidandolo, gli riconosce implicitamente una certa presenza significativa.

Nel tipo Sette è in opera la frustrazione nei confronti del messaggio trasmesso dal genitore complice, soprattutto quando esso veicola un contenuto di autorità, perché va a scalfire quella segreta alleanza che il bambino aveva stretto con lui. Il risultato è una forma di ribellione verso chi ha cambiato le carte in tavola, dato che il bambino sente di aver dovuto pagare un prezzo per ottenere libertà e approvazione che è consistito nell'aver dovuto reprimere il proprio dolore. Più facile da capire è il rifiuto del messaggio del genitore normativo che è ovviamente più diretto e chiaro e, di conseguenza, è anche quello contro il quale è più semplice scagliarsi.

Nel tipo Otto, invece, è osservabile sia un rifiuto che una frustrazione per i messaggi genitoriali ricevuti. Di conseguenza la persona sentirà di non volersi trovare più nella situazione di essere oggetto inerme della rabbia altrui e, all'opposto, si sentirà legittimato a esprimere la propria. Inoltre, il rigetto del messaggio genitoriale maltrattante provocherà anche una forma di resistenza verso l'altrui giudizio e verso il senso di colpa.

Le Nove Ferite

In ognuno di noi è quindi vivo, che ne siamo consapevoli o meno, un adattamento emotivo forzato, un dramma sepolto nel sottosuolo della nostra psiche, una Ferita Originaria che ci portiamo dietro e che, nel migliore dei casi, è un dolore indispensabile perché simile a quello che si verifica con la prima dentizione ma che, nel peggiore, come materiale radioattivo continua ad emanare i suoi effetti sulla nostra vita, condizionandoci pesantemente in ogni aspetto del vivere.
Da questo punto di vista si può anche comprendere che le Ferite sono, in definitiva, il risultato quasi scontato della specifica carenza di una di quelle Energie che ho precedentemente descritto, alla quale emozionalmente il bambino ha sentito di dover sopperire, rinunciando ad alcuni sentimenti.

Secondo la Miller, quella che io chiamo Ferita Originaria si struttura in cinque tappe:

1. Il bambino subisce delle offese che non vengono ritenute tali dai genitori;
2. Gli viene proibita l'espressione della rabbia;
3. Gli si impone la gratitudine sotto la minaccia della perdita della approvazione;
4. Il bambino dimentica tutto;
5. Le emozioni represse cercano di trovare vie d'uscita diverse. [128]

Alla luce delle considerazioni che abbiamo fatto in precedenza, andremo adesso a esaminare quale sia stata per ogni tipo dell'Enneagramma la Ferita Originaria e, in seguito, come per l'interazione fra istinto di espansione e ritrazione, si siano prodotte le Polarità, le singole Passioni e gli altri meccanismi della personalità.

La Ferita del bambino Nove.

Nella mia esperienza, ho sempre notato che le persone del tipo Nove ricordano di essere stati bambini molto vivaci e irrequieti. Spinti dal loro forte istinto di espansione questi bambini erano curiosi, estroversi e aperti

---

[128] Molte delle Ferite che verranno esposte di seguito sono state intuite anche dalla grande psicologa svizzera, vedi, ad esempio, il capitolo *Il Disprezzo,* nel *Il Dramma del Bambino Dotato,* pagg. 87 e segg, ediz. Bollati Boringhieri 1990, anche se non riferite, ovviamente, ad un tipo specifico di personalità.

verso il mondo. Che cosa è allora che ha prodotto quello strano fenomeno in base al quale sentono di essere delle brave persone ma, al tempo stesso, vivono una vita in cui non c'è molto spazio per i propri bisogni, desideri e aspettative?
La risposta sta nel fatto che l'ambiente familiare ha chiesto loro di **Rinunciare** a tutto ciò. "*Non dare fastidio e sii grato per quello che hai*", è un messaggio ricorrente nella vita dei futuri Nove.
Abbiamo visto che questo bambino accetta i messaggi che gli vengono trasmessi e che questa obbedienza è funzionale alle pretese e alle credenze dell'ambiente familiare. Spesso c'era qualcun altro più bisognoso (incluso il genitore stesso), verso cui convergevano le cure e le attenzioni e al bambino era imposto di farsi da parte e di non pretendere nulla.
Paragonandosi alle necessità dell'altro, l'ego in formazione del bambino era rafforzato dalla sensazione di sentirsi buono, di essere colui che non creava problemi, di meritare l'amore, perché di aiuto al genitore. Anche in questo caso il messaggio implicito affermava: "*E' giusto che tu non chieda, perché tu sei un bambino bravo".*
In cambio dell'accettazione di questa regola il futuro Nove riceveva una duplice conferma; quella di star facendo bene e di corrispondere a ciò che gli veniva richiesto di fare. In questo modo si sentiva visto, definito in maniera positiva e, proprio perché "pieno", capace di instaurare ottimi rapporti con gli altri, continuando così ad avere il contatto fisico, la vicinanza affettiva e l'approvazione che gli erano indispensabili. Il bambino non percepiva assolutamente di fare un sacrificio perché, in cambio della rinuncia a chiedere per se stesso, otteneva l'approvazione familiare. Il messaggio trasmesso era che era un buon bambino, un figlio che faceva contento i suoi genitori.
Nutrendosi di questo veleno nascosto nel miele, il bambino ha imparato che gli era consentito ed era anzi sollecitato ad agire bene, purché non chiedesse qualcosa per sé e, col tempo, ha rinunciato a pretendere soddisfazione per le proprie esigenze. In tal modo è rimasto emozionalmente un bambino molto piccolo che ha paura di poter perdere i suoi genitori se chiede qualcosa o agisce male e che proietta da adulto questa sua paura in tutte le relazioni importanti della vita.
Questa ritrazione così forte è sostenibile solo se vi è quasi un annullamento del proprio esistere, un non essere pur continuando ad essere che è tipico del sonno e presuppone un forte ridimensionamento della volontà auto affermatrice.
Anche la rabbia vitale viene in qualche modo contenuta sia dalla distrazione che dalla introiezione dell'originario messaggio: "*Non puoi arrabbiarti perché non devi crearci problemi*". In questo modo il Nove perde gran parte della sua spontaneità e naturalezza e finisce per diventare

una persona molto abitudinaria che segue delle routine preordinate. In modo analogo a quello che vedremo in azione nel tipo Tre, si formeranno degli schemi di comportamento che soppianteranno quelli che possono essere i desideri e le aspettative del sé più profondo, sovrapponendosi ad esso come una maschera pervasiva e totalizzante.
La rabbia, però, emerge in maniera quasi automatica se il *premio* non viene più riconosciuto. L'atteggiamento tipico dello "*io lo posso sopportare*", nasconde una forte dose di aggressività verso l'altro, che si esprime mediante una forma di denigrazione implicita. Ovviamente è molto più facile esprimere la rabbia se essa è diretta contro oggetti inanimati "*colpevoli di una mancanza di attenzione*". Un mio amico Nove, che è una persona iper accomodante, una volta esplose di collera improvvisa contro una lampada che non voleva funzionare bene e, dopo averla processata rapidamente e averle spiegato quanto la riteneva una maledetta insensibile, la condannò furiosamente all'esilio nella spazzatura. Qualcuno forse non si meraviglierà se riferisco che il problema era nato anche dal fatto che, per una settimana, il mio amico aveva dimenticato di cambiare le altre lampadine che si erano fulminate.

- Sono un figlio adottivo e mi è sempre parso che mio padre mi avesse accettato per fare qualcosa di gradito a mia madre. Non dico che proprio mi rifiutasse ma di certo mi faceva sembrare sempre poco gradito e invadente. Ho imparato presto a cercare di non chiedere e ad aspettare il mio momento senza protestare, per ottenere in cambio l'approvazione esplicita di mia madre e la sua attenzione. La mia impressione era che le cose stavano così ed io non potevo fare niente per cambiarle. Da grande ho cercato un po' di compensazione in continue fantasie e nell'impegnarmi in costruzioni di modellini.
- Papà e mamma lavoravano tanto ed erano sempre molto impegnati e così da piccola passavo quasi tutto il tempo con la domestica. Papà mi dedicava però molta attenzione, quando c'era, ed esigeva che fossi il più possibile brava e facessi cose pratiche insieme a lui. Mamma era autoritaria e non è mai stata interessata a instaurare un vero rapporto affettivo con me. Ricordo che mi ripeteva sempre di non chiedere qualcosa, per non dare un cattivo esempio al mio fratellino minore al quale, invece, consentiva molto.
- Distrarmi era un comodo mezzo per consentirmi di rinunciare a chiedere per me, senza perdere l'approvazione e senza sentirmi escluso. Eravamo troppi in casa e tutti erano lì a far casino e a volere l'attenzione di mamma, ma solo io sentivo di meritarla

perché non davo fastidio ed anzi ero sempre pronto a fare qualche lavoretto. Da questo punto di vista mi sentivo molto manipolativo e astuto, quasi cattivo, per quel mio comportamento ed anche per questo cercavo di pensare il meno possibile a quello che facevo.

- Per quanto mi sforzi di ricordare, non trovo un episodio della mia infanzia nel quale si è fatto quello che desideravo io. Non è che i miei genitori non volessero accontentarmi, ero io che proprio non riuscivo a chiedere se guardavo mia madre, grigia, sempre stanca, sfinita dal lavoro e dalla cura che aveva per me e i mie fratelli. La sera già alle nove si andava a letto ed io, che non avrei voluto, mi abituai piano piano ad auto addormentarmi per non sentire più nulla, né rabbia, né dolore.

La Ferita del bambino Uno

Nel corso di vari colloqui che ho avuto con loro, molti tipi Uno si lamentano di non essere stati "visti" durante la loro infanzia. Io, invece, ritengo che da bambini lo siano stati troppo e anche troppo controllati da parte di almeno uno dei loro caregiver e che questo sia il loro dramma.
Tutti condividiamo l'importanza di una buona educazione e del rispetto verso gli altri per la felice socializzazione del bambino. Pochi, tuttavia, si domandano se i criteri che sono utilizzati per impartire questa educazione sono oggettivamente validi o se essi sono, piuttosto, il frutto di una visione personale del genitore, che risente di tutti i condizionamenti che ha subito nella sua vita. Uno degli aspetti negativi che più facilmente si confondono con la veste educativa, è quello secondo il quale il genitore fa bene ad usare in tutti i modi la sua "autorità" sul bambino, pur di ottenere rapidamente che egli non si sporchi più e faccia il "bravo".
Accade così che genitori altrimenti non stupidi né indifferenti (al limite un po' superficiali, come abbiamo visto), possano infliggere ai propri figli inconsapevolmente una serie di **Umiliazioni** che ne spezzano emotivamente il naturale istinto di espansione. Questi genitori, solitamente, non ricorrono all'uso delle percosse e, anzi, inorridiscono al pensiero di esercitare una violenza fisica. Essi sono, piuttosto, convinti che la loro severità morale non potrà che fare del bene ai figli e, in conformità a questo principio, si sforzano in tutti i modi di offrirgli un esempio "irreprensibile" cui conformarsi. Non si rendono conto, tuttavia, che uno sguardo sprezzante e ripetuto può avere effetti più deleteri di una aperta manifestazione di rabbia. Peggio ancora se, come talvolta si verifica, questa umiliazione viene "socializzata", schernendo il bambino che si è sporcato o non ha saputo trattenersi, davanti a terzi.

Ho assistito, talvolta, ad alcune scene in cui un bambino piangente, perché si era sporcato il vestito o aveva fatto piccole mancanze, veniva deriso davanti ad altri bambini, che si univano al ludibrio ed ogni volta ho potuto notare che quello che ferisce di più il bambino è l'indifferenza che le persone amate in quei momenti sembrano provare nei suoi confronti.
Se il bambino percepisce di aver fatto vergognare il genitore per qualcosa che ha fatto, sentirà anche un'ondata emozione dolorosa che, vista l'età e la sua naturale sensibilità, non sarà in grado di gestire in altro modo che con una rabbia dolorosa molto forte. Essa, come vedremo, fornirà l'energia dalla quale scaturiranno molti dei meccanismi che vedremo in azione nell'Uno e porterà il bambino ad aderire pienamente al messaggio del genitore che ho definito come coerente ed esigente.
Al bambino Uno sarà così offerto il vantaggio di avere un chiaro codice, cui adeguare il proprio comportamento, se vuole evitare umiliazioni e conservare l'amore dei genitori e il suo ego si strutturerà in modo da essere assolutamente "corretto" e attento a far bene le cose, fino a cercare di divenire, in modo caratteristico, "perfetto".
Questa cristallizzazione, tuttavia, non può eliminare gli insopprimibili bisogni naturali e i sentimenti di "inadeguatezza", "sporcizia", "cattiveria", "avidità" ed altro, sopravvivranno nel bambino (anche se sottoposti ad una forte ritrazione). Ciò farà sviluppare una particolare delicatezza di sentimento che, pur essendo potenzialmente la loro parte più viva ed empatica, è vissuta spesso dagli Uno come un nemico da temere, perché associata a sensazioni dolorose. Tutto questo provoca una contrazione molto forte e ciò spiega anche perché spesso degli Uno si lagnino di sentire una specie di un "nodo" ben stretto presente in modo permanente nel loro corpo.
Anche da adulti i tipi Uno continueranno a non essere permissivi, innanzitutto con se stessi, temendo incessantemente di essere respinti, umiliati, abbandonati, se solo si permettono di perdere il controllo, di essere spontanei e naturali, di accettare le proprie imperfezioni e di far emergere il bambino imprigionato che è in loro.

- Ero la più piccola di tre fratelli e, per motivi di lavoro di mamma, mio padre si prendeva cura di noi. Lui era un brav'uomo ma abbastanza insensibile e spesso mi cambiava davanti ai miei fratelli senza alcuna attenzione per la mia timidezza. Ricordo ancora bene quante volte urlavo perché mi sentivo presa in giro e mi vergognavo perché loro ridevano di me che mi sporcavo e mio padre non mi difendeva.
- Era il giorno di Natale e avevo circa cinque anni. Tutta la famiglia si era riunita per mangiare a casa nostra e si era fatto più tardi del

solito. Avevo molta fame e così presi senza permesso una polpettina da una padella. Mio padre mi vide e senza una parola me la strappò di mano, guardandomi così severamente che ancora oggi mi ricordo il suo sguardo. Volle dare un esempio a tutti (anche ai suoi fratelli, credo) e così fui condannato a mangiare col piatto in mano e in un angolo della stanza. Ricordo ancora bene i miei singhiozzi mentre i miei fratelli più piccoli mi facevano il verso e mia madre lo pregava, senza riuscirci, di perdonarmi. Fu solo dopo un tempo che mi parve infinito e molte lacrime che mi fu finalmente permesso di risedere con gli altri. Giurai a me stesso che non mi sarebbe mai più accaduta una cosa del genere.

- Il semplice suono della parola "Umiliazione" fa risuonare in me echi profondi di esperienze scolastiche infantili. L'istituto scolastico religioso presso il quale studiavo da figlio di emigrante, era molto rigoroso nel richiedere un certo modello di comportamento e chi si comportava male veniva condotto di aula in aula con indosso un cappello con lunghe orecchie di asino. La "mancanza", inoltre, era segnalata ai genitori se era ritenuta particolarmente grave e, quando è capitato a me, mia madre per una settimana non mi ha più rivolto la parola o dato la sua attenzione. Mio padre, invece, non faceva altro che ripetermi: "Vergognati, mi hai proprio deluso". Giurai a me stesso che da allora sarei stato un bravo bambino obbediente.

La Ferita del bambino Due

Dato che la paura di perdere i genitori è un elemento comune a tutti i bambini, all'inizio delle mie ricerche non avevo dato troppa importanza alla costante ripetizione del sentimento di **Abbandono** che tutti i tipi Due mi riferivano. Tuttavia, sembrava strano che anche periodi di breve assenza o di scarsa attenzione verso di loro, erano ricordati come separazioni di fortissima intensità emozionale.

Col tempo mi sono reso conto che dietro questi sentimenti era nascosta una forte paura che trovava la sua origine in messaggi familiari del tipo: "*se non fai ciò che vogliamo, allora non ti vogliamo più bene*". In altre parole il bambino sentiva che se non faceva quello che il genitore si aspettava da lui, perdeva anche l'importanza che gli era stata precedentemente attribuita. Il vero problema, tuttavia, consisteva nel fatto che, a differenza di quello che vedremo accadere nel tipo Tre, non era per niente chiaro cosa il bambino doveva essere.

Questa forma di dubbio emozionale produceva nel bambino la paura che, se non era all'altezza di quello che ci si attendeva da lui, avrebbe deluso terribilmente le persone che più amava. Da qui il timore nascosto del Due di non meritare l'attenzione che si riceve e, di conseguenza, di poter perdere da un momento all'altro tutto l'affetto e la cura che i genitori gli dedicano o, in altre parole, di non ricevere più alcun nutrimento emozionale. Questa dinamica è talmente forte che, persino nei Due adulti, essa si manifesta sia come esigenza psichica fondamentale di ricevere o donare "nutrimento", sia come l'incapacità, o almeno la difficoltà, a gestire un rifiuto ricevuto da una persona cara o, in modo ancora più evidente, la frustrazione di un desiderio.

Quasi come Baldassarre davanti alla mano misteriosa che scriveva sul muro, *Mene, Tekel, Peres* questi bambini temevano, per continuare a citare l'esempio biblico, di poter essere pesati e risultare mancanti e credevano di venire accettati solo per ciò che risultava gradevole in loro. Per questo motivo, anche da adulti, i Due vivono la sgradevole sensazione di non sapere se sono amati per quello che sono o, piuttosto, per l'immagine superficiale che gli altri vedono.

La conseguenza è stata la rimozione degli aspetti che potevano risultare sgraditi e una forma di compiacenza, che si manifesta nella capacità di assumere camaleonticamente ogni apparenza funzionale al mantenimento del ruolo particolare al quale si sente di dover aderire.

Come ho imparato da Louis Corman[129], tuttavia, ritrarre dei sentimenti non significa eliminarli, poiché gli stessi restano presenti allo stato potenziale con tutta la loro forza e attendono solo di trovare un ambiente "elettivo" in cui potersi manifestare. E' del tutto ovvio, quindi, che i tipi Due cerchino disperatamente da adulti di esprimere il loro originario e disatteso bisogno di vicinanza (sia con la madre sia con il padre), senza temere di perdere in cambio una parte di loro stessi.

Questo, però, porta di frequente a uno strano paradosso relazionale. Le relazioni sono cercate con grande forza ma, se diventano troppo intime, producono nel Due la strana paura di poter subire una separazione lacerante. Per tale motivo più una relazione viene sentita come importante e più il nervosismo può crescere, per paura di perderla.

Altri tipi Due riferiscono, invece, che nell'ambiente familiare era loro concesso di potere esternare (e, anzi, erano incoraggiati a farlo perché usati quasi come confidenti) i propri pensieri e sentimenti ma negavano che questo fosse proibito se costituiva una "minaccia" per un genitore.

In particolare molte donne Due ricordavano facilmente la loro paura di essere abbandonate dalla madre ma solo con difficoltà ammettevano che ciò potesse essere stata una conseguenza dell'espressione dcl desiderio di

---

[129] Vedi, ad esempio, *Viso e Carattere, Iniziazione alla Morfopsicologia* ediz. Mediterranee

avere un rapporto speciale con il padre. Quello che era particolarmente per loro difficile, consisteva nel coniugare l'immagine di una madre che avevano spesso sentito come un modello e che le aveva lasciate libere (quello che io definisco come genitore *impegnato*), con quella di una rivale che poteva togliere loro la sua disponibilità.
In molti di questi casi le persone riferiscono di essersi percepite quasi come delle alleate del genitore e ciò non deve stupire visto che, in questo modo, il bambino ha sentito di potersi preservare dal rischio di essere abbandonato. In altri casi, invece, è la grande aspettativa di vicinanza del genitore a mettere il bambino, che diventerà un Due, in una posizione quasi di alleanza contro l'altro genitore.
In casi simili il messaggio implicito era: "*Comprendi i miei desideri, sii la persona che più mi capisce e stammi vicino*". Credo che risulti agevole capire quanto forte sia il peso che il vantaggio che derivano da questa posizione.

- Mia madre, rimasta vedova già da molti anni, lavorava come infermiera nell'ospedale del piccolo centro dove abitavamo. Per una serie di circostanze, legate anche all'esigenza di guadagnare di più, accadde che per un breve periodo fosse la sola infermiera disponibile del reparto e pertanto le accadeva spesso di essere chiamata in servizio anche durante le ore che avrebbe dovuto trascorrere a casa con me. Ricordo benissimo la pena che provavo quando mi abbandonava ma ricordo, anche, il piacere che lei mostrava davanti alla mia disperazione. Quando un giorno le gridai piangendo, mentre stava uscendo: " *Se non vuoi stare con me, vattene e non tornare mai più*", lei si girò e prima di andare via mi rivolse uno sguardo di dolore tanto intenso che io temetti che avrebbe potuto anche morire. Da quel giorno imparai a reprimere la mia tristezza e divenni l'uomo di casa premuroso.
- Mio padre era sempre ritirato nel suo studio con la sua musica e aveva rarissimi rapporti con altre persone tranne me e mia madre. Io sentivo di essere, in qualche modo, la persona che aveva con lui un legame particolare, visto che mi portava con sé al cinema e cercava di farmi apprezzare il pianoforte ma poi, d'improvviso, lui si raffreddava e mi allontanava bruscamente. Mia madre, invece, era più presente ma non aveva un rapporto di qualità con me. Il tempo era un susseguirsi di momenti che portavano, inevitabilmente, al punto in cui lei si allontanava, perché aveva altro da fare ed io dovevo cavarmela da sola.
- Sono la prima di quattro figli e mia madre mi ha sempre trattato come una sua pari, investendomi di potere che da ragazzina

esercitavo sui miei fratelli più piccoli, perché avevo la capacità di poterlo fare e perché in famiglia eravamo in sei oltre la nonna e per lei ciò rappresentava un modo per alleggerire le sue incombenze. Per questo lei non ha mai avuto molto tempo per me. Mio padre, invece, sembrava sempre interessato a starmi vicino ma poi, dopo un poco, si sottraeva e mi lasciava da sola. Ricordo di un pomeriggio in cui gli chiesi un aiuto per risolvere delle espressioni algebriche. Egli, dopo un primo tentativo di spiegazione che non risolse i miei dubbi sull'argomento, iniziò a innervosirsi e mi mollò da sola a risolvere i problemi... Io percepii che il suo messaggio era: "*tanto hai la capacità di farlo da sola, non è vero*"?? Mio padre andò a letto ed io impiegai tutta la notte per dimostrare di poterci riuscire.

La Ferita del bambino Tre

Un proverbio orientale afferma che un *bambino è come cera nelle mani dei suoi genitori*. Questo è sicuramente vero per tutti i tipi ma lo è ancora di più per il bambino che diventerà un tipo Tre, dato che come abbiamo visto, questi accetta completamente il messaggio del genitore che abbiamo definito come *persuasivo* e cerca di rendersi importante agli occhi di quello *indifferente*.
Si tratta di bambini che, in misura simile a quello che abbiamo visto in azione nel Due, sono vissuti in un ambiente che apparentemente li supportava molto, sono stati oggetto di grosse aspettative e che, in molti casi riscontrabili facilmente in famiglie di emigranti, sono stati depositari di una richiesta di riscatto sociale.
Che cosa apprezzava soprattutto l'ambiente familiare? Non tanto il bambino per se stesso quanto, piuttosto, per quello che doveva diventare. Più esattamente possiamo dire che l'ambiente non ha lasciato spazio per un'autonomia emozionale e ha richiesto al bambino di abbandonare i suoi bisogni più profondi offrendogli, in cambio, i propri bisogni e le proprie speranze.
Il bambino, in risposta, ha percepito di non essere all'altezza delle aspettative che venivano nutrite su di lui e ha capito di dover fare qualcosa per diventarlo ed evitare così quella forma di vergogna, espressa dall'ambiente come disapprovazione, che mi sembra ben definita dalla parola **Disprezzo**. Il messaggio che sembra pervenire al bambino è: "Ci piaci se ottieni risultati, altrimenti è come se non esistessi". Egli, di conseguenza, impara a impegnarsi molto, a forzarsi e a non sentire nemmeno la fatica di tale sforzo, almeno fino a quando la droga del risultato raggiunto lo premia.

Il Disprezzo, che il genitore persuasivo fa percepire al bambino, se si manifesta come “banale”, è tanto insopportabile da costringerlo ad accettare il ruolo del vincente[130], a non vedere più con i suoi occhi emozionali e a cercare disperatamente il consenso esterno in sostituzione della mancata crescita interiore. Come Gurdjieff diceva magistralmente “*abbiamo così un grosso pollo che si mette le penne del pavone per convincere se stesso e gli altri che è effettivamente un pavone*”.[131]

A differenza del bambino Nove che, come abbiamo visto, può rinunciare a se stesso a favore di un altro, il bambino Tre è indotto a credere che non rinunci a niente, poiché i valori che deve accettare sono venduti come il meglio che si può desiderare. Per rispondere a questo messaggio il bambino impara a fare proprie queste aspettative e ad ingannare se stesso. In questo modo la maschera aderisce totalmente alla persona e si sviluppa quello che Winnicott chiamava *falso Sé*.[132]

La forza coesiva di questa trappola è tanto intensa che spesso un tipo Tre, anche da adulto, non riesce a percepire la differenza fra ciò che realmente desidera e quello che crede di desiderare, riuscendo così ad ingannare se stesso prima degli altri.

Questo processo di compressione, tuttavia, come ho più volte ripetuto non è senza conseguenze, poiché la ritrazione dei bisogni e dei sentimenti lascia inalterata la forza vitale che c’è dietro di loro. L’urlo dell’essere primitivo (come direbbe Janov)[133], può essere controllato solo mediante una spersonalizzazione difensiva, che separa il soggetto da quello che sente dentro di sé e lo aliena.

Per questo credo che in questo caso siano estremamente valide le parole scritte da Alice Miller all'inizio del suo libro *Il Dramma del Bambino Dotato:* "Orgoglio dei loro genitori, secondo l'opinione comune dovrebbero avere una salda coscienza del proprio valore. In realtà è tutto il contrario. A nulla serve il loro eseguire bene, se non addirittura in modo eccellente, ogni compito, l'essere ammirati ed invidiati, il cogliere successi appena lo vogliano. Dietro tutto ciò sta in agguato la depressione, il senso di vuoto, di auto alienazione, di assurdità della propria esistenza, che li assale appena non sono on top, appena li abbandonano le sicurezze

---

130 Non a caso nel simbolo dell’enneagramma il tipo Tre, che è sempre alla ricerca del successo, è collegato con quello Sei che, in base alla legge del Tre, nega questa posizione e recita spesso il ruolo del perdente.

131 *Frammenti di un Insegnamento Sconosciuto* op.cit. pag. 367

132 *Sviluppo affettivo e ambiente: studi sulla teoria dello sviluppo affettivo*, Roma: Armando, 1974

133 Vedi *The New Primal Scream: Primal Therapy Twenty Years Later* Abacus 1991 o *Il potere dell'amore. L'azione dell'affetto materno sullo sviluppo psicofisico del bambino* Armando 2002

da superstar, o, all'improvviso, li coglie il sospetto di aver tradito un'immagine ideale di se stessi*"*.[134]
Per affrontare il disprezzo che hanno percepito, i tipi Tre debbono convincersi che il più grande e vero successo che possono ottenere è quello di conquistare se stessi. Permettere al bambino interiore di lasciarsi andare, senza dover per forza competere con un'immagine di perfezione ed esprimere la sua voce inascoltata da tanto tempo, è un compito veramente arduo ma è anche l'unica possibilità che si offre al Tre per riappropriarsi del suo mondo interiore.

- Mia madre era la persona forte della mia famiglia. Mi ripeteva sempre che una vita degna di essere vissuta doveva essere come il fuoco: capace di raccogliere gente intorno a sé, affascinante, scoppiettante, piena di calore e colore. Lei era una persona veramente in gamba e piaceva a tutti. Io ho sempre vissuto come diceva lei e mi sono sempre rifiutato di dare troppa importanza al fatto che il fuoco si sarebbe potuto spegnere. Ho sempre brillato e adesso che vedo tutte queste rughe sul mio volto e sento la cenere crescere dentro di me non riesco a farmene una ragione.
- Da piccola ho sofferto per lungo tempo di una malattia muscolare che mi rendeva molto difficile camminare e, per questo, ho dovuto fare una lunghissima trafila di visite ospedaliere, sedute di riabilitazione e cure molto costose. Di tutto quel triste periodo la cosa che ricordo più vividamente non è tanto il mio dolore ma la determinazione della mamma per farmi guarire, nonostante le difficoltà economiche. Mi faceva disperare sopra ogni cosa il senso di vergogna che leggevo sul suo volto quando non riuscivo a fare gli esercizi che mi venivano prescritti per allungare i muscoli. Ho sempre capito che la vergogna che provava mamma non era per quello che non riuscivo a fare ma per quello che ero. Ricordo che spesso le carezzavo la faccia e le dicevo: "*Non ti dispiacere, mamma, farò tutto quello che mi dicono, m'impegnerò di più, ma tu non ti arrabbiare*". Mi chiedo se forse proprio per quello sono stata da giovane un'ottima ostacolista.
- I miei hanno sempre investito su di me e, in misura maggiore di quello che facevano con i miei fratelli, si aspettavano che io riuscissi ad ottenere tutto quello che loro, poveri immigrati venuti dall'Africa, non erano riusciti ad ottenere. Mia madre era troppo presa dalle nostre difficoltà per darmi un'attenzione intensa ma mio padre era sempre attento a me e per lui contava solo che io

[134] *Il Dramma del Bambino Dotato* pag. 13 Bollati Boringhieri 1990

andassi bene a scuola. Fin da bambino mi chiamava "il dottore" e non perdeva giorno senza ripetermi, ossessivamente, che io, il migliore di tutti, sarei stato il suo medico personale e l'unico del quale si sarebbe fidato. Imparai presto che ogni risultato meno che eccellente era fonte di rimproveri e imparai a dissimulare quello che provavo.

La Ferita del bambino Quattro

L'impossibilità di riconoscere che il dramma della prima infanzia opera in maniera decisiva in tutto il seguito della nostra vita è presente, sorprendentemente, anche nel tipo Quattro. Infatti, anche se questo tipo è, insieme al Cinque, quello più conscio della sua sofferenza esistenziale, ho raramente trovato persone consapevoli del fatto che il loro soffrire ha origine in una serie di precoci problemi sorti nell'ambiente familiare.
L'obbligo di conservare un'immagine felice dell'infanzia agisce in maniera così forte che la maggior parte dei Quattro, che ho conosciuto, sono fermamente convinti che tutti i loro problemi si siano manifestati solo con l'adolescenza.
Tale convinzione è del tutto falsa e si spiega soltanto con la necessità che ha un Quattro di manipolare il senso di colpa derivante dalla **Disperazione,** suo dramma emozionale primario. Essa va intesa come un'incapacità del bambino a soddisfare le richieste dell'ambiente nonostante tutti i suoi sforzi e il suo impegno. A differenza di altri bambini che ricevono, infatti, un chiaro codice di comportamento da seguire per ottenere approvazione e affetto, al Quattro non è data un'analoga indicazione che possa essere di aiuto ma solo una forma di disapprovazione per quello che è e quello che fa; il messaggio che viene percepito dal bambino è: *tu non vai bene.*
Spesso il bambino sente che l'ambiente lo vuole diverso da come è ma non sa come fare per adeguarsi alle richieste. Talvolta, inoltre, non potrebbe esaudire in nessun caso le pretese che derivano principalmente dal genitore che ho definito più sopra come *richiedente o condizionante.* Penso, ovviamente, ai casi di genitori che avrebbero voluto un figlio di sesso opposto e fanno cadere sul bambino la "maledizione" di essere del sesso sbagliato o alle pretese, che spesso sono rivolte a bambini di età tenerissima, di comportarsi da adulti.
Questo confronto con un ideale che non è reale fa percepire un profondo senso di vergogna al bambino, che si attiva per cercare di vincerlo, senza mai peraltro riuscirci: ciò genera un continuo ciclo di speranza di farcela/ disperazione totale/, che perpetua l'originaria frustrazione vissuta con ambedue i genitori.

In molti casi davanti alla paura di poter essere abbandonati (e ai Quattro ciò accade in realtà con molta più frequenza di quello che abbiamo visto accadere nel Due), questi bambini creano una struttura difensiva che li porta a vedere i genitori come dei non modelli dai quali essere dissimili e a fantasticare di essere stati adottati o, comunque, di non essere effettivamente figli di uno o di entrambi i genitori.
Il bambino Quattro, tuttavia, non cresce in un ambiente familiare totalmente privo di cure, poiché il dolore palese del bambino può commuovere il genitore *condizionante* che gli presta, a quel punto, conforto e attenzione. In questo modo il genitore rimanda un messaggio del tipo:" *Ti do la mia attenzione quando stai così perché sei nato difettoso, sporco, cattivo, eccetera.*
Analogo è il caso in cui il genitore vede, ad esempio, il bambino in difficoltà e, anziché incoraggiarlo con pazienza a cercare di superare la prova, tende ad assumere un atteggiamento del tipo: " *va bene, non te la prendere se non ce la fai, è troppo difficile per te*", che il bambino interpreta come un: "*poverino, che ci vuoi fare sei non sei capace?"* In questo modo la sensazione di inadeguatezza viene rafforzata e si origina quello strano fenomeno psichico che porterà l'adulto Quattro ad amplificare le sue reazioni emozionali per essere visto e fare ricorso al lamento costante per ottenere la tanto desiderata attenzione e comprensione.
Queste risposte emozionali negative [135] dell'ambiente familiare, in parte analoghe a quelle che devono affrontare i bambini Cinque o Sei, producono echi profondi sugli istinti di espansione e ritrazione.
Da un lato il bambino avvertirà una profonda rabbia verso i genitori che potrà, peraltro, solo con difficoltà manifestare in modo diretto, dall'altra ritrarrà la sua richiesta di vicinanza affettiva e di considerazione, esprimendola nell'unico modo in cui gli è consentito: una dolorosa incapacità sotto la quale nascondere la sua richiesta.
Così, ad esempio, un genitore che si sente minacciato dall'intelligenza del figlio può reagire con rabbia alle sue manifestazioni e il bambino, pur provando rabbia, si costringerà a istupidirsi per non correre il rischio di essere respinto. Un altro caso, anche questo abbastanza frequente, si verifica quando un bambino è in realtà molto carino e il genitore, che lo sente come un rivale, non perde occasione di mettere in evidenza piccole pecche facendolo apparire come brutto e carente. Anche in questo caso la reazione finale del bambino sarà quella di "annodarsi", cercando scampo in una forma di disorientamento e nel non sapere più giudicarsi adeguato.

---

[135] Nel senso che sono delle *disconferme*, perché il bambino viene ignorato o gli viene fatto capire che non va bene o non è valido.

In ogni caso l'alternarsi di freddezza e di forti richieste fa sì che il bambino avverta il desiderio e si sforzi molto nel tentativo di comprendere ciò che gli viene chiesto, diventando molto empatico in modo simile a quello che abbiamo visto in azione nel Due.
Qui, tuttavia, la frustrazione vissuta porterà il bambino a sentire che il suo sforzo non è apprezzato e sullo sfondo resterà sempre la dolorosa domanda: *io debbo capire ma chi capisce me?* Da quest'aspetto della Disperazione si originano la caratteristica tendenza del Quattro a sentirsi incompreso e la tendenza a pensare che, in qualche momento, si è fatto qualcosa che ha portato a perdere l'amore che in precedenza si aveva. Questo ultimo aspetto spiega perché i Quattro tendano spesso a guardare al proprio passato con malinconia e si interroghino costantemente sul "perché" sentono di aver perso l'amore.
Paradossalmente, questo processo induce il piccolo Quattro a provare molta compassione verso il genitore *rifiutante,* che spesso viene visto come qualcuno molto fragile e che bisogna addirittura proteggere. Un genitore depresso, ad esempio, che non ha tempo ed energie, può, paradossalmente, far sì che il bambino senta di doversi occupare di lui per impedirgli di precipitare in un baratro. Da questo punto di vista, infine, il massimo rifiuto che il bambino può percepire è quello del suicidio del genitore stesso, perché innesca la dolorosa percezione di non essere stato tanto importante ai suoi occhi da impedirgli di commettere quel gesto.

- Soffro di una fastidiosa forma di balbuzie che mi confonde enormemente sin da quando ero bambina. Tale problema si manifesta particolarmente quando mi si sento in obbligo di dover fare qualcosa o se non ricevo un'adeguata attenzione mentre sto parlando e mi fa venire sempre in mente la situazione che si creava con i miei genitori, quando cercavo di dire qualcosa. Loro erano molto presenti dal punto di vista fisico ma completamente assenti sul piano affettivo e molto assertivi; le richieste che mi venivano rivolte da bambina erano troppo eccessive e questo mi faceva continuamente disperare. Imparai in fretta, tuttavia, che il mio non riuscire e i miei inceppamenti suscitavano soprattutto in papà una profonda frustrazione, che si traduceva però in una maggiore attenzione nei miei confronti. Trasformai così la mia rabbia profonda nel sintomo della balbuzie, grazie al quale ho potuto sentirmi un'incapace per tutta la vita, avere attenzione senza doverla chiedere e punire contemporaneamente i miei genitori per la loro incomprensione.

- Sono figlia unica e quindi sarei dovuta essere un gioiello prezioso per i miei genitori. Invece, pure se mia madre era enormemente possessiva nei miei confronti, non ho mai sentito vero calore emozionale e attenzione per le mie difficoltà. Sembrava sempre che dovessi essere qualcosa di diverso rispetto a quello che ero, che sarei dovuta essere il fratellino che lei aveva perso prima che io nascessi. Per mio padre, inoltre, sembrava quasi che io non esistessi veramente come essere reale ma solo come un'immagine dipinta nella sua mente. Piangevo, se solo lui mi guardava storto. Per molto tempo non ho capito perché era così incapace di venirmi vicino, di darmi una emozione positiva, di farmi sentire che ero la persona con la quale voleva stare almeno per un poco. Poi lui se n'è andato per sempre ed io mi sono sentita a lungo in colpa per non essere riuscita ad avere un vero rapporto con lui, prima che morisse.
- Non ho mai sentito che andavo bene per come ero. C'era sempre qualcosa nella freddezza di mio padre che mi faceva sentire non meritevole del suo affetto e, per quanto cercassi di compiacerlo, sentivo che non ci riuscivo in nessun modo. Mia madre, invece, stravedeva per mio fratello più grande ed era un continuo paragonarmi alle sue capacità. Da figlio minore ho sempre cercato di ritagliarmi un posto, sviluppando quelle qualità che mi sembrava potessero essere più gradite a mia madre. Lei, ad esempio, era affascinata dai presentatori della televisione che parlavano facilmente e con proprietà ed io mi sono sforzato sin da bambino, senza mai sentire di riuscirci veramente, di essere un eccellente oratore.

La Ferita del bambino Cinque

La ferita del bambino che diventerà un Cinque è stata a lungo un dilemma per me. Ascoltando le storie d'infanzia di molti Cinque adulti appariva evidente che essi si erano sottratti molto presto alle aspettative ed alle richieste dell'ambiente. Mi chiedevo perché questo bambino, contrariamente a quanto è naturale, non sente di corrispondere a quello che il genitore gli chiede di fare. A poco a poco mi fu chiaro che il bambino preferiva fare a meno di chiedere l'attenzione per due motivi.
In primo luogo perché un genitore, quando c'era, gliela dava in ogni caso poiché era *invadente* ma questo calore affettivo aveva il difetto di diventare soffocante come la stretta di un pitone. Il bambino percepiva di avere una particolare importanza, perché spesso oggetto di attenzione

materiale, ma si sentiva anche schiacciato e non rispettato nella ricerca di un suo confine.
Si instaurava in questo caso spesso una vera e propria dinamica di "gioco a nascondino", col genitore indaffarato a inseguire un figlio che cercava di nascondere più che poteva di se stesso, per continuare a godere dell'attenzione insita nella ricerca.
In secondo luogo il bambino sentiva che non c'era vero interesse per quello che esprimeva, non gli veniva offerto un reale modo per avere uno scambio completo e l'assenza di questa energia provocava un raggelamento interiore. La sensazione di non essere mai stato veramente ascoltato significa anche sentire di non essere stato oggetto di attenzione e ciò fa nascere una profonda sfiducia, che si può cercare di tradurre con una convinzione del tipo: "*Non spendere troppe energie con gli altri, tanto non serve a niente*".
Da questa dinamica discende anche una caratteristica che si può osservare frequentemente nei Cinque adulti: la necessità che ci sia un altro che interpreti per loro ciò che essi provano, dato che la carenza in questa funzione del genitore da me definito come *Formale,* non ha permesso al bambino di rispecchiarsi e comprendere correttamente la relazione fra la percezione di un sentimento e la sua idonea espressione.
La parola **Limitazione** va, quindi, intesa come un non avere avuto un adeguato spazio di espressione, cosa che ha condotto il bambino a un rifiuto della relazione e, in molti casi, a un'auto rifiuto. Questo spiega perché, ad esempio, il Cinque adulto senta facilmente un senso di colpa derivante dall'aver rifiutato il proprio genitore e nasconda la sua fragilità con l'isolamento.
L'esperienza personale dei tanti Cinque con i quali ho avuto la fortuna di parlare, mi ha confermato che è anche diffusa la sensazione di non avere ricevuto abbastanza e di essere stato, al contrario, in qualche modo svuotato dall'ambiente, che non esitava a condannare quando il bambino provava a rifiutarsi di dire o fare o a chiedere di più. Questo doversi accontentare, arricchito dai sensi di colpa, ha spezzato il naturale desiderio di contatto ed ha costretto il bambino a proteggere la sua parte più vitale ritraendola dietro un muro di silenzio e freddezza.
Un tipo Cinque molto consapevole, Nancy Anderson,[136] ha descritto questo processo *come una forma d'impoverimento della capacità emozionale "decisa" nel corso della prima infanzia*. Da parte mia voglio aggiungere che sarebbe erroneo considerare questo atteggiamento come se fosse stato il risultato di un calcolo sbagliato, perché così ci si convince

[136] "*A Five Miscalculation*", contenuto nel numero di Dicembre 1999 dello Enneagram Monthly

che tutto deriva da una decisione propria e il senso di colpa sottostante non può mai essere del tutto eliminato.
Il profondo riserbo che prova l'adulto di questo tipo non è, quindi, un calcolo sbagliato ma il residuo dell'originaria percezione di dover nascondere i propri bisogni e di dovere rinunciare alla speranza di un contatto veramente arricchente. Tuttavia, la naturale convinzione che esiste un ambiente di elezione in cui potersi finalmente esprimere porterà il Cinque a ricercare questo "Eden" per tutta la sua vita. Questa ricerca, percepita come una necessità assoluta, sarà effettuata però nel silenzio interiore e assorbirà tutte le risorse disponibili, traducendosi in un mondo interiore di fantasticherie in cui in qualche modo le proprie esigenze sono sempre comprese e soddisfatte.

- Mio padre era sempre troppo preoccupato di essere derubato e per questo vivevamo in tre camerette sopra il suo negozio. Non aveva tempo né per me né per nessuno ma quando si rivolgeva a me lo faceva solo per trasmettermi la sua ansia. Certe volte mi sembrava di essere trasparente, quasi un fantasma, perché io gli parlavo e lui non rispondeva a quello che stavo dicendo e continuava a seguire il filo dei suoi pensieri, interrompendomi con le sue elucubrazioni. Mia madre, invece, era più presa dai problemi dei suoi fratelli che non dai miei e sembrava quasi non interessata a come andavo a scuola. Si accorsero che c'era un problema solo quando iniziai a rifiutare di restare nel negozio perché non volevo parlare con nessuno.
- Io non piaccio alla gente e la gente non piace a me. Per quanto mi sforzi di ricordare, mi sembra che sia stato così da sempre e che da sempre non sia stato in grado di credere veramente che qualcuno fosse degno di fiducia. Forse è stata mia madre a farmi essere così, perché era una donna capricciosa e volubile che pretendeva, comandava ed agiva per soddisfare i suoi desideri senza curarsi troppo di me. Quando mi baciava i suoi baci mi davano fastidio perché mi stringeva troppo forte. Mio padre era un tappetino per i suoi piedi e la seguiva come un cagnolino. L'unica cosa che sapeva dirmi, quando cercavo di chiedere qualcosa o di ottenere considerazione era: "*Fai la brava su, non fare arrabbiare la mamma*".
- Fra me e mio padre c'è stato in apparenza poco rapporto, ma c'era una cosa che ci univa: l'amore sconfinato per i libri. Anche se lui aveva poco tempo per me e per chiunque altro, c'è sempre stato fra di noi una specie di patto segreto: io avrei proseguito la sua opera. Me lo ricordo quando mi permetteva di vederlo all'opera (non di toccare i libri, quello no, ma di stare fermo mentre lui

riparava una pagina, una copertina o classificava i libri che erano stati acquistati da qualche lascito) e mi rivolgeva uno sguardo speciale quando c'era qualcosa di particolare da osservare. Nella mia vita lui era una nota lontana e più segreta rispetto alle altre cose. Per tutto il resto c'era mia madre, onnipresente, razionale, attiva e capace di far quadrare i conti, di badare a me e alle mie sorelle, di indirizzare le nostre vite, di essere sempre presente.

La Ferita del bambino Sei.

Molto spesso mi sono domandato da dove si origina, nel tipo Sei, quell'insicurezza che lo porta a non rinunciare ai suoi desideri ma che non gli permette di sapere bene cosa o come fare per poterli soddisfare.
Col tempo ho capito che, per rispondere pienamente a questa domanda, dovevo riflettere sul significato stesso della Paura, che è l'emozione primaria scatenata di fronte ad un pericolo, dall'istinto di ritrazione.
Si può dire che come per la Rabbia, esiste una "giusta" Paura, che non è certamente una passione. Per illustrare bene il punto si può citare un vecchio proverbio indiano che afferma che nascondersi in una fitta nebbia e rannicchiarsi, può essere un'ottima soluzione, se intorno a noi c'è qualcuno che ci può attaccare.
Tuttavia, continuando nella metafora, possiamo aggiungere che restare nella nebbia della confusione, quando non c'è alcun rischio reale, è una cosa totalmente diversa. Nel primo caso, infatti, vi è una corretta e naturale risposta dettata dall'istinto di ritrazione davanti ad un pericolo reale, mentre nel secondo c'è un'ansiosa inibizione dell'azione di carattere passionale. Come è evidente, solo in quest'ultimo caso possiamo parlare correttamente di Paura come passione.
In generale, possiamo dire che, per poter esprimere il proprio istinto di espansione ed aprirsi al mondo, il bambino ha bisogno di un ambiente e di un'autorità dal quale provengano messaggi chiari e diretti del tipo: "sii così", "comportati così" o "fai in questo modo".
Nel caso del bambino Sei, invece, i comandi che arrivano sono esattamente del tipo opposto. Il dramma di questo tipo è, infatti, quello di ricevere **Ordini Negativi o Contradditori,** che non consentono al bambino di rispondere in modo univoco alle richieste dell'ambiente e minano la sua fiducia nel comprendere la realtà in cui si trova. Questa situazione si può originare in ambienti in cui i genitori danno nel tempo risposte radicalmente diverse alle stesse situazioni[137], o sono in contrasto fra loro e danno al bambino messaggi opposti.

Il primo caso si ritrova, ad esempio, frequentemente nelle storie di figli di alcolizzati, tossicodipendenti o schizofrenici, che hanno talvolta ricordi di un genitore amorevole che si trasformava d'improvviso in una vera e propria furia.
Il secondo, come abbiamo visto trattando dei paradigmi familiari, si verifica in famiglie "normali" in cui a un genitore apertamente autoritario e pressante che proietta sul figlio propri desideri che pretende siano realizzati (o che, all'opposto, affidandogli il ruolo del *perdente* lo rende veicolo di proiezioni negative), si affianca un altro genitore che è iperansioso per la salute fisica del bambino ma che non lo convalida veramente perché lo inibisce nell'azione.
In questi casi è molto importante, anche se troppo spesso completamente ignorato, l'aspetto emotivo della relazione dato che nel comando negativo è implicito anche un messaggio ambivalente di questo tipo.
Da un lato il bambino riceve un'attenzione talvolta eccessiva (percepita spesso come vera oppressione) ma dall'altro non riceve il permesso necessario per potersi sentire libero nell'affermare ciò che veramente desidera.
Accettare pienamente il messaggio di uno dei genitori significa, inoltre, rifiutare quello dell'altro e questo genera ulteriore confusione emozionale ed ambivalenza. È condizione normale che, in quasi tutte le famiglie, i genitori tendano a dare messaggi differenziati, tuttavia, la contraddittorietà non deve superare un certo limite, altrimenti genera un disorientamento nel bambino, che non riuscirà a trovare coerenza fra comportamenti e conseguenze.
E' facile capire che il processo di adattamento/differenziazione, tanto necessario alla crescita, diventa assai complicato. La corretta valutazione delle conseguenze di un'azione o di un rifiuto ad agire diventa estremamente complessa e inquinata dall'incertezza. Le risposte più elementari saranno da un lato una penosa insicurezza e un odio/amore impotente e potenzialmente distruttivo, dall'altro un impulso a sfidare apertamente i comandi e l'autorità stessa.

- Mia madre era abbastanza autoritaria e mi bombardava di messaggi negativi (non dare fastidio, non fare questo, non toccare quello, non sporcarti ecc.). Per farsi obbedire mi minacciava continuamente di farmi punire da papà quando sarebbe tornato a

[137] Come già ho osservato, i caregiver normalmente non agiscono allo stesso modo verso lo stesso bambino nel corso del tempo. Cionondimeno le risposte non possono superare un limite di divergenza che le renda totalmente incoerenti per il bambino

casa dal lavoro ma papà era molto permissivo e più pronto a giustificare che non ad assumersi le vesti del carnefice e, quando c'era lui, il clima in casa diventava in qualche modo più leggero. Io non riuscivo a capire come mai quello che andava bene per papà era invece furiosamente contrastato da mamma. Ancora oggi provo l'ambivalente sensazione che qualsiasi autorità che impone una disciplina sia in qualche modo illegittima, perché usurpa un ruolo appartenente ad altri e tuttavia che sia indispensabile.

- Eravamo tanti in famiglia. C'era una grossa competizione ed io non sapevo bene quale fosse il mio ruolo. Mio padre sembrava favorire me alle altre sorelle ma era inaffidabile e non si prendeva realmente cura di me, mentre mia madre era molto decisa e spesso ricorreva a punizioni anche dure senza che io capissi perché. A volte sembrava quasi infastidita che io ci fossi e in altre, se mi dava attenzione, diventava richiedente in un modo che mi terrorizzava. Ho imparato presto a diffidare di tutti e due e a non aspettarmi nulla di buono.
- Mio padre era un uomo molto brillante e molto apprezzato in società ma a casa era tutt'altro. I suoi improvvisi mutamenti di umore lo rendevano veramente imprevedibile e noi non sapevamo mai come relazionarci con lui. Un momento era giocoso e brillante, quello dopo irritabile e violento, senza che riuscissi a capire bene perché. Mia sorella aveva un rapporto particolare con lui e cercava di capirlo ma io non ci riuscivo e per stare tranquillo almeno per un po', lo provocavo e lo contrastavo, fino a quando non esplodeva e allora sapevo che mi avrebbe lasciato in pace. Mia madre era, invece, una figura amorevolissima e mi piaceva stare il più possibile vicino a lei per sentirmi protetto e curato.

La Ferita del bambino Sette

Ritengo che, in genere, sia difficile vedere come dietro all'apparente gioia di vivere del Sette si nasconda una profonda impossibilità nel contattare ed esprimere nuclei esistenziali di paura e impotenza, anche quando la propria vita privata è veramente drammatica.
Mi sono spesso chiesto da dove provenisse questa difficoltà e credo di dovere molta parte della comprensione di quest'aspetto alla lettura delle storie di sopravvissuti all'Olocausto. I racconti avevano, infatti, in comune una specie di punto cieco che riguardava l'espressione esplicita di sentimenti di paura, dolore e lutto.

Da dove poteva nascere una simile proibizione? Solo da un ambiente familiare in cui i genitori si sentivano, in qualche modo, toccati, se i figli esprimevano sentimenti "sgraditi" che facevano riaffiorare i propri vissuti dolorosi.

In modo meno drammatico il bambino che diventerà un tipo Sette, impara che deve adattarsi al contesto familiare agendo come un elemento di distrazione rispetto ai veri problemi (meglio ancora se agisce come un piccolo clown emozionale) che viene ricompensato quando è allegro, sta bene ed è socievole.

Questa **Allegria Forzata** è però una profonda ferita nella comunicazione, perché il bambino non può esprimere in maniera coerente i sentimenti dolorosi che fanno parte del suo naturale sviluppo e al tempo stesso non può ottenere l'aiuto familiare necessario per poterli esorcizzare.

In contropartita, il bambino riceve molti permessi ed è lasciato libero di trovare tutti i mezzi idonei per divertire o divertirsi. Ciò non gli permetterà, però, di avvertire coscientemente lo sforzo che gli è richiesto. Egli percepirà, anzi, di essere l'elemento di conforto dell'ambiente e reprimerà, per quanto gli sarà possibile, ogni espressione di malessere capace di generare ansia o sconforto. Tuttavia, anche questo stato muterà quando, per effetto delle necessità indotte dall'educazione, il bambino che si sentiva un po' come il sole del proprio ambiente, dovrà subire dei divieti e percepire che qualcosa, indipendente da lui, ha indotto un cambiamento non voluto.

Ciò, conseguentemente, genererà sia la paura di poter perdere in ogni momento quello che sembrava acquisito, sia una forma di ribellione verso un'autorità che si è trasformata da alleata in apparentemente repressiva.

A questo proposito, bisogna aver presente che è nelle modalità di ribellione del Sette che si trova l'indizio più chiaro di quanto il compenso permissivo ricevuto non risolva assolutamente il dissidio autorità/autorevolezza.

Così una mia conoscente mi ha raccontato che all'età di cinque anni ingannava volontariamente la mamma, quando le era chiesto di lavarsi i denti. Per riuscire bene lei faceva scorrere l'acqua del lavandino, bagnava lo spazzolino da denti, si metteva un poco di dentifricio sulla lingua e attendeva un minuto nel bagno. In questo modo l'inganno le riusciva perfettamente. Quando le ho chiesto quale fosse il motivo del suo comportamento, mi ha risposto che, grazie alla sua ribellione nascosta, lei poteva sentirsi molto "potente" perché era più furba della madre.

Nella ribellione nascosta del tipo Sette si cela molte volte quest'importante messaggio esistenziale: *se mi devo nascondere quando sono bisognoso o triste, io nasconderò anche tutto il resto del mio mondo interiore.*

Col tempo un tipo Sette si abitua tanto ad agire in questo modo che la sua parte emotiva può sembrare effettivamente invisibile.
Non va, inoltre, dimenticato che il bambino impara presto, come dice un vecchio proverbio, che ogni bel gioco dura poco. La paura che alla fine del girotondo possa trovarsi solo, spinge un tipo Sette a combattere disperatamente contro questa ipotesi, cercando continuamente qualcosa che gli prometta una nuova soddisfazione.
In ultima analisi, possiamo considerare questo tipo come il risultato dell'adattamento di un bambino che si vede costretto a nascondere la realtà di ciò che prova a causa dell'ansia che essa contiene e a inventarsene una forma sostitutiva che, però, è incoerente rispetto al suo reale vissuto.
Come abbiamo visto, spesso ciò si realizza mediante una sorta di complicità con un genitore che si mostra ben lieto di partecipare a questo gioco, pur di non doversi confrontare con determinati aspetti di se stesso o gestire la sua impotenza davanti ai sentimenti dolorosi del bambino.

- Mio padre era un maniaco del controllo; le sue cose non si potevano toccare e non si doveva nemmeno entrare nel suo studio. Dettava regole molto chiare ed io ricordo che ho sempre provato grande piacere nel cercare di infrangerle, quasi come se giocassimo al gatto e topo. Credo che in questo fosse molto forte l'influenza di mamma, che si lamentava sempre, come se fosse stata ingannata, del matrimonio che aveva fatto e delle cose alle quali aveva dovuto rinunciare. La quasi immancabile conclusione di ogni discorso che faceva con me era: "*Tu sei l'unica cosa buona che ho avuto da tuo padre*". Era sottinteso che questo significasse anche che io dovevo, in qualche modo ricompensarla, stare con lei, farla divertire e non crearle problemi e così è sempre stato.
- La morte della mia sorellina portò nella casa un dolore quasi insopportabile. Nel giro di pochi giorni tutto era cambiato; prima c'era la gioia, il divertimento con lei o nello sfuggire alle arrabbiature di mio padre, le carezze di mamma e della nonna, dopo il silenzio, la cupezza, lo sguardo triste di tutti. Sapevo confusamente che dovevo fare qualcosa, distrarli tutti per evitare di sentire quel dolore che avrebbe potuto distruggerli e distruggere anche me. Col tempo, quando tornavo da scuola mi mettevo a raccogliere tutti gli animali abbandonati che trovavo e a portarli a casa; almeno così mia madre si distraeva e mio padre, anche se si arrabbiava tantissimo, non mi poteva toccare perché la nonna mi proteggeva.

- A lungo ho ritenuto che l'Allegria Forzata fosse qualcosa che non mi apparteneva. I miei ricordi erano di un'infanzia felice e spensierata, di una vita in campagna da piccola Heidi con mamma e papà che mi facevano scorrazzare e fare tutto quello che volevo. Solo di recente mi sono decisa a parlare con mia madre e sono restata sbalordita....Non ricordavo per nulla che ci fossero stati gravi problemi economici quando avevo quattro anni e, meno che meno, che io carezzassi papà e gli dicessi che sarei diventata una star del cinema e gli avrei fatto comprare una fattoria tre volte più grande. Mi sono commossa moltissimo, pensando a come ero collegata ai miei sentimenti allora e a come sono diventata razionale e capace di gestire le situazioni, trovando sempre una via di fuga oggi.

La Ferita del bambino Otto

Fra tutti i bambini, quello che diventerà un tipo Otto è quello che è più esposto al **Maltrattamento** da parte dell'ambiente. Talvolta esso giunge fino all'abuso fisico e alla negazione dell'identità sessuale del bambino più spesso fa parte di uno "specifico programma d'insegnamento" che il bambino subisce.
Dobbiamo qui ricordare quello che abbiamo detto in riferimento al tipo Uno: nell'educazione dei figli spesso i genitori utilizzano criteri che sono la proiezione dei traumi subiti nell'infanzia.
Abbiamo qui un ambiente che ritiene valido e appropriato far subire al bambino una lunga serie di privazioni e angherie allo scopo di renderlo *forte.* Chiunque abbia letto Incontri con Uomini Straordinari[138] di Gurdijeff (un classico Otto), ricorderà perfettamente il tipo di educazione spartana che il padre infliggeva al piccolo George Ivanovic, al fine di renderlo "un vero uomo".
Poiché, culturalmente, quest'attitudine è richiesta nelle nostre società soprattutto ai bambini, ciò spiega perché questo tipo sia il più "maschile" di tutto l'EdT.
Di fronte a un evidente rifiuto ambientale per le sue parti più dolci e sensibili, il bambino le ritrarrà, cercando in qualche modo di fronteggiare con la rabbia le richieste che gli sono rivolte.
La disinibizione e la durezza, tanto evidenti nel tipo Otto sono, quindi, una forma di difesa istintiva verso un ambiente ostile. Per comprendere meglio questo fenomeno è utile ricordare il vecchio proverbio Sufi che

[138]George Gurdijeff, *Incontri Con Uomini Straordinari*, ediz. It. Astrolabio

dice: *gli arti del lavoratore manuale, sempre a contatto con elementi grossolani, s'induriranno in breve tempo.*
Il bambino Otto, allo stesso modo, si adatterà all'immagine di bambino cattivo e svilupperà così dei "calli" sulla propria parte emozionale, che lo condurranno a percepire soltanto delle stimolazioni di particolare forza.
Contemporaneamente svilupperà, grazie allo stimolo dell'istinto d'espansione, un desiderio di esperienze di particolare intensità che, a un livello ontologico, valgono a confermare l'esistenza stessa della persona.
L'azione, slegata da valori di tipo etico o morale, avrà come unico criterio regolatore quello dei rapporti di forza: il bambino prima e l'adulto poi, peseranno chiunque altro con questa bilancia.
Così se l'autorità che maltratta (normalmente il padre) è sentita come legittima, sulla base della percezione di una rispondenza fra forza interiore e manifestazione esteriore, allora essa sarà rispettata fino all'adorazione; in caso contrario sarà vissuta come falsa e ipocrita e il bambino si sentirà enormemente superiore a essa.
Col tempo, l'assuefazione a questa percezione di superiorità porterà un tipo Otto ad assumere la posizione di un possibile leader. E' opportuno quindi sottolineare che nei rapporti con le altre persone un tipo Otto può assumere un atteggiamento da braccio di ferro, che reitera quello vissuto nel suo ambiente familiare.
Le cose che abbiamo detto fin qui ci forniscono, inoltre, la spiegazione di una dicotomia frequentemente osservata nel tipo Otto: se l'autorità familiare è sentita come illegittima essi andranno via da casa al più presto e romperanno i legami con la famiglia d'origine ma se, al contrario, essa sarà riconosciuta, il legame sarà praticamente indistruttibile diventando un vero "patto di sangue".
In ogni caso e in apparenza sorprendentemente, un Otto è anche molto tradizionalista, poiché nel suo agire tende a ripetere quello schema di "bambino cattivo" che ha introiettato nella sua infanzia. Questa affermazione può apparire più chiara se si tiene conto che lo schema familiare può richiedere, come nel citato caso di Gurdijeff, che il bambino rompa tutti gli schemi precostituiti e vada per il mondo come un rivoluzionario pronto a sovvertire ogni ordine preesistente.
Albert Camus nel suo libro *L'Uomo in Rivolta*[139] descrive splendidamente il dilemma di un Otto nel seguente modo: *tutti portiamo in noi il nostro ergastolo, i nostri delitti e le nostre devastazioni. Il nostro compito non è quello di scatenarli contro e attraverso il mondo ma sta nel combatterli in noi e negli altri".*

---

139 *L'Uomo in Rivolta* di Albert Camus Milano Bompiani, 1957

- Mia madre era incapace di prendere le mie parti e difendermi dalle mie sorelle che mi odiavano, perché ero stato il preferito di mio padre prima della sua andata via. Ho imparato presto a difendermi con le unghie e a mordere a sangue e sapevo che le mie sorelle temevano i segni che sapevo lasciare. A cinque anni non mi lasciavo sopraffare dalla mia sorella maggiore che ne aveva quindici. La cosa peggiore era che mia madre pensava spesso che la colpa di quello che succedeva (e qualche volta ci sono stati parecchi danni) era solo mia e mi dava addosso gridando. Ora che ci penso, mi sembra solo che io stessi cercando di far capire a tutte che non me la sarei fatta sotto, che in casa come a scuola nessuno mi avrebbe sopraffatto. La cosa più incredibile è che, crescendo, sono andato via via più d'accordo proprio con la sorella che mi dava più addosso. Probabilmente eravamo e siamo più simili di quanto non ci piace ammettere ma lei mi ha sostenuto quando mi sono ficcato in qualche guaio ed io ho fatto lo stesso con lei.
- Nel campo di prigionia vedevo molti miei commilitoni lasciarsi andare e morire, perché non riuscivano ad adattarsi alle rinunce e alla mancanza di rispetto. Per me era diverso. Mi sembrava di rivivere la mia infanzia, le privazioni e le botte che i miei zii mi avevano fatto provare dopo che ero andato a vivere da loro. Pensavo continuamente che ero in una situazione simile a quella della mia infanzia, con la differenza che mia madre era ormai morta e non poteva venire, casomai, ad aiutarmi. Sentivo tanta rabbia ma sapevo che dovevo controllarla, per evitare che diventasse un pretesto per farmi fuori. In più di un'occasione, però, sono riuscito a creare danni senza farmi beccare.
- Mio padre mi ha sempre chiamato "bastardello", non perché avesse dubbi sul fatto che io fossi suo figlio ma perché diceva sempre che ero bastardo nel mio modo di essere come suo padre. Mia madre era molto buona ma andava alla deriva e non sapeva opporsi a nessuna situazione. Una volta, io avevo otto anni, ero in macchina con lei e fummo urtati da una grossa auto nera. Noi avevamo ragione ma il conducente dell'altra vettura si precipitò fuori, appena ci fummo fermati e cominciò a inveire contro mia madre che non sapeva come fermarlo e far valere le sue ragioni. Per fortuna lì vicino c'erano i resti di un grosso vaso smaltato ed io ne presi un grosso pezzo, mi misi alle spalle dell'uomo e gli diedi un calcio nelle caviglie. Quando lui si girò, gli scagliai il pezzo contro e lo colpii in piena fronte. Il sangue schizzò dalla sua testa come una fontana mente io lo guardavo e dicevo a me

stesso: “*Sono stato proprio io a farlo accadere?*”. Quando l’uomo cadde a terra, dissi a mia madre: “*Avverti la polizia e andiamo*” e lei così fece. Nel tragitto fino a casa mia madre tremava come una foglia ma io continuavo a pensare di aver fatto la cosa giusta.

Dai Disequilibri Energetici alle Ferite

Ho affermato in precedenza che da ogni squilibrio energetico deriva una specifica Ferita Originaria. Vediamo, adesso, come questa affermazione si sostanzia per ogni tipo, illustrando l'interazione fra gli specifici messaggi genitoriali e le risposte del bambino.

Tipo Nove

Lo squilibrio energetico che sembra essere più in opera nel tipo Nove è quello del **Contatto**. In che modo tale carenza si collega ai messaggi ricevuti? Ricordiamo, prima di tutto, che il bambino, che diventerà un Nove, accetta fondamentalmente tutti e due i messaggi che riceve.

Ciò significa che acconsente a fare il buono e a non dare fastidio, come gli chiede, spesso in forma diretta, il genitore **distante** mentre, contemporaneamente, sente di aver ricevuto già molto (e quasi sempre ciò si traduce nella percezione di aver ottenuto anche più di quello che gli spetterebbe), come trasmessigli dal genitore **manipolativo**.

In conclusione, quindi, il bambino non riceve un contatto incondizionato ma qualcosa che è subordinato al non chiedere per sé, che si può spingere fino al mettersi da parte davanti alle necessità e ai bisogni dello stesso genitore o di un altro membro della famiglia.

Il prezzo finale di questa operazione che il bambino paga è quello della **Rinuncia**, come ho precedentemente descritto, che lo induce a reprimere la propria rabbia auto affermatrice, a causa della paura di potersi trovare privato anche di quel poco contatto che sente di ricevere.

Tipo Uno

Nel tipo Uno è in opera una problematica inerente a un non corretto **Contenimento**. Questo si verifica poiché, da un lato, il bambino rifiuta il messaggio che gli deriva dal genitore che ho definito come **incapace** e dall'altro accetta pienamente quello che gli viene invece dal genitore **coerente**.

Cosa significa tutto ciò in concreto? Significa che il bambino sente che il primo genitore non lo protegge adeguatamente e non lo contiene nei momenti di difficoltà. Di conseguenza, non potrà fare altro che ricorrere a un modello interno costruito mediante una definizione "a negativo". In altri termini, il bambino sentirà di voler essere diverso dal modello genitoriale rifiutato e farà riferimento a se stesso per ottenere una base sicura e indispensabile per agire nel mondo.

Il secondo genitore, invece, è colui che fornisce un sostegno perfino eccessivo, supportando lo sviluppo del bambino con il suo esempio e con la sua capacità di controllo che diventerà, col tempo, un modello capace di definire e rinforzare il senso del sé.
Il risultato di questa spinta, però, porterà il bambino a conformarsi eccessivamente a essa e a far prevalere il controllo apollineo non solo sull'espansività dionisiaca, ma anche sulla naturale spontaneità del mondo istintuale.

Tipo Due

Il tipo Due si trova ad affrontare una problematica relativa a quell'energia che ho definito **Rispecchiamento** e che si origina dalla accettazione del messaggio proposto dal genitore **impegnato** e dalla frustrazione nei confronti del messaggio del genitore **sfuggente**.
Il bambino sente che, secondo quanto trasmessogli dal primo genitore, deve farcela da solo e trovare in se stesso la capacità di prendersi cura delle proprie necessità emozionali. Volendo descrivere questa posizione mediante l'uso di un'immagine metaforica, si può immaginare che il bambino sia posto davanti ad uno di quegli specchi deformanti da luna-park, in cui la rappresentazione del reale è ingrandita e alterata, con la conseguenza che, di riflesso, il nascente senso di sé non può che essere ingigantito a dismisura, per proteggersi dagli inevitabili sentimenti di inadeguatezza negati.
Dall'altro lato c'è, invece, un genitore che fornisce vicinanza emozionale, ma lo fa secondo i suoi modi e più in risposta a propri bisogni che a quelli del bambino e che, spesso, si tira indietro dalla relazione con una modalità che "raggela", in quanto inattesa e apparentemente non in linea con la precedente disponibilità. Il bambino, ovviamente, non potrà rispondere a questo vissuto che con una risposta frustrante e frustrata, vista la sua naturale impossibilità a gestire i messaggi con la modalità di un adulto.
Il risultato finale di questo processo, come vedremo meglio in seguito, è una compensazione che opererà accrescendo il senso di sé e condurrà all'affermazione passionale del tipo Due, agita a discapito delle normali necessità emozionali.

Tipo Tre

Il tipo Tre sperimenta una problematica rispetto all'**Accettazione** intesa, come abbiamo visto, nell'accezione di nutrimento emozionale. Per ben capire cosa ciò significhi, dobbiamo ricordare che il bambino che diventerà un Tre accetta il messaggio del genitore **persuasivo** mentre rifiuta quello del genitore che ho definito come **distaccato**.
Cosa significa concretamente questo? Il bambino percepisce che il messaggio del primo genitore non corrisponde alle sue reali necessità affettive (e di conseguenza sente in azione un mancato riconoscimento del suo sé reale), ma lo accetta perché lo sente di sostegno. In esso, infatti, è presente la capacità di dare direttive sul come agire per raggiungere i risultati migliori che porterà col tempo alla strutturazione di una intensa, seppur fallace, sicurezza di sé.
Il bambino rifiuta, invece, il messaggio del genitore distaccato perché, anche se esso tende in sostanza a ridimensionare l'atteggiamento dell'altro ed a trattarlo per quello che veramente è, non gli dà quelle necessarie attenzioni che gli permettono di sviluppare una buona autostima.
Visto che il bambino si trova a sperimentare una situazione di sbilanciamento, in termini di comprensione ed empatia, rispetto a quello che realmente è, non può che sviluppare una personalità basata su un'erronea percezione del sé.

Tipo Quattro

Nel caso del tipo Quattro si verifica una problematica collegata con l'**Incoraggiamento**. Il bambino, come abbiamo visto, risponde apparentemente allo stesso modo (ovvero attraverso la frustrazione), sia al messaggio del genitore respingente sia a quello del genitore condizionante e, tuttavia, nel concreto, i due messaggi e le rispettive risposte hanno caratteristiche specifiche.
In particolare, il genitore **respingente,** anche se in modo indiretto, fa sentire al bambino che egli non è adeguato ai suoi standard e ai suoi desideri. Ciò suscita di conseguenza la profonda sensazione che egli non provi alcun tipo di empatia nei suoi confronti.
Il genitore **condizionante**, invece, è chi pone limiti rispetto al proprio affetto, imponendo vincoli quasi sempre impossibili da raggiungere. Il bambino si trova, così, a vivere in un clima di freddezza emozionale nel quale non sembra esserci possibilità di sviluppare sia una buona autostima, sia la capacità di fidarsi di se stessi e degli altri.

La conclusione di questo processo porta il bambino a sviluppare una personalità basata sul sentirsi carente, sulla quasi incapacità di godere delle cose che ha e di quello che è.

Tipo Cinque

Nel caso del tipo Cinque assistiamo ad una difficoltà relativa all'energia della **comunicazione** che è indispensabile per il raggiungimento del senso di realtà. Come abbiamo già visto accadere per tutti gli altri tipi, anche in questo caso ciò deriva dalle risposte specifiche che il bambino dà ai messaggi genitoriali.
In particolare, egli rifiuterà sia il messaggio del genitore percepito come **formale** sia di quello **invadente**.
Ciò significa che questo bambino sente che il primo genitore non è interessato a instaurare un rapporto di vera vicinanza (un rapporto che non sia, cioè, solamente superficiale) con lui e questo si traduce in una forte contrazione del suo spazio espressivo, in un progressivo ridursi della possibilità di sentirsi veramente compreso ed accolto, fino a rifiutare difensivamente l'indifferenza del genitore mediante la ripulsa del desiderio di comunicare.
Il genitore invadente, invece, è percepito come vicino ma appare tanto preso dalle sue problematiche da sembrare incapace di prestare un'attenzione incondizionata ai messaggi del bambino, quasi come se la comunicazione non avvenisse a due direzioni ma si sviluppasse secondo uno schema nel quale una parte (il genitore) manda segnali e l'altra (il bambino) deve solo limitarsi a raccogliere i messaggi senza poter commentare.
Quest'ultimo, così, trovandosi in un ambiente in cui l'affermazione di sé è ostacolata dal silenzio e dall'invadenza pagherà, nella strutturazione della sua personalità, il prezzo di cercare di evitare gli scambi comunicativi, perché sentiti come inutili e depauperanti.

Tipo Sei

Nel caso del bambino che diventerà un tipo Sei, si ha un disequilibrio nell'energia del **permesso/limite**. Anche in questo caso ciò nasce dall'interazione tra i messaggi genitoriali e le risposte del bambino: in particolare, dall'accettazione del messaggio del genitore **iperprotettivo** da un lato e dalla frustrazione nei confronti di quello **sfidante** dall'altro.
Cosa significa questo dal punto di vista pratico? Significa che, nonostante il messaggio del genitore iperprotettivo (spesso dominato dall'ansia) tenda

in concreto a limitare le iniziative del bambino come una guaina avviluppante e a non permettergli l'auto affermazione, esso sarà accettato in quanto darà, a fronte di questi inconvenienti, il sostegno derivante dalla percezione che qualcuno si prende cura attivamente di lui.
La frustrazione nei confronti del messaggio del genitore sfidante, invece, deriva dal fatto che egli non dà messaggi coerenti ma tende a mettere il bambino in una situazione nella quale si sente davanti a continue sfide che non sa come affrontare. Anche se questa situazione pone spesso il bambino nel ruolo del perdente[140] essa gli permette, a differenza di ciò che abbiamo visto in azione nel Cinque, di avere una maggiore capacità di espressione e di azione nel mondo.

Tipo Sette

Nel tipo Sette si può osservare una problematica inerente alla comprensione della **Coerenza** interna di una situazione. Tale coerenza, come abbiamo già rilevato, significa fondamentalmente una corretta capacità di prevedere lo svolgimento di una dinamica o di una relazione.
Ciò è dovuto all'interazione tra un messaggio genitoriale sentito originariamente come tanto **permissivo** da essere vissuto come complice (al quale il bambino risponde, quando lo stesso varia, con la frustrazione) e uno **normativo** che viene rifiutato.
Il bambino vive la relazione col primo come una sorta di alleanza segreta che, però, ad un certo punto viene rotta. Ciò, ovviamente, non gli permette di poter sviluppare un'adeguata capacità di previsione delle risposte emozionali degli altri e genera una tensione a testare il limite cercando di negare l'evidenza che alcune cose non sono più permesse.
Dall'altro lato, il bambino si confronta con la rigidità del messaggio del genitore normativo che si comporta come un agente di controllo e d'indirizzo, che però scatena la ribellione del bambino giacché il suo messaggio è caratterizzato da freddezza emozionale.
Il risultato finale di questo processo è la tendenza a cercare un piacere idealmente infinito, per tenere lontana la paura che nasce dal trascorrere di tutte le esperienze e le cose del mondo e dalla delusione di ciò che viene vissuto come un inganno.

---

[140] O, in alternativa, in quella dell'antagonista che si batte fino all'ultimo sangue, come è proprio di quello che definiamo *controfobico*

Tipo Otto

Abbiamo visto che nel tipo Otto esiste una frustrazione verso il messaggio trasmesso dal genitore definito come debole o inerte e, contemporaneamente, un rifiuto di quello percepito come arrabbiato.
Ciò si traduce nella sensazione di non ottenere, anche attraverso il cibo, un'adeguata forma di **Riconoscimento** del proprio diritto a esistere e a essere per come si è, una necessità di dover strappare al mondo esterno ogni cosa, una occulta convinzione che non ci si può aspettare niente in modo gratuito e che, di conseguenza, occorre che le cose vengano, per così dire (trattandosi dell'esperienza di bambini relativamente piccoli) afferrate con forza o conquistate.
Questa tensione formerà la base dalla quale si svilupperanno alcune tendenze tanto tipiche dell'Otto quali il rifiuto della debolezza (e, ovviamente, della inerzia del genitore originario), il correlativo mito della forza, la tendenza a definirsi mediante il confronto attivo (anche se questo può significare uno scontro, che non solo non spaventa ma che, al contrario, è visto come espressione più autentica dell'essere) e la idealizzazione della propria capacità di resistenza.

CICATRICI E PAURE

Le cicatrici sono degli introietti, sotto forma di spinte a rifuggire determinate esperienze negative, che servono al bambino per proteggersi dalla esperienza concreta della Ferita. Esse svolgono, nell'adulto, la funzione di eventi sentinella e segnalano il riaffacciarsi alla coscienza delle problematiche originarie che, seppur rimosse, restano vive ed attive.
L'apertura della cicatrice è strettamente collegata a un vissuto di profonda paura e può provocare un torrente emozionale inarrestabile, che sconvolge tutte le nostre difese e abitudini di pensiero. Ciò perché in quei momenti riproviamo i sentimenti che accompagnarono la specifica forma di tradimento che tutti i tipi sentono di aver vissuto, con le conseguenti penose sensazioni. Quando si realizzano questi eventi, tuttavia, possiamo provare degli insight sorprendenti e abbiamo la possibilità di prendere contatto con qualcosa che può essere molto arricchente, se capiamo il senso di quello che ci sta accadendo. Questo può essere vero sia per noi stessi e la nostra crescita individuale, sia per la comprensione degli altri. Pertanto, credo che la loro comprensione sia di grande valore per chi opera in una relazione di aiuto.
Il segnale fondamentale che fa avvertire della riapertura della Cicatrice è quello di una reazione emozionale e fisica intensissima, che non è assolutamente in relazione diretta con la rilevanza dell'evento singolo che l'ha scatenata e che, quando saremo tornati calmi, sembrerà del tutto assurda e aliena da noi stessi.
Ciò perché quando la Cicatrice si attiva si crea, come osservò nei suoi studi sperimentali il compianto Dr. Servan-Scheireber,[141] una specie di connessione neuronale diretta fra il cervello emozionale e quello istintuale, che manda in corto circuito il resto del cervello. In altre parole, il cervello cognitivo va in tilt ed è messo in uno stato di stand by dal quale non può intervenire. Ciò spiega anche perché si apre la via per raggiungere l'insight. Il cervello emozionale, infatti, secerne dei neurotrasmettitori che arrivano al cervelletto (cioè alla parte encefalica più primitiva) e l'apertura di questo canale inibisce l'attività della neocorteccia, responsabile dell'aspetto cognitivo, lasciando libera espressione alle parti che normalmente restano in silenzio.

---

[141] Vedi *Guarire. Una nuova strada per curare lo stress, l'ansia e la depressione senza farmaci né psicanalisi* pag.36 Sperling ediz.2003

Nove: DARE FASTIDIO.

Come abbiamo visto il Nove sente di dover rinunciare a chiedere per sé perché l'ambiente familiare gli ha fatto comprendere che, in questo modo, poteva ottenere l'accettazione e l'amore. A differenza di altri tipi, però, al Nove non è tanto chiesto di compiacere il genitore mediante l'identificazione attiva con una maschera specifica, quanto, piuttosto, di essere un elemento che non genera preoccupazioni e non da problemi. Per tali motivi il Nove si abitua a sentirsi dire di no e smette quasi di chiedere, diventando per il genitore un sollievo e un aiuto. Tuttavia, nonostante questa predisposizione a essere utile, può accadere che l'ambiente faccia percepire a un Nove che sta arrecando disturbo, che la sua presenza può essere avvertita come ingombrante. Ciò riapre la cicatrice del **Dare Fastidio,** che fa percepire nitidamente come dietro ogni ferita ci sia l'esperienza di una sorta di tradimento, della percezione dell'inutilità di tutti gli sforzi che sono stati fatti, della rottura dell'unione fondamentale con il resto dell'esistente. A essa si collega strettamente la paura della separazione e dell'allontanamento, che sono alla radice stessa di quello che denominiamo come tipo Nove. Tutto ciò può condurre un accidioso verso una fase di abulia e di rifiuto ad adeguarsi, dietro alla quale si nasconde la percepita perdita di valore dovuta alla riapertura della Ferita.

Uno: ESSERE DI PESO

La Ferita dell'Umiliazione è particolarmente avvertita dal bambino che sta diventando un tipo Uno, perché egli sente che a causa del suo comportamento ha costretto il genitore a impegnarsi di più, a sacrificarsi per lui. Questo ha fatto sentire al bambino di avere un grosso debito ed ha prodotto molta vergogna, quasi come se, intensificando ciò che viene fatto percepire al Nove, il messaggio dicesse: *stai dando fastidio e questo comporta anche il fatto che io debbo fare di più per te.* Ciò fa sì che il bambino Uno debba necessariamente trasformare la rabbia provata in spinta a fare meglio, visto che non può provare collera verso un genitore che ha fatto tanto per lui e che l'adulto, se percepisce di **Essere di Peso,** nonostante tutti gli sforzi fatti, riprova la solita catena di vergogna, rabbia e paura. A esse si associa, inoltre, inevitabilmente, la paura di essere cattivo, imperfetto, manchevole, eccetera, che rende in seguito questo tipo il più attento al come ci si comporta.

Per evitare tali percezioni un Uno sviluppa, di conseguenza, la tendenza a essere indipendente, a bastare a se stesso (in modo, però, molto diverso da quello del Cinque) e ad avere una forte autonomia, che deve esprimersi in tutti i campi della vita, da quello strettamente economico, a quello della cura del proprio corpo fisico. In modo apparentemente paradossale e proprio per queste motivazioni, l'Uno finisce per essere il fulcro di una situazione, colui che diventa il sostegno al quale riferirsi e che dice agli altri come e se fare le cose.

Due: PARAGONE PERDENTE.

Abbiamo visto che nel tipo Due più che l'esperienza concreta dell'aver vissuto un Abbandono, è centrale il timore di poterne subire uno, a causa in un improvviso e, per il bambino, immotivato cambiamento dell'atteggiamento dei genitori. A ben vedere questa paura di essere immeritevoli di essere amati o considerati, riposa sulla percezione di poter perdere l'attenzione a causa di una perdita d'interesse. Questo, a sua volta, accadrebbe come risultato di una scelta, di un paragone fra quello che il bambino dovrebbe essere, è quello che, invece, è. Per ben capire questa situazione bisogna ricordare che anche il genitore più affettuoso, più legato al bambino, può essere infastidito dalle manifestazioni con le quali egli cerca di ottenere ciò che vuole e avere una reazione di fastidio che implica un confronto fra quella che è un'immagine ideale e il bambino reale. Di conseguenza questi cercherà di corrispondere a questa immagine anche quando ciò significa, paradossalmente, incarnare il ruolo della piccola peste che, con i suoi capricci e i suoi strepiti, storna l'attenzione dei genitori dai loro problemi e la fa rivolgere verso di lui. Il **Paragone Perdente** è, quindi, un'esperienza che un Due non può assolutamente permettersi di provare, perché essa porta con sé anche la riattivazione delle dinamiche infantili che minerebbero perfino il suo senso di sé.

Tre: INUTILITA'.

Normalmente il tipo Tre è strutturato in modo da evitare la sensazione che tutto che ha fatto non è apprezzato, che quello in cui credeva non ha senso, che quello che ha costruito non è servito a niente. Cionondimeno, possono verificarsi momenti nei quali si fa esperienza proprio di ciò da cui ci si cerca di proteggere e la paura di essere privo di valore e non all'altezza degli altri riaffiora. In questi casi si risente inevitabilmente quella mancanza di attenzione e quella sensazione di nullità che il Disprezzo in origine aveva fatto emergere e la persona può avere la percezione di una propria **Inutilità.** Ciò può scatenare una crisi così violenta da mettere in discussione la maschera con la quale il Tre normalmente si identifica. Questa situazione porterà con sé una profonda rabbia mista alla vergogna, che è il risultato della percezione di non essere stati visti per quello che veramente si è. Sentirsi inutili è una brutta sensazione per chiunque, ma se riflettiamo sul fatto che il senso di sé si definisce in relazione alle cure ricevute da piccoli, appare evidente che per un Tre è ancora più doloroso. Come giustamente rilevava Alice Miller, troppo spesso dietro ad una immagine grandiosa si cela la percezione di una mancanza totale di valori veri e ciò appare particolarmente corretto se lo applichiamo a questo caso. Se, infatti, tutto il lato di destra dell'enneagramma è contraddistinto dal "paragone", nel tipo Tre ciò si traduce in un rafforzamento del senso di sé mediante l'identificazione con i risultati raggiunti e l'immagine vincente/interessante.

Quattro: DISILLUSIONE.

Se la ferita della Disperazione è l'esperienza di non vedere più una via di uscita ai propri problemi e di doversi, quindi, accorgere che quello in cui si credeva era solo un miraggio prodotto dal proprio desiderio, la cicatrice del Quattro può essere facilmente compresa come il rivivere la perdita della illusione che compensava quella delusione. Una posizione che viene bene espressa da queste parole tratte dalla poesia *A Se Stesso* del poeta italiano Giacomo Leopardi, un Quattro, che oserei definire come quintessenziale: "*Or poserai per sempre, stanco mio cor. Perì l'inganno stesso, ch'eterno mi credei....Non val cosa alcuna i moti tuoi, né di sospiri è degna*". Possiamo ricollegare questa **Disillusione** alla relazione infantile con i genitori, perché essa fa riaffiorare la percezione che l'amore che si sentiva di ricevere era, in realtà, molto meno intenso e incondizionato di quanto si sperasse. Nella percezione del Quattro adulto ciò si traduce nella dolorosa constatazione di avere riposto grande fiducia ed aspettativa in un altro e di essere stati poi traditi e ciò fa riaffiorare tutte le paure di essere privo di valore e di significato come persona. La disillusione è anche il motore del processo di idealizzazione e distruzione che è specifico di questo tipo, poiché in essa si mescolano il rancore infantile del non aver ricevuto quello che si sente di meritare e il non volere accettare la realtà per come essa si manifesta. Tale dinamica può essere molto distruttiva per le relazioni, perché, cercando di esorcizzare il dolore che nascondono, esse vengono caricate di un cumulo di aspettative che sono, a loro volta, la proiezione di quelle di cui ci si è sentiti oggetto.

Cinque: INASCOLTO.

Abbiamo visto che la ferita del Cinque è quella della Limitazione, avvertita come una invasione che nasce quando il bambino sente che la relazione non gli porta arricchimento ma detrimento e di conseguenza tenta di sottrarsene. Il genitore non risponde alla comunicazione del bambino con la risposta adeguata che gli serve e ciò significa che egli ha vissuto momenti nei quali mandava dei segnali che non venivano raccolti e che ciò lo ha spinto a congelare i suoi slanci ed a trattenersi. A causa di ciò un Cinque, quando cerca di comunicare qualcosa che, dal suo punto di vista, è molto importante, si aspetta- inevitabilmente- che le altre persone siano totalmente disposte a corrispondere a questa a lungo trattenuta manifestazione, e che abbiano una adeguata capacità di ascolto e di risposta, anche se la prima è decisamente preminente rispetto alla seconda. Quando ciò non si verifica, ci si ritrova di nuovo nella situazione di **essere inascoltati** che ha accompagnato la strutturazione della ferita e riemergono con essa le sensazioni di cadere nel vuoto, di indegnità e di inutilità da essa prodotte. Tutto ciò genera una persistente paura di essere inutile, insignificante, inconcludente, che rende il Cinque il tipo che meno ama mettersi in mostra. Proprio perché in tale comportamento è nascosta una particolare richiesta di attenzione e in un modo che è solo apparentemente bizzarro, molti Cinque rendono estremamente difficile comprenderli, esprimendosi in modo molto complesso, biascicando a bassa voce o facendo lunghe pause e non danno molto ascolto a ciò che gli altri gli dicono.

Sei: CAOS.

Malgrado i Sei cerchino con tutte le loro forze di evitarlo, nella vita vi possono essere momenti nei quali le cose sembrano perdere di significato e l'ordine che ci si era sforzati di avere dentro, per coprire la ferita, non si riesce a mantenere. Di conseguenza, aumentano nella persona confusione, ansia e paura, fino al punto in cui la situazione non è più gestibile e si cade in una forma di panico che segnala che la Cicatrice è stata lesa e che la paura di essere senza guida e privo di qualsivoglia forma di supporto sta avendo il sopravvento. Quando questa situazione tocca il suo apice essa diventa **Caos**, lo stato in cui tutto sembra perdersi in un vuoto terrificante, tutto sembra sovvertito e senza senso ed ogni sforzo sembra inutile perché non si sa dove indirizzarlo. Così, una improvvisa variazione nel comportamento delle persone (di cui probabilmente le stesse non sono nemmeno consapevoli), può far rivivere il momento nel quale il genitore percepito come protettivo venne visto, invece, come minaccioso e generare una reazione di caos totale. Credo sia evidente come tutto questo sia direttamente riconducibile alla esperienza della ferita, che mise il bambino in una situazione di penosa incertezza nella quale era difficile comprendere perfino il suo stesso ruolo nell'ambito familiare.

Sette: DISIMPEGNO.

Il vero problema dell'Allegria Forzata, la ferita del tipo Sette, è che essa implica che i sentimenti dolorosi o d'impotenza vengano messi prima da parte e, poi, respinti in una specie di limbo psichico. Questa forma di "anestetizzazione" non è, tuttavia, qualcosa che si può ottenere senza un intenso impegno che, in definitiva, è rivolto a compiacere i genitori e ottenere, come per tutti gli altri tipi, il loro amore e la loro attenzione. Proprio per questo se il Sette, da adulto, percepisce che l'altro si sta tirando indietro rispetto alla relazione, oppure che i principi che dovrebbero valere per tutti non sono rispettati, tende a percepire che tutti i suoi sacrifici sono stati vani e a reagire incupendosi e diventando il primo a infrangere le regole. La paura di poter essere deprivato o di essere intrappolato in una situazione penosa e senza via di fuga, tende a diventare ingestibile e la cicatrice del temuto **Disimpegno**, conduce il Sette a non chiedere, soprattutto in modo diretto, per il timore che l'altro si possa disimpegnare. Questo, correlativamente, fa sì che il Sette si senta legittimato a disimpegnarsi a sua volta e a mantenere un legame quasi esclusivamente razionale. Ciò si traduce, spesso, in una fortissima tendenza a cercare di prendere il controllo di una relazione e ad avere un atteggiamento fosco (che sembra mal conciliarsi con la generale attitudine del tipo), ma deve essere considerato come una forma di punizione verso chi, tirandosi indietro, ha fatto ripercepire loro il dolore della primitiva promessa non mantenuta.

Otto: RINNEGAMENTO.

Anche se essere sottoposti a una serie di trattamenti molto duri, può considerarsi oggettivamente come un subire prepotenze e abusi, per un bambino ciò non si traduce necessariamente nella percezione di un vero Maltrattamento. Se al bambino viene fatto percepire che le prove a cui è sottoposto servono a farlo diventare "migliore" o "più forte", infatti, il legame col genitore verrà rafforzato e non spezzato.Ben diversa, invece, la situazione che si verifica quando il bambino sente che il genitore non vuole avere, o addirittura si duole, del legame che ha con lui. In questo caso il dolore della separazione è percepito a un livello radicale e assoluto, quasi come se venisse meno perfino il legame più ancestrale, quello del sangue, e le paure di essere violato o sottomesso non avessero più giustificazione di tipo alcuno. Di conseguenza un Otto adulto, che si ritrova in una situazione che sembra fargli rivivere il **Rinnegamento**, riprova sensazioni d'impotenza e di tradimento e reagisce con una rabbia fortemente esplosiva.

Come abbiamo già visto accadere per gli altri tipi, tutto ciò si verifica solo nei casi in cui l'esperienza della cicatrice è vissuta in forma passiva, quando, cioè, la si subisce, e non quando la rottura è dovuta all'Otto, che non esita ad allontanare senza problemi le persone che non sono più funzionali ad un suo disegno o che non gli interessano più.

Capitolo Cinque

Le Prime Risposte Emozionali o Polarità

Ora che abbiamo formulato l'ipotesi che l'esperienza della Ferita Originaria è l'elemento centrale che dà luogo alla formazione della Passione e, quindi, del tipo, dobbiamo anche chiederci in che modo ciò si verifica in concreto. Questo significa, in altre parole, verificare se e in che modo le urgenze istintuali vengono a essere modificate e rese funzionali alle problematiche adattative proprie di ogni singola Ferita, diventando, di conseguenza, espressioni della Passione.

Ricordiamo, a questo proposito, che l'interazione fra il caregiver e il bambino è resa più complessa dal fatto che il primo comunica su tre livelli (istintuale, emozionale e cognitivo), mentre il secondo elabora le percezioni e risponde a esse fondamentalmente solo sui primi due.

L'esame delle varie risposte ci permetterà di verificare che, anche se nel messaggio genitoriale è presente un contenuto cognitivo, esso non sarà l'elemento centrale in base al quale le risposte si struttureranno. Così anche se, ad esempio, il genitore leggerà ad alta voce notizie di disastri o di omicidi da un giornale, ma lo farà con voce carezzevole e dal timbro chiaro, il bambino piccolo si addormenterà quietamente.

Se consideriamo che le emozioni si sviluppano prima del pensiero, possiamo comprendere perché, come dicono molti maestri di saggezza, "le emozioni dicono al pensiero che cosa deve pensare" e perché, inversamente, il nostro aspetto cognitivo abbia così poco controllo sulle emozioni.

L'aspetto emozionale è, quindi, assolutamente quello prevalente e voglio sottolineare ancora che ogni singola Ferita va considerata sempre come un risultato specifico dell'abbinamento delle tre emozioni primarie della vergogna, della paura e della rabbia, che fanno provare al bambino quella esperienza, che io ritengo essere universale, di essere stato in qualche modo tradito.

Nel capitolo sulle manifestazioni degli istinti, ho già segnalato che le Polarità vanno intese come forme estreme di manifestazione proto emozionali, che nascono dalla interazione fra le risposte del bambino ai messaggi dell'ambiente (Ferita Originaria) e le primitive spinte istintuali di espansione e ritrazione.

In un senso più generale[142] le polarità possono essere considerate come una manifestazione di quel principio, conosciuto fin dalla più remota

antichità, che possiamo denominare come la legge della Dualità nell'Unità e che è nota, ad esempio, nella filosofia e nella pratica quotidiana del Tao come il risultato dell'interazione fra il principio Yang e quello Yin.
Anche Gurdjieff era ben consapevole dell'importanza di questa legge poiché la presenta ai lettori, col suo abituale modo di proporre ragionamenti mediante immagini paradossali, nelle prime pagine de "I Racconti di Belzebù al suo Nipotino" con la parafrasi che "Un bastone ha sempre due capi".[143] Come ci viene spiegato successivamente questo per lui significa che in ogni evento possono essere distinti due principi (i capi) che, pur potendo sembrare in apparenza lontani e separati, sono in sostanza parte integrante di una stessa realtà perché legati da un interiore criterio di azione-reazione.
I padri della Chiesa Orientale che, come abbiamo visto, per primi si interessarono in un modo sistematico alle Passioni e alle loro modalità di manifestazione, ben conoscevano questa interiore realtà a dispetto della apparente diversità, dato che ripetutamente suggerivano al pellegrino sul sentiero mistico di stare in guardia non solo contro quello che in termini mistici teologici definivano come "Il demone che soddisfa sé stesso", ma anche contro quello che ripetutamente nella Filocalia viene chiamato "Il demone che contrasta sé stesso".
In questo modo essi intendevano sottolineare come le Passioni, che essi intendevano come uno spirito maligno che tentava l'uomo, potessero manifestarsi anche in maniere opposte. Così, ad esempio, non sfuggiva loro che la Superbia potesse manifestarsi nel modo esplicito di chi sente superiore agli altri, ma anche nascondersi dietro il velo apparente di chi si professa ipocritamente come il più umile degli uomini.
Deve essere chiaro che le Polarità non vanno interpretate secondo una logica di valore (cioè buono/cattivo o positivo/negativo), né devono essere considerate come due entità separate. Esse vanno, piuttosto, considerate come due forze di pari forza e complementari, che agiscono insieme controllandosi l'un l'altra in modo tale che nessuna delle due possa produrre solo una "esplosione" o una "implosione" dell'energia passionale. Si può solo affermare, come abbiamo già detto, che se una polarità nasce da una forza istintuale espansiva/dissipativa, l'altra rappresenta una forza restrittiva/conservativa.
Vediamo adesso come concretamente le Ferite Originarie danno origine alle varie Polarità Interiori.

---

[142] Vedi *Inner Polarities: The Structure of the Passion* di A. Barbato e J. Labanauskas, EM Marzo e Aprile 2000,
[143] Nota pagina tratta dal libro di Gurdijeff

Tipo Nove

Il bambino Nove si trova costretto a rinunciare a chiedere per sé, pur di ottenere le energie necessarie alla propria sopravvivenza. Questa necessità sembra, peraltro, in estremo contrasto sia con l'impulso a esprimersi nel mondo, come vuole l'istinto di espansione, sia con la tendenza a conservare le energie, che è l'imperativo dell'istinto di conservazione.
Per chiarire quest'apparente stranezza dobbiamo comprendere il modo davvero paradossale col quale opera la Rinuncia. Anche se il bambino è spinto a manifestarsi nel mondo, egli, per rispondere al diktat della ferita, non può fare altro che agire in un modo che gli eviti di entrare in contatto con se stesso, cosa che può fare solo se le sue azioni non saranno finalizzate al raggiungimento di un risultato per sé, ma si esauriranno in un'attività spesso frenetica che ha l'unico scopo di riempire il tempo e lasciarlo scorrere, in una sorta di **Iperattività**, fine a se stessa.
L'istinto di conservazione normalmente spinge al contatto con il sé, ma, in questo caso, è anch'esso asservito alla Rinuncia. Ciò fa sì che l'unica modalità con la quale il Nove può conservare le energie psichiche è quella di non utilizzarle, di cadere in una sorta di **Letargia**, che gli permette da un lato di non sprecarle e dall'altro di non rendersene nemmeno conto. Essa opera all'interno della persona spingendola verso un comodo adattamento alle cose o alle persone e facendole, tipicamente, ritenere che una tranquilla subalternità sia migliore dello sforzo necessario per imporsi o affermare il proprio valore. Quando questa polarità è molto forte, inoltre, essa induce all'abulia e al rifugio nel sonno prolungato come se la persona scegliesse volontariamente di "non essere".
L'interazione con l'Iperattività, impedirà, tuttavia, che questa posizione esistenziale di fatalistico abbandono a "ciò che è" possa durare per sempre o scadere in una sorta di pessimismo esistenziale, trasformandosi in ciò che vedremo in opera nel tipo Sei. Così ai periodi d'inattività seguirà, prima o poi, un'alternativa fase in cui un Nove si darà da fare in maniera sfrenata e s'impegnerà in mille attività. Anche in questo caso, tuttavia, il fine ultimo e non consapevole (a differenza di ciò che accade nel tipo Tre nel quale l'agire è finalizzato al conseguire) sarà quello di continuare a mettere se stesso da parte e a rinunciare alle proprie esigenze più profonde.
In questo modo nel Nove si realizza quella che possiamo considerare come la parodia di una virtù in quanto i bisogni personali, ben lungi dall'essere eliminati, troveranno una soddisfazione alternativa mediante un processo di vicarialità rispetto all'altro (la propria famiglia, il proprio partner, il proprio gruppo).

La letteratura dei padri della chiesa cristiana bollava come *Accidia*[144] (traduzione della parola *Achedia*= non aver cura di), questo facile accomodamento complessivo alle cose del mondo, questo adattamento, forzato come tutti gli adattamenti passionali, contraddistinto da una mancanza di attenzione verso ciò che vi è di fondamentale nell'esistenza e che è propria di una coscienza distratta dalle cose del mondo.

Tipo Uno

Abbiamo visto che il bambino che diventerà un Uno è stato oggetto di un *contenimento* imperfetto, che non ha rispettato pienamente i suoi tempi e i suoi bisogni. Il risultato finale di questo processo, che ha provocato la Ferita della Umiliazione, è stato per il bambino, da un lato, il dover tenere sotto stretto controllo la sua naturale delicatezza e, dell'altro, il doversi imporre di agire in un modo che impedisse di potere essere di nuovo oggetto di scherno o derisione.
Tuttavia, anche se compressa dietro lo schermo di una rigidità molto intensa dovuta alla difesa operata dall'istinto di ritrazione, la finezza percettiva del bambino resterà inalterata e cercherà sempre di trovare una possibilità per esprimersi. Tale delicatezza o, più propriamente, **Sensibilità**, deve essere correttamente considerata come una particolare forma di capacità percettiva.
Possiamo dire, usando un'analogia col mondo dei suoni o delle onde elettromagnetiche, che un tipo Uno è dotato di un "orecchio" in grado di percepire manifestazioni non captabili dagli altri.
Ciò si traduce, in ambito emozionale, in una fortissima capacità di commozione di fronte a stimoli emozionali che riguardino esseri "innocenti", cosa che, però, spinge gli Uno a cercare di difendersi da tali impulsi ricorrendo ad un estremo irrigidimento. Di conseguenza possiamo affermare che l'esistenza di questa polarità spinge il tipo Uno ad un attento controllo delle proprie emozioni, dato che soltanto quelle che essi ritengono "corrette" possono essere liberamente espresse. Per tali motivi non è infrequente trovare dei tipi Uno che, pur apparendo anche ai propri

---

144 Come riferito nell'articolo *Inner Polarities: The* Structure *of the Passion di* Antonio Barbato e Jack Labanauskas, EM Marzo e Aprile 2000, dal quale sono tratti gran parte dei contenuti di questo capitolo, si può comprendere la visione dei Padri della Chiesa di Oriente, considerando che la tendenza all'ozio e al torpore era vista come "il demone che soddisfa se stesso" mentre la tendenza a distrarsi e a dimenticare i propri compiti mediante un affaccendarsi in mille cose di poca importanza, era considerata come "il demone che contrasta se stesso"
.

occhi dei maestri di disciplina, confessano, quando possono sentirsi liberi di esprimere il loro vissuto, che questo atteggiamento è per loro sofferto e lacerante dato che contrasta con un'opposta spinta profonda.
La Sensibilità è, inoltre, per il tipo Uno un punto estremo di manifestazione, poiché se essa diventasse Ipersensibilità, non consentirebbe più di mantenere quell'atteggiamento di coerente distacco necessario per un'azione "virtuosa" e travalicherebbe nell'empatia e nelle altre manifestazioni proprie del tipo Quattro.
L'altra Polarità può essere considerata, invece, come la sopravvivenza nell'adulto della spinta infantile a reprimere sensazioni dolorose di colpa o di vergogna, mediante la totale accettazione di un dettato di norme familiari-ambientali. La presenza di questa "legge" interiore, che predetermina quello che è giusto e quello che è sbagliato, dà al tipo Uno una base certa su cui potersi poggiare per esprimersi nella vita reale, e permette a queste persone di attivare senza perdite di tempo le loro energie per un giudizio e la successiva azione. Il lato "meccanico" di questa **Supponenza**, o Sicurezza di Sé, consiste nel fatto che essa opera giudizi prescindendo dalle motivazioni che sono alla sua base e che porta in casi estremi, come diceva San Giovanni della Croce, a chiudere il proprio cuore fino a sentirsi l'unico santo in un mondo di peccatori.
In quest'ottica La Supponenza è un limite estremo delle manifestazioni dell'Uno in quanto la presenza della Sensibilità, che si fa sentire costantemente su questa sicurezza, impedisce che essa possa portare un tipo Uno a ritenere che tutto dentro di sé sia O.K. o meglio che O.K., posizione questa che vedremo in azione nel tipo Sette.
Se, come mi sembra di aver dimostrato, la Passione del tipo Uno è, fondamentalmente, quella di uno "stare contro la realtà" (nel senso che la persona è mossa da una sensazione interiore di rabbia perché quello che accade nella vita o nel suo ambiente non corrisponde a quello che "*dovrebbe*" essere) è facile capire che essa può essere correttamente interpretata come **Ira**.
Come per tutti gli altri tipi, le manifestazioni che siamo soliti attribuire all'Ira possono essere viste come il risultato dell'interazione di queste Polarità. Esaminiamo, a titolo di esempio, la tendenza al miglioramento tanto forte nel tipo Uno. A mio avviso questa tendenza trae origine dall'interazione fra un giudizio, che presuppone per essere emesso di una base di Sicurezza, e la mitigazione offerta dalla Sensibilità che lo rende meno tagliente e definitivo.
In altre parole è come se un Uno dicesse: "Percepisco che in me e negli altri ci sono delle imperfezioni, (giudizio basato sulla Supponenza), ma noi esseri umani siamo soggetti a sbagliare e quindi non bisogna perdere

la speranza di poterle correggere continuando ad agire (aggiunta derivante dalla Sensibilità)".

Tipo Due

Il bambino che diventerà un Due ha vissuto in origine un **Rispecchiamento** imperfetto e questa situazione ha emozionalmente indebolito il bambino, poiché gli ha fatto percepire il pericolo di poter non essere accettato, se non corrisponde all'immagine alla quale sente di dover aderire. Ciò, come abbiamo visto, ha dato origine alla Ferita dell'**Abbandono,** inteso come una forma di paura emozionale senza nome, che terrorizza così tanto da poter essere controllata solo mediante un totale rifiuto della sua consapevolezza.
Tale paura si struttura nel bambino quando sente di non poter essere come sente di essere, e di non essere all'altezza delle aspettative che sono state riposte in lui. Egli vive, in maniera simile a quella che vedremo in azione nel Tre, la sgradevole sensazione di non sapere se è amato per quello che è o, piuttosto, per l'immagine superficiale che gli altri vedono.
Inoltre, se nel vicino tipo Uno la paura è quella di essere di poter subire di nuovo una Umiliazione, nel Due c'è quella di essere messo da parte, di non ricevere l'attenzione che si sente indispensabile, se non si riesce ad essere gradevoli e pronti a compiacere, se non si riesce, in qualche modo, ad imporre la propria presenza grazie ai propri comportamenti.
Tutti vogliamo avere manifestazioni di affetto da parte degli esseri a noi cari (ovviamente ognuno secondo lo stile caratteriale che c'è proprio) e questo è normale, almeno fino ad un certo punto.
Nel caso specifico del bambino che diventerà un tipo Due, tuttavia, assistiamo invece a un'espressione iperbolica di questo naturale desiderio, che, interagendo con le spinte proprie degli istinti, produrranno le due manifestazioni del desiderio di **Intimità** e della voglia di **Libertà** che sono anche le polarità estreme di questo tipo.
Il bambino, infatti, si sentirà in qualche modo incoraggiato da uno dei genitori a cercare un'intimità sempre maggiore, fino a quando quest'atteggiamento sarà vissuto come un problema dallo stesso caregiver. Il conseguente atteggiamento di allontanamento porta, di frequente, a uno strano paradosso relazionale. Le relazioni, infatti, sono cercate con grande forza ma, se diventano troppo intime, recano con sé la strana paura di poter provocare una separazione lacerante. Per tale motivo più una relazione viene sentita dal Due come importante e più il nervosismo interiore può crescere.
Il desiderio di Intimità, pur essendo acuto e richiedendo la presenza degli altri, deve essere comunque considerato un movimento estremo, che non

potrà mai sfociare, grazie all'azione dell'altra polarità, nell'iperdesiderio e nella dipendenza che vedremo in azione nel tipo Quattro.
Il Bisogno di Libertà, invece, deve essere considerato come la risposta di un bambino che, sulla base delle proprie sensazioni, si ribella, istintivamente ed emozionalmente, a un vissuto percepito come privativo e normativo. Esso è ben visibile nel mito archetipico cristiano della caduta di Lucifero, l'angelo prediletto di Dio, in quanto risultato del suo dire "Io sono" innanzi al suo Signore, ed esprime una volontà che implica necessariamente un non volersi sentirsi subordinato o un dover accettare restrizioni emozionali da nessun altro.
L'amore per i bambini, così evidente in particolare in questo tipo, può essere così facilmente compreso, poiché soddisfa il desiderio di Intimità senza minaccia o limitazione per il bisogno di Libertà. Il Due, infatti, vede i bambini come esseri ancora non condizionati, molto bisognosi d'aiuto e che non possono costituire in alcun modo una minaccia alla sua autonomia.
La Libertà, inoltre, deve essere vista come uno dei limiti di manifestazione per questo tipo perché essa non potrà mai trasformarsi in quella capacità di agire per possedere, senza quasi curarsi completamente dell'altro, che vedremo in azione nel tipo Otto.
Se ben consideriamo il mondo interiore di un Due come risultato di queste oscillazioni, ci rendiamo facilmente conto che esso ha poco a che fare con l'aspetto cognitivo, mentre è molto dominato dalla percezione istintuale ed emotiva. In particolare, possiamo comprendere che quello che muove un Due non è tanto un sentimento di compiacimento per i risultati conseguiti, quanto la sensazione di poter essere oggetto di attenzione particolare, la capacità di saper "imporre" la propria presenza grazie alle proprie particolari doti. Oltre a ciò, come abbiamo visto, c'è inoltre la tendenza a rifiutare qualsiasi critica e a giustificare le proprie azioni.
Per questi motivi la Passione del Due è stata definita, fin dall'epoca di Evagrio Pontico, come **Superbia o Orgoglio** e l'etimo di queste parole mette bene in rilievo la sensazione di un accrescimento particolare, di una sovra pesatura del proprio sé presente in questa passione.[145]

[145] Superbia è, infatti, la traduzione latina delle due parole greche Iper e Bios (dalla radice sanscrita Bhu= essere), che esprimono il concetto di *stare sopra e*, di conseguenza, di essere superiore agli altri. Orgoglio, derivante dalle radici franche Ur e Guol esprime nell'insieme il concetto di una opinione esagerata di se stesso.

Tipo Tre

Il bambino che diventerà un Tre si è dovuto confrontare molto presto nella sua vita con le aspettative che i genitori (o almeno uno di essi) hanno riposto su di lui, e ha imparato che l'unico mezzo per ottenere l'**Accettazione**, che significa per lui anche amore è quello di avere un ottimo rendimento. L'ambiente in cui cresce il piccolo Tre pone evidentemente l'attenzione più sulle sue performance che su chi egli è in realtà e il risultato conseguente è che è vista e apprezzata solo l'immagine che risponde alle aspettative, mentre il vero bambino e i suoi bisogni sono guardati con fastidio e disinteresse.
Il **Disprezzo**, la ferita del Tre, non è percepito dal bambino fino al momento in cui si riesce a escludere questa sensazione dalla coscienza, ed è anche il motivo a causa del quale i Tre adulti facilmente disprezzano, a loro volta, tutti quelli che non sanno realizzare i propri obiettivi o non mostrano interesse per quello che essi fanno.
Di conseguenza viene danneggiata anche la percezione dei valori, perché il bambino si deve confrontare con un dilemma irrisolvibile: quello di non sapere se è amato per quello che fa o per quello che è.
Questo sembra strano, perché il Tre da adulto ricorda di solito di aver vissuto in un ambiente che lo sosteneva e lo incoraggiava. Per questo io ritengo che, più che per ogni altro tipo, al bambino Tre si applicano le parole riferite da Alice Miller all'inizio del già citato *Il Dramma del Bambino Dotato:* "Orgoglio dei loro genitori, secondo l'opinione comune dovrebbero avere una salda coscienza del proprio valore. In realtà è tutto il contrario. A nulla serve il loro eseguire bene, se non addirittura in modo eccellente, ogni compito, l'essere ammirati e invidiati, il cogliere successi appena lo vogliano. Dietro tutto ciò sta in agguato la depressione, il senso di vuoto, di auto alienazione, di assurdità della propria esistenza, che li assale appena non sono on top, appena li abbandonano le sicurezze da superstar, o, all'improvviso, li coglie il sospetto di aver tradito un'immagine ideale di se stessi".[146]
Questo ci permette di capire che il bambino Tre ha fatto con molta forza esperienza della vergogna e della disapprovazione, ma non ci spiega come mai abbia reagito accettando di diventare quello che i genitori volevano. La risposta è, ancora una volta, l'amore. Il bambino, infatti, è pienamente desideroso di fare tutto quello che può per ottenere l'attenzione e la cura che gli sono indispensabili e, quando legge negli occhi dei genitori la disapprovazione per qualcosa che ha fatto, non è riuscito a fare, o il dolore

---

[146] Op.cit. pagina 13

per la loro situazione, sente di dover in qualche modo agire per cancellarla.
Un proverbio persiano spiega bene questo punto, affermando che un bambino è cera nelle mani dei genitori e per mantenere il loro amore può diventare più sottile del filo di un ragno o più spesso delle mura di un palazzo. L'esito di questo forzato processo di adattamento è, in ogni caso, estremamente chiaro. Il bambino può sentire, ad esempio, vergogna per la vergogna dei genitori e stringere un segreto patto con loro nel quale, in cambio dell'amore, si impegna ad ottenere ciò che essi non sono riusciti ad ottenere, a cancellare il loro fallimento esistenziale dando, mediante le sue azioni, un diverso significato alla loro stessa vita.
Il bambino è fatto, pertanto, oggetto di un bombardamento di aspettative e si convince che quei risultati che gli sono richiesti sono anche quello che maggiormente può desiderare. Ho definito questa primaria tendenza emozionale col nome di Polarità del *Bene Proprio*, sia perché il bambino percepisce che, facendo quello che gli viene chiesto, otterrà amore ed attenzione, sia perché in questo modo sa perfettamente che cosa gli viene richiesto di fare.
Possiamo comprenderla anche come il risultato della soppressione delle pulsioni istintuali ed emozionali non desiderate dall'ambiente che circondava il bambino. Esse sono state sostituite, come nel caso del tipo Uno, dall'accettazione attiva di altri valori, con la differenza che nell'Uno viene privilegiata la "responsabilità", mentre il Tre vive in un contesto che sottolinea l'eccezionalità del bambino e, correlativamente, pretende che questa qualità sia quantizzabile e misurabile.
E' chiaro, tuttavia, che per sostenere questa convinzione di "specialità" ci vuole una specie di riformulazione della realtà, che viene messa in atto mediante un filtraggio dei sentimenti ed una ammissione solo di quelli che possono rendersi funzionali al processo.
Inoltre il Bene Proprio, pur richiamando costantemente la persona all'attenzione e alla cura di se stessa, non porterà alla preoccupata e affannosa ricerca di sicurezza e rassicurazione che vedremo in opera nel tipo Sei, per effetto della spregiudicatezza indotta dall'altra polarità.
Quest'ultima che è la polarità di ritrazione del tipo Tre è stata da me battezzata col termine *Spersonalizzazione*, e si percepisce chiaramente quando si verifica una situazione che non si riesce a risolvere con i soliti slogan interni.
In particolare, la Spersonalizzazione fa emergere sentimenti di vuoto e di mancanza di orientamento, dato che fin da bambini i Tre hanno dovuto adottare valori e criteri di giudizio che non erano propri ma di altri. La Spersonalizzazione, tuttavia, non conduce a quella specie di attitudine robotica che siamo soliti associare al Nove, perché il Bene Proprio porta

un Tre a darsi obiettivi concreti e lo induce ad attivarsi nel mondo per raggiungerli.
Si può anche dire che, anzi, in linea di massima i Tre sono più disposti a riconoscere solo questa seconda polarità, perché hanno una grande difficoltà nell'accettare di essere stati fin da bambini molto più eterodiretti di quanto essi vogliano ritenere. Credo sia chiaro, tuttavia, che le vere necessità del bambino, le sue fragilità, le sue incapacità, non sono assolutamente accettate e tanto meno espresse.
Il risultato finale è la nascita della passione dell'**Inganno** dato che il bambino, pur sentendo dentro di sé tutti i processi che ho descritto, per sopravvivere emozionalmente a questa tenaglia ambientale di asfissianti aspettative e negazione della sua realtà interiore, non ha altra scelta che mettere tutte le sue energie all'inseguimento di un miraggio che diventerà, col tempo, il senso stesso della sua vita.

Tipo Quattro

Il senso di carenza, di qualcosa di mancante o sbagliato nella persona, è ritenuto comunemente essere il segno più chiaramente distintivo di questo tipo. Tuttavia, non mi sembra che nella letteratura dell'EdT ci siano interpretazioni chiare dell'origine di questa sensazione, aldilà di un generico riferimento a esperienze infantili di una privazione d'amore. Questa spiegazione non è però soddisfacente, dato che essa non è riferibile solo al Quattro, ma, con leggere variazioni, è alla base di tutte le formazioni che stiamo esaminando.
Abbiamo così visto che, più specificamente, sono le problematiche connesse a un non adeguato livello di *Incoraggiamento* da parte dell'ambiente a generare nel bambino la quasi incapacità di sentire di essere buono. Ciò fa sì che la percezione di non essere capace, degno o all'altezza, mini in parte l'autostima e si faccia sentire soprattutto come una continua voce interiore che tende a sottolineare ciò che non è, ciò che è diverso da come dovrebbe essere.
Tale sensazione è il prodotto di una serie di richieste ambientali che fanno capire al bambino che non va bene com'è, ma non gli danno la possibilità di trovare una soluzione alternativa. Il bambino prova in tutti i modi a capire cosa vuole (o vogliono) da lui il caregiver, ma, nonostante si sforzi, non ci riesce in alcun modo. Questo è ciò che io definisco come **Disperazione**, perché il bambino sente che se, ad esempio, si sforzasse di più o riuscisse a capire cosa gli manca, potrebbe finalmente ottenere la piena approvazione del genitore, ma, non riuscendoci, continua affannosamente a chiedersi cosa non va in lui o come dovrebbe

comportarsi. In questo modo la sua esposizione al dolore è totale perché non c'è un attimo di tregua in questa continua e tormentosa ricerca.
La penosa dinamica della Disperazione, incontrando le spinte vitali degli istinti di Conservazione e di Espansione, genera nel Quattro una difficoltà nel valutare correttamente se stesso (e le cose della propria vita) e un'opposta sensazione di meritare di più di quello che si è e che si ha.
Definisco la prima tendenza, o polarità, come *Sbandamento o Disorientamento*, in quanto essa può essere considerata come una perdita di chiari punti di orientamento cui far riferimento nella valutazione di sé.
Il Disorientamento, però, ha anche una funzione difensiva, poiché diventa una specie di nebbia emozionale nella quale nascondersi, per non sentire più il confronto con quello che si sente che si dovrebbe essere. Se non so più chi sono e cosa voglio veramente, infatti, posso anche permettermi di perdermi, senza più dover cercare di sforzarmi e di riuscire, così, a recuperare un po' di energie ritraendomi.
Il malfunzionamento di questa bussola emozionale interna spiega correttamente molti fenomeni come, ad esempio, i frequenti mutamenti d'umore dei Quattro. Anche la malinconia, tanto propria di questo tipo, può essere facilmente vista come il risultato del ricordo inconscio di una caduta da uno stato originario d'amore sicuro (il mitologico Paradiso Terrestre del Genesi), alla vissuta situazione esistenziale del Disorientamento.
Anche in questo caso, lo Sbandamento è un punto di manifestazione estrema del tipo poiché, pur privando i Quattro di definiti punti di riferimento interni, non potrà mai trasformarsi in quella posizione di anarchia sentimentale finalizzata al proprio piacere e capace, come avrebbe detto Nietsche, di andare al di là del bene e del male, pur di ottenere la sua espressione, che abbiamo visto in opera nel tipo Due (spinta verso la Libertà).
L'altra polarità, invece, spinge il Quattro, a sentire di avere diritto, di essere speciale, di meritare un trattamento che lo ricompensi per quello che sente di aver fatto e a ricercare incessantemente un appagamento del suo bisogno attraverso i contatti col mondo esteriore.
Questa tensione può ben essere definita col termine *Rivendicazione,* che trasmette la sensazione di una rabbiosa richiesta tesa a ottenere soddisfazione, rivolta a "un altro diverso dal sé col quale ci si identifica", che può assumere le forme diverse del familiare, del partner (o del sesso socialmente dominante), della parte giudicante del sé, del Fato o destino avverso.
Quasi come si esprimesse una posizione del tipo: "mi devi dare quello che mi spetta e mi devi volere bene, anche se non sono come tu vorresti, perché sono tuo........".

La Rivendicazione è, come tutte le altre polarità, un limite estremo del tipo, perché, pur impegnando la persona nel tentativo anche spasmodico di fare bene e facendole sentire, in ogni caso, di meritare un meritato riconoscimento che non le viene tributato, non riuscirà mai a far conseguire al Quattro la sensazione di essere veramente nel giusto (Supponenza) che ritroviamo nella consapevolezza dei tipi Uno.
A questo proposito ci sembra, inoltre, importante rilevare che la Rivendicazione, a causa dell'interazione della prima polarità, non permetterà di ottenere la soddisfazione tanto bramata e lascerà un Quattro con un permanente senso di frustrazione che, a sua volta, renderà il Disorientamento più forte. Così questo tipo, più di qualsiasi altro, non riesce a capire che quello che veramente gli occorre è un'auto comprensione e un amore da trovare all'interno di sé, senza dover stare a fare continui confronti con quello che dovrebbe e non riesce a essere.
L'insieme di tutte queste dinamiche da così origine all'**Invidia**, una passione che si contraddistingue per l'intensità del desiderio, che è di gran lunga percepito come più stimolante dell'appagamento dello stesso, e nella quale i passaggi da una polarità all'altra risultano così perturbanti e generano un clima interno di tale mutevolezza (derivante anche dalle interazioni con le altre passioni collegate) che non permette di potersi facilmente accontentare di qualcosa.

Tipo Cinque

Il bambino che diventerà un tipo Cinque si è trovato a fare i conti con una carenza energetica che ha a che fare con la **Comunicazione** e con la sensazione di non essere ben compreso nei pensieri e nei sentimenti. Anche se, come ogni altro, è naturalmente propenso a corrispondere alle richieste genitoriali, questo bambino preferisce fare a meno di chiedere l'attenzione, sia perché essa - quando viene data - è vissuta come soffocante, sia perché, come accade per tutti gli altri Enneatipi, egli sente di essere stato tradito, dato che non gli viene offerto un reale modo per comunicare.
Il Cinque sembra, quindi, essere l'unico tipo che rifugge dalla ricerca del contatto e dell'approvazione del genitore, anche se spesso ci si trova di fronte a persone che nella vita adulta, chiedono un'attenzione particolare con la convinzione incrollabile che gli verrà concessa.
Quando indaghiamo sul significato di quest'apparente "stranezza", comprendiamo che tale richiesta è fatta in modo totalmente inconsapevole. Così si mette in opera un meccanismo che agisce provocando un intirizzimento protettivo e creando uno scudo difensivo contro quelle che vengono vissute come intrusioni esterne.

Per comprendere meglio la Ferita che ne discende, dobbiamo considerare che il bambino sente che qualcuno si prenderà sicuramente cura dei suoi bisogni fisici, ma si accorge anche che lo farà in modo unidirezionale. In altri termini, il solo canale di comunicazione è quello genitore-bambino, mentre nell'altro senso i messaggi cadono spesso nel vuoto. Questo conduce alla Ferita della **Limitazione**, che va intesa come la percezione di non avere uno spazio di espressione.

In tale dinamica possono essere riconosciuti due movimenti che, come per tutti gli altri tipi, sono i limiti estremi della sua manifestazione. Da un lato l'istinto di conservazione indice a credere che nulla serva veramente a qualcosa, dall'altro quello di espansione spinge a ritenere certo che da qualche parte esista la possibilità di soddisfare pienamente i propri desideri.

La prima si manifesta come una forma di percezione negativa, come la sensazione dell'inutilità di ogni azione dato che si sente che nulla potrà veramente cambiare in meglio la propria condizione. D'altro canto questa polarità è combattuta da una convinzione assoluta, seppur penosa e che fa percepire più sconcerto che sollievo, che esiste la possibilità di ottenere una meritata pienezza, anche se essa tarda a essere raggiunta a causa della propria attuale insufficienza.

Come abbiamo visto ciò si genera in risposta ad una posizione ambientale che fa percepire i sentimenti come pericolosi e spinge il bambino a rinunciare ad essi.

Il prevalere della prima polarità conduce il Cinque al pessimismo e a una forma di astenia psichica che si traduce in una sorta di freno alla propria capacità di agire. Tale posizione può, quindi, essere ben espressa dalla parola **"sfiducia"**. Essa va considerata come una forma di debolezza che spinge il Cinque a erigere una barriera difensiva tra sé e il mondo. La conseguenza di ciò è che, separandosi dalle proprie emozioni, il Cinque si separa dalla fonte primaria della percezione di sé e sente, inconsciamente, di tradire il compito che la vita ha assegnato a ciascuno di noi.

Da qui nasce accanto ad una visione pessimista e talvolta cinica del mondo, un doloroso senso di colpa pervadente e lucido che spesso viene avvertito come una maledizione gravante su di sé.

Quando, invece, prevale la polarità espansiva sarà presente una considerazione di sé come un ricercatore su un cammino fondamentale; la convinzione radicata che la propria ricerca è talmente importante che è indispensabile finalizzare tutte le energie al suo esito positivo, senza curarsi troppo delle relazioni e delle interazioni col resto del mondo.

Essa verrà sentita, quindi, come una necessità assoluta, e sarà effettuata nel silenzio interiore al quale il bambino si è abituato, conducendo facilmente ad un modo di vivere solitario e rinunciatario che viene

percepito come un indispensabile habitat in cui esprimersi completamente e in libertà.
La parola **"certezza"** mi sembra la più indicata per esprimere questa posizione interna di convinzione assoluta che " da qualche parte il paradiso esiste, lo so, anche se non lo ho ancora trovato e non so se mai lo troverò", come diceva un appartenente a questo tipo.
Dalla interazione di queste due spinte istintuali si sviluppa quella profonda sensazione di avere poco unita alla paura di poter perdere anche quel poco che si ha, che tradizionalmente è stata definita come **Avarizia**.
L'avidità indotta dalla Certezza è molto forte, ma essa è contrastata dalla percezione che difficilmente l'esposizione a qualche rischio porterà a un esito positivo. Di conseguenza molto difficilmente un Cinque riuscirà a convincersi che un'azione è necessaria per ottenere quello che si desidera.

Tipo Sei

L'aver avuto difficoltà nel capire esattamente quale era il livello di **Limite/Permesso** più idoneo per confrontarsi con l'autorità e, più in genere, col proprio ambiente familiare infantile, porta con sé anche la difficoltà di comprendere fino a che punto ci si può spingere nella esplorazione delle cose senza dover temere di subire conseguenza negative da ciò.
Questa difficoltà, tuttavia, non fa venire meno il desiderio sottostante che, seppur controllato, continua a manifestarsi con forza alle porte della coscienza, richiedendo solo di trovare una modalità per così dire "sicura", per potersi esprimere. La ricerca di un tale principio, però, è resa più complessa dalla qualità dei messaggi ricevuti, che, anziché rafforzare la capacità di agire del bambino, lo pongono di fronte ad una continua tormentosa insicurezza riguardante le conseguenze di quello che può accadere in seguito ad un suo comportamento.
Ho descritto questo "dramma emozionale" come il risultato che **Ordini Negativi o Contradditori** possono generare nel bambino, il quale si ritrova a dover fare i conti con una realtà che sembra sfuggire a ogni forma di prevedibilità e di controllo.
Si può comprendere come l'istinto di Espansione e quello di Conservazione risultano essere pesantemente condizionati da queste dinamiche e come, man mano che il bambino cresce, l'interazione fra un ambiente costrittivo e le spinte a manifestarsi ed a proteggersi, generano forti tensioni polari nella personalità degli individui di questo tipo.
Esse possono essere spiegate con immediatezza facendo ricorso alla situazione del topo inseguito da un predatore. In questo esempio l'animale, seguendo il proprio istinto di conservazione, si dà alla fuga

davanti al pericolo percepito, fino a quando le forze e le circostanze glielo consentono. Se, però, non è possibile trovare una via di salvezza, egli si gira e affronta l'assalitore aggredendolo.
Nell'animale uomo le reazioni sono leggermente diverse giacché, solitamente, non è in pericolo la propria sopravvivenza fisica quanto, piuttosto, la possibilità di avere una piena espressione della propria vita istintuale ed emozionale.
Possiamo così comprendere come, per rispondere alle richieste dell'istinto di Conservazione, il bambino possa fuggire verso uno spazio interiore in cui può sentirsi al sicuro da ogni pericolo (mentre esteriormente cede alle pretese dell'autorità), o, seguendo il proprio istinto di Espansione, tenda a passare a una forma d'aggressione diretta necessaria per dare sfogo al proprio desiderio e per evitare che venga meno il proprio spazio interiore.
Definisco la prima polarità col termine di **Difesa,** che credo permetta di convogliare in un unico termine almeno quattro distinti tipi di reazione finalizzati alla conservazione della persona; la fuga, la resa, la reazione disperata e il chiudersi in un sistema nel quale trovare rifugio.
In quest'ultimo caso vi è un assoggettamento acritico a un dettato di norme comportamentali esterne che non vengono, a differenza di quanto accade nell'Ira, fatte proprie ma accettate per avere protezione e, soprattutto, per sopire ogni problematica di ambiguità e ambivalenza.
Fin quando la Difesa è prevalente la persona tende a stare bene nel conformismo e perfino nella inattività causata dal timore, senza tuttavia cadere in quel senso di Letargia che abbiamo visto in essere nel tipo Nove. Questa inattività va correttamente considerata come il risultato di un permanente stato di allerta e attenzione, come una "esitazione dinamica" che non trova una soluzione immediata, in una perdita di contatto o in una fuga dal problema.
Tuttavia, se la Difesa non fosse normalmente contrastata dall'altra polarità, la persona, come un animale inseguito che ha consumato tutte le sue energie, si abbandonerebbe a un'accettazione fatalistica di quello che gli accade. Infatti, questa "*soggezione alla legge e all'autorità*", va in contrapposizione con la necessità di tutelare uno spazio interiore, percepito come vitale, di manifestazione della propria libertà istintuale e ciò origina un forte contrasto fra la Difesa e un latente desiderio di ribellione. Da quest'interazione nascono fenomeni che, come vedremo, sono tanto tipici del Sei come l'accusa e l'ambivalenza.
L'altra polarità, che si può considerare come il risultato delle spinte dell'Iperattività, del Bene Proprio, della Certezza e dell'Impermanenza (che vedremo parlando del tipo Sette), mi sembra ben descritta dal termine **Attacco** che permette di comprendere come, in modo analogo a quello che accade nel mondo animale, vi sia una continua tensione

espansiva, che spinge a determinare il proprio ruolo mediante la contrapposizione. Per vedere in opera questa polarità, tuttavia, occorre che le spinte emotive si liberino momentaneamente da ogni condizionamento, dato che il primo avversario da vincere è radicato nel proprio mondo interno sotto forma di ansia.
Anche se nell'adulto il prezzo da pagare per questa temporanea liberazione è quello di dover poi sottostare ad una tormentosa analisi delle proprie azioni, per verificare le conseguenze di quello che si è fatto, si può ben capire come essa spinga i tipi Sei a ricercare anche situazioni estreme di pericolo, pur di provare l'ebbrezza della liberazione e della piena auto determinazione.
Anche in questo caso l'Attacco è un limite delle manifestazioni di questo tipo, perché non potrà mai condurre un Sei a una completa fiducia nelle proprie azioni e in se stesso (posizione dell'Inganno), dato che il timore indotto dalla Difesa agirà come fattore di contrapposizione.
Come per tutti gli altri tipi, il risultato finale di questa interazione è determinato dall'istinto di adattamento che, fungendo da invisibile centro delle oscillazioni delle polarità, farà strutturare una risposta emozionale che cercherà di predeterminare le risposte e di controllare l'ansia derivante dal non sapere bene cosa è innocuo e si può fare senza timori e cosa, invece, è pericoloso e va evitato.
La **Paura** va, quindi, anch'essa considerata come una passione, come il piacere di saper padroneggiare l'ansia e di evitare che qualcosa di dannoso possa accadere alla persona.

Tipo Sette

Abbiamo visto come il bambino che diventerà un tipo Sette ha sperimentato dei problemi relativamente all'energia del Nutrimento a livello mentale. Non gli è stato, infatti, possibile strutturare un senso compiuto di **Prevedibilità,** a causa della variabilità delle risposte ambientali, che non hanno avuto quel carattere di ripetitività necessario per la costruzione di un senso di coerenza interna ed esterna.
La relazione con i caregivers, caratterizzata da un eccessivo permissivismo, mescolato a momenti nei quali l'autorità viene usata per imporre al bambino un dettato di norme comportamentali, non ha fornito un'adeguata interpretazione del mondo e delle conseguenze, soprattutto quelle penose, di un comportamento. Ciò ha generato nel bambino una sorta d'incapacità a moderarsi nelle espressioni ma anche una difficoltà a contattare ed esprimere quelle emozioni dolorose che sembravano essere insopportabili per l'ambiente.

In questo modo si è creato una specie di tacito accordo fra genitore e bambino ,in base al quale al figlio non è stato permesso di esprimere tutta la gamma delle manifestazioni emozionali, e in particolare di quelle dolorose, in cambio di una generale permissività e di un atteggiamento del tipo "prendi tutto quello che vuoi". Questo, ovviamente, deve avere comunque dei limiti e si traduce, prima o poi, nella fissazione di regole di condotta non amate, che rafforzano nel bambino la percezione che le cose del mondo cambiano rapidamente senza che lui possa farci nulla.
Il risultato finale di tutto ciò è stata la nascita della ferita dell'**Allegria Forzata,** che richiede la repressione e il distacco da gran parte dei sentimenti, compensata solo in parte da un ipersviluppo delle facoltà cognitive. Inoltre, essa porta a covare una specie di ribellione nascosta, che conduce il bambino Sette a sentirsi giustificato nei suoi tentativi di cercare di ingannare il genitore e poi, da adulto, a giocare a guardie e ladri col resto del mondo. Dietro tale ribellione si cela molte volte questo importante messaggio esistenziale:: *se mi devo nascondere quando sono bisognoso o triste, io nasconderò anche tutto il resto del mio mondo interiore.* Col tempo un tipo Sette si abitua tanto a comportarsi in questo modo che la sua parte emotiva può sembrare effettivamente invisibile.
Da quanto detto, si può intuire che questa posizione esistenziale deriva dalla costante oscillazione tra una polarità a percepire tutte le cose come transeunti (**Impermanenza)** e un'altra che tende a ritenere che vi sia un mezzo per ogni fine; a far avvertire che ogni prezzo può essere pagato pur di ottenere una soddisfazione (**Sacrificio**).
La Polarità dell'Impermanenza nasce con quell'esperienza universale che io chiamo "gestione dello stupore". Quando un bambino è chiamato a confrontarsi con un'esperienza nuova e dolorosa, egli tende a reagire cercando di trovare un modo per gestirla, elaborando una risposta che possa proteggerlo per l'avvenire. Nel caso specifico del bambino Sette di fronte all'acuta percezione che le cose passano (e ciò genera una profondissima paura), troviamo la tendenza a riempirsi di cose belle nell'immediato perché esse finiranno e potranno non ripetersi più. Come affermava a questo proposito, Lorenzo de Medici, illustrando splendidamente come l'Impermanenza sia percepita da un Sette, "*Chi vuol essere lieto sia, del domani non v'è certezza".*
Questo processo sembra estremamente cognitivo ma, in realtà, si sviluppa da percezioni istintuali/emozionali primarie. Così un'esperienza molto gradevole, come quella di sentirsi pieno per aver mangiato a sazietà, può essere seguita da una sgradevole sensazione di vuoto qual è, appunto, quella della fame e questo condurrà alla necessità di cercare di avere sempre una possibilità alternativa, una plausibile via di uscita.

Inoltre, l'impermanenza può anche essere compresa come la sensazione che qualcosa da fuori, su cui non si ha controllo, porti via le sensazioni di piacere, lasciando al loro posto uno stato penoso. Questo è tanto difficile da accettare da indurre, tipicamente, il Sette a negare questa esperienza mediante l'uso di strategie di pensiero che tendono a ridurre l'impatto di questo distacco, pur se esso, come una spina, rimane ben presente nella consapevolezza della persona, sotto forma di sfiducia che qualcosa possa durare per sempre.

La seconda polarità, il Sacrificio, nasce originariamente dall'esperienza di un bambino che sente di dover diventare un elemento di distrazione, nel tentativo di evitare che i genitori si concentrino su ciò che non va bene o di alleviare i loro dispiaceri.

Col tempo tale polarità condurrà un tipo Sette a compiere qualsiasi azione, che egli reputerà necessaria al raggiungimento della propria soddisfazione o sicurezza, senza curarsi del prezzo che gli altri o perfino se stesso, dovranno pagare. Ciò che spinge un Sette a cercare di imporre agli altri l'accettazione di un sacrificio, riposa nella convinzione che nessuno si sacrifica con piacere se non si ha la speranza di una ricompensa maggiore. Ritroviamo un esempio classico di questa polarità nell'episodio di Ulisse e del canto delle sirene raccontatoci da Omero. Ulisse, pur di non perdere l'incredibile piacere di sentire quelle incantevoli ma mortali cantanti, e ben consapevole dei rischi cui andava incontro, si fa legare dai compagni, cui aveva tappato le orecchie con la cera, all'albero di maestra della nave con delle corde che non può spezzare. In questo modo egli può permettersi di vivere un piacere che aveva ucciso tutti quelli che lo avevano provato, anche a costo di una sofferenza che lo rende quasi pazzo.

Se è vero che questa posizione esistenziale può condurre all'inaffidabilità e all'amoralità, che vengono talvolta rimproverate ai Sette, è altrettanto vero che essa, quando è contemperata da un vero amore, li rende persone in grado di lavorare duro ed impegnarsi totalmente al servizio di una persona, di un ideale o di un gruppo.

Anche in questo caso, ovviamente, le polarità sono dei limiti invalicabili dalla cui interazione nascono tutte le manifestazioni della passione. Così il senso dell'Impermanenza verrà continuamente negato grazie alla idea che è possibile provare piacere mediante altre esperienze (tendenza al movimento continuo), e non travalicherà in quella Sfiducia esistenziale che abbiamo visto in azione nel Cinque. D'altra parte il Sacrificio sarà strategicamente accettato solo come un mezzo per raggiungere uno scopo, non diventando quell'attitudine a mantenere i propri impegni a tutti i costi che caratterizza l'Uno.

La sensazione di meritare una ricompensa risarcitoria rispetto al Sacrificio cui ci si sente obbligati e la voglia di sperimentare cose buone sempre nuove, per evitare il senso di vuoto nascosto nell'Impermanenza, si traduce adattivamente nella passione della Gola, un atteggiamento di piacevole condiscendenza e di facile inclinazione verso i piaceri sia ideali sia materiali.

Tipo Otto

Il particolare ambiente nel quale cresce un bambino, che diventerà un tipo Otto, lo porta a imparare molto presto che la relazione affettiva è condizionata da una carenza di **Riconoscimento** dei suoi bisogni, soprattutto di quelli affettivi. Di conseguenza egli sente di non avere diritto a esprimere la sua naturale debolezza e sensibilità e di poter richiedere quell'empatia e quella vicinanza che sono alla base di un adeguato sviluppo psichico.
Di fronte a questo rifiuto ambientale il bambino cercherà di difendersi, fronteggiando con la rabbia e mediante atteggiamenti sfidanti le richieste che gli sono rivolte. E' facile, quindi, comprendere che la disinibizione e la durezza, tanto evidenti nel tipo Otto, sono il risultato di questa dinamica Anche nei casi nei quali l'ambiente ritiene importante che il bambino divenga forte e per tale motivo lo sottopone a una lunga serie di prove e privazioni (che a un osservatore esterno appaiono, comunque, angherie), il risultato finale resta quello di provocare un indurimento del bambino che proverà, correlativamente, una forma d'insofferenza verso tutto ciò che appare come debole. Un Otto, di conseguenza, avrà la motivazione ad allontanarsi dall'ambiente natio non appena ne avrà la possibilità, per prendere il suo destino fra le mani e diventare un individuo in grado di cavarsela da solo.
Il suddetto "specifico programma di educazione" conduce alla Ferita del **Maltrattamento,** che può giungere fino all'abuso fisico e alla mortificazione dell'identità sessuale del bambino. E' importante tenere presente che il bambino, anche se maltrattato, non smette di cercare di ottenere l'attenzione dell'ambiente e che questo lo può condurre, a causa della naturale tendenza all'adattamento, ad essere parte attiva in questo processo.
Il bambino Otto, così, si creerà un'immagine di duro, sviluppando dei "calli" sulla propria parte emozionale, che lo condurranno a percepire soltanto stimolazioni caratterizzate da particolare forza. Un vecchio proverbio Sufi illustra con chiarezza questo punto quando afferma che: "*Gli arti del lavoratore manuale, sempre a contatto con elementi grossolani, s'induriranno in breve tempo*".

Anche nel caso dell'Otto è possibile notare due movimenti che rappresentano i limiti della manifestazione di queste dinamiche. L'istinto di conservazione si manifesta nella ricerca di esperienze di particolare intensità che, a un livello ontologico, servono a confermare l'esistenza stessa della persona e, per raggiungere questo scopo, ci si spinge fino al punto di considerare come lecita e utile ogni azione a ciò finalizzata.
Definisco questa polarità con la parola **Soggezione,** con la quale intendo sottolineare sia la tendenza ad agire come il paladino della soddisfazione dei propri impulsi istintuali, sia la volontà di non soggiacere ad altro che al proprio desiderio. Ovviamente, essa è il risultato dell'esperienza emozionale di un bambino che, soggetto a un'autorità vissuta come vessatoria, promette a se stesso di non soffrire più e fare vendetta per questo. Tale situazione, inoltre, spezzando il vincolo che lo lega naturalmente ai caregivers, lo porta in tutte le relazioni a utilizzare la sua energia per competere con le figure di autorità e, se gli riesce, a distruggerle a livello psicologico.
La soggezione costituisce anche il mezzo col quale l'Otto tende a rispondere alle situazioni di pericolo o di affaticamento e si traduce in un "alzare la posta", per dimostrare, a se stesso soprattutto, di essere in grado di sopportare tutto quello che gli piace di sopportare. Quasi come se la ribellione, contro quella che fu l'originaria autorità oppressiva, trovasse compimento mediante l'identificazione e il superamento della sua forza. Pertanto, ogni volta che qualcosa o qualcuno tende a limitare i suoi desideri, nell'Otto si scatena un meccanismo ansiogeno che, per essere placato, richiede un confronto con l'elemento inibitore. È ovvio, quindi, che nei rapporti con le altre persone un tipo Otto potrà assumere una posizione da "braccio di ferro", che reitererà quello vissuto nel suo ambiente familiare.
Come tutte le altre Polarità anche la Soggezione deve essere considerata un limite estremo delle manifestazioni dell'Otto, visto che in essa convergono la profonda Sfiducia del Cinque, il grande bisogno di stare a contatto (Intimità) del Due, la tendenza al Sacrificio del Sette e il sonno esistenziale (Letargia).
Ritengo che l'altra Polarità, espressione dell'istinto di espansione, possa essere correttamente descritta con l'uso della parola **Supremazia** perché mi sembra esprimere bene la tendenza del tipo Otto a porsi al di sopra delle regole e a dire agli altri quello che debbono fare. Col tempo, l'assuefazione a questa percezione di sé come elemento guida, porterà un Otto ad assumere la posizione di un possibile leader in tutte le situazioni e le relazioni.
Paradossalmente, inoltre, si tenderà a far ricadere sugli altri il costo delle proprie esperienze dolorose, costringendoli a subire le regole che l'Otto si

sente in diritto di non rispettare. In questo modo e sentendo di esercitare una forma di "giustizia" riparatrice, egli può porsi al riparo dai sensi di colpa che ne ostacolerebbero l'azione. Inoltre, sentendo di non poter contare facilmente sul sostegno dell'ambiente nel quale si muove, un Otto, tende a estraniarsene e a svalutarlo.

Tuttavia ,egli è anche molto tradizionalista, poiché nel suo agire tende a ripetere quello schema di "bambino cattivo" che ha introiettato nell'infanzia. Questa affermazione può apparire più chiara se si pensa che il messaggio familiare può, in realtà, richiedere al bambino di rompere gli schemi precostituiti e di andare per il mondo come un rivoluzionario pronto a sovvertire ogni ordine preesistente. Ciò spiega anche una dicotomia frequentemente osservata nei tipi Otto: se l'autorità familiare è sentita come illegittima, essi andranno via da casa al più presto e romperanno i legami con la famiglia d'origine, ma se, al contrario, essa sarà riconosciuta, il legame diventerà indistruttibile trasformandosi in un "patto di sangue".

Anche la Supremazia è un limite estremo delle manifestazioni del tipo Otto, in quanto essa è il risultato dell'influenza della Certezza vista nel Cinque, dell'Impermanenza propria del Sette, del bisogno di Libertà che caratterizza il Due e della spinta all'Iperattività del Nove.

Dall'interazione delle due polarità, mediata dall'istinto di Adattamento, si sviluppa quella Passione che classicamente veniva definita **Lussuria**, dalla parola latina luxus (lusso), che indicava l'inclinazione a trovare soddisfazione nelle cose del mondo, perdendo così il senso ultimo dell'esistenza. Il senso più profondo di questa Passione consiste, come abbiamo visto, in un'esagerata soggezione alla forza di ogni tipo di desiderio, che viene percepito come un indispensabile scarico di ogni impulso istintuale. Pertanto, il termine che, secondo me, meglio esprime il senso ultimo di questa Passione è **Eccesso** che, in modo più generale della parola lussuria, indica una posizione esistenziale in cui ogni esperienza deve essere estremizzata.

NASCITA E SVILUPPO DELL'EGO

Si può dire che con la nascita della Passione, intesa come una risposta emozionale "fissa", coerente con le pretese dell'ambiente in cui il bambino cresce, l'omeostasi naturale viene persa. Al suo posto si svilupperà, per cercare di mantenere un equilibrio durevole, una struttura che deve necessariamente adattarsi in modo forzato a quei condizionamenti e limitazioni, rispetto ai quali non ha potere di intervenire, che ho definito col nome di Ferita Originaria.

I primi risultati di questo processo sono la corruzione delle risposte istintuali, che assumono una forma "colorita" dalla Passione e la *meccanicità*, con la quale si risponde emozionalmente alle diverse situazioni che la persona affronta. Questo andare "seguendo un programma", non sarà poi modificato in senso sostanziale dallo sviluppo della funzione logica, poiché il pensiero seguirà la scia già tracciata dalle risposte istintuali ed emozionali e s'incepperà in un modo di pensare che prenderà in considerazione solo alcuni aspetti, rifiutandosi di vederne altri indesiderati o non funzionali al suo gioco (**Fissazioni**).

L'esito complessivo di questo processo è, quindi, la strutturazione di una coscienza contraddistinta da un'elevata meccanicità, malgrado quello che essa possa pensare di se stessa che avrà, inoltre, anche la necessità di sviluppare dei sistemi che gli permettano di difendersi da tutto quello che sembra minacciare la sua stessa sopravvivenza.

E' interessante notare che, partendo da una chiave di lettura totalmente spirituale dell'esistenza, a risultati simili a quelli che ho descritto, sono giunti anche i mistici di diverse religioni. In particolare, nel mondo cristiano, come abbiamo visto, Marco l'Asceta riteneva che Oblio, Ignoranza e Noncuranza velassero l'anima, producendo una perdita di quell'indispensabile fiducia verso Dio e, di conseguenza, verso il suo operato, che doveva sostenere in ogni suo atto l'uomo creato a sua immagine e somiglianza.

Caratteristiche di questa coscienza che aveva perso, quindi, il suo radicamento primario, erano le sensazioni di non essere bastevole a se stessa, di essere separata e di essere limitata nel tempo. Da ciò discendevano tre consapevolezze: quella di essere limitato, quella di essere isolato e quella di essere mortale, alle quali si cercava costantemente di non pensare o, perlomeno, di far finta di padroneggiare,

mediante una serie di attività il cui fine era proprio quello di disperdere la consapevolezza e l'attenzione della persona.
Malgrado tutti gli sforzi, tuttavia, l'essere umano non riusciva ad essere completamente ignaro del suo destino e si trovava a vivere un'inevitabile condizione di frustrazione e confusione. Essa, nel migliore dei casi sarebbe potuta perfino diventare lo stimolo per comprendere, come affermava Massimo il Confessore, che il senso più profondo dell'esistenza stava nella ricerca continua e appassionata di Dio.
Nel tentativo di superare queste dinamiche, infatti, l'uomo poteva sentire una impellente necessità di ricollegarsi col tutto, di colmare il senso di vuoto e di cercare di ricercare la migliore esistenza ultraterrena possibile che lo avrebbe spinto verso la ricerca del Bene Assoluto. Alternativamente, tuttavia, questa stessa esigenza avrebbe potuto esaurirsi in una sorta di cristallizzazione, in un tentativo di autoproteggersi mediante l'attaccamento a cose transeunti, unito all'erronea convinzione di poter allontanare da sé il dolore e la morte.
Credo che a questo punto sia anche utile per il lettore di avere a disposizione un diagramma riassuntivo, che gli permetta di cogliere in senso generale le fasi del processo di nascita e sviluppo dell'Ego che ho delineato nelle pagine precedenti. Anche se esso può apparire a prima vista un po' troppo schematico, ritengo possa fornire un valido quadro di riferimento generale al quale far ricorso per identificare almeno le linee generali del processo.

Sviluppo dell'Ego
in senso esistenziale

SENSO DI IDENTITA'=COSCIENZA DIFFERENZIATA

SENSO DI LIMITATEZZA SENSO DI SEPARAZIONE CONSAPEVOLEZZA DELLA MORTE

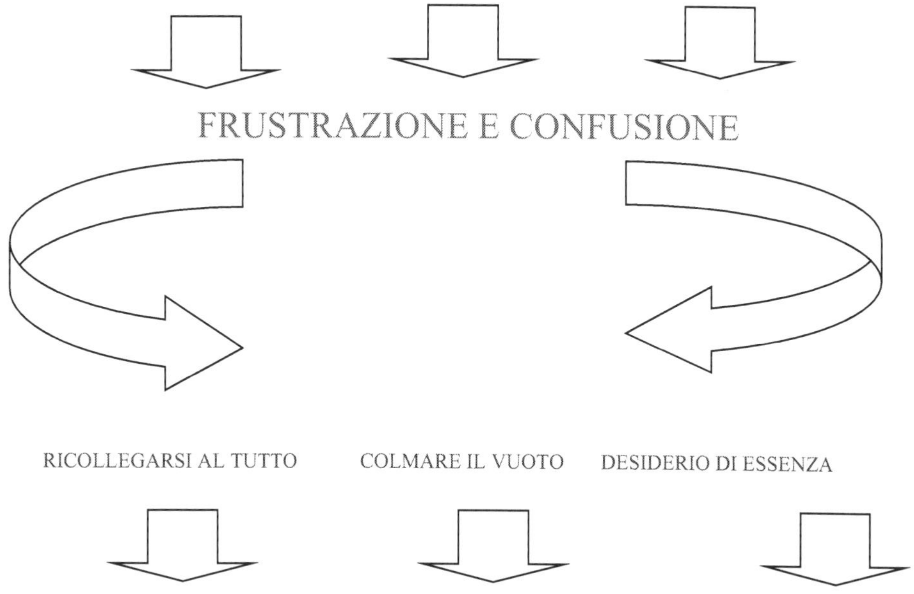

NASCITA DELL'EGO O SE'

Sviluppo dell'Ego
in senso psicologico

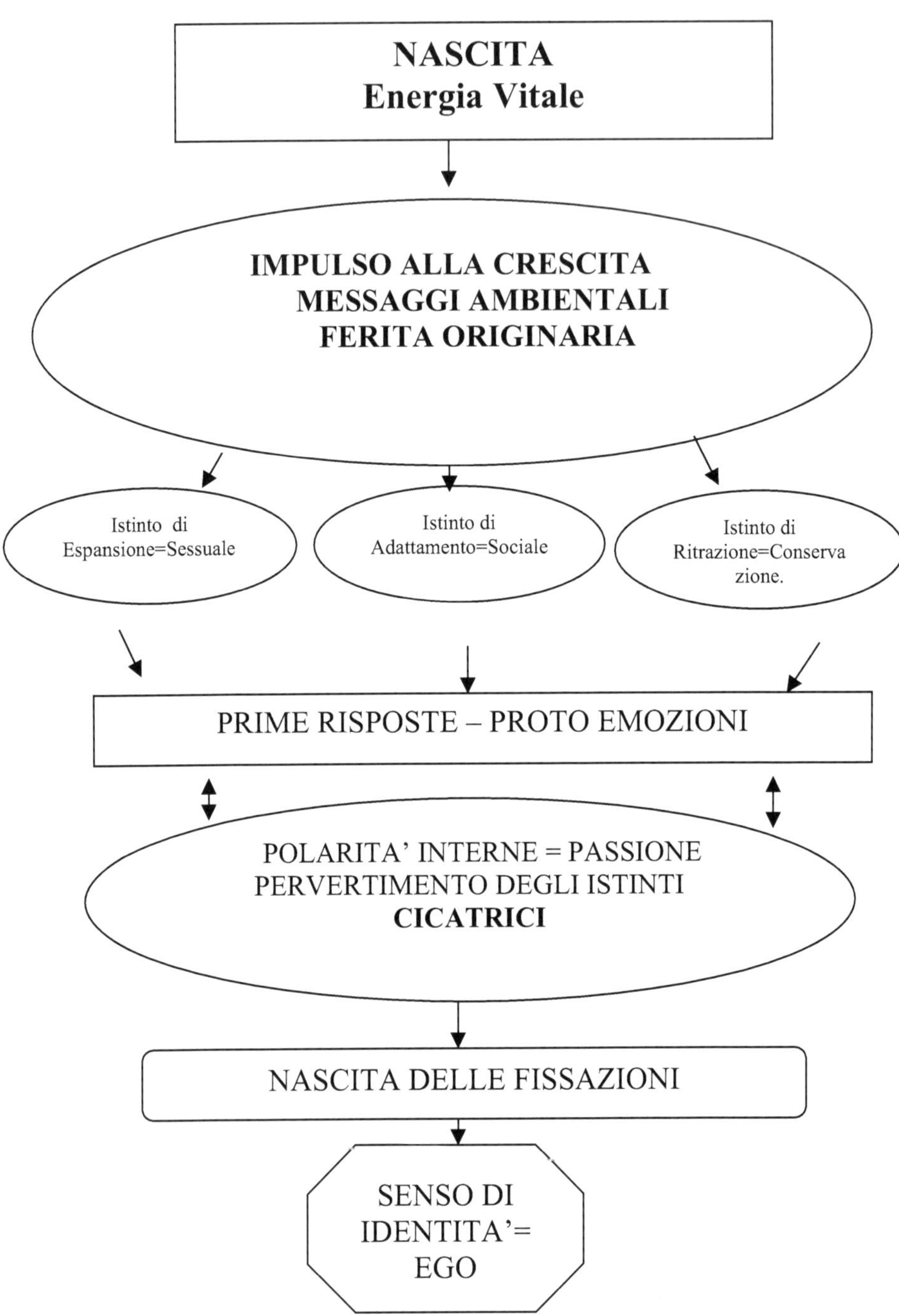

Per completezza di esposizione è importante segnalare che l'Ego, nel senso col quale lo abbiamo inteso nelle pagine precedenti e che continueremo a usare in seguito, è composto di *sistemi* che s'interconnettono, anche se, spesso, si ostacolano fra di loro, poiché ciascuno di essi ha un suo scopo definito che persegue automaticamente e indipendentemente dagli altri.
Così accanto ad un *Sistema Identitario,* composto di tratti derivanti dalla Passione, dalle forme corrotte che gli istinti assumono a seguito della coloritura passionale e dalla Fissazione, grazie al quale la persona s'identifica e che è dotato di una sua specifica funzione, si possono distinguere anche altri sistemi, tutti funzionali al mantenimento di un livello di oscuramento della coscienza e di un funzionamento automatico.
Visti i fini di quest'opera, si darà di seguito solo una breve elencazione di questi sistemi e dei meccanismi che li compongono, rinviando a un lavoro successivo una più compiuta esposizione delle loro specificità e delle funzioni che svolgono all'interno della struttura psichica.
Distinguiamo, quindi, un *Sistema Difensivo,* il cui scopo primario è quello di evitare che consapevolezze improvvise, che fortemente temiamo, possano farci guardare con occhi diversi a ciò che facciamo, perpetuando così la nostra inconsapevolezza. Fanno parte di questo sistema una *Immagine Ideale di sé stessi,* una *Idealizzazione* delle nostre qualità, gli *Evitamenti* (esperienze e sensazioni che ci fanno fortemente paura per il carattere dirompente della loro forza e che temiamo come l'irrompere di un esercito di elefanti in una cristalleria di nostra proprietà), i *Guardiani delle Fissazioni* -che corrispondono ai Meccanismi di Difesa della psicologia classica- gli *Alibi,* -meccanismi che fanno da ponte fra il sistema Difensivo e quello Aggressivo-, e, come vedremo più avanti i *Divieti o Tabù.*
Quest'ultimo sistema, che ci permette di esprimere in un modo ambientalmente accettabile la spinta istintuale a manifestarsi nel mondo (dal latino *ad gredior*=avanzare verso), si compone delle *Modalità Aggressive* e, come detto, anche degli *Alibi*, che permettono di spostare sugli altri la colpa per le nostre azioni o per i nostri rifiuti.
In ultimo possiamo parlare di un *Sistema Illusorio* che sostiene e puntella il traballante senso dell'ego, quando questo si confronta con le grandi problematiche esistenziali, facendo apparire come fondamentale e indispensabile il raggiungimento di obiettivi irrealizzabili (*Illusioni* in senso stretto) o facendo impegnare il tempo in una serie di "giochi", nel senso berniano del termine[147], il cui obiettivo è quello di riempire, o

compensare illusoriamente, il sottostante vuoto che si percepisce sempre presente (*Giochi Sostitutivi o Compensativi).*

[147] Vedi Eric Berne *A Che Gioco Giochiamo??*

LE PASSIONI: UNA MODERNA RILETTURA IN TERMINI ESISTENZIALI

E' opportuno, a questo punto, giungere a una più attenta descrizione di come le Passioni, la forma con la quale modernamente definiamo i Peccati o Vizi capitali, possono manifestarsi e di come esse, seguendo il destino di ogni cosa che è propria dell'esistenza umana, si siano modificate col tempo nel significato, nel contenuto psicologico/esistenziale e nelle modalità di espressione.
Il tentativo di modernizzare i peccati capitali, comunque, è stato già fatto più volte e, da questo punto di vista, non pochi sono i predecessori ai quali dovrei fare riferimento. Fra i tantissimi mi limiterò solo a fare cenno a due rivisitazioni proposte originariamente dal Sunday Times of London[148] all'inizio degli anni sessanta e dal New York Review of Books[149] quasi trent'anni dopo, per la loro specificità di richiedere una rilettura del celeberrimo setticlavio a scrittori che, per la loro sensibilità, ne hanno dato una interpretazione originale ampliando il suo contenuto ben oltre i limiti della visione tradizionale e implicitamente affermando, come suggerisce Maria Sebregondi nella prefazione al secondo volume che: "*Psichiatria e psicoanalisi hanno, tra altre cose, profondamente modificato la concezione tradizionale del peccato, collocando il vizio nel territorio della patologia e la colpa nel terrain vague dell'inconscio*".
Una visione che, in un modo che è solo apparentemente sorprendente, conferma ancora le fondamentali intuizioni dei padri della chiesa cristiana che, come abbiamo riferito nel capitoletto a loro dedicato, vedevano la passione come una sorta di deviazione dal corretto funzionamento naturale, come una forma di malattia derivante dall'abuso di stimoli.
Ci saranno, inoltre, di aiuto in questa rilettura le riflessioni che considerano ogni passione come la ricerca di un piacere che cela un più nascosto dolore e la fondamentale considerazione che esse, unitamente ad un modo di pensare fisso e condizionato, che noi definiamo come *Fissazioni*, sono in definitiva dei modi con i quali noi esseri umani cerchiamo di rispondere ai problemi fondamentali della nostra esistenza, adattandoci alle situazioni nelle quali ci troviamo ad esistere.

---

[148] *The Seven Deadly Sins* AA.VV. Londra 1962 vers. ital. I Sette Peccati Capitali trad. A.Pellegrini ed.Longanesi 1964

[149] Ediz. New York review of Books 1993, vers, ital. Trad. da M.Premoli edit. Aquiloni di R.Archinto

Da questo punto di vista la passione dell'Accidia può essere considerata come quella che più, in termini generali, riflette la condizione umana e, non a caso, essa è collocata graficamente nel vertice superiore dell'enneagramma delle passioni, come se fosse una prima nota. Se in tutti gli esseri umani, infatti, la passione è il risultato di uno specifico adattamento, di un accomodamento fra impulsi contrastanti, quali l'istinto di espansione e quello di ritrazione, e nei rapporti fra i desideri dell'individuo e i limiti/proibizioni dell'ambiente, nelle persone dominate dall'Accidia questa dinamica è visibile, per così dire, in filigrana.
Essa permette di non sentire l'assillo del senso di limitatezza, la dolorosa sensazione del vuoto derivante dalla separazione originaria e di restare inconsapevole del passaggio del tempo mediante un troppo facile accomodamento alle cose del mondo, un disperdersi fra molteplici oggetti di distrazione, che vengono usati come facili "anestetici" psichici. Se nei tempi delle clausure, come meglio si dirà in seguito, questa passione era descritta come il "demone meridiano", come qualcosa che assaliva il monaco verso mezzogiorno[150], oggi essa è, piuttosto, il pilota automatico al quale affidiamo, in via continuativa, il compito di condurci fra le incombenze della giornata.
In questo modo riusciamo, più o meno tutti, ad essere inconsapevoli di molto di quello che ci accade e che percepiamo ad un livello al quale non prestiamo e non vogliamo prestare attenzione. Voglio ancora sottolineare che tale dinamica è propria di tutta l'esistenza umana e che nell'Accidia essa è solo più chiaramente espressa, in quanto tale considerazione ci permetterà di meglio comprendere la successione e l'incardinamento delle passioni l'una nell'altra.
Da quanto detto discende che l'Accidia può essere considerata come l'inconscio desiderio di far passare il tempo riducendo al minimo l'impatto degli urti che la vita inevitabilmente ci propone. Una volontà di essere, senza quasi essere consapevole di essere, propria di una coscienza addormentata che si muove nel mondo senza porsi troppe domande, in un modo meccanico e ripetitivo, e che resta prigioniera di Oblio, Noncuranza ed Ignoranza, i tre "giganti del male" della tradizione cristiana.
L'Accidia, in definitiva, è il piacere di accontentarsi, di far passare il tempo senza doversi creare troppi problemi, di limitarsi a fantasticare su cose che si potrebbero fare, provando, nel frattempo, a contenere il tedio, il senso di vuoto e di disgusto che sono in agguato e potrebbero assalire.[151]

---

[150] Vedi Giovanni Climaco la *Scala del Paradiso* gradino 13 op.cit. che segue in questo Evagrio Pontico

[151] Gustosissima ed esatta psicologicamente la descrizione che ne dà Evagrio e che riporto, per permettere al lettore di avere un esempio della sottigliezza della

Pur muovendo dalla stessa problematica generale è molto diversa, invece, la posizione espressa nella passione dell'Inganno, che collochiamo graficamente al punto del Tre dell'enneagramma delle passioni e nell'angolo di destra del triangolo centrale.
Qui, a differenza dell'Accidia, è operante la convinzione che intervenendo sulle cose del mondo e mediante esse, si può ottenere il raggiungimento di uno stato di soddisfazione atemporale che, invece, per sua natura può essere solo transitorio ed interiore. Quasi come se questa passione suggerisse che il desiderio di vita eterna e d'illimitatezza potesse essere soddisfatto con una cristallizzazione della propria immagine e una reificazione del sé, mediante oggetti o uno status, come accadeva, ad esempio, ai faraoni dell'antico Egitto, che credevano di diventare dei immortali con le maschere d'oro, l'imbalsamazione e le piramidi.
L'Inganno sopravvaluta la capacità di agire, spingendo le persone a essa soggetta a fare confusione fra l'essere e il fare, a ritenere che il valore di una cosa o il raggiungimento di un obiettivo siano desumibili da quello che appare in superficie e in questo modo perpetua una specie d'ignoranza esistenziale, una visione del mondo che mette come primo valore quello dell'apparenza.
Il tempo è, quindi, totalmente impegnato nel tentativo di ottenere quel qualcosa di apparente che sembra dar valore all'intera esistenza, mentre, correlativamente, le sensazioni d'inutilità degli sforzi e di fugacità della vita sono nascoste dietro il piacere di riuscire. Come diceva con acutezza Massimo il Confessore, parlando della difficoltà di vincere questa passione tradizionalmente associata alla Vanagloria: "Vanaglorioso è chi coltiva la virtù a motivo della propria gloria anziché della gloria divina e che compera con le proprie fatiche le inconsistenti lodi degli uomini...malato come è della passione di piacere loro".[152]

---

sua analisi: "*A quell'ora il monaco si istupidisce. Se legge, non riesce a coinvolgersi e a concentrarsi; ripetutamente cerca l'abbandono del sonno, ma sono atti di volontà senza successo; si alza improvvisamente come per mettersi all'opera e gli viene voglia di mangiucchiare. Fissa nel vuoto, fissa la parete, non vede niente. Conta le pagine, legge le carte partendo dalla fine, le sfoglia distrattamente a metà, le richiude sull'inizio. Quando il demone meridiano lo coglie, il monaco è colpito dall'orrore del luogo in cui si trova, nel quale non c'è nulla di veramente sensato da fare; ha fastidio dei fratelli con cui vive, che gli sembrano aridi e grossolani. Se ne sta vuoto e immobile nella sua cella. Sogna conventi assenti e lontani, pieni di vita e di fervore, nei quali dovrebbe essere. E' preso da scoramento per il luogo in cui è, la cella dei suoi sogni di vocazione gli sembra una prigione immeritata. Fissa le pareti di quella che ora è la sua tomba: ma neppure ne vuole uscire*".

[152] Massimo il Confessore op.cit.

Ancora diverse sono le dinamiche in azione nella passione della Paura che, invece, collochiamo nel punto Sei dell’enneagramma e nell’angolo di sinistra del triangolo centrale. Qui il tempo è fondamentalmente utilizzato per cercare di prevenire ciò che potrebbe andar male, per analizzare con la massima attenzione situazioni e cose, predisponendo rimedi prima che un problema si verifichi e sforzandosi per avere a disposizione tutto quello che potrebbe servire.
L’attenzione al proprio star bene fisico è decisamente molto elevata, avendo la persona incorporato e fatti propri i messaggi relativi alla sicurezza derivanti dal genitore protettivo, e questo fa sì che si possa parlare per questa passione di ipernarcisismo corporale, come sottolinea l’autore Tom Condon, intendendo con questo termine il fatto che la persona si preoccupa moltissimo di quelli che possono essere i riflessi sulla propria salute di un qualsiasi evento.
Di conseguenza l’attenzione al sé è molto elevata. Ciò porta a ritenere secondaria e ininfluente qualsiasi circostanza (anche se si tratta di un principio spirituale o delle esigenze di un’altra persona), che non si ritenga essere direttamente connessa ad un proprio misurabile ed auto determinato star bene. Questa passione può, quindi, essere letta come un tentativo di difendersi dalle solite problematiche fondamentali dell’ego, mediante l’illusione auto indotta di potersi proteggere da ogni rischio e di riuscire ad avere tutto sotto controllo.
Il seguente raccontino sufi, avente come protagonista il mullah Nasruddin, illustra molto chiaramente la posizione esistenziale di questa passione e il piacere che si può provare nel sentire che nulla di cattivo ci accade: “*Un re che gradiva la compagnia di Nasruddin, ed anche la caccia, gli ordinò di accompagnarlo nella caccia all’orso. Nasruddin era terrorizzato. Quando ritornò al suo villaggio, qualcuno gli chiese: <<Com’è andata la caccia?>> >>Meravigliosamente>>. <<Quanti orsi avete visto e affrontato?>>. <<Neanche uno>>. <<Come puoi dire che è andata meravigliosamente, allora?>> <<Quando sei nei miei panni e ti trovi a cacciare gli orsi, il non vedere nessun orso è una esperienza meravigliosa>>*[153] .
Se nella passione dell’Accidia, come abbiamo visto, il trascorrere del tempo resta quasi fuori dalla coscienza della persona, in quanto ciò è funzionale al mantenimento di uno stato di ottenebramento esistenziale, apparentemente diverse sono le dinamiche si che si svolgono nelle passioni che si possono vedere mappate ai suoi fianchi, nei punti Otto e Uno dell’enneagramma.

[153] *I Sufi* op. cit. pag.67

Nell'Uno, ad esempio, la percezione della persona è che il tempo corra via troppa velocemente e da questo discende la necessità di fare al più presto quello che idealmente si sente di dover fare. L'Ira (o meglio, come vedremo nel capitoletto dedicato a questa passione, le *ire*) nasce dalla sensazione che la vita non è come dovrebbe essere, che le cose dovrebbero essere diverse da quello che sono e per questo, si può affermare che in questa passione ritroviamo la posizione di chi è, in un certo senso, contrario alla realtà per come essa si presenta.
Gli antichi scrittori cristiani sostenevano che tale passione nasceva da una sorta di perdita di equilibrio ed era basata su un giudizio interiore che riteneva sbagliato e inaccettabile quello che gli altri, o perfino in certi casi lo stesso sé, stavano facendo. Da qui, quasi inevitabilmente, una spinta formidabile a tradurre in azione concreta questo impulso, che si accompagnava anche a una serie di sintomi fisiognomici e all'alterazione del respiro, che diveniva corto come il tempo che inconsciamente la persona soggetta all'Ira sentiva di avere a disposizione per intervenire.
Si può affermare, in definitiva, che l'Ira fa provare il piacere di essere giusti, di avere il diritto di chiedere quello che si chiede e di affermare la propria posizione a tutti i costi. Anche in questo caso sono chiaramente visibili l'Ignoranza e la Noncuranza, dato che nella coscienza della persona soggetta a questa passione non si mette mai in discussione che, forse, il proprio punto di vista è sbagliato, che la propria reazione è eccessiva, che si sta cercando di imporre agli altri qualcosa che, invece, è frutto di un proprio desiderio, di un proprio impulso.
Per tali motivi, psicologicamente e spiritualmente validi ora come allora, nella Lettera di Giacomo si afferma che: *"l'ira dell'uomo non compie ciò che è giusto davanti a Dio",*[154] spogliando di qualsiasi giustificazione morale ogni pretesa in contrario.
Anche nel tipo Otto la percezione del tempo che trascorre è molto presente e si può dire che la sensazione del suo passaggio diventi uno stimolo supplementare verso l'azione, nel tentativo di sfuggire alla "trappola" che abbiamo visto nell'Accidia. Ciò porta, evidentemente, a una posizione esistenziale molto intensa, nella quale c'è una tensione a vivere ogni attimo con estrema pienezza, a richiedere una soddisfazione attraverso l'iperstimolazione sensoriale e il piacere fisico. Questa posizione potrebbe anche apparire a prima vista come molto sana ma in realtà essa è solo l'espressione di una coscienza che cerca di evitare che la sottostante ansia, derivante dalla consapevolezza della propria finitezza e limitazione, si manifesti apertamente.

---

[154] *Lettera di Giacomo* versetto 20

La passione che veniva in origine associata a questo tipo di posizione era nota con la parola “fornicazione”[155], ma già Gregorio Magno la sostituì, introducendo molto più propriamente il termine "Lussuria", indicando con essa un comportamento disordinato, sregolato, non specificamente sessuale anche se attinente al corpo, come una smoderatezza nei cibi e nel bere,[156] dovuta ad una esuberanza del desiderio che non riesce ad essere trattenuto.
Proprio queste considerazioni, tuttavia, mi hanno sempre indotto a ritenere più proprio l’uso del termine Eccesso, come suggeriva Ichazo,[157] in quanto esso implicita la connotazione di una coscienza che non vuole subire limitazioni nella ricerca di soddisfazione e di piacere, una più generalizzata attitudine all’andare oltre, a utilizzare ogni mezzo per ottenere l’appagamento dei propri impulsi, che va aldilà di una semplice specificazione nel campo dei rapporti carnali.
L’Eccesso sembra, in definitiva, suggerire alla coscienza della persona che ne è massimamente soggetta, che essa è padrone del proprio destino, che la sua volontà potrà esprimersi liberamente, piegando ogni cosa (compreso il proprio corpo fisico) al suo desiderio e al suo ordine.
Se l’Oblio, dal punto di vista esistenziale, domina fondamentalmente la parte alta dell’enneagramma, inducendo la persona ad atteggiarsi nei confronti del tempo nei modi che abbiamo visto, diversa è la posizione che troviamo in opera nell’Orgoglio e nell’Invidia, satelliti dell’Inganno e soggetti, conseguentemente, a una forma più intensa d’ignoranza, intesa come un’incapacità interiore a percepire il proprio valore senza la presenza di un altro al quale paragonarsi.
Questa attitudine più sociale, delle due passioni in esame, implica che le persone di questi tipi cercano anch’esse di dimostrare, in modo analogo a quello del Tre, il loro valore esistenziale e la loro rilevanza mediante il successo che sentono di riscuotere presso gli altri, tuttavia qui i “modi e le misure” di calcolo sono molto diverse rispetto a quelle del Tre.
Nessuno dei due tipi, infatti, si accontenta di ottenere un risultato esteriore misurabile e determinato, poiché qui prevale, piuttosto, una percezione interiore che misura quello che la persona sente di dover essere in base al suo impatto sugli altri, su un paragone fra un’immagine idealizzata, frutto

---

155 Così Cassiano traduce la parola greca *porneìa*, usata come già nelle lettere paoline, da Evagrio e Massimo, opere citate.
156 In *Commento morale a Giobbe*, opera citata XXXI, 45, 89.
157 Vedi, ad esempio, l’enneagramma delle passioni da lui riportato a corredo dell’intervista con Sam Keen e reperibile a pag.18 delle *Interviews with Oscar Ichazo* op.cit.

come abbiamo visto dei diversi messaggi genitoriali, e quello che la persona reale sente, nella propria auto percezione, di essere.
Abbiamo, quindi, uno strano paradosso; quello di essere alla presenza di due passioni che hanno una forte connotazione "sociale" e che, tuttavia, come suggerisce anche la tradizione cristiana, rendono la persona estremamente individuale ed attenta ad ogni cosa che impatti sulla propria autostima. Così, per mantenerci nell'alveo della mitologia cristiana, la caduta di Lucifero viene spiegata come l'effetto congiunto dell'orgoglio di chi si riteneva il più bello fra gli angeli, e dell'invidia, derivante dalla percezione che l'uomo potesse essere più vicino a Dio di lui, che lo spinsero a ribellarsi davanti a quella che veniva percepita come una forma di allontanamento, di separazione.
Mentre nell'Orgoglio prevale una sensazione di finta pienezza, che prescinde e talvolta vuole necessariamente prescindere, da ogni tipo di considerazione oggettiva, che possa far balenare la percezione di una differente verità, nell'Invidia è più presente la percezione della carenza, che occupa il primo piano e non permette, con un altro tipo di ottenebramento psicospirituale, nemmeno di cogliere con oggettività il senso del proprio valore.
Attraverso il piacere di sentirsi indispensabili e le conseguenti sensazioni di avere potere sull'altro, l'Orgoglio nasconde la profonda paura di poter essere abbandonato, se non ci si dimostra all'altezza delle aspettative, che, come abbiamo visto, è frutto delle esperienze infantili della persona e cela, dietro una facciata edonistica e grandiosa, un senso di carenza che è analogo a quello dell'Invidia.
Quest'ultima invece, per sfuggire al senso di vuoto esistenziale che abbiamo visto in opera nell'Inganno e alla solitudine che è propria dell'incomunicabilità del Cinque, tende a determinarsi mediante una iper coltivazione del proprio mondo interiore, che può essere manifesta (grazie, soprattutto, all'espressività artistica), o occulta (restando chiusa in una specie di "giardino interiore" della persona inaccessibile agli altri), ma che in ambedue i casi induce la persona a sentirsi molto piena, sottolineando, paradossalmente, il senso del proprio sé.
Chiudiamo questa breve rilettura con l'esame delle passioni collocate sul lato sinistro dell'enneagramma, che sono, come abbiamo visto, dei satelliti della Paura e che, conseguentemente, sono dominate da una profonda forma di Ignoranza esistenziale. Esse, infatti, trascinano l'attenzione delle persone verso erronee modalità con le quali gestire le problematiche dell'esistenza umana, senza prestare veramente attenzione a ciò che vi è di fondamentale nella stessa.
Come nel caso della coppia di passioni Orgoglio/Invidia che, come abbiamo visto, seppur apparentemente molto lontane sono, invece, legate

da una occulta problematica, anche nella coppia Avarizia/Gola è presente un comune terreno che è quello del tempo e delle modalità con le quali cercare di gestire il suo trascorrere
Così l'Avarizia cerca di evitare che la consapevolezza del carattere transeunte di tutte le cose e in primis della persona stessa, possa manifestarsi con lacerante evidenza. Più che un semplice desiderio di accumulare, l'Avarizia va, quindi, considerata dal punto di vista esistenziale come un vano tentativo di evitare l'inevitabile, una forma di distrazione della coscienza operata mediante la convinzione che trattenere l'energia vitale possa salvaguardare dal doverla poi perdere in ogni caso.
La moralistica e l'arte cristiana fin dai primordi si sono scagliate contro questa convinzione di potersi in qualche modo proteggere rispetto al mutare delle cose, facendo ricorso all'ironia e sottolineando la cecità di quello che, invece, a un avaro sembra una forma di "assennatezza". Così nel famoso dipinto di Bosch *La Morte di un Avaro,* l'uomo sottile ed emaciato che sta per ricevere la visita della Morte, è chiamato dal suo angelo custode a comprendere innanzitutto l'erroneità del suo attaccamento alle cose e a rimettersi, invece, alla pietà divina di cui è simbolo il crocefisso che risplende in un piccolo angolo della stanza.
Se l'Avarizia è, quindi, in qualche modo atemporale, nutrendosi di un'occulta forma di sfiducia che sembra immodificabile e incomunicabile, apparentemente ben diversa è la posizione della Gola, nella quale la percezione del trascorrere degli eventi è, invece, sempre in primo piano. Tradizionalmente la Gola era sempre associata nelle sue manifestazioni al concetto di "troppo"[158], ma io credo che si debba anche aggiungere necessariamente il corollario, *prima che la possibilità passi*, visto che questa convinzione sembra fortemente radicata nella coscienza del goloso a causa delle esperienze che ha vissuto e che lo hanno condotto a strutturare la sua passione.
La paura che il piacere di oggi possa trasformarsi nel dolore di domani, induce il goloso a cercare di configurarsi infiniti luoghi ideali in cui questo non potrà accadere, a mettere l'accento su quello che di buono si può ottenere nel futuro se non nell'immediato. Si può, quindi, dire che proprio in questo continuo proiettarsi in un futuro gradevole, che nega la finitezza e la limitatezza di tutte le cose, si può trovare la più profonda radice esistenziale della Gola.
Nella Gola vi è, quindi, in azione una forma di attaccamento ideale simile a quella dell'Avarizia, con la differenza che nella seconda l'attaccamento

[158] I modi di peccare per ghiottoneria erano, infatti, secondi gli scrittori cristiani cinque: troppo in fretta, troppo dispendiosamente, troppo avidamente, troppo esageratamente e con troppa passione

è più verso oggetti o conoscenze, caricati di significati simbolici che attengono all'universale e illimitato, mentre nella prima esso privilegia soprattutto l'esperienza, sia essa effettiva o solo immaginata.

CAPITOLO SEI

I TIPI COME COSTELLAZIONI DI TRATTI PSICOLOGICI RISULTANTI DALLE PASSIONI E DALLE FISSAZIONI

Abbiamo appena visto che le passioni hanno un contenuto esistenziale che conduce inevitabilmente a considerazioni di ordine spirituale ma esse, inoltre, possono essere viste anche come una trasposizione nel mondo materiale di quelle tematiche. Si può dire che gli effetti pratici dell'Oblio, della Noncuranza e dell'Ignoranza si concretizzano in una generale tendenza alla Abitudinarietà (che implica un comodo star bene nelle routine e in tutto ciò che non provoca urti esistenziali), al Rinvio (che pospone ed inibisce l'azione essenziale) ed in una forma di totale Inconsapevolezza delle motivazioni che sottostanno alle nostre operazioni.

Tutto ciò ci costringe inevitabilmente in uno stato di meccanicità indotto dalla ricerca di una specifica forma di piacere (Passione) e contraddistinto da un insieme di manifestazioni involontarie e ripetitive, che domina il nostro mondo emozionale/istintuale. A ognuna di tali Passioni, inoltre, si accompagna un modo di pensare fisso e condizionato, definito Fissazione, che cercherà di spiegarsi cognitivamente le cose del mondo in una forma che è funzionale alla Passione[159] e di dare un senso a quello che facciamo.

Noi tutti siamo supinamente soggetti a questo modo fisso di vedere le cose e tendiamo anche a difenderlo da eventuali scossoni, capaci di farci comprendere la realtà in modo diverso. Come afferma metaforicamente un detto sufi, che illustra questa connotazione del nostro modo di essere, *il pesce immerso nell'acqua crede e crederà sempre che essa è l'unico elemento esistente.*

Il carattere universale delle passioni e delle fissazioni, inoltre, fa si che ogni essere umano abbia fatto esperienza di ognuna di esse nella propria vita e che le conosca bene per averle percepite, sperimentate ed anche espresse in uno dei loro modi di manifestazione.

L'interazione di questi elementi descrive in modo completo *l'identità* della persona, definibile sia come il limitato senso di sé proprio di una coscienza separata (che nel mondo dell'EdT viene definito come *ego*), sia come complesso delle principali manifestazioni psicologiche (i *tratti*) attraverso cui essa si esprime e in cui si identifica, dando origine ai tipi personalità o di carattere.

---

[159] Come afferma un detto di una tradizione sapienziale è l'emozione a dire al cervello logico che cosa deve pensare.

Di seguito fornirò un'illustrazione di questi tipi, descrivendo i tratti che sono più propri di ciascuno di essi e che meglio li definiscono, favorendo, soprattutto, l'esemplificazione concreta, mediante il riferimento a personaggi reali o di fantasia che più li presentano in modo evidente.
Come ho già affermato nella premessa, infatti, il fine ultimo della esposizione non è quello di realizzare una catalogazione fine a se stessa, una elencazione di particolari distintivi, come quella che potrebbe effettuare uno entomologo ma è essenzialmente quello di facilitare l'auto osservazione (e l'osservazione degli altri), al fine di utilizzare questa comprensione per la correzione di tratti indesiderabili, che possono costringerci in inutili stati di sofferenza.
Per raggiungere tali risultati è indispensabile praticare, quanto più a lungo possibile, come suggeriva chiaramente Gurdijeff, il *ricordo di sé*[160] ed avere continuamente presente la consapevolezza del modo col quale la propria passione e la propria fissazione (ma, per meglio dire, il proprio tipo) si palesano. Affianco a questa capacità di riconoscimento e di utilizzo è anche necessario, tuttavia, avere una comprensione che sia anche e soprattutto una "intelligenza del "cuore", come suggerivano gli scrittori cristiani, perché una delle caratteristiche più evidenti della Passione è il suo non essere avvertita chiaramente proprio da chi ne è soggetto.
L'elencazione dei tratti, tuttavia, non sarà esaustiva, sia perché le Passioni possono manifestarsi in un numero quasi infinito di sfumature, sia perché escluderò volontariamente dalla elencazione le modalità con le quali esse vanno a corrompere la naturalezza degli istinti, dando origine a quelle forme specifiche che vengono denominate come *Sottotipi o Varianti Istintuali* e che saranno esaminate in dettaglio in un successivo lavoro.

---

[160] Vedi, ad esempio, *Frammenti di un Insegnamento Sconosciuto* pag.133e segg. di P.D. Ouspensky

IL TIPO UNO: LA PASSIONE DELL'IRA-
LA FISSAZIONE DELL'INDIGNAZIONE.

Elementi di Riferimento:

- **Energia Squilibrata:** *Contenimento*
- **Paradigma Familiare:** *Rifiuto genitore Incapace/ Accettazione genitore Educativo.*
- **Ferita Originaria:** *Umiliazione*
- **Cicatrice:** *Dare Fastidio*
- **Polarità:** *Supponenza/Sensibilità*
- **Passione:** *Ira*
- **Fissazione:** *Indignazione*

Tratti caratteristici

- Giusta rabbia
- Risentimento
- Ossessività
- Pretenziosità
- Autoritarismo
- Tendenza ad educare ed insegnare
- Tendenza al perfezionismo
- Sensibilità e Iper Controllo
- Critica e Auto Critica
- Ordine e Pulizia
- Disciplina
- Interesse per l'Etica e la Giustizia
- Integrità
- Ansia di sbagliare- Correzione degli Errori
- Tendenza dottor Jekyll e Mr.Hyde
- Metodicità
- Operosità
- Gusto per le buone maniere

In ossequio al principio generale che dove c'è passione c'è anche divieto, nel senso che la persona soggetta ad una specifica passione non se ne accorge, né sembra manifestarne le caratteristiche più evidenti, la parola Ira è scarsamente evocativa delle caratteristiche di questo tipo.
Gli irosi, infatti, difficilmente perdono le staffe ed è anzi per loro ripugnante lo spettacolo delle persone che non sanno controllarsi o esprimersi in modo corretto. Siamo alla presenza di persone che sono state il classico bravo ragazzo e sono da adulte ordinate, scrupolose, educate, molto laboriose e con un codice morale ferreo.
Persone che difficilmente alzano la voce per imporsi, anche se spesso possono, con un moto impaziente, zittire coloro che non sono in assonanza con il loro modo di vedere ma il cui comportamento, generalmente, può essere descritto come quello del proverbiale pugno di ferro in guanto di velluto.
Gli Uno sono molto attenti a come sono fatte le cose e provano facilmente un senso interiore di fastidio per quelli che, secondo loro, non svolgono i loro compiti con la dovuta attenzione o non seguono le regole della "correttezza". Si può dire che la rabbia e il risentimento nascano in loro proprio perché gli altri non si comportano come loro ritengono che dovrebbero fare. Ovviamente, alla loro coscienza non appare quanto quest'atteggiamento sia motivato soprattutto da pregiudizi e da un set di comportamenti appresi e non discutibili.

Giusta Rabbia, Giusta Azione e Serietà.

La rabbia è l'unica dei tradizionali vizi capitali che sia considerata socialmente come munita di un doppio aspetto. Affianco, infatti, a quella che già Omero definiva come "ira funesta", con la sua connotazione di distruttività e sopraffazione, si è sempre distinta quella che era giudicata come una *giusta rabbia*, giustificata da considerazioni di tipo morale o ideologico, e considerata quasi una specie d'ira d'ispirazione divina.
Le persone di questo tipo normalmente non vogliono vedere in se stesse l'esistenza del primo aspetto e s'identificano pienamente solo con il secondo. Vedono, così, il mondo secondo criteri di giusto o sbagliato, bianco o nero, sporco o pulito e credono ciecamente di avere ragione quando emettono i loro giudizi. Questa tendenza a evitare ogni comportamento non corretto o ambiguo li porta ad ammantare le loro azioni di un velo etico di buona educazione, a essere seri e compiti e a usare un frasario ricco di condizionali, con il quale l'iroso si può presentare come una persona animata da buone intenzioni.

Questa posizione si può sostenere solo evitando di contattare il negativo che è in ognuno di noi, o, per dire meglio, estraniandosi completamente dallo stesso, che può, in questo modo, essere attribuito soltanto a chi (persona o gruppo sociale) si rifiuta di aderire al proprio sistema di valori e principi e che diventa, inevitabilmente l'oggetto di una giusta rabbia.
Alla giusta rabbia si deve, necessariamente, affiancare un'azione che operi come uno strumento che renda concreta la prima, permettendo alla persona di esprimerla nel mondo. Da questo punto di vista si può, quindi, parlare anche di una *giusta azione*, sottolineando con questa espressione che si tratta di un agire che si nutre della convinzione che va fatto ciò che è giusto, utile e necessario.
Ovviamente, una persona che deve agire giustamente e comportarsi in modo ineccepibile è anche inevitabilmente seria, anche se la maggior parte degli Uno sa ridere di cuore, grazie alla Sensibilità che, come abbiamo visto, è molto elevata in loro.
Una notevole eccezione a questo tipo di comune atteggiamento è quello mostrato dal severissimo vescovo Vergerus, uno dei protagonisti del film di Ingmar Bergman *Fanny ed Alexander,* che per la maggior parte della sua presenza nel film sembra essere l'incarnazione stessa della serietà e severità. Tuttavia, quando la moglie minaccerà di chiedere il divorzio, a causa di questa sua eccessiva rigidità, la sua Sensibilità verrà fuori ed egli ammetterà sia la fatica che ha dovuto sempre fare per mantenere questi atteggiamenti eccessivi, sia la sua rigidità, che è finita per diventare una sovrastruttura che lo imprigiona e finisce per soffocare la sua spontaneità. Come dice in una scena drammatica: "*Io ho solamente una maschera, ma impressa a fuoco, nella carne. E se dovessi strapparmela... Ho sempre creduto di piacere alla gente, mi vedevo saggio, aperto di idee, e giusto. Mai avrei pensato che qualcuno avrebbe potuto anche odiarmi.*"
Quest'ultima affermazione ci fa capire come Vergerus sia, come la maggior parte dei tipi Uno, in buona fede, quando agisce come agisce. Egli è davvero convinto che la disciplina e il controllo anche eccessivo su di sé, siano le medicine più adatte per affrontare il mondo nel modo migliore. Questo spiega perché, in una scena memorabile nella quale punisce duramente il piccolo Alexander, egli sia convinto di non fare una cosa cattiva ma, anzi, di fare il bene del ragazzo, facendogli capire come ogni azione nella vita abbia sempre e comunque un premio o una punizione.
Altri esempi di figure nelle quali la giusta rabbia diventa lo stimolo per passare alla giusta azione in un contesto di serietà e affidabilità si possono trovare nelle figure archetipiche dell'arcangelo Michele e del San Giorgio della *Leggenda Aurea*, ambedue esseri senza macchia e senza paura che incarnano l'immagine dell'eroe radioso che risulta vittorioso sul male

figlio dell'oscurità. A differenza di tanti altri eroi, però, Michele non è solo il trionfatore sul dragone, che rappresenta e rende percepibile a livello sensoriale il male ma è soprattutto colui in cui la giusta rabbia si traduce naturalmente nella giusta azione. La sua concentrazione su quest'aspetto è tanto intensa che in più di una tradizione si sostiene che, per questo, egli non rida mai: di nuovo un esempio di come la serietà sembra essere prerogativa fondamentale di un'attitudine all'azione improntata alla mancanza di dubbi e alla correttezza.

Ossessività

La necessità psicologica di fare bene le cose si sposa spesso nel tipo Uno con la tendenza, che diventa quasi obbligo, di farle il prima possibile. Tutto ciò provoca una tensione interna che risulta talvolta esasperante sia per la stessa persona che per gli altri e non permette alcuna forma di rilassamento prima che il problema scatenante sia stato risolto, o che la situazione sia stata definita da un azione risolutiva.
In un modo che è decisamente più marcato di quello che si può osservare nella maggioranza degli altri tipi, qui il problema del cosiddetto giudice interiore, che la psicoanalisi classica definisce come "super ego", è vivo e presente. L'ossessività è principalmente di azione e richiede che si faccia qualcosa, come è proprio della triade dei "viscerali". Per questo essa si distingue da analoghe forme, che vedremo in azione nel tipo Quattro, dove si presenterà sotto forma di anelito verso un assoluto, che deve trascendere il banale reale. Il risultato di questo processo è che queste persone sono, come già detto, molto rigide, perché la Sensibilità verso ciò che è giusto fare o non fare, non permette loro rilassamenti o di accettare di lasciar perdere.
Un esempio veramente molto esplicativo di questo tratto si può osservare nel personaggio di Clarice Sterling, la protagonista del romanzo *Il Silenzio degli Innocenti*[161], apparentemente ossessionata dal portare a termine il compito assegnatole di salvare giovani donne, cadute nelle mani di un serial killer ma che, nel profondo della sua psiche, sta lottando contro la propria ossessione di cercare di "riparare" a una presunta mancanza della propria fanciullezza, quella di essere fuggita dalla fattoria in cui abitava dopo la morte del padre, senza aver fatto nulla per impedire che gli agnellini (gli Innocenti del titolo) fossero macellati.
Nella parte finale del libro, dopo che la ragazza è stata salvata, Clarice riceve una lettera da Hannibal Lecter (il folle psichiatra cannibale interpretato da Anthony Hopkins cui lei si è rivolta per un aiuto

---

[161] *Il Silenzio degli Innocenti* (The Silence of the Lambs, Usa 1991

nell'indagine) che spiega bene quali fossero le vere motivazioni che la spingevano. Con grande acume psicologico Lecter scrive a Clarice: "*Bene, Clarice, gli agnelli hanno smesso di gridare?...Non sarei sorpreso se la risposta fosse si e no. L'urlo degli agnelli si fermerà per il momento. Ma, Clarice, il problema è che tu giudichi te stessa senza nessuna pietà; dovrai guadagnartelo di nuovo ed ancora di nuovo, il benedetto silenzio. Perché è l'impegno che ti fa muovere e comprendendo quale è il tuo impegno, l'impegno per te non finirà, mai*"
Un altro esempio di ossessività si può ritrovare nella determinazione con la quale il teologo Calvino condannava il culto dei santi e riteneva una deprecabile superstizione, da estirpare con ogni mezzo, quella di rappresentare in modo concreto qualunque forma del divino. Proprio per tale motivi le chiese calviniste sono, in genere, spoglie di ogni genere di decorazioni e rinomate per la loro austera semplicità. Il calvinismo insiste ossessivamente sul fatto che la Bibbia è la sola fonte di conoscenza che sia stata data su Dio, la sua volontà e le sue opere e, tuttavia, non prende in considerazione il fatto che la stessa Bibbia, come ogni cosa esistente, è frutta di intercalazioni, di aggiunte apocrife ed interventi a posteriori che la rendono, in ogni caso, il risultato di una interpretazione, di una rilettura che, inevitabilmente, elabora e giudica sulle basi di una propria convinzione individuale.

Pretensiosità e prepotenza.

Il significato etimologico della parola pretensioso ci riporta, ancora una volta, al concetto già illustrato, che il tipo Uno è spesso qualcuno che sente di avere o ostenta una meritata fiducia in sé, nelle proprie capacità, nel proprio valore.
Grazie alla specifica collocazione sulla mappa dell'enneagramma, questa caratteristica fa comprendere molto bene, in termini anche visuali, come in questo tipo si avverta la vicinanza e l'influsso delle tematiche del vicino Due, dominato dall'Orgoglio. Apparentemente l'ossessività (che spinge ad una forma di soggezione nei confronti del giudice interno) e la pretensiosità (che, invece, sottolinea la propria capacità di giudizio e il potersi affermare sugli altri), sembrano mal conciliarsi ma ambedue i tratti sono in realtà manifestazioni indotte dallo squilibrio del Contenimento e il risultato finale di questo processo fa sì che, in entrambi i casi, gli Uno sentano di essere più capaci di controllarsi e di saper agire nel modo corretto rispetto agli altri.
Credo che l'esempio più evidente di questa pretensiosità possa ritrovarsi nella vita e nell'opera del sommo poeta italiano Dante Alighieri. Come si potrebbe definire se non pretensiosità, l'atteggiamento di qualcuno che si

riteneva in grado di giudicare i vivi e i morti e di decidere quale posto essi dovevano occupare nei presunti luoghi o condizioni che, secondo, la visione cristiana, esistono nell'aldilà??
Inoltre, benché Dante fosse stato da giovane e poi per gran parte della sua vita, un sostenitore del partito filo imperiale, fino ad accettare l'esilio permanente dalla sua città per questo, egli, col tempo, mutò la sua posizione, e, pur non rinnegando mai la sua impostazione iniziale (questo per un Uno è, per le caratteristiche di cui abbiamo parlato, quasi impossibile) giunse, come venne affermato per bocca di un personaggio nella Divina Commedia, ad "averti fatta parte per te stesso", cioè ad essere deluso dalla bassezza anche di coloro con i quali aveva parteggiato, fino a diventare parte di un partito tutto suo, superiore evidentemente agli altri.

Autoritarismo.

Anche questo tratto trova la sua radice nella polarità espansiva della Supponenza o Sicurezza di Sé, che permette di potersi mettere nel ruolo di colei o colui che sa dire agli altri cosa fare e come è giusto agire. L'autoritarismo si manifesta solo se nell'ambiente nel quale l'Uno si trova ad agire non opera già un'altra autorità ritenuta legittima e che si comporta secondo linee di condotta accettate, altrimenti l'Uno si subordinerà a quest'ultima, pur restando vigile nell'attenzione che l'osservanza sia mantenuta. Nel dissidio, tuttavia, fra potere dell'autorità e rispetto della correttezza un Uno agirà in modo da far prevalere il secondo, a differenza di quanto vedremo in azione nel tipo Sei, più interessato al rispetto formale della gerarchia e della burocrazia.
Alla luce di queste considerazioni si può facilmente comprendere perché Paolo non esitò ad attaccare apertamente Pietro, pur se questi era riconosciuto come il primo degli apostoli, dato che si era messo dalla parte del torto, dapprima andando aldilà dei limiti del consentito dalla sua tradizione e poi rinnegando opportunisticamente ciò che aveva fatto.
Come ci racconta, infatti, Paolo nella *Lettera ai Galati* "*Ma quando Cefa* (il soprannome datogli da Gesù col quale era noto l'apostolo Pietro) *venne ad Antiochia, mi opposi a lui a viso aperto perché evidentemente aveva torto. Infatti, prima che giungessero alcuni da parte di Giacomo, egli prendeva cibo insieme ai pagani; ma dopo la loro venuta, cominciò a evitarli e a tenersi in disparte, per timore dei circoncisi. E anche gli altri Giudei lo imitarono nella simulazione, al punto che anche Barnaba si lasciò attirare nella loro ipocrisia. Ora quando vidi che non si comportavano rettamente secondo la verità del vangelo, dissi a Cefa in presenza di tutti: «Se tu, che sei Giudeo, vivi come i pagani e non alla*

maniera dei Giudei, come puoi costringere i pagani a vivere alla maniera dei Giudei?".
L'autoritarismo del tipo Uno si può esprime anche attraverso un rifiutarsi di dare troppe spiegazioni rispetto a quello che si chiede agli altri di osservare. "*Perché lo dice la Chiesa*", risponde, bruscamente e senza troppi fronzoli, l'autoritaria e sempre preoccupata Kate Morgan, protagonista di *The Dead-Gente di Dublino*, il film che John Houston[162] trasse dall'omonimo racconto di James Joyce, a un ospite che le chiede perplesso perché si dovrebbe rispettare un'usanza che a lui pare illogica e bizzarra.
Un altro personaggio nel quale l'autoritarismo si esprime in modo evidente è quello di Lucy Van Pelt, la ragazzina della famosa striscia Peanuts di Charles Schultz, che oltre ad essere effettivamente poco sensibile e prepotente, si trova ad essere il punto di riferimento di bambini ansiosi, insicuri e troppo arrendevoli, cosa questa che suscita inevitabilmente la rabbia di un Uno, che non ama quelli che non fanno nulla per migliorarsi e diventare indipendenti da lui/lei. L'attitudine autoritaria e impositiva di Lucy è evidente in moltissime strisce e trova la sua espressione forse più chiara nella sua certezza che "*da grande farà l'arbitro*", perché, come spiega senza troppi fronzoli a un dubbioso Charlie Brown, lei "*ha sempre ragione*".
L'autoritarismo di carattere etico/morale appare evidente anche nella figura del condottiero e politico Oliver Cromwell che era non solo un capo militare risoluto e autoritario, ma anche un fervente seguace del Provvidenzialismo, la dottrina secondo cui Dio si occupava direttamente degli affari del mondo terreno, influenzandolo tramite le opere di persone elette, che egli aveva "mandato" nel mondo proprio a questo scopo. Durante la guerra civile Cromwell era fermamente convinto di essere uno di questi eletti e interpretò le vittorie da lui ottenute come segno evidente dell'approvazione divina, e le sconfitte come un'indicazione che aveva compiuto qualche errore e doveva cambiare direzione.
Da questo punto di vista lo scontro fra Cromwell e il re Carlo I può essere letto come lo scontro fra due diversi di autoritarismo, in cui ciascuno dei protagonisti era intimamente convinto di rappresentare al meglio la giustizia, la verità e la volontà divina.
In generale, le persone che fanno esperienza dell'autoritarismo di un Uno concordano nell'affermare che, dietro le esortazioni, l'esempio personale e l'apparente correttezza, si possono intravvedere chiaramente una durezza ed una richiesta di obbedienza che non ammette repliche.

162 The Dead - Gente di Dublino (The Dead, Usa 1987)

Tendenza a Insegnare e Educare.

L'accettazione molto intensa del genitore il cui messaggio è fondamentalmente di tipo educativo, fa sì che l'Uno replichi in modo attivo la modalità pedagogica e formativa alla quale fu soggetto. Ciò si esplicita mediante una tendenza a educare e insegnare, che si auto avverte come benevolente e nutrita di positività senza, peraltro, che si riescano a comprendere le motivazioni fortemente personali e soggettive che spesso sono alla sua base.
Le persone in cui questo tratto è forte si pongono come maestri di disciplina e frasi del tipo: *dovresti fare così*, "*sarebbe meglio che tu ti comportassi in questa maniera*", oppure "*bisognerebbe evitare questi comportamenti*", abbondano nel loro vocabolario. Come missionari si sentono investiti dello specifico compito di portare conoscenza e di correggere i cattivi costumi e le brutte abitudini dei primitivi che sono intorno a loro.
Un esempio evidentemente chiaro di questa tendenza è rappresentato dal personaggio di Harry Higgins, il protagonista maschile della commedia *Pigmalione* di George Bernard Shaw (anch'egli un tipo Uno), meglio nota col titolo della sua versione cinematografica My Fair Lady[163], che scommette con l'amico colonnello Pickering di poter trasformare una popolana, Eliza Doolittle, in una raffinata donna della buona società insegnandole l'etichetta e l'accento usato nelle classi più elevate. Higgins e Doolittle proveranno attrazione l'uno per l'altro ma alla fine lei rifiuterà i suoi modi dispotici e annuncerà che sposerà un gentiluomo nobile ma povero.
Altrettanto evidente è questo tratto nel caso di Daisy Werthan, il personaggio protagonista del film *A Spasso con Daisy*[164], nei rapporti che intrattiene soprattutto con il suo chauffeur Hoke, anche se in questo caso vi è una più autentica volontà di voler essere di aiuto.
Sulla stessa falsariga possiamo porre un'altra famosissima educatrice, la supertata Mary Poppins, nata dalla penna di una scrittrice che incarnava anch'essa le caratteristiche di questo tipo. Il suo senso di superiorità morale fa sì che essa nutra la convinzione di poter dettare le regole del suo contratto di lavoro e, nonostante la via via più debole resistenza opposta dal supposto titolare, alla fine sarà lei, con una solo apparentemente paradossale inversione di ruoli, ad esaminare il signor Banks ed a comunicare che accetta di concedergli un periodo di prova di una settimana, per poi decidere se accollarsi il compito.

---

163 My Fair Lady (Id., Usa 1964)

164 A Spasso con Daisy (Driving Miss Daisy, Usa 1989

In Mary Poppins possiamo osservare l'atteggiamento educazionale e correttivo unito a un'espressione piena di buone maniere. La recitazione di Julie Andrews, inoltre, aggiunge ai tratti letterari del personaggio una vigoria e una decisione nel dare il buon esempio ai bambini che le sono stati affidati, che rendono perfettamente questo tratto distintivo dell'Ira. Dietro le famose parole, *basta un poco di zucchero*, con il quale Mary sprona i bambini a ben comportarsi, si avverte chiaramente che non c'è una vera dolcezza ma, piuttosto, una volontà di ferro, una decisione estrema di "migliorare" gli altri e di imporre quello che è ritenuto essere un buon comportamento.
Tuttavia, il personaggio che esemplifica, a livello archetipico, nel modo migliore questa tendenza dell'Uno è sicuramente quello della dea greca Demetra, il cui nome stesso significa da un lato *madre terra*, ma anche, *colei che insegna.* Secondo la mitologia Demetra si differenzia da divinità simili, adorate in altre culture, come Rea o Cibele, proprio perché mentre queste ultime esprimono, fondamentalmente, il dispiegarsi disordinato e quasi selvaggio delle forze misteriose della natura, prive di termini e di norme, ella rappresenta l'ordinata e regolare generazione della terra, sottoposta a leggi precise e a un impegno costante e ordinato da parte dell'uomo.

Tendenza a migliorarsi e a perfezionarsi.

Questa tendenza è così specifica del tipo in questione che molti autori ritengono che essa lo qualifichi in un modo assolutamente preponderante. Così in molti utilizzano il termine Perfezionista come un'etichetta per descrivere sinteticamente le connotazioni dell'Uno, mentre altri sostengono che in questa tendenza si possa ravvisare la sua fissazione, l'aspetto cognitivo dominante.
Personalmente non ritengo che questa caratteristica sia il risultato di una dimensione cognitiva, quanto, piuttosto, di una spinta ad agire seguendo inconsciamente i parametri che sono stati assimilati come i più precisi. Qui, infatti, non è in opera la ricerca di un perfezionismo di tipo estetico, come quella che vedremo nel tipo Quattro e nemmeno uno di ordine logico/analitico, come si può osservare nel tipo Cinque, quanto, piuttosto, una specie d'impulso che induce a fare bene per non dovere ritornare a rifare le cose, una specie di "pignoleria" che richiede un'attenzione estrema e ammanta con un velo di praticità il proprio pregiudizio.
Il perfezionismo dell'Uno è, quindi, la ricerca del modo migliore, del gesto che in qualche modo si carica di un significato catartico perché serve a placare l'Ira e restituire la turbata serenità. Come mi raccontavano

due sportivi appartenenti a questo tipo, dietro a questa tendenza c'era la necessità di riuscire a fare il "giusto" per potersi finalmente rilassare.

Così il primo passava ore e ore a tirare al canestro per potersi provare capace di aver fatto il tiro perfetto, quello in cui, usando le sue parole: "*Sentivi solo un leggerissimo rumore della retina che si muoveva e quel rumore ti diceva che avevi fatto proprio quello che era esatto fare*". Il secondo, un canottiere, era il capovoga della sua imbarcazione e, come è tipico dell'Uno, cercava di dare agli altri l'esempio di come le cose dovevano funzionare mediante l'impegno personale. Come lui stesso diceva: "*Non mi impegnavo per vincere o per farmi notare, quello che mi motivava era la ricerca del movimento perfetto. Lavoravo e facevo lavorare tanto perché non ero pago fino a quando i remi non entravano in acqua all'unisono. Solo allora quella concordanza di suoni mi diceva che avevo fatto quello che dovevo, che potevo essere certo che tutto era come doveva essere*".

Un esempio notevole di questa tendenza si può trovare nella storia personale del romanziere italiano Alessandro Manzoni. Malgrado avesse trascorso buona parte della sua giovinezza in un ambiente nel quale lusso, frivolezza e rilassatezza dei costumi erano dominanti, il Manzoni divenne col tempo un giansenista, una persona molto attenta all'etica e alla morale e, soprattutto, al modo col quale erano fatte le cose. Così dopo aver ultimato una prima versione della sua opera più famosa, *I Promessi Sposi*, non contento dello stile di linguaggio che aveva adoperato, non esitò a trasferirsi a Firenze dove restò per un lungo periodo solo per rendere il suo linguaggio più aderente a quello dell'epoca nel quale aveva ambientato la sua storia. Fra la prima versione e quella definitiva trascorsero ben quattordici anni, durante i quali il Manzoni ritoccò costantemente la sua opera, per renderla sempre più coerente nell'espressione e capace di trasmettere il profondo significato morale per la quale l'aveva concepita.

Alla fine di questo percorso i Promessi Sposi diventarono un'autentica miniera di personaggi dipinti con quello scrupolo, quell'esattezza caratterologica e quella precisione fin nei minimi dettagli che è propria dell'Uno. Un esempio è quello del cardinale Federigo Borromeo (anch'egli nella vita reale un Iroso), che è descritto nel romanzo come un modello illuminato del vivere seguendo uno sforzo inesausto, teso a cambiare il mondo. Nonostante alcune pecche del Federico reale, anch'esse proprie delle persone di questo tipo, il Manzoni c'è lo mostra sempre ricco di una capacità d'azione che non si scoraggia neanche quando la peste avrebbe indotto i più ad una fuga precipitosa.

Nel famoso dialogo con Don Abbondio (come vedremo un tipo Sei), il cardinale Federigo pronuncia le seguenti parole che sono un poco il riassunto dello stile di vita di un tipo Uno: "*Tale è la misera e terribile nostra condizione. Dobbiamo esigere dagli altri quello che Dio sa se noi saremmo pronti a dare: dobbiamo giudicare, correggere, riprendere...Ma guai se io dovessi prendere la mia debolezza per misura del dovere altrui, per norma del mio insegnamento! Eppure è certo che, insieme con le dottrine, io devo dare agli altri l'esempio*".

Sensibilità, Ipercontrollo e Tendenza a Criticare.

Come abbiamo già visto, il bambino Uno si è trovato a crescere in un ambiente nel quale le sue pecche erano punite soprattutto con l'Umiliazione ed era soggetto alla disapprovazione, espressa soprattutto mediante un'esposizione tagliente e anempatica delle sue debolezze. Il risultato di ciò è che nell'Uno adulto permane una fortissima attenzione verso tutto ciò che può ferire i propri sentimenti (ma, in linea di massima, anche quelli altrui), che si esprime attraverso una Sensibilità molto elevata che, però, deve essere tenuta accuratamente sotto controllo, perché, altrimenti, non permetterebbe di potersi esprimere con quel modo virtuoso che l'Uno ha imparato.

La frizione prodotta dalla impulsi derivanti da questa elevata Sensibilità e la necessità di tenerla a freno e di ipercontrollarla, si converte in quella rigidità e quella necessità di essere assolutamente autonomi tanto caratteristiche dell'Uno.

Anche l'atteggiamento critico, così specifico di questo tipo e che funziona come una sorta di valvola di sicurezza in una pentola a pressione, assumendo spesso il carattere del brontolio burbero, è alimentato da questo processo. Accade, infatti, che la spiccata sensibilità porti le persone di questo tipo ad avvertire quello che è sbagliato (dal loro punto di vista egoico, ovviamente) e a reagire, cercando di evitare che un errore possa ripetersi e che se stessi, o una persona cara, possano diventare oggetto della temuta Umiliazione.

Il personaggio di Elinor Dashwood, la protagonista del romanzo *Ragione e Sentimento*, (ma, personalmente, ritengo che forse l'opera avrebbe avuto un titolo migliore in Controllo e Impulsività), permette di vedere chiaramente in azione questa dinamica. Benché la nostra eroina sia profondamente innamorata di Edward Ferrars, un tipo Nove tranquillo e onesto, essa iper controlla i propri profondi sentimenti ed evita di farli emergere anche in minima parte, perché è convinta che la loro espressione non possa fare altro che produrre imbarazzo. Edward, infatti, è già vincolato con un'altra donna e quindi non potrebbe impegnarsi in modo onesto con lei.

Solo alla fine del romanzo la forza del suo attaccamento e la determinazione con la quale ha nutrito in silenzio il suo amore, possono prorompere ed esprimersi finalmente in un pianto liberatorio, che dice molto più di mille parole, quando Edward, finalmente libero, le si dichiara.
In modo analogo Gretta Conroy, una delle protagoniste di *Gente di Dublino*, malgrado il profondo turbamento che la assale quando sente cantare una canzone che le ricorda il suo primo amore, un ragazzo morto per lei a soli diciassette anni, riesce a controllare l'ondata emotiva e a far trasparire solo attraverso lo scolorimento del volto, il dolore che sta provando. Solo in seguito la donna, su invito di suo marito, che non aveva per nulla compreso ciò che la moglie aveva provato, potrà permettersi di esprimere il suo tormento, per quello che continua a sembrarle una sua mancanza, senza dover temere di poter essere giudicata in modo negativo per questo.

Ordine e Pulizia.

Anche la ricerca dell'ordine e della pulizia, tanto in senso fisico che in quello psicologico e spirituale, può essere considerata come una espressione della necessità inconscia di tenere tutto sotto controllo, per evitare le temutissime sensazioni di inadeguatezza che hanno, un tempo, accompagnato il vissuto della Ferita Originaria. Gli Uno non sono solo attenti al come vengono fatte le cose, essi, anche a dispetto della stessa propria volontà apparente, hanno la necessità di controllare che tutto sia dove dovrebbe essere, che ogni cosa sia pronta ed adatta all'uso, in modo da potersi mettere immediatamente in azione, se necessario, senza il timore di dover subire frenate che li possano rallentare .
La forza di questa tendenza è così marcata che essa può diventare veramente irresistibile e quasi costringere alcuni Uno a fare "pulizia e ordine ad ogni costo". Così posso testimoniare di aver visto delle persone Uno che, malgrado fossero al limite della fatica e della capacità di sopportazione fisica, non si potevano permettere di mettersi a riposare se prima non rifacevano i piatti, passavano l'aspirapolvere e gettavano la spazzatura.
Un esempio di questa tendenza, portato ovviamente all'estremo da parte dell'autore, per divertire e far riflettere con un sorriso, si può trovare nel personaggio della Sbiancatutto, descritto da Elias Canetti in *Il Testimone Auricolare- Cinquanta Tipi di Carattere*[165], la cui attenzione a evitare che

[165] Canetti E. *Il testimone Auricolare. Cinquanta Caratteri*. Trad. it. Adelphi ed., Milano 1995

anche la minima macchia possa "inzozzare" il suo bucato, la conduce a ripeterlo più e più volte con una furia ossessiva che, alla fine, coinvolge tutto il creato.
In modo meno estremo una eco di questa tendenza si può ritrovare nei dipinti della pittrice francese Berthe Morisot, che molto spesso si è concentrata a raffigurare nei suoi quadri solo dei bucati, appena lavati e messi ad asciugare al sole.

Rispetto per la Disciplina

Questo tratto può essere considerato come una logica conseguenza della necessità psicologica di sapere con precisione ciò che è giusto e ciò che è sbagliato e si traduce in una forma di animosità, verso coloro che si sentono esonerati dal rispettarla. Tale dinamica può dare origine a quei classici giochi a guardia e ladro nei quali l'Uno gioca la parte del controllore attento a evitare che l'altro infranga le regole e la faccia franca.
Un esempio abbastanza estremo e rigido di questo tipo di atteggiamento può essere osservato nel personaggio di Nurse Rached, l'infermiera capo del film *Qualcuno Volò sul Nido del Cuculo*, che, per far mantenere il rispetto delle regole e della disciplina nel suo reparto, non esita a terrorizzare, fino al spingerlo al suicidio, un giovane paziente e a farne lobotomizzare un altro.
Molto più gradevole è, invece, il personaggio di Minerva McGonagall, (in Italiano chiamata McGrannit per richiamare anche nel nome la durezza del granito) una delle insegnanti della scuola di Hogwarts della saga Harry Potter, che pretende sicuramente dai suoi allievi il rispetto totale della disciplina e delle regole che governano il collegio ma è in realtà molto più sensibile e attenta alle persone di quanto non voglia far apparire.
Come appare evidente nell'ultimo episodio della serie, la McGonagall è una persona estremamente lineare è quasi solare nei suoi comportamenti, che non esita a mettersi a capo della resistenza verso il male che sembra trionfare (anche lei, quindi, è una piccola San Giorgio), organizzando le difese della scuola e attaccando direttamente il professor Piton che sembra aver tradito la legittima autorità.
Inoltre, e il dettaglio è caratterologicamente molto preciso, una delle prime cose che fa, quando ha assunto il comando, è quella di pronunciare l'incantesimo *piertotum locomotor*, col quale da vita alle statue di guerrieri che adornano il castello di Hogwarts e di dichiarare, tutta soddisfatta, di averlo sempre voluto fare prima, ma di non aver evidentemente potuto per rispetto della disciplina.

Interesse per l'Etica e la Giustizia.

Il senso morale, la correttezza comportamentale, l'attenzione per una forma di giustizia che significa rispetto delle leggi ed equità morale, sono valori fondamentali per questo tipo. Per questo chiedere a un Uno di accogliere immediatamente un'osservazione e di fare un'autocritica esplicita, su qualcosa che gli altri considerano un errore, è quasi impossibile; egli non potrebbe, neppure volendolo, ammettere al mondo di avere agito male o inappropriatamente. Tuttavia, dopo un po' di tempo, il "pubblico ministero" interiore, avvierà uno spietato processo di riesame delle proprie azioni, capace di poter modificare profondamente il comportamento precedente.
Un esempio veramente notevole di questa attenzione dell'Uno all'etica si può ritrovare nella persona di due grandi filosofi, Confucio e Socrate. Per il grande filosofo cinese, come si può vedere leggendo le sue opere, il rispetto della giusta norma e del comportamento corretto veniva posto a fondamento di una armoniosa vita sociale e familiare.
Il secondo, quasi contemporaneo del primo, fu probabilmente il vero fondatore della filosofia morale e il più grande sostenitore nel mondo greco antico della necessità di vivere in un modo eticamente corretto. Se è probabilmente vero che il concetto di anima, intesa come una coscienza pensante e autoconsapevole che s'interroga su se stessa, nasce con Socrate, dobbiamo necessariamente aggiungere che fin da subito essa si caratterizza per la sua ricerca di verità, morale e giustizia. Per il grande filosofo ateniese, infatti, quest'anima nella sua ricerca di risposte si deve rivolgere, inevitabilmente, a interrogarsi su cosa sia il bene e cosa sia ciò che è meglio per lei.
Platone e Senofonte, gli allievi forse più famosi di Socrate, ce lo mostrano come una persona che metteva l'etica sopra ogni altra cosa. Per il secondo egli era un uomo virtuoso e morigerato, cittadino modello, timorato degli dei, instancabile nel predicare la virtù e nell'esortare i giovani all'obbedienza verso i genitori e alle leggi dello Stato.[166] Platone, invece, riferisce che quando i Trenta Tiranni che dominavano Atene, ordinarono a Socrate e ad altri quattro cittadini di arrestare il democratico Leone di Salamina affinché fosse mandato a morte[167] Socrate si oppose all'ordine "preferendo correre qualunque rischio che farsi complice di empi misfatti"[168].

---

[166] Così l'Enciclopedia Treccani nella pagina dedicata a Senofonte.

[167] Platone *Apologia di Socrate* Laterza Ediz. Pag. 32

[168] Platone, Lettera VII, 324d-325a, in Id., Opere, vol. 2, Laterza, Bari 1966, p. 1059

Anche il suo *daimon* (quella voce interna che il filosofo greco considerava come manifestazione di un essere soprannaturale, perché non conosceva la pervasività delle voci dell'inconscio umano e, in particolare, quella del cosiddetto super-ego), che lo spingeva ad evitare di agire in modi eticamente scorretti, può essere considerato come una manifestazione di questo tratto in lui, mentre la sua *maieutica*, alla luce della conoscenza dell'EdT, può essere vista come una esemplificazione della tendenza ad insegnare ed educare che ho analizzato in precedenza.
In un modo più ammonitorio, ma che ha sempre come suo presupposto una visione etica rigorosa del mondo e della vita ultra terrena, possiamo leggere le opere e il messaggio del grande pittore fiammingo del rinascimento Hyeronimus Borsch, i cui quadri, a dispetto di una apparente e straordinaria espressione fantastica, hanno sempre un contenuto moralistico finalizzato a suggerire all'osservatore che l'esistenza è breve e che chi non la vive seguendo i precetti che Cristo ci ha lasciato, è un folle che la sta solo sprecando.
La attenzione alla giustizia e la mentalità un po' poliziesca dell'Uno fa sì che molti uomini di legge o investigatori appartengano a questo tipo. Fra i tanti citiamo, ad esempio, il P.M. di *Mani Pulite* Antonio Di Pietro o l'ex sindaco di New York ed ex Procuratore Distrettuale Rudolph Giuliani, (solo un Uno avrebbe potuto definire la sua opera col nome di *Tolleranza Zero*) che hanno fatto della lotta alla corruzione e alla micro criminalità il loro vessillo.
Un altro esempio, infine, che illustra benissimo come ambedue gli aspetti in esame possano manifestarsi congiuntamente e rafforzarsi l'un l'altro, è quello dell'uomo politico sudafricano Nelson Mandela, il quale, nonostante fosse stato detenuto in prigione per un lunghissimo periodo, si batté, dopo la sua liberazione e l'elezione a presidente del paese, affinché la giustizia e l'equità prevalessero per garantire la riconciliazione nazionale.

Integrità ed Onestà.

Il rispetto per la propria integrità ed onesta personale è un elemento capace di portare molti Uno anche a sfidare l'autorità costituita, se essa non è ritenuta veramente degna, o a compiere azioni che vadano anche contro il proprio interesse personale.
Da tali tratti discendono alcune delle caratteristiche più evidenti di questo tipo, quali l'assoluto rispetto degli impegni presi e delle parole date e personalmente ho potuto osservare, in più di una occasione, degli Uno quasi non dormire per diverse notti, pur di consegnare a tempo debito un lavoro o un compito che doveva essere assolto in un limite temporale

ravvicinato. Alla stessa maniera, altri Uno hanno eliminato per un lungo periodo non solo le spese voluttuarie ma anche quelle più basilari, tagliando addirittura sul cibo, pur di restituire un prestito nel più breve intervallo possibile.

Il personaggio che meglio esemplifica questa forte tendenza dell'Uno è quello del console romano Attilio Regolo, comandante in capo dell'esercito durante la prima guerra punica, che fu sconfitto e preso prigioniero dai cartaginesi, i quali lo rilasciarono, dietro promessa di riconsegnarsi a loro se avesse fallito, per cercare di concordare la pace fra le due potenze.

Secondo la storia che circonda e ha fatto diventare luminoso il suo nome, egli, non curandosi della propria incolumità o del proprio tornaconto, non solo non perorò la possibilità di un accordo ma, al contrario, essendosi reso conto dell'estrema debolezza in cui versava Cartagine, esortò i suoi concittadini a riprendere le armi e a eliminare la rivale. Dopo che ebbe raggiunto il suo scopo, Regolo, secondo la tradizione storiografica romana, volle mantenere ad ogni costo la parola data, malgrado le suppliche dei suoi parenti, e si reimbarcò per l'Africa dove venne torturato fino a morire.

Guidato dal suo forte senso etico, l'Uno non può sopportare di venire a patti o di accettare compromessi per convenienza e di conseguenza tende a manifestare una forma di rigidità comportamentale, che viene percepita e vissuta soprattutto come forma di espressione delle proprie convinzioni e dei propri principi.

Un esempio davvero notevole di questa caratteristica può essere riscontrato nel comportamento di Martin Lutero, per il quale il punto di riferimento oggettivo era la Bibbia (e questo gli impediva di sottostare a una qualsiasi altra autorità) e che non esitò, a rischio della propria stessa vita, ad attaccare ripetutamente e con un linguaggio quasi scurrile, vari nobili e perfino lo stesso papa, anche se questo poteva significare la sua stessa uccisione.

Meno estremo, ma altrettanto significativo, è l'esempio impartito da Jim Braddock, che sarebbe poi diventato campione del mondo dei pesi massimi di pugilato, al proprio figlio, quando si accorse che questi era riuscito a rubare da una drogheria un prosciutto. Nonostante il fatto che a casa non ci fosse nulla da mangiare, il grande pugile non esitò ad accompagnare il bambino dal negoziante ed a fargli restituire il maltolto, con la promessa solenne che egli non avrebbe mai più agito così.

Un personaggio letterario che impronta il suo comportamento e le sue scelte a queste due caratteristiche è quello di Jane Eyre, la splendida eroina del romanzo omonimo di Charlotte Bronte[169]. Costretta da una zia

invidiosa e meschina ad andare in un collegio nel quale l'Umiliazione è una pratica quotidiana, Jane riesce a mantenere la sua dignità, la sua indipendenza e la sua integrità. Nonostante la durissima disciplina e la prematura morte della sua migliore amica e di altre compagne, decedute per il tifo addominale causato dallo scarso cibo e dalle pessime condizioni in cui è tenuta la struttura in cui risiedono, Jane prosegue gli studi, che ultima con successo e in seguito opera all'interno dello stesso istituto come stimata insegnante.
Tutto ciò le permetterà di avere un posto come precettrice presso la famiglia Rochester, dove potrà occuparsi come insegnante (in questo Jane è un predecessore della già citata Mary Poppins) di una ragazza figlia adottiva del padrone di casa. A causa di un fortuito incontro nella brughiera Jane incontra Rochester che resta in incognito ed ha con lui, fin da subito, un rapporto intenso e decisamente anticonvenzionale, considerati i dettami dell'epoca, che a poco a poco si trasforma in un amore intenso ed appassionato.
Ciononondimeno l'integrità e l'onestà di Jane appaiono del tutto evidenti quando non esita, dopo la rivelazione che questi è già sposato e non può divorziare a causa della pazzia della moglie, a fuggirgli lontano, pur di non compromettere i suoi valori morali. Come ella stessa dice, quando deve prendere la difficile decisione: "*Era un supplizio. Una mano di ferro scuoteva la mia forza vitale. Momento terribile: quale essere umano sulla terra avrebbe potuto desiderare essere amata come me; e colui che mi amava così, io lo adoravo assolutamente. E purtuttavia occorreva rinunciare a quest'amore, a quest'idolo!*".

Ansia di sbagliare, correzione degli errori e rimorso.

Questi due tratti sono fondamentalmente collegati, in quanto entrambi sono manifestazioni di una più generale tendenza a cercare di evitare di comportarsi "male" e di poter subire, di conseguenza, una nuova condanna da parte del giudice interiore sempre in allerta. Ciò porta, inevitabilmente, a farsi domande sul modo col quale è opportuno agire e comportarsi e a trarre insegnamento da ciò che si è sbagliato, per evitare che possa ripetersi. La correzione degli errori, inoltre, non si limita a considerare solo quelli commessi in prima persona, ma si estende anche a quelli che le persone care a un tipo Uno possono compiere, dato che il senso di responsabilità li fa avvertire alla stregua di quelli propri.
Per questo, pur dando un gran valore alla privacy e rispettando come principio l'autonomia degli altri, i tipi Uno tendono a controllare con

---

[169] Bronte C. *Jane Eyre* Trad. It. Mondadori 2013

eccessiva premura il loro comportamento e spesso eccedono nel dare consigli (che mascherano, in realtà, degli ordini dissimulati), anche se essi non sono stati minimamente sollecitati in tal senso. Un esempio letterario classico di questa forma di manifestazione si può intravvedere nel Grillo Parlante della favola di Pinocchio.

San Giovanni della Croce, parlando dell'atteggiamento che alcuni avevano negli ambienti dei conventi di clausura, lo descriveva come una sorta di ardore, teso a prevenire, mediante un atteggiamento censorio, ogni caduta nel vizio. Uscendo dagli ambienti monastici, questa tendenza si può intravvedere anche nel mondo secolare, come una sorta d'irrequietezza che non permette di rilassarsi e richiede imperiosamente che si faccia qualcosa, che ci si metta in azione, cercando di prevenire un possibile problema piuttosto che doverlo curare.

Un Uno che si accorge improvvisamente di avere ingiustamente perseguitato un innocente, piuttosto che di aver, come aveva ritenuto in precedenza, corretto uno sbaglio e riparato a un errore, può vivere una profonda crisi che metterà in discussione perfino tutte le sue scelte e le sue decisioni anteriori. Questa forma di auto colpevolizzazione è un'esperienza emotivamente disturbante, che non può essere facilmente cancellata e viene riprovata più e più volte o rivissuta nella mente.

In questo caso, poiché la persona prova risentimento verso se stessa, si deve necessariamente parlare di *rimorso*, anche se l'Uno normalmente è schermato verso questo genere di esperienza per la sua integrità e dirittura morale, proprio perché il già citato super-ego tornerà più e più volte ad affliggere la coscienza, riportandola sull'errore commesso.

Un esempio estremo di questa dinamica è riscontrabile nel personaggio dell'ispettore Javert, uno dei protagonisti dei *Miserabili*[170] di Victor Hugo. Quando, quasi alla fine del romanzo, egli si rende della probità e della virtù di Jean Valejan, che aveva perseguitato senza tregua per oltre trent'anni, la rivelazione di non aver esercitato per niente un'opera di giustizia ma di essere stato solo accecato dal suo desiderio di correggere e punire, produce in lui uno smarrimento profondissimo, fino a distruggere perfino la sua stessa auto stima e a indurlo a commettere suicidio.

Sulla stessa falsariga, ma meno estremo, è il caso del personaggio di Alister Stuart, il marito della protagonista muta di *Lezioni di Piano*, prigioniero della sua incapacità di far trasparire i reali sentimenti che nutre e al tempo stesso tanto controllato da assistere pieno di rabbia, ma inerte, al tradimento della moglie. Il rancore e la tormentosa gelosia che lo torturano, possono trovare il loro sfogo solo quando egli intercetta un

---

[170] Hugo V. *I Miserabili* Trad. it. Rizzoli, 1998

messaggio che la moglie invia al suo amante e viene così a sapere che lei vuole abbandonarlo.
La sua reazione è tipicamente quella di un Uno che non vuole ammettere a se stesso di essere in preda ad una rabbia furiosa. Taglia, infatti, un dito alla moglie, impedendole così di poter suonare e quindi di potere in qualche modo comunicare i suoi sentimenti ma lo fa con un'azione che sembra, alla sua coscienza, pienamente giustificata e non vendicativa, perché solamente correttiva di un comportamento sbagliato.

Risentimento.

La sensibilità che, come abbiamo visto, è una delle due Polarità di questo tipo si trasforma, grazie all'azione dell'Ira, in una forma di particolare percezione di tutto quello che sembra non andare bene, essere offensivo o avere bisogno di un intervento correttivo. Se, come dicono i versi di una canzone italiana, "*ognuno lascia il segno su di un'anima sensibile*", si può aggiungere che, per un Uno, la frase può essere cambiata in un "*ogni cosa lascia il segno sulla sua anima sensibile*".
Intendo, in questo modo, sottolineare che un che Uno non potrebbe, neppure volendo, restare freddo e indifferente rispetto alle cose che gli appaiono eticamente scorrette e, quindi, ripugnanti o da correggere, perché avverte una sorta di coercizione ad intervenire, che nasce, per l'appunto, da questa forma di risentimento.
Questo atteggiamento è ben esemplificato dal personaggio di Bob, uno dei tre protagonisti del film *The Big Kahuna*[171], che è profondamente disturbato dall'atteggiamento dei suoi colleghi di lavoro. Proprio per questo, anche se egli riesce ad intercettare il cliente che gli altri stanno aspettando, per cercare di realizzare una vendita di fondamentale importanza per la loro società, decide in un primo momento di non parlargli dei suoi colleghi e di non discutere nemmeno di affari, come gli era stato chiesto. Bob è, inconsciamente, troppo irritato per accettare di fare qualcosa che gli sembra non tanto importante rispetto al discutere di religione e si comporta coerentemente di conseguenza, suscitando la rabbia in particolare di Larry un altro protagonista.
Solo quando il suo collega Phil gli farà capire che la vera crescita non consiste nell'avere sempre ragione ma, piuttosto, nell'avere costante consapevolezza degli errori commessi e nel portarne umilmente con sé il ricordo, per modificare le proprie reazioni, Bob capirà che il suo atteggiamento era sbagliato e si deciderà finalmente a collaborare con gli altri per raggiungere l'obiettivo che gli era stato affidato.

---

[171] *The Big Kahuna* (Id., Usa 1999)

Tendenza Dottor Jekyll e Mr.Hyde.

La continua compressione di buona parte delle spinte istintuali/emozionali può, talvolta, far sì che siano tenute fuori dalla consapevolezza della persona. Esse, di conseguenza, per potersi esprimere hanno bisogno di un contesto in cui possano essere sperimentate segretamente. Nei casi estremi ciò porta a vivere una doppia vita, a sperimentare una scissione in cui la persona si comporta in modo inappuntabile e morale negli ambienti nei quali è conosciuta, e un'altra in cui si permette di sperimentare tutto quello che altrimenti nega a se stessa ed è condannato.
L'esempio più famoso di questa tendenza è ovviamente, quello del Dr Jeckyll, il protagonista del famoso romanzo breve di Stevenson, il quale, nel tentativo di trovare un modo per separare la parte animale dell'essere umano da quella ragionevole, da origine a Hyde, un essere selvaggio ed amorale che non nutre scrupolo per le azioni che compie e si gode, senza troppi problemi, la libertà che il povero Jeckyll nega a se stesso.
Il dilemma di Jekyll, come quello di molti Uno, è quello di riconoscere la dualità dell'uomo, di appartenere contemporaneamente a due nature che si può fare fatica a conciliare. Come ci racconta Stevenson « *Pensavo che se ognuno di questi* (i due esseri che si combattono nella coscienza di Jekyll) *avesse potuto essere confinato in un'entità separata, allora la vita stessa avrebbe potuto sgravarsi di tutto ciò che è insopportabile: l'ingiusto avrebbe potuto seguire la propria strada di nequizie, svincolato dalle aspirazioni e dalle pastoie del virtuoso gemello; al giusto sarebbe stato dato altresì di procedere spedito e sicuro nel suo nobile intento, compiendo quelle buone azioni che lo avessero gratificato, senza essere più esposto alla gogna e al vituperio di un sordido compagno a lui estraneo. Era la maledizione del genere umano che questo eteroclito guazzabuglio dovesse così tenacemente tenersi avviluppato... che fin nel grembo tormentoso della coscienza questi gemelli antitetici dovessero essere in perenne tenzone. Come fare, allora, a separarli*?"[172]
La scissione dei due aspetti, operata da una pozione messa a punto da Jekyll, è tanto forte che egli non riesce più a controllare Hyde in alcun modo e, alla fine, prova un tale raccapriccio e rimorso per le azioni che il secondo ha commesso, di decidere di porre termine alla sofferenza suicidandosi con una dose di veleno.
Analoga, anche se il personaggio presenta una più decisa accentuazione sessuale, è la scissione che vive Joanna, la protagonista di *China Blue*[173]

---

[172] Robert Louis Stevenson *Lo Strano caso del Dottor Jekyll e del Signor Hyde* nella parte La relazione di Jekyll sul Caso- Universale Rizzoli pag.103

che si comporta come un'affermata e inappuntabile professionista nel suo ambiente di lavoro ma che si trasforma, grazie ad una parrucca biondo platino e a un abbigliamento osé, in una prostituta nei locali notturni. Joanna, tuttavia, riuscirà, anche grazie all'aiuto di uno dei suoi clienti, a trovare una composizione a questa sua scissione e a potersi aprire a una vita più integrata.
Nello stesso film, quasi come se fosse il doppio della protagonista, troviamo il personaggio del reverendo Shayne, un predicatore di strada che opera nel quartiere a luci rosse di Los Angeles per cercare di redimere anima perdute e che soggiace alla forza del conflitto fra le sue pulsioni e la sua aspirazione ideale a operare per la salvezza. Shayne finirà, come il dottor Jekyll, col farsi dominare dalla potenza dei suoi desideri sessuali fino a cercare di uccidere Joanna, il suo alter ego femminile, con una sorta di vibratore gigante che lui ha reso aguzzo e tagliente, e a essere, invece, ucciso (probabilmente metaforicamente) dalla donna che, in questo modo, riuscirà a ricomporre se stessa dopo aver potuto osservare in concreto una scissione analoga alla sua.
Meno estremo ma anche esso valido per illustrare le dinamiche di questo tratto, è il caso del conte De Reynaud, il personaggio del film *Chocolat*[174], che, continuamente tentato dalle golose delizie prodotte dalla cioccolataia Vianne, un tipo Sette libero ed anticonvenzionale, cerca di distruggerle il negozio ma, soccombendo alla forza dei suoi impulsi repressi, si permetterà, all'insaputa di tutti, di dare finalmente sfogo al suo desiderio e di ingozzarsi.

Comportamento farisaico e ipocrita.

Le dinamiche che ho appena descritto danno origine, se esse si presentano in un modo meno estremo e, quindi, più facilmente controllabile dal conscio della persona, alla tendenza ad assumere comportamenti farisaici o ipocriti. E' opportuno ricordare, per permetterci di capire bene le sfumature proprie di queste parole, l'origine che le stesse hanno. I Farisei, persone di grande cultura e potere, erano noti, come ci attesta lo storico Giuseppe Flavio, che era originariamente uno di loro, per il rigore morale che ostentavano. Il loro zelo nel rispettare e applicare la legge mosaica era leggendario ma, come spesso accade anche nei più rigidi integralismi, alla grande ostentazione di santità nelle forme, non rispondeva un'uguale attenzione alla sostanza.

---

[173] *China Blue* (Id., Usa 1984)
[174] *Chocolat* (Id., GB 2000)

Per tali motivi spesso nei Vangeli possiamo leggere veri e propri anatemi nei confronti degli appartenenti a questa setta, che venivano accusati, senza mezzi termini, di badare al profitto e al proselitismo per gloria personale, piuttosto che cercare la vera salvezza. Così, ad esempio, in Matteo 23 si può leggere: "*Guai a voi, scribi e farisei ipocriti, perché divorate le case delle vedove e fate lunghe preghiere per mettervi in mostra; perciò riceverete maggior condanna.*", oppure in Luca, 12,1: "*Guardatevi dal lievito dei Farisei, che è ipocrisia.*"
Spesso questo tipo di dinamica si traduce nel classico predicare bene e razzolare male ma, più spesso, esso si accompagna a una serie di auto giustificazioni consce, proprie di questo tipo, che autorizzano le persone ad agire come agiscono con la convinzione di fare anche del bene a coloro che sono oggetto della loro attenzione.
Abbiamo già visto il caso estremo del personaggio di Shayne nel film China Blue ma possiamo ritrovare la stessa dinamica, con esiti altrettanto drammatici, in diversi altri personaggi della letteratura o della fiction. Fra questi spicca fortemente quello di Frollo, l'arcidiacono della cattedrale di Notre-Dame di Paris[175], che è travolto dalla passione per la bella zingara Esmeralda ma che, non potendo accettare questo sentimento sia per il suo status che per il suo preconcetto contro gli zingari, lo trasforma, ipocritamente, in un desiderio di avere Esmeralda con sé per salvarla dalla situazione di perdizione e di indigenza nella quale essa vive.

Operosità.

La grande carica energetica dell'Uno ha bisogno di esprimersi, facendo cose che gli permettano di far passare il tempo in un modo che possa essere, preferibilmente, di uso pratico e finalizzato. L'operosità e l'industriosità permettono all'Uno di sopportare molte fatiche, con la convinzione che esse gli permettono di essere utile, di stare su un cammino che porta all'evoluzione e al progresso per sé e per i suoi cari.
La figura archetipica di questa tendenza è sicuramente quella di Ercole, il semidio della mitologia greca, le cui fatiche, più che un adempiere a un compito, rappresentano altrettante tappe di un percorso di crescita spirituale che lo avrebbe condotto, alla fine, a trascendere perfino la dimensione umana per elevarsi a quella degli dei dell'Olimpo.
In generale l'operosità porta gli Uno a essere poco amici di se stessi e a non concedersi molto riposo, quasi come se non potessero permettersi di far passare il tempo senza essere impegnati in qualcosa di costruttivo. Così, anche nella sua tarda età, il pontefice Giovanni Paolo II continuava

[175] Victor Hugo, *Notre Dame de Paris,* ediz, it, BUR

ad essere presente ai faticosi riti pasquali e natalizi, nonostante il fatto che una malattia degenerativa e i postumi dell'attentato, nel quale aveva corso il rischio di perdere la vita, lo avessero profondamente debilitato.
Analogo è il caso di Paolo di Tarso, al quale ho già fatto cenno in precedenza, giustamente definito il Cavaliere di Cristo per la sua inesauribile opera di predicazione e che non cessò, fino al giorno della sua morte, di annunciare a tutti la "buona novella" della venuta del Cristo.
L'operosità estrema contraddistingue anche Ursula Buendìa, uno dei personaggi principali del romanzo *Cent'Anni di Solitudine*[176], che dichiara ad un certo punto del romanzo che Dio gli ha dato mani buone affinché "*non manchi mai il pane in questa casa di pazzi*" e che, non contenta di riuscire a badare a tre figli, di saper intervenire nella vita sociale del paese con forza e determinazione quando è il caso, di prendersi cura del marito per lungo tempo in preda alla demenza più estrema e di un'altra bimba che gli era stata affidata da improbabili parenti, riesce anche a mettere su una fabbrica di piccola pasticceria e di oggetti di caramello che andrà molto bene e permetterà di ampliare la casa e di coprire molti dei danni che i suoi dissennati congiunti procureranno.
L'integrità e l'onestà di Ursula appaiano, accoppiate all'estrema operosità, in modo ancor più evidente nella cura con la quale custodisce fino all'ultimo dei suoi giorni di vita, una statua della madonna piena di monete d'oro che le era stata affidata da sconosciuti. Benché nessuno fosse mai venuto a reclamare l'oggetto e nonostante il lunghissimo tempo trascorso, Ursula si rifiuterà, anche in tempi di grande difficoltà economica, ad attingere a quella disponibilità e, anzi, si sforzerà di trovare sempre nuovi nascondigli per impedire che i suoi nipoti, desiderosi di impadronirsi della somma, possano mettere le mani sulla statua.

Metodicità.

Oltre che essere operosi gli Uno sono normalmente anche molto organizzati e metodici nel loro modo di agire, perché ciò permette loro di eseguire nel modo migliore i propri compiti o doveri. Gli Uno hanno una vera passione per i libretti di istruzione ed uso, i manuali di manutenzione e, in genere, per tutto ciò che li può facilitare nel processo di apprendimento di un nuovo prodotto o di una nuova funzione.
L'esempio più evidente di questa tendenza si può riscontrare nell'insegnamento di Ignazio di Loyola o, più ancora, in quello di Benedetto da Norcia. La sua famosa *Regola* era un metodo preciso che regolava fin nei minimi dettagli la vita del monaco, scandendo il

[176] Garcia Marquez G. *Cent'Anni di Solitudine* Trad. it. Mondadori, 1995

passaggio del tempo attraverso un susseguirsi di attività precise, durante le quali la preghiera e l'occupazione manuale si alternavano secondo il motto "*ora et labora*".
La metodicità richiede, quindi, una predisposizione per le routine, che rivela la profonda affinità con quello che vedremo in opera nel Nove, ma che qui (proprio per sfuggire alle dinamiche dell'Accidia, come è detto in modo esplicito nel caso della regola benedettina) è funzionale all'adempimento del proprio compito nel modo più preciso ed ordinato.
Essere metodico per un Uno è anche una maniera per non sprecare tempo, per agire nel modo più utile per risolvere rapidamente un problema, per togliersi il pensiero di dover fare qualcosa che, altrimenti, si farebbe sentire nella coscienza di un tipo Uno come un assillo del quale liberarsi.

Gusto per le Buone Maniere.

Come abbiamo visto l'educazione, la correttezza, la precisione (uno dei modi migliori per farsi mal giudicare da un Uno è quello di arrivare in ritardo ad un appuntamento, senza un'ottima scusante) sono dei valori molto importanti per le persone di questo tipo. A esse possiamo sicuramente aggiungere il gusto per le buone maniere, visto che un iroso è sempre piuttosto formale.
Il già citato esempio del Grillo Parlante esemplifica bene questa caratteristica perché egli, che nei cartoni della Disney è quasi sempre vestito anche in modo inappuntabile, è sempre pronto a dare consigli e suggerimenti, esprimendosi in un modo forbito e garbato.
L'amore anche eccessivo per l'etichetta, il rispetto assoluto delle forme e la ricerca del modo più adeguato per esprimersi, divennero parte integrante del modello culturale inglese durante l'epoca vittoriana, finendo per imporsi perfino nei rapporti familiari più intimi. Come si può osservare, leggendo molte delle opere artistiche di quell'epoca, i temi socialmente più scomodi e perfino quei sentimenti che erano ritenuti troppo forti perché fossero espressi, dovevano essere eliminati dalle versioni definitive delle opere perché contrari alla moralità.
Così si finì, paradossalmente, a sottoporre a rifacimento le opere di Shakespeare, perché ritenute troppo piene di erotismo o di scene di violenza e, perfino, a soggiacere a vari tabù per cui non solo non si potevano nominare esplicitamente varie parti del corpo umano ma, addirittura, si giunse a ricoprire con pesanti tendaggi perfino le gambe dei tavoli, perché non potessero suggerire pensieri e argomenti contrari a quella che era ritenuta la buona educazione.

LA FISSAZIONE DELL'INDIGNAZIONE

Varie parole sono state usate nelle letteratura dell'EdT per descrivere quale sia la controparte cognitiva dell'Ira e tutte, secondo me, hanno colto un aspetto della realtà complessiva lasciandone altri in ombra. Ichazo, nella sua spiegazione della *Protoanalysis,*[177] suggeriva l'uso del termine *resentment,* che trasmette i concetti di risentimento, rancore, scontento; tutti fenomeni sicuramente dipendenti dalla rabbia che la persona di questo tipo, prova rispetto a tutti gli altri, con più facilità. Tuttavia, mi sembra che il contenuto centrale della parola esprima più un significato di ordine emozionale che cognitivo, quasi come se si ripetessero, in un altro modo, i contenuti impliciti trasmessi dal termine Ira.

Altri, invece, come già accennato preferiscono l'uso della parola *perfezionismo,*[178]che Ichazo, invece, riteneva correttamente essere la *trappola* di tipo psico-spirituale nella quale questo tipo cadeva per effetto del tentativo di porre rimedio all'Ira o, come già detto, al risentimento. Inoltre, perfezionismo non sembra descrivere tanto il cuore del problema dell'Ira che, più che raggiungere un elevato livello qualitativo, mira soprattutto ad agire in modo impeccabile per impedire di poter risentire le dolorose sensazioni derivanti dalla primaria Umiliazione subita.

Alla luce di questo mi sembra che forse l'uso della parola *indignazione* possa essere una valida alternativa a quelle su proposte. L'Indignazione, infatti, è una conseguenza dell'esame analitico dei motivi che possono giustificare la rabbia, un soffermarsi della mente su ciò che ha scatenato la reazione emotiva cercando appigli per giustificarne l'entità e la sussistenza.

Essa fornisce, a mio avviso, un quadro logico che permette al giudice interno di sentirsi pienamente giustificato nell'attaccare se stesso e gli altri e, in ultima analisi, permette non solo una libera espressione della rabbia percepita ma anche una sua giustificazione che la rafforza e la rende quasi impermeabile a qualsiasi tentativo di scalfirla mediante argomentazioni di tipo logico.

Così, ad esempio, la percezione emotiva che un Uno può provare per un ritardo ingiustificato, viene cognitivizzata mediante un processo nel quale sono amplificati i torti dell'altro e, collateralmente, viene messa completamente in ombra la rigidità, che spesso è oggettivamente eccessiva, della propria valutazione.

---

[177] Vedi, ad esempio, *Interviews with Oscar Ichazo pag.15*

[178] Così, Claudio Naranjo in *Ennea-Type* pagina 22 Gateways Publishers.

IL TIPO DUE: LA PASSIONE DELL'ORGOGLIO
LA FISSAZIONE DELL'ADULAZIONE

Elementi di Riferimento:

- **Energia Squilibrata**: Rispecchiamento
- **Paradigma Familiare**: Frustrazione genitore Sfuggente/ Accettazione genitore Impegnato
- **Ferita Originaria**: Abbandono
- **Cicatrice**: Paragone perdente
- **Polarità**: Intimità/Libertà
- **Passione:** Orgoglio
- **Fissazione:** Adulazione

Tratti caratteristici

- Orgoglio
- Adulazione
- Possessività
- Tendenza al Pregiudizio
- Generosità
- Seduttività
- Bisogno di sentirsi liberi
- Bisogno d'amore e approvazione
- Chiedere l'amore a più persone
- Edonismo
- Tendenza a manipolare emotivamente
- Presentazione seduttiva di sé
- Alterigia e Boria
- Appoggiarsi a persone importanti
- Rapporto Speciale
- Assertività e Impertinenza
- Invadenza
- Tendenza a nutrire
- Tendenza ad aiutare
- Istrionismo
- Emozionalità Impressionabile

L'Oxford English Dictionary definisce l'orgoglio come: "*Una grande, smisurata, opinione delle proprie qualità, successi o condizione*". Questa definizione ha sicuramente il pregio di indirizzarci verso una delle caratteristiche più evidenti dell'orgoglioso, il gran senso di sé ma ha anche il difetto di farci vedere questa passione più che come un'emozione, come un'idea, un'opinione, che la persona ha di se stessa. Tuttavia, la posizione che il tipo Due occupa nell'enneagramma ci dice chiaramente che essa è la più lontana dal Centro del Pensiero e sottolinea il decisivo predominio della parte emozionale. Il mondo interiore di un orgoglioso, in realtà, inclina poco verso l'aspetto cognitivo ed è totalmente dominato dalla percezione istintuale ed emotiva.

I discorsi logici e le finezze del pensiero annoiano, in linea di massima, mortalmente un orgoglioso che è invece tutto concentrato sulla ricerca d'emozioni intense e dell'amore. La frase che probabilmente meglio illustra la posizione delle persone di questo tipo è: "*Io sono importante per te e tu non puoi fare a meno di me e del mio amore*".

Di conseguenza i tipi Due si avvertono come persone molto buone, pronte a far di tutto per aiutare l'altro (non, ovviamente, l'altro in senso universale ma in quello più ridotto delle persone che lo interessano), nutritive, di buona compagnia e disponibili. In questo modo la passione trova un appiglio decisivo per mascherarsi, come abbiamo visto anche in azione nel tipo Uno, dietro un atteggiamento di benevolenza.

Pur nutrendo spesso una forte aspirazione a elevarsi socialmente, che le spinge a cercare di primeggiare nel loro ambiente di riferimento e ad alienarsi così buona parte delle simpatie delle persone, i Due hanno la tendenza a mostrare un'immagine molto attraente, perché per loro è importante sentire l'interesse dell'altro. Per questo si circondano di persone che amplificano la loro autostima, richiedendo loro apporto e consiglio.

Gli Orgogliosi amano l'allegria, la spontaneità, un linguaggio fiorito e delicato, gli ambienti ricchi di calore emozionale e, correlativamente, si sentono a disagio in situazioni tristi, convenzionali ed impersonali. Il parametro che utilizzano per valutare il mondo e le persone è quello della simpatia o antipatia ed una volta che hanno formulato un giudizio in tal senso, è estremamente difficile far cambiare loro opinione.

Orgoglio.

L'Orgoglio si dimostra pienamente nella percezione di essere una persona che, in qualche modo, è *più* rispetto al resto del mondo, che ha delle qualità che gli altri si possono solo sognare di avere e che, di conseguenza, rifiuta non solo ogni forma di contenimento alla propria

volontà espressiva, ma anche di subire delle limitazioni o accettare che qualcun altro possa esserle preferita o possa aver maggior diritto di lei.
Va precisato che questi atteggiamenti non nascono da una forma di semplice testardaggine ma da una più profonda forma di ribellione verso chiunque voglia limitare la libertà emozionale di un orgoglioso, che sente di essere autorizzato a esercitare un controllo relativo sui propri impulsi e che fa della spontaneità emozionale la propria bandiera di vita.
Una delle forme più precipue di queste modalità è quella della libertà di esprimere liberamente ciò che si sente e si prova, indipendentemente da quanto corretto, vantaggioso o solo utile ciò possa essere.
L'orgoglio in tutti questi suoi aspetti, è evidente in due personaggi descritti nella mitologia cristiana e in quella greca: il già citato angelo ribelle Lucifero e la regina Niobe.
Quest'ultima, secondo la leggenda, aveva avuto sette figli e sette figlie, tutti di bell'aspetto e di ottima salute e, per questo motivo, si rivolse sprezzantemente nei riguardi dea Latona, la madre di Apollo e Artemide, ritenendosi superiore a essa che ne aveva avuti solo due e richiedendo di avere onori divini. La cosa, però, giunse alle orecchie dei gemelli divini, che decisero di punire Niobe in un modo davvero feroce e le uccisero tutti i figli a colpi di freccia. Il monito contenuto in questa storia appare del tutto evidente: l'eccessivo Orgoglio può far perdere in modo definitivo tutto quello che di buono si è fatto in precedenza.
Un esempio contemporaneo può riscontrarsi nella figura dell'attrice Sofia Loren che ha incarnato, sia sugli schermi che nella propria vita personale, l'immagine della donna emozionale e pronta a tutto, pur di seguire i propri sentimenti e desideri. Quasi leggendaria è la sincerità con la quale risponde di solito agli intervistatori, anche se, talvolta, non si rende proprio conto (o, se ne accorge, non la controlla affatto) della poca convenienza di quello che dice.
Quando, agli inizi degli anni ottanta, venne condannata ad alcuni giorni di carcere per una faccenda di ordine fiscale dovuta probabilmente ad una truffa effettuata a sua insaputa da un consulente, la Loren, anziché restarsene all'estero e godersi la sua vita dorata, non esitò ad affrontare orgogliosamente l'arresto e la detenzione, pur di poter continuare a vivere in Italia. Inutile dire che la prigione, per tutto il tempo della sua detenzione, fu meta di veri e propri pellegrinaggi da parte di fan adoranti.

Possessività.

Le problematiche connesse alla frustrazione vissuta col genitore sfuggente sono all'origine di questo tratto, che può essere considerato come un'accentuazione della gelosia irrazionale e si riscontra, in un modo che

senza questa consapevolezza sarebbe sorprendente, nella struttura caratteriale di molti Due. Per questo è anche inutile obiettare, alle persone che lo vivono, la sua profonda insensatezza (tranne se, ovviamente, non è fondato su qualcosa di consistente ed effettivo) o il fatto che la gelosia dovrebbe essere motivo per un profondo ripensamento della relazione se, invece, esso trova il suo fondamento in qualcosa di concreto.
In molti Due, inoltre, la possessività si lega inscindibilmente a considerazioni riguardo alla libertà emozionale ed espressiva, quasi come se, sentendo in prima persona quanto è faticoso e difficile rinunciare alla propria libertà, la persona si interrogasse, dando una risposta negativa, sul perché un altro dovrebbe rinunciarvi.
L'esempio, par excellance, di questa tendenza alla possessività è rappresentato dalla figura mitologica di Giunone che, a differenza della greca Era, rappresentava anche la fedeltà coniugale. A dispetto dei suoi tentativi di controllare in tutti i modi il suo infedele marito e fratello Zeus, Giunone finiva sempre per essere beffata da quest'ultimo (un tipo Sette ultra gaudente, come vedremo) e non poteva fare altro che dare spazio alla sua collera anche mediante vendette su terzi incolpevoli. Tuttavia, come è proprio di un Due che si sente soggetto ad un Paragone Perdente e non può in alcun modo accettarlo, alla stessa Giunone venivano attribuiti diversi figli nati da relazioni che, per ripicca, essa aveva avuto con altri mortali o con divinità.
A livello patologico è, invece, la possessività di cui da prova Annie Wilkes, la coprotagonista del film *Misery Non Deve Morire*[179], un'ex infermiera serial killer che, pur di salvare la vita fictionale della sua eroina, non esita dapprima a segregare e a brutalizzare l'autore del personaggio. Paul Sheldon e poi, in un crescendo di attaccamento, rabbia furiosa e di desiderio di morte, a cercare di ucciderlo, prima di suicidarsi.

Tendenza al Pregiudizio.

Anche se, in linea di massima, le persone di questo tipo tendono a non avere delle remore precostituite nei confronti degli altri, la loro tendenza a giudicare in base ad un personale criterio di antipatia/simpatia (più che su una valutazione oggettiva) le conduce ad assumere un atteggiamento di sprezzante pregiudizio.
Questo è il caso del personaggio manzoniano di Donna Prassede, di cui parleremo più dettagliatamente nel paragrafetto dedicato all'Invadenza, che, senza neppure conoscerlo, si convince che Renzo sia un poco di buono a causa degli ordini di cattura che lo riguardano, senza nemmeno

---

179 *Misery non deve morire* (Misery, Usa 1990)

cercare di capire per quali motivi essi siano stati emanati o chi lui veramente sia.
Ancora più evidente è l'espressione di questa caratteristica nel caso di Eliza Bennet, la protagonista di *Orgoglio e Pregiudizio*[180], nei confronti dell'altro personaggio principale del romanzo Fitzwilliam Darcy, anche lui un tipo Due. Anche se quest'ultimo si presenta all'inizio del racconto come una figura boriosa ed arrogante, pronta a manipolare l'irresoluto e debole amico Bingley in un modo che colpisce negativamente Eliza (e aggiungiamo, inoltre, che egli si lascia anche andare ad esprimere un giudizio poco lusinghiero nei confronti della giovane, cosa che nessun Due accetta senza risentirsene emotivamente), questo suo comportamento non giustifica il fatto che la ragazza dia da quel momento sistematicamente ascolto a tutte le dicerie e le false accuse rivolte da persone apparentemente simpatiche ma che si riveleranno dei truffatori, contro di lui.
Non a caso, e per sottolineare l'improprietà di questa tendenza, che è molto forte in alcuni Due, l'autrice la accomunerà nel titolo all'Orgoglio, dato che essa presuppone la certezza di sapere ciò che è giusto senza indagare sui presupposti che permettono di esprimere un giudizio.

Generosità.

Questa modalità decisamente gradevole con la quale la passione si manifesta, permette ai Due di essere in grado di fare dono agli altri di quanto essi possono, fino all'oblatività più estrema e, in questo caso, il suo valore coincide con quello espresso dalla parola greca agapè, traducibile con i termini amore o carità. I cristiani ritengono per questi motivi che questo sia il tratto distintivo della parte umana del Gesù di Nazareth, morto sulla croce nel tentativo di dare la sua vita per risvegliare le coscienze ottenebrate degli uomini e di salvarli.
Possiamo trovare manifestazioni meno elevate di questa tendenza nell'atteggiamento di molti mistici disposti ad trasmettere, a chiunque volesse e fosse in grado di ascoltare, la loro conoscenza senza fare differenze dovute a razza, lingua o religione.
Sempre nei Promessi Sposi, che sono una miniera di personaggi splendidamente descritti dal punto di vista caratteriale, possiamo trovare la figura di Fra Cristoforo, che ci fa comprendere come questo tratto possa avere origine nell'orgoglio e quasi trasformarlo in modo tale che di esso resti solo una traccia quasi in controluce, per così dire. Cristoforo, che prima di farsi frate si chiamava Lodovico ed era stato, a causa della

---

[180] Austen J. *Orgoglio e pregiudizio* Trad. It. Giunti, 2008

sua Superbia, l'attore principale di un duplice omicidio, riesce a trasformare la sua impulsività e l'irruenza in mezzi mediante i quali può esprimere la sua scelta di aiutare chi ne ha bisogno, senza stare a guardare né all'interesse personale né a chi sia in definitiva il beneficiario della sua generosità.
Una figura non direttamente riconducibile a un ambito mistico/religioso che mostra fortemente una tendenza a prendersi cura ed essere generoso con tutti (essere mostruosi inclusi), è quella di Hagrid, il gigante guardiano del bosco di Hogwart dei romanzi di Harry Potter, sempre pronto a dare una mano a chiunque ne abbia bisogno e a trasformare la sua casa in un porto ospitale nel quale potersi rifugiare nei momenti di bisogno, per il ragazzo ed i suoi amici.

Seduttività.

Fra tutti i tipi il Due è, probabilmente, quello nel quale la seduttività è più inconscia e così la persona non si rende nemmeno conto di lanciare messaggi in tal senso. Talvolta, ciò crea delle situazioni al limite dell'imbarazzo e del ridicolo, perché l'altro, cui sono rivolti questi messaggi impliciti, si sente autorizzato a fare avances che sembrano, invece, assolutamente immotivate agli occhi del Due. Questa situazione è resa con ironia e acutezza nel raccontino la *Signorina Bellascella* del citato libro di Elias Canetti, dove la protagonista racconta meravigliata che non può camminare per strada senza che torme di uomini, attratti da lei non sa bene che cosa, le girino intorno infastidendola con le loro profferte amorose.
Francesca da Rimini, posta erroneamente da Dante nell'Inferno nel girone dei lussuriosi, esemplifica meravigliosamente la tendenza alla seduttività inconscia e ai triangoli amorosi nei quali può indulgere un tipo Due. Riporto di seguito le celeberrime parole che ella pronuncia in risposta al poeta (si badi bene che è lei che parla, ancora orgogliosa del suo peccato di amore e non il compagno), che le chiede come nacque la relazione fra lei e Paolo Malatesta: "*Noi leggevamo un giorno per diletto/ Di Lancialotto, come amor lo strinse;/ Soli eravamo e sanza alcun sospetto./ Per più fiate gli occhi ci sospinse/ Quella lettura e scolorocci il viso;/ Ma solo un punto fu quel che ci vinse./ Quando leggemmo il disiato riso/ Esser baciato da cotanto amante,/ Questi, che mai da me non fia diviso,/ La bocca mi baciò tutto tremante./ Galeotto fu il libro e chi lo scrisse!/ Quel giorno più non vi leggemmo avante*".
La povera Francesca per giustificare il suo cadere in tentazione dà, com'è tipico di un Due, la colpa al libro e proclama la totale innocenza delle sue intenzioni. Noi osservatori esterni, pur toccati come Dante da una

profonda pena per la sua sorte, che la vide morire accanto al suo amante per mano del marito, non possiamo fare a meno di chiederci se fosse davvero "senza sospetto", il fatto di trovarsi da sola a leggere, fianco a fianco col giovane cognato, un libro il cui tema principale era quello di una relazione adulterina, oppure perché ella al primo bacio rispose con quel trasporto meravigliosamente descritto nell'ultimo verso citato.
In altri Due, invece, la tendenza a sedurre è più consapevole ed è motivata dalla necessità di inseguire e trovare l'amore, per avere potere sull'altro e sentirsi indispensabile. La figura archetipica di questa tendenza è, ovviamente, quella di Afrodite, la greca dea dell'amore, la cui potenza seduttiva era tale da far cadere nella sua rete indifferentemente uomini, dei e giganti e che, paradossalmente, era stata data in moglie ad Efesto, il più brutto degli dei, quasi come se i creatori del mito volessero sottolineare fin dal principio che la bellezza totale non può essere posseduta senza consenso da uno solo e giustificassero, in questo modo, le infinite scappatelle della dea.
Concludo questo paragrafo dedicato alla illustrazione della seduttività, con l'esempio della persona il cui cognome è addirittura diventato nel linguaggio comune un suo sinonimo: Giacomo Casanova. La sua seduttività era fatta di promesse di amore, di complicità, della capacità di trasmettere l'impressione di comprendere perfettamente ogni donna di cui si innamorava. E' ben noto il fatto che egli si innamorasse perdutamente di ogni donna con la quale aveva una relazione (nelle sue *Memorie* si parla di 125 dame, ma la critica concorda che esse furono solo quelle più importanti) e che spesso si intenerisse, fino a piangere amaramente, nel momento in cui diceva loro addio e si volgeva verso una nuova avventura. Tuttavia, almeno alla fine della sua vita, egli fu in grado di capire che per tutta la vita aveva fatto finta di provare, più che viverlo effettivamente, un sentimento di vero amore per quelle donne. Nelle sue memorie[181] egli scrive, infatti,: "*Quanto a quello che ho fatto con le donne, si è trattato di inganni di cui non si deve tener conto, perché quando c'è di mezzo l'amore, di solito ci si inganna da tutte e due le parti*".

Bisogno di non sentirsi limitati.

Il bisogno di non dover limitarsi in alcun modo nella ricerca del vero amore e nella espressione dei propri desideri e sentimenti, fa sì che alcuni Due cerchino di essere il più autonomi e liberi possibile. Ciò implica che in questi casi si sia in presenza di una specie di anarchia emozionale, di una forma di disinteresse nei confronti del giudizio altrui o di quello che

[181] Giacomo Casanova, *Storie della Mia Vita*

può essere il valore che socialmente si da ad una cosa. Abbiamo già parlato della Loren e del suo orgoglio, aggiungiamo adesso il fatto che, malgrado potesse essere all'epoca condannata per il reato di concubinaggio, essa non esitò un istante a lanciarsi in una relazione con un uomo sposato.
Analogamente la cantante Mina e l'attrice Stefania Sandrelli, non esitarono anche loro ad avere un rapporto con un uomo sposato da cui ciascuna di esse ebbe un bambino, anche se la prima per un periodo venne bandita dalla televisione di stato e dovette fronteggiare la condanna di parte dell'opinione pubblica italiana di quegli anni.
La difesa della libertà espressiva dei bambini fu, quasi per proiezione della ricerca della propria, la caratteristica fondamentale dell'opera e della concezione della psicoanalista russa Sabina Spielrein. Anche se ormai il suo nome è più associato alla scoperta da parte di Freud del cosiddetto controtransfert, in seguito ai sentimenti che Jung sviluppò verso di lei durante la loro relazione analitica, la Spielrein fu una pioniera nella ricerca di tecniche che permettessero di preservare anche nell'adulto la naturalezza dell'infanzia. Come lei stessa scrive in una lettera a Jung:
"*Ciò che vorrei dimostrare è che se s'insegna la libertà a un bambino fin dall'inizio, forse diventerà un uomo veramente libero...ci metterò tutta la mia passione"*.
Ella era una donna capace di tenere testa anche alle autorità riverite, pur di far valere la sua libertà. Tutto ciò risulta molto evidente nel modo col quale sebbene fosse giovanissima rispose per iscritto (in un modo apparentemente impertinente ma che andava, invece, diritto al cuore del problema) al padre della psicoanalisi, che le chiedeva "*una dignitosa liquidazione... endopsichica di tutta la faccenda*", quando scoprì che il rapporto amoroso con Jung non era una" invenzione della paziente, né tanto meno la "gratitudine nevrotica dell'amante disprezzata".
Possiamo, infatti, leggere nelle sue lettere di risposta al richiamo paternalistico e opportunistico di Freud, parole che non solo ribadiscono quale sia la verità sulla relazione fra lei e lo psicologo svizzero, ma che, riaffermando il diritto alla sua libertà emozionale, puntano dritto alla verità della relazione fra i due grandi maestri della psicologia moderna. In particolare la Spielrein rimprovera a Freud di non aver rispettato il principio, che egli aveva dichiarato di applicare sempre, cioè che in casi come quelli bisognava ascoltare tutte e due le parti e scrive: *"Lei avrebbe dovuto fissarmi un colloquio senza la minima riserva: si desidera però evitare un momento sgradevole, no? Neppure il grande 'Freud' riesce sempre a rendersi conto delle sue debolezze*" [182].

---

182 Questa e le altre citazioni sono tratte dal volume curato da Carotenuto A.

E' facile capire il tipo di effetto che una simile manifestazione di autonomia intellettuale e di libertà espressiva poté avere su un uomo come Freud, che considerava la femminilità come l'espressione di una dimensione primitiva, infantile, non del tutto sviluppata.
Il personaggio però che probabilmente meglio esemplifica questa tendenza del Due a rifuggire da qualsiasi vincolo, se non sente a un livello emozionale/viscerale di volersi impegnare in un modo totale, è quello di Maggie Carpenter, la protagonista del gustoso film *Se Scappi Ti Sposo*[183].
La donna, infatti, ha la peculiare caratteristica di aver lasciato sull'altare il giorno delle nozze ben tre probabili mariti e di essersela letteralmente data a gambe levate, lasciandoli nella confusione e nello sconforto. Quello che motiva in profondità Maggie, come lei stessa riferirà quasi alla fine del film, non è una forma di panico per gli impegni che avrebbe dovuto assumere con il matrimonio ma la sensazione che quegli uomini non fossero quelli giusti e ciò le provocava l'irresistibile impulso a fuggire per conservare in ogni modo la sua libertà.

Bisogno d'amore e approvazione.

La necessità di essere amati e approvati da parte delle persone care è un aspetto al quale tutti gli esseri umani danno naturalmente importanza ma esso nel Due si traduce in una forma tanto intensa da diventare, in casi estremi, un vero e proprio bisogno, esprimendosi in alcuni casi anche mediante una sintomatologia di tipo isteroide. Tuttavia, in linea di massima, è più probabile che questo bisogno si esprima mediante la richiesta, quasi sempre ovviamente non conscia (l'Orgoglio non lo permetterebbe) di ottenere gesti che attestino esplicitamente e in modo inequivocabile il gradimento per le proprie azioni e per la propria disponibilità a compiacere.
E' questo il caso, ad esempio, di Biancaneve, la protagonista della famosa fiaba che, come ci viene mostrato anche nelle fiabe Disney, è talmente premurosa e gentile verso tutti da essere amata perfino dagli animali del bosco e che, per ottenerne l'approvazione e l'accettazione, si prende cura in modo specifico di ognuno dei sette nani, riuscendo così a conquistare l'affetto e l'interesse anche del più sospettoso di essi, grazie ad un mix di compiacenza, attenzione e dolcezza.
Il bisogno di amore può anche spingere un Due a comportarsi in modo un po'infantile e bambolesco, quasi come se la persona rifiutasse di crescere,

---

(1980*). Diario di una Segreta Simmetria.* Roma, Astrolabio.
183 *Se scappi, ti sposo* (Runaway Bride, Usa 1999)

per mantenersi in uno stato nel quale è abituata a ricevere attenzione, amore ed approvazione.
Questo è il caso del personaggio di Dora Spenlow, l'infantile moglie di David Copperfield, protagonista dell'omonimo romanzo di Charles Dickens[184], che mostra un'assoluta incapacità di saper gestire una qualsiasi discussione, desiderosa solo di essere amata e coccolata. Come lei stessa dice al marito: "*Quando stai per irritarti con me, devi dire dentro di te: "Questa è soltanto la mia moglie bambina!". Quando ti do qualche grande delusione, devi dire: "Lo sapevo da tanto tempo che sarebbe stata soltanto una moglie bambina!". Quando non mi trovi come dovrei essere e come credo non potrò essere mai, devi dire: "Ma la mia sciocca moglie bambina mi ama!". Perché è proprio vero.*"
Anche il personaggio della biblica prostituta che lavò i piedi a Gesù, mostra apertamente, mediante il suo comportamento e la sua devozione, quanto fosse forte in lei il bisogno di essere approvata per quello, o nonostante quello, che ella era e per la libertà che si prendeva con le sue azioni (e ciò indipendentemente dal fatto che il suo personaggio coincida o meno con quello della Maria che viene ricordata dai Vangeli).
Come è stato giustamente notato essa riceve, senza chiederlo, il perdono di Gesù; "*è l'unica donna che è liberata da una malattia non del corpo ma dello spirito. La donna del profumo non è cieca, né lebbrosa, né sordomuta, né paralitica, non ha perdite di sangue, non è posseduta dal demonio... Il suo male è di altro ordine: la donna del profumo ha vissuto una vita di peccato. E Gesù, il pedagogo, il terapeuta, applica un rimedio di efficacia istantanea. Perdona all'istante tutti i suoi peccati. Non li ricorda più, non li conta più, non li classifica. Il rimedio di Gesù rigenera nel cuore distrutto della donna i sentimenti più delicati dell'essere umano: amore e gratitudine. La donna del profumo è la donna del molto amore, la donna della gratitudine infinita, la donna che non sa esprimere in parole quanto il suo cuore sente per Gesù. E giacché non sa parlare, il suo cuore la spinge ad un gesto audace*".[185]

Chiedere l'amore a più persone.

Alla luce di quanto è stato già detto non sorprende che sia caratteristico del Due il tratto di chiedere l'amore a più persone, se si sente che tale bisogno non viene completamente soddisfatto da coloro che dovrebbero farlo per il loro ruolo. Ad esso si abbina, inoltre, anche la capacità di

---

[184] Dickens C. *David Copperfield* Trad. it. Einaudi, 2005

[185] Calduch-Benages, *Il Profumo del Vangelo: Gesù incontra le donne*, Milano: Paoline 2007, pp. 45-66

mostrare immagini diverse di sé a seconda del contesto nel quale ci si trova o delle persone che si intende compiacere. Per un Due, infatti, l'immagine che si trasmette è soprattutto funzionale alla ricerca dell'approvazione o, se vogliamo leggerla in termini di Ferita Originaria, per evitare che le persone possano decidere di allontanarsi da lui.
Un ottimo esempio di questa tendenza si può trovare nella vita dell'attrice Liz Taylor i cui numerosissimi matrimoni, ben otto, non furono motivati da esigenze di tipo economico ma sempre e comunque dalla sua spinta a trovare il vero amore. Come è stato giustamente notato, ella interpretava splendidamente i ruoli di donne conturbanti e volitive che, tuttavia, avevano sempre una specie di insicurezza di fondo, che le portava a cercare nell'uomo amato la propria completezza. Io credo che questo accadesse perché l'attrice poteva identificarsi con facilità nella problematica espressa dal personaggio che doveva interpretare.
In *Cent'Anni di Solitudine* possiamo leggere di Pilar Ternera, un personaggio che, insieme a molti altri tratti caratteristici del Due, mostra con decisa evidenza la tendenza a ricercare con tutta se stessa e in ogni dove il grande amore della sua vita. Come l'autore ci racconta a suo proposito, Pilar non smette mai di aspettare: "*Il Re di denari che le carte le avevano predetto*", ma non resta assolutamente passiva in questa attesa, poiché è lei che attivamente seduce gli uomini e generosamente presta la sua camera ed il suo letto alle ragazze che ne avevano bisogno, ciò sia per compiacere, sia perché è felice quando vede che una di loro ha trovato la soddisfazione del desiderio che aveva sentito.
Fino all'ultima pagina del libro in cui si parla di lei, Pilar Ternera continuerà a fare da contraltare rispetto alla figura di Ursula Buendìa. Tanto rigorosa, rigida, monogama e realista sarà la seconda, quanto palesemente fuori dalle righe, influenzabile, credulona (quando si tratta di cose di amore) e disposta a qualunque sacrificio, pur di conquistare l'uomo sfuggente che cerca per tutta la vita senza, però, mai farsi prendere del tutto da una sola passione, la prima.

Edonismo.

Evidentemente una certa dose di edonismo è implicita in un carattere nel quale la ricerca dell'amore e dell'approvazione sono una cosa sola con la percezione del piacere. L'edonismo del Due, però, non ha assolutamente nulla di filosofico o cognitivo, perché trova origine nella necessità psicologica di riaffermare il proprio valore mediante la capacità di procurare (e procurarsi) quello che emozionalmente è più soddisfacente. Circondarsi, quindi, di begli oggetti, di cose che ricordano con la loro sola presenza un'emozione gradevole, di manufatti anche kitsch ma che

trasmettano l'impressione di gioia ed allegria, è solo un mezzo per riaffermare la sensazione del Due di sentirsi valido e "pieno".
Ho già fatto cenno al fatto che nel Due è in opera, talvolta, una sorta di anarchia emozionale che, in quanto tale, può giungere a considerare come secondari rispetto alla ricerca del piacere i valori di onestà, obbligazione, legge, virtù. Aggiungo ora che questo può condurre un Due a percepire quasi come illegittima ogni norma che pretenda di configurare oggettivamente ciò che è bene e che è male
Un esempio di edonismo piuttosto spinto è quello dell'Elvis Presley maturo, tutto teso al soddisfacimento del proprio piacere, anche per combattere una latente ma sempre presente, forma depressiva. E' ben noto che ciò si manifestava in lui mediante la tendenza a fare spese folli ed esagerate, ad acquistare con un ritmo forsennato, quantitativi enormi di gioielli costosissimi e auto di lusso, a volte fatte personalizzare apposta, per soddisfare i suoi gusti tendenti al kitsch, da geniali carrozzieri.
A riprova del fatto che l'acquisto di tali oggetti non era legato a una tendenza ad accumulare ma solo al desiderio di dimostrare il suo "valore", bisogna ricordare che di tali acquisti egli poi si sbarazzava successivamente, regalandoli alle fidanzate del momento, a conoscenti, ai membri del suo entourage o a sconosciuti e che tale comportamento dissennato finiva anche inevitabilmente per mettere in crisi le sue pur cospicue finanze.
Anche il tristemente noto *panino Elvis,* un incredibile agglomerato di sostanze alimentari ricche di colesterolo, grassi saturi e proteine e che poteva raggiungere un valore calorico di quasi quattromila calorie, era divorato con piacere dal cantante che in esso trovava un mezzo per potersi immergere in un mondo di piacere culinario.

Manipolazione Emotiva.

Questa tendenza non viene, naturalmente, riconosciuta come tale dalla coscienza dei Due, che tendono piuttosto a considerare le loro manovre come un semplice interesse per il benessere e la felicità degli altri. Tuttavia, a un osservatore esterno, appare evidente che il più delle volte dietro i consigli, i suggerimenti o (su un livello solo apparentemente diverso), l'utilizzo del senso di colpa, delle scenate e delle proteste eccessive, vi è l'espressione di una volontà che vuole manifestarsi in e che utilizza per questo tutto la gamma di strumenti a sua disposizione.
A differenza di quanto vedremo accadere nel Sette, che tende ad utilizzare, per raggiungere lo stesso scopo, raffinate strategie e che costruisce delle *trappole di idee*, qui la prevalenza va all'espressione emozionale, alla capacità quasi inconscia di saper toccare la "corda più

sensibile". I Due sono maestri nel riuscire a fare sentire gli altri speciali, nel fargli percepire che sono oggetto di una particolare attenzione e, correlativamente, se non riescono nel loro intento, non esitano a manifestare in un modo diretto e pungente il loro disappunto.
Se il gatto è un animale che per le sue caratteristiche rispecchia abbastanza bene questa tendenza del Due, Maggie, la protagonista del film *La Gatta sul Tetto che Scotta*[186], tratto dal dramma di Tennessee Wiliam, può essere vista come il suo corrispondente umano. Pur di ottenere ciò che più ardentemente desidera, una maternità che le permetta di consolidare la sua posizione all'interno della famiglia e non le faccia più correre il rischio di ritrovarsi in povertà, Maggie non esita a manipolare e a mentire a quasi tutti gli altri personaggi dell'opera.
Quello che è veramente interessante, però, è che, seppure per motivi tutti suoi, la donna lo fa nel modo che più tocca la sensibilità e i desideri degli altri coprotagonisti.
In maniera analoga agisce anche Emma, la protagonista del romanzo omonimo della Austen[187], nella quale, tuttavia, è forte, almeno all'inizio del racconto, la tendenza all'autonomia. La ragazza, a differenza di quasi tutte le altre eroine dei romanzi dell'autrice, è economicamente indipendente e decisa e non vuole intrecciare relazioni emozionali, perché preferisce esprimere liberamente la propria volontà e indurre le persone a lei vicine a fare ciò che lei pensa sia meglio per loro. Così non esita ad attribuirsi il merito di un matrimonio e a indurre una sua giovane amica, invece, a respingere un onesto ma povero pretendente, facendole balenare davanti agli occhi la possibilità di concluderne uno molto più vantaggioso, con una persona che si rivelerà, poi, meschina ed opportunista. Ovviamente, nessuno di questi uomini interessa minimamente a Emma che, anzi, quasi inorridisce quando uno dei due le si propone. Il discorso cambia radicalmente, invece, quando ella scopre di essere veramente attratta da un altro gentiluomo che la sua amica le confessa di star considerando come possibile marito. In questo caso Emma non esita a manipolare di nuovo l'amica e a farla allontanare, in modo da avere il campo pienamente libero.
Nel film *Amadeus*, dedicato in modo romanzato alla vita del grande musicista, appare come personaggio minore la moglie Satsche che, in una memorabile scena del film, non esita a recarsi a casa di Salieri, nel quale ha intuito la coesistenza di una formidabile attrazione verso il Mozart idealizzato unita alla repulsione verso quello reale e a cercare di ottenere

---

[186] *La gatta sul tetto che scotta* (Cat on a Hot Tin Roof, Usa 1958)
[187] Jane Austen, *Emma*

appoggio e vantaggi economici mediante una manipolazione che mescola insieme seduttività, ricerca di protezione e curiosità professionale.
In modo analogo la madre bella ma indigente, di un mio compagno d'infanzia, non esitò a gettarsi sotto la macchina del potente di turno, per consegnargli personalmente la supplica volta a ottenere che al figlio venissero garantite le costose cure di cui aveva assoluto bisogno. Ovviamente, la drammaticità del gesto e l'avvenenza personale fecero effetto e il ragazzo poté in breve cominciare a percorrere la strada che lo avrebbe condotto alla guarigione.

Presentazione originale di sé.

Il Due è, naturalmente, molto attento all'immagine che trasmette agli altri e, riesce a modificarla in modo che essa sia la più gradita alle persone a cui vuol piacere. Tuttavia, in coloro in cui il senso della rappresentazione è decisamente più spiccato (probabilmente per effetto della connessione col tipo Quattro, rappresentata dalla freccia che collega i due tipi), l'immagine assurge al livello di un ritratto idealizzato di quello che la persona sente di voler essere ed esprimere.
Oltre all'abbondante uso di cosmetici e di un vestiario che attraggano l'attenzione, questa tendenza si può ai nostri giorni facilmente esprimere, ad esempio, mediante tatuaggi che rappresentino metaforicamente ciò che la persona sente di essere (non voglio, ovviamente, dire che tutti coloro che si fanno tatuaggi sono dei tipi Due ma che, attraverso di essi, un tipo Due può sentirsi più libero nell'affermare le cose che vuole dire).
La pittrice messicana Frida Kahlo è un chiarissimo esempio di questa tendenza. La sua presentazione che stravolgeva, talvolta, tutti i canoni di bellezza femminile in voga al suo tempo e il suo vestiario eccentrico e variopinto, che indossava con un orgoglio altero e sprezzante, la rendevano ,nei contesti che frequentava, una presenza originale e talvolta imbarazzante. La sua abitudine di non radersi le sopracciglia, fino a che esse non si univano in un unico e folto arco, è stata riprodotta in diversi autoritratti quasi come se fosse un simbolo della sua indipendenza emozionale e della libertà espressiva che ricercava in ogni modo.
Anche un'altra pittrice del seicento, Artemisia Gentileschi, unica donna in quell'epoca in un ambiente di soli uomini, quale era quello degli ambienti delle botteghe artistiche, non esitava a presentarsi in un modo anticonvenzionale e seduttivo, malgrado tutte le chiacchiere e i tentativi di concupirla che a causa di questo doveva sopportare.

Alterigia e Boria.

L'alterigia e la boria sono due tratti che, fin dalla remota antichità, erano considerati come espressione negativa e insopportabile dell'Orgoglio. Se quest'ultimo, infatti, può essere anche visto come una forma di un giusto amore per quello che si è e per quello che si è capaci di fare, l'alterigia e la boria ne sono, per così dire, delle caricature, perché la persona sopravaluta completamente i suoi meriti o, pur non avendone alcuno di personale, sente di avere un particolare diritto per la sua appartenenza ad una famiglia, un rango sociale, un gruppo di potere.
Un personaggio che, almeno all'inizio dell'opera, mostra tutte queste caratteristiche è il già citato Fitzwilliams Darcy, protagonista di *Orgoglio e Pregiudizio*, che si mostra decisamente sprezzante verso tutta la piccola nobiltà del luogo di campagna nel quale ha accompagnato i suoi amici e che, come farà anche sua zia, si reputa a loro superiore, fino al punto da non volersi quasi mischiare ad essi, come se temesse di potesse abbassato da questa compagnia. Malgrado qua e là nel libro ci vengano date informazioni sul fatto che, comunque, egli sia disposto a fare del bene alle persone che fanno parte della sua cerchia, concedendo loro prestiti ed agevolazioni, la sua alterigia appare immutata fino al momento della sua dichiarazione d'amore ad Eliza. Solo dopo la delusione che prova quando la sua proposta viene bruscamente respinta (ed io suggerisco caldamente la lettura del brano a tutti coloro che vogliono vedere come un Due, sentendosi deprezzato da un altro Due, possa sentirsi colpito con tanta acutezza da ricordare l'effetto di un pallone aerostatico che si sgonfia), Fitzwilliams sembra finalmente riconoscere la necessità che bisogna approcciare gli altri in un modo che sia meno borioso ed irritante.

Appoggiarsi a persone importanti.

La tendenza ad avere un riconoscimento sociale del proprio valore è connaturato all'orgoglio e si può esprimere in modi diversi. Oltre al caso in cui il Due è riconosciuto in prima persona come qualcuno di speciale valore, dotato di un carisma di tipo quasi divino (come accadde, ad esempio, a Napoleone Bonaparte e a Giulio Cesare), vi è la possibilità che tale valore sia espresso in un modo quasi vicariale, mediante la vicinanza e l'appoggio a persone che appaiono, alla luce dei riflettori i detentori del potere ma che, in realtà, sono consigliati, spinti e quasi diretti da tipi Due.
Un personaggio veramente eccezionale, nel quale è visibile sia la prima che la seconda modalità, è quello di Cleopatra, l'ultima regina di Egitto. Una donna in cui l'orgoglio, l'abilità nel comunicare (parlava correntemente cinque lingue), la gran passionalità, la seduttività e una

sfrenata voglia di dominio, concorrevano tutti a rendere formidabile quella capacità di manipolazione di cui abbiamo parlato. Non bella ma dotata di un fascino eccezionale, Cleopatra riusciva ad attrarre a sé le persone importanti grazie alla sua impetuosità e a quei moti del cuore che hanno sempre avuto effetto sugli uomini che gradiscono, attraverso l'espressione rivolta a loro, il sentirsi importanti.
Le modalità stesse della sua morte ricordano l'attenzione del Due verso il proprio cuore, poiché Cleopatra non si tolse la vita direttamente, ma mediante il morso di un serpente il cui veleno bloccava il battito cardiaco.
Il personaggio letterario della tragedia di Shakespeare, *Antonio e Cleopatra*, non è meno passionale né meno manipolativo di quello reale. Nel primo atto della tragedia possiamo vedere ambedue questi aspetti in azione quando Cleopatra, temendo inconsciamente di aver perso la sua influenza su Antonio, invia lui un messaggero (dato che il suo orgoglio non le permetterebbe mai di mostrare il suo bisogno direttamente all'amante) che gli faccia ritornare in mente il desiderio di lei. Le parole che Shakespeare mette in bocca a Cleopatra sono così psicologicamente esatte che vale la pena di riferirle qui: Cleopatra (rivolgendosi al messaggero): "*Va a vedere dov'è, con chi è, cosa fa. Non dire che ti ho mandato io. Se lo trovi malinconico, digli che io sto danzando; se invece è allegro, digli che improvvisamente mi sono sentita male. Svelto, e poi torna*".

Rapporto Speciale.

La carica dell'orgoglio fa sì che un Due non possa limitarsi ad avere un rapporto "tiepido" con le persone che gli interessano, che possa accettare di essere uno fra tanti. La tendenza ad avere un rapporto speciale, la capacità di comprendere le persone meglio di qualunque altro e di sentire di avere, in ogni caso, diritto ad un trattamento particolare, originano in alcuni orgogliosi un vero e proprio complesso "della favorita del harem", nel senso che la persona sente di doversi impegnare fino allo stremo pur di ottenere il riconoscimento di questa sua specialità e diventa, se ciò non le viene riconosciuto, anche estremamente aggressiva.
Se un Due, infatti, non sente di avere un rapporto speciale con una persona che gli interessa, cercherà di trovare ad ogni costo un modo per riaffermare la sua posizione di vicinanza e non si fermerà fino a quando non avrà ottenuto la conferma di un privilegio o, se proprio non ci riesce, non avrà distrutto idealmente l'altra persona.
Nella Bibbia troviamo un perfetto esempio di questa tendenza nella figura di Giovanni, il discepolo prediletto di Gesù, come egli proclama nel suo Vangelo (in verità non ho trovato altre tracce di quest'affermazione in

altri testi del nuovo testamento, per cui più che di una verità potrebbe trattarsi di un suo desiderio), che, per di più, nell'ultima cena non solo si siede alla destra del maestro, ma posa la sua testa sul suo cuore, sottolineando così sia la sua maggior vicinanza fisica a lui che il senso del rapporto speciale che egli sente di meritare.

Impulsività, Assertività ed Impertinenza.

Nel quadro della libertà di percezione e di espressione che il Due sente assolutamente di meritare e di dover manifestare, che possiamo definire col termine impulsività, debbono essere inquadrati i tratti dell'assertività e dell'impertinenza. In ambedue i casi essi sono espressione di una più generale tendenza a "non tenersi niente dentro", nel senso che il Due non esita a far presente con immediatezza e direttamente ciò che prova o desidera, senza curarsi troppo delle conseguenze di quello che dice o del fatto che gli altri possono evidentemente essere in disaccordo con quelli che sono, in realtà, veri e propri ordini indiscutibili.
E' ben noto che ambedue questi tratti erano ben presenti nella figura di Napoleone Bonaparte, che trattava perfino i suoi più stretti generali come se fossero delle pedine che dovevano, senza discussioni, limitarsi a eseguire pedissequamente i propri ordini e che era famoso, fin prima che diventasse generale o imperatore, per le risposte salaci e pungenti che era capace di dare. Un gustoso aneddoto ci riferisce che un giorno Napoleone stava cercando di prendere, con difficoltà, un libro posto su un alto scaffale. Un granatiere vedendolo in difficoltà gli disse: "*Maestà aspetti che l'aiuto io che sono più grande*". Napoleone fulminandolo con lo sguardo gli rispose: "*Imbecille! Più alto, non più grande*".
Più in generale l'impulsività è uno dei tratti dei quali un Due si pente più spesso perché, quando è sotto l'influsso della sua spinta, tende a dire più di quanto vorrebbe e a poter ferire in un modo che l'orgoglio rende poi difficilmente riparabile, anche le persone più care.

Invadenza.

Il Due fa fatica a separare quelli che sono i suoi desideri da quelli che possono avere le persone a lui care, ha difficoltà nel cercare di contenere l'impulso di far fare agli altri quello che desidera e, di conseguenza, non riesce a trattenere facilmente quelli che possono essere letti dagli altri come capricci. Per tali motivi, ed esercitando solitamente la manipolazione emotiva di cui abbiamo parlato più sopra (solo in casi rari si ricorre a una compulsione di tipo fisico, quali l'uso della violenza diretta), il Due talvolta tende a valicare il limite fra quella che può essere

la manifestazione di una sua volontà e il rispetto che si deve al giudizio e alla determinazione dell'altro.
L'invadenza è così uno altro dei tratti di cui il Due tipicamente tende a non rendersi conto o di cui, se glielo si fa notare, tende a sminuire la valenza sopraffattiva e impositiva a favore di una richiesta di vicinanza e di un prendersi cura (ovviamente non richiesto) dell'altro.
Il citato personaggio manzoniano di Donna Prassede mostra bene come, dietro al suo comportamento, vi sia la voglia di imporre la sua volontà agli altri; un'impositività che è chiara a tutti ma non a lei stessa. Il ritratto che il Manzoni né dà è così esatto psicologicamente, quanto finemente gustoso nell'ironia che lo anima e meriterebbe di essere riportato tutto intero. Per non appesantire troppo il testo mi limiterò a riportare solo le seguenti righe, che mostrano l'inequivocabile invadenza che il tipo Due può manifestare: "*Buon per Lucia, che non era la sola a cui Donna Prassede avesse a far del bene....Oltre il resto della servitù, tutti cervelli che avevano bisogno, più o meno, d'esser raddrizzati e guidati; oltre a tutte l'altre occasioni di prestar lo stesso ufficio, per buon cuore, a molti, con cui non era obbligata a niente: occasioni che cercava se non si offrivano da sé; aveva anche cinque figlie; nessuna in casa, ma che le davan più da pensare, che se ci fossero state. Tre erano monache, due maritate; e Donna Prassede si trovava naturalmente ad avere tre monasteri e due case a cui sopraintendere: impresa vasta e complicata, e tanto più faticosa, che due mariti, spalleggiati da padri, madri, da fratelli, e tre badesse, fiancheggiate da altre dignità e da altre monache, non volevano accettare la sua sopraintendenza. Era una guerra, anzi cinque guerre, coperte, gentili, fino a un certo segno, ma vive e senza tregua: era in tutti quei luoghi un'attenzione continua a scansare la sua premura, a chiuder l'adito ai suoi pareri, a eludere le sue richieste, a far che fosse al buio, più che si poteva d'ogni affare*".[188]
Analogamente Adele August, una delle coprotagoniste del film *Anywhere but Here*, invade sistematicamente la vita della figlia adolescente, imponendole le proprie scelte e costringendola a seguirla in una serie di peripezie che la sradicheranno dal luogo in cui voleva vivere e la separeranno dalle persone a lei più care. Solo nel finale del film Adele riuscirà a consapevolizzare che amare veramente una persona significa anche accogliere di buon grado le sue scelte e, di conseguenza, accetterà che la figlia si allontani da lei, facendo un grosso sacrificio per permettere alla ragazza di frequentare l'università che ha deciso di frequentare.

---

[188] A.Manzoni *I Promessi Sposi* capitolo XXVII pag.698

Tendenza a nutrire.

Un elemento specifico del tipo Due è quello di amare in maniera viscerale i bambini e di volerli nutrire e proteggere. Probabilmente questo tratto è frutto di una proiezione che vede il bambino come un essere ancora non condizionato, molto bisognoso d'aiuto e che non può costituire in alcun modo una minaccia alla libertà di un Due. In termini generali questa funzione richiama uno degli aspetti fondamentali della maternità e questo fa sì il Due rappresenti, come abbiamo già detto parlando di Giunone, in qualche modo l'archetipo della figura femminile che si prende cura e sostiene i suoi figli, permettendo loro di utilizzarla per crescere e emanciparsi da lei. Ovviamente questa tendenza non è solo femminile, in quanto vi sono moltissimi "mammi" che possono essere altrettanto capaci di nutrire delle donne.
Anche se può essere letta come una semplice manifestazione dell'amore che ogni essere umano dovrebbe portare per la sua prole, credo che la tendenza a nutrire possa essere letta come una manifestazione dell'orgoglio che, in questo modo, può permettersi di negare l'esistenza di preesistenti sentimenti di vuoto e di bisogno, mediante un'inversione che esprime, almeno a livello conscio, una posizione di pienezza.
Così, ad esempio, Mia Farrow quinta di otto fratelli e che dichiarava da ragazza che: "*Un bambino ha più bisogno di amore di quanto possa riceverne in una famiglia numerosa*", ha poi cambiato decisamente idea e si è trasformata in una super mamma che, non paga dei suoi figli naturali, non ha esitato a adottare una colonia di bambini di diversa nazionalità.
Un altro esempio di una figura che, pur non potendo tenerli con lei perché li ha concepiti "nel peccato", nutre e si prende cura dei suoi figli in tutti i modi, è quella di *Filumena Marturano*, protagonista del dramma omonimo di Eduardo de Filippo[189]. Meno integrato è, invece, il personaggio dei fumetti la Momma, che ci mostra, invece, il problema che i figli dei tipi Due frequentemente hanno nell'affrancarsi da un genitore sicuramente affettuoso ma che continua a considerarli come un "piccolini", anche se ormai sono quarantenni.

Tendenza ad aiutare.

Se l'invadenza è probabilmente il tratto che il Due più deve imparare a tenere sotto controllo, la tendenza ad aiutare chi ha bisogno (che appare a prima vista come un elemento positivo per le relazioni) è altrettanto capace di produrre nel tempo dei problemi, se l'orgoglioso sente di non

[189] De Filippo E. *Filumena Marturano* Einaudi 1997

essere ricambiato con quell'attenzione e devozione che sente di aver guadagnato.
In termini generali, questo tratto è evidentemente un'altra delle modalità con le quali l'impeto emozionale dell'Orgoglio tende a prendere possesso della coscienza della persona, spingendola verso comportamenti che manifestino in modo esplicito la maggiore pienezza di cui si sente di essere pervasi. Anche questo tratto concorre ad impedire che le più profonde dinamiche di bisogno e di carenza possano affiorare alla superficie della coscienza.
Ovviamente più la persona ha raggiunto un grado d'integrazione personale e più questo tratto cessa di avere implicazioni egoiche, per diventare manifestazione di una più universale forma di amore e di carità verso gli altri. Cercherò, pertanto, di illustrare questa escalation mediante una serie di esempi che, mi auguro, possano permettere di vedere questa dinamica in modo concreto.
Abbastanza involuto è, così, il modo col quale Muriel Pritchett nel film *Turista per Caso*[190], cerca di aiutare il protagonista Macon, anche quando lui non lo vuole per nulla, perché sente di essersene invaghita e vuole trovare in questo modo il mezzo che le permette di stargli vicino e cercare di intrecciare una relazione con lui.
Allo stesso livello, più o meno, possiamo situare il personaggio di Loretta Castorini, la protagonista del film *Stregata dalla Luna*[191], che, a differenza di tutte le altre persone che lo circondano, non si lascia spaventare dalla drammaticità emozionale del coprotagonista Ronny e, attratta inconsciamente da lui, anche se sta per sposarne il fratello, lo segue in casa sua permettendogli, dopo una serie di serrati confronti, prima di comprendere i veri motivi della sua disperazione e poi di riscoprire, grazie a lei, l'amore.
Più genuinamente altruistico appare il modo col quale Alicia Nash, prima fidanzata e poi moglie del matematico John nel film *A Beautiful Mind*[192], si impegna per aiutare il compagno a superare, almeno in parte, la sua difficoltà relazionale con gli altri, eppoi, quando la malattia mentale di quest'ultimo appare evidente, lo sostiene in tutti i modi e con grandissimi sacrifici, fino alla quasi completa guarigione.
La figura della suora Helen Prejan, nota per la sua battaglia contro la pena di morte, si mostra come un chiaro esempio di questa tendenza ad aiutare, senza che in ciò si possano riscontrare motivi egoistici o di vantaggio personali. Il film *Dead Man Walking*[193] ce la mostra come veramente

190 Turista per caso (The Accidental Tourist, Usa 1988
191 Stregata dalla luna (Moonstruck, Usa 1987
192 A Beautiful Mind (Id., Usa 2001)

interessata a far raggiungere al condannato Matthew lo stato di presa di contatto con quella Verità che può salvare. Malgrado debba subire l'ira dei parenti delle vittime dell'uomo, l'ostracismo sociale e perfino la strisciante ostilità della sua stessa famiglia, per l'opera che sta svolgendo, Helen, sorretta dalla sua fede e dalla convinzione di dover aiutare Matthew, non molla, fino ad ottenere, poco prima che la sentenza venga eseguita, che quest'ultimo confessi i suoi delitti, riesca a chiedere perdono ed a riconciliarsi con la sua famiglia.

A un livello ancora superiore si situa la figura di Anjeze Bojaxziu, universalmente nota come madre Teresa di Calcutta il cui desiderio di aiutare, si è esteso, trascendendo ogni limitazione, a tutti i poveri e i bisognosi sofferenti del mondo. Come lei stessa ebbe a dire a proposito di questa sua "chiamata": "*Quella notte aprii gli occhi sulla sofferenza e capii a fondo l'essenza della mia vocazione [...] Sentivo che il Signore mi chiedeva di rinunciare alla vita tranquilla all'interno della mia congregazione religiosa per uscire nelle strade a servire i poveri. Era un ordine. Non era un suggerimento, un invito o una proposta* [...]"[194] La frase che riassume in pieno il suo credo è anche quella che è il motto dell'ordine dei Missionari per la Carità da lei fondato: "*L'unica cosa che converte realmente è l'amore*".

Motivazioni analoghe a quelle di madre Teresa le possiamo ritrovare, infine, nell'opera di altri orgogliosi molto integrati come Florence Nightingale e Henri Dunant, cui il mondo deve quella meravigliosa istituzione che è la Croce Rossa.

Istrionismo.

Il desiderio di essere sempre al centro dell'attenzione, in maniera simile a quella che vedremo in opera anche nel tipo Tre, conduce naturalmente molti Due verso la teatralità e l'espressione esagerata delle proprie emozioni. In questo modo, ci si può liberare da eventuali impacci di ordine morale/cognitivo, e sentire di avere una relazione più diretta ed esclusiva con il "pubblico" verso il quale ci si rivolge.

E' facile capire che questa tendenza può trovare un facile sfogo espressivo se la persona utilizza, per manifestarla, l'espressione artistica. Così, ad esempio, il citato Elvis Presley era anche conosciuto con nomignolo di *Elvis the Pelvis,* per il fatto che accompagnava ogni sua esibizione con uno scatenato movimento del bacino, che sembrava mimare le movenze dell'amplesso sessuale, e gli permetteva, soprattutto agli inizi della sua

---

[193] Dead Man Walking, Usa 1995)

[194] Cit. in Renzo Allegri, *Madre Teresa Mi Ha Detto*, Ancora Ediz, Milano, 2010

carriera, di vincere una forma di timidezza e introversione che altrimenti lo avrebbe paralizzato.
In modo analogo i cantanti ed attori Peter Gabriel e Madonna hanno sempre mostrato, aldilà della estrema professionalità con la quale si sono saputi presentare, anche una tendenza ad esibirsi in un modo sensuale ed innovativo, affascinando il pubblico con il loro entusiasmo, l'ipersocievolezza, la tendenza a coinvolgere, l'ostentazione di sicurezza e la seduttività. In questo senso essi hanno in qualche modo assunto degli atteggiamenti che il DSM IV sui disturbi della personalità, reputa proprio di tipo istrionico.

Emozionalità Impressionabile.

E' evidente che un tipo iper emozionale qual è il Due, avverta più facilmente di altri anche la minima vibrazione prodotta da un comportamento che lo riguarda, indipendentemente se questo possa significare disinteresse nei suoi confronti, piacere/dispiacere per un'azione, o essere solo un'interpretazione, magari non del tutto corretta, di quali fossero le motivazioni che hanno portato un altro a fare qualcosa nei suoi confronti. Spesso, dietro molti comportamenti altrimenti inspiegabili di un Due, si cela proprio l'esito di una valutazione di questo tipo, compiuta su base puramente emozionale ma percepita dalla persona come l'esito di una "impressione" di cui ci si deve fidare.
Per un Due è importante sapere che l'altro può essere disposto a fare tutto per lui, sentire che si è desiderati sopra ogni altra cosa e fino al punto di andare, come diceva Nietzsche, che ben conosceva questa dinamica perché era lui stesso un orgoglioso, aldilà del bene e del male. Se ciò non accade il Due reagirà sentendosi tradito e, dopo aver negato a se stesso che questo abbia potuto deluderlo o ferirlo, cercherà il prima possibile di trovare qualcun altro che sembri donargli almeno sicurezza e protezione.
Esempi di questa dinamica possono essere ravvisati nei personaggi letterari di Fermina Daza, coprotagonista de l'*Amore ai Tempi del Colera*[195] di Gabriel Garcia Marquez e di Catherine Earshaw uno dei personaggi principali di *Cime Tempestose.* Ambedue si innamorano, ricambiate, di uomini ad esse inferiori per rango sociale ed educazione, ambedue sono costrette a separarsi fisicamente da loro e conoscono altri uomini più apparentemente adeguati al loro status, finendo per sposarli anche per cercare così di dimenticare, o almeno controllare, il loro amore precedente.

[195] Garcia Marquez G. *L'amore ai Tempi del Colera* Trad. it. Mondadori, 2005

Io credo che, in ambedue i casi, possa leggersi in questo una specie di accusa inconscia verso il primo innamorato. Così Catherine accusa Heathcliff di non fare nulla per diventare un gentiluomo e Fermina accusa Florentino di non averla cercata abbastanza e, sentendosi ferita a causa di ciò, reagisce scegliendo un altro uomo.
Anche l'Impulsività della quale si è già discusso, trova la sua radice in questo tipo di dinamica, visto che può essere considerata come una sua conversione in un'azione pratica. Così, ad esempio, è ben noto che molte delle promozioni e delle elargizioni fatte da Napoleone dipendessero da moti improvvisi del suo animo, colpito positivamente da un atto di coraggio o di dedizione, più che da un disegno ben motivato.

LA FISSAZIONE DELL'ADULAZIONE.

L'aspetto cognitivo mediante il quale l'orgoglio giustifica logicamente se stesso, come suggeriva giustamente Ichazo, è l'Adulazione, che va intesa, principalmente, come autoadulazione, come un indulgere della mente di un tipo Due sui motivi per i quali può sentirsi pieno, importante o, meglio ancora, indispensabile. Come tutte le altre fissazioni, anche l'adulazione opera, in definitiva, un restringimento del campo della ragione, limitandosi a prendere in considerazione solo una selezione di quelle idee che possono essere più funzionali a ciò che si vuole dimostrare.
Di conseguenza, saranno escluse dal campo di coscienza tutte quelle consapevolezze che potrebbero mettere in dubbio, o perfino minare, la pretesa di essere in qualche modo fuori dal comune o suggerire che forse si è banali, prescindibili, incapaci di ottenere ciò che si vuole.
Il personaggio che meglio illustra come l'adulazione possa, talvolta, impedire alla persona di comprendere correttamente il significato di una situazione è l'uomo politico romano Giulio Cesare. Tutta la sua vita e ciò che egli fece, sono esempi di come Orgoglio e Adulazione si sostengano l'un l'altro e possano, quando si accompagnano a reali doti politiche e militari, permettere a una persona di scalare tutta la piramide sociale e giungere a essere oggetto di una vera e propria venerazione, anche se si è ancora vivi. Di lui un grande storico scrisse: "*Così egli operò e creò, come mai nessun altro mortale prima e dopo di lui, e come operatore e creatore Cesare vive ancora, dopo tanti secoli, nel pensiero delle nazioni, il primo e veramente unico imperatore*" [196]
Gli aneddoti che dimostrano l'orgoglio e l'autoadulazione di Cesare sono quasi infiniti e credo che, per farsi una precisa opinione su di lui, ne basteranno solo alcuni.

---

[196] Th. Mommsen, Storia di Roma antica - Libro V - Cap. XI)

Da giovane Cesare fu rapito durante un viaggio in mare da dei pirati che, saputo chi egli fosse (apparteneva, infatti, a una facoltosa gens patrizia), richiesero un riscatto alla sua famiglia. Curioso di sapere quanto avessero valutato la sua libertà e la sua vita, egli chiese al capo dei pirati di dirgli che somma avevano preteso e, quando lo venne a sapere, si infuriò in modo terribile, perché essa gli apparve enormemente esigua rispetto a quello che egli riteneva di valere. Giurò, senza curarsi delle conseguenze di quello che diceva, che si sarebbe vendicato di un simile affronto, perseguitandoli, una volta che sarebbe stato liberato, fino alla loro morte ed effettivamente fece così.
La frase *Veni, vidi, vici* (venni, vidi e vinsi) con la quale descrisse l'esito della lunga e complessa campagna militare dei Galli, vinta, invece, dopo una lunga serie di battaglie e di momenti difficili, dimostra con esattezza quanto egli si sentisse superiore sia ai suoi antagonisti sia agli altri generali che non erano stati in grado prima di lui di risolvere la situazione. Perfino la sua stessa morte violenta può esser attribuita all'accecamento indotto dalla autoadulazione. Malgrado, infatti, non si sentisse fisicamente bene e gli fosse stato chiesto di non uscire, Cesare si fece facilmente convincere (lui che era il padrone di Roma e di più di metà del mondo conosciuto) ad andare lo stesso in Senato, perché sarebbe stato sconveniente non recarsi a salutare coloro che si erano riuniti lì per offrirgli di diventare re. Inoltre, durante il tragitto gli fu consegnato un libello che lo avvertiva del pericolo che stava per correre ma Cesare, per rispondere alla folla che lo acclamava a gran voce, lo mise da parte e non lo lesse affatto.

IL TIPO TRE: LA PASSIONE DELL'INGANNO
LA FISSAZIONE DELLA VANITA'

Elementi di Riferimento:

Energia Squilibrata: Accettazione
Paradigma Familiare: Rifiuto genitore distaccato / Accettazione genitore persuasivo
Ferita Originaria: Disprezzo
Cicatrice: Inutilità
Polarità: Bene Proprio/Spersonalizzazione
Passione: Inganno
Fissazione: Vanità

Tratti caratteristici

- Inganno
- Vanità
- Orientamento ai Risultati
- Ricerca del successo
- Abilità e Sofisticazione Sociale
- Cura dell'attrattività sessuale
- Camaleontismo e manipolazione dell'immagine
- Orientamento verso gli altri
- Autonomia e Indipendenza
- Efficienza ed efficacia
- Persuasività e capacità di vendere
- Dinamismo
- Difficoltà nel contattare i sentimenti
- Pragmatismo
- Diplomazia
- Superficialità
- Abilità a motivare
- Pubblicità e Propaganda

Evagrio Pontico, il geniale anacoreta che per primo descrisse in dettaglio le caratteristiche di quelli che definiva come *spiriti della malvagità* (un mix delle caratteristiche delle nostre passioni e fissazioni), scriveva a proposito dell'Inganno o Vanagloria con grande acume psicologico: *"È difficile sfuggire alla vanagloria; infatti, ciò che avrai fatto per purificartene diventerà per te un inizio di nuova vanagloria"*. Nelle parole di Evagrio possiamo trovare il senso più profondo dell'Inganno. Questa passione non consiste, infatti, in un piacere nel raccontare bugie agli altri (anche se il Tre, se vuole, ci riesce perfettamente) ma piuttosto in un sentire ingannevole, dato che si cerca di accrescere il senso della propria esistenza e del proprio valore mediante un corrispondente accrescimento della propria immagine.
La capacità di fare molto e bene, di ottenere risultati a qualsiasi costo, di corrispondere esattamente a una qualunque immagine di ruolo o di genere sessuale richiesta dalla società, è ciò che distingue questa passione da quella dell'Orgoglio, che abbiamo già esaminato. Si può dire che il Tre è più etero diretto, in quanto in lui opera fortemente il messaggio del genitore persuasivo, che è stato accettato ed introiettato, mentre nel Due è più forte la volontà di essere liberi come si ritiene di dover essere, che è funzionale alla ricerca del genitore sfuggente o di un suo sostituto.
L'incapacità a distinguere ciò che è essenziale da ciò che è transeunte, propria di una posizione esistenziale dominata dalla Noncuranza, ci rivela che la motivazione profonda che sta alla radice di questa passione consiste proprio in un desiderio di mascherare, attraverso la brillantezza apparente, il raffreddamento emozionale causato dal Disprezzo provato per la propria incapacità originaria.
Siamo alla presenza di qualcuno che ha imparato a essere amato non per quello che è, ma per le cose che fa. La posizione di qualcuno che ha imparato molto presto nella sua vita che sente di non avere valore se non brilla e non è un vincente.

Inganno.

L'inganno, in maniera simile all'orgoglio, fa percepire alla persona di avere un particolare valore, di essere in grado di riuscire a fare più e meglio degli altri e si può far risalire al piacere che si è provato da piccoli, quando si imparò che contava il raggiungimento del premio, non il modo con il quale ci si riusciva. Per questo i Tre possono provare, attraverso l'inganno, il piacere supplementare di aver dimostrato la propria superiorità, in un modo che è spesso compensativo di un'originaria posizione di inferiorità e delle conseguenti sensazioni di frustrazione.

Questo è il caso, ad esempio di Chad, uno dei protagonisti del film *Nella Società degli Uomini*[197], che frustrato dalla sua incapacità a fare carriera, non trova di meglio, per sostenere la propria autostima e scaricare la sua rabbia su un altro, che ingannare con estremo cinismo una povera ragazza sorda, facendo finta di essere innamorato di lei e riuscendo perfino a conquistarla, anche se ai suoi occhi ella gli appare solo come "*una cagna cresciuta su a pannocchie di grano*".

Appena un po' più consapevole degli inganni che mette in atto ma comunque incapace di capire che essi gli servono per coprire il vuoto e l'inconsistenza delle relazioni che riesce a vivere, è il personaggio di John Mulnoy, nel film *Sesso, Bugie e Videotape*[198]. John, che tradisce la moglie con la sorella di questa e, anni prima, non aveva esitato a fare sesso con la ragazza del suo migliore amico, creando i presupposti per il manifestarsi dello squilibrio psicologico di quest'ultimo, si rende confusamente conto che dal punto di vista morale i suoi inganni lo rendono colpevole ma, cionondimeno, non riesce a rinunciarvi, perché essi sostengono la sua autostima e sono funzionali al raggiungimento del piacere che cerca.

Ancora peggiore appare il caso di Tom Ripley, personaggio che dà il titolo al romanzo il *Talento di Mr. Ripley*, che utilizza senza scrupoli le sue capacità di ingannatore per assumere le sembianze di un'altra persona, ucciderla e prenderne il posto per godere dei suoi beni.

Attenzione ai Risultati.

Questo tratto è evidentemente correlato al bisogno di sapere esattamente quanto si vale, di riuscire a quantificare in un modo apparentemente oggettivo qual è stato il risultato degli sforzi prodotti. Lungi dal pensare che si possa provare piacere anche solo partecipando ad un evento (il motto olimpico *l'importante non è vincere, ma è partecipare*, appare agli occhi di un queste persone come un completo nonsense), o nel fare "bene" una cosa, come potrebbe affermare un tipo Uno, il Tre vede il mondo come un luogo in cui non è solo necessario competere, ma è anche indispensabile vincere e, per sapere, se ciò è accaduto, ritiene di avere bisogno di un indicatore che gli dimostri in modo oggettivo il valore di una performance.

Nel mondo delle corporate l'attenzione ai risultati occupa un posto di primissimo piano e per gli executive l'obiettivo fondamentale è quello di creare valore per gli azionisti, non importa molto come. Questo fa sì che i Tre si sentano spinti a dover lavorare molto duramente, fino al punto della

---

[197] *Nella società degli uomini* (In the Company of Men, Can 1997)

[198] *Sesso, Bugie e Videotape* (Sex, Lies, and Videotape Usa 1989)

consunzione della loro pur notevole capacità di impegno (in inglese si usa per questa caratteristica la parola *workaholic,* che indica una specie di dipendenza psicologica dal lavoro simile a quella che può provare un alcoolista per la bottiglia).
Il mondo dello sport offre un altro campo nel quale i Tre possono tuffarsi per trovare appieno soddisfazione a questa loro tendenza mediante la vittoria di una competizione, il raggiungimento di un record, l'ottenimento del punteggio più alto. Non è sorprendente, così, che molti fra i più grandi atleti della storia di varie discipline siano stati dei tipi Tre. Fra i tanti citiamo en passant i casi di Michel Jordan, Carl Lewis e Tiger Woods, mentre un discorso più approfondito lo merita il caso della grande velocista Wilma Rudolph, vincitrice di tre medaglie d'oro olimpiche.
La Rudolph, infatti, era stata da bambina affetta da poliomielite e ciò l'aveva resa per diversi anni perfino incapace di camminare. Nonostante le enormi difficoltà familiari (era cresciuta in una famiglia numerosissima) e l'estrema lontananza da casa dell'ospedale nel quale riceveva le cure, la Williams, sostenuta dai suoi familiari e soprattutto dalla madre, che non cessava di ripeterle che sarebbe guarita e sarebbe tornata a camminare anche meglio di tutti gli altri, riuscì a sbarazzarsi del tutore che aveva dovuto tenere e a dimostrare a tutti di aver raggiunto il primo dei risultati che si era prefissa di ottenere. Pochi anni dopo, a dimostrazione, come lei stessa scriveva, del suo fortissimo senso di competizione, era riuscita prima a diventare un'atleta fortissima e successivamente la primatista del mondo.

Ricerca del successo.

Anche questo tratto può essere ritenuto funzionale all'auto inganno, dato che il successo agisce come una droga che sostiene l'autostima e conferma, in un modo che appare agli occhi del Tre come incontrovertibile, il proprio valore e la capacità di fare bene. Ogni mezzo per ottenere questo risultato può essere considerato valido e lecito perché, agli occhi di molti Tre, questa ricerca è vissuta in un modo assoluto, dato che si lega in modo inscindibile al proprio significato di valore e realizzazione. Così si crede, come affermava il grande politico e scrittore italiano Nicolò Macchiavelli, *che il fine giustifica i mezzi* e questo può far sì che gli altri siano utilizzati come strumenti per raggiungere uno scopo e possono, quindi, ricevere importanza solo se sono funzionali a un proprio desiderio o progetto.
Tutto ciò è molto evidente nella figura di colui che sarebbe diventato il primo imperatore romano ufficiale, Ottaviano Augusto, che non era dotato personalmente di grande carisma, capacità militare,

propagandistica o oratoria e, tuttavia, fu capace di sfruttare al meglio le qualità di coloro che le avevano, riuscendo a farli alleare con lui ed ad organizzarli in una squadra che lo portò in pochi anni al trionfo.
Come ci ricorda lo storico Svetonio: "*egli ottenne magistrature ed onori prima del tempo [legale] e alcune furono create appositamente per lui o gli furono attribuite in modo perpetuo*"[199]. Ottaviano Augusto non esitava, per raggiungere il suoi scopi, a mentire e ad usare sicari per eliminare anche quelli che gli erano stati vicini se non più utili, a stringere alleanze con quelli che erano stati precedentemente suoi nemici, combinare matrimoni, ovviamente infelici perché contro la volontà delle persone che costringeva a divorziare, obbligare a combattere fino allo sfinimento i suoi migliori generali e nel mettere in giro su se stesso le più incredibili fandonie, tese ad avvalorare la sua immagine e la sua autostima.
Cito, come esempio, quella secondo cui, appena ragazzo, si recò con un amico famoso a consultare un famoso astrologo e, temendo di essere considerato di origini oscure rispetto al primo, preferì inizialmente non fornire i dati relativi alla propria nascita. Tuttavia, dopo numerose preghiere dell'indovino, vi acconsentì e l'uomo dopo aver studiato il suo piano astrale, si alzò dal suo seggio e lo adorò.[200] Svetonio, con il suo gusto per il particolare, ci riferisce di quest'aneddoto senza però commentarlo in alcun modo, mentre a un moderno sembra chiaro che Ottaviano lo abbia raccontato sia per giustificare a posteriori la fiducia che aveva avuto per il suo destino, sia per dare sfogo alla sua vanità, dato che fece pubblicare il suo oroscopo (ovviamente modificandone qualche dato) e fece coniare una moneta d'argento con il segno del capricorno, sotto il quale era nato.
Non meno determinato a superare la sua iniziale condizione di difficoltà, fino a diventare, Voldemort, il più potente mago negativo di tutti i tempi, definito anche come *il signore oscuro*, è il personaggio di Tom Riddle, l'antagonista di Harry Potter in quasi tutti i romanzi in cui quest'ultimo è protagonista. Malgrado sia anch'egli figlio di un babbano (cioè di un essere umano privo di proprietà magiche), Riddle rinnega questa sua peculiarità perché ritiene che essa possa nuocergli nella sua ascesa sociale fra i maghi purosangue e, in definitiva, nella sua scalata al potere.
Capacissimo di tramare nell'ombra, di ingannare e di compiacere le persone che gli possono essere utili, utilizzando ogni mezzo che gli appare funzionale ad ottenere ciò che vuole, Riddle è, prima di tutto, qualcuno che è diventato un mago potentissimo grazie alla sua capacità di applicarsi, di riuscire simpatico e popolare sia fra i suoi pari che fra coloro

---

[199] Svetonio- *Vita di Dodici Cesari* – Augusto pag. 26
[200] Svetonio Augusto pag.94

che devono giudicarlo (anche se non riesce, però, ad ingannare Albus Silente, che, pur sospettando di lui, cerca per un lungo tempo di redimerlo). Egli è, inoltre, un abilissimo venditore e non esita ad accettare un lavoro largamente inferiore alle sue possibilità, quale quello di commesso in un negozio, perché ciò è funzionale allo scopo di procurarsi mezzi che possano aiutarlo nella sua scalata al successo. Il suo obiettivo, infatti, è quello di convincere le persone a vendergli i loro tesori, pratica in cui si dimostra straordinariamente abile, o, nel caso in cui queste si rifiutino di cedergliele, di ottenere le informazioni utili per riuscire a sottrargliele.

Abilità e Sofisticatezza Sociale.

Abbiamo già detto che l'Inganno è soprattutto Noncuranza, un'incapacità di porre l'accento su ciò che vi è di essenziale nell'esistenza, preferendo, piuttosto, incarnare un'immagine che possa far apparire a se stessi e agli altri, di aver raggiunto l'optimum di ciò che si possa desiderare.
E' evidente che in questa dinamica gioca un ruolo fondamentale la capacità di paragonarsi in modo vincente rispetto ad un insieme di standard e modelli sociali e che l'abilità e la sofisticatezza nell'ottenere posizioni e raggiungimenti, che hanno valore di status sociale, occupino un ruolo di primo piano.
Riuscire a far parte di estese reti sociali (e meglio ancora primeggiare in esse) è un mezzo che molti Tre adoperano per soddisfare il loro desiderio di piacere e ottenere plauso e ammirazione. Anche la frequentazione di persone importanti, che rappresenta di per sé sola un segnale di successo, è una pratica molto usuale in questo tipo. In questo, anzi, i vanitosi sono quasi imbattibili, perché sanno essere allegri e divertenti (molti grandi umoristi appartengono a questo tipo) e comportarsi padroni da ospiti brillanti e comunicativi.
Un esempio di una personalità alquanto disgregata, che illustra bene il possibile uso negativo di queste caratteristiche, è quello della marchesa De Merteuil, la coprotagonista del romanzo, dal quale sono stati tratti numerosi film, *Le Relazioni Pericolose*[201]. La donna è mossa nel suo agire da una fortissima competitività, da una visione del mondo estremamente cinica e dalla volontà di mantenere una immagine sociale raffinata e vincente. Come lei stessa dice: "*Quando feci l'ingresso in società avevo quindici anni; e già sapevo che il ruolo a cui ero condannata, vale a dire stare zitta ed obbedire ciecamente, mi dava l'opportunità ideale di ascoltare e di osservare. Non quello che mi dicevano, che non era di*

[201] Choderlos de Laclos . *Le Relazioni Pericolose* Trad. it.Garzanti, 2007

nessun interesse, ma tutto quello che la gente cercava di nascondere; ed ho esercitato il "distacco". Imparai a sembrare allegra, mentre sotto la tavola mi piantavo una forchetta nel palmo della mano e finii per diventare una virtuosa nell'inganno. Non era il piacere che cercavo, era la conoscenza; e consultavo i più rigidi moralisti, per la scienza dell'apparire, i filosofi, per sapere cosa pensare, e i romanzieri, per capire come cavarmela; e alla fine io ho distillato il tutto, in un principio meravigliosamente semplice: "Vincere o morire".

Alla fine del film, quando i suoi inganni sono scoperti e la trama delle sue macchinazioni viene rivelata ai suoi pari, facendole subire d'improvviso l'ostracismo sociale che non si attendeva, la De Merteuil sente che per lei tutto è perduto e il suo sgomento emerge da un piccolo ma significativo particolare; barcolla, infatti, per un secondo, prima di ritirarsi in disparte inseguita dalla disapprovazione vocale, esprimendo in questo modo la sensazione di disgregamento che sente.

Molto più equilibrato appare, invece, il carattere di Mary Jane Morkan, una delle padrone di casa del romanzo breve *I Morti*, trasposto da John Houston in una versione cinematografica che supera nella lettura dei personaggi, a mio avviso, anche lo splendido originale di James Joyce. La donna, molto attenta a trasmettere un'immagine di sé elegante e irreprensibile, è un'insegnante di musica veramente virtuosa e una padrona di casa impeccabile, molto attenta a evitare che un inconveniente o anche il più piccolo dettaglio possa compromettere la riuscita della festa, alla quale sono state invitate molte delle sue allieve ed alcuni dei nomi più importanti della Dublino artistica di fine ottocento. Non a caso Mary Jane sceglie, per la sua esibizione al piano, un pezzo che le dà la possibilità di esprimere tutta la sua capacità tecnica e di ottenere un fragoroso e convinto applauso da parte di tutti i presenti e, unica fra tutti gli altri personaggi, riesce a mantenere in ogni momento un controllo su di sé che appare, però, un po' artificiale e distaccato.

Cura dell'attrattività sessuale.

Più degli altri tipi il Tre è una persona molto attenta alla sua presentazione e tende a vendere un'immagine di sé curata fin nei minimi dettagli. Per questo ha tanto cura del proprio aspetto da diventare quasi cosmetico dipendente, a frequentare palestre e saune, ad essere un fanatico dell'abbronzatura, del fitness e un cultore del giusto "timing" e delle diete. Anche questo tratto è naturalmente funzionale sia al raggiungimento dei risultati sia all'adesione a un'immagine che si accordi con le qualità ritenute socialmente più adatte ad esprimere il senso della propria identità sessuale. Quest'ultima constatazione permette di capire perché nel Tre si

percepisca, talvolta, l'effetto di una bellezza convenzionale e un po' fredda, splendida nel suo sembiante e, tuttavia, distaccata, come se si stesse osservando non una persona reale, ma la copertina di una rivista. Alla luce di tutto questo appare ovvio che i campi della moda e del cinema siano quelli nei quali è più facile incontrare persone di questo tipo e, non a caso, l'industria del cinema americano è costantemente alla ricerca di persone reali che si avvicino a questo ideale.
Questo è il caso, ad esempio, di bellissime quali Michelle Pfeiffer e Nicole Kidman, che hanno saputo incarnare il modello femminile di bellezza proposto dalla nostra cultura attuale, anche se, probabilmente, questo ha significato per loro rinunce e una costante lotta per cercare di mostrare un'immagine diversa da quella con la quale si erano dovute identificare. Non a caso la Pfeiffer fu estremamente contenta quando dovette interpretare il ruolo di una vedova, che aveva perso da poco il marito, dato che il copione le permetteva di poter esprimere più quello che sentiva di essere dentro e meno una immagine stereotipa con la quale veniva identificata.
L'esempio forse più indicativo, anche se disgregato, di un personaggio che illustra bene queste dinamiche è quello di Dorian Gray, il protagonista dell'omonimo *Ritratto* di Oscar Wilde, un moderno Faust che, per inseguire un'immagine di eterna giovinezza, finisce per vendere metaforicamente l'anima al diavolo. Leggendo le pagine del romanzo appare evidente che Gray è un ottimo esempio del fascino e dell'attrattiva che una figura perfetta e un volto quasi marmoreo possono esercitare, tuttavia, un lettore appena a contatto con i suoi sentimenti non può fare a meno di chiedersi: è la profondità? Per il giovane quello che unicamente conta è la sua bellezza fisica, mentre il resto non significa nulla; egli è forse il personaggio artistico in cui è più evidente il modo con il quale l'Inganno genera confusione nella percezione dei sentimenti e li distorce.
In un passo cruciale del racconto, Dorian, nel corso di un colloquio avuto con la sua fidanzata Sybil, dopo il fiasco clamoroso dell'opera teatrale che lei interpretava, è messo a confronto con la sua incapacità di percepire la forza dei sentimenti e di come essi possano far apparire ogni altra cosa totalmente irrilevante. La rivelazione è talmente devastante che Dorian, per evitare di confrontarsi con la sua incapacità, perde immediatamente il suo interesse verso la donna. Trascrivo di seguito i passaggi in questione per lasciare le parole ai protagonisti stessi.
"Lo guardò mentre entrava, e sul volto si dipinse una gioia infinita. – Come ho recitato male stasera, Dorian! – gridò.
– Orribilmente! – rispose lui, fissandola stupefatto. – Orribilmente! È stata una cosa tremenda. Ti senti male? Non hai idea di che cosa era; non hai idea di quel che ho sofferto.

La fanciulla sorrise. – Dorian – rispose, ...avresti dovuto capire. Ma ora capisci, non è vero?
– Capire che cosa? – chiese lui furibondo.
– Perché stasera sono stata così scadente; perché sarò sempre scadente; perché non sarò mai più capace di recitare bene.
Egli scrollò le spalle. – Credo che tu non ti senta bene. Quando non stai bene non dovresti recitare; ti rendi ridicola. I miei amici erano seccati; io ero seccato.
Parve che lei non lo udisse. La gioia la trasfigurava; era in preda ad un'estasi di felicità.
– Dorian, Dorian – gridò, - prima che ti conoscessi il teatro era l'unica realtà della mia vita. Vivevo soltanto al teatro; pensavo che tutto fosse vero. (...) Non conoscevo che ombre e le credevo realtà. Tu sei venuto, caro amore mio, e hai liberato dal carcere l'anima mia. Mi hai insegnato che cosa sia la realtà. Stasera, per la prima volta in vita mia, ho scoperto tutta la superficialità, la falsità, la stupidità del vuoto spettacolo al quale avevo sempre preso parte. (...) Tu mi avevi recato qualcosa di più alto, qualcosa di cui tutta l'arte non è che un riflesso; tu mi avevi fatto capire che cosa sia veramente l'amore. (...) Potevo simulare una passione che non provavo, ma non posso simulare una passione che mi brucia come il fuoco. Oh, Dorian, capisci che cosa significa?
Egli si lasciò cadere sul sofà, voltando il viso da un'altra parte. – Hai ucciso il mio amore – disse lui con voce sorda.(...)
Un accesso di singulti appassionati la soffocò. Si raggomitolava per terra come una creatura ferita e Dorian Gray la guardava dall'alto coi suoi begli occhi e le sue labbra finemente disegnate si atteggiavano a un supremo disprezzo. Le emozioni di coloro che non amiamo più hanno sempre qualche cosa di ridicolo. Sybil Vane gli appariva scioccamente melodrammatica; le sue lacrime e i suoi singhiozzi gli urtavano i nervi[202].

Camaleontismo e manipolazione dell'immagine.

La capacità di impersonare personaggi differenti e quella di saper presentare un'immagine "vincente" diversa a seconda delle circostanze, sono altri tratti che ben si comprendono con la necessità che il Tre sente di dover essere all'altezza, di saper stare al passo con quello che in quel particolare momento o situazione è utile per affermarsi. Così, più che a una generica volontà di piacere, questi tratti appaiono funzionali alla necessità di appoggiare la propria autostima a una raffigurazione che sia coerente con quello che viene ritenuto utile.

---

202 Wilde O. *Il ritratto di Dorian Gray* Trad. it. Mondadori, 2003

Un esempio davvero notevole di questa necessità si può intravvedere nella figura dell'attrice, produttrice cinematografica e capitana d'industria americana, Jane Fonda. Pur cresciuta in un ambiente d'attori di decisa tendenza politica *radical* (è, infatti, figlia di Henry Fonda e sorella di Peter Fonda, ambedue attori molto impegnati nell'attivismo sociale), quando alla metà degli anni sessanta si sposò con il regista Roger Vadim, la Fonda aderì completamente alla immagine che il marito le aveva disegnato addosso. Assunse così i panni, nella vita come sul set, della perfetta bambola sexy, stupenda nell'apparenza quanto vuota nella sostanza, come una bolla di sapone, interpretando la parte di *Barbarella* nell'omonimo film tratto da un famoso fumetto francese.
Tuttavia, quando i valori della controcultura cominciarono a essere dominanti nel mondo giovanile americano, la Fonda assunse un'immagine di pacifista fieramente nemica del sistema capitalistico e dell'intervento militare in Vietnam, fino al punto di dare al suo primo figlio il nome di Ho Chi Min e di pronunciare un pubblico anatema contro i soldati che partivano per la guerra.
I cambiamenti della vita, fra i quali il fallimento del matrimonio, la spinsero però presto a cercare una via alternativa, attraverso la quale potere affermare il suo valore. Divenne, così, uno dei guru del *fitness* e contribuì in modo decisivo all'affermazione mondiale dell'aerobica, come strumento per ottenere e mantenere un'immagine esteriore di bellezza (non il semplice stare bene e in forma ma un mezzo per affermare la propria visibilità). La Fonda aggiunse così un ulteriore tassello al quadro di successo che stava costruendo e si preparò alla successiva ulteriore metamorfosi, che avvenne quando diventò la compagna di Ted Turner, il fondatore della CNN, la prima televisione commerciale a diffusione planetaria. Giunta nel ruolo di una vera e propria first lady, facente parte integrale dell'establishment sociale, la Fonda cominciò a chiedere incessantemente perdono, senza peraltro mai ottenerlo del tutto, ai veterani della guerra del Vietnam, per i giudizi espressi al tempo della sua giovinezza. I più maliziosi fra i commentatori televisivi americani hanno affermato che dietro questa sua conversione, ci fosse, nonostante le molte lacrime sparse pubblicamente, il desiderio di non nuocere alle ambizioni politiche del marito.
Quest'unione di politica, spettacolo e affari non è per niente infrequente nel tipo Tre, come si può facilmente osservare anche nel caso di Arnold Schwarzenneger, che ha saputo utilizzare il suo fisico possente e il suo sorriso immacolato come trampolini di lancio dai quali partire per raggiungere le vette del successo. Come stesso lui ha dichiarato, illustrando semplicemente il credo di un Tre: "*Faccio film che alla gente piacciono. È così semplice. Basta fare in modo che i film rimangano*

impressi nella memoria, non semplicemente fare un film in più. Bisogna avere il giusto sesto senso e saper estrarre il meglio come "Hasta la vista, baby" oppure "Ti ho mentito!". Si supera un po' il limite. La gente adora tutto ciò, i bambini lo adorano. Si fa poi qualcosa di atletico, un po' di palestra e le persone pensano che tu sia figo."

Orientamento verso gli altri.

I Tre tendono ad incarnare i valori che sono ritenuti più validi negli ambienti nei quali vogliono affermarsi, non importa quali essi siano. Questo, naturalmente, fa sì che essi siano fra tutti i tipi i più orientati verso gli altri, nel senso che eseguono una specie di "ricerca di mercato" per capire quali possano essere gli atteggiamenti e i comportamenti ritenuti migliori. Una volta che questa fase è stata poi esperita, i Tre tenderanno a diventare il prototipo di una professione e ad assumere l'aspetto più idoneo per perseguire gli obiettivi che vogliono raggiungere, anche quando, ad esempio, l'ottenimento del successo momentaneo, può richiedere, come abbiamo visto nel caso della Fonda l'adozione di una immagine che apparentemente contrasta con i valori tradizionali.
Nel film *Mi Chiamo Sam*[203], il ruolo dell'avvocato Rita Harrison, interpretato in modo molto convincente da Michelle Pfeiffer che, come abbiamo visto, è anch'essa una vanitosa, mostra in modo evidentissimo come il giudizio del proprio gruppo sociale, più che il proprio vantaggio economico o desiderio personale, possano orientare le scelte di un Tre. Così Rita, che aveva in precedenza respinto il caso perché economicamente non remunerativo, sentendosi derisa dalle altre avvocatesse per il suo apparente cinismo, accetta di patrocinare gratis Sam, una persona affetta da deficit mentale, che cerca in tutti i modi di ottenere l'affidamento della sua unica figlia e alla fine del film, grazie al contatto con una persona veramente "autentica", riuscirà a capire come il successo avesse deteriorato il rapporto con il figlio e lentamente distrutto anche la sua sensibilità.

Autonomia e Indipendenza.

Se si vuole perseguire il successo e far riposare il senso del proprio valore sui risultati raggiunti, allora occorre anche che la propria capacità di azione non sia troppo limitata da vincoli familiari o da situazioni che possano distogliere la propria attenzione o far perdere tempo. In ossequio a questo credo il tipo Tre lavora molto duramente e ricerca spesso

---

[203] *Mi Chiamo Sam* (I Am Sam, Usa 2001

l'autonomia e l'indipendenza, in modo da poter essere libero di impegnarsi pienamente nei progetti che lo possano interessare.
La figura archetipica di questa caratteristica è quella della dea Atena, che non ebbe mai alcun compagno o amante, anche se nel frattempo era protettrice di moltissimi eroi, primo fra tutti Ulisse, perché ai rapporti affettivi e amorosi preferiva il riconoscimento derivante dal vincere una concorrenza. La sua natura indipendente e fieramente competitiva è raccontata in moltissimi miti, che concordano nel riferire di come la dea fosse refrattaria a qualunque tentativo di corteggiamento e vendicativa nei confronti di chi avesse sottovalutato le sue capacità. Oltre alla terribile punizione inflitta ad Aracne, che aveva osato sfidarla nell'arte della tessitura, l'autonomia di Atena è ben visibile nello scontro che ebbe con il potente dio Poseidone, per diventare patrona della città di Atene e dell'intera Attica. La dea, infatti, non esitò nemmeno un istante nello sfidare il dio del mare e alla fine, grazie alla sua superiore sapienza e capacità di comprendere, riuscì a prevalere.
Una figura storica nella quale è ben visibile questa tendenza è quella della regina Elisabetta Prima che, pur avendo anche lei come Atena i suoi preferiti, non volle mai sposarsi né impegnarsi in relazioni che potessero esserle d'intralcio nella sua attività politica. La tenacia con la quale difese la sua nazione era pari a quella che impiegava per mantenere la sua autonomia, anche rispetto al suo stesso parlamento e, quando si trattava di mentire, non esitava a farlo, pur di mantenere la sua indipendenza e far rispettare la sua forte volontà. Anche la sua stessa morte può essere letta come un ulteriore prova della sua indomabile voglia di essere indipendente da ogni altra volontà. Giunta, infatti, all'età di settanta anni che, per l'epoca, era estremamente tarda, aveva perso ormai interesse sia per la politica che per gli affari della vita ma non la forza di volontà che aveva sempre avuto. Così, oltre a non tenere in alcun conto i consigli che i medici le davano, decise semplicemente di morire. E' rimasta famosa la frase che pronunciò poco prima che effettivamente spirasse: "*Chiamatemi un prete: ho intenzione di morire*".

Efficienza, efficacia, intuitività.

La capacità di fare molto, bene e anche con un tempo rapido di esecuzione è uno dei tratti che più caratterizza l'autoingannatore e lo rende una figura molto apprezzata sia nei luoghi di lavoro sia nel campo sportivo. Ovviamente per utilizzare al meglio le proprie potenzialità è anche necessario sapere come e su che cosa applicarle e questo spiega perché i Tre siano molto concreti e anche in grado di capire, in un modo intuitivo

che col tempo diventa quasi automatico, cosa è richiesto da quel particolare ambiente.
Efficacia ed efficienza sono concetti molto importanti nel mondo del lavoro e, in generale, nella pianificazione e nel controllo di qualsiasi attività ma i termini, che sono spesso usati indistintamente come sinonimi, riflettono in realtà due concetti ben distinti. L'efficacia indica la capacità di raggiungere l'obiettivo prefissato, mentre l'efficienza valuta l'abilità di farlo impiegando la quantità di risorse minime indispensabili. Così se due atleti si prefiggono di correre la maratona e ci riescono, sono entrambi efficaci, ma tra i due sarà più efficiente quello che avrà raggiunto l'obiettivo con il minimo dispendio di risorse (tempo dedicato all'allenamento, costi per materiale tecnico, eccetera).
Topolino, il celeberrimo personaggio dei fumetti creato da Walt Disney, presenta in modo evidente molte di queste caratteristiche. Qualunque sia il compito che deve realizzare, egli ci riesce sempre e nessun obiettivo è troppo complesso per lui, sia se si tratta di smascherare spie naziste che di vincere una gara ippica o smascherare un finto fantasma. La sua intuitività unita alla pragmaticità (un altro elemento di questo tipo che esamineremo più avanti), lo rendono un vincente nato, che sa anche utilizzare tanto bene le sue risorse da essere portato come modello per i bambini.
Quanto queste caratteristiche siano di solito asservite al conseguimento di un risultato di breve termine, e non certo a valori assoluti o universali, è visibile attraverso l'esame delle azioni dell'imperatore romano Costantino il grande. Egli era un abilissimo generale che si pose come obiettivo, poi realizzato, quello di diventare unico imperatore, grazie alla sua capacità di utilizzare al meglio le risorse di cui disponeva. Vista la grande difficoltà di gestire al meglio i confini e i soldati dell'enorme impero che doveva governare, egli cercò di accrescere il controllo sullo stesso mediante la netta separazione fra esercito, amministrazione e aumento delle cariche. Queste riforme, unitamente ad un nuovo sistema monetario, che permise di risanare le casse dello stato ma immiserì in modo permanente i cittadini poveri, ebbero un risultato positivo nell'immediato ma finirono col tempo per rendere estremamente burocratico l'apparato statale e, alla lunga, lo stesso esercito meno efficace.
Anche la fondazione di *Nova Roma,* poi denominata Costantinopoli e oggi Istanbul, apparentemente valida all'epoca, perché permetteva di gestire al meglio le risorse militari in una zona vicina ai confini minacciati dai barbari, divenne col tempo un elemento disgregante dell'intero impero in quanto finì per separare la parte greca e orientale da quella italica ed europea in un modo che non fu poi più possibile sanare.
Il ruolo decisivo giocato da Costantino nell'ambito della chiesa cristiana, tramite, ad esempio, la convocazione di concili e il presiederne i lavori in

qualità di *vescovo di quanti sono fuori della chiesa* (qualcosa che la dice lunga sull'assoggettamento dei religiosi al potere dell'imperatore), va letto soprattutto nell'ottica di volere avere il controllo su tutti i credi religiosi che si veneravano all'interno dell'impero. Non va dimenticato, infatti, che Costantino svolse funzioni analoghe nell'ambito di altri culti e mantenne la carica di pontefice massimo della religione pagana; carica che era stata di tutti gli imperatori romani a partire da Augusto e, in particolare, quella di massimo esponente del culto del *Sol Invictus*. Quello che contava era che egli potesse presentarsi come un prediletto dal cielo, senza mettere bene in chiaro quale fosse la divinità; un tratto che riscontreremo in altri Tre e che può essere considerato come una forma di auto propaganda.
Aldilà della sua probabile inclinazione personale, la stessa tolleranza nei confronti del cristianesimo più che frutto di una conversione personale autentica, pare derivare dalla presa d'atto del fallimento della persecuzione contro i cristiani scatenata da Diocleziano. L'insuccesso così clamoroso di quest'ultimo aveva probabilmente persuaso Costantino che l'Impero aveva bisogno di una nuova base morale che la religione tradizionale era incapace di offrirgli. Di conseguenza, era necessario trasformare la forza potenzialmente disgregante delle comunità cristiane, dotate di grandi capacità organizzative oltre che di grande entusiasmo, in una forza di coesione per l'Impero.

Persuasività e capacità di vendere.

I Tre sono sempre abili nel comunicare agli altri che stanno proponendo loro qualcosa di buono. Ciò è vero indipendentemente dal fatto che si tratti di vendere le proprie capacità, un prodotto, un oggetto o un progetto. Questa capacità riposa sulle abilità verbali ma, soprattutto, sulla abilità di incarnare il modello che si propone, su una comunicazione non verbale che fa percepire di essere in presenza, ad esempio, di qualcuno che non è solo titolato a fare qualcosa ma che lo fa con precisione ed appropriatezza. La persuasività può essere utilizzata per cercare di convincere anche le persone care ad accettare quello che un Tre propone e le obiezioni e le perplessità non sono mai accolte di buon grado. In genere, i Tre considerano quelli che non si conformano a ciò che essi credono valido dei perdenti pieni d'invidia nei loro confronti. Questo li porta spesso ad avere difficoltà relazionali con le altre persone che si sentono poco coinvolte, se non addirittura usate come semplici strumenti, nei progetti che il Tre porta avanti.
Così Willy Loman, protagonista di *Morte di un Commesso Viaggiatore*[204], è frustrato dall'incapacità dei figli di riuscire nella vita e nell'accettare il

sogno, popolato solo da illusioni e progetti irrealizzabili, che lui gli aveva per lungo tempo venduto, prima di accorgersi drammaticamente che tutto era solo un miraggio, un inganno, che gli aveva sottratto i vari valori della vita. In modo analogo Carolyn Burnham, una delle protagonista di *American Beauty*[205], avverte tutta la frustrazione, che si nasconde dietro l'apparente immagine vincente del Tre, quando si accorge d'improvviso di non riuscire più ad avere un vero dialogo con suo marito e che la figlia adolescente rifiuta il suo modello e, in definitiva, anche lei stessa.
Sempre in *Morte di un Commesso Viaggiatore* possiamo assistere anche all'acuto contrasto fra Willy e la sua onestà, che ne conserva la dignità ma gli impedisce di diventare l'uomo di successo del sogno americano e la figura del fratello Ben, sicuro di sé, spavaldo, conscio del suo valore e capace di cogliere le opportunità. Il primo crede vanamente che: "*Non si può spremere un uomo così, come un limone, e poi buttarlo via nella spazzatura*!", il secondo è, invece, animato dalla certezza che per vincere bisogna trattare gli altri da nemici e non giocare pulito con loro.
Della persuasività e della capacità di vendere un favoloso, che incarna ancora oggi l'immaginario collettivo, fece una bandiera Walt Disney, l'uomo che più di ogni altro ha contribuito alla nascita e allo sviluppo del film d'animazione. Per finanziare i suoi progetti Disney ebbe per lungo tempo bisogno di ricorrere a banche di affari, che egli fu sempre capace di convincere, anche quando non aveva in mano molto da un punto di vista strettamente finanziario. Allo stesso modo la sua tenacia nel perseguire ostinatamente i suoi progetti e nel convincere anche i più refrattari della bontà di quello che proponeva, è stata messa in luce in modo evidente dal film *Saving Mr.Banks*[206]. In esso viene rappresentata la capacità di Disney di convincere Pamela Travers, autrice del personaggio di Mary Poppins, a cedergli i diritti per poter effettuare un film sulla stessa, malgrado i ripetuti dinieghi e le perplessità che l'autrice aveva su una trasposizione dei suoi romanzi in un musical.
Meglio di chiunque altro, tuttavia, illustra bene questi tratti la figura del genio della pittura Raffaello Sanzio. Egli aveva la capacità di lavorare con incredibile perizia tecnica e, contemporaneamente, di essere innovativo in ogni opera, pur rispettando, in ognuna di esse, il desiderio del committente. Tanto grande era la fama di Raffaello che la sua bottega, pur potendo contare su moltissimi valenti aiuti ed essendo ben organizzata, non riusciva a tenere dietro alle molteplici richieste derivanti dalla capacità del pittore umbro di vendere opere che avevano sempre qualcosa

---

[204] Williams T. *Morte di un commesso viaggiatore* Trad. it. Einaudi, 1979
[205] American Beauty (Id., Usa 1999
[206] Saving Mr. Banks (Id., Usa 2013

di familiare e concreto come, ad esempio, si può ben vedere nelle sue celeberrime madonne o nei ritratti, nei quali anche i difetti fisici vengono nobilitati dalla perfezione formale.

Dinamismo.

I Tre sono solitamente dotati di una forte carica energetica e, per non occuparsi più a tempo pieno delle cose che stanno già facendo, debbono spesso esservi costretti da una malattia o da qualche fattore temporaneamente inabilitante. Il modo col quale normalmente gestiscono la grande spinta ad agire per sentirsi al passo con gli altri, è quello di andare ancora più veloce e di occuparsi il più rapidamente possibile di più cose. La Palmer definisce, a mio avviso in modo corretto, questa tendenza chiamandola *attività polimorfa.*[207]
Un esempio veramente chiarissimo di questa tendenza può essere visto nel personaggio di Hermione Granger, amica del maghetto Harry Potter e coprotagonista della saga che, usando un oggetto magico, riesce a frequentare tre corsi contemporaneamente e anche nei momenti di maggiore difficoltà di Harry, si distingue per la sua capacità di saperlo aiutare con la sua carica dinamica e la sua essenzialità.
L'archetipo di questa caratteristica si ritrova probabilmente nel mito di Artemide, la dea cacciatrice che si sposta continuamente per montagne e campagne ed è senza compagno, per sua espressa richiesta, in modo da non essere vincolata in alcun modo nel suo eterno girovagare. Ella rientra nella categoria delle dee vergini e, a differenza di quasi tutte le altre, non fu mai rapita o abusata da nessuno. Da questo trae, di conseguenza, un senso d'integrità, di completezza, poiché il suo valore non dipende da "con chi" sta, ma da ciò che essa "è" e "sa fare". La sua abilità di arciera, di colei che sa mirare al bersaglio e colpirlo sempre, la rende pari al gemello Apollo e fa di lei l'archetipo di una persona che si pone un obiettivo e senza indugi lo raggiunge, rappresentando così la capacità di realizzare i propri progetti, una volta che li ha messi a fuoco.

Difficoltà nel contattare i sentimenti.

Abbiamo già visto che l'autoinganno priva i Tre di una chiara percezione di quello che veramente sentono e che, in questa dinamica, i sentimenti anziché permettere un radicamento al vero sé, finiscono per creare turbative alla persona che li percepisce quasi come un impaccio, qualcosa che, nel migliore dei casi, può finire per rallentarla nel suo agire. Di

---

207 Helen Palmer *L'Enneagramma* ed. Astrolabio pag.123

conseguenza i sentimenti che sono funzionali all'immagine sono accettati ed emergono in superficie per rafforzare il senso di autostima, quelli, invece, che possono far affiorare sensazioni di delusione, amarezza o rimpianto, sono repressi e lasciati sullo sfondo.
Inoltre, poiché i Tre spesso non riescono a capire l'emozione profonda del partner né quella propria, tendono ad interpretare l'immagine del compagno perfetto, sapendo però di stare soltanto recitando un ruolo. Questa difficoltà di essere a contatto reale con l'emotività profonda può avere delle conseguenze devastanti sulla vita di un vanitoso. Negli USA, in cui questo tipo costituisce nell'attuale fase storica la personalità modale, gli psichiatri si sono più volte dovuti confrontare con i casi drammatici di persone che, dopo aver combattuto duramente per affermare se stessi e aver raggiunto un elevato livello sociale, cadevano preda di violente depressioni che spesso sfociavano nel suicidio. Le persone vittime di questa patologia, denominata significativamente sindrome dello yuppie, riferivano concordemente di provare una spaventosa sensazione d'alienazione e di vuoto esistenziale, di un estraniamento rispetto ai propri sentimenti, che trasformava, d'improvviso, il mondo in un luogo estraneo e privo di qualunque significato, in cui tutto era inutile.
Scarlett O'Hara, la protagonista del romanzo della Mitchell *Via Col Vento*[208], illustra splendidamente questa difficoltà dicendo a se stessa, dopo un colloquio con un affranto Ashley, l'uomo del quale si era invaghita da fanciulla: "*Non avrei dovuto acconsentire a guardare indietro", pensò disperata. "Avevo ragione nel dire che non volevo mai più voltarmi verso il passato. Fa troppo male e scava nel cuore profondamente finché non si può più fare altro che rimpiangere. Questo è il male per Ashley. Egli è incapace di guardare in avanti. Non vede il presente; ha timore dell'avvenire e perciò guarda il passato. Non lo avevo mai compreso. Oh Ashley, amor mio, non dovete guardare indietro! A che scopo? Non avrei dovuto lasciarmi tentare da voi a parlare degli antichi giorni. Ecco che cosa succede quando si ricorda l'antica felicità: si prova dolore, crepacuore, scontentezza."*
In Scarlett la repressione dei sentimenti è tale che, perfino alla morte della figlia Diletta, i sentimenti più profondi di dolore non riescono veramente a prendere totale possesso della sua mente, che recalcitra. Questa la fine analisi che la Mitchell ci da del tumulto interiore della protagonista: "*Non aveva mai, prima d'allora, conosciuto questa specie di paura. I suoi piedi erano sempre stati saldamente piantati a terra, e le sole cose di cui aveva avuto paura, erano cose che poteva vedere: malattia, fame, povertà,*

---

[208] Mitchell M. Via col vento Trad. it. Mondadori, 2001

perdita dell'amore di Ashley. Negata all'analisi, cercava ora di analizzare, e non riusciva. Aveva perduto il più caro dei suoi figli, ma poteva sopportare questo come aveva sopportato altre perdite crudeli. Era in buona salute, aveva denaro in abbondanza, e aveva ancora Ashley, benché lo vedesse sempre meno...Provava il bisogno di piangere fra le braccia di Rhett e di dirgli che anche lei era stata orgogliosa dell'abilità di amazzone della figliola, anche lei era stata indulgente alle sue insistenze. Avrebbe voluto umiliarsi, e riconoscere che gli aveva lanciato quell'accusa dal fondo della propria disperazione, nella speranza di alleviare il proprio dolore. Ma non trovava mai il momento opportuno."

In questo non trovare mai il momento opportuno, è facile leggere la difficoltà che un Tre prova nel doversi confrontare con sentimenti che sottintendono una richiesta di comprensione da parte degli altri, un riconoscimento della propria incapacità di riuscire sempre e comunque, di commettere errori e di saperlo riconoscere.

Nel bel film *Jerry Maguire*[209] possiamo addirittura vedere in azione due diverse modalità di confrontarsi con i sentimenti da parte di due tipi Tre. Mentre il protagonista, riconoscendo la falsità di molti dei rapporti umani che intrattiene, comincia un lungo percorso di rieducazione a veri sentimenti di amore e di amicizia, Avery Bishop, la sua fidanzata storica, non riesce proprio a capire cosa lui stia provando e a essergli vicino quando Jerry è nel momento peggiore della sua carriera lavorativa. Come lei gli dice: "*Jerry, certe persone hanno dentro di sé una specie di sensibilità; io non l'ho mai avuta. Io non piango al cinema, non mi commuovo di fronte ai neonati, non comincio a festeggiare il Natale cinque mesi prima e non dico a un uomo che ha appena distrutto la sua e la mia vita "Oh, povero amore"!* Alla fine del memorabile colloquio Avery gli butta in faccia il suo disprezzo e, dopo avergli dato anche un calcio nella parti basse, conclude il loro incontro dicendogli una frase che può letta come la sintesi della visione del mondo di un Tre: "*Io non ti permetterò di ferirmi, Jerry. Sono troppo forte per te, fallito!*"

Pragmatismo.

L'attenzione al concreto, a cercare di trovare le soluzioni più convenienti e non quelle dettate da qualche forma d'idealità, è una caratteristica strettamente collegata a quelle di cui abbiamo già discusso e ne può essere considerata un corollario. Ottenere il meglio, nelle situazioni in cui ci si trova a operare, è una caratteristica così connaturata alla personalità del Tre che le persone quasi non si accorgono di questa loro peculiarità. Tale

209 Jerry Maguire (Id, Usa 1996)

dote, ovviamente, aiuta a sviluppare attitudini di comando e fa dei Tre dei leader capaci di creare squadre vincenti e, al tempo stesso, di saper individuare quale possa essere il "cavallo vincente" di una situazione.
La storia romana dell'epoca imperiale abbonda di personaggi che, grazie a questa capacità, sono riusciti ad ascendere al trono o, perlomeno, si sono affiancati come amici e consiglieri a persone che furono proclamate cesari. Un esempio che illustra molto bene queste caratteristiche è quello di Gaio Mecenate, il cui nome è passato al linguaggio corrente come sinonimo di protettore degli artisti e della letteratura ma che in realtà fu capace di utilizzare pragmaticamente i migliori artisti della sua epoca per rinforzare alcuni aspetti della politica dell'imperatore. Il suo patronato, infatti, non fu una forma di vanità o, come quello di Nerone, un tentativo di assimilarsi ai veri scrittori, ma fu interessato. Egli vide nelle capacità dei poeti del tempo un modo per promuovere e onorare il nuovo ordine politico e ciò è particolarmente evidente, ad esempio, nella sua sponsorizzazione di Virgilio che con l'Eneide fornì una genealogia mitica a Roma come città e in particolare ad Augusto, che stava preparando la propria deificazione.
La capacità di saper trarre vantaggio da ogni situazione e l'aver capito, fin da ragazzo, che l'amico Augusto sarebbe diventato il padrone dell'impero, gli permisero di accumulare una enorme ricchezza e di saper ricoprire con risultati assolutamente di rilievo anche funzioni amministrative ed ambascerie politiche.
Anche l'imperatore Adriano mostrava di possedere la dote del pragmatismo in misura elevata. Fu grazie a ciò che egli fu uno dei pochi sovrani a morire nel suo letto e a godere di una acquiescenza sostanziale del senato ai suoi voleri. Viste le tensioni sociali e i problemi della difesa dei confini della sua epoca, era indispensabile per Adriano ridurre al minimo lo sforzo militare. Così una delle sue principali preoccupazioni fu, pragmaticamente, quella di tracciare confini controllabili a costi sostenibili. Le frontiere più pericolose furono rinforzate con opere di fortificazione permanenti, delle quali la più famosa delle quali è il possente Vallo, che reca il suo nome, in Gran Bretagna. Le conquiste che i suoi predecessori avevano fatto in Mesopotamia, furono abbandonate poiché egli le riteneva indifendibili a causa dell'immane sforzo logistico necessario per far giungere rifornimenti a quelle latitudini e alla molto maggiore estensione del confine che sarebbe stato necessario difendere.[210]

[210] Vedi Mario Attilio Levi, *Adriano un ventennio di cambiamento*, Bompiani (1994)

Diplomazia.

Un altro campo nel quale i tipi Tre si trovano molto bene è quello della politica, poiché per eccellere in essa è necessario possedere doti che sono connaturate alla struttura psichica dei vanitosi. Fra queste doti la più evidente è probabilmente quella della diplomazia, che ha reso nel corso della storia molti Tre capaci di servire con un'uguale efficienza sotto regimi di diversa e talvolta inconciliabile natura.
L'esempio forse più noto è forse quello di Charles Talleyrand che fu capace di ricoprire ruoli di rilievo in Francia prima durante il regno di Luigi XVI, poi durante il periodo della rivoluzione francese, successivamente sotto Napoleone ed infine di nuovo sotto il re Luigi XVII fratello e successore del precedente. Nonostante le inevitabili accuse di camaleontismo e di opportunismo[211] politico, Talleyrand era una persona di grande intelligenza politica e un consumato diplomatico che dimostrò in tutta la sua lunga vita di saper vedere nel futuro molto più lontano di quanto sapessero fare i suoi contemporanei.
Come altri famosi Tre (abbiamo già visto il caso di Wilma Rudolph e vedremo quello di Goebbels) anche Talleyrand aveva dovuto confrontarsi con un grave problema fisico, cosa che avrebbe dovuto impedirgli di poter occupare posizioni di rilievo in società ma che fu superato, soprattutto, grazie al costante messaggio di incoraggiamento e di sostegno della nonna cui fu affidato. La sua abilità rifulse, soprattutto, nel congresso di Vienna, nel quale grazie alla sua capacità diplomatica di sfruttare le discordanze fra le potenze vincitrici, la Francia riuscì a mantenere intatto il suo territorio e a non finire a pezzi come accadde poi alla Germania alla fine della seconda guerra mondiale.
Anche altri personaggi che la storia ha celebrato come grandi politici appartenevano al Tre ed essi furono capaci di lasciare il segno in modo durevole, anche se non erano i diretti depositari del potere. Fra i tanti ne segnalo, a titolo di esempio, due: Henry Kissinger, segretario di stato americano che riteneva che la strategia militare dovesse essere accompagnata da una permanente attività diplomatica, poiché il controllo degli armamenti non era meno essenziale della costruzione delle armi, e Joachim von Ribbentrop il ministro degli esteri del terzo reich capace, addirittura, di far firmare un patto di non aggressione fra la Germania nazista e l'Unione Sovietica comunista.

---

211 Un noto poeta italiano Giuseppe Giusti dedicò alla sua memoria ironicamente l'ode *Il Brindisi di Girella*

Superficialità.

La difficoltà a contattare i sentimenti rende difficile ai Tre la percezione del sé profondo e crea una sorta di separazione fra il corpo e la volontà. Il primo è considerato quasi come uno strumento che deve obbedire ciecamente ai desideri e agli ordini della seconda. Questo fa sì che in alcuni vanitosi le sottostanti sensazioni di vuoto e inutilità sono esorcizzate mediante la tendenza a rimanere fissati su una pura apparenza, mediante un ricorso a un'immagine stereotipata di baby doll che sembra quasi non avere sostanza sotto l'aspetto esteriore.
Tutto ciò è chiaramente visibile nelle opere di diversi artisti Tre che, nelle proprie rappresentazioni della realtà, hanno tipicamente privilegiato la parte della composizione esteriore, piuttosto che cercare di rappresentare il mondo interiore dei soggetti o di addentrarsi nella profondità della ricerca introspettiva e spirituale. Il nome di Giovanbattista Marino non dirà nulla probabilmente alla maggioranza dei lettori, eppure egli fu, durante la sua vita trascorsa fra la seconda parte del cinquecento e la prima del seicento, considerato un autore superiore persino a Omero, per la sua incredibile capacità di adeguarsi al gusto corrente e di rappresentarlo mediante un manierismo ricco di metafore e di giochi di parole. In poche parole, come fu giustamente rivelato da più di un critico, egli era un autore che dava tutta l'importanza alla forma e nessuna al sentimento.
Anche fra i pittori questa tendenza si può osservare in composizioni che privilegiano l'estetica formale rispetto all'introspezione o alla rappresentazione di un moto interiore del soggetto rappresentato. Basta guardare, ad esempio, le opere di Andy Warhol o di Tamara de Lempicka, per rendersi conto che il successo commerciale di questi autori riposava sul fatto che essi seppero corrispondere alle richieste del mercato, più che all'avere una tecnica sopraffina (come, invece, accadeva nel caso di Raffaello) o una capacità creativa che cercava di comprendere e di rendere in immagine il mondo del soggetto rappresentato.

Abilità a motivare.

La voglia di realizzare i propri progetti è tanto forte che il Tre si caratterizza come un formidabile organizzatore, motivatore e venditore di se stesso e delle persone che compongono la sua equipe. Anche se in questa tendenza si può scorgere una vicinanza con la tendenza a manipolare, tipica di molti Due, va rilevato che qui l'attenzione è meno emozionale e più "asettica", perché si sottolineano soprattutto i modi medianti i quali si possono attivare le proprie energie, riuscire in qualche

impresa, spingere qualcuno a fare un passo avanti che porterà, poi, anche un vantaggio diretto e misurabile al Tre.
Il saggista e coach statunitense Anthony Robbins è un ottimo esempio di questo caratteristica dato che, come lui stesso afferma nei suoi libri e nei suoi seminari, egli insegna principalmente a come raggiungere il successo nella vita, superare le proprie paure, realizzare se stessi, ottenere un corpo in salute ed energico, comunicare in modo persuasivo, migliorare le proprie relazioni, cambiare le proprie credenze negative, modificare il proprio stato d'animo a piacere, modificare i propri comportamenti negativi e quelli di altri. Un programma che in concreto non appare proprio agevole da realizzare ma nel quale, comunque, Robbins per primo crede con fermezza.
Nel delizioso film *Cinderella Man*[212], invece, troviamo la figura di Joe Gould, amico e manager di lungo corso del pugile James Braddock, il quale, nonostante sia in notevolissime ristrettezze economiche, non esita a sacrificare anche l'ultimo mobile che aveva in casa pur di permettere al pugile di potersi allenare per sostenere un incontro di boxe nel quale viene dato per perdente da tutti, tranne che dallo stesso Gould. Alla fine Braddock vincerà sorprendentemente non solo quell'incontro ma anche tutti gli altri, fino a diventare campione del mondo.
Nella tragedia *Macbeth* [213]di Shakespeare il vero attore dell'azione non è il protagonista, che all'inizio del racconto ha paura a commettere il regicidio ed è quasi reso impotente dalla guerra interiore fra ambizione e paura ma la moglie Lady Macbeth, che lo motiva, lo sostiene e sviluppa il piano che, una volta realizzato, porterà all'assassinio del re e all'ascesa al trono di suo marito. In questo personaggio possiamo vedere come l'abilità a motivare del Tre possa, in casi estremi, trasformarsi nella tendenza a diventare “l'anima nera” di una situazione, nel lavorio di chi regge le fila di fila di un intrigo e occultamente manovra gli altri per conseguire obiettivi illeciti, senza comparire.

Pubblicità e Propaganda.

La capacità di essere ottimi propagandisti e di saper pubblicizzare molto bene i propri risultati, è un tratto strettamente collegato a quello precedente e rafforza la tendenza a indentificarsi con un'immagine vincente che viene proiettata nel modo più ampio possibile. In questa dinamica non può, ovviamente, essere tenuta in considerazione la verità assoluta ma, piuttosto, quella relativa che più facilmente si riesce a far

---

212 Cinderella Man - Una ragione per lottare (Cinderella Man, Usa 2005
213 Shakespeare W. *Macbeth* Trad. it. Mondadori, 2004

credere che sia tale. Fin dall'antichità più remota i sovrani e i governanti sono stati interessati a vendere ai loro sudditi un'immagine di forza e saggezza ma solo quando c'è di mezzo un Tre si può osservare che è stato fatto un notevole sforzo, per convincere l'opinione pubblica della bontà della propria posizione, grazie ad una campagna pubblicitaria che avrà utilizzato tutti i mezzi disponibili all'epoca.
Il ministro della propaganda nazista Joseph Goebbels è un esempio notevole di questa abilità sia nel propagandare con fervore le proprie idee, sia nel farsi pubblicità distorcendo la verità a proprio piacimento. Così la paralisi infantile che lo aveva colpito divenne, grazie ad un'abile auto propaganda, una ferita subita in una guerra alla quale, peraltro, egli non aveva nemmeno partecipato. Durante il secondo conflitto mondiale e specialmente dopo i primi rovesci militari, che resero critica la situazione della Germania, l'abile opera di propaganda portata avanti da Goebbels con perizia e fanatismo, riuscì in buona parte a convincere il popolo tedesco ad accettare i sempre più gravi sacrifici imposti.
Egli applicò un metodo propagandistico all'epoca ritenuto molto efficace, derivato dalle teorie del behaviourismo, basato sulla continua ripetizione di notizie parziali, o palesemente false, rigidamente controllate dal vertice. Il futuro «radioso» della Germania, il pericolo delle «orde asiatiche» che non avrebbero avuto pietà della Germania, la crudeltà degli Alleati che chiedevano una «resa incondizionata», le «armi miracolose», erano alcuni dei tanti temi utilizzati che contribuirono ad alimentare la resistenza, quando l'esito della guerra era ormai compromesso, e ad allontanare l'ora della disfatta.[214] Emblematica era la sua frase preferita: "*Ripetete una bugia cento, mille, un milione di volte e diventerà una verità*".
Anche se Goebbels, come abbiamo appena visto, era un eccellente propagandista che sapeva farsi anche molto bene pubblicità, credo che nessuno nella storia abbia raggiunto i livelli del faraone Ramsete II. Non c'è praticamente nessun museo al mondo con una collezione di arte egizia che non possegga almeno un manufatto che celebri le glorie di questo sovrano e il numero di templi e di statue che egli fece innalzare, per rafforzare l'elemento divino della sua indiscussa sovranità, è quasi sterminato. Probabilmente il culmine della sua capacità propagandistica e del saper fare pubblicità alle cose che aveva fatto, si può osservare negli innumerevoli monumenti nei quali veniva celebrata quella che era venduta ai sudditi come la grande vittoria nella battaglia di Qadesh. Benché gli storici moderni concordino che, nel migliore dei casi, la battaglia si concluse con un sostanziale pareggio, con gli egiziani che subirono le perdite maggiori e non ottennero nessuno dei risultati che si erano prefissi,

---

[214] Vedi Wikipedia versione italiana alla pagina dedicata a Goebbels.

essa fu propagandata da Ramsete e dai suoi consiglieri come un eclatante vittoria e celebrata in poemi, statue e perfino in oggetti di uso quotidiano.

LA FISSAZIONE DELLA VANITÀ

Se l'Inganno è il piacere che deriva dal sentire che si corrisponde a un'immagine che è stata introiettata, la sua controparte cognitiva è la Vanità, un ozioso indugiare della mente solo sugli argomenti che confermano e rafforzano quell'immagine. La connotazione del termine e dei suoi derivati è evidentemente negativa, in quanto esso deriva dal latino vanitas, che ha la sua radice nell'aggettivo *vanus*, e trasmette le idee di vano, vuoto ma anche di inutile, futile, inconsistente, fugace. Tutto ciò vuole sottolineare, quindi, che le argomentazioni prodotte dalla mente logica del vanitoso non tengono in alcun conto ciò che vi è di più profondo è che, per sua natura, non è né misurabile né quantificabile e che, per questo, esse sono appunto transeunti e inessenziali.

Che la vanità sia sempre stata vista più come un innamoramento per la pura apparenza che per la reale sostanza, è confermato dalle infinite rappresentazioni che mostrano donne o uomini giovani che si specchiano persi in se stessi. Il personaggio archetipico che meglio illustra questa qualità della vanità è sicuramente Narciso, al quale una profezia aveva assicurato una lunga vita purché non conoscesse mai se stesso,[215] nel senso che non doveva essere in grado di conoscere ciò che provava veramente dentro di sé. Secondo la versione romana del mito, infatti, Narciso non avrebbe mai provato sentimenti di vero amore verso nessuno fino a quando, per una punizione divina, non dovette osservare la sua stessa immagine riflessa da un corso d'acqua, restandone così colpito da esserne totalmente affascinato, cadere nel fiume e annegare.

In generale la Vanità si rifiuta, soprattutto, di far arrivare alla coscienza della persona quei pensieri che possono suggerire un ridimensionamento della propria rilevanza; così non sarà permessa l'elaborazione cognitiva di un'opposizione motivata o l'accettazione di opinioni che tendono a sminuire il proprio apporto. Il Tre sente che non si può permettere di indugiare a lungo nel cercare di comprendere le ragioni di un rifiuto, se eventualmente lo riceve, o nel cercare di vedere che i propri scopi possono non essere per niente in consonanza con quelli delle persone che li circondano e/o con quelli dei propri cari.

In Orgoglio e Pregiudizio troviamo un personaggio che rappresenta questa caratteristica in maniera evidentissima. Si tratta di Williams Collins, cugino della protagonista Elizabeth Bennett, che erediterà per legge la

---

[215] Ovidio *Le Metamorfosi*

tenuta di famiglia in quanto unico erede maschio della famiglia e che si presenta a casa delle ragazze per offrire ad una di loro di sposarlo. Dopo aver scelto la più bella, Jane, ed essere stato respinto, Collins si volge senza perdite di tempo verso Eliza. Dopo che anche quest'ultima lo ha respinto, egli non fa una piega e, pur di ottenere il risultato di sposarsi, come si era prefissato prima ancora di partire, non esita a proporsi alla migliore amica di Elizabeth che, invece, sentendosi già avanti negli anni, accetta. In nessun punto del romanzo Collins mostra una sia pur minima inclinazione all'analisi introspettiva, pur essendo un pastore anglicano che dovrebbe avere soprattutto a cuore la propria anima e non l'immagine che deve dare ai suoi benefattori.

Diverso è, invece, il personaggio di Miranda Priestly, personaggio fondamentale, anche se la vera protagonista è Andy Sachs, del romanzo *Il Diavolo Veste Prada*[216] tratto dal libro Chick Lit. La Priestly è caporedattrice di una celebre rivista di moda ed è capace di far cambiare una collezione a uno stilista solo con poche parole perché il suo parere è legge nel suo mondo. Tuttavia, persino la terribile Miranda Priestley ha un lato umano, che si manifesta nel momento in cui il suo secondo marito chiede il divorzio. Per lei è un altro fallimento inaccettabile, l'ennesima figura maschile che, non potendo sopportare la sua freddezza e totale dedizione al lavoro, la lascia e si allontana dalle sue figlie.

La debolezza si presenta come un fulmine a ciel sereno, rendendola per un po' fragile e turbata ma la Vanità ha di nuovo il sopravvento e, con la stessa velocità con cui era venuto, l'elemento di umanità se ne va, lasciando nuovamente il posto a snobismo, freddezza e noncuranza verso chiunque le sia intorno.

Se in Jerry Maguire il contrasto con la fidanzata storica permette a Jerry di avere un primo vero contatto con se stesso, qui Andy, sentendosi descritta da Miranda come una nuova se stessa, lascia il lavoro, recupera il rapporto con il fidanzato Nate e viene assunta in una nuova rivista, cosa che le permette di approfondire quelli che sono i suoi veri interessi, proprio grazie alle referenze fornite da Miranda, che ammonisce il direttore del Mirror dicendo che Andy è stata una delle sue più grandi delusioni ma che, qualora lui non la assumesse, sarebbe un idiota.

---

[216] Il Diavolo Veste Prada (The Devil Wears Prada, Usa 2006)

IL TIPO QUATTRO: LA PASSIONE DELL'INVIDIA LA FISSAZIONE DELL'INSODDISFAZIONE

Elementi di Riferimento:

Energia Squilibrata: Incoraggiamento
Paradigma Familiare: Frustrazione genitore respingente / Frustrazione genitore condizionante.
Ferita Originaria: Disperazione
Cicatrice: Disillusione
Polarità: Rivendicazione/Sbandamento
Passione: Invidia
Fissazione: Insoddisfazione

Tratti caratteristici

- Invidia
- Insoddisfazione e Infelicità
- Immagine negativa di sé
- Attenzione alla sofferenza
- Auto assorbimento
- Dipendenza
- Empatia
- Iper sensibilità e Romanticismo
- Arroganza Competitiva
- Tendenza a deprimersi
- Battersi per i più deboli
- Raffinatezza e senso estetico
- Interessi Artistici ed esistenziali
- Sforzo per dimostrare il proprio valore Essere incompresi
- Fuoco dell'attenzione su ciò che manca
- Tendenza al rimpianto e alla malinconia
- Umoralità
- Capacità di apprezzare le sottigliezze

Anche per questa passione dobbiamo abituarci a un significato della parola diverso da quello dell'uso corrente. Essa, infatti, non consiste normalmente in un odio per la felicità degli altri, come la descriveva Sant'Agostino (anche se non mancano persone reali e personaggi di questo tipo che sono apertamente invidiosi verso l'altro), quanto, piuttosto, nella percezione conscia di un senso di carenza e di imperfezione interiore.
Il desiderio di colmare questa lacuna provoca un'incessante ricerca d'amore che non riesce, tuttavia, quasi mai a soddisfarsi, poiché il raffinato superego di queste persone impone loro di non accontentarsi di qualcosa che sia percepito come meno che perfetto. Il Quattro si sente così come una specie d'angelo caduto, per proprio demerito, dal Paradiso e soffre molto per questa cattiva immagine di sé. L'amarezza e i sensi di colpa sono percepiti in modo conscio e conducono, spesso, a una tendenza al lamento e alla depressione aperta o strisciante.
L'Invidioso valuta spesso come più importante (non conta se persone, cose o situazioni), quello che non ha, non c'è o ha perso, piuttosto che quello che gli appartiene ma, dietro quest'atteggiamento che sembrerebbe solo quello di infliggersi un inutile dolore, è celato un nascosto piacere; quello di desiderare ardentemente. L'incessante speranza di ottenere amore (soprattutto), empatia e appagamento, è il filo che tiene unita la carne e lo spirito del Quattro e gli permette di andare avanti in una vita che, altrimenti, apparirebbe vuota e segnata dalla sofferenza di dover sopportare quella che sembra l'incomprensione e l'insensibilità degli altri. Per tale motivo un Quattro preferirebbe rinunciare a tutto, ma non a questa sua dolorosa emotività, mediante la quale sente di essere pienamente vivo.

Invidia.

Il significato etimologico della parola "invidia", derivante dal latino invidere, *guardare male*, sottolinea il fatto che l'invidioso, secondo la tradizione, guarda con occhio negativo all'altrui felicità e bada ad ogni piccolo difetto della sua vittima. Tuttavia, essa non coglie appieno il fatto che la veste sotto la quale l'Invidia spesso si ammanta è quella della giustizia, poiché la persona si autogiustifica pensando solo di riparare a un torto fattogli dal fato o dalla società. In questi casi l'Invidia può essere decisamente distruttiva e condurre ad atti di violenza sia verso gli altri che verso se stessi, legandosi, quasi inscindibilmente, a sensi di colpa che richiedono una specie di *cupio dissolvi,* dopo aver eliminato l'elemento disturbante che faceva, con la sua sola esistenza, star male.
Un esempio veramente notevole di questa tendenza può essere riscontrato nel personaggio shakespeariano di Iago, il protagonista negativo della

tragedia Otello[217]. All'inizio della tragedia sembra che Jago sia mosso solo da una forma d'insana gelosia verso Otello ma non è così. Nel monologo interiore del primo atto, egli dice fra se: "*Odio il Moro...Si è anche bisbigliato, qua e là, che egli mi abbia sostituito nel dovere coniugale fra le mie lenzuola. Non so quanto sia vero, ma per un semplice sospetto del genere io agirò come se avessi la certezza. Di me egli fa conto; e tanto meglio agiranno su di lui le mie macchinazioni. Cassio è un bell'uomo...Vediamo un po'...Prendergli il posto e far culminare il mio piano in un doppio colpo.*"
In queste due parole c'è la spiegazione della profonda motivazione di Jago. Otello e Cassio sono ambedue odiati perché hanno qualcosa che lui sente di non avere (il primo la gloria e l'amore, il secondo la bellezza e la purezza) e qualunque pretesto è valido per nutrire questo sentimento. Nella scena in cui Jago progetta la morte di Cassio questi sentimenti diventano consci e Jago afferma: "*Non deve essere; se rimane Cassio, egli ha una quotidiana bellezza nella sua vita, che fa brutto me*". La potenza di questa sensazione è tale che essa cancella ogni forma di speranza, auto rispetto e considerazione, suscitando nel suo animo una profonda disperazione, che può trovare sollievo solo nella distruzione dell'oggetto invidiato e, quindi, nell'eliminazione del doloroso raffronto con esso. Shakespeare, che era anche lui un tipo Quattro, conosceva perfettamente la potenza devastante di questo sentimento, che toglie alla vista di occhi annebbiati dall'odio ogni speranza. Le sorprendenti parole finali del dramma, infatti, possono essere comprese pienamente solo se si è consapevoli dell'incapacità nel soddisfarsi, che nutre segretamente l'odio invidioso. Dice Lodovico rivolto a Jago: "*E tu, cane spartano, più insaziabile del dolore, della fame o del mare! Guarda il tragico carico di questo letto! E' opera tua. Uno spettacolo che avvelena la vista! Nascondetelo!*".
In Cent'Anni di Solitudine troviamo un altro personaggio nel quale l'Invidia distruttiva è molto forte, anche se essa, per pura fortuna, non produce effetti tanto deleteri quanto quelli che abbiamo appena considerato, esaminando Iago. Si tratta di Amaranta Buendìa, l'ultimogenita dei coniugi fondatori di Macondo, abbandonata dalla madre poco dopo la nascita per inseguire il fratello scomparso e che nutre, soprattutto, un sentimento d'invidia e di risentimento verso la sorellastra Rebeca, alla quale contende l'amore dell'insegnante italiano di pianola Pietro Crespi. Il sentimento di rivalità che Amaranta nutre, nei confronti di Rebeca, è tanto forte che essa giunge fino al punto di giurare di avvelenarla, piuttosto che di vederla sposa con Pietro. Come sarà evidente

[217] Shakespeare W. *Otello* Trad. it. Garzanti, 2007

nel resto del romanzo in realtà non è l'uomo reale a interessare veramente Amaranta ma, piuttosto, l'immagine del desiderio che aveva nutrito fino a quando l'uomo era di un'altra e non suo. Amaranta, tuttavia, a differenza di Iago sarà perseguitata dai sensi di colpa e, per punirsi di aver spinto col suo rifiuto l'italiano al suicidio, si brucerà la mano destra mettendola sul fuoco e indosserà fino al giorno della morte, in segno di lutto, una benda nera per coprire le bruciature.

Immagine negativa di sé.

Una delle conseguenze più evidenti del senso di carenza di questo tipo, è quella di sottolineare le proprie mancanze piuttosto che i meriti. Un'immagine negativa di se stessi esprime da un lato la bassa autostima che molti Quattro nutrono e, dall'altra, una forma di strana fierezza per essere, in ogni caso, particolari e non banali come vengono percepiti gli altri. La contropartita, infatti, di questa particolare immagine è che gli invidiosi sentono di essere autentici e di nutrire sentimenti più profondi di quelli che prova la maggior parte delle persone.
Nel film *Settembre*[218] diretto da Woody Allen, troviamo un eccellente esempio di questo tratto caratteristico nel personaggio di Lane, che è un po' la drammatica contropartita dell'esuberante e insensibile madre (tratteggiata, a quanto si dice, sulla figura di una famosa attrice reale), che, parlando della figlia, non esita a dire che si veste come un profugo polacco e si presenta ancora peggio. Lane, che gravita sull'orlo di un esaurimento nervoso dopo un tentativo di suicidio, si trascura effettivamente sia nell'aspetto fisico che nell'espressione dei suoi bisogni, anche se è desiderata apertamente da Howard, un insegnante di francese e nutre una cotta segreta per Peter, un uomo che sta preparando la biografia della madre ed è, a sua volta, invaghito di una sua amica. Così, quando fra questi ultimi scoppia la passione, Lane si ritrova a essere sconvolta ed è ancora più scossa dalla notizia che la madre non vuole farle vendere la villa nella quale si trovano; un atto per lei indispensabile per permetterle di pagarsi la psicoterapia.
Alla fine del film, dopo un intenso e drammaticissimo confronto, la madre cede e permette alla figlia di realizzare la vendita della villa. Questo consente a Lane di continuare a nutrire la speranza in una vita diversa a New York dopo l'estate, la speranza che possa vivere un amore impossibile, la speranza, in qualcosa di bello e di buono che verrà. Come il Quattro sente profondamente dentro di sé, quando qualcosa finisce

---

[218] Settembre (September, Usa 1987)

qualcosa comincia anche e, in questo caso, potrebbe portargli un poco di agognata felicità.
Una forma di drammaticità contraddistingue anche Jane Burnham, figlia sedicenne del protagonista del film *American Beauty* che, nonostante lo sfacelo che colpisce la sua famiglia e la cattiva immagine che ha di sé (soprattutto quando si paragona alla sua esuberante amica Angela), rappresenta quella nota di speranza nel futuro che da un senso meno negativo all'intero film.
Più drammatico è il caso di Neil Perry uno dei ragazzi protagonisti del bel film *L'Attimo Fuggente*[219] osteggiato dal gelido e insensibile padre nella sua voglia di diventare un attore ed esprimere così appieno la sua personalità ipersensibile e appassionata. Incapace di fronteggiare la prepotenza del genitore e costretto a subire scelte che non rispettano assolutamente la sua volontà e le sue inclinazioni, Neil non riesce a trovare dentro di sé la forza per continuare e, soggiacendo a una tendenza che spesso è forte nei Quattro che si sentono poco importanti e realmente incompresi, finisce per suicidarsi.

Attenzione alla sofferenza.

L'attenzione alla sofferenza porta i Quattro a essere molto concentrati sulle conseguenze emozionali delle loro azioni e li fa anche essere empatici e comprensivi verso gli altri, se scattano in loro adeguati meccanismi di identificazione. Questa attenzione fornisce il combustibile per la creatività artistica e l'introspezione e, tuttavia, essa fa anche sì che il Quattro sia profondamente preso dai suoi sentimenti e senta di percepire le cose con tanta sensibilità e profondità da non potere essere compreso dagli altri, cosa questa che lo fa profondamente soffrire.
Tutto ciò è particolarmente evidente, ad esempio, nel personaggio di Anna Karenina, la protagonista dell'omonimo romanzo di Lev Tolstoj[220]. Anna bellissima e irrequieta si concede al conte Vronskij e inizia una relazione adulterina con lui che fa sparlare mezza San Pietroburgo. Di conseguenza abbandona il tetto coniugale (e il figlio) e con l'amante inizia a viaggiare per l'Europa. I due sperano così di poter coronare il loro sogno d'amore ma, dopo l'entusiasmo iniziale, le dinamiche profonde delle loro tipologie cominciano a farsi sentire. Così Anna ritiene di doversi sentire in colpa per quanto accaduto e vorrebbe provare rimorso, per aver fatto soffrire suo marito e suo figlio, abbandonandoli. In questa prima fase però, pur pensando spesso alle implicazioni della sua situazione, ciò non le riesce,

219 L'attimo fuggente (Dead Poets Society, Usa 1989)
220 L.Tolstoj *Anna Karenina*

perché è felice e sollevata di essere lì, con un nuovo compagno e la nuova figlia. Ben presto, tuttavia, entrambi gli amanti comprendono – come scrive con sagacia Tolstoj – "*che questo appagamento gli aveva mostrato l'errore che commettono gli uomini che si figurano la felicità nella soddisfazione di un desiderio*»."
I giorni felici passano presto e, mentre Vronskij, non potendo neppure frequentare l'alta società locale a causa della situazione incresciosa in cui si trova, si dà a vari passatempi e in particolare all'antiquariato, per Anna comincia un calvario nel quale si concentra sempre di più sulle proprie sofferenze, sul senso di perdita che prova per la lontananza del figlio, la presunta indifferenza dell'amante, la vergogna del marito abbandonato e, infine, sul proprio desolante senso di disperazione per non sentirsi amata, che non trova più lacrime o lamenti per esprimersi esteriormente ma solo un sordo, incessante, fantasticare interiore. Acutamente Tolstoj mette le seguenti parole in testa ad Anna: "*La vergogna e l'onta di Aleksèj Aleksàndroviè, e di Serëža, e la mia orribile vergogna, tutto sanerà la morte. Morire: lui allora si pentirà, si impietosirà, mi amerà, soffrirà per me...» Con un sorriso di pietà verso se stessa, che le si era stampato sul viso, si sedette in poltrona, togliendo e infilando gli anelli dalla mano sinistra, immaginando in modo vivo e sotto vari aspetti i sentimenti di lui dopo la sua morte*".
Se un Quattro giunge a essere sopraffatto dal proprio stare male è probabile che vengano meno anche le difese indotte dall'istinto di conservazione e che, pur di far cessare le proprie sofferenze, si possa commettere suicidio. Ciò è quello che fa Anna nel finale del libro.
Molto simili dal punto di vista dell'attenzione alla sofferenza sono le storie dei cantanti Jim Morrison e Luigi Tenco. Nel primo, in particolare, questa tendenza pervadeva quasi ogni testo da lui scritto ed egli faceva risalire questa sua propensione, quasi morbosa, a un episodio accadutogli durante l'infanzia quando, viaggiando in auto con i suoi genitori, s'imbatté in un camion di lavoratori indiani che era andato a sbattere contro un pullman. Il piccolo Jim fu così colpito da quello che percepì in quella scena, da convincersi che le anime di quei moribondi fossero entrate nella sua anima, lasciandolo per il resto della sua vita ipersensibile verso la morte e il dolore.

Auto assorbimento.

Il mondo emozionale del Quattro può essere così ricco di sfumature da assorbire quasi completamente l'attenzione della coscienza della persona e causare dei fenomeni di auto assorbimento, nei quali i Quattro indulgono con frequenza e piacere. In questi casi è come se gli stimoli del mondo

esteriore agissero come reagenti, che permettono alla persona di poter indulgere nella complessità delle elaborazioni interiori svolte dentro di sé. Questo lavorio da un lato arricchisce la capacità di comprensione e di analisi emozionale dei Quattro ma dall'altro li isola in una realtà auto elaborata, che spesso è frutto più di una distorsione soggettiva che non della percezione oggettiva. A causa di questo auto assorbimento il Quattro è anche il tipo che dà la maggiore importanza alla capacità degli altri di decodificare i messaggi, spesso elusivi, che si nascondono dietro le sfumature delle sue manifestazioni e ritiene che chi lo ama debba necessariamente comprendere i suoi desideri profondi. Per tale motivo non è infrequente che gli Invidiosi si sentano incompresi, perfino dalle persone a loro più care e che questa presunta incomprensione li faccia molto soffrire, anche quando questa convinzione non è fondata.
Una molteplicità di personaggi reali e di fantasia illustra bene questa caratteristica dell'Invidia ma fra essi spicca in modo evidente lo scrittore francese Marcel Proust, l'autore della monumentale opera *Alla Ricerca del Tempo Perduto.* Oltre ad una quasi volontaria reclusione fisica, che gli serviva per amplificare l'aspetto emozionale (questo è ciò che distingue i periodi di ritiro di un Quattro rispetto all'abitudine rinunciataria di un Cinque, che è, soprattutto, evitamento del sentimento), Proust era un praticante e un teorizzatore della cosiddetta *memoria spontanea* in contrapposizione alla normale memoria volontaria.
La seconda, secondo l'autore, ci permette di riportare volontariamente alla coscienza e di rivivere episodi del nostro passato in un modo razionale e quasi oggettivo, senza, tuttavia, farci rivivere "l'esperienza" complessiva che provammo, mentre la prima è del tutto diversa. Grazie ad essa, infatti, che viene attivata da una sensazione o una impressione fortuita, siamo in grado di rivivere la parte più profonda di quella esperienza, pertanto è anche un penetrare nelle dimensioni del tempo soggettivo che si dilata e prende il posto di quello oggettivo. In questo modo, attraverso un'auto assorbimento che partendo da un evento casuale modifica la percezione stessa dell'eternità e dell'universale, Proust riteneva che si potesse trascendere le dimensioni del tempo e della limitatezza dell'esistenza.
Molto in linea con quello che si è detto a proposito di Proust è il personaggio di Gabriel Conroy, il protagonista del citato romanzo breve *Gente di Dublino* di James Joyce, che appare per tutto il racconto quasi sempre concentrato sulle proprie sensazioni e che, nel commovente finale dello stesso, giunge a trasformare ogni stimolo del mondo esterno in un frammento del percorso interiore di auto consapevolezza e di crescita che sente di stare vivendo. Gabriel, come molti Quattro, scopre d'improvviso che un muro di incomprensione si è sempre levato fra lui e la moglie ma, a differenza di molti altri, riesce ad empatizzare con il contenuto

emozionale doloroso che questa gli ha trasmesso e, andando aldilà dell'iniziale dispiacere provocatogli dalle sue parole, riesce a penetrare nel profondo delle ragioni dell'esistenza umana, giungendo ad una dimensione in cui il soggettivo, che pure è totale, cessa di essere tale perché diventa nulla e, quindi, infinito.
A un livello sicuramente inferiore si situa, invece, il processo di "assorbimento" sui propri sentimenti e sulle proprie volontà di Shylock[221] che, aldilà dell'insopportabile razzismo antisemita col quale lo disegnò Shakespeare, presenta spiccatamente le caratteristiche di un Quattro incapace di andare aldilà del suo desiderio di vendetta a lungo termine (il Quattro, a differenza di un Otto, è capace di sopportare per molto tempo, prima di poter avere la vendetta a lungo agognata) e che soggiace, a causa di una sensibilità ormai esacerbata, alla tendenza a deformare le intenzioni e i comportamenti degli altri, che è propria dell'Invidia.
La famosa perorazione di Shylock: "*Non ha occhi un ebreo? Non ha mani, organi, statura, sensi, affetti, passioni? Non si nutre anche lui di cibo? Non sente anche lui le ferite? Non è soggetto anche lui ai malanni e sanato dalle medicine, scaldato e gelato anche lui dall'estate e dall'inverno come un cristiano? Se ci pungete non diamo sangue, noi? Se ci fate il solletico, non ridiamo? Se ci avvelenate non moriamo?* ", illustra sia la sua sensibilità che la capacità di guardare alla universalità dell'esistenza umana. Il suo grido oltrepassa la situazione che lo ha generato, per affermare una giustizia che ha come legge suprema il diritto dell'uomo a venire considerato soprattutto un essere umano, aldilà delle connotazioni religiose (o razziali). Il monologo, non a caso, sarà assunto a emblema dalla cultura della tolleranza, per rivendicare i diritti umani e civili a tutte le "minoranze" e i cosiddetti "diversi". Tuttavia, nonostante le sventure e i suoi dispiaceri, per i quali è facile provare simpatia, l'auto assorbimento e la cura del proprio interesse portano Shylock, nel finale della commedia, a rinunciare anche alla sua dignità e questo riduce inevitabilmente la grandezza tragica della sua figura.

Dipendenza.

Il tratto della dipendenza è attivo nella presenza di molti Quattro nella forma dell'incapacità di badare a se stessi in modo soddisfacente, o di un sentirsi tanto necessitante di sostegno da dover richiedere l'appoggio emozionale costante di qualcuno, col quale si instaura un rapporto di sottomissione ed insieme di contrapposizione. Molte degli esempi riportati dalla psicologa Robin Norwood nel suo bel libro *Donne che Amano*

---

[221] Shakespeare W. *Il Mercante di Venezia* Trad. it. Garzanti, 2007

Troppo[222], riguardano delle Quattro che presentano questa caratteristica in maniera marcata.
La dipendenza è, in ogni caso, vissuta con imbarazzo e allo stesso tempo con speranza, perché richiama inevitabilmente la relazione che si visse con il genitore condizionante e i tentativi posti in atto per cercare di compiacerlo e di ottenerne il favore.
Non meraviglia, di conseguenza, che persone e personaggi che mostrano in modo rilevante questo tratto siano fragili, tormentati, ipersensibili e quasi incapaci di difendersi dalle avversità che la vita propone loro, in una misura superiore a quella degli altri tipi e perfino degli altri Quattro che non mostrano questa caratteristica.
Fra i tanti esempi è evidente quello di Grace Barron, un personaggio minore del film *Mr. E Mrs. Bridge,*[223] la cui trama è stata tratta dagli omonimi romanzi, che vive, diversamente dalla sua amica India Bridge, con estrema difficoltà sia il suo dipendere dal marito banchiere, sia il sentirsi continuamente non a posto nella società di provincia dove vive. Grace si incolpa, senza alcuna ragione oggettiva, di ogni difficoltà che il marito deve affrontare nel suo lavoro e non riesce, soprattutto, a perdonarsi l'incapacità a vivere una vota diversa da quella che vive. Il suo suicidio non è paragonabile a quello che opera Anna Karenina, perché in Grace è forte il sentirsi diversa, non omologabile, estranea alla società in cui vive e, tuttavia, da essa e dai suoi riti dipendente.
Di una forma di estrema dipendenza, che sconfina nell'ossessione d'amore e diventerà schizofrenia, soffre anche Adele, l'ultimogenita figlia dello scrittore francese Victor Hugo, protagonista del film *Adele H, Una Storia d'Amore*, nel quale si narra del suo estremo attaccamento ad un ufficiale inglese, col cui aveva avuto in passato una relazione ma che successivamente non la voleva più.
Nella storia di Adele si deve, necessariamente, oltre al rifiuto reiterato da parte dell'uomo, considerare anche la ferita da lei sofferta a causa della morte della sorella Alfonsine, figlia prediletta del grande scrittore che, a causa di questo evento luttuoso, finì per rinchiudersi in una sorta di isolamento affettivo del quale proprio Adele subì le conseguenze maggiori.
Questa sorta di doppio abbandono probabilmente portò la donna a distaccarsi da ambedue gli uomini, per rifugiarsi in una profonda solitudine che la condusse lentamente alla follia. Un cammino all'interno di un sentimento ossessivo e straziante che, deformando la percezione del

222 Noorwood R. *Donne Che Amano Troppo* Feltrinelli
223 Mr. & Mrs. Bridge (Id., GB 1990)

sé, la privò del proprio cuore e della propria anima, prima di giungere alla dissoluzione del proprio corpo.
Stella DuBois, coprotagonista del dramma di Tennessee Williams *Un Tram Che Si Chiama Desiderio,* è un altro personaggio che presenta una spiccata dipendenza dal marito, Stanley Kowalski, da lei sposato probabilmente proprio perché non le lascia spazio di autonomia alcuno e perché la domina sia emozionalmente sia fisicamente. Il rapporto quasi sado-masochistico fra Stella e il marito verrà, in qualche modo, compromesso dall'arrivo di Blanche, la sorella di Stella, (anch'essa un Quattro), che agirà come un fattore detonante nella relazione e sarà, in ultima analisi, la causa della rivendicazione di Stella e della sua liberazione.

Empatia.

Il Quattro è, in linea di massima, il tipo più capace di empatizzare con i sentimenti degli altri, anche se va sottolineato che tale tratto non dipende dalla simpatia o antipatia che si può provare istintivamente verso qualcuno ma è frutto della capacità di essere estremamente attenti anche alla più minuta sfumatura emozionale. In concreto, tuttavia, questo tipo può provare una vera empatia solo se scatta un sentimento di identificazione con i sentimenti dolorosi che l'altro prova, altrimenti non è infrequente che gli invidiosi possano diventare molto astiosi e fieramente opporsi a coloro che avvertono come pretenziosi o insensibili.
La figura archetipica che meglio esemplifica questa qualità è sicuramente quella del titano Prometeo, il benefattore del genere umano, che, a causa dell'empatia che provava verso gli uomini e la loro triste condizione di essere soggetti al freddo e al buio delle tenebre, rubò il simbolico fuoco della coscienza e della ragione dalla dimora degli dei per donarlo loro, suscitando l'ira terribile di Zeus. Questi, infatti, punì il gigante facendolo legare ad una roccia ed inviandogli un'aquila che gli mangiava ogni giorno il fegato (un organo strettamente connesso all'Invidia, visto che produce l'eccesso di bile tipico dei fenomeni di rabbia introiettata) che gli ricresceva quotidianamente, come effetto collaterale della condanna.
A differenza di Lucifero che, come abbiamo già visto, cadde dal paradiso come conseguenza di un'ingiusta ribellione, dettata dalla superbia e dall'invidia, Prometeo incarna i valori positivi di chi combatte le arbitrarie imposizioni a causa del profondo sentimento di empatia che prova verso i più deboli e coloro che soffrono. Non a caso la sua figura fu oggetto di innumerevoli interpretazioni da parte di pittori, scultori e scrittori fino a diventare un vero e proprio oggetto di culto durante il romanticismo, un movimento artistico che rispecchia completamente i valori più intensi del

Quattro, e in quel periodo egli era considerato come l'emblema stesso della condizione umana.
Perfino nel mondo dei fumetti possiamo trovare dei personaggi di questo tipo, che mostrano di avere questo tratto in maniera marcata. In particolare ciò è evidente nel caso di Silver Surfer, il cavaliere argenteo tormentato dalla malinconia per il suo amore perduto e per il suo mondo, che ha dovuto abbandonare e che sarà costretto a restare sulla Terra a causa dell'empatia che dapprima proverà per la scultrice cieca Alicia Masters e poi per il resto del genere umano. In più di un episodio delle serie di cui è protagonista, Surfer dimostra che, malgrado i suoi super poteri lo rendano più simile ad un dio che ad un essere limitato e vulnerabile, la capacità di percepire i sentimenti degli altri e di saperli comprendere, gli permettono di essere estremamente vicino a tutti gli esseri senzienti. In un episodio, in particolare, Surfer, percorrendo per il suo ultimo viaggio gran parte dell'universo, si imbatte in due razze che si odiano e si combattono da oltre cinquanta generazioni e, con la sua capacità di comprendere le ragioni e soprattutto i sentimenti che ambedue provavano, riesce a riportare in breve tempo la pace nei pianeti in cui esse vivevano.
Vista la tendenza quasi ecumenica che questa caratteristica comporta, non è difficile da capire che molti uomini di fede la presentino in misura elevata. Fra i tantissimi è il caso di citare Thomas Merton che, grazie a essa, riuscì a gettare un ponte fra fedi almeno in apparenza radicalmente diverse fra loro come il buddismo, l'induismo e la religione cristiana. Ancora più evidente era l'empatia in Giovanni della Croce che, malgrado tutte le sofferenze patite durante il periodo di detenzione (subito da innocente, a causa di un equivoco) in un'oscura prigione, e forse proprio a causa di questo, riusciva a comprendere con estrema empatia le debolezze e le motivazioni degli altri e a essere loro vicini nel difficile percorso di ascesa verso l'amore di Cristo.[224]

Ipersensibilità e Romanticismo.

In una sua bella composizione un cantante Quattro affermava che: "*Ogni cosa lascia il segno su di un'anima sensibile*" e credo che tutti gli appartenenti a questo tipo siano pronti a sottoscrivere quest'affermazione in pieno. Tuttavia, a causa della negativa immagine di sé, questa ipersensibilità inclina spesso verso una immaginazione, caratteristica distintiva del movimento artistico romantico, che tende a deformare e

224 Vedi, ad esempio, l'acutezza psicologica e la comprensione delle debolezze umane, che non vengono giudicate, ma considerate come irrisolutezze proprie dell'umanità, descritte in *La Notte Oscura dell'Anima.*

rendere quasi grottesche perfino le proprie percezioni. Così Jim Morrison, di cui ho parlato in precedenza, ebbe a dire a proposito della sua capacità di comprendere ed esprimere i sentimenti: "*Mi considero un essere umano intelligente e sensibile e, tuttavia, ho l'anima di un clown".*

Questi tratti favoriscono l'espressione artistica e accrescono il desiderio per ciò che è irraggiungibile, perduto o lontano, che viene visto, traverso gli occhi della ipersensibilità, come avvolto da un velo di dolce e soffusa tenerezza, che la realtà non riesce ad offrire. Quanto questa tendenza sia in assoluto una delle più proprie del Quattro, può essere capito leggendo una delle prime poesie della letteratura occidentale, quella del trovatore occitanico Jaufrè Rudel, che, rompendo con la tradizione poetica del suo tempo, giunse ad innamorarsi perdutamente di una donna che non aveva perfino mai veduto ma la cui descrizione aveva acceso la sua immaginazione imprimendosi indelebilmente nella sua sensibilità.

Queste le parole con le quali il poeta, precorrendo di secoli il Romanticismo, descriveva ciò che provava nel suo animo: "*Amore di terra lontana/per voi tutto il cuore mi duole,/ né posso trovar medicina/se non vado al suo richiamo...... Anelo di sera e mattina/a quella che amore più chiamo;/la voglia la mente fa insana,/la brama mi ruba quel sole,/più acuta puntura che spina/è il duolo che gioia risana:/né lacrima voglio compagna".*

Quasi tutti gli artisti dell'epoca romantica presentano questi due tratti a un livello molto intenso, ma fra essi spicca, anche per la sua notorietà, il compositore russo Petr Cajkosvkij, le cui inclinazioni omosessuali, in una società molto sessuofobica, ne aumentarono l'estrema emotività e la tendenza a vivere stati depressivi che gli permettevano, tuttavia, di esprimere la sua tormentata sensibilità in opere che sono considerate il manifesto della musica appassionata e, insieme, malinconica. Come è stato riportato dal suo biografo Michel-Rotislav Hofmann, a riprova della tendenza alla ipersensibilità del musicista, "a *Cajkosvkij bastava poco: la partenza di un amico, un tramonto, il paesaggio russo, un ricordo lontano, come quello dell'anniversario della morte della madre e questo non gli permetteva di chiudere occhio per una notte intera*".[225] Alcune fra le sue composizioni, come ad esempio il celeberrimo concerto per piano numero 1 opera 23 o la sinfonia numero 6 definita, non a caso, la *Patetica*, sono considerate il manifesto stesso della musica dell'epoca romantica.

Queste specificità sono state molto evidenti anche in diversi attori, permettendo loro di fornire interpretazioni colorate di un forte senso di drammaticità e di un'intensità derivante dall'ipersensibilità con la quale affrontavano le parti loro assegnate. Fra i tanti vale la pena di segnalare

---

[225] Vedi Michel-Rotislav Hofmann, *Tchaikovski*, Paris, Edition du Seuil, 1959

come esempi James Dean e Anna Magnani. Ambedue colpiti da gravi perdite di familiari nella prima infanzia (la Magnani non conobbe mai il padre e Dean lo perse precocemente) e mandati a vivere lontano dal loro ambiente natio, sentirono appieno il dolore derivante dall'avere un genitore rifiutante/respingente e svilupparono da adulti un'ipersensibilità che li portava spesso a interpretare le parti che dovevano recitare con un'impulsività e spontaneità assenti nei copioni di riferimento.
Memorabili, al proposito, l'interpretazione di Dean nella *Valle dell'Eden*, quando, anziché tenersi lontano dal padre che aveva rifiutato il suo dono, come previsto dallo script, abbracciò con trasporto e spontaneità l'attore che lo interpretava e le varie scene nelle quali la Magnani, interpretando il testo a proprio modo, lo trasformò in un manifesto della sensibilità emozionale ferita.
Come tutti i Quattro ambedue gli attori cercavano l'amore ma sembrava che l'amore non facesse altro che ferirli. Come disse la Magnani: "*L'amore? Toglietemi pure tutto, l'Oscar, il denaro, la casa, ma l'amore no, non portatemelo via: l'amore è pioggia e vento, è sole e stella. L'amore è respiro e, lo so, lo so, è veleno. Certe sere mi dico: Anna apri l'occhio, questa è la cotta che ti manda al creatore.... Perché, vedi, lo ammetto ho un carattere eccessivo e smodato. Non mi so frenare, ogni volta che amo mi impegolo fino ai capelli. Sapessi che strazio, poi uscirne vivi, che tragedia scappare! E una mattina ti svegli nel letto e non hai più sangue. Ma poi ricomincia ed è meraviglioso".*
Fra i tantissimi personaggi letterari che presentano spiccatamente queste caratteristiche, mi limiterò a ricordare solo quello di Gustav von Aschenbach, il protagonista del romanzo breve *Morte a Venezia* di Thomas Mann, la cui ipersensibilità per la bellezza lo porta a sviluppare un attaccamento ideale per uno splendido fanciullo polacco, Tadzio, che diventa ben presto trasformazione romantica del soggetto idealizzato (qualcosa che è estremamente comune nel Quattro) e successivamente un amore appassionato, seppur platonico, che lo conduce, nel più comune dei luoghi comuni sulla pericolosità dell'amore totalizzante, alla morte.

Arroganza Competitiva.

Questo tratto, diretta espressione della tendenza alla Rivendicazione, si manifesta attraverso un non volere sentirsi inferiore a figure che sembrano ritenersi superiori e porta a comportamenti molto aggressivi e a una forma di snobismo arrogante. "*Tu non sei migliore di me*", potrebbe essere la frase idiomatica che esprime in maniera esaustiva questa tendenza, perché qui, a differenza di quello che abbiamo visto in opera nel Due, non opera

tanto un ingrandimento della propria immagine quanto, piuttosto, un tentativo di ridimensionare l'immagine dell'altro.
L'arroganza competitiva porta, talvolta, a comportamenti che cercano di scimmiottare alcune delle caratteristiche che possiedono coloro che, da un altro punto di vista, i Quattro sentono intimamente di detestare, perché esempi di quello che loro vorrebbero essere. Un evidente esempio di questa tendenza può essere riscontrato nel personaggio cinematografico di Salieri, il coprotagonista del film *Amadeus,* dedicato alla vita del celeberrimo compositore viennese, che ci viene mostrato come incapace di godersi il suo pur notevole successo professionale, a causa dell'invidia che prova per Mozart, la cui musica, secondo lui, è la voce stessa di Dio. Alla fine del film Salieri, sentendosi incapace di raggiungere le vette del compositore, reagisce, sviluppando verso di lui un'arroganza competitiva e una distruttività che, pur senza raggiungere i livelli di Iago, tendono a screditare Mozart in tutti i modi. Ciononostante, egli continua ad apprezzarne enormemente l'opera e, per questo, cercherà in tutti i modi di appropriarsi della composizione che il grande salisburghese sta componendo in punto di morte.
Nella epopea di Herry Potter occupa un posto di grande rilievo un altro personaggio che presenta una evidente alterigia competitiva che sembra rivolta verso il ragazzo, ogni volta etichettato come arrogante (questo ci dice come, quasi tutti, siamo incapaci di vedere che attribuiamo ad altri cose che ci appartengono) e pigro ma che, a ben vedere, egli nutriva e continua a nutrire verso la figura del padre del maghetto, perché durante l'adolescenza egli lo aveva maltrattato ed era stato suo persecutore e rivale in amore. Parlo, ovviamente, del professor Piton, che rivela la sua grandezza tragica e la sensibilità profonda, tenuta nascosta per tanti anni, solo quando moribondo rivela a Herry, tramite una (non a caso) simbolica lacrima, l'amore che aveva sempre nutrito per sua madre e l'affezione che aveva anche per lui.
Fortemente irosa e competitiva, almeno all'inizio del rapporto con la coprotagonista Jasmin, è anche la figura di Brenda, la proprietaria dello scalcinato *Bagdad Cafè*[226] che dà il titolo in italiano al bel film di Percy Adlon. Man mano che la fiducia fra le due donne aumenta, Brenda sente che l'altra sta facendo presa dentro di lei, che forse si può permettere di riaprire il suo cuore a un sentimento di vero affetto, malgrado tutte le delusioni e le tristezze che ha dovuto vivere e che l'avevano piegata e resa perfino quasi estranea a se stessa e ai suoi figli. Il percorso evolutivo delle due protagoniste permette alla fine ad ambedue di ritrovare una relazione

[226] Bagdad Cafè (Out of Rosenheim, Ger 1987)

affettiva con un nuovo partner e a Brenda, in particolare, di sentirsi veramente incoraggiata nelle sue scelte.

Tendenza a deprimersi.

Una tendenza alla depressione, spesso di tipo esistenziale, è molto comune in questo tipo, anche perché essa si associa frequentemente a quel processo di esaltazione/delusione per eventi o persone, che ho descritto in precedenza e alle conseguenze dei spesso irrisolti sensi di colpa di cui la persona si sente vittima. La depressione, in senso generale, fa perdere interesse per la vita e, quando raggiunge livelli elevati, induce anche a perdere la speranza che le cose possano cambiare. Se questa è una dura esperienza per chiunque, lo è ancor di più per un Quattro, che lotta tutta la vita con una strisciante Disperazione che è il risultato dei messaggi ricevuti nel proprio ambiente di crescita.
Molta fiction si è occupata di rappresentare persone di questo tipo (anche se non è necessariamente vero che tutti quelli che soffrono di depressione maggiore siano Quattro), mentre debbono combattere per un periodo più o meno lungo con questo male oscuro. Fra i tanti vale la pena di ricordare *Un Angelo alla Mia Tavola*[227], incentrato sulla storia reale della scrittrice Janet Frame, che visse internata per parecchi anni in un istituto psichiatrico dopo un tentativo di suicidio e fu salvata dalla lobotomia solo grazie al successo ottenuto dal suo primo romanzo.
Non fa meraviglia, quindi, che le crisi depressive dei Quattro possano avere come esito un suicidio solo tentato o riuscito, vissuto anche come atto di accusa postumo verso coloro che non furono in grado di decodificare, comprendere e rispondere positivamente ai messaggi nascosti implicitamente dietro il dolore dei sintomi depressivi. Spesso, infatti, chi sta vicino alla persona depressa, ha una visione sbagliata di questo disturbo, perché pensa che, per risolvere il problema, la persona che ne soffre debba solo provare a fare uno sforzo di volontà o "stare più tranquillo".
Questo è il caso, davvero notissimo, del grande pittore olandese Vincent Van Gogh, che concluse il percorso della sua vita terrena con un suicidio dettato, probabilmente, oltre che dal dolore di soffrire di una non ben chiara forma di disturbo mentale anche e soprattutto a causa dalla depressione, che aveva accompagnato per molto tempo il suo isolamento e l'incomprensione per il suo desiderio di trovare qualcosa di veramente significativo per cui vivere.

---

[227] *Un angelo alla mia tavola* (An Angel at My Table, NZ 1990

Estremamente depresso ed oppresso dei sensi di colpa, per aver causato la morte del suo miglior amico (al quale, peraltro, era anche legato da una forte attrazione probabilmente di tipo omosessuale) è il personaggio di Brick Pollitt, il protagonista maschile del citato film *La Gatta sul Tetto che Scotta* tratto dall'omonimo dramma di Tennessee Williams. Incapace di reagire, Brick dirige contro se stesso, nel modo tipico di molti Quattro, la sua rabbia, annegando nell'alcool l'incapacità ad affrontare le problematiche profonde della sua vita. Brick mette anche bene in mostra alcune specificità proprie dei percorsi depressivi dei Quattro, quali l'idealizzazione eccessiva di alcune persone, la troppa rilevanza che viene data a quello che si sarebbe potuto o non potuto fare in una data situazione, il perfezionismo che viene utilizzato per amplificare il senso di deficienza- indegnità e l'introversione della rabbia che si dirige verso il proprio sé.

Battersi per i più deboli.

Questo tratto discende, evidentemente, dalla tendenza ad identificarsi con coloro che sono soggetti all'arbitrio e alla prepotenza dei più forti (è però escluso il caso nel quale è il Quattro stesso a trovarsi nella posizione di autorità, perché l'ego, come accade anche per ogni altro tipo, non riesce a vedersi quando mette in atto quello che gli sembra più riprovevole) e porta molti invidiosi a battersi contro ogni forma di ingiustizia, percepita come un approfittarsi della debolezza di un altro. Dato il modello culturale della nostra società, in cui il genere maschile è quello dominante, molte donne Quattro hanno, per tale motivo, partecipato in prima linea ai movimenti di emancipazione femminile, sentendo di dover riparare a una forma di discriminazione sessuale.
In genere questo tratto favorisce un atteggiamento rivoluzionario, simile a quello che vedremo in opera anche nel tipo Otto, o, perlomeno, a una spinta alla trasformazione della società in un senso che renda più paritarie le opportunità di crescita e sviluppo professionale e personale. Una posizione che può essere riassunta con le parole usate dal poeta Quattro russo Vladimir Majakovskij nel poemetto da lui dedicato a Lenin: “"*Noi, anche ad ogni cuoca insegneremo a dirigere lo stato*".[228]
Qualcosa di analogo può essere considerato essere la motivazione sottostante a molte delle azioni e delle iniziative del famoso cantante Bob Dylan, le cui battaglie sociali, volte a favore del pacifismo e per garantire i diritti umani ai discriminati e più bisognosi, hanno fatto la storia degli

---

[228] *Vladimir Lenin* in V. Majakovskij: *Opere Scelte*, Milano 1969 Feltrinelli Editore, pag. 87 e segg.

anni sessanta e settanta del secolo scorso. In particolare la famosa canzone *Hurricane,* cantata da Dylan per protestare contro di quello che egli riteneva (e, molto probabilmente, lo era per davvero) un clamoroso errore giudiziario, è un esempio di come i Quattro possano assumere posizioni estremamente impopolari ed essere combattivi, se si tratta di battersi per i discriminati o per coloro che sono oggetto di vessazione da parte di una ingiusta autorità.
Anche la malinconica e crepuscolare scrittrice danese Karen Dinesen, meglio conosciuta col nome del marito von Blixen, aveva molto sviluppato questo tratto e, come lei stessa raccontò in uno dei momenti più toccanti del suo capolavoro *La Mia Africa*[229], non esitò addirittura a inginocchiarsi alla presenza di tutta la nobiltà locale, nonostante il suo titolo nobiliare, davanti al governatore inglese, per chiedergli di aiutare le povere popolazioni locali che lei avrebbe dovuto abbandonare al loro destino per ritornare in Europa.

Raffinatezza e senso estetico.

L'estrema attenzione all'immagine, propria dei tipi del centro dell'Emozione, diventa nel tipo Quattro la necessità di presentare un aspetto che possa rappresentare all'esterno la ricchezza e la specificità del proprio mondo interiore. Le persone di questo tipo, quindi, sono molto attente ai dettagli e cercano di presentare un'apparenza che possa far trasparire la propria specialità. Spesso questo si traduce nella adozione di un abbigliamento stravagante e bizzarro, che spesso va contro le modalità estetiche sociali dominanti, come nel caso, ad esempio, del moderno movimento di moda goth/dark o della cultura romantica del primo ottocento.
In ogni caso il senso estetico è generalmente molto sviluppato e questo, insieme alla raffinatezza nel gusto, fa sì che numerosi artisti e creatori di moda appartengano a questo tipo. In alcuni Quattro tutto questo si può celare anche sotto un aspetto apparentemente dimesso, ma, come dice un famoso proverbio, "il diavolo è nei dettagli" e in questo caso ciò significa che, dietro l'evidente modestia dell'atteggiamento generale, c'è un particolare rilevatore da ricercare e comprendere. Più in generale si può affermare che il Quattro non si accontenta mai della normalità, che appare ai suoi occhi spesso soltanto banalità e personalizza ogni cosa che fa con una nota di colore, d'accento, che esprime in modo sottile la sua percezione della bellezza ideale.

---

229 K. Dinesen Blixen - *La mia Africa* Feltrinelli Edi.

Abbiamo già visto come questi tratti siano quasi un'ossessione nel caso del già citato personaggio di Von Aschenbach, che, aldilà di presunte implicazioni pedofile, assenti del tutto nel suo autore, impersonifica l'inclinazione alla bellezza. Memorabili, a questo proposito, le seguenti parole, con le quali Mann descrive il piacere che il suo personaggio prova nell'osservare la delicata fattura delle membra del giovane Tadzio e che rispecchiano il pensiero dello stesso autore, quando affermava che- La bellezza ci può trafiggere come un dolore-:"*Ormai Aschenbach conosceva ogni linea e ogni atteggiamento di quel corpo così squisito e così liberamente rivelato; salutava con gioia sempre nuova ogni bellezza già nota, e non si saziava di ammirare con delicato piacere dei sensi.*"[230]
Estremamente raffinato, perfino nelle modalità con le quali porta a termine la sua a lungo agognata vendetta, è Edmond Dantes, il personaggio principale del romanzo *Il Conte di Montecristo* dello scrittore francese Alexandre Dumas. Egli, infatti, oltre a mostrare un gusto particolare per l'esteriore, mediante i travestimenti a effetto, l'abbigliamento ricercato, l'accostamento particolare di colori e di pietre preziose, è molto attento nel togliere, con una grande acutezza psicologica che nasce dalla raffinatezza interiore, ai suoi nemici non semplicemente la vita ma ciò che essi più bramano e per cui hanno più tramato e si sono resi colpevoli. A differenza, infatti, di quello che vedremo in azione nel tipo Otto, in Dantes, come in molti Quattro, la voglia di fare vendetta per i torti subiti (veri o presunti), diventa lo spunto per fare provare all'altro lo stesso dolore psicologico che si è patito. Così Danglars, che per invidia e desiderio di ricchezza aveva ordito il complotto che aveva portato Dantes al carcere di If, subirà il tracollo finanziario e la rovina, mentre Mondego, che aveva aiutato il primo per gelosia amorosa, patirà l'abbandono da parte della donna che aveva sempre amato e il disprezzo del figlio. Villefort, infine, che per ambizione sociale e carrierismo lo aveva condannato, pur sapendolo innocente, a un inferno nel quale il giovane Dantes avrebbe potuto perdere la ragione e la vita, perderà il ruolo per il quale aveva tanto lavorato e la stessa salute mentale, visto che sprofonderà nella pazzia.

Alla fine del romanzo Dantes non è felice per aver conseguito appieno la sua vendetta. Dumas, egli stesso un Quattro, vuole che il suo personaggio, malgrado abbia ottenuto quello che voleva e in più anche l'amore di una giovane donna che egli non credeva potesse mai amarlo, non sia dimentico di quello che gli è accaduto e di quello che ha dovuto fare e provi rimorso per questo. Le parole finali del romanzo sono probabilmente il manifesto programmatico di quello che è il credo più

[230] Thomas Mann, *La Morte a Venezia*, edizioni Mondadori 1970, pagina 107

pervicace di un tipo Quattro: "*Tutta l'umana saggezza è riposta in queste due parole- Aspettare e Sperare-.!*[231]"

Interessi Artistici ed esistenziali.

Le caratteristiche sin qui elencate portano facilmente a comprendere come il Quattro sia il tipo nel quale più facilmente si possono riscontrare interessi artistici, vissuti o da semplici fruitori di opere altrui o come autori in prima persona. La creatività artistica è naturalmente anche un mezzo per dare sollievo al tormento prodotto dalla percezione della propria carenza e non è, pertanto, strano che questo tipo sia quello in cui più abbondano gli artisti legati a una visione che considera la vita come una forma di pathos universale.

Il senso estetico e la raffinatezza, infatti, si possono osservare con facilità in moltissimi poeti appartenenti a questo tipo, uniti, inscindibilmente, a riflessioni sull'esistenza e il significato più profondo delle cose. Autori come Novalis, Rilke, Byron, Shelley, Keats, ad esempio, fondono forme di religiosità, misticismo e sensualità in un tutt'uno in cui l'incanto e la faticosità del vivere umano sono cantate in tutte le loro sfumature più complesse e rese immagini memorabili. Tuttavia, i poeti che forse meglio esemplificano come questa connessione sia pressoché inscindibile, sono i due maggiori esponenti dell'ottocento poetico italiano: Ugo Foscolo e Giacomo Leopardi.

Il primo, costretto ad abbandonare sin da piccolo la sua terra natale e poi anche forzato a lasciare l'Italia, la terra che considerava come sua patria e terra di elezione, a causa di motivi politici, sentiva in sé la determinazione dell'eroe classico costretto a combattere contro un avverso destino e l'inquietudine dell'uomo preromantico verso quel "nulla eterno", quello sconfinato oblio che attende l'uomo dopo la sua morte e le trasformava in una poesia solenne ed intima al tempo stesso. Il secondo, colpito sin da bambino da una invalidante forma di malattia, è stato probabilmente l'autore più capace di sviluppare una forma di poesia che, pur essendo squisitamente lirica e ricca di spunti estetici, è anche e soprattutto una meditazione sulle sorti della condizione umana, compiuta con il rigore filosofico di un esistenzialista e il pessimismo cosmico di un materialista.

Alla vita di Leopardi somiglia, in modo davvero notevole, anche quella del pittore francese Touluose-Latrec. Anch'egli, infatti, fu affetto da una malattia che lo costrinse a lunghe cure e lasciò uno strascico che lo marchiò per tutta la vita, rendendolo fisicamente inadatto a partecipare alla maggior parte delle attività sportive e sociali solitamente intraprese

[231] Alexandre Dumas, *Il Conte di Montecristo*, edizioni BUR 1998, pagina 915.

dagli uomini del suo ceto sociale.[232] Anch'egli, come risposta a queste disgrazie, si immerse completamente nella sua arte e preferì allontanarsi dall'ambiente familiare ma, a differenza di Leopardi, preferì frequentare la gente delle sale da ballo un po' equivoche e dei locali nei quali si praticava la prostituzione, ritenendo che soprattutto le donne rappresentassero dei soggetti molto più interessanti, a causa delle loro problematiche esistenziali, di quelli che poteva trovare in un atelier o nei salon di moda.

Sforzo per dimostrare il proprio valore- Essere incompresi.

Questi tratti possono essere letti come il logico effetto dell'avere avuto un genitore richiedente che si è cercato, inutilmente, di compiacere e del conseguente desiderio di dimostrare di essere degni di essere amati. Paradossalmente, una parte dell'impegno che si mette per dimostrare il proprio valore sta nello sforzarsi di non farlo notare in modo esplicito e ciò porta spesso alcuni Quattro a sentirsi incompresi perfino dalle persone a loro più care.

La tendenza allo sforzo costante si accompagna, quasi invariabilmente, anche ad un rifiuto della dipendenza che, come abbiamo visto, è proprio di molti altri Quattro e questo fa sì che le persone in cui questo tratto è più forte sembrano appartenere ad un altro tipo rispetto ai primi, perché (almeno in apparenza) pretendono molto di più da loro stessi che non dagli altri.

Proprio la tensione che accompagna continuamente questi Quattro e che garantisce una trama persistenza nel tempo e una plausibile conclusione, ha fatto sì che la fiction e la letteratura abbiano rappresentato molto spesso personaggi di questo tipo, nei quali l'impegno fino al sacrificio e la volontà di non mostrarlo, si abbinavano.

Perfettamente esemplificativo di queste dinamiche è il personaggio di Jaen Valjean, il protagonista del citato romanzo *I Miserabili*, di Victor Hugo. dal momento in cui il vescovo Monsignor Benvenuto, riesce a lavare la sua anima dall'odio che l'aveva avvelenata, grazie ad un atto di profondo amore e rispetto per la sua fragilità umana, che diventano per l'ex galeotto Valijean un incoraggiamento determinante nel tentativo di cambiare vita.

Le parole con le quali Hugo descrive l'effetto prodotto sull'animo di Valjean dalle parole e dalle azioni del vescovo sono così profonde, che mi sembra giusto riferirle compiutamente: "*Non poteva rendersi conto di quel che succedeva in lui e si irrigidiva contro l'azione angelica e contro*

[232] Vedi Wikipedia alla voce dedicata al pittore.

le dolci parole del vecchio: "Voi mi avete promesso di diventare un uomo onesto. Io compro l'anima vostra, la tolgo allo spirito delle perversità e la do al buon Dio". Ciò gli ritornava di continuo in mente. Opponeva a questa indulgenza celeste l'orgoglio, che è in noi come la fortezza del male. Capiva vagamente che il perdono di quel prete era il più grande assalto e il più formidabile attacco dal quale fosse mai stato scosso; che il suo indurimento sarebbe divenuto definitivo se avesse resistito a quella clemenza; che se cedeva avrebbe dovuto rinunciare a quell'odio di cui le azioni degli uomini avevano riempito la sua anima durante tanti anni, e che gli piaceva; che questa volta bisognava vincere o essere vinti, e che la lotta, una lotta colossale e decisiva, era ingaggiata tra la sua cattiveria e la bontà di quell'uomo. Davanti a tutto quel bagliore, brancolava come un ubriaco. (...)
Jean Valjean pianse a lungo. Pianse a calde lacrime, pianse a singulti, con più debolezza di una donna, con più spavento di un bambino. Mentre piangeva, nel suo cervello si faceva sempre più luce, una luce straordinaria, una luce stupenda e terribile nello stesso tempo. La sua vita passata, la prima colpa, la lunga espiazione, l'abbrutimento esteriore, l'indurimento interiore, il riacquisto della libertà rallegrata da tanti piani di vendetta, ciò che gli era accaduto dal vescovo, l'ultima cosa che aveva fatto, quel furto di quaranta soldi ad un ragazzo, delitto tanto più vile e mostruoso in quanto veniva dopo il perdono del vescovo, tutto ciò gli ritornò alla mente e gli apparve chiaramente, ma in una chiarezza che sino allora non aveva mai visto. Guardò la propria vita, e gli parve orribile: la propria anima, e gli sembrò spaventosa. Tuttavia una luce dolce era su quella vita e su quell'anima. Gli sembrava di vedere Satana alla luce del Paradiso".[233]
Dopo questo episodio e per tutto il resto del romanzo Valjean mostra i lati migliori di un Quattro che si sforza di dimostrare di essere degno del perdono ricevuto e che ha indirizzato la sua fortissima sensibilità non più verso le sue mancanze ma verso l'aiuto concreto agli altri. Tuttavia, la, già riferita difficoltà di non saper rendere evidente quello che si fa per gli altri, non permetterà a Valijean di richiedere la soddisfazione dovutagli per le sue buone azioni. Solo in punto di morte e per caso, le persone a lui più care verranno a sapere quello che egli aveva fatto per loro e potranno testimoniargli il loro affetto e chiedergli conto del suo atteggiamento.
Queste le parole che alla conclusione del romanzo una delle persone più beneficiate dall'ex galeotto gli rivolge: "*Ma voi", esclamò Mario con una collera in cui si avvertiva la venerazione, "perché non lo avete detto? E' anche colpa vostra: salvate la vita alla gente e glielo tenete nascosto!*

[233] Victor Hugo, *I Miserabili,* edizioni BUR 1998, pagina 178

Fate ancor più, anzi! Sotto il pretesto di smascherarvi, vi calunniate: è spaventoso...(...)Perché non mi avete detto che mi avevate salvato la vita?". *Ad esse Valijean risponde semplicemente: "Bisognava che tacessi; perché, se avessi parlato, avrei turbato tutto".*[234]
Non meno intenso di Valijean è il personaggio di Maggie Fitzgerald, la protagonista del film di Clint Eastwood *Million Dollar Baby*, che s'impegna moltissimo in palestra, apparentemente per diventare campionessa mondiale dei pesi welter ma in realtà per conquistare l'attenzione e l'affetto della sua famiglia fredda emozionalmente e, in particolare, della madre. In un toccante colloquio in ospedale, dopo che è stata costretta a una paralisi totale e permanente, la ragazza, rivolgendosi alla madre, le chiede che finalmente ella riconosca il suo valore, apprezzando il fatto che stava vincendo il match per il titolo mondiale. Anche in questo, però, la delusione sarà totale, poiché la richiesta sarà respinta da un raggelante e anempatico: "*Sì, ma non ci sei riuscita*".
Anche Cal Trask, il personaggio centrale del film di Elia Kazan *La Valle dell'Eden,* tratto dall'omonimo romanzo di John Steinbeck, si sforza con di ottenere l'amore e l'approvazione del padre emozionalmente respingente e viene distrutto quando quest'ultimo rifiuta i soldi che egli aveva guadagnato e che rappresentavano anche l'unica cosa che gli era riuscito di portare a compimento con successo nella sua vita.
Ha miglior fortuna, invece, Florentino Ariza, il protagonista del citato romanzo *L'Amore ai Tempi del Colera*, di Gabriel Garcia Marquez, che caparbiamente cerca di migliorare il proprio stato sociale, allo scopo di sentirsi degno di meritare l'amore di Fermina Daza, la donna della quale era perdutamente innamorato e che, per paura della forza dei propri sentimenti, lo aveva rifiutato, dopo averlo inizialmente corrisposto, per sposare un altro uomo. Florentino, sorretto dalla speranza che nutre sempre i Quattro, saprà attendere "cinquantatré anni, sette mesi e undici giorni, notti comprese", prima di poter coronare, ormai anziano, il suo sogno d'amore e far capire, come molti Quattro fanno, che per loro: " *E' la vita, più che la morte, a non avere limiti".* [235]

Fuoco dell'attenzione su ciò che manca- Capacità di apprezzare le sottigliezze.

L'attenzione del Quattro si rivolge quasi invariabilmente non a quello che ha ma a ciò che manca (in linea di massima un amore idealizzato e

234 *I Miserabili*, opera citata, pagina 1653
235 Gabriel Garcia Marquez, *L'Amore ai Tempi del Colera* edizioni Mondadori pag.427

salvifico, che li trasformi da brutto anatroccolo in splendido cigno), o a ciò che è difettoso o non va bene in una situazione. Questo suggerisce che, come abbiamo già visto nell'Uno, anche qui vi è una tendenza al perfezionismo, essa però è fondamentalmente emozionale/estetico, a differenza di quello morale/di azione dell'altro tipo.
Questa inclinazione, unita all'idealizzazione di ciò che è lontano ed irraggiungibile, porta spesso le persone di questo tipo ad assumere atteggiamenti teatrali, a lamentarsi costantemente per la sorte di cui si sentono vittime e a guardare con occhi pieno di rimpianto a ciò che si è perso, senza riuscire a valutare con oggettività quanta soddisfazione ottenevano in realtà.
L'insieme di questa caratteristica e delle altre che ho già descritto, rende il Quattro un tipo molto attento alle sottigliezze e capace di avvertire con forza sensazioni ed emozioni che altri tipi nemmeno percepiscono. Una posizione che sottolinea come, chi fa della sensibilità la sua caratteristica più rilevante, è anche colui che è più facilmente colpito da un gesto bello o cattivo o da un'attenzione ricevuta da un'altra persona, perché ne sa cogliere il significato interiore.
Un personaggio che mostra tutte insieme queste caratteristiche è quello di Ronny Cammareri, coprotagonista del film *Stregata dalla Luna*[236] che, all'inizio del film, è completamente assorbito dalla auto commiserazione e, guardando con malinconia e rabbia al proprio passato, risulta incapace di comprendere quanto l'amore che dispera di aver perso, gli venga invece spontaneamente offerto in continuazione da altre donne. Come nel caso di molti Quattro l'atteggiamento teatrale e drammatico di Cammareri è, in realtà, una specie di test che egli fa alle altre persone, per verificarne la capacità di comprensione emozionale e di interazione con lui a livello profondo.
Molto più drammatica, a causa della incapacità di liberarsi delle morbose fantasticherie melanconiche dalle quali la sua creatività traeva spunto, è stata la vicenda umana del poeta e romanziere americano Edgar Allan Poe. Colpito dalla sorte fin dalla più giovane età, con la perdita precocissima dei genitori, Poe sprofondò nella più cupa malinconia e nella disperazione dopo la perdita della moglie appena ventitreenne. In molte delle opere da lui scritte dopo quel funesto evento, il presente appare come desolatamente vuoto, cupo e privo di valore, confrontato a un passato che sembrava al poeta ricco di amore e di speranza. Il poemetto *Il Corvo*[237], scritto prima della morte della moglie, sembra essere stato quasi profetico di quello che sarebbe accaduto a Poe dopo quella terribile

---

236 Stregata dalla luna (Moonstruck, Usa 1987)

237 Poe E. A. (1845): *Il corvo. In Il corvo ed altre poesie.* Feltrinelli, Milano, 2014

perdita, visto che il protagonista, che ha perso la sua amata, rivolge a un corvo, entrato di notte nella sua casa, una serie di domande che cercano di far nascere in se stesso un barlume di speranza, ma riceve immutabilmente l'angosciante e monotona risposta: *Mai più*.

Tendenza al rimpianto e alla malinconia.

La malinconia, con la sua caratteristica di essere una negazione della definitività di molte situazioni, è strettamente collegata alle tendenze già descritte, poiché la tristezza che pervade il Quattro gli permette di continuare a celebrare un passato che non è mai visto come concluso e irripetibile ma percepito, piuttosto, come un ideale col quale confrontarsi nel presente e cui tendere.

Le occasioni perdute (vere o solo presunte), le persone con le quali si ebbe anche un solo fuggevole contatto, le cose che si sarebbe potuto far meglio, vengono rivissute frequentemente a livello emozionale e, se non generano un doloroso senso di colpa, portano perlomeno a rimpiangere la possibilità di non aver fatto un qualcosa di diverso che, nella maggior parte di questa fantasticherie, avrebbe sicuramente cambiato la vita successiva del Quattro.

Di conseguenza, questo tipo sente spesso di avere compiuto scelte sbagliate e sminuisce le situazioni della vita presente, vivendo combattuto fra il desiderio di comportarsi liberamente, per cercare di soddisfare i propri desideri e il rimpianto e il senso di colpa, derivanti dal non avere raggiunto pienamente quell'appagamento e di avere tradito, in un senso o nell'altro, se stessi.

Queste tendenze sono presenti in modo evidente in Larry Lewis, uno dei personaggi del film di Woody Allen *Un'Altra Donna*, che in un romanzo dal carattere autobiografico evoca con accenti di forte rimpianto il ricordo di una donna da lui amata e perduta. Queste alcune delle parole che, con molta acutezza, Allen fa riferire al suo personaggio: *"La conoscevo perché era l'amante di una persona che conoscevo molto bene. Avevano da poco deciso di sposarsi e per me era stata una catastrofe personale, perché dal primo momento in cui lui me l'aveva presentata, me ne ero innamorato perdutamente....Lei era incantevole ed io parlai troppo e troppo rapidamente, perché ero confuso dai miei sentimenti verso di lei che, lo sentivo, erano penosamente palesi....Ricordo che pensavo continuamente a quanto fosse meravigliosa e a quanto era bello quel momento e volevo dirle tante cose, in quel turbinio di sensazione e credo che lei lo sapesse, perché era spaventata. Eppure, l'istinto mi diceva che se l'avessi baciata, l'avrei coinvolta. Il suo bacio era pieno di desiderio ed io seppi che nessun'altra donna mi avrebbe dato quelle emozioni. Poi, di colpo e non riesco a farmene una ragione, si alzò un muro e con altrettanta rapidità fui tagliato fuori, ma troppo tardi perché non sapessi che un giorno, se se lo fosse permesso, sarebbe stata capace di una intensa passione".*

Con altrettanta passionalità si esprime il personaggio di Marianne Dashwood, coprotagonista del citato romanzo di Jane Austen, *Ragione e Sentimento*[238], che, a causa del suo carattere estremamente romantico, vivace e passionale, quasi si conduce alla morte per esprimere il suo inconsolabile rimpianto per aver perso l'amato Willoughby, che l'aveva lasciata per un'altra donna. In una memorabile scena, presente in molti adattamenti cinematografici ma non nel romanzo, Marianne, malgrado sia una ragazza giovanissima, si espone in preda alla disperazione alla pioggia battente, rievocando malinconicamente le ore trascorse con il suo amato e questo le procura una quasi fatale infezione respiratoria.

Intrise di malinconia e di rimpianto, per la perdita di un qualcosa che si aveva in un tempo anteriore, sono molte delle poesie di quello che, per eccellenza, è considerato un poeta tormentato e incompreso: Charles Baudelaire. *I Fiori del Male*[239], la sua opera più famosa, che tanto sembrava scandalosa ai suoi contemporanei per la sconvenienza dei temi trattati, sembra al lettore di oggi molto più un inno alla bellezza che si perderà irrimediabilmente, piuttosto che una inclinazione verso ciò che è tenebroso e maligno.

Non meno malinconiche, a dispetto dell'apparente gioia di vita che si *sforzavano* di manifestare, come fanno molti Quattro, erano anche alcune grandi cantanti come Edith Piaf e Violetta Parra. La vita della prima fu sfortunata e costellata da una miriade di fatti negativi: incidenti stradali, episodi di coma etilico, interventi chirurgici, la morte di un uomo al quale era profondamente legata e anche un tentativo di suicidio ma, ciononostante, ella fino alla fine cantò appassionatamente il suo amore per la vita e la disperazione per le persone che aveva perduto.

La seconda, vera ricreatrice della tradizione culturale musicale andina, ci ha lasciato come suo testamento ideale, fra le tante sue altre, la splendida canzone *Gracias A La Vida*, nella quale, pur esaltando con appassionato amore i doni che la vita le aveva donato, si avverte con innegabile forza un sentimento di rimpianto e sconforto, quasi come se la poetessa avvertisse, prima ancora che l'atto si compisse effettivamente, che avrebbe perso, irrevocabilmente, tutto quanto stava cantando.

---

238 Austen J. *Ragione e Sentimento* Trad. It. Mondadori, 2007

239 Charles Baudelaire *I fiori del male* , Ed. Newton Compton

Umoralità.

L'elevata emozionalità dei Quattro si riflette anche sul piano umorale, causando continui e immotivati alti e bassi che riflettono dei repentini passaggi fra momenti d'esaltazione e quelli in cui vi è un crollo delle illusioni. Benché l'Invidioso sia fondamentalmente un ottimista perché, come afferma né *Il Manichino* Renato Zero, *"spera sempre che la sua sorte cambierà"*, cd è convinto, come cantava Luigi Tenco (ambedue i cantanti appartengono al tipo Quattro), che "*non so dirti come o quando ma un bel giorno cambierà*", il tira e molla fra le esperienze reali di frustrazione e il desiderio che lo anima continuamente, lo incanala frequentemente verso stati depressivi o, perlomeno, verso forme ciclotimiche.
Nella maggior parte dei casi, tuttavia, l'umoralità si limita a generare stati di forte nervosismo che vengono vissuti con rabbia o rassegnazione e si contrappongono a momenti di esaltazione, nei quali al Quattro sembra che tutto sia possibile. In questo tira e molla l'idealità gioca un ruolo di primo piano, facendo apparire come desiderabile ed eccitante tutto quello che non si ha e non si è e come banale e scialbo ciò che è vicino e raggiungibile.
Un personaggio letterario che presenta un'elevata umoralità, unita a molte altre tendenze del Quattro già descritte, è quello di Edward Rochester, il sarcastico e disilluso coprotagonista del romanzo di Charlotte Bronte, *Jane Eyre.* Costretto a sposare per motivi familiari una donna rivelatasi poi pazza e della quale ha comunque pietà, impedendole, per quanto può, di arrecare nocumento a sé e agli altri e invaghitosi di una cortigiana che gli fa prendere come figlia adottiva la propria bambina, Rochester è un uomo che sembra aver perso fiducia nell'amore e considera le cose del mondo con un occhio che vuole essere distaccato. In realtà, tuttavia, come in quasi tutti i Quattro, in Rochester la speranza di trovare il vero amore non è definitivamente sparita e questo fa sì che, malgrado le pose e la teatralità umorale di molti suoi comportamenti, il suo cuore possa aprirsi a Jane e trovare, nel momento in cui è più nudo, abbandonato e "cieco", quello che non riusciva a trovare quando vedeva con gli occhi della fronte e non con quelli dell'anima.
Estremamente umorali erano anche la grande cantante lirica Maria Callas e l'icona di bellezza dei tempi moderni Marylin Monroe. La prima, famosa per i suoi frequenti e repentini cambi di umore e per gli scatti impetuosi e incontrollati, era vittima prima di tutto di se stessa e delle passioni che si agitavano dentro di lei con impeto e veemenza, residuo di un'infanzia difficile vissuta nell'ombra di un fratello morto e del

conseguente rifiuto della madre per la sua natura. La seconda alternava, sin da adolescente, rari momenti di tranquillità a un quotidiano teso e irrequieto, frutto degli abusi anche sessuali che aveva subito da bambina, e aveva più volte cercato di porre fine a questo dolore con l'atto estremo del suicidio, prima che, infine, ci riuscisse.

LA FISSAZIONE DELL'INSODDISFAZIONE.

Se l'Invidia, come abbiamo visto, è soprattutto una sensazione di carenza, che fa percepire dolorosamente quanto si è distanti da un'immagine ideale che si dovrebbe incarnare, o quanto poco si posseggono le qualità che si vorrebbero avere, allora è facile comprendere che il mondo cognitivo del Quattro è dominato dal mettere in rilievo ciò che manca. Piuttosto che felicitarsi per quello che si è ottenuto o per i risultati conseguiti, il Quattro sente che quel compimento non realizza l'aspettativa che aveva e ciò lo porta a sentire che desiderare è molto più importante che ottenere. Una posizione che è espressa molto bene dalla scrittrice Quattro Karen Blixen con le seguenti parole; "*Quando si vuole qualcosa al punto di non poterne fare a meno, se non si riesce a ottenerla, è tremendo: ma quando la si ottiene, diventa ancora più tremendo*".

Sicuramente le persone di questo tipo guardano spesso con una sorta di tormentoso piacere al loro passato ma, anche in questo caso, lo fanno, soprattutto, per confrontarlo a un presente che è percepito come deludente, perpetuando così quel cattivo sapore cognitivo che è proprio dell'insoddisfazione. Ritengo, per questi motivi, che la parola *"malinconia"*, che alcuni autori utilizzano per descrivere la fissazione del Quattro, non sia in grado di esprimere pienamente il senso di frustrazione e di delusione che le persone di questo tipo provano ogniqualvolta si trovano a confronto con l'esperienza reale e non con un sogno idealizzato.

La galleria di persone reali e personaggi che testimoniano di questa tendenza è davvero molto lunga e fra di essi spicca sicuramente quello di Emma Bovary, la protagonista del celebre romanzo che Gustave Flaubert trasse dalle vicende di una donna realmente vissuta. Che cosa è che assilla Emma nonostante l'agiatezza della sua situazione economica, l'amore del marito, la nascita di una figlia? La risposta è semplice eppure devastante: l'Insoddisfazione.

Come dice la stessa Emma il suo problema è che: "*una donna ha continui impedimenti. A un tempo inerte e cedevole, ha contro di sé le debolezze della carne e la sottomissione alle leggi. La sua volontà, come il velo del suo cappello tenuto da un cordoncino, palpita a tutti i venti, c'è sempre un desiderio che trascina, e una convenienza che trattiene*".[240]

Quanto questo dissidio generi uno stato di malessere, capace di condurre anche alla disperazione più cupa, al quale i Quattro non riescono facilmente a sfuggire, ce lo dice esemplarmente un altro punto del romanzo: "*A questo punto gli appetiti della carne, la bramosia della ricchezza e le malinconie della passione, si confondevano in un'unica sofferenza; la sua mente, invece di distogliersi da questi pensieri, vi si soffermava sempre più, eccitandosi al dolore e cercandone dappertutto le occasioni. Bastavano, per mandarla in collera, una vivanda mal riuscita, una porta socchiusa, il desiderio non realizzabile di possedere un velluto; soffriva per la mancata felicità. Perché i suoi sogni erano troppo alti e la sua casa troppo angusta.*"[241]
Io credo che Emma Bovary rappresenti, per l'universalità della sua insoddisfazione che non trova mai appagamento, un personaggio estremamente vero e credibile anche per l'epoca di oggi. L'unica differenza sta nel fatto che i modelli di vita ai quali ispirare i propri desideri ieri erano tratti da fatui romanzetti romantici, mentre nella nostra epoca si attinge più spesso a quelle fonti inesauribili che sono i mass media e, in particolare, alla televisione. L'irraggiungibilità di questa felicità può spingere, come farà Emma nel finale del romanzo, fino al suicidio e, non a caso, lo scrittore francese Barbey D'Aurevilly etichettò questa tendenza autodistruttiva col termine *bovarismo*.
Idealmente imparentato con Emma Bovary e probabilmente suo calco ideale (Flaubert aveva letto più volte il libro e lo apprezzava moltissimo), è Werther, il personaggio centrale del romanzo epistolare *I Dolori del Giovane Wether*[242] di Goethe. Werther è il prototipo dell'essere che soffre perché sconvolto dal conflitto che si crea tra il desiderio di amore, che significa ai suoi occhi anche l'unica felicità possibile e gli obblighi sociali. Werther ama Lotte, che è sposata con Alberto, una bravissima persona che è diventata anche suo amico e non può fare a meno di manifestarle la sua passione, anche se Lotte non è Anna Karenina e non corrisponde pienamente allo slancio del giovane. L'amore tra Werther e Lotte, comunque, sfocia in un accenno di adulterio perché Lotte gli concede un appassionato bacio, prima di ingiungergli di non farsi più vedere e Werther, che sente di aver perso ogni ragione di vita, si uccide.
Ugualmente drammatico, anche se non si conclude con il suicidio, è il destino di Blanche DuBois l'infelice protagonista del citato *Un Tram Che Si Chiama Desiderio*. La donna permanentemente insoddisfatta della sua vita segnata anche dal suicidio del marito, scopertosi omosessuale, cerca

---

[240] Pagina 123 edizioni Conard 1910
[241] Op. cit. pag. 231
[242] Goethe J. W. *I dolori del giovane Werther* Trad. it. Giunti, 2009

in molte relazioni con uomini, tutti incapaci di andar bene per lei, di trovare qualcosa che possa darle ciò che più desidera: l'amore. Quanto questo sentimento sia importante e cosa significhi averlo perso ce lo dice lei stessa: "*A sedici anni feci una scoperta: l'amore. Tutto in una volta, troppo fulmineamente. Fu come inondare di luce accecante una cosa che era sempre stata in penombra....E così la luce che aveva illuminato il mio mondo si spense di colpo. E da allora mai un istante di chiarore più forte di quello... di questa... lanterna gialla*".
Come tanti altri Quattro nel dissidio fra realtà e desiderio Blanche cerca di piegare la prima al secondo, anche a costo di porre in essere comportamenti penalizzanti, perché desiderare è molto più promettente che il doversi confrontare con quello che c'è. Non a caso, in un punto molto forte del dramma lei esprime con queste parole una visione del mondo che molti Quattro sottoscriverebbero senza riserve: "*Sì, magia. Io tento di fare della magia, altero la realtà. Non dico la verità ma quella che vorrei che fosse la verità, e se questa è una colpa, che mi puniscano pure*".

IL TIPO CINQUE: LA PASSIONE DELL'AVARIZIA
LA FISSAZIONE DEL PESSIMISMO

Elementi di Riferimento:

Energia Squilibrata: Comunicazione
Paradigma Familiare: Rifiuto genitore invadente /Rifiuto genitore distaccato.
Ferita Originaria: Limitazione
Cicatrice: Inascolto
Polarità: Sfiducia-Certezza
Passione: Avarizia
Fissazione: Pessimismo

Tratti caratteristici

- **Avarizia**
- **Pessimismo**
- Isolamento e auto assorbimento
- Attitudine feticista
- Paura di essere risucchiati
- Autonomia
- Distacco dai Sentimenti e Cinismo
- Ascetismo, Solitudine e Stoicismo
- Attitudine intellettiva rivoluzionaria
- Anattratività e rinvio dell'azione
- Analiticità e attitudine cognitiva
- Senso di Vuoto
- Senso di Colpa dovuta al Superego
- Riservatezza
- Avidità
- Ipersensibilità
- Timidezza
- Arroganza intellettuale

Il passaggio fra la parte destra e quella sinistra dell'Enneagramma suggerisce che ci troviamo anche di fronte ad un deciso mutamento nelle attitudini esistenziale delle relative passioni. Se il Quattro è, come abbiamo visto, contraddistinto da un ardente desiderio e dalla speranza di potere cambiare il suo stato, il Cinque sente che è meglio separarsi dai sentimenti ed è profondamente convinto che nulla possa cambiare in meglio. Nell'Invidia la disperazione è un inferno ribollente di desiderio, qui, invece, c'è un inferno ghiacciato che paralizza e rende più acuta la disperazione stessa.
La metafora cui faccio sempre ricorso, per spiegare la posizione esistenziale del Cinque, è quella del naufrago che, giunto sotto costa sulla sua barchetta con pochi viveri, teme di gettarsi nell'acqua e percorrere il tratto di mare che lo separa dalla riva, perché immagina di perdere quel poco che gli resta, senza avere la convinzione di poterlo più che recuperare. Qui, continuando nella metafora, i viveri sono le energie vitali che il Cinque sente non siano bastevoli per affrontare di petto le situazioni e ottenere la soddisfazione desiderata.
Un Cinque sente di essere come un bambino piccolo e debole circondato dai lupi, perciò impiega tutta la sua energia per fuggire o potersi nascondere meglio. Non sopporta, quindi, di avere gli occhi degli altri puntati addosso, di esporsi, di stare in prima fila sotto i riflettori, di sentirsi chiedere qualcosa e trova particolarmente difficile condividere il proprio spazio con qualcun altro. In genere un Avaro usa principalmente il pensiero come uno strumento, per difendersi da pericoli potenziali.
Fra tutti i tipi, il Cinque è quello che si trova più a proprio agio col mondo delle idee, della logica, della polemica intellettuale e meno con il campo dell'azione pratica e materiale. Anche l'immagine che gli altri hanno di lui interessa assai poco a un Cinque, che, tipicamente, è distaccato dal desiderio di piacere e da tutto quello che è solo apparenza.

Avarizia.

L'avarizia più che un appassionato amore per il denaro e i beni materiali, anche se ovviamente non mancano gli avari che sono propriamente tali nel linguaggio comune, è fondamentalmente una profonda sensazione di avere poco, che si unisce inscindibilmente alla paura (il Cinque è, infatti, un satellite del Sei, che come vedremo è dominato dalla Paura) di poter perdere quel poco che si ha.
Spesso l'avarizia cela una forma di resistenza verso quelle che sono percepite come le follie degli altri, verso quelle invadenze che riportano al

rapporto con il genitore invadente e a una relazione unidirezionale sotto il profilo della comunicazione.
Si può affermare che in questo tipo c'è, sì, una forte avidità di accumulare ma che essa è tanto frenata dalla paura di poter perdere che difficilmente un Avaro riuscirà a convincersi che un'azione è necessaria, per ottenere quello che si vuole. Da ciò discende che in questo tipo l'attaccamento alle cose è ancora più forte, perché esso è percepito a un livello quasi ontologico, quasi come se il continuare a possedere un oggetto significhi anche conservarsi in vita e una buona salute.
Quasi tutti i grandi avari della letteratura da Euclione ad Arpagone, non a caso raffigurati come anziani, soffrono della paura di poter perdere ciò che non può che essere sicuramente perso e, vivendo un paradosso difficilmente spiegabile senza l'ottica interpretativa fornita dall'EdT, finiscono per essere incatenati da molteplici assilli, a dispetto della loro dichiarata intenzione di essere distaccati dalle cose e dai problemi.
Di una diversa forma di paura soffre, invece, Ebezener Scrooge, il protagonista del racconto di Charles Dickens *Canto di Natale*[243] che, prima della visita salvifica degli spiriti e la rivisitazione del suo passato, mostra all'inizio del racconto come un Cinque possa opporsi a quella che Emil Cioran definiva come la "vertigine comune", a qualcosa che egli percepisce come una forma di follia consistente nello sperperare ciò che si è risparmiato e alla quale è necessario sottrarsi con ogni mezzo, per non venirne contagiati.
Ciò spiega perché è tanto infastidito dalle festività da costringere il suo umile impiegato, Bob Cratchit, al quale dà uno stipendio miserevole, a presentarsi al lavoro anche il giorno della vigilia di Natale e perché considera le feste come una perdita di tempo (rimprovera, addirittura, Dio stesso per il riposo domenicale che intralcia il commercio e il guadagno) e spiega, soprattutto, perché ha rinunciato a quello che era stato l'unico vero amore della sua vita.
Nel dialogo fra Scrooge e la donna, che lo Spirito del Natale Passato gli fa riguardare, possiamo vedere in modo evidente come la ricchezza, cercata con tanta insistenza e convinzione razionale sia, in realtà, il mezzo mediante il quale l'uomo si difende dalle sensazioni di inadeguatezza e incapacità e perché egli non riesca a capire il punto di vista della donna che è, ovviamente, soprattutto centrato sull'aspetto emozionale di una relazione.
Queste le parole del dialogo: "*Ecco la leggerezza con la quale agisce il mondo*", disse Scrooge. «*Non c'è cosa contro la quale si mostri duro come contro la povertà; e, tuttavia, non c'è cosa che mostri di condannare tanto*

[243] Dickens C. *Il canto di Natale* Trad. it. Rizzoli, 2011

severamente quanto la ricerca della ricchezza." "Hai troppa paura del mondo", rispose lei, con dolcezza "Tutte le tue altre speranze si sono fuse in un'unica speranza, quella di essere al di sopra dei suoi meschini rimproveri. Ho veduto cadere a una a una tutte le tue più nobili aspirazioni finché la passione dominante, quella del guadagno, non ti ha preso interamente. Non è forse vero?"[244]
Il guadagno, quindi, diventa il criterio fondamentale di valutazione delle cose dell'esistenza e tutto quello che non sembra prometterlo viene visto, automaticamente, come un precipitare in una sorta di follia alla quale non ci si riesce ad opporre, come il subire una perdita di salute e di energia che deve essere assolutamente evitata.

Isolamento e Auto assorbimento.

La sensazione di debolezza, di cui abbiamo appena parlato, spinge un avaro a difendere il proprio mondo interiore non solo congelando gli impulsi ma anche erigendo una sorta di barriera difensiva fisica fra sé e il mondo esterno. Creare un quasi inviolabile sancta sanctorum in cui rifugiarsi, per elaborare con calma gli avvenimenti della vita e avere un tempo lungo, per rispondere agli stimoli, è un'esigenza vitale per un Cinque e per nessun altro tipo è vero il proverbio che afferma che "la mia casa è il mio castello".
L'isolamento può giungere fino alla completa separazione dagli altri esseri umani, al rinchiudersi in una sorta di volontaria auto reclusione e, perfino, a separare un'idea da un'altra, un'esperienza da un'altra, fino a quasi perdere la stessa connessione esistente fra il percettore e il percepito.
La figura prototipica di questa tendenza all'isolamento e all'auto assorbimento è quello della dea greca Estia, trasformatasi in Vesta presso i romani, la cui figura simboleggiava proprio il luogo più riservato e sacro della casa, quello nel quale ardeva il focolare domestico. La dea aveva chiesto e ottenuto da suo fratello Zeus di mantenersi per sempre vergine, di non dover essere costretta a unirsi con qualcuno, indipendentemente dalla sua origine o dalla convenzione "politica" di questo rapporto. Essa, inoltre, era la meno conosciuta e la meno raffigurata di tutte le divinità e non abbandonava mai il suo posto sull'Olimpo, contenta di restarvi in assoluta quietudine.
Di un isolamento assai estremo soffrì la celeberrima poetessa americana Emily Dickinson, che visse praticamente da reclusa volontaria tutta la sua vita e che percepiva chiaramente la difficoltà di entrare in rapporto con gli altri e perfino quella di permettersi di aprirsi totalmente all'esperienza del

[244] *Canto di Natale* pag.49

dolore. Fra le tante poesie che attestano questo tratto della Dickinson, citerò, a titolo di esempio, la seguente, che illustra come l'isolamento eserciti una funzione che permette alla coscienza del Cinque di non essere sopraffatta dalla completa percezione di quello che sperimenta.[245]

Vi è un dolore- così totale-/Che inghiotte ogni sostanza-/
Poi tende sull'abisso un velo di trance-/
Così che la memoria può passarvi
Attorno- oltre- sopra-/Come chi nel sonno profondo-
Procede sicuro- dove ad occhi aperti-/ S'infrangerebbe- osso dopo osso.

Altre volte l'isolamento e l'auto assorbimento sono solo dei mezzi che il Cinque usa per non disperdere le sue energie e restare focalizzato su quella che è la sua ricerca o il suo scopo. Questo aspetto è evidente nella storia di Girolamo Cardano, inventore di un geniale giunto meccanico che ha conservato il suo nome. Il Cardano era così sicuro della sua capacità di predire il futuro mediante l'astrologia che, dopo un lunghissimo periodo passato in isolamento per studiare i moti dei pianeti, comunicò a tutto il mondo scientifico quella che doveva essere la data esatta della sua morte. Quando la data indicata passò, senza che nessun malanno avesse toccato il suo stato di salute, Cardano dichiarò che l'errore era stato prodotto da qualche calcolo sbagliato. Si immerse così in un nuovo periodo di studio e in un più intenso isolamento, al termine del quale proclamò che l'errore era effettivamente nato da uno sbaglio nel calcolo del moto di Saturno; indicò così una nuova data nella quale egli sarebbe sicuramente morto. Man mano che la data fissata si avvicinava, senza che nessun malessere lo colpisse, il Cardano cominciò a non mangiare più, sgomento di perdere l'unica fiducia che lo sosteneva nella vita, fino a che si lasciò morire di fame proprio nel giorno da lui indicato.

Talvolta la tendenza a un isolamento molto forte non sembra agli altri nemmeno sospettabile, soprattutto quando si tratta di Cinque che esercitano ruoli che li mettono a contatto con molte persone o che svolgono, addirittura, il lavoro di attore o di showman. Ciononostante, essa è quasi sempre presente sotto forma di un ritiro in completa solitudine per un periodo più o meno lungo nel quale ritrovare le energie che si sente di aver perso.

Un personaggio che illustra in modo molto forte la tendenza all'isolamento e di come essa si associ all'auto assorbimento, inteso come una sorta di chiusura di contatto con il mondo esteriore, è quello dello scienziato ed inventore siracusano Archimede. Seppure si tratti solo di

---

[245] In *Tutte le Poesie* di Emily Dickinson traduzione di Giuseppe Ierolli

aneddoti e non di incontestate verità storiche, molti dei suoi comportamenti inusuali (quali il correre nudo e completamente bagnato per le strade di Siracusa, dopo aver risolto il cosiddetto problema della corona d'oro), riportati dagli storici, sembrano essere tutti riferibili a un completo auto assorbimento. Anche la stessa sua morte viene fatta ascrivere al fatto che, completamente preso dai suoi esperimenti e assorbito dalle sue riflessioni mentali, non si era nemmeno reso che la città era stata conquistata dai romani e che un soldato lo minacciava intimandogli di seguirlo. All'ordine del soldato, infatti, il genio siracusano, senza nemmeno guardarlo, avrebbe opposto un netto rifiuto, replicando che doveva prima risolvere il problema sul quale si stava applicando, al che il soldato si adirò, sguainò la spada e lo uccise.

Attitudine Feticista.

Un'attitudine feticista, che non implica necessariamente una connotazione sessuale, è spesso presente nella struttura dei tratti del carattere dei Cinque. Essa può essere interpretata come una manifestazione cognitiva che discende dalla originaria sensazione che, da qualche parte, c'è qualcosa che permetterà di ottenere rassicurazione, soddisfazione delle proprie richieste e importanza. Nella parte sulle Polarità Interiori ho definito questa espressione estrema del Cinque col termine di *Certezza*, proprio per indicare che in essa vi è anche una specie di fede in una capacità quasi salvifica dell'oggetto che viene ricercato o conservato con ogni cura. Siamo, quindi, davanti ad un aspetto paradossale del tipo Cinque, perché quello che è il tipo più razionale e logico dell'EdT è anche quello che più nutre una sorta di attaccamento fanatico e irragionevole verso qualcosa.

L'archetipo prototipico della ricerca di questo qualcosa, dotato di misteriosi poteri mistico-magici, è, ovviamente, la ricerca del Sacro Graal, quella nella quale tutti quelli che non hanno il "cuore puro", non sono cioè concentrati completamente nella ricerca stessa, falliscono miseramente.

Il mondo della fiction ci ha regalato un personaggio che è una trasposizione moderna dei vari Parsival, Lohengrin e Galahad dell'epoca medioevale: l'archeologo e avventuriero Indiana Jones.

Ispirato, per ammissione degli stessi autori, a un altro Cinque, che ha anch'egli una forte attitudine feticista, Paperon de Paperoni, Jones simbolizza l'eroe buono che va alla ricerca del feticcio non per disporne per uso personale o per smania di potere ma per metterlo a disposizione del mondo intero che, come è tipico del Cinque, va interpretato come il novero di quei pochi che fossero per motivi di studio veramente interessati all'oggetto. Tuttavia, le sue speranze verranno sempre frustrate dall'autorità (qualcosa molto evocativo delle problematiche che Jones aveva vissuto col padre e che, come abbiamo visto, riportano alla ferita del Cinque) e nessuno degli oggetti magici da lui ritrovati verrà reso davvero disponibili all'umanità tutta.

Si potrebbe pensare che Indiana Jones, con la sua doppia vita e il suo stare in mezzo alla gente, non sia un esempio molto credibile di un Cinque ma va sempre tenuto presente che egli è, in un certo qual modo, "costretto" a spendersi tanto, dato che invita i suoi studenti a dimenticare i viaggi esotici e le avventure pericolose perché, come lui stesso afferma, la vita dell'archeologo si svolge prevalentemente in biblioteca.

In quest'ultimo aspetto Jones è estremamente simile all'anonimo bibliotecario, del quale ci narrava le vicende il grande scrittore Cinque argentino Jorge Luis Borges, nel suo memorabile racconto *La Biblioteca di Babele.* Come Jones, infatti, quell'accanito e infaticabile cercatore è alla ricerca del "libro dei libri", di un libro totale nel quale è contenuta ogni verità assoluta e che è "*la chiave e il compendio perfetto di tutti gli altri*"[246] e, come Jones, combatte le depredazioni poste in essere da quelli che credono nel feticcio dell'Esagono Cremisi, pieno di libri magici e, cercando solo di ottenere il potere per sé, distruggono fanaticamente gli uomini e i libri che non sono funzionali all'appagamento dei loro desideri.

Il grande mistico spagnolo Giovanni della Croce ci permette di comprendere come questo feticismo sia, in realtà, un'altra variante del più generale tratto dell'*attaccamento* del Cinque, quando, con molto acume, ci racconta di persone che sono fanaticamente attaccate a un oggetto caricato di un valore particolare, come un rosario composto da lische di pesce o una croce fatta da un ramo benedetto attorcigliato attorno ad uno spillo e conclude: "*Io condanno l'attaccamento del cuore a quel tipo di cose, condanno il desiderio di possesso, sebbene spirituale, lo stile e la qualità di simili stravaganze, perché esse sono contrarie alla povertà di spirito*".[247]

Non posso esimermi dal citare, a titolo di esempio finale, il feticismo che caratterizza anche il carattere del più famoso degli avari, il personaggio Disney di Paperon de Paperoni. Anche se l'importanza che dà alla famosa monetina numero Uno cambia secondo le edizioni nazionali, egli la custodisce sempre con la massima cura in una teca di vetro che tiene vicino a sé. Inoltre, se non direttamente lui stesso, quasi tutti gli altri personaggi sono convinti che la sua ricchezza dipenda esclusivamente dal possesso di quella monetina ed effettivamente, in diverse storie nelle quali

---

[246] La Biblioteca di Babele in *Finzioni* di Jorge Luis Borges ediz. Giulio Einaudi

[247] *La Noche Oscura del Alma* di San Giovanni della Croce pag. 25 traduzione mia.

subisce la perdita momentanea dell'oggetto, la sfortuna si abbatte su tutte le sue attività economiche.

Paura di Essere Risucchiati.

L'usuale paura di perdere completamente le proprie energie senza, poi, poterle reintegrare, è alla base anche di questo tratto caratteriale, che si traduce talvolta in una forma di difesa preventiva rispetto a contatti che potrebbero anche involontariamente urtare e ferire. In ossequio a questo principio il Cinque cerca di limitare le proprie relazioni con le altre persone e a utilizzare il suo tempo nel mettere mentalmente in ordine l'enorme quantità d'informazioni e cognizioni che accumula. Quest'enorme "testa", continuamente al lavoro, risucchia, però, in qualche modo gran parte dell'energia vitale e spinge il Cinque a cercare di risparmiarsi in quasi tutte le altre attività.
Di conseguenza la manifestazione sarà quasi sempre concisa e ridotta all'essenziale, non importa quale sia il mezzo espressivo utilizzato (voce, lettera, nota musicale, pennellata) e rispecchierà la preoccupazione, vissuta in origine, che ogni apertura verso l'esterno porta con sé la possibilità di essere in qualche modo depauperato.
Un ottimo esempio di questa tendenza è ravvisabile nel personaggio di Macon Leary, il protagonista del bel film *Turista per Caso*[248], che, nella sequenza iniziale del film, consiglia a tutti i viaggiatori non solo di ridurre al minimo la quantità di oggetti da portare con sé, per viaggiare senza assilli, ma anche di far ricorso a un libro da tenere aperto sulle ginocchia, anche se magari non lo si legge, per "proteggersi dagli altri". In realtà Macon nasconde, dietro l'apparente assennatezza dei suoi consigli, la paura di poter avvertire pienamente il dolore per la perdita del suo amato figlio e di esserne completamente distrutto.
Anche il famoso pittore Edward Hopper mostrava di possedere questo tratto in maniera molto evidente, quando rappresentava soggetti umani che comunicavano poco o non comunicavano per nulla con il resto del mondo che li circondava, anche quando la trasmissione sarebbe dovuta essere il contenuto manifesto del quadro. Opere come *Nighthawks, People to the Sun, Wagon,* fanno ben comprendere perché si sia giustamente detto che i suoi quadri sono delle "metafore del silenzio".[249]. Come lo stesso pittore scriveva al direttore di una galleria d'arte: "*Perché io scelga determinati oggetti piuttosto che altri, non lo so neanche io con*

[248] Turista per caso (The Accidental Tourist, Usa 1988)
[249] In *Edward Hopper-Trasformazioni del Reale* di R. Renner ed. Taschen pagi. 85

precisione, ma credo che sia perché rappresentano il miglior mezzo per operare una sintesi della mia esperienza".[250]

Autonomia e Minimalismo.

Una logica conseguenza della necessità di cercare di non dipendere dagli altri e di fare conto principalmente su quello che si può padroneggiare, è la ricerca dell'autonomia. Essa può essere intesa sia come conseguenza della volontà di auto determinazione, sia come ricerca di uno spazio nel quale la propria esperienza può essere reinterpretata (magari con l'ausilio di uno stimolo proveniente da un'altra persona), senza distrazioni o fraintendimenti.

L'autonomia porta i Cinque a essere disciplinati nell'utilizzo delle proprie risorse, a cercare di non essere attaccati a molte cose (sebbene l'avidità, come abbiamo visto, sia molto forte) e a farsi bastare quello che hanno, in modo da potersi meglio dedicare a ciò che più li interessa, non importa quale sia l'oggetto della loro ricerca.

Un personaggio, che si presenta all'inizio del film come decisamente autonomo e cerca di porsi nelle migliori condizioni per evitare "distrazioni o interferenze" da parte del mondo esterno, è quello di Marion, il personaggio principale del citato *Un'Altra Donna* di Woody Allen. Determinata a scrivere un altro libro a carattere filosofico, Marion si isola in un appartamento in cui può essere in una situazione di totale autonomia, portando con sé pochissimi oggetti, per potersi dedicare interamente alla sua scrittura. I suoi piani, però, saranno sconvolti dall'imprevista possibilità di origliare le conversazioni che si tengono nello studio di uno psicologo attiguo al suo appartamento e, in particolare, quelli di una giovane donna incinta e molto angosciata. L'ascolto dell'esperienza dell'altra donna (da cui il titolo del film), le permetterà, come accade spesso ai Cinque, di accedere a una rilettura dei rapporti e dei fatti fondamentali della sua vita, e finalmente a capire che la pochezza della sua vita relazionale non è dovuta a una sua intrinseca incapacità ma alle continue scelte di non coinvolgimento che ella aveva sempre operato.

Il personaggio che appare quasi archetipico di questa caratteristica del Cinque, è forse quello del mago Merlino, per come esso è stato via via rappresentato in molti racconti dei cicli cavallereschi e in buona parte della fantasy moderna. Dotato di quella potenza magica che molti Cinque bramano, isolato dal vivere comune per sua scelta, timoroso del potere che una donna potrebbe avere su di lui e che in molti romanzi lo conduce, addirittura, alla perdita dei suoi poteri e alla morte (anche questo un tratto

---

[250] Opera citata pagina 10

che richiama l'originaria relazione con il genitore invadente ed esprime la paura di essere risucchiato), Merlino appare come un personaggio tanto autonomo e autosufficiente da apparire quasi incomprensibile per gli altri uomini. Questa constatazione spiega perché, in molti racconti, la sua stessa natura umana venga messa in discussione, sostenendo una sua origine in parte demoniaca o, per lo meno, non cristiana, il che per gli autori delle opere era più o meno lo stesso.

Una persona reale nella quale questi tratti appaiono particolarmente evidenti è il filosofo Cartesio. Alcune scelte della sua vita, che potrebbero apparire sorprendenti, si spiegano perfettamente conoscendo queste tendenze del Cinque. Così non è per noi difficile comprendere perché si sia disfatto dell'azienda agraria che il padre gli aveva lasciato in eredità (troppo impegno era necessario per portarla avanti), preferendo, in cambio, una modesta rendita annua fissa. A Parigi trovò noiosa e troppo dispendiosa energeticamente la vita di società, preferendo isolarsi in un quartiere monacale per dedicarsi allo studio della geometria. Poiché, però, anche lì qualcuno andava a trovarlo, interrompendo i suoi studi, si decise ad arruolarsi nell'esercito olandese.

Questo potrebbe sembrare molto strano se non si ha presente il fatto che l'Olanda era in un periodo di pace duratura e che i suoi soldati avevano ben poche mansioni pratiche da svolgere. Non appena, infatti, si profilò all'orizzonte il rischio di una guerra, Cartesio si dimise e si arruolò nell'esercito bavarese, la cui principale occupazione all'epoca era di tenere in ordine le caserme, scegliendo come propria destinazione un posto freddo e totalmente disadorno, nel quale poteva restare da solo per sei mesi di seguito. La sua difficoltà ad avere relazioni si fece più intensa nel secondo periodo parigino e, per evitare la visita dei conoscenti, egli decise di arruolarsi di nuovo.

Pur essendo un timido e un cattolico praticante, la sua autonomia di pensiero lo portava a sostenere le tesi di Galileo Galilei, anche se condannate come eresie dalla chiesa cattolica e, anche se cercava in ogni modo di cattivarsi le simpatie ecclesiastiche e in particolare dei gesuiti, scriveva quello che pensava, adoperando solo un'estrema cautela per non incorrere nel pericolo di essere considerato un eretico, ma, malgrado tutte le sue precauzioni, subì varie persecuzioni.

Cartesio era molto minimalista anche nelle cose della vita quotidiana e così lavorava poco e leggeva poco; la sua opera è stata quasi tutta compiuta in brevi periodi, dopo lunghi anni di riflessione e rielaborazione. La frase che riassume il senso della sua filosofia: "Cogito, ergo sum" (Penso, dunque sono), ci dice molto sull'importanza che egli dava all'aspetto cognitivo e, correlativamente, al poco peso che per lui avevano il mondo delle emozioni e quello dell'azione e questo credo che spieghi molto bene perché fra tutte le sue opere quella che è ritenuta essere in assoluto la meno profonda è quella sull'Amore.

Distacco dai Sentimenti e Cinismo.

Il contrasto fra una comprensione puramente intellettuale di se stesso e delle cose e le spinte derivanti dalla percezione emozionale possono, in alcuni casi, condurre i Cinque verso la "decisione" di limitare l'influenza e la potenza degli impulsi istintuali e di tenere sotto stretto controllo la naturale espressività emozionale. Ciò può condurre, in casi estremi, fino al totale distacco dai propri sentimenti e a forme, più o meno esplicite e razionalizzate, di cinismo.
Un personaggio che esplicita bene questi tratti è quello del maggiordomo Stevens, il protagonista del premiatissimo film *Quel Che Resta Del Giorno*[251], tratto da un omonimo romanzo. La trama racconta, mediante l'uso del flashback, la vita del protagonista, ciò che è stato e ciò che, forse, avrebbe potuto essere, in un modo che ricorda quello che abbiamo già visto in azione nel caso della Marion di *Un'Altra Donna.*
Veniamo così a sapere che egli ha condotto la sua vita in modo da tenersi lontano dai propri sentimenti, per timore che essi potessero interferire con il perfezionismo da orologio svizzero con il quale ha sempre svolto i propri compiti.
Ciò trova la massima espressione in occasione della morte dell'anziano padre, che avviene mentre il padrone della villa dove Stevens lavora sta dando un ricevimento al quale partecipano molti importanti ospiti. Nel dissidio fra lo svolgimento del proprio compito, che significa totale devozione al proprio padrone e il dovere filiale di confortare il genitore in fin di vita, Stevens non ha dubbi e resta al suo posto, lasciando che il padre muoia lontano da sé e assistito principalmente dalla governante miss Kenton. Anche nella relazione con quest'ultima il maggiordomo mostra la sua incapacità nel sapere vivere pienamente i sentimenti. Nonostante sia fortemente attratto dalla donna, egli si rifiuta di dare ascolto alle proprie sensazioni e ai suoi stessi desideri, assumendo un atteggiamento di costante freddezza che, alla fine, stanca la donna che decide, allora, di accettare la corte di un altro uomo.
Il cinismo di Stevens appare evidente anche nella sua volontà di non essere in alcun modo coinvolto da quello che accade davanti ai suoi stessi occhi, se questo può significare una problematica o un conflitto con il suo padrone. Così a chi gli chiede di rendere testimonianza degli incontri sospetti che avvenivano nella residenza del suo Lord, che aveva simpatie

[251] Quel che resta del giorno (The Remains of the Day, GB 1993

per i nazisti, Steven risponde di: "*Essere stato troppo occupato nel servire...per capire quei discorsi*", sottolineando, anche con l'ultima frase del film, che la sua scelta è sempre stata quella di non vedere e di non sentire, anche quando ciò significava negare la propria sensibilità e capacità di giudizio.
Una celebre canzone recita che "*lungo la strada tutte le facce diventano una, che finisci per dimenticare o che confondi la luna*", [252] e questo è quello che accade al colonnello Aureliano Buendìa, uno dei personaggi principali del citato romanzo *Cent'Anni di Solitudine*, che passa nel corso della trama da una originaria posizione esistenziale di timidezza e di appassionato amore per una moglie bambina, ad una nella quale il cinismo e lo straniamento da ogni forma di emozione dominano completamente la scena, fino al punto che nemmeno alla sua stessa madre sarà permesso di avvicinarsi e di poterlo abbracciare.
Aureliano avrà diciotto figli, senza nemmeno forse saperlo e, comunque, senza mai mostrare un particolare affetto per nessuno di loro e non permetterà che l'amicizia personale e la stima possano condizionarlo, quando si tratterà di condannare a morte il suo avversario politico Moncada, nonostante le suppliche della famiglia. Egli non legherà nemmeno con nessuno degli altri familiari, finendo per rinchiudersi nel suo laboratorio da orafo e morire orinando contro un castagno nel momento in cui, per la prima volta nella sua vita, avrà sentito nostalgia per una donna perduta.

Ascetismo, Solitudine e Stoicismo.

La solitudine che fa tanta paura ad altri tipi è, invece, ricercata e spesso desiderata dal Cinque, che può, in questo modo, restarsene quieto a meditare sugli argomenti che più lo interessano. Questo tratto, unito al minimalismo cui ho già fatto cenno, spiega perché molte persone di questo tipo si trovino a proprio agio in una sorta di pratica ascetica. La differenza fondamentale, tuttavia, fra un asceta che ha trovato la sua via e una persona semplicemente troppo ripiegata su se stessa, per aprirsi al contatto con gli altri, sta nella possibilità che ha il primo, ma non il secondo, di poter uscire, quando vuole, dallo stato di privazione ed isolamento. Questa differenza è ben illustrata dalle diverse reazioni che cbbcro il Gautama Buddha (la figura che può essere considerata come archetipica di questa tendenza) e i suoi cinque discepoli, dopo che egli accettò di mangiare una tazza di riso bollito nel latte, visto che aveva capito l'inutilità delle pratiche ascetiche estreme e dell'auto assorbimento

---

[252] *Una Città per Cantare* cover italiana di Ron dell'originale *The Road*

eccessivo e spiega perché, nel mondo dell'enneagramma delle personalità il Cinque sia spesso caratterizzato come il *Budda prima dell'illuminazione.*

In occidente l'ascetismo, come esercizio per il controllo delle passioni, fu particolarmente praticato dai filosofi greco-romani, in particolare dagli stoici, e in seguito da questi ultimi si trasmise ai primi teologi cristiani. Solo la virtù e la saggezza avevano valore, per questi pensatori, mentre la vita, come affermava Seneca, sebbene preferibile alla morte, era un elemento rispetto al quale era necessario restare indifferenti, come la ricchezza, gli onori, e gli affetti. Se la vita non permetteva quel sereno esercizio della ragione che andava ricercato, il saggio doveva essere pronto a rinunciarvi, convinto che: "*Morire bene significa sfuggire al pericolo di vivere male*".[253]

Fra i tanti nomi di personaggi illustri che aderirono a questa corrente filosofica e spirituale spicca, come esempio straordinario di queste caratteristiche di autocontrollo, quella dell'imperatore romano Marco Aurelio. Nonostante potesse essere ritenuto a buona ragione il padrone di gran parte del mondo allora conosciuto, Marco non abusò mai del suo potere e, anzi, accettò di diventare imperatore solo per adempiere il compito che sentiva di aver ereditato dai suoi padri adottivi. A dispetto della fragile salute, che lo accompagnò per tutta la vita, egli trascorse la maggior parte del suo tempo fra i legionari e le popolazioni nemiche, piuttosto che nel suo palazzo imperiale. Le arene restarono per lungo tempo chiuse, nonostante sua moglie Faustina adorasse i giochi, e i ludi gladiatori ebbero sempre dei budget piuttosto limitati.

I seguenti pensieri, tratti dalla sua opera, *A Se Stesso*, sono più che esplicativi della capacità del Cinque di restare lucido e della sua volontà di non farsi travolgere dagli avvenimenti o dai sentimenti: " *Sii come il promontorio contro cui si infrangono incessantemente i flutti: resta immobile e intorno a te si placherà il ribollire delle acque. Non dire: "Me sventurato, mi è capitato questo". Niente affatto! Semmai: "Me fortunato, perché anche se mi è capitato questo resisto senza provar dolore, senza farmi spezzare dal presente e senza temere il futuro". Infatti, una cosa simile sarebbe potuta accadere a tutti, ma non tutti avrebbero saputo resistere senza cedere al dolore. Allora perché vedere in quello una sfortuna anziché in questo una fortuna? "*[254]

---

[253] Seneca, *Lettere a Lucilio*, libro VIII, 70, 6

[254] Marco Aurelio *A Se Stesso o Colloqui Con Se Stesso* Libro quarto pagina 49

Attitudine intellettiva rivoluzionaria.

Se un tipo Otto, come vedremo, è una persona che talvolta rivoluziona il mondo nel quale vive e opera mediante un'azione concreta, un Cinque può giungere a risultati simili adoperando esclusivamente un'attitudine intellettiva che sovverte e stravolge "l'ordine costituito", introducendo un modo di vedere le cose completamente nuovo rispetto alla tradizione precedente.

Anche se quest'attitudine è particolarmente evidente in molti scienziati e inventori, essa non è, tuttavia, esclusiva del mondo delle scienze cosiddette esatte, perché è ravvisabile anche nell'opera e nel comportamento di diversi uomini di cultura e perfino fra gli uomini di fede e i mistici estatici come Ildegarda di Bingen.

La carrellata di esempi non può non partire che con la citazione di Albert Einstein, l'uomo che più di ogni altro ha modificato la nostra concezione del tempo e dello spazio. Einstein era, a causa della lentezza dei suoi processi mentali e della sua scarsa espressività, considerato da ragazzo poco intelligente. Anche quando era già diventato un famoso scienziato era spesso così auto assorbito da non rendersi ben conto della realtà che lo circondava,[255] eppure gli occhi sua mente riuscivano a vedere quello che era vietato non solo alla stragrande maggioranza degli uomini ma anche a tutti coloro che fino alla pubblicazione delle sue opere, avevano guardato, senza ben capirle, alle grandi leggi dell'esistenza.

Sullo stesso piano di Einstein può essere posto un altro grande scienziato rivoluzionario, Isaac Newton, che dopo aver trasformato le basi stesse della scienza e della filosofia, dedicò il resto della sua vita a uno studio dell'alchimia tanto sterile quanto accanito e solitario (ho già evidenziato che spesso il Cinque indulge a profondi studi su aspetti esoterici e misterici). Newton fu fatto baronetto dalla regina e, quindi, partecipava di diritto alle riunioni della Camera dei Lord, uno dei due rami del parlamento. Nel corso degli anni di sua partecipazione alle riunioni si distinse per tre cose: la sua richiesta di sedere sempre nell'ultimo banco, la totale assenza d'interventi nelle discussioni (la sua unica petizione al presidente della camera fu quella tesa a far chiudere una porta finestra da

---

[255] Fra i numerosissimi aneddoti che si raccontano su questa sua caratteristica è rimasto famoso quello, secondo il quale, la moglie dovette dipingere completamente di rosso la facciata della loro casa, per evitare che Einstein, come aveva già fatto per molte volte, assorbito dai suoi pensieri, continuasse a guidare la sua auto per molte miglia, prima di rendersi conto di aver superato perfino il suo paese.

cui arrivava vento), e il fatto che rispondesse invariabilmente "*Ci vuole tempo per decidere*", a chi gli chiedeva un parere su una questione.
Inoltre, con quella tendenza a polemizzare intellettualmente che è caratteristica di molti Cinque, egli aveva ferocemente litigato con il matematico tedesco Leibnitz ed era persino giunto ad attribuirsi completamente la paternità del calcolo infinitesimale forzando in suo favore e senza molti scrupoli la decisione della Royal Society.
Eppure quest'uomo così apparentemente insignificante, frigido sessualmente e incapace perfino di ridere,[256] era lo stesso che, dimostrando la totale inconsistenza della teoria del cosiddetto *horror vacui,* aveva dato alla fisica moderna la sua prima base certa e aveva costretto la chiesa cristiana a rivedere completamente i suoi assunti riguardo alla terra e al suo posto nell'universo.
Un personaggio della fantasy che mostra la stessa tendenza intellettiva rivoluzionaria è quello di Ellie Arroway, la protagonista del film *Contact*[257]. che crede, malgrado il totale scetticismo della maggior parte degli altri scienziati, nella possibilità di poter attraversare l'universo a velocità superiori a quelle della luce e di poter contattare altre forme viventi. Dopo una serie di difficoltà e la complessità di conciliare in se stessa fede e ragione, Ellie vivrà un'esperienza di contatto reale con gli extraterrestri, che dimostrerà come le sue convinzioni fossero giuste.
Chiudo la carrellata di esempi che illustrano questa caratteristica del Cinque con la figura di una persona per la quale provo una speciale deferenza, il martire della verità e arcivescovo di San Salvador, Oscar Arnulfo Romero, elevato di recente meritatamente alla devozione degli altari. Malgrado il fatto che fosse una persona timida ed introversa e che da giovane si fosse mostrato piuttosto tradizionalista e soggetto acriticamente all'autorità costituita, Romero sviluppò (dopo la sua nomina a primate di El Salvador ed una serie di fatti tragici, fra i quali spicca indubbiamente il barbaro assassinio del suo amico padre Rutilio Grande e di due suoi assistenti) una attitudine a non voler più sopportare in silenzio i misfatti ed i crimini che l'autocrazia al potere nel suo paese commetteva a danno dei più poveri ed indifesi.
I salvadoregni ritengono che una simile trasformazione sia dovuta a un vero e proprio miracolo, (la chiamano, infatti, il miracolo di padre Rutilio), ma l'enneagramma ci insegna che, come nel caso di Marco Aurelio, quando un Cinque si convince della verità e necessità di una

---

[256] Secondo un noto aneddoto pare che Newton abbia riso una sola volta in vita sua. Ciò accadde quando uno studente gli chiese se valesse la pena di studiare gli Elementi di Euclide.
[257] Contact (Id., Usa 1997

cosa, niente (nemmeno la ovvia e naturale preoccupazione per se stesso), può manipolarlo o fargli cambiare idea.
Le omelie domenicali, con le quali egli denunciava implacabilmente le repressioni e i soprusi, cominciarono a essere ascoltate dapprima con incredulità e poi con un'attesa crescente da parte di un paese intero, mentre il principio che lo ispirava (*la verità va detta, sempre),* lo conduceva sempre più verso quel martirio, al quale era ben consapevole di esporsi e che inevitabilmente lo raggiunse mentre celebrava l'eucaristia.
A un uomo non di chiesa poco importa se Romero si muovesse rigorosamente o no nell'ambito del pensiero teologico ortodosso, stabilito all'epoca dalle encicliche del papa Paolo VI, perché quello che più fortemente colpisce e attesta il carattere di rivoluzionarietà della predicazione dell'uomo sotto la tonaca, è il suo essersi messo sempre dalla parte dei poveri, di essere stato la voce dei senza voce, di aver saputo mettere in pratica concreta e fino alle estreme conseguenze, le parole alte ma un po'astratte delle encicliche e delle deliberazioni dottrinarie.
Il giorno prima di essere ucciso predicò ben due ore e poi pronunciò un appello ai soldati, perché non uccidessero in violazione della legge di Dio, la cui portata rivoluzionaria è evidente dalle parole stesse : *"Un appello speciale agli uomini dell'esercito... Davanti all'ordine di uccidere dato da un uomo deve prevalere la legge di Dio, che dice: non uccidere. Nessun soldato è obbligato a obbedire a un ordine contrario alla legge di Dio [...] In nome di Dio, e in nome di questo popolo sofferente i cui lamenti salgono fino al cielo ogni giorno più impetuosi, vi supplico, vi scongiuro, vi ordino in nome di Dio: cessi la repressione!"*.

Anattratività- Anedonia e rinvio dell'azione.

Il Cinque è fra tutti i tipi quello meno interessato all'attrattività dell'immagine di sé che mostra al mondo e ciò, anche quando non sfocia in un deciso disinteresse per i costumi e le convenzioni sociali, porta molte persone di questo tipo a essere poco consapevoli e poco attente all'impatto che la loro presenza ha sugli altri. In modo analogo il Cinque spesso sente che non è opportuno impegnarsi in azioni concrete, perché ritiene di non essere ancora pronto, o di non possedere tutte le informazioni che gli danno la fiducia di potersi impegnare.
La mancanza di attenzione per l'apprezzamento degli altri può essere la spia di un più generalizzato disinteresse verso il piacere in generale o verso quello che si può provare per l'ottenimento di qualcosa di gradevole in un determinato campo (anedonia totale o parziale), precisando, tuttavia, che quello che caratterizza un Cinque è quasi sempre una forma di

disinteresse o indifferenza che sembra escludere ogni coinvolgimento emozionale. [258]
Un personaggio letterario che mostra appieno lo scarso interesse che dà all'impressione che fa sugli altri e al modo col quale si presenta, è quello del Commissario Adamsberg, l'investigatore protagonista di molti romanzi della scrittrice francese Fred Vargas, che proprio per il suo modo di essere quasi fuori dalle regole del contesto sociale è spesso definito con biasimo, lo *spalatore di nuvole.* A differenza di molti altri Cinque, come ad esempio Sherlock Holmes, Adamsberg non è un pensatore lucido e logico, egli non insegue una pista e non agisce ma preferisce che le impressioni e le informazioni si accumulino in lui fino a quando il quadro generale, dapprima oscuro e nebuloso, non appare d'improvviso chiaro, per effetto di un'improvvisa intuizione.
Una personalità storica che non mostrava alcun interesse per la sua apparenza fisica e che preferiva non esporsi ne sbilanciarsi su una posizione, perché non si sentiva pronto a poter emettere un giudizio, è quello di Tommaso d'Aquino, che, durante la giovinezza, fu etichettato dai suoi confratelli il bue muto, proprio per la corpulenza fisica, il quasi totale disinteresse per la sua immagine e la sua umiltà. Come il suo maestro aveva predetto in sua difesa,[259] quando Tommaso si sentì pronto a poter manifestare quello che aveva meditato, la sua opera si diffuse rapidamente per tutto il mondo occidentale influenzando la filosofia occidentale per diversi secoli successivi alla sua morte.

Analiticità.

L'attenzione al dettaglio e la capacità di avere una visione lucida e distaccata, fanno del Cinque il tipo che è più abile nell'avere una rappresentazione precisa della realtà e, contemporaneamente, a saper sviluppare ragionamenti astratti aventi a base calcoli precisi.
Queste attitudini rendono, ovviamente, il Cinque particolarmente adatto a farsi rappresentazioni mentali realistiche che successivamente possono, ad esempio, essere fissate sulla tela o a sviluppare lucide analisi indispensabili, ad esempio, nel gioco degli scacchi.

---

[258] Sembra così di poter distinguere fra l'anedonia che può colpire, ad esempio, un tipo Quattro, che se ne lamenta e ne soffre, da quella di un Cinque contraddistinta da negativismo e apparente imperturbabilità.

[259] Resta famosa la difesa, operata dal suo maestro Alberto Magno che, comprendendone capacità ed abilità, ebbe ad esclamare: "*Ah! Voi lo chiamate il bue muto! Io vi dico, quando questo bue muggirà, i suoi muggiti si udranno da un'estremità all'altra della terra!*"

Non è, quindi, sorprendente se alcuni fra i più i realisti pittori di ogni tempo, come Vermeer e il citato Hopper, abbiano appartenuto a questo tipo. Non a caso i quadri di questi autori sembrano, talvolta, la rappresentazione di una realtà che è dapprima vista come attraverso uno zoom e, poi ricondotta a una riproduzione a grandezza naturale
Allo stesso modo nello stile di alcuni fra i più grandi scacchisti (Alekhine, Morphy, Karpov), si può riscontrare una metodicità e una capacità analitica che sembrano condurre verso un tipo di gioco apparentemente disadorno e poco entusiasmante, eppure profondamente logico ed efficace. Non a caso, il gruppo di quelli che Reuben Fine, nel suo libro *La Psicologia Del Giocatore Di Scacchi*, definisce come gli "eroi" del gioco, perché si consacrarono quasi esclusivamente ad esso, sembra possedere in gran misura sia il senso di analiticità che quello dell'auto assorbimento.[260]
Ovviamente l'analiticità è l'elemento più evidente nelle ricostruzioni logiche fatte da molti investigatori della fantasy quali Smilla Jasperson, la protagonista del romanzo *Il Senso Di Smilla Per La Neve*[261], o lo geniale Sherlock Holmes, l'investigatore inventato dallo scrittore Arthur Conan Doyle, capace di ricavare dalla profondità di un'orma lasciata su un pezzo di strada fangosa o dal tipo di cenere ritrovato sul luogo di un delitto, elementi preziosi per la soluzione di casi criminali nei quali, abitualmente, la polizia o altri investigatori del crimine, brancolano nel buio.
Sherlock è, in realtà, insidiato da un profondo senso di vuoto che sente dentro di sé e che lo costringe a usare continuamente la cocaina, ma trova nell'analisi logica e nell'eccitazione della caccia al colpevole, gli stimoli che gli permettono di mantenersi in una forma di instabile equilibrio.
Fra gli scrittori mi sembra opportuno ricordare la capacità analitica di Jorge Borges, espressa sia in molte delle sue opere, sia nella quasi incredibile capacità di riuscire, lui cieco, a diventare un efficace bibliotecario, grazie alla visione lucida della sua mente. Lui stesso a commento di ciò scrisse con profonda consapevolezza in una poesia le seguenti parole: " *Dio, che con magnifica ironia/ mi diede insieme i libri e la notte./Di questa città di libri fece padroni/ occhi privi di luce/, che soltanto possono leggere nelle biblioteche dei sogni/ gli insensati paragrafi che cedono/ le albe al loro affanno...* ".

Senso di Vuoto.

La separazione fra la percezione cognitiva di se stesso e le proprie emozioni può giungere fino al punto in cui, trasformando la propria vita in

---

260 Reuben Fine *La Psicologia Del Giocatore Di Scacchi* edizioni Adelphi 1976
261 Høeg P. *Il Senso di Smilla per la Neve* Trad. it. Mondadori, 1996

un arido deserto, un Avaro si separa perfino dalla fonte primaria della sensazione di essere vivo. Ciò può condurre alla sensazione di vivere come un robot,[262] di aver tradito il compito che la vita ha assegnato a ciascuno di noi e a far nascere, accanto ad una visione pessimista e talvolta cinica del mondo di cui ho già parlato, la percezione di avere un vuoto interiore che non può essere colmato e che riflette una condizione esistenziale universale alla quale tutto ciò che è creato soggiace.
Una posizione che venne, in qualche modo, riassunta dal filosofo Hobbes, che sosteneva fra l'altro che la vita non è altro che un moto delle membra e, quindi, che un automa è dotato di vita propria.
Il personaggio che, a mio avviso, meglio esemplifica questo tratto del tipo Cinque, è quello di Meursault, il protagonista del romanzo *Lo Straniero*[263] di Albert Camus. Il titolo stesso dell'opera allude al fatto che Meursault sembra estraneo alla condizione umana, che sia quasi incapace di condividere un senso di umana pietà o di speranza che l'esistenza abbia un senso. Quando s'interroga, egli non trova nemmeno una vera motivazione che l'abbia spinto, ad esempio, a uccidere un uomo che gli era completamente indifferente e questo non gli procura alcun moto di ribellione verso se stesso o verso il destino impietoso.
Meursault non è solo apatico, egli è costretto in un senso di vuoto, confinato nell'impossibilità di sentire il peso ma anche la gioia e perfino la responsabilità delle proprie azioni, perché ciò è possibile solo quando si ha la piena percezione, la piena consapevolezza, di ogni proprio gesto, di ogni decisione. Questo, a sua volta, discende dalla centratura sulla propria auto percezione sulla capacità di avvertire, vivere e farsi scuotere dai propri sentimenti.

Senso di Colpa.

Il Cinque può vivere un senso di colpa pervadente e lucido, che viene avvertito come una sorta di maledizione gravante su di sé e che non sembra, talvolta, dipendere da un azione concreta sbagliata, da un errore commesso in malafede o dall'avere fatto volontariamente qualcosa di erroneo o maligno, quanto, piuttosto, da un non essere riuscito ad essere come figure importanti della propria vita desideravano. Di conseguenza credo che, usando termini psicoanalitici, si possa dire che questo senso di

---

[262] Alcuni Cinque, quasi incapaci di percepire le proprie sensazioni e i propri sentimenti, sono giunti sino al punto di auto infliggersi ferite e lesioni pur di percepire di essere effettivamente vivi.
[263] Camus A. *Lo Straniero* Trad. it.Bompiani, 2001

colpa è dovuto alla soggezione che l'ego prova verso le istanze del proprio superego che restano irrisolte e insoddisfatte.
Quando questa percezione si trasforma nella profonda convinzione dell'impossibilità di cambiare in meglio il proprio stato e di poter partecipare pienamente al consesso degli altri umani, essa si trasforma in un dolore così profondo da non potersi nemmeno permettere il pianto o la speranza.
Questo è quello che vediamo in opera, ad esempio, in molte delle opere del grande scrittore boemo Franz Kafka, quali, ad esempio, *Le Metamorfosi*[264] *o Il Processo*[265], nelle quali il protagonista, senza colpa apparente, viene a trovarsi in una situazione di disperazione esistenziale alla quale non riesce a sottrarsi, sia per mancanza di energia necessaria per fare un'azione risolutiva, sia perché, come abbiamo già visto nello *Straniero*, è in realtà incapace di comprendere cosa lo abbia fatto veramente diventare quello che è e di porvi, in qualche modo, rimedio.
In particolare a Joseph K, il protagonista de *Il Processo*, non viene mai permesso di sapere di cosa è accusato e, l'unica indicazione che egli (ma anche il lettore) ha, è una non indicazione. Come recita lo incipit del romanzo: "*Qualcuno doveva aver calunniato Josef K., perché, senza che avesse fatto niente di male, una mattina fu arrestato*." Nonostante il suo atteggiamento pragmatico e la convinzione di non aver fatto nulla di sbagliato, Joseph si sentirà dire che nessuno è mai innocente e dovrà, alla fine, soggiacere a un'assurda condanna a morte senza riuscire a comprendere cosa abbia veramente fatto.
In misura simile a quella di Joseph K si comporta all'inizio del film, il personaggio di Andy Dufresne protagonista di *Le Ali Della Libertà*,[266] tratto da un romanzo di Stephen King. Accusato del duplice omicidio della moglie e del suo amante, Andy, sebbene innocente, sembra completamente tramortito dal senso di colpa che sente gravare su di sé, per non essere stato l'uomo che la moglie avrebbe voluto che fosse e quasi non si difende, lasciandosi così condannare a due ergastoli.
Solo dopo aver vissuto e subito un lungo periodo di angherie e aver capito che quello che era accaduto non era e non poteva essere, direttamente o indirettamente, colpa sua, Andy riuscirà a maturare un percorso interiore (non a caso il titolo originario parla di Redenzione, che, poiché egli è innocente, nel suo caso significa liberazione da una condizione di degradazione morale), che gli permetterà di ritrovare la libertà e con essa la possibilità di vivere una vita piena e soddisfacente.

---

[264] Kafka, *Le Metamorfosi* trad.it. BUR
[265] Kafka J. *Il processo* Trad. it. Garzanti, 2008
[266] Le ali della libertà (The Shawshank Redemption, Usa 1994

Emblematiche di questa sua convinzione sono le parole che Andy, quando ha già scelto per sé, rivolge al suo amico e voce narrante del film, Red Redding, al quale dice che nella vita ci sono solo due possibilità: "*O fare di tutto per vivere, o fare di tutto per morire*".

Riservatezza.

La riservatezza è uno degli altri tratti del Cinque che discende dalla paura di essere invasi e porta a quella che molto spesso è letta dagli altri semplicemente come segretezza o misteriosità. Il Cinque tende a tenere per sé i propri sentimenti e a non manifestarsi, cercando, contemporaneamente, di crearsi situazioni nelle quali se ne può liberamente stare tranquillo.
L'uso della riservatezza, in definitiva, è solo uno dei tanti modi con i quali questo tipo cerca di evitare di farsi trascinare da cose o situazioni, dato che, come abbiano ripetutamente detto, non sente di aver la forza per resistere o padroneggiare a lungo le richieste o le pretese che potrebbero venire dagli altri.
Un esempio evidente di questa caratteristica la possiamo trovare nei comportamenti della famosa attrice Greta Garbo, che viveva in un grande appartamento completamente vuoto, tranne due stanze sovraccariche d'oggetti, e che, quando doveva comparire in pubblico, nascondeva il suo viso dietro grandi occhiali e larghi cappelli. Aldilà dei problemi connessi alla sua omosessualità, ella non accettò mai di sposarsi, perché non riusciva ad accettare la convivenza con qualcuno. Scrisse più volte ai suoi amici di essere infastidita dal clamore della celebrità, dalle incursioni di giornalisti e fotografi nella sua vita privata e di detestare il ruolo della seduttrice che le affibbiavano.
La riservatezza della Garbo era tale che non perdonò mai a Mercedes de Acosta di aver comunicato alla stampa informazioni sulla loro storia sentimentale e chiuse ogni rapporto con lei, nonostante le numerose lettere con le quali la poetessa implorò il suo perdono. Infine, fino alla sua morte, non concesse alcuna intervista e cercò anche di evitare di essere perfino fotografata.
Analogamente riservato era il papa Pio XII che, malgrado fosse stato per molti anni un diplomatico per spirito di servizio, era una persona estremamente riservata e che dava grande importanza alla possibilità di vivere momenti di assoluta solitudine. È rimasto famoso, ad esempio, il divieto rivolto a tutti di intrattenersi o restare nei giardini vaticani, quando il pontefice aveva l'intenzione di recarvisi a passeggiare.
Ancor più riservato e misterioso era il modo di agire dell'imperatore romano Tiberio che, dopo essersi recluso volontariamente in un'enorme

villa sull'isola di Capri[267], esercitava il suo potere quasi esclusivamente attraverso missive segrete che faceva pervenire al Senato mediante suoi fidati messaggeri. Il culmine di questa sua attitudine è chiaramente osservabile nel modo col quale egli fece destituire e condannare a morte il prefetto del pretorio Seiano, al quale aveva fatto avere un potere quasi assoluto e del quale non si fidava più.
Tiberio, infatti, fece credere a Seiano che stava per conferirgli la carica suprema e, al tal fine, gli fece ottenere altre cariche minori, poi, dopo aver fatto allontanare dai punti strategici di Roma gli uomini armati che potevano creargli problemi, ordinò che il Senato si riunisse, facendo sapere che avrebbe mandato una lettera della massima importanza. Seiano, ovviamente, non stava nella pelle, convinto che la lettera avrebbe sancito la sua posizione e andò incontro alla sua disgrazia senza minimamente sospettare che nella lettera, invece, Tiberio lo accusava di alto tradimento, lo destituiva dall'incarico e lo condannava a morte.

Avidità.

L'avidità è un tratto che dipende, e a sua volta è sostenuto, dalla tendenza ad accumulare, sia in termini materiali che spirituali. Essa è strettamente connessa a un forte senso di possesso che, tuttavia, non accetta di essere condizionato da oggetti (compresi gli esseri umani) che possano richiedere una cura troppo assidua e dispendiosa. Così il Cinque può percepire un forte desiderio verso qualcosa ma, per realizzarlo concretamente, deve sentire che non sarà poi troppo limitato dalla cura necessaria a conservarli.
Un ottimo esempio di questa tendenza è ben visibile nel personaggio di Virgil Holdman, il protagonista del film *La Miglior Offerta*[268], un banditore di aste che riesce a impadronirsi quasi sempre di tele di grande valore a poco prezzo, mediante la complicità di un suo amico. Come veniamo a sapere nel corso del film, Virgil ha una grande avidità per i ritratti di donna, che egli custodisce gelosamente in una stanza segreta della sua vita e che rappresentano anche l'unico contatto che sente di avere col mondo femminile. In qualche modo le tele permettono a Virgil di proiettare su un unico oggetto la sua avidità materiale per i begli oggetti e quella sessuale repressa che, come molti uomini Cinque, sente, ma cerca di contrastare, per le belle donne.

---

267 In realtà Tiberio ne possedeva 12, ma risiedeva quasi esclusivamente in quella nota come *Villa Jovis*, i cui resti sono ancora oggi visitabili.
268 La migliore offerta (Id., Ita 2013)

Più spiccatamente di genere sessuale era invece l'avidità che caratterizzava il pittore austriaco Gustav Klimt e che emerge chiaramente sia da un esame appena attento di molte delle sue opere, sia dai fatti della sua vita privata. In molte dei famosi ritratti di Klimt, come la Danae, le Bisce d'Acqua, il Pesce d'Oro, le protagoniste sono rappresentate voyeuristicamente (anche questo tratto è tipico del Cinque) in modo passivo, come oggetto del desiderio di un osservatore che si tiene lontano ma è fortemente attratto da ciò che osserva. A riprova, inoltre, del fatto che quest'avidità non fosse solamente astratta, c'è il fatto che, malgrado Klimt non si sia mai sposato, furono avanzate durante la sua vita numerose richieste di riconoscimento della paternità che, dopo la sua morte raggiunsero il numero di venti, da parte di donne diverse.

Ipersensibilità.

Anche un minimo stimolo da parte del mondo esterno può essere percepito con grande intensità e provocare forti perturbazioni nel mondo interiore di un avaro, che sente quasi sempre di non essere in grado di fronteggiare le traversie e i pericoli ed ha una spiccata sensibilità verso le possibili conseguenze negative di una situazione reale o immaginata.
Questo tratto si può spiegare in termini di enneagramma sia con la vicinanza che in qualche modo lega il Cinque al suo vicino Quattro, sia con la considerazione che la difficoltà a percepire i sentimenti fa sì che, quando essi vengono avvertiti, abbiano una rilevanza particolare.
Il musicista polacco Fryderyck Chopin è probabilmente il miglior esempio che si possa fare per illustrare appieno questa caratteristica del Cinque. Considerato un genio della musica romantica Chopin era un compositore che si dilettava in sfumature tecniche e la cui grandezza, come notava un critico: "*sta nell'aver dato forma cristallina a un mondo interiore di immagini fluide e complesse. Ci si addentra in un universo di sensazioni, enigmi, allusioni e richiami, e questo è reso possibile dal senso degli equilibri formali e dalla chiarezza del linguaggio musicale, che riproduce i meccanismi occulti dell'umana natura con la precisione di uno scienziato*".[269]
Dal punto di vista umano Chopin era un uomo estremamente fragile, sia dal punto di vista strettamente fisico, condizionato come era dalla tubercolosi polmonare, sia da quello più intrinsecamente psicologico dato che: "*incapace di muoversi a suo agio nella vita pratica, egli aveva bisogno di persone fidate che, riconoscendo la sua appartenenza da genio al mondo spirituale, erano disposte a portare per lui il peso materiale*

[269] Citazione da Giulio Confalonieri *Storia Della Musica*

della realtà. Più che vivere Chopin immaginava la vita; nel Cinque spesso l'incapacità di agire è compensata da un'estrema libertà e potenza espressiva nel mondo dell'immaginazione. Egli guardava senza partecipare ed era timido, ritroso. Nei rapporti con gli altri la sua affabilità esteriore e l'educazione squisita nascondevano talvolta un'indifferenza profonda o una fredda avversione."[270]

La sua relazione con la scrittrice George Sand, l'unica veramente importante della sua vita, mette in rilievo la differenza fra l'ipersensibilità del musicista e come la donna, "*con la sua baldanzosa invadenza feriva spesso in maniera grossolana la sensibilità di Chopin, che chiedeva assoluto rispetto della sua sfera privata. Chopin diventava via via più cupo, guardava tutti con diffidenza e disgusto e si ritirava nella sua camera. E lei considerava le irritazioni del musicista nient'altro che incomprensibili capricci di un ragazzo malato e troppo nervoso.*"[271]

Eppure sarà questa relazione contrastata ad attivare molte volte la sensibilità, talvolta perfino eccessiva, del musicista e a permettergli di scrivere alcune fra le più significative pagine della sua musica.

Un personaggio della fantasy che ben illustra come il Cinque abbia una decisa difficoltà nel sopportare i colpi della vita e come ciò possa incidere sulla sua sensibilità profonda, è quello di Graham Dalton, il protagonista del film *Sesso, Bugie e Videotape*[272]. Graham è un minimalista che viaggia per gli Stati Uniti con un bagaglio minimo, una vecchia macchina nera e una telecamera con la quale riprende giovani donne che parlano delle loro esperienze sessuali (abbiamo già detto che il Cinque può soffrire, più di altri tipi, di una forma di voyeurismo visivo o uditivo).

Il giovane è afflitto da impotenza sessuale, causata da una infelice relazione giovanile che non riesce a superare, e quelle intimità, fatte di parole ed immagini, sono le uniche ancora capaci di eccitarlo.

Solo l'incontro con l'infelice moglie di un suo amico di liceo che ha anche lei problemi di sesso ed è dotata di buona capacità di comprensione, gli permetterà di superare il suo problema e di riaprirsi ad una nuova vita.

Timidezza.

Naturale corollario dell'ipersensibilità e della riservatezza è il tratto della timidezza, che rende spesso il Cinque quasi incapace di esprimersi davanti ad un uditorio e che gli fa preferire di restarsene in disparte a osservare le

---

270 Citazione da Antonella Pagano *Fryderyk Chopin e la sua relazione con George Sand* rivista ASS.I.S.E. Genn. 2015

271 Sempre da Pagano, articolo citato

272 Sesso, bugie e videotape (Sex, Lies, and Videotape Usa 1989)

situazioni, più che a partecipare in esse. Ciò, inoltre, fa sì che il Cinque preferisca comunicare a bassa voce e solo ad ascoltatori selezionati in precedenza.
Un personaggio cinematografico che ben illustra questa caratteristica timidezza (da non confondere con gli analoghi atteggiamenti che possono avere un Quattro o un Sei, che nascono da diverse esigenze psicologiche), è quello di Willie Wonka il protagonista della *Fabbrica Di Cioccolato*[273], eccentrico ed enigmatico miliardario che decide di far visitare la sua inviolabile fabbrica, chiusa al mondo esterno da molti anni, a cinque fortunati bambini che troveranno uno speciale biglietto d'oro inserito in alcune tavolette vincenti.
Il finale della storia/favola è, a mio avviso, un po' agrodolce, perché Wonka troverà l'erede che stava cercando ed anche una famiglia, quella del bambino vincente Charlie Bucket ma tutto ciò a condizione che la casa ed i suoi componenti vengano trasferiti e, di conseguenza, anche rinchiusi nella fabbrica.

Arroganza intellettuale.

L'arroganza intellettuale si può considerare una logica conseguenza della prevalenza dell'aspetto cognitivo, unita all'avidità per le informazioni e alla forte capacità di analisi. Essa si può manifestare facilmente in una tendenza a polemizzare intellettualmente con coloro che hanno una visione diversa o che, secondo il giudizio del Cinque, si attribuiscono più meriti di quelli che spettano, invece, a loro. Abbiamo già visto un esempio di questa tendenza nella disputa che contrappose Newton a Liebnitz sulla paternità del calcolo infinitesimale ma sarebbe errato pensare che questa tendenza si abbia solo fra scienziati o filosofi, perché essa è propria di molti Cinque che cercano, suo tramite, di crearsi un'auto immagine di persona forte e degna.
In contrasto con questa idealizzazione intellettuale e spesso simultaneamente a essa, tuttavia, i Cinque possono sentire di non valere molto e di non avere grandi qualità, vivendo questa situazione con i sensi di colpa e di vuoto di cui ho già parlato.
Un esempio notevole di questa caratteristica si può trovare nel personaggio di John Nash, personaggio principale del film *A Beautiful Mind*, ricalcato sulla figura, recentemente scomparsa, del matematico vincitore del premio Nobel e di quello Abelprisen. Nash sente, fin dai tempi della sua frequentazione dell'università a Princeton, che egli non può sprecare il suo tempo in studi che riguardano argomenti da lui

---

[273] La Fabbrica di Cioccolato (Charlie and the Chocolate Factory, Usa 2005)

giudicati mediocri, ma che deve dedicare il suo tempo alla comprensione di quelle che lui definisce le "dinamiche dominanti". Malgrado sia già afflitto, come si scoprirà più oltre nel film, da una grave forma di psicosi, il risultato delle sue intuizioni lo porterà a comporre una tesi di laurea di sole ventisette pagine nelle quali, tuttavia, esporrà alcune geniali intuizioni che trasformeranno definitamente la comprensione delle teorie economiche.
A differenza del film, nella realtà il delirio di Nash era più caratteristico della deriva patologica di questa tendenza all'arroganza, perché egli affermava di essere il capo del governo universale terrestre o il piede sinistro di Dio e di parlare direttamente con extraterrestri che lo consideravano l'unico in grado di interloquire con loro.
Un altro personaggio che presenta una sinistra e patologica forma di arroganza intellettuale è sicuramente quello di Annibal Lecter, il folle psichiatra coprotagonista del citato *Silenzio Degli Innocenti* e di altre serie dedicate a lui.
Molto altezzoso intellettualmente è anche il personaggio dell'investigatore privato Nero Wolfe. Avido amante della cucina raffinata e per questo in perenne sovrappeso, quasi sempre preso dai suoi interessi, isolato all'interno della sua serra personale nella quale coltiva rare orchidee, misogino, misantropo e del tutto ostile alle attività pratiche, Wolfe mostra tutta la sua arroganza intellettuale, che lo conduce a brevi e isolati scoppi di rabbia tipici del Cinque, quando qualcuno osa suggerire una interpretazione diversa da quella che è maturata in lui e, perfino, se si azzarda a parlare mentre lui sta dando soluzione ad un enigma.

LA FISSAZIONE DEL PESSIMISMO.

La paura di essere risucchiati, se troppo coinvolti in una situazione, e di non avere poi la possibilità di ritrovare se stessi e le proprie energie, fa sì che il Cinque sviluppi un modo di pensare che tende, prevalentemente, a considerare tutto in modo negativo e ad avere poca fiducia negli altri e nelle loro motivazioni. Di conseguenza c'è una forte tendenza a pensare che le cose andranno probabilmente male e a cercare di trovare preventivamente una soluzione. Questo fa sì che si cerchi di ridurre gli oneri di qualsiasi genere a un ambito che si ritiene possibile sopportare e gestire. I Cinque vorrebbero, così, sapere prima quanto durerà il loro sforzo e quanto a lungo durerà un appuntamento, in modo da limitare al minimo il loro impegno e la loro esposizione.
Inoltre, il Cinque tende costantemente a sottostimare il vantaggio che potrebbe ricavare da una situazione o da un rapporto. rispetto al costo che dovrebbe sopportare per impegnarsi e, quindi, tende a escludere un suo

coinvolgimento se non è assolutamente convinto che il suo investimento possa fargli conseguire un risultato che ritiene conveniente.
Questo può condurre, addirittura, a situazioni nelle quali il Cinque si ritira in una posizione quasi autistica, rifiutandosi di partecipare a qualsiasi attività e a finire per ritenere, fortunatamente in pochi casi, che perfino la sua stessa vita non abbia un valore o significato.
Per tale motivo alcuni autori di opere sull'EdT preferiscono definire con il termine *grettezza* la fissazione del Cinque ma io penso che tale parola indichi un'accentuazione negativa della normale tendenza di questo tipo a contenere le proprie necessità e a cercare di non cedere alle richieste del mondo e alle sue mode.
Da questo punto di vista il Cinque sembra poter essere rappresentato dal celebre quadro il *Misantropo*, nel quale il pittore Brueghel il Vecchio (egli stesso un Cinque), rappresenta metaforicamente il mondo con una visione certamente pessimistica, come un ladro che deruba e dal quale bisogna diffidare. Illuminante, a questo proposito, è la scritta che è riportata nella parte bassa del dipinto e che recita: *Poiché il mondo è così infido/ io mi vesto a lutto.*
Questo modo di pensare pieno di sfiducia esistenziale e di attenzione più a ciò che si può perdere che a quello che si può guadagnare, è molto evidente, nell'opera di diversi autori di questo tipo.
Un ottimo esempio si può trovare in molte composizioni di Philip Larkin, da più parti ritenuto il più importante poeta inglese del novecento. I testi di molte delle sue poesie così sono intrise di senso di inutilità, della necessità di contenere anche le manifestazioni più vitali, della consapevolezza che tutto è quasi inutile, da lasciare indelebile nel lettore un deciso sapore amaro. Quasi come se il messaggio che l'autore volesse trasmettere fosse molto simile a quella del Misantropo appena citato: la vita quotidiana è intessuta di disinganno e di una sottile violenza dalla quale bisogna guardarsi, limitandosi e non lasciando spazio a una speranza che è solo illusione.
Come esempio citerò quella che mi appare, a partire dal titolo, una specie di testamento spirituale dell'autore, visto che si intitola *Sia Questo Il Senso,* e che trasmette un quadro desolante del valore e del significato delle relazioni umane, a partire da quelle che dovrebbero essere le più importanti e appaganti per ognuno di noi. Queste le parole:

SIA QUESTO IL VERSO[274]

"Mamma e papà ti fottono./ Magari non lo fanno apposta, ma lo fanno. / Ti riempiono di tutte le colpe che hanno/ e ne aggiungono qualcuna in più, giusto per te./ Ma sono stati fottuti a loro volta/ da imbecilli con cappello e cappotto all'antica,/ che per metà del tempo facevano moine/ e per l'altra metà si prendevano alla gola./ L'uomo passa all'uomo la pena. /Che si fa sempre più profonda, come un'insenatura./ Togliti dai piedi, dunque, prima che puoi/ e non avere figli tuoi ."

Una posizione analoga era espressa dallo scrittore e filosofo Emil Cioran, che visse da apolide per oltre trent'anni, dopo che fu privato per motivi politici della sua nazionalità ma che molto prima che ciò avvenisse, aveva già espresso la sua visione iper pessimista dell'esistenza. Per Cioran la nascita è una disgrazia catastrofica e il vivere solo una sciagura.
Come ebbe a scrivere: "*Non mi perdono di essere nato. È come se, insinuandomi in questo mondo, avessi profanato un mistero, tradito un qualche impegno solenne, commesso una colpa di inaudita gravità. Mi capita però di essere meno perentorio: nascere mi appare allora una calamità che sarei inconsolabile di non aver conosciuto."*[275].
Più in generale, tuttavia, si può concludere che il pessimismo del Cinque più che mosso da considerazione di tipo filosofico è, in definitiva, l'unico mezzo di difesa che questo tipo sa usare contro le delusioni che potrebbero derivare da una facile accondiscendenza ai propri desideri.

[274] Philip Larkin *Finestre Alte*, Giulio Einaudi Editore, 1974-2002
[275] E. Cioran, *L'Inconveniente di Essere Nati*, ed. Adelphi, Milano 1973, pagg.20-21. Considerazioni analoghe, tuttavia, le aveva espresse sin da molto giovane, come si può leggere in varie pagine di *Al Culmine Della Disperazione* ediz. Adelphi

IL TIPO SEI: LA PASSIONE DELLA PAURA
LA FISSAZIONE DEL DUBBIO

Elementi di Riferimento:

Energia Squilibrata: Limite/Permesso
Paradigma Familiare: Accettazione genitore Iperprotettivo / Frustrazione genitore Pressante.
Ferita Originaria: Ordini Contradditori o Negativi
Cicatrice: Caos
Polarità: Attacco-Resa
Passione: Paura
Fissazione: Dubbio

Tratti caratteristici

- Paura e ansia
- Dubbio
- Atteggiamento guardingo o sfidante
- Orientamento teoretico
- Amicalità ingraziante
- Iper narcisismo corporale
- Aggressività intimidente
- Corazzatura difensiva
- Orientamento all'Autorità e agli ideali
- Accusa e manipolazione del senso di colpa
- Soggezione al senso di colpa
- Ambivalenza
- Rispetto delle Norme
- Burocraticità o ribellione contro l'autorità
- Lealtà al patto e rispetto degli obblighi
- Orientamento strategico
- Competitività

La Paura era, come ho già segnalato, una delle due passioni non ricomprese nella lista dei Peccati o Vizi Capitali, formulata da papa Gregorio Magno. Ciò era, probabilmente, dovuto a due diversi motivi. Da un lato il *timor dei*, non era considerato un elemento negativo poiché esso, attraverso il ricordo del giudizio e del castigo eterno, portava l'uomo ad assoggettarsi alla legge ed all'ordine sociale (e ciò era particolarmente funzionale all'ottica cristiana soprattutto medioevale), dall'altro perché le dinamiche stesse di questa passione non erano ben comprese.
La varietà dei comportamenti indotti dalla passione della Paura, infatti, è tale che a prima vista sembra esserci poco in comune fra le persone appartenenti a questo stesso tipo. Se, infatti, è piuttosto facile comprendere che sono certamente dominate dalla Paura le persone che, anche nel linguaggio comune, sono denominate fobiche, quelle, in altre parole, che hanno uno stile di vita dominato dall'insicurezza o da fobie in parte esplicite, non è altrettanto facile vedere in opera a livello motivazionale la Paura in quelle persone chiamate controfobiche, che agiscono con una forte aggressività di tipo strategico.
Ciò genererà una tipica ambivalenza, di cui si dirà meglio in seguito, che porterà il Sei ad assumere un atteggiamento decisamente fobico o di conformità in alcune situazioni e spiccatamente aggressivo/repressivo in quelle nelle quali ci si sente in una posizione di autorità o vantaggio.
Esiste, tuttavia, un'ulteriore possibilità di espressione della Paura che può essere, anch'essa, desunta dal comportamento adottato da molti animali all'interno del loro gruppo. In molte specie esiste una speciale forma di riconoscimento della superiorità/inferiorità dell'altro, che avviene mediante una serie di atti con i quali si riconosce l'autorità dell'esemplare dominante e, contemporaneamente, si definisce il proprio posto nella scala sociale del gruppo. In questo modo ogni membro del gruppo sa, sulle basi di questo preciso ordinamento, esattamente qual è il suo ruolo e quali comportamenti e limiti deve rispettare.

Paura e Ansia.

Nel gioco degli scacchi si usa il detto "*la minaccia è molto più forte della sua esecuzione*", per sottolineare che può essere più condizionante la preoccupazione per qualcosa che può accadere, che il suo verificarsi. Questo adagio ci permette di ben comprendere il modo di funzionare del mondo interno di un pauroso e il principio che lo governa, poiché con tale espressione si sottolinea come *l'idea* di un rischio che sovrasta, può essere molto più insopportabile per la nostra psiche che il fatto di affrontare concretamente il pericolo stesso.

Il modo fondamentale attraverso il quale si esprime la paura è soprattutto l'ansia, il timore che qualcosa possa andare storto, e ciò induce uno stato di stress quasi costante nel quale ogni cosa deve essere più volte controllata, prima che ci si possa rilassare.
Un'altra forma con la quale la paura si manifesta, a posteriori però rispetto ad un evento, è quella del senso di colpa che, come vedremo, indica la difficoltà a concludere definitivamente una situazione, a lasciare andare un evento nel quale si sente di aver fatto qualcosa di sbagliato.
La paura in questo tipo è strettamente connessa al mantenimento del proprio benessere fisico e questa esigenza è superiore a ogni altra considerazione. Ogni altro parere, che cerca di ridimensionare quello che è considerato l'eventuale impatto su di sé, genera nel Sei una forte stizza. Anche lo star bene dei familiari e delle persone care, talvolta, è sorvegliato con cura, perché funzionale a questa esigenza. Questa particolarità può essere considerata come il residuo introiettato del messaggio del genitore protettivo e distingue nettamente la paura che può percepire un altro tipo rispetto a quella del Sei.
Le persone apertamente paurose sono molto cerebrali, nel senso che pensano troppo alle possibili ricadute di ogni singolo atto, cercano di combattere la loro insicurezza richiedendo appoggio e sostegno agli altri e cercano ossessivamente di prefigurarsi ogni possibile scenario.
Un esempio notevole di un Sei apertamente fobico è quello di Don Abbondio, uno dei personaggi principali de *I Promessi Sposi*.
Stretto in un'opprimente morsa, fra le minacce ricevute dai bravi di don Rodrigo di non celebrare il matrimonio e la veemente reazione dello sposo Renzo, il vecchio curato non vede altra soluzione che quella di darsi malato e cercare di guadagnare tempo, nell'attesa che qualcosa o qualcuno possano risolvere il problema senza che lui si esponga troppo.
Di fronte alle accuse del Cardinale Borromeo, il suo superiore diretto, Don Abbondio cerca di opporre le ragioni che solitamente ogni Sei trova sempre per giustificare la sua paura.
Il dialogo fra i due personaggi tanto diversi (il Cardinale Borromeo è, come abbiamo visto, un tipo Uno), merita di essere riportato per intero.
"Domando, " riprese il cardinale, "se è vero che abbiate rifiutato di celebrare il matrimonio, quando n'eravate richiesto, nel giorno fissato; e il perché."
"Veramente...se vossignoria illustrissima sapesse...che intimazioni...che comandi terribili ho avuto di non parlare...Però, quando Lei me lo comanda, dirò, dirò tutto...".
"Dite; io non vorrei altro che trovarvi senza colpa."
Allora don Abbondio si mise a raccontare la dolorosa storia; ma tacque il nome principale, e vi sostituì: un gran signore; dando così alla prudenza

tutto quel poco che si poteva, in una tale stretta. "E non avete avuto altro motivo?" domandò il cardinale, quando Don Abbondio ebbe finito.
"Ma forse non mi sono spiegato abbastanza," rispose questo: "Sotto pena della vita, mi hanno intimato di non far quel matrimonio."
"E vi par codesta una ragione bastante, per lasciare d'adempiere un dovere preciso?".
La conclusione del cardinale lascia don Abbondio quasi senza parole, perché egli sente attaccata la norma sovrana della sua vita ma per nulla convinto delle motivazioni dell'altro. Il suo pensiero corre, infatti, solo alla prospettiva del pericolo che lo minacciava e il Manzoni con grande acume psicologico lo rappresenta benissimo.
"I pareri di Perpetua!", pensava stizzosamente don Abbondio, a cui, in mezzo a quei discorsi, ciò che stava più vivamente davanti, era l'immagine di quei bravi, e il pensiero che don Rodrigo era vivo e sano, e, un giorno o l'altro, tornerebbe glorioso e trionfante, e arrabbiato. E benché quella dignità presente, quell'aspetto e quel linguaggio, lo facessero stare confuso e gl'incutessero un certo timore, era però un timore che non lo soggiogava affatto, né impediva al pensiero di recalcitrare: perché c'era in quel pensiero, che, alla fin delle fini, il cardinale non adoprava né schioppo, né spada, né bravi".
Questo retro pensiero di don Abbondio che misura il peso dei due pericoli (i rimproveri morali che gli sono rivolti dal cardinale e le minacce fisiche, infinitamente per lui più sentite, dei bravi), fornisce il supporto motivazionale per l'esplosione controfobica finale, nella quale il dubbio e l'ambivalenza del povero curato emergono appieno:
"*Gli è perché le ho viste io quelle facce", scappò detto a don Abbondio; "le ho sentite io quelle parole. Vossignoria illustrissima parla bene; ma bisognerebbe essere nei panni d'un povero prete, ed essersi trovato al punto." Appena ebbe profferite queste parole, si morse la lingua; s'accorse d'essersi lasciato troppo vincere dalla stizza, e disse tra sé: - ora viene la grandine- alzando dubbiosamente lo sguardo*".
Possiamo osservare in questo rapido passaggio da accusato ad accusatore la capacità del Sei di farsi avvocato della propria paura e di trasformarla in un potente strumento di attacco verso gli altri.
Un personaggio della fantasy che illustra bene come la paura sia, soprattutto, una corruzione di un una normale percezione istintuale operata dall'interferenza dell'aspetto cognitivo, è quello del Leone Senza Coraggio, presente nel romanzo *Il Meraviglioso Mago Di Oz*[276].
Benché sia un leone e, quindi, naturalmente dotato di energia e capacità di imporsi sugli altri animali, la fiera all'inizio dell'opera è incapace di

---

[276] L. F. Baum *Il Meraviglioso Mago di Oz* ediz. Gribaudo

credere nelle sue qualità e, metaforicamente, riesce a impaurire gli altri solo mediante i terribili ruggiti che riesce a lanciare. La sua sorte cambierà non attraverso la semplice azione fisica (gli era stato imposto, come condizione per ottenere il coraggio, di sconfiggere la malvagia strega dell'Ovest) ma solo quando un essere, che il leone ritiene dotato di una grande autorità, non gli farà credere, mediante una manipolazione mentale, di avergli infuso un grande potere.
In un modo che può apparire sorprendente solo se considerato in modo superficiale, egli riesce a superare questa difficoltà solo quando un grande maestro gli fa saggiare la portata e la forza della sua energia vitale, facendogliela, però, sentire come se fosse una forza esterna a lui. anche in una famosa storia zen un grande lottatore, incapace di affermarsi solo a causa delle sue remore mentali,

Atteggiamento guardingo o sfidante.

La risposta di ogni organismo vivente di fronte ad una minaccia soverchiante è quella di fuggire ma, se ci si trova in una situazione senza via di fuga che non si può gestire, essa può mutarsi in una forma di aggressione verso la fonte che scatena la paura. Questa reazione non è, ovviamente, dovuta a una forma di coraggio, ma a un'istintiva difesa.
Negli esseri umani, tuttavia, quest'attitudine a combattere/fuggire può diventare, a causa della pervasività della coscienza e delle memorie che ne sono parte fondamentale, un comportamento che assume coerenza e durata e si ripete in modo coattivo, anche quando lo stimolo che lo aveva originato è superato da molto tempo.
Avremo, quindi, persone nelle quali predominerà un atteggiamento prudente, che diverrà facilmente guardingo fino all'eccesso e altre che, sentendo la necessità di fronteggiare un pericolo sempre presente, mostreranno un atteggiamento sfidante e diverranno facilmente aggressivi.
Un esempio cinematografico di un personaggio che è insidiato dalla paura e dall'ansia, fino al punto di meditare l'aborto, perché si sente fragile e incapace di fronteggiare le sfide che il suo stato di donna incinta la porterà ad affrontare, è quello di Hope, la coprotagonista del citato *Un'Altra Donna.* Cercando conforto per le preoccupazioni che la stanno portando all'estremo, Hope si appoggerà a uno psicologo e, a causa di un'anomalia architettonica, verrà dapprima ascoltata e poi conosciuta, come abbiamo già detto, da Marion, "l'altra donna" del film. Il confronto con Marion produrrà un grosso effetto su Hope che capirà di non voler finire come lei, che ha sempre respinto gli affetti e tenuto lontano il fratello, il marito e tutti in genere e capirà, quindi, di voler tenere il bambino.

Il confronto fra le due donne ci permette, inoltre, di sottolineare una differenza fondamentale fra l'atteggiamento generale del Cinque e quello di un Sei; mentre il primo è dichiaratamente pessimista e cerca di sottrarsi alle situazioni, restringendo il campo d'impegno e le aspettative, il secondo, pur essendo scettico sull'esito di un contesto, non si sottrae ma cerca di prevedere e trovare risposte positive a tutte le difficoltà che si possono verificare.
All'opposto dei personaggi su descritti, si situa il personaggio di Christofer Mc Candless, il protagonista di *Into The Wild*[277] ricalcato su una persona reale,che, cercando di sfidare continuamente i suoi limiti e di dimostrare a se stesso di poter fare a meno di quasi tutto e di sapere affrontare e vincere le sue paure e le sfide estreme, trovò la morte, quasi sicuramente per inedia, alle pendici del monte Mc Kinley in Alaska.
L'atteggiamento sfidante e controfobico di Mc Candless appare evidente in molti episodi sia del film sia del libro dal quale è tratto. Così, ad esempio, pur non sapendo nuotare (qualcosa che insieme alla incapacità di ben prevedere le condizioni che si troverà ad affrontare in situazioni tanto estreme condurrà il giovane probabilmente alla morte,), egli non esiterà a lanciarsi in canoa per le rapide fiume Colorado o a rischiare le braccia sotto una motofalciatrice anche senza mai essere stato prima un bracciante agricolo.

Orientamento teoretico.

La necessità di avere un quadro di riferimento quanto più possibile chiaro e articolato, conduce spesso i Sei a farsi domande non solo sulle possibili conseguenze di un'azione o di un problema ma anche sulle sue cause e sulla rappresentazione complessiva che da esse possono scaturire. Ciò origina un orientamento a spiegarsi le cose mediante molte teorie o deduzioni, piuttosto che attraverso l'applicazione concreta e l'esempio visto in azione.
Anche se quest'attitudine sembra prettamente di natura filosofica, essa, in realtà, è presente nella vita di molti Sei, come la necessità di potersi spiegare perché le cose sono come sono e vanno come vanno. Così non fa meraviglia che, se e quando i punti di riferimento logico cui sono abituati vengono improvvisamente sovvertiti, i Sei possono, come un animaletto terrorizzato, non riuscire a trovare un nuovo modo di reagire e a paralizzarsi completamente, subendo tutte le condizioni di un eventuale aggressione.

---

[277] Into the Wild - Nelle terre selvagge (Into the Wild, Usa 2007

Questo spiega, a mio avviso, anche perché nei campi di concentramento molti prigionieri, strappati d'improvviso alle loro regole di vita e alle convinzioni più profonde alle quali avevano conformato tutta la loro esistenza, non riuscissero ad operare delle vere e proprie ribellioni organizzate e finissero per subire, senza fare molto per reagire, tutte le angherie e le atrocità alle quali venivano sistematicamente sottoposti per spezzare, innanzitutto, ogni volontà di resistenza..
L'esempio più evidente di questa tendenza teoretica è, a mio avviso, quella del filosofo illuminista tedesco Immanuel Kant che, demolendo logicamente l'autorità dei pensatori precedenti, aprì le porte alla conoscenza contemporanea. A proposito del filosofo si ebbe a dire che la filosofia prima di lui era un sistema ordinato ma non in grado di spiegare compiutamente le cose in se stesse, e dopo di lui, un insieme nebuloso di ipotesi che aveva, però, la capacità di indirizzare maggiormente verso una spiegazione più plausibile di un fenomeno.
Le sue famose opere *Critica Della Ragion Pura* e *Critica Della Ragion Pratica* sono sicuramente espressioni di come l'intelligenza logica, per esprimersi al meglio, debba coniugare quello che gli sembra incontrovertibile con il controverso ma anche di come essa debba sempre sforzarsi di non accettare limiti o modi di pensare preconfezionati.
Pur se metodico e lineare nei comportamenti, fino ad assumere uno stile di vita che rasentava quello di un automa (a letto sempre alle ventidue e con la sveglia puntata tutti i giorni alle quattro e cinquantacinque, indipendentemente dal fatto che poteva essere estate o inverno, un giorno feriale o un festivo), Kant era un uomo fondamentalmente teorico, molto più interessato al pensiero astratto che non alle applicazioni concrete, cosa che spiega, ad esempio, perché il suo giudizio su un evento tanto importante come la rivoluzione francese fosse un po' ambiguo e contraddittorio.
Anche il padre della moderna psicoanalisi Sigmund Freud era un uomo dall'atteggiamento teoretico, più interessato a costruire un quadro fondamentale con il quale spiegarsi il perché di alcuni stati psichici, che a operare concretamente a vantaggio pratico degli aventi bisogno. È ben noto che in tutta la sua vita ebbe in cura direttamente solo due pazienti e che ne seguì, fino ad un certo punto solo sei, senza, peraltro, riuscire ad ottenere grandi risultati concreti.[278]
Freud, inoltre, mostrava spiccatamente un atteggiamento ambivalente nei confronti anche dei suoi maggiori collaboratori e di coloro che, non convinti dell'interezza della sua costruzione teorica, volevano seguire un

---

[278] Per notizie al riguardo si può consultare *Mensonges Freudiens* di Jacques Benestau

proprio percorso lontano da lui. E' ben nota l'aggressività con la quale fece espellere dalla Società Psicoanalitica Internazionale quelli che erano in dissidio con le sua teorie e di come, contemporaneamente, fosse molto fobico nella sua vita personale, fino al punto di non poter viaggiare senza avere il suo medico di fiducia (una persona dotata d'autorità che lo rassicurasse contro eventuali possibili rischi) sempre al suo fianco.
Freud raccontava, spiegando certi suoi atteggiamenti molto bellicosi verso gli altri, che il suo atteggiamento nasceva da un episodio della sua infanzia in cui il padre aveva saggiamente accettato, in un'occasione in cui era per strada col figlio bambino, di piegarsi a una folla sovrastante, togliendosi il tipico cappello ebraico. Il ricordo di quell'evento si fissò indelebilmente nella memoria del giovane Sigmund che giurò, in quel momento, che lui non avrebbe mai abbassato la sua testa davanti ad un attacco.
Fino agli ultimi giorni della sua vita Freud fu un uomo molto rigido, molto interessato al mantenimento dell'ortodossia della psicoanalisi, per paura, ovviamente, di contaminazioni che ne potessero diminuire la presunta "purezza" (qualcosa che richiamerà ironicamente e sinistramente le argomentazioni della propaganda nazista), da creare e sostenere quello che fu definito come il "Comitato per la difesa della psicoanalisi". [279]

Amicalità ingraziante.

Come detto, il Sei più dichiaratamente fobico si presenta con uno stile gradevole e aggraziato, che riflette un sottointeso messaggio di non belligeranza e di collaborazione, verso le persone con le quali sente di dover cooperare o di condividere un ambiente. Questo atteggiamento è rivolto, ovviamente, a conquistare la benevolenza delle persone percepite come importanti per sé, ma non si estende a quelle che, invece, non si ha interesse a compiacere.
Così le persone nelle quali questo tratto è predominante si mostreranno collaborative e disponibili (cercando, però, di muoversi con cautela, per ben capire qual è il limite dell'eventuale richiesta altrui) verso le persone alle quali ci si sente legati da una situazione di dipendenza/convenienza,

---

[279] Johannes Cremerius in *Il Futuro Della Psicoanalisi*, Armando edizioni, così si esprime in merito ai compiti di questo comitato: "Ciò che in un primo momento era sembrata solo una forma di organizzazione, assunse presto il carattere di un movimento di fede e come tale si creò dei dogmi, che fissarono le conoscenze scientifiche quali verità incontestabili. Arrivati a questo punto il capo supremo doveva diventare un'istanza di controllo, doveva osservare e decidere chi poteva stare ancora dentro e chi, invece, doveva essere considerato un dissidente. Come conseguenza si formarono movimenti distaccati, ci furono espulsioni, persecuzioni e repressioni.

ma non esiteranno a sottrarsi da ogni tipo di relazione se sentiranno che non esiste possibilità di ottenere un vantaggio personale.
Un ottimo esempio di questa caratteristica è visibile nel personaggio di Ron Weasley l'amico del cuore del famoso maghetto Harry Potter. Ron è evidentemente fobico ma, pur di mantenere la sua lealtà e non abbandonare l'amico, non esiterà in molti punti della saga a rischiare anche la propria vita. Il suo stile di comportamento è quello tipico di molti Sei: nei confronti degli insegnanti di Hogwarts, della mamma autoritaria e del padre protettivo è sempre deferente e rispettoso, mentre può diventare brusco e ruvido nei confronti di chi non rientra nel suo campo di interesse, come dimostrano nei primi romanzi, i numerosi litigi con Hermione e Luna, dovuti alla sua incapacità di comprendere i sentimenti altrui.
Un altro esempio, ben descritto, di un personaggio che presenta questo tratto, è quello di Charles Bingley, un personaggio minore del citato *Orgoglio e Pregiudizio*, che si mostra all'inizio del romanzo gentile, cordiale e attratto dalla signorina Jane Bennett. Bingley, tuttavia, è un debole e un insicuro. Bastano poche parole del suo amico Darcy e l'influenza delle sorelle per fargli assumere un atteggiamento guardingo che si traduce in un allontanamento improvviso (la nota reazione di fuga) e in un tenersi lontano dalla fedele e innamorata Jane, fino a quando non sarà di nuovo rassicurato che la sua attrazione è ben riposta.

Aggressività intimidente.

Opposto all'atteggiamento appena descritto, possiamo trovare in azione, come abbiamo visto parlando di Freud, un comportamento decisamente aggressivo, che sembra dettato da una valutazione strategica di una situazione e motivato dalla convinzione che chi colpisce per primo colpisce due volte, nel senso che, all'eventuale danno fisico arrecato, si aggiunge il vulnus prodotto nella possibilità di reazione dell'altro.
Nelle persone in cui questo tratto è molto forte avremo, quindi, l'equivalente umano della tendenza animale a fare più rumore, usando il verso di battaglia della propria specie. Qualcosa che si può osservare nella facile propensione per la polemica urlata e a tratti becera, che sembra fare presa nei talk show televisivi e in buona parte dei dibattiti politici.
Ovviamente, questa caratteristica non si limita all'espressione verbale, ma si manifesta anche in una serie di azioni tese a suscitare negli altri apprensione e preoccupazione e a far capire di essere pronti a passare decisamente all'aggressione fisica.
Si può dire che, in un certo senso, questa tendenza fece grande per oltre un millennio lo stato romano, il cui credo fondamentale *Si vis pacem, para bellum (*se vuoi la pace devi sempre essere pronto alla guerra), si

traduceva nella capacità, nota a tutto il resto del mondo, di poter in breve tempo essere pronti a colpire il nemico ovunque esso si trovasse.
Un esempio più moderno è, invece, fornito dall'aggressività diplomatica e militare della Germania negli anni che precedettero la seconda guerra mondiale. Il nazismo, esprimendo anche nella politica internazionale l'aggressività intimidente del suo fondatore e facendo leva sulla riluttanza ad andare a uno scontro aperto, da parte delle maggiori democrazie europee, riuscì a creare un clima di minaccia che gli permise di incorporare vari territori accrescendo le proprie dimensioni.
Un esempio letterario è certamente quello di Don Rodrigo, il cattivo del già citato *Promessi Sposi.* Deciso a far sua Lucia, non per vero desiderio nei confronti della ragazza ma per vincere una scommessa fatta con suo cugino, Rodrigo invia strategicamente i bravi a terrorizzare Don Abbondio, sapendo che, dato il carattere del curato, basterà poco per riuscire nel suo intento ma si muove in modo ben diverso nei confronti sia di Fra Cristoforo che dell'Innominato, personaggi la cui forte personalità sente bene che non gli conviene contrastare apertamente.
Anche l'ex campione mondiale di scacchi Bobby Fisher mostrava di avere molto sviluppato questo tratto. Tutte le richieste che faceva prima di accettare un match e le pretese che avanzava, erano altrettanti mezzi per mettere in soggezione psicologica il suo avversario di turno e, più in generale, per dimostrare a chiunque, istituzioni internazionali di settore comprese, che lui non si faceva piegare da nessuna volontà altrui.

Corazzatura difensiva.

Insieme alle due caratteristiche su descritte, esiste un terzo modo col quale i Sei cercano di proteggersi dalla percezione inibente della paura: quella di sviluppare una forma di esoscheletro, che funziona un po' come una corazza molto rigida per un animale. In questo modo si supplisce alla sensazione d'insicurezza interiore con la convinzione conscia della propria resistenza e della capacità di sopportazione al dolore e ai colpi.
È evidente, quindi, che l'ipermuscolosità non viene ricercata, come farebbero altri tipi, per soddisfare il proprio narcisismo o come mezzo per attrarre gli altri ma come elemento di un sistema disciplinare il cui scopo è quello di garantire centratura e stabilità, per poter meglio perseguire i propri scopi, senza dover continuamente temere di non riuscirci.
Un esempio evidente di questa caratteristica ce la fornisce il ciclo di film dedicato al super eroe Batman. La morte prematura dei suoi genitori, a causa di una rapina, lo priva d'improvviso di gran parte delle sue sicurezze e lo spinge, per cercare di dimostrare a se stesso di non venire distrutto da nuovi colpi improvvisi, a intraprendere una guerra contro il

crimine, sottoponendosi ad allenamenti fisici e mentali estremi e indossando un costume con una maschera e un mantello disegnati sia per incutere timore nei suoi avversari che per fungere da equipaggiamento.
Malgrado gli infiniti rimaneggiamenti e le riletture operate da tanti diversi autori, Batman si presenta sempre come un personaggio che, a differenza ad esempio di Superman, non è un supereroe per caratteristiche intrinseche ma che deve impegnarsi a fondo sia per "costruire" la sua forza, che per trovare mezzi che gli permettano di difendersi adeguatamente da nemici spesso molto più forti ed aggressivi di lui.
Non a caso un aspetto fondamentale della sua strategia è la segretezza della batcaverna, il luogo nel quale può sviluppare nuovi armamenti, trovare rifugio se è ferito e che, più in generale, rappresenta quel luogo sicuro, quel "buen ritiro", che per ogni Sei è indispensabile possedere.
Ancor più evidente e sinistro è l'esempio di Max Cady, il persecutore psicopatico coprotagonista del film *Cape Fear- Il Promontorio della Paura*[280] che durante gli anni che trascorre in carcere si allena spasmodicamente, con l'intento di trasformare il suo stesso corpo in una macchina bruta mediante la quale realizzare il suo desiderio di vendetta nei confronti del suo avvocato che, a suo avviso, non lo ha difeso adeguatamente da un'accusa, peraltro giusta, di stupro.
Quello che caratterizza Cady come Sei è l'evidente senso di strategicità dei suoi comportamenti, la modalità con la quale fa crescere continuamente nella sua vittima la sensazione di essere sotto minaccia e di non poter reagire, il piacere che prova nell'assumere un atteggiamento intimidente e, contemporaneamente, a beffare i suoi perseguitati, riuscendo perfino ad avere la legge dalla sua parte.

Ipernarcisismo corporale.

Tom Condon, un noto insegnante di enneagramma dei tipi di carattere e autore di diversi libri e saggi sull'argomento, sostiene che nel Sei sia predominante un'attitudine a dare estrema importanza al proprio benessere fisico e a considerare i propri eventuali sintomi fisici come elementi aventi un valore fondamentale per tutto il mondo che interagisce con la persona.[281]
Questo ipernarcisismo corporale, come Condon lo chiama, si sostanzia in un'estrema attenzione alla cura della propria salute e può condurre

[280] Cape Fear - Il promontorio della paura (Cape Fear, Usa 1991)
[281] Condon è egli stesso un Sei e credo che questa identificazione gli abbia permesso di valutare con estrema appropriatezza la forza di questo tratto nell'insieme del carattere.

all'ipocondria, al controllo, che può diventare anche ossessivo, di sintomi e indizi che possono segnalare un deterioramento della propria condizione organica. Inoltre, questi timori diventano quasi il focus dell'identità di queste persone, che in genere si percepiscono come più vulnerabili, deboli e tendenti alle malattie.
Così, ad esempio, un'extrasistole isolata, o una costipazione, possono essere considerate come segnali di una grave patologia, mettendo facilmente in allarme i Sei in cui questo tratto è molto forte ed inducendoli a chiedere consigli, cercare pareri di persone referenziate e a verificare, senza, peraltro, mai riuscire a tranquillizzarsi del tutto, che non vi siano brutte sorprese.
Per illustrare questa fenomenologia credo sia utile utilizzare il personaggio di Argante, il protagonista della commedia di Moliere *Il Malato Immaginario*. Preoccupato sia dalla malattia che sente di avere, sia dal costo delle cure che gli vengono dette essere necessarie, Argante, per risparmiare, vuole imporre alla figlia Angelica di sposare il figlio di uno dei suoi medici. A nulla serve che la sua fedele serva, il fratello Beraldo e la stessa figlia cerchino di fargli aprire gli occhi, mostrandogli che egli, in realtà, non ha nulla. Argante è fermamente convinto di avere una grave malattia e non vuole sentire ragioni, aggredendo tutti coloro che cercano di fargli cambiare idea con l'accusa che essi non capiscono l'arte medica e non sono in grado di valutare l'efficacia delle cure che gli vengono propinate (in realtà solo filtri e decotti senza alcuna validità).
Alla fine della commedia Argante verrà convinto di essere diventato egli stesso dottore, pur senza avere un briciolo di conoscenza dell'arte medica, mediante una pantomima nella quale dei comici, ingaggiati da suo fratello e mascherati, lo nomineranno solennemente medico. Come dice in conclusione Beraldo questa pantomima non mancherà di rispetto ad Argante, perché ne asseconderà le illusioni e gli permetterà di contare di più su se stesso, qualcosa che per ogni tipo, ma in particolare un Sei assume sempre un valore fondamentale.[282]

Orientamento all'Autorità e agli ideali.

Il problema dell'autorità, come abbiamo visto, è sempre molto presente nel mondo del Sei perché essa è, contemporaneamente, fonte di rassicurazione e di limitazione e di conseguenza è vissuta come necessaria e costrittiva. Essere o diventare un'autorità, con tutto ciò che questo significa, esercita un fascino irresistibile eppure, al tempo stesso, è qualcosa che genera un'immensa preoccupazione, per sopire la quale

282 *Il Malato Immaginario* scena XIV

sarebbe necessario possedere una risposta ad ogni domanda. Per questo, spesso, il Sei, malgrado tutte le sue fantasie di grandezza e le conseguenti invidie se non ottiene ciò che vorrebbe, si trova di più a proprio agio nei panni del "loser", del perdente che, però, ha la libertà di non dovere realizzare quelle aspettative che spesso sono il residuo delle proiezioni che il genitore sfidante aveva su di lui.

Quest'aspetto spiega perché questo tipo, più di ogni altro, ha bisogno di riporre la sua fiducia in un'istituzione, una legge o una verità rivelata che è indiscutibile. A differenza del tipo Uno, che sente di sapere cosa è giusto e cosa non lo è, il Sei non possiede una tale certezza e il suo manicheismo si deve appoggiare ad una base che non può mai essere in discussione. È evidente che quest'atteggiamento può, in casi di distorsione, condurre all'intransigenza estrema e a una forma di fanatismo che porta a idolatrare l'oggetto che dona fiducia (ad esempio, il libro dei libri di una qualsiasi religione o movimento politico, l'ordine di un'autorità ampiamente riconosciuta come affidabile, eccetera), oppure, com'è più frequente, a una tendenza a idealizzare e ad accettare ciò che è visto come modello.

L'istituzione più durevole del mondo occidentale, la chiesa cristiana cattolica, mostra con evidenza, mediante il sacramento della penitenza, quanto la paura sia forte nella nostra cultura. Essa, infatti, ha saputo ben esprimere l'esigenza dell'uomo occidentale di avere a disposizione mezzi che, facendo riferimento ad un'autorità sovrannaturale, permettano di sopire e di mettere a tacere i timori che la vita presenta.

Il meccanismo fondamentale mediante il quale ci si può, infatti, liberare da quasi ogni colpa commessa, o anche solo pensata, è quello che, passando per il pentimento e la confessione (che significa, fondamentalmente, contrizione per l'errore commesso e ammissione dello stesso), conduce a un'espiazione e, se c'è vero pentimento, all'assoluzione grazie all'intercessione di un potere di ordine superiore.

La tendenza a idealizzare è, comunque, sempre presente, anche se questo tipo si vede come estremamente logico. Ciò può apparire sorprendente, se non si tiene conto che l'orientamento a incarnare un ideale archetipico (il guerriero, il sacerdote, il consigliere assennato e prudente), è molto appagante per una personalità che ricerca la definizione e la conseguente collocazione sociale.

Da questo punto di vista il personaggio di Don Chisciotte[283], eroe protagonista dell'immortale capolavoro di Miguel de Cervantes, rappresenta la deriva patologica di una tendenza comunque forte e presente. Il suo sogno di voler diventare imperatore di Trebisonda, il desiderio di essere un cavaliere ideale senza macchia e paura, come quelli

---

[283] M. de Cervantes, *Don Chisciotte,* ed.it. Mondadori

che popolavano i libri dai quali si era fatto intossicare, non era lontano nella qualità ma, ovviamente, nella quantità dalle fantasticherie autoidealizzanti che molti Sei fanno su di sé e sul ruolo che devono occupare nel mondo.
Il famoso episodio di quando egli combatte contro i mulini a vento, scambiandoli nella sua follia per giganti con molte braccia, può essere interpretato come una metafora esagerata della condizione della mente del Sei, che può vedere pericoli dappertutto ed essere pronto ad aggredire pericoli immaginari. Qualcosa, insomma, di molto simile alla storia del martello riferita dallo psicologo americano Paul Watzlawick nel suo libro *Istruzioni Per Rendersi Infelici*, in cui il timore di subire un rifiuto diventa l'elemento scatenante che porta all'aggressione verso gli altri.[284]

Accusa e Soggezione al senso di colpa.

Un tema centrale per questo tipo è quello dell'accusa e, come abbiamo visto, proprio per evitare di sentirsi accusati i Sei sentono la necessità di padroneggiare ogni singolo dettaglio di una data situazione o di conoscere esattamente le regole che bisogna rispettare. Oltre che una soggezione alla colpa, però, ci può essere anche una manipolazione del senso di colpa, mediante la quale si cerca strategicamente di indurre gli altri a fare ciò che si vuole, facendo leva sul senso del dovere o su qualsiasi altro aspetto che può essere funzionale per raggiungere i propri obiettivi.
Abbiamo già visto, in questo senso, il caso di Argante, che cerca di convincere la figlia ad accettare il matrimonio che ha combinato, accusandola di non rispettare la sua autorità paterna e minacciandola di farla entrare in convento. Esistono, però, anche altri modi, più sottili, che un Sei può adoperare per cercare di ottenere ciò che vuole. La forma più diffusa è quella di controllare tutto quello che accade nell'ambiente

---

284 Paul Watzlawick *Istruzioni Per Rendersi Infelici*, edizioni Feltrinelli. La storiella è tanto godibile che vale la pena di riportarla per intero: "Un uomo vuole appendere un quadro. Ha il chiodo, ma non il martello. Il vicino ne ha uno, così decide di andare da lui e di farselo prestare. A questo punto gli sorge un dubbio: e se il mio vicino non me lo vuole prestare? Già ieri mi ha salutato appena. Forse aveva fretta, ma forse la fretta era soltanto un pretesto ed egli ce l'ha con me. E perché? Io non gli ho fatto nulla, è lui che si è messo in testa qualcosa. Se qualcuno mi chiedesse un utensile, io glielo darei subito. E perché lui no? Come si può rifiutare al prossimo un così semplice piacere? Gente così rovina l'esistenza agli altri. E per giunta si immagina che io abbia bisogno di lui, solo perché possiede un martello. Adesso basta!. E così si precipita di là, suona, il vicino apre, e prima ancora che questo abbia il tempo di dire "Buon giorno", gli grida: "Si tenga pure il suo martello, villano!"

circostante e, senza dirlo apertamente, far sentire alle altre persone che ogni cosa viene monitorata con attenzione. Ciò induce, ovviamente, uno stato di tensione nel quale i Sei sentono di aver meglio il controllo della situazione.
Il personaggio di Raskol'nikov, il protagonista di *Delitto e Castigo* ,uno dei capolavori frutto della penna di Dostoevskij, che era anche lui un Sei, mostra, nel succedersi degli eventi del romanzo, quanto implacabile sia la forza che l'accusa ha nella mente di un pauroso.
Dopo aver commesso un duplice omicidio, pur di dimostrare a se stesso di essere in grado di compiere ciò che è necessario e di saperne sopportare le conseguenze, Raskol'nikov crea le condizioni per dover confessare il suo delitto, autoinfliggendosi rimorsi, un senso di esasperante sofferenza morale e di auto accusa.
Per quanto Dostoevskij con la conclusione del romanzo volesse dimostrare che solo la pena, dopo il pentimento, potesse condurre al rinnovamento e alla liberazione spirituale, mi sembra che l'atto dell'assoluzione, del quale ho parlato in precedenza, sia il vero centro di gravità che può condurre le persone di questo tipo verso l'affrancamento dalla paura e dalla colpa. Non a caso nel romanzo questo ruolo quasi sacerdotale lo svolge la figura di Sonja, che non solo lo spinge a confessare il delitto, malgrado che per questo sia già stata incolpata un'altra persona ma lo sostiene per tutto il periodo della sua permanenza in carcere e gli porterà in dono, oltre che se stessa, anche la fede nella certezza del perdono mediante l'esempio del vangelo.
Come Raskol'nikov si macera nella convinzione di non essere un "superuomo", poiché non ha saputo essere all'altezza di ciò che ha fatto, un famosissimo personaggio dei fumetti, Spiderman, convinto che a grandi poteri corrispondono grandi responsabilità, si tormenta spesso, autoaccusandosi di non essere riuscito a fare ciò che avrebbe dovuto fare. Emblematica, a questo proposito, è la crisi che lo coglie nel momento in cui si rende conto che il ladro che ha ucciso suo zio Ben è lo stesso uomo che lui avrebbe potuto far arrestare, senza però averlo voluto fare.
Nel film a episodi *New York Stories*[285] troviamo il personaggio di Sheldon che, con i suoi comportamenti, ci fa ben vedere in azione quanto siano forti l'accusa e il senso di colpa, anche solo per un sentimento provato o un pensiero, nel tipo Sei. Sheldon è un avvocato di successo che, però, subisce e soffre il rapporto con sua madre, la tipica madre invadente e manipolativa di cui abbiamo parlato discutendo del tipo Due. Quando, durante un numero di prestidigitazione, la mamma scompare improvvisamente, Sheldon prova un comprensibile sgomento che si

[285] New York Stories (Id., Usa 1989)

trasforma, però, rapidamente in una sorta di sollievo per essere stato liberato da una presenza tanto ingombrante. Ovviamente questo sentimento non può essere ben accolto e tantomeno accettato dal superego dell'uomo, che vedrà il suo senso di colpa inconscio esplodere nel momento in cui la madre ricomparirà nel cielo di New York e comincerà a criticare le sue scelte e il suo modo di essere.
Diverso è, invece, il caso del personaggio di Larry Mann nel citato *The Big Kahuna* che, facendo leva sulla necessità di restare fedeli al compito per il quale egli e gli altri due suoi colleghi si trovano in un albergo di Wichita, prima critica ogni scelta che è stata compiuta, poi cerca di manipolare il più giovane Bob e, infine, lo accusa apertamente di aver tradito gli obiettivi del loro essere andati lì e di aver compromesso, per motivi personali, la riuscita del progetto di vendita.

Ambiguità ed ambivalenza.

Più che di un'ambivalenza affettiva nel Sei è spesso frequente un'altra forma di ambiguità, quella per cui lo stesso valore o perfino uno stesso desiderio, possono avere un duplice e contraddittorio aspetto. Oltre ad un'inconfessabile ma spesso presente tendenza, per cui lo stesso oggetto può suscitare contemporaneamente attrazione e terrore, talvolta si giunge perfino a desiderare una forma di "cupio dissolvi"[286] integrale, una voglia di annullamento complessivo della propria coscienza, vissuto da un lato come un mezzo per sottrarsi a tormenti e dolori, spesso più duri nell'immaginazione che nella realtà e dall'altro come la cosa più spaventevole che si possa anche soltanto prevedere.
L'aspetto più emblematico dell'ambiguità del Sei viene rappresentato nei vangeli nel comportamento dell'apostolo Pietro e dalla modalità con le quali egli spesso si rapporta con Gesù, verso il quale prova un'assoluta devozione e dal quale, però, cerca di avere più volte maggiori informazioni e rassicurazioni, fino al punto di attirarsi una severa reprimenda per avere protestato apertamente contro la rivelazione della prossima passione del suo maestro.
Anche nell'atteggiamento e nei comportamenti da tenere nei confronti dei gentili e degli altri stessi apostoli Pietro, più volte descritto come aggressivo e dotato di una certa autorità, sembra essere piuttosto ambiguo. Non è lui, infatti, ad apparire come il capo spirituale riconosciuto della

286 L'espressione *cupio dissolvi*, trova origine in una frase della lettera scritta da Paolo di Tarso ai Filippesi ed esprimeva il dissidio che l'autore, da tipo Uno, provava fra il desiderio di essere liberato dal corpo per essere con Cristo e la necessità di continuare a svolgere il suo ruolo pastorale.

comunità nel primo concilio, le cui direttive finali furono dettate da Giacomo, il fratello di Gesù e sembra anche subire l'energia di Paolo, che lo rimprovera apertamente per aver tenuto un comportamento contrario al pensiero cristiano.
Tuttavia, in Pietro sono anche chiaramente visibili anche due aspetti che, seppur più tipici del Sei, sono da considerarsi propri dell'umanità tutta; la soggezione ineludibile alla paura e la potenza trasformatrice che la fede può arrecare. Così Pietro, passando dal rimorso per aver tradito, in una notte intinta di angoscia e confusione, tre volte il suo messia per paura, assurse, attraverso la sperimentazione della grazia, al livello di primo fra i fedeli della nuova religione di Cristo.
L'episodio, tramandatoci dalla tradizione cristiana del *Quo Vadis*, ci mostra come la Paura sia, probabilmente, il più tenace e pervadente sentimento umano e, correlativamente, di come l'esempio e la rassicurazione di una figura autorevole sia per un Sei una benedizione che può sopire qualunque terrore e condurre ai gradi più elevati della trascendenza.
Un esempio cinematografico di ambiguità nel comportamento, con un rapido passaggio da un comportamento di tipo fobico a uno decisamente territoriale e aggressivo, è quello del matematico David Summer, il protagonista del film *Cane Di Paglia*[287], diretto da Sam Peckinpah. David, timido e remissivo, incarna all'inizio del film il classico Sei fobico che, a contatto con persone decisamente più aggressive di lui, cerca in un modo abbastanza ambiguo di trovare un mezzo per convivere con loro, legandoli con un incarico di lavoro e accettando senza voglia un'offerta (che si rivela, poi, un inganno per poter approfittare della sua assenza e violentare la moglie) di andare a caccia con loro.
Quando, però, gli stessi bulli irrompono in casa sua, per cercare di linciare un impaurito ragazzo con problemi mentali che David aveva investito e deciso di curare, la sua reazione diventa veemente e così egli dapprima si rifiuta di consegnare il giovane e poi si difende fino all'estremo, giungendo a uccidere più volte per legittima difesa. Man mano che il film mostra allo spettatore il cambiamento nel comportamento di David, diventa sempre più evidente che l'ambiguità è per il Sei anche un mezzo per non sentire di dover giungere alle estreme conseguenze in una situazione, di non dover prendere una posizione che non può poi essere più cambiata perché conduce, inevitabilmente, ad una serie successiva di passi e comportamenti ineludibili.

[287] Cane di paglia (Straw Dogs, Usa 1971

Rispetto delle Norme e Burocraticità.

Abbiamo già visto che il rispetto delle norme è un ottimo mezzo per un Sei per non farsi avviluppare da troppe domande interne e sentire che non si può essere incolpati per qualche ragione. Quando, però, questa tendenza viene spinta, come teorizzato nell'ideologia nazista, fino a non mettere in discussione nessun tipo di ordine che proviene dai superiori gerarchici, essa può portare alla più cieca burocraticità e alla soppressione di ogni forma di libertà di pensiero individuale.
Un caso esemplare di questo tipo di atteggiamento ci è offerto dalla personalità del gerarca Adolf Eichmann, soprannominato l'architetto dell'olocausto, che davanti ai giudici israeliani, che lo interrogavano sul suo comportamento nei confronti degli ebrei, ebbe semplicemente a rispondere: "*Appartenevo a quella razza di uomini che non si formavano un proprio giudizio. Le parole del fuhrer avevano forza di legge.... Io ho solo la responsabilità di avere eseguito ordini, come qualunque soldato avrebbe dovuto fare durante una guerra*".
In termini meno estremi il rispetto delle norme rende le persone di questo tipo degli eccellenti lavoratori, capaci di comportamenti ineccepibili o, nel caso di coloro che adottano uno stile sfidante, di persone che amano trasgredire ed offrirsi per impersonare il ruolo del capro espiatorio.
Nel primo caso, le persone si mostreranno anche molto rigide e rigorose nell'applicazione delle norme, non ammettendo che vi possa essere un comportamento difforme rispetto a esse. Chi non si conforma fa scattare il tipico tratto della critica, tanto presente nel Sei, che però è molto diversa da quella che può esprimere un Uno. Nel caso di quest'ultimo, infatti, la critica nasce da un'intima convinzione che non è stato fatto tutto quello che era necessario fare, secondo un fondamentale criterio di giusto/sbagliato che si sente di possedere, nel Sei, invece, la critica nasce perché c'è stato semplicemente un comportamento difforme a quello che era previsto.
Un personaggio estremamente rigido e che presenta in modo evidente quest'aspetto è quello del venerabile Jorge, uno dei protagonisti del romanzo *Il Nome Della Rosa*[288] di Umberto Eco. Per Jorge il timore della dannazione è un elemento indispensabile, per mantenere la disciplina sociale all'interno del convento dove vive ed evitare che le persone possano sentirsi libere di andare oltre i limiti di ciò che è accettato o

[288] Eco, U, *Il Nome della Rosa* ediz.Bompiani

proibito e, per questo motivo, non esita addirittura ad avvelenare e condurre alla morte alcuni fra i più scapestrati dei suoi confratelli.
In Jorge possiamo anche vedere in opera un altro dei tratti tipici del Sei; quello dell'atteggiamento polemico, che trova il suo radicamento nella convinzione che la gente è ipocrita. Così in un aspro dialogo, che diventa rapidamente scontro verbale e lo oppone al citato Guglielmo, Jorge non esita a essere tagliente e perfino offensivo, nonostante il luogo in cui si trova e l'abito che indossa, adoperando un linguaggio dapprima sconveniente e poi, addirittura, volgare per confutare le argomentazioni del suo interlocutore.
Il personaggio cinematografico e letterario del ragioniere Ugo Fantozzi interpretato da Paolo Villaggio (anche lui un Sei nella vita reale), incarna, estremizzandole nella sua grottesca comicità, le tendenze burocratiche e aggressive della Paura. Fantozzi normalmente fobico e assoggettato in modo totale all'autorità riconosciuta, ha talvolta delle reazioni controfobiche che, oltre ad essere caratterialmente precise, raggiungono i vertici della più esilarante paradossalità.
Emblematico di tutto questo è l'episodio della *Corazzata Potemkin*, in cui Fantozzi è costretto, per obbedire all'ordine di un suo superiore, a rinunciare alla visione della partita di calcio della nazionale italiana, per sorbirsi l'ennesima replica del film di Ejzenstejn. La routine burocratica cui sottostà ci fa vedere la totale soggezione che un Sei può avere verso il potere ma, quando viene chiesto ai presenti il solito giudizio sul film e nessuno trova la voglia di fare il minimo commento, Fantozzi paragona istintivamente la sua posizione interiore a quella dell'autorità e, sentendosi in quel momento più forte, o forse, più appropriatamente, meno debole, esplode in una invettiva scurrile (qualcosa cui i Sei ricorrono spesso quasi in modo catartico), che libera gli impulsi anche degli altri, fino a quel momento repressi.

Lealtà al patto, rispetto degli obblighi.

Un Sei è una persona spesso estremamente leale e tende a stringere patti e alleanze che poi rispetta scrupolosamente, almeno fino a quando non sente che è minacciato il suo stare bene ma, sapendo benissimo quanto costa mantenere un atteggiamento del genere, non concede facilmente la propria fiducia ed è molto attento nel cogliere i segnali d'ambiguità o di slealtà. Per tale motivo può mettere gli altri (in particolare i propri cari), alla prova, dato che il sospetto lo porta a dubitare anche di se stesso e della sua posizione.
Da questa caratteristica discende anche il senso di obbligo ineludibile che un Sei prova, nel momento in cui è chiamato a impegnarsi in una

situazione o in una relazione e la conseguente riluttanza a continuare o a farsi trascinare, se non si sente di poter ottenere un vantaggio certo.

Fra i tanti esempi che possono essere usati, per illustrare questa caratteristica, va ricordata certamente quella del famoso drammaturgo e poeta Luigi Pirandello, che per tutta la vita si allontanò dalla religiosità ufficiale della chiesa cattolica perché un prete, quando egli era un ragazzo, aveva truccato un'estrazione a sorte per fargli vincere un'immagine sacra e che, d'altra parte, sopportò per lealtà e stoicamente per quasi vent'anni la devastante malattia mentale della moglie senza volere che la stessa, riconosciuta ufficialmente pazza e gravemente inferma alle gambe, venisse internata.

Molto spesso la lealtà al patto, come un giuramento avente carattere sacrale, continua anche quando la persona o l'autorità alla quale era stata fatta è morta o non esiste più. Questo sembra molto evidente nell'azione di due pontefici che proseguirono nel solco tracciato dai loro predecessori: Paolo VI e Benedetto XVI. Il primo, mentre infuriava all'interno della chiesa molto violenta la polemica fra conservatori e innovatori, si tenne fedele alla linea tracciata dal suo predecessore e, mantenendo l'impegno che questi si era assunto, fece proseguire un Concilio ecumenico che vide insieme correnti della chiesa cristiana che erano state separate da oltre cinquecento anni. Il secondo, fedele collaboratore per molti anni del suo predecessore, per ben otto anni ne proseguì l'opera (pur se già prima della sua elezione a papa aveva sentito di non avere le energie necessarie e aveva chiesto di essere esonerato da altri compiti), fino a quando per lealtà verso il suo stesso magistero, non ritenne di dover dare le dimissioni dal suo incarico.

Se la storia raccontata da alcuni giornali è vera, credo che coloro che si sono recati da questo papa emerito per lagnarsi delle aperture operate dal suo successore, avrebbero, piuttosto, fatto meglio a studiare l'EdT, che a sperare in qualche forma di appoggio o complicità. Con l'usuale lealtà del Sei, infatti, sembra che papa Ratzinger non abbia esitato a ribadire che egli provava reverenza e obbedienza verso il nuovo papa e che, per sottolineare questa sua posizione, abbia scritto: "*Io oggi vedo come mio unico e ultimo compito sostenere il suo Pontificato nella preghiera*".

Quanto il rispetto degli obblighi possa essere duro da mantenere per un Sei è ben espresso dall'omerico eroe Ettore. Ben consapevole di non essere un semidio come Achille, o di avere al suo fianco delle divinità pronte a proteggerlo, come Ulisse, Ettore sa che deve essere insieme prudente e aggressivo e che deve continuare a combattere fino all'estremo, per impedire che i greci possano conquistare e distruggere la sua città. Quando le cose precipitano e Achille incombe su di lui, egli, come ci informa Omero, riesce a trovare il tempo per pensare, vorrebbe

riscattare la colpa che prova per aver portato molti compagni alla morte ed è cosciente che l'unico modo per farlo è quella di sconfiggere un nemico che sa essere più forte di lui.
Per Ettore la cosa più importante non era quella di essere un eroe, ma, piuttosto di non essere considerato un codardo. Egli non è un avventato, cosa quasi impossibile per un Sei, ma accetta la sfida, perché sente di non poter fare altrimenti. Quando tutti i suoi compagni sono salvi dietro le mura, però, cerca di trovare con la fuga un modo per evitare lo scontro finale con Achille. La sua mente logica, come ci racconta Omero, corre al patto che avrebbe potuto chiudere la guerra e: "*I pensieri si rivolsero alla possibile sconfitta, e a un modo per evitarla; e rimuginava quindi di offrirgli quanto avrebbe avuto Menelao dalla vittoria su Paride, anche se sapeva che ormai era troppo tardi*".[289]

Orientamento strategico e tendenza a pensare ad ogni evenienza.

Il tipo Sei percepisce una qualsiasi piccola crepa come un'insidia che potrebbe portare al crollo completo delle sue sicurezze e tende, perciò, ad avere un orientamento strategico, a cercare di prefigurarsi qualsiasi scenario, per sentirsi pronto ad affrontare anche la peggiore situazione. Per questa capacità di saper cogliere anche la minima discrepanza fra ciò che è e ciò che dovrebbe essere, questo tipo è spesso descritto come l'avvocato del diavolo, facendo riferimento al ruolo assunto nei processi di beatificazione da un membro del clero, che deve trovare eventuali aspetti negativi a carico del futuro possibile santo.
La tendenza strategica del Sei è, tuttavia, diversa da quella che vedremo in opera nel Sette, perché è meno raffinata e più legata al tentativo di sottrarsi/difendersi ad una situazione potenzialmente percepita come sgradevole o pericolosa, che non rivolta ad ottenere un piacere nell'immediato. Essa porta così a situazioni nelle quali si cerca di utilizzare altre persone come mezzi, per fare quello che si dovrebbe fare in prima persona o per trarsi d'impaccio da una situazione che non si ha la forza di governare da soli.
Anche una raccolta quanto più ampia possibile di informazioni rientra nel novero delle attività funzionali a questo tipo di atteggiamento, perché per il Sei sapere è potere, sia nel senso che il sapere permette di meglio definire il campo delle proprie possibilità, sia perché permette di ben gestire la propria posizione, facendo le scelte migliori.
Così Edgar Hoover, che fu per cinquant'anni il capo dello FBI, aveva creato negli anni una rete di informatori che riferivano molte cose solo a

[289] Omero Iliade libro XXI versi 115-130.

lui e ciò gli permise di ottenere dati sensibili della vita di molte celebrità della sua epoca, incluso il Presidente degli Stati Uniti d'America, creando i presupposti per un loro utilizzo strategico finalizzato al mantenimento nel tempo della sua posizione.
Il mondo del grande schermo ci ha permesso di osservare diversi personaggi con questa caratteristica molto ben sviluppata. Fra i tanti ricordiamo il personaggio di Charlotte Lucas, uno dei personaggi minori di Orgoglio e Pregiudizio. La donna, infatti, acconsente a una proposta di matrimonio fatta e accettata senza alcun amore, perché ha già ventisette anni e sente di non voler diventare un peso per la sua famiglia. Tuttavia, sentendosi in qualche modo mal valutata per quella sua decisione dalla passionale amica Eliza, la aggredisce, intimandole di non giudicarla.
Ancora più evidente è questo tratto in Chris Wilton, il protagonista del film *Match Point*[290] di Woody Allen che, dovendo scegliere fra una vita alto borghese di solidità economica con la ricca moglie e una più incerta con la giovane amante, che tanto lo aveva dapprima intrigato, sente la "necessità" di doversi urgentemente togliersi d'impaccio e, come il già citato Raskol'nikov, pianifica e mette in atto un duplice omicidio, grazie al quale crede di aver allontanato da sé ogni pericolo.
Molto esplicativa della particolare visione del mondo di un tipo Sei, che vorrebbe sempre essere in grado di poter fronteggiare ogni evenienza, è la scena in cui la palla, colpita da un giocatore di tennis, si infrange sul nastro della rete, restando per un certo tempo in bilico e non permettendo di sapere da che parte la pallina cadrà e di predisporre, quindi, una adeguata reazione alla particolare situazione.

Competitività.

Il Sei come abbiamo detto non è molto interessato al successo e si comporta, anzi, spesso in modi che lo portano a essere il classico perdente. Ciononondimeno, come abbiamo visto anche nel caso di Ettore, egli può essere pronto ad accettare le sfide, soprattutto quelle di ordine mentale, perché non vuole ammettere di essere inferiore a qualcun altro. Ciò, unitamente all'orientamento strategico sopra descritto, porta all'adozione di comportamenti orientati alla competizione e a un atteggiamento del tipo, *non la passerete liscia*.
Tutto ciò è estremamente evidente nel comportamento di Paperino, il più famoso loser della storia dei fumetti che, tuttavia, non accetta in alcun modo di sentire di essere superato da qualcuno dei suoi tanti competitori (il cugino Gastone, Cip e Ciop, i tre nipotini Qui, Quo e Qua) e scatena,

[290] Match Point (Id., Usa 2005)

per questo motivo, delle lotte infinite dalle quali, però, esce sistematicamente sconfitto.
Ciononostante Paperino non deflette mai, e piuttosto che impegnarsi seriamente nella ricerca di un lavoro o accettare, almeno, la sua natura abbastanza pigra e opportunistica, non rinuncia a cercare di sentirsi più forte o più furbo ed elabora complicate strategie per superare gli altri.
Più complesso, ma ugualmente competitivo è il personaggio del dottor Gregory House, protagonista dell'omonima serie televisiva. Decisamente anticonformista e fanaticamente attratto da casi che sono altrettante sfide logiche (al punto che da più parti si è visto in lui una sorta di Sherlock Holmes dell'ambiente medico), House non è, però, del tutto distaccato dal dolore dei pazienti, probabilmente perché egli, per primo, ne sente il morso nel suo corpo. Egli, soprattutto, è un provocatore che spende molte delle sue energie per contrastare il sistema apertamente; questo, ovviamente, lo rende molto diverso da un Cinque che non sprecherebbe tanta della sua preziosa energia in cose per lui così banali.
House, infatti, è un controfobico che, come ci viene raccontato, si struttura caratterialmente per opporsi al padre (non genetico) normativo, che lo puniva duramente. Se il secondo è un uomo fissato con le regole e la puntualità. House, che agisce la modalità di ribellione all'autorità, basa la sua vita su ideali e comportamenti del tutto opposti. Così, per esempio, può anche arrivare con quattro ore di ritardo al lavoro e ignorare le regole e le consuetudini di ogni tipo.
House utilizza spesso la sua superiore abilità diagnostica come un mezzo per mettere alla prova gli altri componenti della sua squadra medica e non esita a essere sarcastico, a denigrare e criticare aspramente quelle che gli appaiono come inaccettabili incapacità.
Quando, però, nel team arriva la dottoressa Amber Volakis, che sembra fargli ombra, House, nel modo proiettivo tipico del Sei, non esita ad attaccarla duramente e a definirla una "bastarda tagliagole" (a causa di quello che egli reputa come un atteggiamento arrogante della donna, unito ad una ossessiva voglia di primeggiare sugli altri), senza rendersi assolutamente conto di quanto, in realtà, lo stia fortemente influenzando la sua competitività volta a non perdere l'affetto dell'amico Wilson, fidanzato con la dottoressa.
Il senso di colpa, però, come abbiamo già detto, è abbastanza pervasivo nella mente di un Sei e così House, dopo che Amber è morta, vivrà il tormento per essere stato così competitivo e aver provato tanta ostilità verso di lei, sotto forma di allucinazioni che lo perseguiteranno per lungo tempo.

LA FISSAZIONE DEL DUBBIO.

A differenza di molti Cinque, i Sei non si separano dai loro sentimenti e desideri ma non sanno se si possono esprimerli liberamente (nel senso che non sono mai del tutto sicuri delle reazioni che gli altri avranno), o se è meglio continuare a rimuginare in attesa di potersi sentire finalmente certi di esprimere qualcosa.

La forza e la profondità del dubbio possono condurre ad atteggiamenti profondamente diversi, che vanno dalla semplice prudenza allo scetticismo e alla diffidenza più totale, che il Sei autogiustificherà come espressioni di razionalità e auto dominio. In realtà questo tipo, che ritiene di essere tanto razionale, può non accorgersi, come nel citato caso di Argante, di quello che accade vicino a sé, perso come è nell'esame di tante ipotesi diverse.

Il mondo interiore di un Sei, chiuso nel suo labirinto di pensieri e incapace di decidersi all'azione prima di essersi sfinito in lunghissime analisi, è stato splendidamente descritto da molti importanti scrittori. Esempi famosissimi sono, oltre al già citato Raskolnikov, Amleto, protagonista dell'omonima tragedia di Shakespeare.

L'ambivalenza verso la madre, il senso di lealtà verso il padre morte e lo scetticismo sono i motori che guidano ogni azione di Amleto. Nella lettera che scrive a Ofelia, Amleto esplicita così la sua visione della realtà: "*Dubita che le stelle siano fuoco, dubita che il sole si muova, dubita che la verità sia bugiarda, ma non dubitare del mio amore.*"

Frasi che suonano come un manifesto programmatico della visione del Sei, che considera il mondo come un luogo d'incertezze, che solo l'assoluta lealtà delle persone amate può rendere più sopportabile. Nel successivo dialogo con Polonio l'infelice principe esprime in poche e lucidissime parole l'inclinazione del Sei a dubitare di ciò che ad altri sembra evidente, a cercare dietro l'apparenza il lato nascosto delle cose, fino a confondere l'ombra con la realtà.

Queste le parole: *Polonio: "Onesto, monsignore?" Amleto: "Sì, perché rimanere onesto come è fatto il mondo, è dato ad un uomo sopra diecimila." Polonio: " Grande verità, monsignore." Amleto: "E' dato che il sole sa far nascere vermi dalla carogna di un cane- voi avete una figlia?" Polonio: Sì, monsignore. " Amleto: "Che non passeggi al sole. Concepire è una benedizione, ma attento, amico, a come potrebbe concepire vostra figlia."*

Il celeberrimo monologo del terzo atto è un crescendo che partendo dal doloroso dubbio iniziale (*Essere o non essere, ecco il problema*), procede, attraverso un distaccato esame della condizione umana,, fino a culminare in una disperata cognizione degli effetti più deleteri della Paura.

Le parole di Amleto: "*E' la coscienza che ci fa vili, quanti noi siamo. Così la tinta nativa della risoluzione si stempera sulla fiacca paletta del pensiero, imprese di gran portata e momento insabbiano il loro corso e perdono il nome d'azione",* hanno un valore che, per quanto più adeguate al mondo interno del Sei, riflettono una profonda verità universale e sono frutto di una specifica necessità della vita: qualunque impulso ad agire deve essere dotato di una specifica forza, superiore alla paura delle conseguenze, per superare le barriere del pensiero e potersi così esprimere nel mondo esteriore.

I vangeli ci offrono un altro eccellente esempio di persona scettica e dubbiosa: l'apostolo Tommaso. Egli, a differenza di altri Sei, era un coraggioso e, in grazia della fede che aveva, non esitava a rischiare la sua vita per predicare l'insegnamento del suo maestro ma era anche un uomo profondamente logico e non poteva credere senza avere una dimostrazione indiscutibile, a quello che gli veniva riferito. La sua mente razionale recalcitrava nello ammettere qualcosa che gli sembrava impossibile, anche se aveva già presenziato ad altri casi nei quali Gesù aveva fatto risorgere delle persone dalla morte, e, per questo, pronunziò le famose frasi riferite dal vangelo di Giovanni.

Che lo scetticismo e il dubbio fossero elementi centrali nell'aspetto cognitivo di Tommaso è dimostrato anche da un altro episodio dei pochi per i quali viene citato nei vangeli; la sua reazione verso Cristo durante l'ultima cena. Infatti, nei discorsi successivi al pasto, mentre Gesù sta dicendo ai suoi che va a preparare loro un posto ed essi conoscono la via per arrivarvi, Tommaso dubbiosamente protesta: "*Signore, non sappiamo dove vai; come possiamo conoscere la via?"* Al che Gesù risponde a lui con le famose parole: "*Io sono la via, la verità e la vita*", con le quali sopisce la comprensibile ansia dei discepoli e fa cessare, almeno temporaneamente, i loro dubbi.

IL TIPO SETTE: LA PASSIONE DELLA GOLA
LA FISSAZIONE DELLA PIANIFICAZIONE

Elementi di Riferimento:

Energia Squilibrata: Prevedibilità
Paradigma Familiare: Frustrazione genitore Complice /Rifiuto genitore Normativo
Ferita Originaria: Allegria Forzata
Cicatrice: Disimpegno
Polarità: Impermanenza-Sacrificio
Passione: Gola
Fissazione: Pianificazione

Tratti caratteristici

- Golosità
- Pianificazione
- Permissività e compiacenza
- Tendenza alla Ribellione
- Indisciplina
- Orientamento ottimista
- Piacevolezza Seduttiva
- Narcisismo
- Persuasività e Affabulazione
- Inventiva, Astuzia e Fraudolenza
- Espressività
- Estroversione e Impulsività
- Piacere per le Novità
- Curiosità
- Manipolazione Intellettuale
- Tendenza al sogno ed all'utopia
- Giocosità

La passione della Gola consiste in qualcosa di molto più pervadente e sottile di quanto l'uso comune del termine goloso possa suggerire. Data la posizione di questo tipo sul simbolo del'Enneagramma, si può immediatamente comprendere come l'aspetto cognitivo sia quello prevalente e che, quindi, la Gola sia più un gusto per le promesse potenziali di una situazione, che una semplice propensione per i cibi o la cucina raffinata (anche se, come per le altre passioni, vi sono golosi che sono tali nel senso comune del termine).
In questo tipo vi è, quindi, sicuramente un desiderio di riempirsi di cose buone ma esse attengono più al campo delle aspettative ideali che non a quello del materiale. Le parole edonista ed epicureo, che spesso sono usate in connessione col Sette, riescono a trasmettere la tendenza a ricavare diletto dalle proprie azioni e dalla vita, prescindendo da troppi limiti o fini morali ma non evidenziano quanto, dietro a quest'apparente giocosità, esista una fortissima componente di paura, che deve essere in qualche modo esorcizzata.
L'atteggiamento di condiscendenza e di facile inclinazione ai piaceri, cela, infatti, un più profondo senso di fragilità esistenziale, che è mascherato, per così dire, dietro un'allegra risata. Il Sette usa così tanti accorgimenti, per limitare gli effetti della paura, che può essere considerato come il tipo più strategico in assoluto. Se il Sei controfobico per difendersi aggredisce la sua stessa paura, il Sette cerca di difendersi giocando a nascondino con essa. Il primo ricorda sempre il lato negativo di una situazione, il secondo, invece, cerca sempre di trasformare l'esperienza da negativa in positiva e di rivivere solo l'emozione gradevole che aveva provato.
Come abbiamo già visto l'Impermanenza è sempre presente nella mente di un Sette ma egli si sforza di trasformare la conseguente paura in un additivo, che gli possa rendere più eccitante le esperienze e l'esistenza. Un anonimo poeta medioevale ha espresso questo modo di concepire la vita del Sette con le seguenti parole: *Balliamo tutti, da sempre, sull'orlo della morte. Ma, forse, per questo, dovremmo non ballare o rendere meno accattivante la danza che balliamo*?

Golosità.

Anche se, come detto, la golosità si presenta più spesso sotto forma di ricerca di qualcosa che renderà la vita degna di essere goduta, non mancano in questo tipo persone che adorano i banchetti e amano tanto preparare quanto consumare, manicaretti di vario genere. Per questo motivo non è infrequente che dei Sette si ritengano dei validissimi cuochi mentre, in realtà, non lo sono per niente e altri, invece, sono eccellenti dietro ai fornelli, come il personaggio di Fritz, il cuoco di Nero Wolfe.

La golosità del Sette, comunque, non va mai confusa con una generica tendenza a rimpinzarsi più tipica, ad esempio, del tipo Nove, perché essa si estende caratteristicamente a tutto quello che deve fare da contorno al consumo del pasto. Una tavola imbandita con opulenza, che sembra richiamare idealmente quello che potrebbe essere il desco perfetto, attrae l'attenzione di un Sette molto più che l'effettiva quantità di cibo a disposizione. Cionondimeno, molti Sette devono lottare con la bilancia, cosa che è per loro sempre molto irritante.
L'esempio perfetto di un personaggio che presenta questa caratteristica è quello del re Salomone, i cui banchetti per qualità e quantità eclissarono quelli di tutti gli altri di cui ci viene fatto riferimento nei testi antichi e che amava circondarsi, in modo anche esagerato, di tutto ciò che poteva essere attraente, sia che si trattasse di spose o concubine (anche, però, per servirsene strategicamente nella costruzione di alleanze), sia di begli oggetti, come il celebre trono di avorio dorato che si era fatto costruire o, perfino, di divinità da adorare.
Anche la costruzione del tempio in Gerusalemme e di un palazzo per sé sembrano essere dovuti, oltre che alla volontà di mostrare il proprio potere e di tenere fedele la classe sacerdotale, dalla golosità di avere per sé luoghi nei quali era molto gradevole esercitare il proprio potere.
Un personaggio della fantasy che mostra, oltre a numerosi altri tratti tipici del Sette, di amare la golosità anche di cibo è quello di Vianne, la protagonista del libro e del film *Chocolat.*[291] La donna, una nomade che va in giro di paese in paese recando con sé le ceneri della mamma, la figlia ragazzina e le ricette per fare ogni tipo di squisita cioccolata, compare in un immaginario, piccolo e abbastanza retrogrado paese della Francia, durante il periodo della Quaresima, aprendo un negozio che fin da subito attrae la maggior parte dei paesani per la squisitezza dei prodotti. Ciò provoca un immediato e forte contrasto con colui che fa rispettare l'ordine morale nel villaggio (nel romanzo il sacerdote Reynaud, che viene trasformato nel sindaco nel film), sia perché fa "peccare" di gola, sia perché il nome che Vianne da al negozio, la *Celeste Praline,* sembra mischiare in modo inaccettabile sacro e profano.
Anche lo slogan che accompagnò il lancio del film, *un gusto solo non è sufficiente,* sembra ben rappresentare il tratto più rilevante di Vianne. Ella, infatti, non è solo una donna che ama profondamente la libertà e la vita ma è anche qualcuno che prova vero piacere nel condividere quante più cose gustose possibili con gli altri e che si diverte a preparare proprio quel cibo che, ormai, almeno nella civiltà occidentale, è diventato il simbolo stesso del piacere alimentare.

---

291 Chocolat (Id., GB 2000)

Trasgressione Permissività e Compiacenza.

I Sette vengono spesso descritti come gli epicurei dell'enneagramma, per la loro tendenza ad essere auto permissivi e compiacenti verso se stessi e verso le persone con le quali vogliono condividere esperienze e così, spesso, tendono a fare gruppo con altri Sette, per darsi reciproche autorizzazioni a non dovere troppo rispettare regole di condotta.
Questa inclinazione rende il Sette facilmente propenso all'uso di droghe, all'ebbrezza che può regalare l'alcool e a tutto quello che sembra promettere piacere. In una clausola del suo testamento Bob Fosse, il geniale e innovatore coreografo, sceneggiatore e regista, lasciò 25.000 dollari agli amici, affinché facessero un orgia-party sulla tomba in suo onore. Date queste premesse non è difficile capire che i Golosi si trovano facilmente nei settori della pornografia e, più in generale, nei campi del piacere proibito. Così Hugh Hefner, un tipico Sette, ha più volte dichiarato di aver fondato la famosa rivista Playboy per fuggire da un mondo reale di dovere, in una zona franca di permissività e di gioco nel quale tutte le fantasie erano possibili.
Analoga tendenza all'autoindulgenza, alla permissività e alla trasgressione, può ritrovarsi nel comportamento di Isadora Wing, la scrittrice di poesie erotiche protagonista del più noto dei romanzi di Erica Jong, *Voglia Di Volare*[292]. Come ci fa intendere il titolo, la protagonista sente dentro di sé la voglia di lasciarsi andare liberamente a impulsi sessuali sregolati ma, come suggerisce metaforicamente la paura di volare di cui soffre, non si è ancora concesso il permesso di farlo. Ci riuscirà, come racconta il romanzo, quando capirà che il suo desiderio più profondo è quello di compiacere Adrian uno psicologo hippie e libertino (anch'egli, ovviamente, un tipo Sette) e di fuggire con lui lontano dalle regole e dalle convenzioni borghesi.
Una modalità permissiva differente, nella quale si può leggere la complicità a doppio senso, che spesso lega un figlio Sette al suo genitore (unitamente ad una grossa compiacenza per le sue scappatelle e a una generale irresponsabilità verso i figli), è quella che mostra, negli atteggiamenti verso la madre, il personaggio di Benjamin Malaussene, personaggio principale del ciclo di romanzi di Daniel Pennac. Malaussene, com'è proprio di un particolare tipo di Sette, si occupa di educare e di far crescere una numerosa progenie di fratellastri e sorellastre, sobbarcandosi tutti gli oneri che dovrebbero essere propri della madre che, invece, sempre innamorata come è, va in giro per il mondo

[292] E. Jong, *Voglia di Volare*

fino a quando non deve, eventualmente, tornare a casa per scodellare un altro figlio.
Nel suo paradossale lavoro di *capro espiatorio,* Malaussene[293] ci fa vedere in azione altri tratti tipici del Sette di cui parleremo in seguito ma mi sembra opportuno sottolineare anche quanta compiacenza vi sia in tale compito. Offrendosi agli insoddisfatti acquirenti dei luoghi dove lavora come oggetto su cui scaricare la rabbia, egli da un lato solletica al massimo grado la loro compassione ma, dall'altro, ne compiace la voglia di rivalsa, manipolandoli sottilmente e facendoli sentire appagati, o addirittura in colpa, per l'aggressività rovesciata su di lui.

Tendenza alla Ribellione o alla Dogmaticità.

Il Sette, contrariamente al suo vicino Sei, non sopporta molto il peso di una gerarchia ossessiva e pesante e, in generale, non ritiene sia logico o necessario sottomettersi a regole e comportamenti che non condivide o di cui non riesca a capire l'utilità. Da qui discende la tendenza a cercare di sottrarsi alla disciplina, a sfuggire agli ordini, a fare quello che promette divertimento e piacere più che quello che si dovrebbe fare. Ovviamente, ciò conduce molte volte a un contrasto con l'autorità, che il Sette cerca normalmente di evitare, trovando modi mediante i quali fare quello che gli aggrada, senza andare a uno scontro diretto. Se, però, questa strategia non funziona e non si riesce a sfuggire alle pressioni, il Sette si ribella apertamente e può essere anche molto veemente nella sua reazione.
Questa caratteristica è molto sfruttata nel mondo del cinema, mettendo spesso in contrasto un personaggio Sette con degli Uno o dei Sei molto rigidi e si traduce, talvolta, in un esito drammatico.
Tutto ciò è molto evidente nel personaggio di McMurphy, un teppistello che ha simulato la pazzia per evitare il carcere, interpretato da Jack Nicholson (anche lui un Sette nella vita reale), nel film *Qualcuno Volò sul Nido del Cuculo*[294]. Il contrasto fra il personaggio della capo-infermiera Rached, che rappresenta tipicamente lo stile disciplinato e organizzato del tipo Uno e l'anarchica disobbedienza e ribellione di McMurphy, che non solo contravviene più volte agli ordini di medici e infermiere ma arringa anche gli altri pazienti a ribellarsi contro quello che lui descrive come un ordine malefico e implacabile, capace solo di creare schiavi e dittatori, portano inevitabilmente alla tragica conclusione del film.
Un altro personaggio ribelle in un modo più sottile, che si confronta più volte con il rigido padre Sei ex colonello dei marines, è quello di Ricky

---

293 D. Pennac, *La Prosivendola*, ediz. It. Feltrinelli
294 Qualcuno volò sul nido del cuculo (One Flew Over the Cuckoo's Nest, Usa 1975)

Fitts, uno dei protagonisti del citato *American Beauty*. Ricky. A differenza di McMurphy, egli è più abile nell'evitare il contrasto diretto con le autorità, facendo credere, ad esempio, al padre di essere uno studente modello che riesce anche a guadagnarsi dei soldi con dei lavoretti, mentre è uno scaltro consumatore di marijuana e spacciatore che, grazie ai guadagni ricavati dalla vendita della droga, può permettersi ogni tipo di attrezzatura tecnologica all'avanguardia, come la videocamera con cui registra ciò che accade intorno a lui e lo colpisce.

Quando, però, il padre che già dubitava di lui lo attacca, credendo erroneamente che egli fosse un omosessuale e minacciandolo di cacciarlo da casa, Ricky non si sottrae allo scontro e utilizza l'erronea convinzione dell'ex militare per ottenere lo scopo di liberarsi finalmente di lui.

Altrettanto insofferente verso le regole e le convenzioni, anche se ovviamente più integrata nella famiglia e nella società, essendo un personaggio femminile dell'ottocento, è Jo March, una delle quattro sorelle protagoniste del romanzo *Piccole Donne*[295]. La ribellione di Jo è molto meno intensa di quella di tanti altri Sette ma, ciononostante, è decisamente visibile visto che è descritta sin dalla prima scena come una sovvertitrice dell'ordine familiare. Lei, infatti, scavalca le staccionate, cammina con le mani dietro la schiena, porta i capelli sciolti, e, quando è sorpresa o irritata da un qualcosa che non le piace, urla "Cristoforo Colombo!". Tutte cose che, come sottolinea la sorella Meg, non sono per nulla adatte a una signorina.

Jo, come tanti altri Sette, non è però solo una ribelle ma è una grande sognatrice. Vuole conoscere il mondo, diventare una scrittrice, allontanarsi dalla sua casa dove regna l'ordine dei suoi genitori Uno e trovare un amore che non la limiti e non la costringa a fare quello che non vuole fare. Per questo rifiuta la proposta di matrimonio di Laurie, al quale peraltro vuole davvero bene (ma col bene che si può avere per un fratello), e poi scappa a New York, per inseguire le sue aspirazioni. Tornerà a casa solo con l'approssimarsi della morte della sorella e questo evento le permetterà di comprendere quanto sia importante superare le proprie paure, per imparare ad amare veramente.

Va segnalato, inoltre, che in alternativa all'aspetto ribelle esiste anche un aspetto dogmatico, come vedremo bene nel caso di Nerone, che porta i Sette a diventare improvvisamente cupi, meschini, dispotici e perfino autoritari, se non si sentono in grado di poter governare quello che gli sta accadendo o se questo fa percepire loro improvvisamente un'ansia che è intollerabile.

---

[295] L. Alcott, *Piccole Donne,* ediz.it. Mursia

Indisciplina.

Strettamente imparentata alla tendenza, di cui abbiamo appena parlato, è la caratteristica del Sette di contravvenire in modo cosciente alle limitazioni o, almeno, di vivere una forma strisciante di indisciplina, che si manifesta spesso non mantenendo gli impegni assunti o dando una interpretazione assolutamente personale alle regole generali.
Per questo motivo i Sette talvolta sembrano degli eterni adolescenti, incapaci di auto regolarsi, refrattari ad accettare qualsiasi forma di ordine e pronti a raccontare bugie o a distorcere la verità in un modo che, ai loro occhi, appare solo "*come il modo più giusto col quale dire come stanno veramente le cose*".
Questo tratto, se estremizzato, conduce a quelle malattie, note nella letteratura psicologiche, con i nomi di sindrome di Pinocchio, se s'inclina alla bugia patologica o a quella di Peter Pan, se si inclina alla indisciplina e alla volontà di non assumersi impegni. Questa ultima prende il nome dal notissimo personaggio, protagonista dell'omonima favola di J.M. Barrie[296], che vive nella cosiddetta *isola che non c'è*, insieme ad un gruppo di altri bambini, a causa della sua decisione di non voler mai crescere. Come ci dice lo stesso Peter esponendo la sua filosofia di vita: " *(appassionatamente) "Io non voglio andare a scuola e imparare cose importanti. Nessuno riuscirà a intrappolarmi, signora, e a rendermi un uomo. Io voglio essere sempre un giovane ragazzo e divertirmi*".
Il personaggio archetipico di questa tendenza all'indisciplina, al lasciarsi andare, al volere sovvertire tutte le regole e i controlli (sia quelli esterni sia quelli interiori), in nome del piacere è sicuramente quello del dio greco del vino e dell'ebbrezza Dioniso. Egli, a differenza del tipo Uno Ercole, non ha alcun interesse ad ascendere all'Olimpo grazie alle sue opere ma, anzi, preferisce restare sulla terra e permettersi di dare libero sfogo a ogni forma di suo desiderio, senza volere essere legato da qualche forma di potere o preoccupazione.
Come giustamente nota Wikipedia, "Dioniso rappresenta lo stato naturale dell'uomo, la sua parte primordiale, animale, selvaggia, istintiva, che resta presente anche nell'uomo più civilizzato, come una parte originaria insopprimibile, che può emergere ed esplodere in maniera violenta se viene repressa, anziché compresa ed incanalata correttamente…..Per questo anche nelle rappresentazioni figurative egli è il dio della più immediata presenza. Dal vaso François ci guarda in modo così penetrante, proprio perché è sua caratteristica apparire improvvisamente, e con tanta potenza agli occhi degli uomini".

---

[296] J.M. Barrie, *Peter Pan Nei Giardini di Kensington* ediz.it. Giunti

Certamente indisciplinato, ribelle e in contrasto con l'autorità, fino al punto di farsi condannare a morte, pur di non abiurare le sue tesi, ritenute eretiche, fu il filosofo e scrittore Giordano Bruno, che si era fatto prete non per vocazione o devozione ma perché quello era, secondo lui, utilitaristicamente il miglior modo per fare quello che desiderava.
Bruno, esule e fuggiasco per gran parte della sua vita, non sopportava di dover accettare imposizioni in materia di fede, scienza o religione e, per questo, dopo un lungo processo e nonostante i molti tentativi di fargli ammettere quelli che, secondo la chiesa cattolica, erano i suoi errori, rifiutò ostinatamente di riconoscere l'autorità del collegio che lo giudicava. La frase con la quale accolse la sentenza di condanna a morte è davvero un ottimo esempio di come un Sette possa, anche davanti alla paura più grande, cercare quasi di farsene beffa.[297]
Nei romanzi di Harry Potter compaiono Fred e George, due gemelli che sono l'esemplificazione dell'indisciplina, unita, però, all'ingegnosità e al piacere di giocare in squadra, tipico di molti Sette. I due fratelli non sopportano le regole stringenti, che non gli permettono di svicolare dai compiti e di fare quello che vogliono e così, quando la scuola di Hogwarts attraversa un periodo di severità essi inscenano una vera e propria rivolta, che si conclude con un memorabile scoppio di fuochi d'artificio.

Orientamento ottimista.

I Sette, a differenza degli sfiduciati Cinque e dei dubbiosi Sei, si definiscono come amanti della vita, allegri, spensierati, ottimisti e convinti che c'è sempre una soluzione per ogni problema ma sanno, loro per primi, che questo strato di vernice dorata copre appena le più profonde sensazioni di smarrimento e insicurezza esistenziale, sempre in agguato. Così non è difficile comprendere come molti Sette in difficoltà economica si giochino anche i soldi che non hanno, o del perché restino fermi ad aspettare un colpo di fortuna, piuttosto che impegnarsi in una difficile e stancante ricerca di soluzioni alternative.
E' opportuno sottolineare, inoltre, che questo tratto si mostra in modo più evidente quanto maggiore è la vita reale complessa e piena di contrarietà.
Questo è quello che può essere avvertito nelle pagine più brillanti di Wolfgang Amadeus Mozart; quanto più le situazioni reali della sua vita erano difficili ed economicamente pesanti, tanto più la sua musica diventava allegra e spensierata. Correlativamente, nei momenti di maggiore tranquillità, la sua musica assumeva toni più seri e profondi.

---

[297] Ai giudici che lo condannavo a morte Bruno rispose: "*Forse tremate più voi nel pronunciare contro di me questa sentenza, che io nell'ascoltarla*".

Analogamente la musica e le interpretazioni di Freddy Mercury, il carismatico musicista, capo della band musicale dei Queen, potevano assumere toni molto diversi e passare dal magniloquente al riflessivo a seconda della situazione esistenziale che sentiva di vivere dentro. In particolare l'ultimo album del gruppo, *Innuendo,* testimonia la particolare situazione che stava affrontando il gruppo e si riflette anche nei testi e nelle melodie dell'album, il cui tema principale può essere senza dubbio considerato il timore dell'arrivo della morte imminente. Eppure, i video che furono girati per accompagnare i pezzi erano molto divertenti, con un Mercury truccato da pazzo che somigliava molto ad un clown e faceva burlonerie a dispetto della sua condizione di malato terminale.
La famosa canzone *The Show Must Go On*, non è il testamento spirituale di Mercury, come si è spesso pensato, perché è stata scritta perlopiù dal chitarrista del gruppo Brian May, anche lui un Sette ma l'interpretazione di Freddy, insieme profonda e appassionata, rende bene quello che il cantante ormai quasi morente sentiva dentro. Queste alcune parole della canzone: "*La mia anima è colorata come le ali delle farfalle /Le fiabe di ieri invecchieranno, ma non moriranno mai/ Posso volare, amici miei, /Lo spettacolo deve continuare,/ Lo spettacolo deve continuare/, Lo affronterò con un sorriso/ Non cederò mai/ Avanti con lo spettacolo*".
Anche il professor Keating, uno dei personaggi centrali del citato *Attimo Fuggente* oltre ad essere decisamente anticonformista, mostra un atteggiamento ottimista che cerca anche di inculcare nei suoi allievi.
Il credo del suo insegnamento è un ottimistico *carpe diem* e può essere riassunto in una frase del poeta Thoreau che egli fa leggere in classe: "*Andai nei boschi perché volevo vivere con saggezza, in profondità, succhiando tutto il midollo della vita, [...] per sbaragliare tutto ciò che non era vita e per non scoprire, in punto di morte, che non ero vissuto*."
Keating, come molti Sette, non si rende conto che sta sottovalutando le complicazioni della situazione in cui si trova e prende sottogamba i suggerimenti che il solito rigidissimo e suo antagonista ideale, preside Nolan, gli invia. L'ottimismo della ragione lo induce a credere che si possa risolvere tutto utilizzando l'intelligenza e così, in un interessante dialogo con un allievo che si è fatto quasi espellere, egli fa notare a tutti che l'entusiasmo deve essere mitigato dal pensiero cosciente per non essere solo stupidaggine.
Queste le significative parole: "Keating: Signor Dalton, è stata una bravata da quattro soldi la sua! Charlie: Sta dalla parte del signor Nolan? E allora il "Carpe Diem", "Succhiare il midollo della vita" e tutto il resto? Keating: Succhiare il midollo della vita non significa strozzarsi con l'osso. C'è un tempo per il coraggio e un tempo per la cautela, e il vero uomo sa come distinguerli. Charlie: Ma io la credevo d'accordo... Keating: No.

Farsi espellere dalla scuola non è coraggioso per me, è stupido. Perché perderebbe delle occasioni d'oro. Charlie: Ah sì, e quali? Keating: Ecco, se non altro la possibilità di seguire le mie lezioni. [tutti sorridono] Chiaro il concetto? Charlie: Eh sì, Capitano."
Nonostante ciò, Keating sarà accusato di essere stato con i suoi insegnamenti la causa del tragico suicidio di un giovane allievo e sarà allontanato da scuola, pagando col licenziamento la decisione di insegnare soprattutto la libertà di pensiero. La sua lezione, però, non sarà dimenticata dai suoi allievi più vicini, che impareranno anche una cosa non prevedibile: il coraggio e la responsabilità per le proprie azioni.

Piacevolezza Seduttiva.

Il Sette è probabilmente il tipo che, insieme al Due, è decisamente il più seduttivo e manipolativo dell'EdT. La differenza fra i due tipi risiede nel fatto che il Sette tende a sedurre cercando di mostrare, prima di tutto a livello razionale il piacere che si può condividere, mentre il Due è decisamente meno interessato a spiegarsi il perché della attrazione che prova e preferisce, invece, affascinare soprattutto emozionalmente.
La seduttività è figlia, ovviamente, della più generale tendenza godereccia e carnale del Sette ed è facilmente visibile nelle opere di vari registi quali il già citato Fosse, Tinto Brass e in quelle del grande Federico Fellini. Emblematica è la celeberrima scena notturna del film *La Dolce Vita,* (già il titolo dice molto dell'essere Sette del regista), in cui una giovanissima Anita Ekberg, in tutta la sua prorompente bellezza, invita l'altro protagonista, Marcello, interpretato da Marcello Mastroianni, anche lui un Sette nella vita reale, a fare il bagno con lei nella fontana di Trevi con le famose parole: "*Come here*".
Le donne dai seni enormi dell'immaginario felliniano, sono, come le donne rappresentate dai pittori Sette Rubens e Botero, un'evidente trasposizione dell'irresistibile attrazione di alcuni Sette verso l'opulenza, che significa evidentemente anche seduttività. Funzionale a questo tratto è anche la fortissima intuizione che i Sette sviluppano e li porta a trovare sempre il modo apparentemente migliore per affrontare le relazioni interpersonali e a essere, talvolta, un affascinante bugiardo.
Talvolta questa tendenza a essere piacevole può facilmente confondersi con l'analogo atteggiamento attuato dal Tre ma nel Sette c'è una maggiore spontaneità e, soprattutto, una più immediata emozionalità, nell'ottenere un feedback di apprezzamento per quello che ha fatto.
Un personaggio che esemplifica in modo eccellente questa caratteristica del Sette è quello del Visconte di Valmont, il coprotagonista del già citato le *Relazioni Pericolose*, tratto dal romanzo omonimo, che è uno sfrenato libertino ma è anche una persona estremamente piacevole e seduttiva e

che riesce, utilizzando alternativamente astuzia e gradevolezza, a sedurre non solo la casta Madame de Tourvel ma anche la vergine e timida Cecilè de Volanges. Valmont non forza mai le protagoniste ma le seduce irretendole, facendo venir meno in loro, gradualmente e quasi inavvertitamente, i loro principi morali e conducendole a cedere gradevolmente al piacere. Anche Vronsky seduce Anna Karenina promettendole mari e monti, con un atteggiamento molto attraente per la donna, poiché mescola un evidente interesse per lei e le promesse di assumersi impegni e responsabilità per un avvenire comune. La piacevolezza seduttiva, ovviamente, non è un tratto esclusivamente maschile e anzi è molto forte in diverse donne Sette, che sanno essere come delle adolescenti bisognose di protezione, quasi incapaci di ben comprendere le difficoltà e le complessità dell'esistenza e insieme abilissime nel giocare strategicamente con i sentimenti ed i desideri.
Un ottimo esempio di tutto ciò è il personaggio di Anna Michelucci, la mamma dei protagonisti del film *La Prima Cosa Bella*[298]. La sua allegria, bellezza e spensieratezza, che la portano a diventare miss in uno stabilimento balneare malgrado sia già due volte mamma, provocano una rottura quasi definitiva con il gelosissimo marito e il suo allontanamento ma, cionondimeno, Anna continuerà a frequentarlo e a sedurlo ogni volta che vorrà. Dotata di un'autenticità insolita e di una femminilità inopportuna in un mondo di persone "normali", Anna passa attraverso le difficoltà della vita col sorriso e l'intenzione di essere soltanto la migliore delle mamme; cambia lavori ed accompagnatori senza, però, concedersi agli uomini che frequenta, a dispetto delle comari e delle voci dei pettegoli di provincia Anche nella immediata prossimità della morte Anna mostra il suo atteggiamento ottimista, la sua positività verso la vita e la sua piacevolezza, riuscendo finalmente a riconciliare il figlio con se stesso e a sposare alla fine l'uomo *che la conosceva bene*.

Narcisismo.

Una dose di narcisismo, che auto celebra le qualità del sé e non prende in considerazione gli eventuali effetti negativi di una propria azione, è abbastanza diffusa nel Sette, che trova in questa caratteristica anche un ulteriore modo per poter negare ogni dipendenza e sostenere l'immagine di una persona capace di sapere ottenere ciò che vuole. La figura archetipica e mitologica che presenta maggiormente questo tipo di tendenza è, ovviamente, quella del re degli dei olimpi, il possente Zeus, sempre interessato a sedurre persone o divinità per soddisfare il suo

[298] La prima cosa bella (Id., Ita 2010)

narcisismo di essere colui cui tutto è permesso. Nelle sue numerosissime avventure Zeus non si cura molto di quello che accadrà al partner di turno, preso come è dall'impegno di trovare modi diversi per soddisfare le sue brame. Non esita, così, a trasformarsi in pioggia d'oro per penetrare attraverso il terreno in una cella sotterranea, nell'impersonare il marito in guerra di una donna che vuole vendetta o nel diventare cigno, per farsi prendere in grembo e poi possedere la donna di cui si è invaghito ma, poi, lascia che tutti i suoi partner se la vedano un po' loro e che affrontino, spesso senza nessun aiuto, anche la collera di Era.

Un personaggio reale che, invece, esemplifica come questo tratto possa trasformarsi in un disturbo grave, è quello dell'imperatore romano Nerone. Salito al potere giovanissimo, dopo aver vissuto un'infanzia di terrore, contraddistinta dalla prematura perdita del crudele padre e dominata dalla figura permissiva ma molto manipolativa, della madre lontana, Nerone cominciò rapidamente a comportarsi in un modo che rasentava la dissolutezza estrema e la paranoia.

Anche se a quei tempi la cautela era più che giustificata, visto che fra avvelenamenti, pugnalate alle spalle e complotti di ogni genere, la vita di colui che era considerato un dio in terra e il padrone di gran parte del mondo conosciuto, non era certamente contraddistinta da serenità e pace, va sottolineato che Nerone, ben memore di quello che era accaduto anche al suo padre adottivo Claudio, esagerava sotto l'aspetto delle prudenza, avendo sempre con sé un piccolo esercito di almeno diciotto persone che dovevano assaggiare i piatti che lui avrebbe mangiato.

Mediocre artista, era invece convinto di essere un cantante di eccezionale bravura e, come poeta, di valere quanto Omero; per questo si aspettava di ricevere approvazioni e lodi per le sue qualità superiori e rimaneva sconcertato quando non otteneva i riconoscimenti che pensava di meritare, rimuginando sulle mancanze di sensibilità da parte degli altri.

Inoltre, come si riscontra classicamente nelle persone affette da questo disturbo in modo grave, riteneva di essere una persona speciale e unica e reagiva alle critiche sperimentando da una parte rabbia esplosiva e dall'altra vergogna. Così, secondo la tradizione, uccise con un calcio la moglie Poppea che lo aveva criticato per le sue crapule, salvo poi provare vergogna per quanto aveva fatto e piangere amaramente la sua perdita (le classiche lacrime di coccodrillo).

Vero o meno che fosse l'episodio di Poppea, l'enorme inflazione narcisistica di Nerone è confermata da numerosi episodi e aneddoti fra i quali spicca, per la sua gustosità, quello del diverso trattamento che lui riservò a Napoli ed ad Atene.

I napoletani, la cui aura culturale doveva essere quella del Sette allora come oggi, conoscevano l'inclinazione alle lodi e la vanità di Nerone e,

quando egli si esibì nel teatro massimo, si organizzarono in turni per far sì che, dopo il termine dell'esibizione dell'imperatore, per ben tre giorni ci fossero applausi ininterrotti. Nerone, ben contento di quell'accoglienza, riservò uno speciale trattamento fiscale alla città per dieci anni e concesse benefici e il suo patronage a molte opere urbanistiche, con annessi contributi economici.
L'imperatore, in seguito, proseguì verso Atene, che per lui era la vera culla dell'arte teatrale e musicale e si esibì anche lì nel teatro di Dioniso. Gli ateniesi, però, vollero rimarcare la loro superiorità culturale e, seppur ovviamente attenti a non far mancare la dovuta ammirazione, si limitarono ad applaudire per "sole" tre ore. Nerone si arrabbiò terribilmente per questo che, ai suoi occhi sembrava un vero affronto e, diversamente da quanto fece con altre città greche, aumento l'imposizione fiscale.
Nerone, tuttavia, non era uno stupido e se capiva che certamente il numero di vittorie olimpiche da lui ottenuto era frutto di accondiscendenza e adulazione (se non più esattamente a paura di vincere da parte dei suoi avversari), riusciva anche a comprendere quando era necessario agire con astuzia e ben pianificando i propri movimenti.
Questo è, ad esempio, quello che egli decise di fare quando, all'indomani dell'incendio di Roma, (che i suoi nemici senatori volevano addossare a lui, accreditando la leggenda che egli si fosse messo a suonare la lira mentre la citta bruciava, per copiare quello che aveva fatto Omero sotto le mura di Troia), ritenne necessario trovare dei capri espiatori, scegliendo alla fine i cristiani, una setta piccola e oscura sulla quale era molto facile far cadere la colpa dell'accaduto.
Anche le ultime parole che secondo lo storico Svetonio egli avrebbe pronunciato[299], *quale artista muore con me*, ci mostrano ancora una volta quanto forte fosse il narcisismo in Nerone.

Persuasività e Affabulazione.

Abbiamo già parlato in modo indiretto di questi tratti, quando abbiamo sottolineato che essi sono funzionali alla piacevolezza seduttiva. La persuasività permette ai Sette di manipolare intellettualmente le persone che interessano loro, fino al punto di creare, in casi estremi, delle vere e proprie gabbie di idee dalle quali è molto difficile uscire.
Inoltre, la capacità di raccontare storie spesso lunghe e complesse in un modo che suscita interesse e curiosità, organizzando i materiali in modo che vi sia spesso un imprevisto e gradevole colpo di scena, rende i Sette dei narratori entusiasmanti e dei "compagni di viaggio" molto carini.

299 Svetonio Opera citata, Vita di Nerone pag.44

Gli esempi di persone o personaggi con questi tratti abbondano. Fra i tanti possiamo ricordare lo scrittore italiano Giovanni Boccaccio, l'autore del famoso *Decamerone,* ma soprattutto quella che è la vera protagonista delle *Mille ed Una Notte*, la affascinante Sherazade. La storia della celeberrima raccolta di novelle è arcinota, ma vale la pena di riassumerla brevemente, per farne una rilettura con gli occhi dell'EdT e comprendere la capacità di ammaliare e irretire della donna.
Un potente re era stato tradito dalla sua sposa con un uomo di aspetto ripugnante e, per questo motivo, aveva deciso di avere vendetta sul genere femminile, giurando di non trascorrere mai più di una notte con la stessa donna e di farla decapitare all'indomani. A causa della sua implacabile determinazione, molte giovani schiave innocenti erano state uccise, fino a quando Sherazade, figlia del visir, non decise di far cessare questa carneficina ed escogitò un piano molto abile per riuscirci.
Prima di farsi sposare dal re, Sherazade ottenne da lui che sua sorella Dinarzad potesse restare a farle compagnia nella camera nuziale per una parte della notte e, su richiesta della sorella, cominciò a raccontare in modo affascinante una storia interessantissima, che interruppe prima dello spuntare del sole. Il re, incuriosito e preso dal racconto, decise di soprassedere dal farla uccidere, dicendo a se stesso che lo avrebbe fatto fare l'indomani.
La notte successiva, però, la ragazza non completò solo il racconto lasciato a metà ma ne cominciò un altro altrettanto attraente, lasciandolo sospeso allo stesso modo prima dell'alba. La circostanza si ripeté, notte dopo notte, per "mille e una notte", per un periodo di tempo, cioè, veramente molto lungo, durante il quale il re poté rendersi conto delle qualità di Sherazade e di essersi innamorato perdutamente di lei, rinunciando, così, per sempre ai suoi propositi negativi.
Tutto ciò ci fa facilmente capire come in Sherazade sia visibile il Sette quintessenziale, persuasivo, affabulatorio, affascinante nella sua capacità di meravigliare e divertire e insieme astuto, manipolativo e pianificatore.
Un'analoga capacità di persuadere e manipolare era ben chiara nella sinistra personalità del personaggio di Henri Verdoux[300], creato da Charlie Chaplin e protagonista del film omonimo. Verdoux, impiegato bancario, viene licenziato dopo trent'anni di lavoro e, per mantenere la famiglia (moglie inferma ed un bimbo piccolo) e assicurare loro una vita dignitosa ed una casa di proprietà, irretisce, grazie al suo portamento signorile e fascinoso ed ai modi raffinati e galanti, mature e ricche zitelle o vedove e riesce prima a farsi sposare e poi ad impadronirsi dei loro averi, dopo averle soppresse.

---

[300] Monsieur Verdoux (Id., Usa 1947)

Il personaggio di Verdoux non è, tuttavia, totalmente di fantasia, perché Chaplin dichiarò di essersi espressamente ispirato, a partire dal nome e dall'impiego perso, a Henry Landru, un feroce serial killer reale che aveva assassinato nella Francia di inizio novecento ben dieci donne.
Leggendo gli atti del processo a carico di Landru si può notare che egli presentava molto sviluppati sia i tratti di cui stiano discorrendo sia molti altri tratti tipici del Sette. Egli, infatti, faceva credere, alle donne che abbindolava, di essere un ricco vedovo desideroso di compagnia e le riusciva così a convincere a trasferirsi a casa sua. Nei primi tempi si mostrava premuroso e coccolava tanto le povere donne che queste, alla fine, convinte dalla sua premura ed eloquenza, consentivano a renderlo loro procuratore generale e ad affidargli la gestione dei loro beni. A questo punto Landru svuotava i loro conti correnti, s'impossessava dei beni di valore e passava alla realizzazione della seconda parte del suo piano, che prevedeva uno squisito pranzetto con i cibi che piacevano di più alle donne, conditi però di sonnifero, lo strangolamento delle sventurate e il bruciamento del loro corpo nella grande stufa della sua villa di campagna.
Anche il generale e console romano Marco Antonio era un uomo molto capace di persuadere, grazie alla sua grande abilità oratoria e alla capacità di fare eseguire con estrema autorevolezza i propri ordini. Anche se Shakespeare nel suo *Giulio Cesare*[301] lo rende un oratore persuasivo e affabulatore molto più di quello che, probabilmente, fu nella realtà, Marco Antonio era davvero abilissimo nel saper trarre vantaggio da ogni situazione e nei suoi rapporti con l'altro sesso.
Pur se collerico, permaloso e talvolta crudele, Marco Antonio era, infatti, suadente, affascinante e capace di suscitare intense passioni. Basti pensare che ebbe quattro mogli, oltre alla bella regina d'Egitto Cleopatra e da tutte loro fu sempre rimpianto e mai abbandonato.

Inventiva, Astuzia e Fraudolenza.

Questi tratti sono, ovviamente, in stretta interdipendenza con quelli che abbiamo appena esposto, perché sono tutti mezzi di cui il Sette si serve per raggiungere gli obiettivi che la Gola vuole perseguire.
In tutti loro si può intravvedere, comunque, una tipica prevalenza dell'aspetto cognitivo e quanto sia pervadente una tendenza strategica tesa a equilibrare, per quanto possibile, il desiderio con la concreta possibilità di realizzazione dello stesso.

---

301 Shakespeare W. *Giulio Cesare* ediz. it. Mondadori.

L'inventiva, l'astuzia e la fraudolenza sono, per così dire, gradini di una stessa scala che, passando dalla ricerca del piacere per la novità e quello che non è mai stato provato, può giungere alla prevaricazione e all'utilizzo degli altri come oggetti per ottenere ciò che si vuole.
Possiamo ben vedere l'inventiva, unita alla tendenza utopica di cui parlerò in seguito, nella figura del visionario costruttore d'auto Preston Tucker. La sua idea era, da buon Sette, quella di realizzare un veicolo talmente avveniristico da non essere mai stato progettato da nessun altro e, grazie alla sua abilità e capacità visionaria, Tucker realizzò effettivamente un'auto che era almeno vent'anni avanti al suo tempo. Proprio questo però, unitamente ad alcune insormontabili difficoltà tecniche, alle scarse conoscenze politiche e al poco capitale di cui disponeva, fu la causa della sua rovina, poiché egli non mantenne i suoi impegni e i suoi concorrenti ebbero buon gioco nel impedirgli di realizzare il suo sogno.
Tuttavia, l'auto che Tucker produsse solo in cinquanta esemplari, la Tucker Torpedo, è oggetto di costante interesse e desiderio da parte di collezionisti e le poche che oggi vengono vendute raggiungono prezzi che superano il milione di dollari
L'inventiva di chi, invece, deve sapersela cavare in una situazione difficile, è quella mostrata dall'uomo in mongolfiera che giunge, non si sa come, nel paese di Oz e ne diventa, senza avere poteri speciali, un importante personaggio temuto perfino dalle streghe.
Il mago di Oz dimostra tutta la sua capacità manipolativa quando suggerisce a Dorothy, utilizzando a proprio vantaggio il desiderio della bambina di tornare a casa, di sottrarre alla strega cattiva la sua scopa ma mostra ancor meglio la sua inventiva nei modi con i quali affronta i personaggi del racconto e poi soddisfa i loro desideri. Così, ad esempio, appare a Dorothy come una grande testa; allo Spaventapasseri come una donna splendida; al Boscaiolo di latta come un bizzarro mostro e al Leone come una sfera infuocata, cosicché nessuno di loro possa avere una reale immagine di lui da poter confrontare con gli altri. Infine, anche senza magia, Oz riesce a soddisfare tutte le richieste in modo davvero molto inventivo. Riesce, infatti, a esaudire il desiderio dello Spaventapasseri (infilandogli una melma di crusca e spilli nella testa come cervello), del Boscaiolo di latta (aprendogli una finestrella in petto e riponendo all'interno un cuore di seta cremisi riempito di sabbia) e del Leone (somministrandogli un cucchiaino di miele da un barattolo) mentre per ricondurre Dorothy e Toto a casa, il Mago costruisce una nuova mongolfiera, e decide di tornare negli Stati Uniti con loro.
Con un'inventiva che è già più sconfinante nell'astuzia a proprio esclusivo vantaggio, si muovono, invece, due personaggi cinematografici

Sette: Luc, l'affascinante ladro coprotagonista di *Frenh Kiss*[302] e Cosmo Castorini, il padre della protagonista Due del citato *Stregata Dalla Luna.*
Luc non esita a usare astutamente le ansie di Kate, una ragazza americana che, nonostante la sua terribile paura per l'aereo, ne sta prendendo uno per un volo intercontinentale, e utilizzarla come veicolo di trasmissione della refurtiva di una sua impresa. La ragazza, però, si mostrerà molto meno manipolabile di quanto Luc riteneva e, alla fine del film, permetterà all'uomo di guardare più profondamente dentro se stesso e di capire che si è finalmente innamorato di lei.
Castorini, invece, è un idraulico italo americano astuto e manipolativo che sfrutta, senza alcuna remora, la credulità e l'ignoranza dei suoi clienti, per ricavare anche da un piccolo intervento il massimo profitto, esagerando l'importanza degli interventi da effettuare e lucrando sia sul costo dei materiali che sulle spese collaterali.
Il personaggio, però, più noto e meglio esemplificativo di queste caratteristiche del Sette è sicuramente Ulisse sia quello dell'Odissea che della Divina Commedia. Maestro di furbizie, astuto, incantevole affabulatore e stratega abilissimo, Ulisse è permanentemente alla ricerca di nuove avventure mentre, da buon goloso, cerca contemporaneamente di evitare quei doveri che sembrano promettere solo esperienze negative. Cerca, così, di evitare di mantenere la promessa di combattere che aveva fatto quando aveva cercato inutilmente di conquistare la mano d'Elena, aggiogando all'aratro un bue ed un cavallo e fingendosi pazzo. In questo caso, però, Ulisse trova qualcuno che è ancora più furbo di lui, Palamede, che gli mette davanti il figlio Telemaco per vedere se davvero Ulisse è impazzito o travolgerà il bambino.
Così smascherato, Ulisse è costretto a partire ma l'Odissea ce lo mostra sempre più interessato alle meraviglie del grande mondo, piuttosto che all'effettivo ritorno alla sua casa. Itaca sembra funzionare nella mente di Ulisse come una specie di fune di salvezza, come la gradevole idea che esiste una specie di porto franco a disposizione.
Qualcosa che è necessario a ogni Sette per combattere la sensazione di non avere un luogo cui appartenere, un centro di gravità indispensabile per qualcuno, che correrebbe il rischio, altrimenti, di essere soggetto a spinte centrifughe che lo perderebbero.
Ulisse mostra la sua astuzia in molti episodi sia dell'Iliade che dell'Odissea ed a lui è attribuita la creazione del celebre cavallo di legno, che porterà poi alla distruzione di Troia, anche se l'episodio nel quale rifulgono di più la sua inventiva, l'astuzia e la fraudolenza necessaria a

---

302 French Kiss (Id., Usa 1995)

salvare se stesso e gli altri suoi compagni dalla morte certa, è quello della grotta del ciclope Polifemo.
Questi, che come gli altri ciclopi era probabilmente l'incarnazione mitologica dei vulcani siciliani, era un gigante antropofago e aveva catturato Ulisse e i suoi compagni. Nei primi giorni di prigionia furono uccisi e orrendamente divorati sei uomini, fra i dodici che erano stati scelti per esplorare l'isola del gigante. Intrappolati nella caverna, il cui ingresso era bloccato da un masso enorme, la morte sembrava certa per i greci ma Ulisse escogitò un astuto piano per sfuggire a Polifemo e vendicarsi di lui. Come prima mossa egli offrì del vino dolcissimo e molto forte al ciclope, con l'intento di intorpidirgli i sensi e farlo cadere in un sonno profondo. Polifemo gradì tanto il vino che promise a Ulisse un dono, chiedendogli però il suo nome. Ulisse, astutamente, gli rispose allora di chiamarsi "Nessuno" "Ed io ti mangerò per ultimo, Nessuno", fu il dono del ciclope.
Quando Polifemo si addormentò profondamente, stordito dal vino, Ulisse mise in atto la seconda parte del suo piano. Egli, infatti, insieme ai suoi compagni, aveva preparato un bastone di notevoli dimensioni, ricavato da un albero trovato nell'antro, che una volta arroventato fu piantato nell'occhio del ciclope dormiente dai greci, accecandolo definitivamente. Polifemo gridò così forte "aiuto!" da destare dal sonno i ciclopi suoi fratelli, che corsero alla porta della sua grotta mentre Ulisse e i suoi compagni si nascondevano vicino al gregge.
I ciclopi chiesero a Polifemo perché avesse urlato così forte e perché stesse invocando aiuto ed egli rispose loro che "Nessuno", stava cercando di ucciderlo. I ciclopi, pensandolo ubriaco, se ne andarono suggerendogli di chiedere aiuto a suo padre Nettuno per i cattivi sogni che faceva.
La mattina dopo, mentre Polifemo faceva uscire il suo gregge per farlo pascolare, perché lui non sarebbe stato più in grado di guidarlo, Ulisse e i suoi soldati scapparono grazie a un altro abile stratagemma. Ognuno di loro si aggrappò, infatti, al vello del ventre di una pecora per sfuggire al tocco di Polifemo, poiché il Ciclope si era posto davanti alla porta della caverna, tastando ogni pecora in uscita per impedire ai Greci di fuggire. Ulisse, ultimo a uscire dalla grotta, lo fece aggrappato all'ariete più grande, l'animale preferito del Ciclope.
Secondo l'EdT il Sette ha molte tematiche in comune con il vicino tipo Otto, è questo sembra confermato dalla conclusione dell'episodio del ciclope. Dopo essere finalmente usciti dalla grotta, i Greci si precipitarono alla nave e cominciarono a remare, facendo capire al gigante che erano fuggiti. Questi, allora, si spostò su un promontorio, dal quale, alla cieca, iniziò a gettare rocce verso il mare, nel tentativo di affondare l'imbarcazione ma senza riuscirci, e a questo punto Ulisse, spinto dalla

voglia di prendersi una vendetta completa, aggiungendo la beffa al danno, eccedette come un Otto e commise un errore.
All'ennesimo tiro a vuoto del Gigante, Ulisse, ridendo, ebbe a gridare: "*Se qualcuno ti chiederà chi ti ha accecato, rispondi che non fu Oudeis ("Nessuno"), ma Ulisse d'Itaca!*", rivelando così il suo vero nome e Polifemo, venuto a conoscenza della sua vera identità, ebbe a maledirlo, invocando suo padre Poseidone e pregandolo di non farlo mai ritornare in patria, cosa che provocò infiniti problemi al re di Itaca.
L'Ulisse di Dante è, rispetto a quello d'Omero, ancora più utopico, desideroso di sperimentare nuove esperienze e possedere nuove conoscenze e non teme, pur di viverle, di affrontare qualsiasi pericolo.
La frase che rivolge ai compagni con i quali si imbarca in quello che Dante definisce come il folle volo, sono un capolavoro d'eloquenza (*fatti non foste per viver come bruti, ma per seguire virtude e conoscenza*), tutta tesa a sminuire il senso del pericolo agli occhi dei suoi rematori.
Voglio terminare questo paragrafetto con due casi reali di persone che conoscevo bene, perché appartenevano alla mia famiglia, visto che essi illustrano bene fino a che punto un Sette può non riuscire a ben comprendere la differenza fra la semplice furbizia e la fraudolenza.
Il primo caso riguarda un mio prozio che chiamerò Daniele. Egli, per professione, faceva il conducente di grossi pullman e un giorno, dopo aver guidato a lungo e aver finito il suo turno di lavoro, decise di sgranchirsi le gambe facendo una lunga camminata in una zona che conosceva bene. Dopo aver camminato per un bel po', Daniele si fermò nei pressi di un'aia sulla quale c'era una piccola catasta di legno tagliata da fresco e si mise a fumare una sigaretta, appoggiato ai tronchi. Mentre stava lì, passò un uomo con un camioncino che vide i tronchi e si mise a parlare con lui. L'uomo gli disse che stava cercando del legno per i suoi bisogni e, pensando che la catasta fosse sua, chiese a Daniele se la volesse vendere.
Quest'ultimo, cogliendo l'occasione al volo e con estrema spregiudicatezza, gli disse di si e, concordato il prezzo, intascò i soldi ed andò via. Ovviamente, mentre l'uomo caricava la legna sul suo camioncino, il vero proprietario uscì fuori e ne seguì una baruffa accanita, che Daniele, come nel caso di Ulisse, si godé guardandola da un punto isolato e sicuro. Quando veniva rimproverato dagli altri parenti per quello che aveva fatto (visto che, fra l'altro, si mise anche a raccontare l'evento), questo mio zio in modo buffo ed espressivo, si limitava a strizzare un occhio ed a rispondere: "*Mi avevano chiesto se volevo vendere la legna, ed io la volevo vendere, mica se la legna era la mia*".
Un altro cugino di mio padre, che chiamerò Giovanni, era un sarto ed aveva una famiglia molto numerosa da mantenere. Da ragazzo aveva ricevuto un'educazione religiosa, perché la famiglia lo avrebbe voluto far

diventare un prete ma lui era scappato dal seminario, perché la sua inclinazione era, piuttosto, per la baldoria e il divertimento di ogni genere, ed era tornato alla vita secolare, imparando il mestiere di sarto.
Negli anni sessanta in Italia un sarto guadagnava abbastanza poco e, soprattutto in Estate quando c'era poco da fare, Giovanni aveva grandi difficoltà per far quadrare i conti e doveva trovare altri modi per sopravvivere. Ricordando abbastanza bene quello che aveva imparato al seminario e dotato di un volto aperto e di grande espressività, Giovanni, sicuramente spinto dalla fame, che proverbialmente aguzza l'ingegno, trovò una soluzione molto inventiva al suo problema.
All'inizio del mese di Giugno andava dal barbiere e si faceva radere i capelli in un modo che lo faceva somigliare molto a Fra Tuck, il compagno di Robin Hood e poi, con in valigia solo un saio che aveva comprato e pochi ricambi, partiva per le zone più interne dell'Italia dove si spacciava per un frate mendicante e raccoglieva l'elemosina che portava poi a casa sua.
Quando, molti anni dopo, mi raccontò di queste sue avventure, prevenne ogni possibilità di disapprovazione da parte mia, aggiungendo con un disarmante sorrise: "*Io non dicevo bugie. Chiedevo l'elemosina per i poveri e noi eravamo davvero tanto poveri*".

Espressività.

Come è logico attendersi da un tipo caratteriale molto propenso alla socializzazione, i Sette sono generalmente molto comunicativi ed esprimono con facilità sia le loro idee sia i sentimenti positivi che possono provare riguardo ad una situazione. Queste permette loro, ovviamente, di apparire come simpaticoni con i quali è gradevole condividere le esperienze e, tuttavia, l'espressività può anche condurli ad esprimersi in modo diretto e scurrile e a ferire, senza nemmeno quasi volerlo, i sentimenti di persone meno abituate ad essere trattate in un modo franco.
L'espressività è straordinariamente visibile nei metodi di Hunter "Patch" Adams, il geniale e innovativo medico che ritiene, da buon Sette, sia indispensabile che ogni malato possa, nei margini permessi dalla malattia di cui soffre, sperimentare l'allegria, grazie all'aiuto di altri che gliela fanno provare. Per tali fini Adams in prima persona e moltissimi altri volontari dopo di lui, si recano, travestiti da clown, negli orfanotrofi e negli ospedali, utilizzando un linguaggio straordinariamente espressivo per cercare, nei limiti del possibile, non solo di alleviare la pena di chi soffre di situazioni drammatiche ma, soprattutto, di curare alla radice quante più malattie è possibile.
Come dice in modo illuminante lo stesso Adams: "*Lo humour è un eccellente antidoto allo stress. Poiché le relazioni umane amorevoli sono*

così salutari per la mente, vale la pena sviluppare un lato umoristico. Ho raggiunto la conclusione che l'umorismo sia vitale per sanare i problemi dei singoli, delle comunità e delle società. Sono stato un clown di strada per trent'anni e ho tentato di rendere la mia vita stessa una vita buffa. Non nel senso in cui si usa oggi questa parola, ma nel senso originario. "Buffo" significava buono, felice, benedetto, fortunato, gentile e portatore di gioia. Indossare un naso di gomma, ovunque io vada, ha cambiato la mia vita".[303]

Adams, come sottolinea lui stesso, non è certamente qualcuno che sottovaluta le complessità della vita; ridurre solo all'aspetto burlesco il suo contributo, significa non comprendere affatto le ragioni profonde che lo hanno guidato nel suo percorso. Si può concludere, in questo senso, che egli eleva l'espressività da semplice mezzo di trasmissione di emozioni e pensieri individuali, a quello, più alto, di possibilità di condivisione di un comune sentire.

Anche nell'arte, in particolare quella pittorica, l'espressività di un Sette si manifesta in un modo che è molto diverso da quello di altri tipi e spesso, per tradurre in gesto grafico il loro mondo interiore, i Sette ricorrono a un'abbondanza di colori e a una comunicazione che favorisce l'aspetto conviviale, l'allegria, la rappresentazione onirica e idealizzata.

Questo è molto evidente, ad esempio, in molte opere di Diego Rivera, il pittore messicano per molto tempo compagno e marito di Frida Kahlo, che, nonostante il suo impegno politico che lo conduceva verso il verismo di stampo stalinista, produsse opere oniriche, che si distinguevano, però, per l'espressività immediata dei loro contenuti.

Più inclini a rappresentare in modo immediato e concreto i momenti di serenità e gioia, furono pittori come Auguste Renoir e, seppure fosse un Cinque e non un sette, Pieter Brueghel il vecchio.

L'espressività, ad esempio, di un quadro come *il Moulin de la Galette,* irritò talmente i critici d'arte da essere definito come "*un chiassoso assortimento di colori e figurine che ricordano un bazar orientale*". In realtà l'elemento dominante del quadro, raffigurante una serata danzante in un locale popolare di Parigi, è la luce che bagna i corpi, si riflette su di loro, li trasfigura in un movimento vorticoso che traduce il senso di vivacità, di dinamismo, di vicinanza della danza, in un gioioso e complice coinvolgimento.

Una simile espressività caratterizzò molte opere del grande pittore Pieter Brueghel il Vecchio che ci mostra chiaramente uno dei significati della linea di connessione fra il Cinque e il Sette.

---

303 Patch Adams, *Salute! Ovvero come un medico clown cura gratuitamente i pazienti con l'allegria e con l'amore*, pagina 71.Apogeo, Milano, 2004,

Ben lungi dalla immagine di Pietro il Buffone che gli fu cucita addosso per secoli dai critici, egli era un artista estremamente attento a rappresentare con immediatezza la vita quotidiana e le sue implicazioni. Alcuni dei suoi quadri raffigurandi contadini impegnati in giochi o in situazioni di festa, come i famosi *Banchetto Di Nozze*, *Cacciatori nella Neve, la Danza dei Contadini*, ci permettono di osservare come il suo sguardo sapesse rappresentare con estrema efficacia le realtà che osservava e la speranza (ai suoi occhi, peraltro, totalmente vana) di saper trovare la gioia anche nei momenti più normali.
Per meglio raffigurare ciò che vedeva, Brueghel non esitava persino a partecipare sotto mentite spoglie alle nozze, facendo degli splendidi regali agli sposi, che si chiedevano spesso di chi fosse parente quell'uomo arrivato all'ultimo momento con un dono così ben accetto.
Con un'espressività onirica e sognante disegnava, invece, Marc Chagall, il famoso pittore di origine ebrea d'inizio novecento, le cui coloratissime opere come *Gli Amanti, Gli Sposi* o *La Passeggiata* ben trasmettono il senso di leggerezza e di allegria così forte nel Sette.

Estroversione ed Impulsività.

Il Sette è, probabilmente, il più estroverso e impulsivo di tutti i tipi, intendendo con questi aggettivi sottolineare non tanto il semplice predominio dell'aspetto psicomotorio (da questo punto di vista un Otto è molto più impulsivo di un Sette), quanto, piuttosto, un generale atteggiamento di esibizione dei propri impulsi e delle proprie reazioni ed un rigetto di molte delle limitazioni che fattori sociali o convenzionali potrebbero imporre.
Per tali motivi un Sette è spesso qualcuno che va fuori dalle righe e viene immancabilmente additato come colui che può creare problemi a sé ed agli altri perché ha difficoltà con le convenzioni esistenti; qualcosa che è vero nelle aule di scuola, come nelle squadre di ogni tipo e, perfino, nel mondo del lavoro.
Il pilota automobilistico James Hunt ha mostrato di possedere in più episodi questi tratti. Insolente, estroverso e donnaiolo, Hunt si relazionava con la stampa specialistica in un modo che andava anche aldilà di quello che la domanda gli chiedeva.
A chi gli chiedeva perché, secondo lui, le donne fossero attratte dai piloti, Hunt rispose così: "*Non è una questione di rispetto per quello che facciamo, girando in tondo con una macchina per ore……è per la nostra vicinanza alla morte, perché più sei vicino alla morte e più ti senti vivo, è un modo fantastico di vivere e l'unico di guidare, come se ogni giorno fosse l'ultimo. E loro questo lo sentono*". Ci può essere un modo più chiaro per un Sette di dire come vede le cose?

Anche quando passò al ruolo di commentatore televisivo delle gare di formula Uno, Hunt non imparò ad essere più politico, e non smise certo di essere molto estroverso, non esitando a dire tutto quello che pensava dei vari piloti e a innescare furiose polemiche con quelli che egli criticava, spesso per la loro guida troppo prudente, secondo lui.
Ugualmente impulsivo, estroverso e incapace di ben valutare le conseguenze delle sue azioni è il personaggio di Maggie, coprotagonista del film *In Her Shoes*[304], che dopo aver ferito in modo orribile sua sorella, l'unica persona che le abbia voluto veramente bene e l'abbia sempre protetta, riesce, attraverso un lento processo di riappropriazione della sua storia familiare e di confronto con il dolore che ha sempre evitato, a entrare finalmente in contatto con la sua parte più introversa e sensibile e a ricostruire una relazione più vera e durevole con lei e la ritrovata nonna.
Nel già citato *Pinocchio,* troviamo il personaggio di Lucignolo, il tentatore che trascinerà Pinocchio nel paese dei balocchi in modo simile a quello del serpente del Genesi ma che è, soprattutto, totalmente dominato dalla sua impulsività e dalla voglia di provare tutto quello che di buono ci può essere, rifuggendo ad ogni costo dalla noia e dalla quotidianità.
Lucignolo (ed anche lo stesso Pinocchio) è tanto estroverso e impulsivo da non riuscire a contattare la sua sofferenza e la perdita della sua stessa umanità, nemmeno quando comincia a trasformarsi metaforicamente e fisicamente in un asino.
Così, dopo un attimo d'iniziale imbarazzo, quando i due decidono di rivelare l'un l'altro in che cosa si stanno trasformando, l'estroversione e l'impulsività prendono completamente il sopravvento.
Come ci racconta Collodi: "*E allora avvenne una scena, che parrebbe incredibile, se non fosse vera. Avvenne, cioè, che Pinocchio e Lucignolo, quando si videro colpiti tutti e due dalla medesima disgrazia, invece di restar mortificati e dolenti, cominciarono ad ammiccarsi i loro orecchi smisuratamente cresciuti, e dopo mille sguaiataggini finirono col dare in una bella risata. E risero, risero, risero da doversi reggere il corpo: se non che, sul più bello del ridere, Lucignolo tutt'a un tratto si chetò, e barcollando e cambiando di colore, disse all'amico: — Aiuto, aiuto, Pinocchio! — Che cos'hai? — Ohimè! non mi riesce più di star ritto sulle gambe.*"

Piacere per le Novità.

Come è proprio di un carattere che cerca continuamente di non procedere su percorsi abituali e vuole sperimentare quante più cose è possibile, il Sette è molto aperto alle innovazioni e desidera vivere non solo esperienze

304 In Her Shoes - Se Fossi Lei (In Her Shoes, Usa 2005)

e idee nuove ma anche avere conoscenza di come si evolvono le cose in quello che Ulisse definiva il grande mondo.
Da ciò si origina il piacere che un Sette prova nell'ascoltare e raccontare, come abbiamo visto, ad esempio, nel carattere di Sherazade, storie fantastiche e meravigliose, racconti relativi a luoghi inesplorati e in genere, per tutto ciò che rompe la routine quotidiana introducendo un elemento di novità e di differenza rispetto all'usuale.
Archetipica di questa tendenza è la figura mitologica del dio dei venti Eolo (una metafora perfetta per esprimere la tendenza del Sette ad andare di qui e di lì) e del comportamento che egli tiene quando Ulisse arriva sulla sua isola. Eolo, costretto da un comando di Zeus a restare in qualche modo sulla sua isola, non vuole restare solo e per questo non esita a far sposare i sei figli maschi con le sei femmine e a farli restare tutti con lui, come è proprio di una specifica tendenza del Sette.
Quando arriva Ulisse, egli lo accoglie con il massimo del piacere, avido com'è di novità e lo ospita nella sua casa per un mese intero, facendogli narrare delle storie di Troia e raccogliendo molte altre informazioni e curiosità. All'atto della partenza di Ulisse, Eolo gli fa dono di un otre nel quale raccoglie tutti i venti ostili alla navigazione e lo premia così per aver piacevolmente intrattenuto lui e la sua famiglia per tanto tempo ma non esita a cacciarlo, come è proprio di molti Sette che temono conseguenze,, quando Ulisse si ripresenta alla sua porta dopo che i compagni hanno sventrato l'otre e i venti ostili hanno riportato le navi al punto di partenza. Eolo capisce, infatti, che ciò può essere accaduto solo se su Ulisse pende la maledizione di un dio e, per timore che qualcosa possa colpire anche lui, non esita a respingerlo con forza.
Anche nel citato *Cento Anni di Solitudine* possiamo trovare un personaggio che è permanentemente alla ricerca di novità, lo zingaro Melquiadès. Per molti capitoli del romanzo egli è, addirittura, l'unica fonte di vera novità per Macondo ed è uno spirito irrequieto, più alla ricerca di qualcosa di originale e notevole che non di vantaggi economici o personali.
Egli viene a lungo creduto morto anche dagli stessi zingari e, quando ricompare, salva gli abitanti dello sperduto villaggio dal morbo dell'insonnia con un ritrovato che aveva appreso da stregoni.
Melquiadès è ritenuto immortale e lui stesso, dopo aver cercato a lungo la pietra filosofale, pensa di aver raggiunto una conoscenza trascendente, cosa che in parte è vera, come si scoprirà nella parte finale del romanzo, quando si capirà che i suoi misteriosi scritti sono, in realtà, un'accurata profezia sui destini della famiglia Buendìa e della stessa Macondo.

Curiosità

La curiosità è stretta parente dei tratti già descritti e può essere considerata come il combustibile che spinge la macchina emozionale del Sette, facendogli credere che, dietro ogni novità, ci possa essere l'opportunità di un'esperienza gradevole. Come dice un noto proverbio inglese, però, *curiosity killed the cat* e spesso, al posto dello sperato divertimento, alla fine del gioco il Sette trova soltanto disillusione (anche se, ovviamente, questa durerà pochissimo, perché ci sarà sempre un'altra opportunità da inseguire) o peggio.

Da questa propensione propria della Gola nasce, quindi, l'attitudine del Sette a inseguire con determinazione e quasi ad ogni costo tutto quello che sembra promettere piacere e, correlativamente, una specie di movimento continuo esistenziale, grazie al quale si passa facilmente da una storia affettiva un'altra, da un'esperienza a un'altra. Mossi da un'instancabile voglia di conoscere nuove situazioni, luoghi e persone, i Sette possono appassionarsi, anche se normalmente solo per un breve periodo, alle più svariate discipline e la loro flessibilità e poliedricità fanno sì che essi possano svolgere quasi ogni compito.

Va sottolineato che la curiosità non è una propensione solamente mentale ma che essa si estende alle esperienze fisiche dirette, anche se, essendo il Sette un tipo di testa, l'aspetto cognitivo sarà ovviamente quello mediante il quale sarà prevalentemente vissuta un'avventura o una relazione.

Una figura che esemplifica bene ambedue gli aspetti è quella di Albus Silente, il geniale mago preside della scuola di Hogwarts, che è affascinato dalla possibilità di scoprire sempre nuove cose, di progettare e mettere poi in opera piani elaborati e di trovare nuovi e giovani maghi ovunque essi vivano ma anche goloso, come lui stesso ci dice, delle gelatine *a tutti gusti più uno*, anche se spesso gli accade di trovarne diverse che hanno gusti orribili, come quelle al cerume.

La curiosità, poi, porta indirettamente Albus anche alla morte quando, per soddisfare la sua curiosità di verificare i poteri di un anello fatato lo indossa, senza sapere che l'oggetto era stato reso bersaglio di una potente maledizione, che avrebbe condotto a morte immediata colui che se ne era impadronito senza conoscerne i segreti.

Una forma di curiosità più propriamente intellettuale è quella che mostrano i personaggi di Guglielmo da Baskerville, protagonista del citato *Il Nome Della Rosa*, e del dottor Lemuel Gulliver, figura centrale del romanzo di Jonathan Swift[305].

---

[305] J. Swift, *I Viaggi di Gulliver,* ed.it. Garzanti

Il secondo, come quasi tutti i Sette, è animato da una grandissima curiosità di conoscere il mondo e le sue stranezze e, non a caso, nei suoi viaggi troverà ogni sorta di creatura bizzarra e curiosa e, alla fine, quando tornerà a casa, dovrà penare per molto tempo prima di riabituarsi alla normalità dei rapporti con gli altri esseri umani.
Il primo è una specie di Sherlock Holmes ante litteram, e, non a caso, il suo nome evoca quello di uno dei più famosi casi risolti dal detective inglese. Il suo interesse nel risolvere i delitti è soprattutto quello di comprendere non tanto chi sia l'assassino quanto, piuttosto, le sue motivazioni; cosa c'è dietro al mistero apparente cui si trova davanti. Importante per ben capire la sua curiosità è il vivace diverbio che lo vede coinvolto con il rigoroso tipo Sei Jorge, di cui abbiamo parlato in precedenza. Mentre Jorge è tutto preso dal confronto, per dimostrare che il suo punto di vista non può essere messo in discussione, Guglielmo è molto più interessato a vedere le reazioni che l'uditorio manifesta e non esita, una volta che ha raggiunto il suo obiettivo di diventare un punto d'interesse per tutti i monaci a far cessare immediatamente la discussione.
Certamente geniale, ma in un certo senso molto dispersiva, è, infine, la figura di Leonardo da Vinci, la cui curiosità intellettuale non si accompagnava a un corrispondente senso di sistematicità e finitezza. Come noto, malgrado egli si sia interessato a una molteplicità di materie e di argomenti, le opere compiute di Leonardo sono pochissima cosa rispetto ai progetti intrapresi e non conclusi, mentre la sua produzione per "l'effimero" (gli stand scenografici per le numerose feste degli Sforza, l'allestimento per la celebre Festa dello Zodiaco, ecc.) è parecchio vasta ed impegnò a lungo e molto probabilmente con diletto, l'autore.
I numerosi scritti di Leonardo hanno tutti in comune il fatto d'essere più un'accozzaglia eterogenea di appunti, di note spese, di proverbi e altro, che non una sistematica esposizione di una materia. La segretezza con la quale egli custodiva il significato dei suoi scritti sembra, agli occhi moderni della storia della scienza, non proprio all'altezza del valore del contenuto stesso. Tuttavia, attorno a quegli enigmatici codici Leonardo costruì, con il suo operare misterioso, un'aura quasi magica che ne accrebbe per i suoi contemporanei l'importanza.

Manipolazione Intellettuale.

A differenza di quello che abbiamo visto in azione nel tipo Due, che cerca di manipolare le persone facendo leva sull'aspetto emozionale e principalmente sui sentimenti di gratitudine, il Sette cerca di raggiungere gli stessi obiettivi creando una gabbia di idee intorno alle persone. In genere i Sette riescono ad affascinare ed ad attrarre grazie alla loro estroversione e voglia di vivere ma, se serve, non esitano a manipolare in

modi molto sottili, pur di carpire segreti ed informazioni che potrebbero essere utili per portare avanti meglio i loro progetti.
Un esempio veramente ghiotto di questa tendenza ce la fornisce la figura del mitico re biblico Davide, che da giovane era stato chiamato alla corte del re Saul per alleviarne l'umore triste, mediante il suono giocoso della sua arpa. Invaghitosi della bella Betsabea, che aveva spiato con avidità mentre la donna faceva un bagno purificatore, Davide cede subito al desiderio e, inviato un suo servo alla donna recante il messaggio di recarsi subito da lui, non si fa certo inibire dal pensiero che la donna è sposata e che il marito è un suo valente ufficiale ma la possiede non appena questa lo raggiunge nella sua camera da letto.
Il fatto inatteso, però, è che Betsabea resta incinta e allora Davide, per salvare la sua bella amante, concepisce un piano incontestabilmente diabolico. Manda a dire al suo generale Ioab di dare subito un congedo provvisorio a Urìa l'Eteo, marito di Betsabea, perché egli lo vuole al palazzo. Quando quest'ultimo arriva da lui, Davide gli dà un ordine ambiguo, perché gli dice: "*Va a casa da tua moglie e làvati i piedi!*". Questo nel linguaggio metaforico della Bibbia significa va da tua moglie e abbi un rapporto completo con lei. Per avere più certezza che il suggerimento raggiunga lo scopo che egli desidera, Davide fornisce al povero Uria una gustosa merenda dalle proprie cucine, alla quale probabilmente aveva fatto aggiungere qualche polvere afrodisiaca.
Il piano di Davide, però, non raggiunge il suo scopo perché Urìa disobbedisce. La sua onestà e la fedeltà alla legge della guerra santa gli impedivano di avere rapporti sessuali in tempo di guerra; si sarebbe sentito un vigliacco, anche se il re in persona glielo aveva ordinato, a mangiare, bere e dormire in un bel letto con la sua avvenente moglie, mentre i suoi soldati stavano nel campo di battaglia. La cosa fu riferita a Davide e il re, desideroso che l'uomo facesse ciò che egli voleva, lo interrogò in modo severo, chiedendogli perché gli avesse disobbedito. Il povero Uria lo guardò negli occhi e umilmente gli rispose: "*L'arca, Israele e Giuda abitano sotto le tende, Ioab, il mio comandante e la sua gente sono accampati in aperta campagna e io dovrei entrare in casa mia per mangiare e bere e per dormire con mia moglie? Per la tua vita e per la vita della tua anima, io non farò tal cosa!*"
Davide non accetta che il suo piano possa essere andato a monte e da buon Sette, fa un ulteriore tentativo per far sì che Urìa vada a letto con Betsabea. Così lo trattiene ancora un giorno, gli fa mangiare cibi pesanti e lo fa bere pesantemente, finché l'uomo ubriaco cade ai piedi del tavolo, e si mette a dormire, senza andare a casa sua e condannandosi, così, involontariamente alla morte.

Il re, infatti, vedendo sfumare il suo piano di attribuire a lui la gravidanza di Betsabea, e non volendo perdere la sua nuova amante, lo rimanda in guerra latore di un papiro segreto per il suo generale in cui ha scritto: "*Manda Urìa dove lo scontro è più cruento e lascialo solo in mezzo ai nemici; ritira le truppe a un segnale dato. Urìa l'Eteo non deve restare vivo».* E così sarà lo stesso Urìa a portare la condanna a morte al suo generale, che ubbidirà senza discutere.
Molto indicativo è anche il modo, narrato nella Bibbia, col quale Natan, su ispirazione di Dio, manipolò a sua volta Davide, facendogli così percepire la gravità del suo crimine.
Il profeta, infatti, si recò dal re e gli raccontò la seguente storia: "*Vi erano due uomini nella stessa città, uno ricco e l'altro povero. Il ricco aveva bestiame minuto e grosso in gran numero; ma il povero non aveva nulla, se non una sola pecorella piccina che egli aveva comprata e allevata; essa gli era cresciuta in casa insieme con i figli, mangiando il pane di lui, bevendo alla sua coppa e dormendo sul suo seno; era per lui come una figlia. Un ospite di passaggio arrivò dall'uomo ricco e questi, risparmiando di prendere dal suo bestiame minuto e grosso, per preparare una vivanda al viaggiatore che era capitato da lui portò via la pecora di quell'uomo povero e ne preparò una vivanda per l'ospite venuto da lui". Allora l'ira di Davide si scatenò e disse a Natan*: "*Per la vita del Signore, chi ha fatto questo merita la morte. Pagherà quattro volte il valore della pecora, per aver fatto una tal cosa e non aver avuto pietà". Allora Natan disse a Davide: "Tu sei quell'uomo*!".

Tendenza al sogno ed all'utopia.

Il Sette è spesso un sognatore che spera ottimisticamente di realizzare le sue più sfrenate fantasie, non importa quanto poco esse possano essere oggettivamente concrete. Così, ad esempio, un mio amico che amava il poker e organizzava spesso tavolini per giocare, mi confidò di perdere anche mani che avrebbe potuto vincere, perché non si accontentava di avere un punto sicuro ma poco soddisfacente e cercava sempre di realizzare una scala reale.
Da quest'attitudine ad avere un'immaginazione sbrigliata, che porta facilmente i Sette a immaginarsi mondi ideali e bellissimi, come l'*Utopia* descritta da Tommaso Moro, discende anche la tendenza a concepire e raccontare storie fantastiche e non è, quindi, sorprendente se alcuni fra i più grandi autori di romanzi di fantascienza fossero dei Sette.
Le Fondazioni e i robot di Asimov, il mondo marziano di Bradbury e la distopica società che egli descrive in *Fahrenheit 451*, hanno tutte in

comune l'idea che l'universo è pieno di cose meravigliose, o al contrario, orribili ma non è e non può essere mai banale o senza significato.
Il personaggio che secondo me meglio esemplifica questa tendenza è quello di Pinocchio,[306] la marionetta nata dalla penna di un autore Sette scapestrato, che ne scrisse le avventure per pagare i suoi debiti di gioco e credo sia stato ispirato dalle sue proprie difficoltà, quando scrisse il famoso episodio dei zecchini d'oro che, seppelliti sotto l'albero nel campo delle meraviglie, dovrebbero diventare migliaia e migliaia.
Oltre a questo episodio, che illustra bene come la tendenza a credere nell'avverarsi di sogni impossibili possa essere pericolosa, c'è anche un altro episodio che ci fa capire quanto il non sapersi accontentare di un Sette può condurlo alla rovina. Piuttosto, infatti, che essere contento della sua capacità di andare bene a scuola e di poter diventare, addirittura, grazie a questo, un bambino, Pinocchio, come abbiamo visto parlando di Lucignolo, si lascia trascinare in un paese, quello dei balocchi, dove alla fine del sogno lo aspetta l'incubo di essere degradato, nonostante la sua capacità cognitiva, al livello di un somaro.
Il desiderio di Pinocchio, però, si avvererà e, dopo aver ritrovato il padre perduto nel ventre di un pesce-cane (anche questa una metafora sulla quale meditare, visto il carattere normativo che ha solitamente il genitore maschile del Sette e la relazione che si ha con lui) e grazie alle cure che gli prodigherà, diventerà un bel bambino e perdipiù anche ricco, poiché la Fata premierà la sua generosità con quaranta monete d'oro.
La tendenza al sogno, alla deformazione in senso fantastico della realtà, si può facilmente riscontrare nel movimento surrealista e, in particolare, nelle opere di un artista poliedrico e bizzarro come Salvador Dalì. Quadri come *Sogno Causato Dal Volo Di Un Ape, Il Sogno Si Avvicina, La Sottile Linea d'Ombra* e molti altri testimoniano di come la sua creatività fosse tutta intrisa di una prospettiva utopista e onirica, di quanto la sua visione (certamente narcisistica, ma anche geniale) rispecchiasse una comprensione dell'esistenza che andava aldilà del quotidiano per puntare verso i territori dell'inesplorato e del visionario.
Anche il grande regista Federico Fellini aveva una decisa tendenza a raccontare non tanto la realtà, anche se da giovane per un certo periodo aderì al movimento neorealista, quanto, piuttosto, una versione fortemente reinterpretata nel senso del sogno e dell'allegoria della stessa. Scene celeberrime, come quella in cui l'attrice Anita Ekberg si bagna nella Fontana di Trevi o quella in cui gli abitanti del paese d'infanzia del regista si ritrovano tutti in alto mare, per vedere il passaggio del transatlantico

---

306 Collodi C. *Le Avventure di Pinocchio* Mondadori 2008

Rex nella nebbia, vanno considerate come espressioni di una propensione al piacere che viene idealizzata e resa sognante.
Nell'opera di Fellini, però, si può anche vedere come la paura di trovarsi perso, senza altri che facciano da compagnia, sia sempre presente, anche se sotto traccia, nella consapevolezza del Sette. In una memorabile scena del film *Amarcord*, uno dei personaggi minori, il nonno del protagonista, riesce a trasmettere in modo quintessenziale l'idea che un Sette ha della morte. Uscito da casa in un giorno molto nebbioso, il nonno vaga fra le strade rese totalmente vuote di oggetti e di uomini dalla fittissima nebbia. Solo alcune voci indistinte e lontane, sembrano ricordare che esista qualche altra forma di vita. Il vecchio disorientato dal vuoto, confida allora alla cinepresa la seguente emblematica frase: "*Ma se questa qui è la morte, non è mica una bella cosa!*".

Giocosità.

Come un bambino su una giostra teme che, alla fine della corsa, possa trovarsi completamente solo senza sapere cosa fare, così un Sette è tutto orientato a trovare altri modi per continuare la durata di quel gioco o per muoversi verso altri infiniti. Uno dei pericoli che un Sette sente più fortemente è quello della noia, poiché l'eccitazione lascia facilmente il posto a una forma di delusione, simile a quella che può sperimentare un Quattro per il perpetuarsi dell'Insoddisfazione. Questa regola vale anche nei rapporti interpersonali e permette di capire perché il Sette sia più interessato al gioco della conquista che ai risultati della stessa.
Anche nel ricordo di una situazione o di un'esperienza il Sette tende a far prevalere l'aspetto allegro o gioioso, piuttosto che ricordare quello drammatico. Così nel film *Stand by Me*[307] di Reiner il racconto fa notare più l'eccitazione e il brivido dei giovani adolescenti protagonisti, in cerca della loro definitiva maturità, che non i sentimenti relativi alle due morti che fanno da filo conduttore del film. In modo simile *La Vita è Bella*[308] di Roberto Benigni, illustra bene la capacità che ha il Sette di trasformare qualsiasi situazione, anche la più tragica, in gioco. Così, nell'inferno del campo di concentramento, il protagonista riesce a preservare dagli orrori e dalle distruzioni della guerra il figlio, mutando in oggetto di divertimento le situazioni angosciose e la paura del presente.
La giocosità, intesa come predisposizione a vedere il divertente, il grottesco, in ogni situazione, è ben esemplificata da una molteplicità di attori e personaggi come Groucho Marx o Robin Williams, con la loro

---

307 Stand by Me - Ricordo di un'estate (Stand by Me, Usa 1986)
308 La vita è bella (Id., Ita 1997)

comicità capace anche di toccare in profondità, grazie a dei guizzi di sensibilità che l'anima un po' bambina del Sette riesce a trasmettere.
In senso più generale il leggero e libertino Sette può, però, trasformare (come suggeriscono alcune tradizioni spirituali quali il tantra) l'energia del desiderio per cose materiali in spinta spirituale e diventare, così, una persona di trascendente ed elevata moralità. Molti dei grandi maestri sufi della storia (Omar Khayyam, Jalaluddin Rumi ecc), hanno percorso questa strada giungendo alle più elevate vette della spiritualità umana. Sullo stesso livello dei maestri sufi citati, e a loro contemporanei, possiamo considerare i cammini di Raimondo Lullo e del più gran santo riformatore della chiesa cattolica: Francesco d'Assisi.
La storia di Francesco ci fornisce il miglior esempio della possibile evoluzione di un Sette dalla normale inclinazione verso i piaceri terreni a una dimensione diversa dell'esistenza. Superando la paura, che è presente in ogni goloso, Francesco giunse a vedere un'intima essenza, più importante di qualsiasi manifestazione superficiale, in ogni aspetto dell'esistenza. Il suo giustamente famoso *Cantico delle Creature* è l'inno di gioia di un'anima che ha ritrovato il vero senso della vita e, superando la barriera formata dall'apparente molteplicità delle cose, rende grazie per la possibilità, che le è stata concessa, di percepire l'assoluto anche nei più comuni aspetti dell'ordinarietà.
Fino all'ultimo giorno della sue esistenza terrena, fu possibile scorgere in Francesco tutta l'allegrezza e il brio di Un Sette evoluto, che ama il bello e sa gioire di ogni forma della creazione, leggendo in essa il segno di una verità più profonda. Il suo *Cantico* ha davvero molto in comune con il *Cantico dei Cantici* attribuito a Salomone e testimonia di come Francesco amasse la vita (e perfino la morte) in ogni suo aspetto, in aperta contrapposizione con altre tendenze religiose che vedevano, invece, la creazione come soggetta alla degenerazione e, quindi, da disprezzare.

LA FISSAZIONE DELLA PIANIFICAZIONE.

Il Sette, come abbiamo visto, è probabilmente il tipo più strategico di tutto l'enneagramma e questa sua particolarità si riflette, ovviamente, anche nel modo col quale si rapporta cognitivamente alle cose del mondo. Il prevalere, quindi, di un'attenzione mentale tutta rivolta a cercare di prefigurare i modi con i quali ottenere quello che si desidera, è una logica conseguenza di un aspetto intellettuale che deve cercare di trovare i mezzi per soddisfare i desideri della Gola.
Parole come Progettazione o Pianificazione riescono a ben rendere quest'attitudine, in quanto sottolineano come il piacere sia, in qualche modo, pregustato anche prima di essere sperimentato, grazie ad una

capacità di saperlo prevedere e alla capacità di articolare piani che porteranno, poi, ad ottenerlo liberamente.
Così nel mondo del Sette ci sono liste infinite di progetti da comporre, opportunità da cogliere che aspettano solo il modo e il tempo necessario, una serie di potenziali programmi da definire, eccetera. Tutto questo fa sì che il Sette tenda a rifuggire dalla definizione di situazioni che gli precludano la possibilità di godersene tante altre e che, nonostante la sua elevata capacità di lavorare, non sia efficace ed efficiente in quello che fa, finendo spesso per essere molto più qualcuno che si diletta di tante cose, piuttosto che un vero professionista o un profondo conoscitore di tutti gli aspetti di una situazione.
Molti personaggi esemplificano bene questa caratteristica del Sette ma forse quello che, in assoluto, ne è la figura prototipica è quella del dio greco Ermes, il dio della mobilità e della ragione posta al servizio del raggiungimento dei propri obiettivi.
Ermes, fin dal giorno della sua nascita, mostra la sua propensione a saper ben pianificare i passi che deve compiere per raggiungere i suoi scopi, come si può vedere nell'episodio del furto della mandria custodita da suo fratello Apollo. Egli, dopo essersi liberato dalle fasce di nascosto, in modo che la madre continuasse a pensare che stava quietamente dormendo, si mise a girovagare, vide le belle giovenche e decise che doveva averle.
Tuttavia, c'era un inconveniente di non poco conto: il guardiano non era una persona qualunque, ma addirittura il suo fratellastro maggiore. Questo, ovviamente, aggiungeva non poco pepe al diletto che Ermes voleva ricavare dalla sua azione. Impossessarsi di qualcosa di bello era gradevole di suo ma farlo ingannando il dio della sapienza e della profezia, era sicuramente molto più eccitante.
E così, secondo il racconto mitologico, Ermes rubò le cinquanta mucche e, affinché Apollo non lo acciuffasse seguendo le tracce degli animali, attaccò un ramo alla coda di ciascun animale e facendoli camminare all'indietro, li portò nottetempo in una caverna nel Peloponneso. Inoltre, per confondere le sue tracce, ebbe l'accortezza di legarsi alcuni arbusti ai piedi. Compiuto il furto, sacrificò due capi ai dodici dei dell'Olimpo, bruciò le interiora e le teste per nascondere le prove del suo furto e, dopo aver messo al sicuro il resto della mandria, fece ritorno nella sua grotta natale. All'ingresso della grotta trovò una tartaruga, la uccise, le tolse il guscio e sulla cavità tese sette corde fabbricate con gli intestini dei due animali che aveva sacrificato, inventando così la prima lira.
Apollo, il mattino dopo, si accorse del furto ma il trucco di Ermes funzionò a meraviglia e, benché il dio cercasse dappertutto le sue bestie, i suoi sforzi non approdarono a nulla. Tuttavia, egli era anche il dio della profezia e sapeva riconoscere i segni che ogni forma vivente gli mandava;

così interrogando il volo degli uccelli, giunse sulle tracce di Ermes e si stupì di trovarlo nella culla.
Apollo infuriato si rivolse alla mamma di Ermes, mentre il bambino faceva tranquillamente finta di dormire e gli ordinò di restituirgli ciò che gli era stato sottratto ma la dea sostenne che il bambino non si era mai mosso dalla culla. Mentre i due battibeccavano, il bambino si ridestò e negò di essere a conoscenza del furto. Chiese, inoltre, con finta meraviglia, come potesse un lattante di appena un giorno rubare una mandria di mucche e come avesse potuto andare fino in Tessaglia non sapendo ancora camminare ed allora ad Apollo non rimase altro che rivolgersi al loro comune padre Zeus, dovendo così, ammettere di essere stato giocato.
Anche in molti altri episodi viene sottolineata la capacità di Ermes di pianificare adeguatamente i passaggi da compiere, per raggiungere lo scopo prefissato. Così, ad esempio, egli suggerì a Perseo il piano giusto per uccidere Medusa, senza essere visto e colpito dalle sue immortali sorelle, o in che modo riuscire a liberare la bella ninfa Io dalla guardia di Argo, l'essere dai cento occhi che non dormiva mai, pianificando accuratamente tutti i passi che doveva compiere per fare addormentare completamente il gigante e poi ucciderlo.
Anche in un personaggio come Holly Golightly, il carattere protagonista del romanzo e del film *Colazione da Tiffany*, è ben visibile la tendenza a pianificare le proprie azioni secondo uno schema che deve, almeno secondo la propensione ottimistica del Sette, far raggiungere quello che si vuole ottenere senza, peraltro, darsi troppo da fare praticamente.
Holly è una ragazza apparentemente solare, che vive in un appartamento di New York con la sola compagnia di un gatto cui non ha dato un nome, pensando che non le appartenga, così come lei non appartiene a nessun altro. Lei si ritiene infatti un animale selvaggio, a cui gli altri si legano cercando di ingabbiarla. Il suo sogno è quello di sposare un miliardario per poter diventare ricca e aiutare suo fratello Fred. Holly riesce ad ottenere ciò che vuole grazie alla sua seduzione, ben mirata e "raggirante", con la quale riceve comprensione, indulgenza e apertura.
La ragazza vive mantenuta da uno stuolo di uomini, che lascia appena prima della conclusione delle serate e comunicando i messaggi in codice che riceve da Sally Tomato, un boss rinchiuso a Sing Sing, che lei va a trovare ogni settimana e definisce "un adorabile vecchietto", alla malavita newyorkese. In questo si può vedere come un Sette possa piegare la realtà ai suoi progetti e reinterpretarla con occhi differenti, considerando come adorabile un boss che non lo è per niente.

Nel film, in particolare, la pianificazione è evidente nell'incessante ricerca dell'uomo che possa donarle benessere e che può essere interpretata anche come un mezzo per tenere lontani i veri sentimenti.
Così Holly può passare più volte da un uomo all'altro in modo freddo e razionale, allontanando chi, come Paul nel film, è innamorato di lei. Questo è evidentissimo nelle ultime scene quando Holly scopre di non poter più sposare il politico brasiliano che le avrebbe fatto fare la bella vita e, nello stesso momento, Paul si dichiara a lei.
Immediatamente la rabbia di Holly si trasforma in uno stimolo per progettare qualcos'altro e così chiede a Paul di "*trovarle la lista dei 50 uomini più ricchi d'America*" per poterne sposare uno, ignorando ovviamente la dichiarazione dell'uomo, e abbandonando il suo amato gatto per strada, ritenendo che, non appartenendole, il suo posto sia in mezzo a "bidoni, topi e spazzatura".

IL TIPO OTTO: LA PASSIONE DELL'ECCESSO

LA FISSAZIONE PER PAREGGIARE I CONTI

Elementi di Riferimento:

Energia Squilibrata: Riconoscimento (Cibo)
Paradigma Familiare: Rifiuto genitore Arrabbiato / Frustrazione genitore Debole o Inerte
Ferita Originaria: Maltrattamento
Cicatrice: Rinnegamento
Polarità: Sottomissione-Supremazia
Passione: Eccesso
Fissazione: Pareggiare i conti

Tratti caratteristici

- Lussuria
- Pareggiare i conti
- Tendenza a maltrattare ed umiliare
- Tendenza alla Ribellione
- Volontà di dominio e leadership
- Insensibilità
- Cinismo
- Capacità d'ingannare
- Esibizionismo
- Narcisismo
- Autonomia
- Rabbia manifesta
- Tendenza a rompere gli schemi
- Agire rivoluzionario
- Predominio dell'attività senso motoria
- Tendenza a sfidare e parlar chiaro
- Coraggio
- Resistenza fisica
- Onestà
- Determinazione

Questa passione era considerata dagli scrittori cristiani, che seguivano la tripartizione classica dell'anima effettuata dai filosofi greci, come un vizio della parte concupiscente, capace di assoggettare il lato spirituale dell'uomo ai valori della sfera rozzamente materiale. In questo modo essa era concretamente collegata ai rapporti carnali e assumeva il classico nome di Lussuria, dalla parola latina *luxus* (lusso), indicando, come la vicina Gola, un'inclinazione a trovare soddisfazione nelle cose del mondo e perdendo così il senso ultimo dell'esistenza.
Al di fuori della visione spirituale, tuttavia, io credo che il senso più profondo di questa passione non sta tanto nella continua ricerca di soddisfazione sessuale (anche se, come per le altre passioni, vi sono dei lussuriosi che sono tali nel senso comune del termine), ma consista, piuttosto, in una pervadente soggezione delle parti emozionali e cognitive alla forza di ogni tipo di desiderio.
Nel tipo Otto qualunque impulso istintuale è, infatti, dotato di una carica fortissima che, metaforicamente parlando, non sente e non vuole sentire nessun tipo di considerazione che possa inibirlo. Questa connotazione di andare ogni oltre limite, di non voler frapporre indugi alla propria soddisfazione e di non assoggettarsi a nessuna regola è, quindi, bene espressa dalla parola Eccesso che, in senso più generale della Lussuria, indica una posizione esistenziale in cui ogni esperienza deve essere, per così dire, estremizzata.
Un primo corollario, che discende da questo modo di essere, è quello che considera il mondo come un'arena in cui solo il forte ha la possibilità e il diritto di soddisfarsi. Per questo l'Otto è il tipo che da più valore alla forza e al potere e, correlativamente, tiene in poco conto le espressioni sentimentali dolci, che potrebbero indebolire la sua reattività. Molto a suo agio col proprio corpo e dotato di grande energia, l'Otto non esita a utilizzare la sua rabbia sia come strumento di controllo, sia come un mezzo per giudicare istintivamente la capacità reattiva degli altri.
Le caratteristiche di combattività e la voglia di dimostrare che è il più forte, rendono l'Otto il prototipo ideale del gladiatore, del lottatore, del combattente. Non è sorprendente, quindi, che alcuni fra i più grandi pugili e lottatori di ogni tempo siano di questo tipo e che alcuni di essi siano stati quelli che hanno più rivoluzionato la noble art.

Lussuria.

Per ben comprendere la lussuria che può caratterizzare un Otto, non dobbiamo tanto pensare ad un desiderio smodato per quantità o qualità e che si nutre, quindi, di raffinatezza o di voglia di produrre prestazioni notevoli, per dimostrare di essere una specie di macchina sessuale (qualcosa che pertiene, ad esempio, molto più ad un tipo Tre, smanioso di dimostrare la propria capacità di poterlo essere, anche a costo del proprio piacere), quanto, piuttosto, ad una difficoltà a resistere alla voglia che si sente nascere dentro e che deve essere placata a qualsiasi costo.

Un Otto, per dirla in breve, ha difficoltà a controllarsi, che si tratti di cibo, droghe, rapporti sessuali o altro e tende a trasformare il più rapidamente possibile l'impulso in un'azione tesa al suo soddisfacimento. In questo si può vedere la tendenza caratteristica dei tipi della parte alta dell'enneagramma, che sono giustamente definiti come tipi del Ventre o dell'Azione, proprio per l'attitudine a trovarsi più a proprio agio con l'operatività fisica che con gli articolati percorsi del pensiero o la cura dell'impressione di sé, che hanno gli altri.

E' facilmente comprensibile come una libertà di azione così sbrigliata sia potenzialmente pericolosa, e come, di conseguenza, governare questa tendenza sia sicuramente uno dei compiti più importanti per un Otto.

Nella bibbia troviamo l'esempio archetipico del giudice Sansone, che illustra splendidamente quanto detto, perché in lui la lussuria era tanto forte da fargli, addirittura, perdere la vita.

Consacrato a Dio fin da prima della nascita, Sansone, secondo il mito biblico, ebbe in dono una forza gigantesca, che lo rendeva molto simile alle figure di altri eroi solari o dell'Eracle greco, purché si mantenesse nel rispetto del patto e, in particolare, non si radesse i capelli.

Il punto debole di Sansone era la sua inclinazione ad avere a tutti i costi le donne che gli piacevano e, proprio per questo, si mise in una prima situazione complicata quando si invaghì di una donna filistea. Nonostante i genitori cercassero di dissuaderlo egli non volle ascoltare niente e nessuno, si recò presso la famiglia di lei per averla in moglie e durante il viaggio uccise a mani nude un leone, proponendo poi ai parenti di lei un indovinello da risolvere in sette giorni.

Poiché non riuscivano a risolvere l'enigma, essi cominciarono a fare ogni tipo di pressione sulla donna, per conoscere la risposta. La Bibbia è molto pudica su questo punto ma, date le inclinazioni di Sansone, è molto probabile che i mezzi di pressione che la donna adoperava per conoscere la soluzione non si limitassero solo a lacrime e moine ma coinvolgessero anche la sfera dei rapporti intimi. Così, probabilmente vittima del suo desiderio, Sansone finì per cedere e le diede la giusta risposta, che la donna girò, poi, ai suoi parenti.

Capendo di essere stato raggirato Sansone fu preso da una rabbia tremenda e, per pagare il prezzo della scommessa, scaricò la sua collera, come talvolta fanno gli Otto, su altri filistei innocenti. Ne uccise così trenta, che spogliò ignobilmente poi delle vesti che consegnò agli invitati

della moglie e, non pago della sua prima vendetta, bruciò tutti i raccolti quando si accorse che la donna gli era stata ancora sottratta. Quando i filistei cercarono vendetta e lo circondarono Sansone si liberò facilmente e, per dimostrare chi era veramente il cacciatore e chi la preda, trovata una mascella di asino la usò come arma, uccidendo più di mille filistei.
Dopo queste azioni ovviamente Sansone era nel mirino dei filistei, che non vedevano l'ora di poterlo avere nelle loro mani per pareggiare i conti con lui. Tuttavia, resi edotti dalla tragica esperienza, essi sapevano che bisognava in qualche modo farlo cadere in un tranello.
Una persona diversa da un tipo Otto si sarebbe ben guardata, di conseguenza, dall'esporsi in situazioni nelle quali poteva essere facilmente mettersi in pericolo ma non così Sansone che sentiva in modo formidabile la forza del desiderio sessuale e non esitò ad andare da una prostituta, anche se questa viveva in una città filistea.
Ovviamente la sua presenza fu subito notata e gli uomini circondarono la casa della donna, e aspettarono l'alba con la convinzione che Sansone fosse indebolito da una notte di bagordi. Non avevano, però, ancora una volta fatto i conti con l'erculea forza dell'ebreo, che, subodorata la trappola, uscì di nascosto e, divelte le porte della città, le portò sulla sommità di un monte per dimostrare, ancora una volta, la sua forza e il suo potere.
Tutto ciò non fece altro che accrescere la determinazione dei capi filistei e, quando Sansone s'invaghì di un'altra donna, Dalila, essi le promisero molto denaro se avesse trovato il modo di indebolirlo e glielo avesse messo nelle mani. Come nelle occasioni precedenti, Sansone non riuscì a resistere al suo desiderio e, nonostante resistesse furbamente più volte alle domande della donna, ingannandola sui modi con i quali si poteva azzerare la sua forza, alla fine cedette e le rivelò il suo segreto, andando così incontro alla sua prigionia, all'accecamento e alla morte.
Un personaggio storico fortemente dominato dalla lussuria era quello del re d'Inghilterra Enrico VIII. In lui la determinazione a imporre ad ogni costo la propria volontà si univa alla ragione di stato ma, ambedue, erano anche fortemente influenzate dalla forza dei suoi desideri e dei suoi impulsi. Anche se molti dei suoi molteplici matrimoni erano dovuti, probabilmente, alla voglia di avere un figlio maschio che gli potesse succedere al trono, non si può nascondere che parecchi dei suoi atti, compresa la clamorosa rottura col papato, furono dovuti alla forza delle voglie sessuali che provava e dalla necessità di soddisfarle.
Questo fu particolarmente evidente nella condotta che egli tenne nel caso di Anna Bolena, la madre della futura regina Elisabetta I, che era di inusuale educazione e bellezza e che rifiutò di concedersi al re se quest'ultimo non l'avesse sposata. Pur di averla, Enrico non esitò a

rompere con il papa, che non voleva concedergli il divorzio e in seguito a proclamare l'indipendenza della chiesa anglicana, che doveva fare capo a lui, rispetto a quella romana.
Ad aggiungere pepe alla vicenda della storia con Anna, c'era, inoltre, un piccolo particolare; la sorella di Anna, donna di molto facili costumi, era stata l'amante di Enrico e, come mormoravano le malelingue dell'epoca, era ben disposta a far parte di un triangolo amoroso.
Se, comunque, Anna fu capace di tenere sulla corda Enrico e farlo quasi impazzire di desiderio, fino a ottenere il suo scopo, molte altre donne non furono così abili e finirono per diventare solo dei giocattoli con i quali il sovrano si trastullava solo per pochi giorni o mesi.

Tendenza a maltrattare ed umiliare.

Abbiamo visto che la tendenza a combattere per non farsi sopraffare è una conseguenza della Ferita Originaria di questo tipo e che, quasi come se dovesse sormontare la forza del primitivo aggressore, l'Otto non può mostrare alcun aspetto delicato di se stesso. Tutto ciò porta ad atteggiamenti improntati a durezza, all'irriducibilità, alla volontà di non farsi sottomettere in alcun modo e. di conseguenza, un Otto non sopporta assolutamente la debolezza né in sé né negli altri.
Ciò porta molti Otto, per una sorta di ribaltamento della situazione spesso vissuta in prima persona, a diventare sicuramente abusivi, a maltrattare e a umiliare gli altri, facendo spesso molto più male sul livello emotivo e su quello mentale, che non direttamente su quello fisico, anche se, purtroppo, non mancano esempi anche di quest'ultimo.
Tale genere di comportamento può, ovviamente, sfociare anche in forme di sadismo ma, nella normalità, si limita a provocare reazioni che facciano comprendere la capacità di essere volitivi, perché per un Otto esse sono prove indispensabili per conquistare la sua fiducia.
Un esempio, peraltro davvero estremo di questa tendenza, è quello di Josip Stalin, un soprannome da lui stesso scelto dato che la parola in russo significa acciaio. Figlio di un calzolaio ubriacone e fallito che usava picchiare lui e sua madre e lo usava come un oggetto su cui sfogare la sua rabbia. Dopo essere arrivato al potere assoluto, Stalin accentuò la sua tendenza a usare metodi di tortura fisica e, soprattutto, mentale, che aveva cominciato ad adottare molto prima. Fu egli, infatti, a ordinare di torturare i prigionieri nel periodo della guerra civile[309] e, come dimostra con

[309] Vedi la testimonianza di Roj Medveded in *Davanti al Tribunale della Storia-Lo Stalinismo* ediz. Mondadori 1971

abbondanza di particolari Erich Fromm, godeva nel maltrattare e umiliare perfino i suoi più diretti collaboratori.[310]
Una tendenza a umiliare, con una connotazione più specificamente sessuale e, quindi, più direttamente collegata anche alla lussuria, era evidente anche nel caso del marchese de Sade, la cui vita fu sempre eccessiva nell'inseguimento del piacere. Pur di raggiungerlo egli si esercitava in pratiche che comportavano l'uso di fruste, catene e ogni sorta di strumento di tortura e ciò che fece sì che si desse addirittura il suo nome a una tendenza degenerativa, che vede nella crudeltà un indispensabile additivo all'atto sessuale.
Nell'Iliade troviamo un personaggio, Ajace Oileo, che gode nel maltrattare ed umiliare, facendo così sfoggio di una crudeltà insolita persino fra gli spietati guerrieri che popolano le pagine del grande libro epico. Oltre a commettere atti ignobili, come troncare la testa ad un nemico già ucciso e lanciarla come una palla contro gli altri troiani, per dimostrare il suo disprezzo, egli dimostrò tutta la sua tendenza ad umiliare, violentando la sacerdotessa Cassandra nel tempio di Atena la notte stessa della caduta della città e, visto che la ragazza si era rifugiata sull'altare sacro alla dea, aggrappandosi per protezione alla sua statua, aggiunse lo scherno alla violenza, oltraggiando anche il suo simulacro ed umiliando anche in questo la povera donna. Il suo oltraggio, però, non passò impunito, poiché Atena perseguitò, a causa di quest'atto, lui e gli altri greci e gli fece trovare la morte in un naufragio mentre tornava verso la sua città.
Anche Chuck Dederich, il controverso fondatore della discussa fondazione Synanon, un gruppo per il recupero di alcolisti e tossicodipendenti, poi degenerato in una sorta di setta che praticava fra l'altro la sterilizzazione dei suoi membri e il lavaggio del cervello, presentava questo tratto in modo molto marcato. La tecnica principale da lui messa a punto, infatti, per cercare di spezzare le resistenze al cambiamento delle persone, era il cosiddetto *game*, il Gioco.
Il Gioco si effettuava in gruppi nei quali i partecipanti erano disposti in cerchio. Un giocatore decideva chi prendere di mira e aveva inizio un vero e proprio violentissimo attacco verbale contro il soggetto prescelto, al quale si univano tutti gli altri presenti. L'attacco terminava solo quando i tentativi di difesa da parte della vittima erano annientati, e questi ammetteva e riconosceva tutte le accuse, anche le più insopportabili, che gli erano state rivolte. A questo punto il Gioco continuava cambiando capro espiatorio.

---

[310] Erich Fromm *Anatomia della Distruttività Umana pagg. 338-343* ediz. Mondadori 1975

Le accuse che venivano fatte non avevano necessariamente a che fare con un comportamento o delle azioni realmente compiute dalla vittima. Solitamente erano insulti mortificanti, attribuzione di comportamenti immondi o delittuosi, che spesso coinvolgevano anche i familiari o le poche cose care all'individuo. Queste continue espressioni di violenza e volgarità verbale servivano, secondo Dederich, sia a chi le esprimeva (il suo credo era: " *parlare sporco, vivere pulito"*), sia a chi le subiva (come lui diceva: "*l'obiettivo è la catarsi emotiva, non puoi aver la forza di rialzarti se non sei stato completamente buttato giù*") ma, in realtà, erano solo modalità di brutale umiliazione di chi non era in grado di difendersi da queste torture.
L'idea, che sottendeva al suo metodo, diceva molto del modo col quale Dederich considerava le persone che gli erano state spesso affidate da tribunali e da parenti speranzosi di trovare in Synanon il luogo nel quale i propri cari potevano trovare una nuova vita. Come diceva, infatti, senza nascondere il suo disprezzo: "*Il tossicodipendente è un idiota, e a Synanon viene trattata la dipendenza da idiozia*".

Tendenza alla Ribellione e all'Azione Rivoluzionaria.

Occorre dire che, in opposizione al tratto in precedenza commentato, gli Otto tendono a essere ribelli rispetto all'autorità costituita e a essere molto anticonvenzionali. L'Otto è probabilmente il più rivoluzionario di tutti i tipi e, come il Quattro collocato agli antipodi nel simbolo dell'enneagramma, prende facilmente le parti del più debole contro l'oppressore. La differenza fra i due tipi è che il Quattro agisce in tal modo perché non vuole che esista un inferiore, mentre l'Otto, identificandosi con il debole, si ribella contro l'autorità limitante e repressiva, percepita come illegittima.
Paradossalmente, però, un Otto può facilmente comportarsi come un dittatore se diventa lui il detentore del potere e credo che questo spieghi in modo esaustivo la trasformazione vissuta da molti uomini politici che, partiti rivoluzionari come Stalin, sono poi diventati come lui degli spietati oppressori. Le parabole di un Saddam Hussein e di un Mussolini si somigliano molto, non solo perché ambedue i soggetti erano partiti da posizioni radicali di sinistra, basate sul rigetto dell'ordine costituito e sulla necessità di agire una rivoluzione per far tramontare il vecchio establishment ma anche perché il nuovo ordine, che risultò dalla concreta attuazione della loro trasformazione, fu sicuramente più repressivo e violento di quanto non fossero i regimi precedenti.
Una diversa forma di ribellione fu quella attuata da Leonida, il famoso re di Sparta all'epoca dell'invasione persiana operata dal re Serse. Quando

gli fu ordinato di consegnare le armi e di arrendersi al cospetto di forze enormemente superiori rispetto a quelle di cui poteva disporre, egli rispose a tono, ribellandosi, "*vienitele a prendere*".
Molto si è discusso del perché il numero degli spartani in battaglia (circa 300 oltre a 1.000 iloti) fosse tanto esiguo. Probabilmente ciò accadde sia a causa dell'opposizione da parte del consiglio degli anziani all'invio di un contingente numeroso, la cui possibile perdita avrebbe lasciato la città senza difese, sia perché l'esercito nemico arrivò durante il periodo delle feste Carnee, durante le quali a nessuno spartiate era consentito combattere. In ogni caso Leonida ruppe con ogni tipo di tradizione e decise che, anche senza il resto dell'esercito e l'approvazione esplicita degli efori, era necessario combattere subito. La sua eroica missione, di fatto, non diede alcun esito positivo pratico ma infiammò tanto l'animo dei greci alla resistenza da valere quanto una battaglia vinta.
Un ribelle che rivoluzionò la pratica della terapia psicoanalitica, fu sicuramente Fritz Perls, colui che rese nota al mondo intero, anche se non ne fu uno dei suoi principali teorici, la corrente psicologica della *gestalt.* Quello che caratterizzava l'interpretazione di Perls era l'importanza data alla libertà di espressione e al concetto di "*qui e ora*". Credo si possa tranquillamente dire che le sue difficoltà nel restare nell'ambito della tradizione psicoanalitica classica, con i suoi rigidi schemi e le molteplici teorizzazioni spesso cervellotiche, si dovesse proprio all'impulso di ribellarsi verso un'autorità che aveva imparato, sin da bambino, a considerare come illegittima.
Anche nel caso di Perls si può osservare, tuttavia, il fenomeno che il ribelle diventa poi, quando acquisisce un potere, il peggiore dittatore. E' ben noto, infatti, che, quando divenne il guru della *gestalt therapy* e il capo di una comunità riunitasi attorno a lui in Canada sul lago Cowichan, egli fu capace di mostrare tutti i tratti dell'autocrate assoluto e che accentuò le tendenze peggiori di un Otto che non si sa controllare.
Il mondo della letteratura ci regala, invece, il bel personaggio di Idgie Threadggode, protagonista del libro *Pomodori Verdi Fritti*[311] una donna fortemente volitiva e ribelle, che si ribella ad una società retrograda, razzista e sessista, non permettendo ai pregiudizi degli altri di ingabbiarla in una rete di ordinarie prevaricazioni ed affermando la sua personalità a partire dal suo orientamento sessuale. Idgie, a differenza della compagna Ruth, ha, infatti, un atteggiamento decisamente sfidante e non esita, in circostanze drammatiche come la morte del marito dell'amica, ad adottare soluzioni estreme, pur di proteggere e salvare le persone che le sono care,

[311] F. Flagg, *Pomodori Verdi Fritti* ed. ital. Bur, Biblioteca Univ. Rizzoli

incluso il lavorante afroamericano che sarebbe stato ingiustamente giustiziato per l'evento.

Volontà di dominio e leadership.

Abbiamo visto che l'Otto è un leader naturale e che le persone di questo tipo possono essere capi molto carismatici, in grado di creare un clima del tipo: chi non è con me, è un mio nemico. Essi richiedono ai membri del proprio gruppo una devozione assoluta ma sanno, in cambio, battersi fino alle estreme conseguenze in loro difesa. Non sorprende, quindi, che un campo di espressione privilegiata dell'Otto sia la politica, anche se questo tipo si trova più a proprio agio nell'incarnare la figura del dittatore che esercita più un potere del tutto personale, che non quello riveniente dall'essere espressione massima di un'ideologia o di un movimento.
Esempi notissimi di persone con questa attitudine possono essere ritrovati fra gli appartenenti alle più svariate forme politiche. Se, infatti, possiamo citare come esempi di dittatori di "sinistra", Stalin, Mao o Fidel Castro, possiamo anche elencare fra quelli di "destra", Benito Mussolini o, anche se a quell'epoca i concetti di destra e sinistra erano molto diversi da quelli attuali i romani, Lucio Silla e, sul fronte opposto, Caio Mario.
Probabilmente la durezza con la quale un Otto cerca di dimostrare la sua potenza è direttamente collegata all'intensità del maltrattamento al quale è stato sottoposto. Nella loro parte più recondita, infatti, essi nascondono il bambino debole che sono stati e, temendo di poter essere di nuovo maltrattati se perdono la loro forza, debbono continuamente dimostrare a se stessi, prima che agli altri, che niente e nessuno può smuoverli dalle loro determinazioni.
Negli sport di squadra la capacità dell'Otto di essere un leader e un formidabile trascinatore, è stata magnificata soprattutto da Diego Armando Maradona. Ritenuto probabilmente il più gran giocatore di calcio di tutti i tempi Maradona, nato e cresciuto in un sobborgo poverissimo di Buenos Aires, esemplifica meglio di chiunque altro le grandi doti di lottatore dell'Otto e, contemporaneamente, la difficoltà di questo tipo nel darsi una disciplina morale e nel contenere in limiti accettabili il desiderio.
L'abuso nel consumo di droga, l'eccessivo desiderio sessuale (ricordiamo le numerose storie che hanno riempito le pagine dei giornali e l'hanno visto coinvolto) e la tendenza a soddisfarsi mediante uno smodato ricorso al cibo e a vari stimolanti, hanno minato anzitempo il fisico di questo straordinario campione, capace, come tanti altri Otto, di suscitare i più contrastanti sentimenti d'ammirazione sconfinata e di biasimo feroce.

E' tanto forte la volontà di dominio di un Otto che è necessario che essi stessi la contengano, per impedire di essere trascinati in un vortice che li porterebbe a compiere atti anche di mancanza di rispetto, o altri ancora peggiori, verso gli altri.
Un esempio di ciò è il comportamento tenuto durante gran parte della sua vita dal cardinale Benedetto Caetani, poi diventato papa col nome di Bonifacio ottavo. Dopo aver brigato lungamente per ottenere l'abdicazione del papa in carica, l'ultraottantenne eremita Pietro da Morrone, usando, secondo una tradizione ben avvalorata, anche l'inganno di apparirgli di notte in vesti di angelo e con l'abito coperto da vernice fosforescente, il Caetani divenne papa dopo un conclave brevissimo e, secondo l'accusa di molti personaggi illustri dell'epoca (fra i quali Dante suo fierissimo nemico e il poeta Jacopone da Todi), avendo comprato il soglio pontificio.
Anche prima di Bonifacio vi erano stati papi che avevano preteso di poter esercitare il dominio sulle cose temporali, poiché si ritenevano investiti dalle scritture sacre del potere di esercitare un controllo su re e imperatori (la cosiddetta teocrazia) ma con questo papa lo scontro arrivò a livelli altissimi sia per motivi politici sia, soprattutto, per la sua voglia di dominio che si esprimeva in un modo molto aspro e che certamente non si addiceva a un pastore di anime.
Significativa, da questo punto di vista, fu la distruzione dell'antichissima città di Palestrina, che il papa fece radere al suolo. Egli fece passare l'aratro su tutto il territorio della città, ne fece cospargere il suolo di sale e ne fece perfino cancellare il nome, trasferendo la popolazione in una nuova città più a valle, denominata Città Papale. L'atto, espressione di un rancore verso la famigliaColonna a lui nemica e che deteneva la città, fu tanto sconcertante per i contemporanei e per gli storici che, secoli dopo, il grande studioso tedesco Federich Gregorovius per spiegarlo parlò di un vero "*odio del papa contro i ribelli*", di un "*diluvio d'ira che come una folgore schiantò realmente una delle città più antiche d'Italia*"[312].
Un personaggio della fantasy che mostra appieno la sua capacità di leadership, seppure in senso negativo, è certamente quello di Vito Corleone. In origine povero immigrante siciliano, dopo anni di crimine, principalmente nell'organizzazione del gioco d'azzardo illegale e nei racket sindacali, egli, diventato il più potente dei capi-mafia italo-statunitensi della città. si fa chiamare dalle persone del suo ambiente *don*, un titolo in uso fin dal duecento in Italia che, specialmente in Sicilia,

---

312 Ferdinand Gregorovius, Storia della Città di Roma nel Medioevo,Torino, Einaudi, 1973, lib. X, pag. 1406 e segg..

viene usato per persone degne di rispetto e molto sagge, verso cui dimostrare reverenza
Il potere di Vito Corleone, infatti, non si basa tanto sulla cieca violenza, quanto sull'amicizia che sa imporre, elargendo "protezione" a chi gli chiede favori e richiedendo in cambio devozione e riconoscenza assoluta. Questo è il modo col quale ha creato una rete di conoscenze e connivenze che gli permetterà di porre indirettamente fine alla guerra di mafia che si era scatenata quando aveva rifiutato di permettere lo spaccio della droga in grande stile a New York.

Insensibilità e Cinismo.

Si può dire che questi tratti siano strettamente funzionali rispetto a quelli precedenti, poiché senza una certa d'insensibilità verso i sentimenti e le aspettative degli altri e un po' di cinismo spregiudicato, la totale affermazione della propria volontà non potrebbe essere completa. Alcuni Otto si esercitano quasi nello sviluppare sia una sorta d'insensibilità che cercano di estendere anche alla propria corporeità, mediante l'uso di sostanze particolarmente eccitanti, come le spezie piccanti o pratiche che li rendono più capaci di sopportare il dolore. Essi si assoggettano così a una sorta di disciplina, che ha come scopo finale quello dello "indurimento" in tutti i sensi.
Alcuni personaggi della letteratura e della fantasy che esemplificano bene queste caratteristiche ci danno la possibilità di comprendere come, per questo tipo, sia fondamentale mantenere aperta la via del cuore, per evitare di diventare una sorta di macchina votata solo alla soddisfazione dei propri voleri e incapace di stabilire e mantenere una reale relazione con gli altri.
La tendenza a utilizzare gli altri come strumenti per il raggiungimento dei propri voleri è chiarissima nel personaggio di Gordon Gekko lo spregiudicato finanziere protagonista del film *Wall Street.*[313] Alcune delle frasi da lui pronunciate esprimono chiaramente quale sia il suo modo di essere e di vedere le cose del mondo. Egli afferma, ad esempio, che la cosa veramente importante è "*continuare a combattere, senza dare importanza ai sentimenti e, se vuoi un amico, prenditi un cane*". Celebre, anche perché tratto da un discorso reale di un famoso finanziere, è il monologo in cui Gekko magnifica l'avidità, intesa come voglia di ottenere tutto quello che si vuole. Ecco le parole: "*L'avidità, non trovo una parola migliore, è valida, l'avidità è giusta, l'avidità funziona, l'avidità chiarifica, penetra e cattura l'essenza dello spirito evolutivo. L'avidità in tutte le sue*

313 Wall Street (Id., Usa 1987)

forme: l'avidità di vita, di amore, di sapere, di denaro, ha impostato lo slancio in avanti di tutta l'umanità. E l'avidità, ascoltatemi bene, non salverà solamente la Teldar Carta, ma anche l'altra disfunzionante società che ha nome America".

Ugualmente insensibile, cinico e anche spietato è il personaggio di Stanley Kowalski, uno dei coprotagonisti del citato *Un Tram Che Si Chiama Desiderio.* L'uomo, rozzo, brutale e sensuale, domina la moglie Stella fisicamente e ne ferisce continuamente le emozioni profonde. La donna, tuttavia, subisce tale comportamento violento perché ne è attratta ma l'arrivo di Blanche, sua sorella, sconvolge questo stato di *follie a deux*, di dipendenza reciproca. La presenza della nuova arrivata, dapprima oggetto di continue liti, crea nella mente dell'uomo il desiderio di assoggettarla, con una voglia che è proporzionale al senso di disprezzo che ella sembra provare verso di lui.

Così Stanley farà naufragare una proposta di matrimonio che Blanche aveva accettato e, con la sua estrema insensibilità, la violenterà brutalmente, facendola cadere in uno stato di profonda prostrazione psichica, che la condurrà a essere rinchiusa in un manicomio.

Anche il personaggio di Cynthia, la sorella della protagonista di *Sesso, Bugie e Videotape,* mostra un elevato livello di cinismo, intrattenendo una relazione con il marito della sorella che per lei è solo una sorta di oggetto sessuale. La donna, in realtà, non prova nessun tipo di sentimento verso l'uomo e ciò apparirà evidente nel momento in cui, seccatasi delle sue lamentele, Cynthia non esiterà a cacciarlo di casa ed a gridargli in faccia che la relazione è finita perché lei non sa cosa farsene di lui.

Nei *Promessi Sposi* insieme all'Innominato, del quale parleremo fra breve, troviamo un'altra figura di tipo Otto del quale l'autore con molto acume ci fa capire il cinismo e l'insensibilità, facendogli provare, per la prima volta in vita sua, il sentimento della compassione.

Questo personaggio, che viene incaricato di rapire Lucia, la protagonista, è il Nibbio, così soprannominato perché come il rapace è in possesso di un corpo agile e potente. L'uomo esegue, come al solito, il suo compito a puntino ma quello che lo sorprende e in qualche modo inquieta lui e dopo di lui il suo padrone, è la capacità della protagonista di apparire così disperata ed indifesa da suscitare sentimenti che uomini come loro, per i quali l'omicidio e la violenza erano pane quotidiano, ritenevano di non poter nemmeno conoscere.

Questo il dialogo dal quale traspare tutto lo stupore che il Nibbio in prima persona, e l'Innominato di riflesso, provano, per aver sentito qualcosa che metteva in dubbio tutta la loro durezza<<Nibbio "*Ma... dico il vero, che avrei avuto più piacere che l'ordine fosse stato di darle una schioppettata nella schiena, senza sentirla parlare, senza vederla in viso.*" *Innominato:*

"Cosa? Cosa? Che vuoi tu dire?" Nibbio: "Voglio dire che tutto quel tempo, tutto quel tempo... m'ha fatto troppa compassione." Innominato: "Compassione. Che sai tu di compassione?" Nibbio: "Non l'ho mai capito così bene come questa volta: è una storia la compassione che è un poco come la paura: se uno la lascia prender possesso, non è più uomo".
Va notato come il Nibbio sottolinei bene quello che, secondo lui, è un punto fondamentale; chi si lascia vincere dalla compassione non riuscirà poi, a comportarsi più da "uomo".

Capacità d'ingannare e Fraudolenza.

La tendenza alla fraudolenza e alla manipolazione, che abbiamo già visto nel Sette, sono presenti anche nell'Otto, anche se quest'ultimo non riesce, a differenza del primo, a mascherare bene la profondità delle sue reazioni. La fraudolenza spesso si lega a una voglia di farsi beffe di chiunque voglia privare l'Otto della sua soddisfazione e ciò diventa una sorta di additivo ulteriore al piacere.
Il personaggio che, per antonomasia, incarna queste caratteristiche, fino al punto di essere definito come *l'ingannatore di Siviglia* è il Don Giovanni di Tirso da Molina[314], che non riesce a sottarsi alla forza della passione e soggiace a essa fino alle estreme conseguenze, tanto che è trascinato all'inferno, ancora vivo, da una delle sue vittime.
In Don Giovanni la tendenza a farsi oltraggiosamente beffe di tutto e tutti si congiunge al tratto del seduttore, teso alla ricerca del piacere sessuale e a quella caratteristica mancanza di scrupoli che rende gli Otto meno evoluti facili all'offesa, all'intimidazione e all'aggressione, pur di riuscire ad ottenere ciò che si vuole. A differenza di Amleto, che da buon Sei è tutto teso alla ricerca della ragione ultima della realtà, Don Giovanni è profondamente legato alla esperienza materiale e concreta del suo vivere.
Nell'opera musicata da Mozart su libretto di Da Ponte (che era anche lui un Goloso), Don Giovanni aggiunge qualcosa della piacevole leggerezza del Sette alle sue caratteristiche basilari di uomo coraggioso, audace, incosciente e che non rispetta alcuna legge umana o divina, come nel seducente duetto *là ci darem la mano* ma, alla stretta finale, la sua volontà di non farsi intimidire e di subire limitazioni, mostra in modo inequivocabile la sua durezza da Otto.
Ancora più estremo è il personaggio della mitologica Medea, il cui nome etimologicamente significa *astuzia, scaltrezza* e che non recede di fronte a nulla pur di ottenere quello che vuole. Innamoratasi di Giasone, giunto

314 Tirso da Molina, *L'ingannatore di Siviglia e il Convitato di Pietra,* ed. it .Garzanti

alla casa di suo padre alla ricerca del vello d'oro, non esita a ingannare il fratellino Apsirto e a farsi da lui seguire sulla nave dell'eroe in modo da poterlo uccidere, farlo a pezzi e lanciarne le parti in mare, cosicché il padre, per raccoglierne le membra straziate, non possa raggiungerli durante l'inseguimento.

Medea mostra un cinismo e una capacità di ingannare fuori dal comune quando, utilizzando le sue arti di strega, convince le figlie di re Pelia, che non voleva abdicare a favore di Giasone, a uccidere il padre e a farlo a pezzi, promettendo loro che lo avrebbe completamente ringiovanito. Per dimostrare la sua abilità magica alle più scettiche delle ragazze, Medea opera un prodigio su un caprone che, sminuzzato e bollito con erbe magiche, ritorna a essere un agnellino. In questo modo le ragazze si convincono e, dopo avergli somministrato una pozione, lo condannano senza volere a una morte atroce.

La voglia di vendetta in Medea è tanto forte che, quando Giasone fa mostra di accettare in sposa un'altra donna, per ereditarne il trono del padre, ella dapprima fa morire con l'inganno la promessa sposa e suo padre, avvelenandoli con un indumento contagiato e poi, per punire l'uomo che aveva osato tradirla ed abbandonarla, strangola con le sue mani i figli che aveva avuto da lui.

Esibizionismo.

La voglia di protagonismo nell'Otto si trasforma facilmente nella voglia di far vedere agli altri le proprie capacità soprattutto fisiche, la propria vigoria o il proprio valore. Questo fa sì che all'Otto piace esibire sia la sua forza sia la sua capacità di sopportare il dolore. A questo tipo, di conseguenza, sembra inconcepibile che qualcuno possa non manifestare apertamente quello che è e le cose che prova. Ciò porta, talvolta, a quell'atteggiamento da tutto o niente, che è proprio di questo tipo e lo induce a non scusarsi e a non ammettere di aver sbagliato.

Allo stesso tempo gli Otto hanno spesso una specie di sesto senso, che gli permette di percepire se ciò che viene mostrato al mondo corrisponde alla realtà interiore della persona o è solo una facciata imbiancata, se si vive un sentimento reale o si sta facendo solo sfoggio di ipocrisia.

L'imperatore romano Commodo, rispolverato dal film *Il Gladiatore* dalla polvere della storia, era certamente un grande esibizionista e non esitava a scendere nell'arena del Colosseo, esibendosi in prove di forza e in giochi gladiatorii; un atteggiamento che era considerato molto deplorevole e tipico delle persone d'infimo ordine. Anche se non era il mostro che la fantasy hollywoodiana ha voluto descrivere, Commodo, fisicamente taurino come molti maschi Otto e decisamente provocatorio ed arrogante,

mostrava decisamente una tendenza ad esagerare in molti aspetti, fra i quali quello della esibizione della sua prestanza fisica.
Si faceva rappresentare in statue e monete, coperto solo da una pelle di leone per sottolineare una presunta similitudine con Ercole ed aveva, addirittura, la sfrontatezza di pretendere di essere pagato un milione di sesterzi (una somma, questa si, gigantesca) dalle casse dello stato, per ogni esibizione che faceva nei circhi o nei teatri, nei quali la folla doveva, perdipiù, inneggiare al suo nome.
In *Cent'Anni di Solitudine* troviamo un personaggio che fa della sua prestanza e dei suoi attributi virili un mezzo non solo per dare sfogo al suo esibizionismo ma, addirittura, per sbarcare il lunario. Si tratta di Josè Arcadio Secondo, figlio primogenito della coppia di fondatori di Macondo e denominato *secondo* per distinguerlo dal padre, del quale aveva il medesimo nome. Josè Secondo da adolescente è quasi in imbarazzo, per la sua spropositata virilità e, per sfuggire a un'attribuzione di paternità, fugge dal villaggio con una compagnia di zingari ma, quando ritorna, è un altro essere. Si è trasformato in una sorta di Gargantua dalla fame insaziabile, un mole gigantesca e forza e prestanza erculea.
Con il corpo completamente tatuato e pieno di simboli, comincia a guadagnare dei soldi esibendosi in giochi di forza e mettendosi in mostra completamente nudo nella locanda del paese. L'impressione che produce è tale che le giovani prostitute che frequentano il locale s'impegnano a fare una riffa, avente come premio le sue prestazioni sessuali, e si sforzano di comprare il maggior numero di biglietti loro possibile.
Una forma diversa di esibizionismo è quella sfoggiata dall'attore e pugile Mickey Rourke che, nonostante la fama planetaria di sex symbol, che aveva guadagnato ai tempi di *Nove Settimane e Mezzo*, ha sentito la necessità di doversi riesibire sul ring, sul quale aveva esordito da ragazzo, per mostrare a se stesso e al resto del mondo che lui non era un bamboccione ma un vero uomo d'azione, che sapeva affrontare tutte le situazioni, anche le più dure.
Malgrado il continuo consumo di diverse sostanze psichedeliche, l'imbolsimento fisico dovuto ai ripetuti abusi di ogni genere e gli innumerevoli interventi di chirurgia plastica, Rourke esibisce e ostenta con fierezza i segni degli incidenti che ha subito e sembrano ricordare quanto rude, spavaldo e cattivo egli possa essere.

Narcisismo.

Come il vicino tipo Sette, anche l'Otto può essere considerato un carattere narcisista ma con connotazioni ben diverse da quelle che abbiano visto in opera nei tipi in cui domina il centro dell'emozione. Qui narcisismo

significa soprattutto che la persona ha una notevole difficoltà nel relazionarsi in modo empatico con gli altri e che, di conseguenza, ha problemi nel mantenere relazioni soddisfacenti, tendendo a detestare ed a combattere duramente chi gli si oppone. Così, l'Otto non è troppo interessato a vendere un'immagine gradevole di se stesso, preferendo, piuttosto, far trasparire la sua ferma determinazione e l'estrema reattività verso qualunque forma d'insulto, non importa se reale o immaginato.
Un esempio molto trasparente di questa tendenza è quello del giovane Muhammad Alì, considerato da molti insieme a Rocky Marciano come il più grande peso massimo di tutti i tempi, che non esitava a far trasparire nelle sue poesie e nelle sue lapidarie frasi l'elevato senso di se stesso col quale affrontava le sfide fuori e dentro il ring.
Anche se alcune delle frasi che Alì ha pronunciato sembrano una sorta di auto parodia, esse sono state dette con tono estremamente serio e fanno capire quale fosse la considerazione che il giovane puglie aveva di sé e dei suoi attributi. Egli era certamente un uomo attraente e ben strutturato ma è difficile non percepire un senso di un narcisismo esagerato in parole come queste: "*Non credo di essere bello. Ma che valore ha la mia umile opinione contro quella che invece dichiara lo specchio?*" Come non considerare espressione di un ego ipertrofico una frase del tipo: "*È difficile essere umile se sei grande come lo sono io*".
In Alì, tuttavia, c'era molto di più che la sicumera di chi si reputa sussiegosamente superiore a tutti. In lui c'era la capacità di saper soffrire, di credere fermamente in qualcosa, di lottare per raggiungere un obiettivo per il quale era giusto sacrificare tempo ed energie. Come egli stesso disse, con un'altra delle sue frasi memorabili: "*I campioni non si costruiscono in palestra. Si costruiscono dall'interno, partendo da qualcosa che hanno nel profondo: un desiderio, un sogno, una visione. Devono avere resistenza fino all'ultimo minuto, devono essere un po' più veloci, devono avere l'abilità e la volontà. Ma la volontà deve essere più forte dell'abilità.*"
Egocentrica e narcisista fino al limite dell'insensibilità anche verso la figlia, la persona che ama di più al mondo, è anche il personaggio di Diane, la protagonista del film *Settembre*[315] di Woody Allen, probabilmente ispirato dalla vicenda di vita della famosa attrice Lana Tarner.
Diane è stata una attrice di grande successo ma, anche se ormai è sul viale del tramonto, ha ancora un gran temperamento ed è totalmente centrata su se stessa. Queste caratteristiche e la sua continua invadenza la porteranno inevitabilmente a scontrarsi, per l'ennesima volta, con la figlia fragile e

[315] Settembre (September, Usa 1987)

tormentata, che per la madre rappresenta soprattutto quello che lei non vuole assolutamente essere. Agli occhi di Diane che malgrado (o proprio per) l'età non proprio giovanile, si mantiene molto civettuola, la figlia appare come "*una profuga polacca*", e la cosa la irrita profondamente perché in ciò, come non esita a dire alla ragazza, legge una forma di attacco indiretto a lei, come è tipico di molti narcisisti che riconducono a loro stessi perfino i problemi degli altri.
Diane, però, è un personaggio che, come la maggior parte degli Otto, sa amare con molto cuore e, passato il momento in cui la rabbia prende il sopravvento, riesce ad essere estremamente generosa con la figlia ed a donarle la villa che le aveva fatte litigare. In questo modo il suo narcisismo si stempera e Diane può riconoscere l'eccessiva durezza con la quale ha affrontato i problemi della figlia e cercare di porvi rimedio.

Autonomia.

La necessità di non contare molto sugli altri, che potenzialmente sono più considerati come possibili ostacoli che come alleati e dei quali, comunque, si tende a dubitare, rende l'Otto quasi impermeabile alla dipendenza e, contemporaneamente, visto che questo tipo coltiva l'immagine della propria forza, molto attento a sapere cogliere le occasioni che gli si presentano. Il tratto dell'autonomia è, quindi, una logica conseguenza della necessità che un Otto ha di poter credere di avere il proprio destino nelle mani, senza aver bisogno di aiuto, consigli, lezioni o altro da parte di chicchessia. Ciò è, ovviamente, tanto più vero quanto più si sente che l'altro è solo un impedimento, un fattore di disturbo che vorrebbe limitare nella propria capacità d'azione e ciò è anche alla radice della sensazione, che spesso gli Otto hanno, secondo la quale le persone sono da sopportare con poca pazienza.
All'autonomia si affianca spesso il tratto dell'impulsività, mediante il quale l'Otto tende a stigmatizzare con ruvidità (e possibilmente a sbarazzarsi) quelli che gli sembrano incapaci di badare a se stessi, vili, dipendenti o che ostacolano la realizzazione dei loro desideri. Anche persone con le quali si è avuta, caso mai, una relazione molto intensa possono essere molto facilmente "mollate" senza tanti riguardi, proprio perché un Otto pensa che gli altri non dovrebbero mai diventare un fastidio e che sappiano come evitare di diventare un problema per loro.
Il mondo della letteratura (e dell'opera lirica) ci fornisce un ottimo esempio di un personaggio che presenta una spiccata autonomia e fa tutte le scelte principali della sua vita inseguendo, fino al tragico epilogo, sia la massima libertà di fare quello che vuole, sia l'insofferenza verso i sentimenti e le debolezze degli altri. Si tratta di Carmen, la sigaraia di

Siviglia, protagonista della novella di Merimée[316] e dell'opera di Bizet. La nostra eroina è una gitana, tagliente sia nella scelta delle parole sia nell'uso del rasoio che non esita ad adoperare come arma, molto autonoma rispetto ad ogni forma di condizionamento e capacissima di saper badare a se stessa, sia nel difendersi che nello scegliere e perseguire con forza ciò che desidera.

Manipolativa e decisa a mantenere la sua autonomia decisionale, Carmen preferisce sfidare la morte piuttosto che permettere a qualcun altro, nel caso di specie il suo ex amante, Don Josè, di poterla condizionare e costringere a fare ciò che non vuole. Come lei stessa dice, rispondendo alle disperate minacce di don Josè: *"Giammai Carmen cederà!/ Libera è nata e libera morirà!"*. La sua tragica fine assume così un valore più elevato, perché riassume il dramma dell'uomo che, posto davanti al dilemma di scegliere se perdere il rispetto per se stesso o la sua vita, preferisce rinunciare a quest'ultima.

A differenza di quanto accadeva in passato, la letteratura più recente ci mostra in azione vari esempi di donne Otto, anche se questo tipo rimane prevalentemente di genere maschile, almeno secondo l'ottica di molte società tradizionali. Fra di esse spicca soprattutto il personaggio di Lisbet Salander, la protagonista della trilogia di romanzi dello scrittore Stieg Larrson *Millennium*[317], per la sua spiccata autonomia, che la conduce ad avere una condotta quasi antisociale.

Anche se ha avuto una vita profondamente segnata da abusi e gravi traumi familiari ed è bisessualmente attiva, Lisbet non vuole legarsi a nessuno ed è quasi incapace di provare rimorso o sensi di colpa per quello che fa; inoltre ha attitudini sessuali quasi da predatore, pur se è capace di gesti di profonda tenerezza e generosità. Vive di solito da sola, va a caccia da sola dei suoi nemici o delle persone che le hanno fatto del male e delle quali, da buon Otto, vuole vendicarsi e non permette a nessuno, nemmeno a chi le vuole veramente bene, di interferire con le sue decisioni.

Rabbia manifesta.

L'Otto è il tipo che è meno inibito nella manifestazione diretta della rabbia che può provare e non esita a esprimerla, come abbiamo visto nel caso di Carmen, tanto a parole che mediante azioni, anche se esse potrebbero recare nocumento ad altri. Lo scarico della rabbia è percepito dall'Otto quasi come un principio terapeutico perché, inconsciamente, essi sentono che trattenerla troppo a lungo potrebbe arrecargli nocumento e

---

[316] P.Merimee, *Carmen*. Marsilio ediz.

[317] S.Larrson *Millennium*, vol. 1,2,3, Marsilio ediz.

danneggiare il loro sistema di auto regolamentazione. Inoltre, una volta che lo scarico di collera ha raggiunto il suo acme, l'Otto tende a ritornare ad uno stato di apparente tranquillità relazionale e, con grande stupore delle persone che sono state bersaglio della loro rabbia, sembra che nulla sia mai accaduto.

L'espressione della collera è anche un mezzo mediante il quale mostrare potere sull'ambiente e sottolineare la sensazione che ci sente in grado e in diritto di poter esprimere tutto ciò che si vuole.

Se le urla di un Quattro possono essere terribili, l'espressione della rabbia di un Otto è impressionante nella sua veemenza e difficile da controllare per la persona stessa.

L'esempio *par excellence* della rabbia di un Otto è quello del guerriero greco Achille, *quella 'ira funesta che infiniti addusse lutti agli Achei, molte anzi tempo all'Orco generose travolse alme d'eroi, coraggiosi, e abbandonò i loro cadaveri perché fossero il pasto terrificante di cani randagi e uccelli rapaci,* come si può leggere nel proemio dell'Iliade.

Achille non è solo il più forte degli eroi convenuti sotto Troia, egli è anche il più prepotente, il più arrogante e il più impetuoso, tanto irruente e combattivo da costringere la sua madre divina, Teti, a mettergli affianco un compagno con il solo scopo di evitare che egli potesse uccidere un protetto di Apollo e morire a sua volta, come aveva predetto una profezia. Quando, però, Achille cade involontariamente in questo errore, egli non trova modo migliore per cercare di placare la rabbia del dio che quello di sacrificargli il povero uomo, con l'accusa che egli non aveva ben svolto il suo compito e che, quindi, la colpa dell'accaduto era sua.

Anche se è un semidio Achille cede a tutte le passioni, comprese quelle più abiette come la necrofilia col cadavere dell'amazzone Pentesilea, e alla furia più cieca, come quando fa strazio del corpo di Ettore e di Cicno. È tale la sua violenza che, quando un compagno d'arme lo irride, per il comportamento che ha avuto nei confronti delle spoglie della regina uccisa, Achille lo uccide con un pugno violento, non riuscendo a sopportare la ferita che viene inferta alla sua immagine.

Dopo aver soppresso Ettore, Achille da libero sfogo alla sua rabbia, aggiogando il cadavere dell'eroe troiano al suo cocchio e trascinandolo per nove giorno intorno alle mura della città in un macabro carosello di orrore e scherno per i difensori. Solo la preghiera del vecchio Priamo, che con incredibile coraggio gli si butta alle ginocchia e somiglia tanto al suo vecchio padre, riesce a fare breccia nella cieca alterigia di Achille e a suscitare in lui l'unico altro sentimento, oltre alla solita rabbia e al dolore per la morte dell'amato Paride, che gli vediamo manifestare nell'Iliade.

Il dio del mare della mitologia greca Poseidone è, nelle sue reazioni e nel suo carattere, un Otto che manifesta appieno la capacità distruttiva che può assumere la rabbia di questo tipo. Essa esplode improvvisa e simboleggia la rapidità e l'intensità con la quale, un mare apparentemente calmo, può diventare in breve tempo una tempesta apportatrice di disastri e lutti. Anche la sua capacità di provocare terremoti, percuotendo la terra con il suo tridente, è un'altra significativa metafora di come la rabbia sia analogabile ad un violento movimento tellurico che nasce occultamente nelle viscere e prorompe, poi, con moto violento all'esterno.

Tendenza a rompere gli schemi.

La tendenza a sovvertire le regole costituite, presente in questo tipo, è ben mostrata nel mondo dell'arte dalla vita e dall'opera di alcuni fra i più grandi pittori di tutti i tempi, fra i quali spiccano i due Michelangelo, il Buonarroti e il Merisi, detto il Caravaggio.
Quest'ultimo, genio innovatore, morto a soli trentanove anni dopo una vita dissoluta e burrascosa, che lo condusse in vari paesi per scampare all'arresto e alla condanna a morte, per un omicidio che aveva commesso a Roma, resta memorabile nella storia della pittura per la drammatica veridicità delle sue rappresentazioni e l'importanza e l'uso del corpo umano nella composizione.
Da buon Otto (che, ricordiamolo, appartiene alla triade del Centro dell'Azione dominata dal ventre e dà, quindi, molta importanza alle forme corporee), Caravaggio prese come modelli per le sue opere e raffigurò nei dipinti con un realismo e una violenza assolutamente sorprendenti, popolani reali con tutte le loro deformità e bruttezze. Sconvolgendo e sovvertendo il gusto manieristico della sua epoca, Caravaggio introdusse nei suoi quadri il principio della centralità del corpo reale e, mediante l'uso di un potente gioco di luci e ombre, riuscì a trasmettere un senso di drammaticità e di forza che riflettono la profonda concezione della vita di un Otto.
In modo analogo il Buonarroti, sovvertendo la tradizione precedente, che si dilettava a raffigurare dei profeti o dei Gesù esangui, sofferenti, deboli nel corpo perché asserviti alle esigenze dello spirito, ruppe tutti gli schemi e le convenzioni, per darci immagini di sconvolgente potenza e bellezza fisica che, fin dai suoi stessi tempi, furono considerate come fra le più importanti creazioni artistiche che un essere umano abbia mai prodotto.
La sconvolgente bellezza del Cristo che domina gli affreschi della Cappella Sistina è quella di un atleta che ha trionfato in una gara olimpica, di qualcuno al quale guardano, in un atemporale presente, tutti coloro che hanno praticato una qualsiasi disciplina competitiva, con l'ammirazione e la riverenza che si può provare verso colui che viene avvertito intimamente come un modello ideale, non un essere i cui attributi terreni

sono, in qualche modo, in ombra rispetto alla missione che è chiamato col suo sacrificio a compiere.
In Michelangelo i corpi sono così esposti, le raffigurazioni così crude e veritiere, le emozioni così intense ed evidenti, che dopo il giudizio del Concilio di Trento (che condannò la raffigurazione delle nudità nell'arte religiosa) i suoi dipinti furono ricoperti con foglie di fico e perizomi e le espressioni stesse di molti dipinti scalpellati via e ridisegnati.
In genere gli artisti che appartengono all'Otto si riconoscono per la centralità che il corpo umano, anche nelle sue deformazioni o trasformazioni particolari, assume nella loro opera. Ciò è facilmente riscontrabile, ad esempio, nelle modalità delle rappresentazioni originali che si possono intravvedere nei disegni di altri numeri Otto illustri come Benvenuto Cellini e Picasso.
La tendenza a rompere tutti gli schemi precostituiti del modo di pensare, è avvertibile chiaramente anche in personaggi Otto diversissimi fra di loro, come George Gurdijeff e Fritz Perls. In ambedue è presente la convinzione che quello che condiziona pesantemente le persone è l'incapacità di vivere l'esperienza presente, di stare pienamente nel qui e ora, di comprendere adeguatamente la realtà, a seguito di troppi condizionamenti e schemi mentali predeterminati che vanno eliminati.

Predominio dell'attività senso motoria.

L'Otto è, in genere, una persona che ama le esperienze intense ed è mosso dalle espressioni quasi esagerate dei sentimenti o delle sensazioni fisiche. Tutto ciò fa dare grande importanza a ciò che viene avvertito attraverso le percezioni sensoriali e, in un certo senso, quasi subordina le funzioni del pensiero e dell'emozione ad esse. Ovviamente, questa caratteristica, come tutti gli altri tratti, deve essere valutata con un criterio di gradiente, facendo ritenere normale una "propensione" per stimolazioni anche intense ma che, comunque, non danneggiano se stessi o gli altri, rispetto a forme più degenerate che possono trasformare in piacere un'esperienza che intrinsecamente non lo è.
Così un Otto tenderà a prediligere cibi e bevande che abbiano un gusto molto forte e a ingurgitarne in grande quantità. Un alimento molto piccante o bollente, ad esempio, potrà essere preferito rispetto a uno "normale", perché la stimolazione sensoriale funzionerà come additivo rispetto al semplice piacere di placare la fame ma non implicherà alcuna forma di degenerazione .
Da un punto di vista psicodinamico questa caratteristica trova la sua spiegazione nella vicinanza col Nove, espressa dalla posizione dell'Otto nell'Enneagramma. Ciò suggerisce che anche in questo tipo è in opera

una forma profonda d'inerzia psico-spirituale, che spinge le persone ad essere poco interessate al proprio mondo interiore a favore dell'esperienza diretta ed immediata.
In genere, questo tipo preferisce avere a che fare con un forte avversario, col quale eventualmente avere una lotta senza esclusione di colpi, piuttosto che confrontarsi con nemici che evitano lo scontro diretto. Per questo un Otto ha la capacità di vedere l'incongruenza che fa passare per moralismo quello che, troppo spesso, non è altro che una forma di prevaricazione del forte sul debole.
La necessità di dare sfogo alla grossa carica di energia che sente dentro, fa sì che l'Otto ami le attività che gli permettono di sperimentare a un livello senso-motorio, piuttosto che su un livello cognitivo o emozionale, come dimostrano gli esempi di grandi pugili, quali Carlos Monzon e Jack La Motta. Ambedue personaggi controversi, sia dentro che fuori il ring, incapaci di contenersi negli eccessi riguardanti il cibo, il bere o le donne, hanno avuto vite dominate dalla difficoltà di contenere una sorta di appetito sensoriale che travalicava ogni possibilità di controllo.

Tendenza a sfidare e parlar chiaro.

Legato alla sua visione estremista del mondo, l'Otto è molto diretto nelle espressioni sia verbali sia fisiche e difficilmente passa inosservato. Spesso la durezza comportamentale e l'aggressività sono manifestate apertamente da un Otto, come ulteriore dimostrazione della propria invulnerabilità al dolore, senza che ci curi dei danni o del male che esse possono provocare agli altri.
L'Otto quasi si vanta di questa sua caratteristica, sia perché essa lo conferma nella sensazione di essere una persona forte, sia perché gli permette di sentirsi libero dalle convenzioni che, in fondo, tende più o meno apertamente a disprezzare.
Fra i personaggi letterari Otto che presentano questa caratteristica, si deve citare il manzoniano Innominato, per la precisione della descrizione psicologica. Toccato profondamente dal discorso di Lucia, l'Innominato dopo una notte di tormento interiore e un colloquio profondissimo col cardinale Federico, è toccato dalla grazia divina e muta d'improvviso il suo stile di vita.
Ecco come il Manzoni descrive le reazioni dei bravi alla conversione dell'Innominato: *oltre il timore, avevano anche per lui un'affezione come d'uomini ligi; avevano poi tutti loro una benevolenza d'ammirazione; e alla sua presenza sentivano una specie di quella, dirò pur così, verecondia, che anche gli animi più zotici e più petulanti provano davanti ad una superiorità, che hanno già riconosciuta. S'aggiunga a tutto ciò,*

che quelli tra loro che avevano risaputa per i primi la gran nuova, avevano insieme veduto, e avevano anche riferito la gioia, la baldanza della popolazione, l'amore e la venerazione per l'innominato, che erano entrati in luogo dell'antico odio e dell'antico terrore. Di maniera che, nell'uomo che avevano sempre riguardato, per dir così, di basso in alto, anche quando loro medesimi erano in gran parte la sua forza, vedevano ora la meraviglia, l'idolo di una moltitudine; lo vedevano al di sopra degli altri, ben diversamente di prima, ma non meno.

Una descrizione accuratissima del senso d'appartenenza e di gerarchia che un Otto riesce di solito a creare attorno a sé, che fa il paio con la seguente splendida rappresentazione della sua tendenza a parlar chiaro e a lasciare liberi tutti di prendere la loro decisione: *L'Innominato alzò la mano, come per mantenere quel silenzio improvviso; alzò la testa, che passava tutte quelle della brigata, e disse: "ascoltate tutti, e nessuno parli se non è interrogato. Figliuoli! La strada per la quale siamo andati finora conduce nel fondo dell'inferno……Tenete per fermo che nessuno, da qui in avanti, potrà far del male con la mia protezione, al mio servizio. Chi vuol restare con me a questi patti, sarà per me come un figliolo, chi vuole andare potrà andarsene e avrà più di quanto gli spetta. Pensateci questa notte: domani vi chiamerò, a uno a uno, a darmi la risposta e allora vi darò nuovi ordini. Per ora ritiratevi ognuno al proprio posto".*

Conclude l'autore con acutezza che malgrado quelle parole e quella nuova deliberazione fossero invise a molti di loro, i suoi uomini lo vedevano sempre al di sopra degli altri, sempre fuori dalla schiera comune, sempre e comunque capo.

Un personaggio reale che mostra appieno questa caratteristica è quello dell'attore e regista Sean Penn, che più volte e senza esitazioni o tardivi ripensamenti, ha esternato chiaramente il suo pensiero su temi molto scottanti e controversi.

Così si è sempre schierato apertamente contro ogni discriminazione nei confronti dei gay, come dimostrò con una intensa e sentita interpretazione nel 2008 del film Milk per cui vinse l'Oscar. Durante il discorso d'accettazione del premio dichiarò: " *Credo che sia giunto il momento per chi ha votato contro i matrimoni gay di sedersi e riflettere, e di cominciare a provare la propria vergogna e quella che ci sarà negli occhi dei propri nipoti, se continua su questa strada. Dobbiamo avere gli stessi diritti per tutti ".*

Accusato da parte di persone che fanno dell'ipocrisia il proprio stile di vita, di aver fatto una battuta politicamente scorretta nei confronti dei *latinos,* Penn, da buon Otto ha risposto: *"La mia battuta sull'immigrazione durante gli Oscar? Non vedo perché dovrei chiedere scusa".* Anche se ha dichiarato di essere amareggiato che non fosse stata capita l'ironia delle sue parole, Penn ha ribadito che coloro che gli avevano attribuito intenzioni razziste erano semplicemente stupide.

Coraggio.

Alla luce di tutto quello che abbiamo finora visto, appare semplice comprendere come il coraggio sia un ingrediente indispensabile in una struttura egoica tutta tesa a dimostrare di avere la forza e la determinazione per compiere ciò che serve, per ottenere ciò che si desidera. Ovviamente ciò non significa avventatezza ma la capacità di osare di andare anche dove nessun altro è andato prima. L'Otto, a differenza di un Uno, non è tanto un pioniere, quanto, piuttosto, un avventuriero, non un quacchero alla ricerca di un nuovo mondo, dove creare una società ideale, ma un Cortez desideroso di rischiare anche la propria vita pur di ottenere l'agognata ricchezza.
Il grande capo degli Apache Ciriaca Geronimo mostrava questo tratto in maniera veramente notevole. Il massacro di tutta la sua famiglia e la conseguente voglia di vendetta lo portarono ad avere ripetutissimi scontri contro soverchianti truppe messicane e statunitensi. Nel corso di queste battaglie ricevette sei ferite in tempi diversi e in distinte parti del corpo e compì atti di coraggio leggendario, come quello di introdursi nell'accampamento dell'esercito messicano e uccidere il generale comandante, mentre questi stava tenendo un acceso discorso alle truppe e li incoraggiava a sterminare ogni Apaches, indipendentemente dal sesso o dall'età. Nonostante l'estrema vicinanza con il nemico e il fatto che le pallottole piovessero da ogni parte attorno, Geronimo riuscì a trarsi miracolosamente d'impaccio e, grazie a quello che aveva sentito, fece attuare ai suoi guerrieri un piano che salvò la sua tribù da una sicura distruzione.
Nel celebrato film *Los Angeles Confidential* c'è il personaggio del poliziotto Bud White che mostra fortemente la sua tendenza ad essere coraggioso, anche e soprattutto quando ciò significa rischiare la propria integrità fisica o il doversi mettere contro coloro che detengono il potere, quando essi sono percepiti come un'autorità illegittima.

Resistenza fisica.

La resistenza fisica è universalmente considerata come la capacità che permette di sostenere un determinato sforzo il più a lungo possibile, contrastando il fenomeno della fatica. Il termine, però, si può utilizzare anche per descrivere la soglia di sopportazione del dolore e la capacità auto indotta (non dipendente, quindi, da fattori genetici quali una più o

meno totale assenza della "sostanza P") di saper reagire a circostanze oggettivamente dolorose o stressanti, trasformandole, mediante un processo di desensibilizzazione, in stimoli per aumentare la propria forza.
Il condottiero nel quale questa caratteristica dell'Eccesso si mostrava più evidente era, secondo la mia opinione, certamente il più formidabile nemico di Roma, Annibale Barca. La storia della sua vita fu quella di un uomo che non temeva di affrontare niente e nessuno, animato non tanto dall'amore per la propria patria, quanto dal desiderio di combattere e vincere un nemico verso il quale aveva nutrito, nel rispetto del dettato familiare, un odio profondo fin da bambino.
Capace di sostenere uno sforzo fisico quasi incredibile, come quello di traversare le Alpi a piedi insieme ai suoi soldati, malgrado l'Inverno quasi alle porte, di dormire a terra e mangiare la stessa dose dei suoi uomini, di sopportare il dolore per la perdita di un occhio per una infezione non curata, astuto e determinato nel realizzare le sue idee, tanto idolatrato dai soldati al suo comando e dal popolo di Cartagine, quanto odiato dall'aristocrazia romana e da quella cartaginese, Annibale resta nella storia come l'esempio della persona che incarna le qualità di un vero capo.
L'estrema polarizzazione del suo comportamento da Otto, che definire gladiatorio non è sbagliato, traspare, fra i tanti, nell'episodio della morte del console romano Marco Claudio Marcello. Secondo Tito Livio[318] dopo la morte di Marcello avvenuta in un'imboscata, Annibale, malgrado fosse lontanissimo, si recò con una marcia a tappe forzate appositamente sul luogo e, senza lasciare trasparire dagli occhi un lampo di gioia, diede alla salma del suo nemico onorata sepoltura. La spiegazione del suo comportamento, tanto cavalleresco in questo caso, si può trovare in una tipica tendenza dell'Otto. Secondo le parole dello stesso Annibale, infatti, "*Marcello, era l'unico a non concederci tregua né a richiederla, né in caso di vittoria, né in quello di sconfitta*". Ben diverso e più crudele era, invece, il normale atteggiamento del cartaginese, secondo il credo di un Otto, verso i nemici sconfitti che non avevano combattuto con valore.
Un altro esempio di eccezionale resistenza fisica è anche quella che contraddistingue Conan il barbaro, il protagonista del film tratto della saga dello scrittore Robert Howart[319], che grazie ad essa riesce a sopravvivere ad anni di duro lavoro forzato ed a diventare un lottatore formidabile.
Nel mondo reale un esempio di resistenza in ambedue i sensi ci viene fornita dallo scrittore Ernest Hemingway quando, durante la prima guerra mondiale e nel pieno delle sue mansioni di assistente di trincea, venne colpito dalle schegge dell'esplosione di una bombarda austriaca. Dando

---

318 Tito Livio, *Ab Urbe Condita,* ed. it. BUR
319 R.E. Howart, *Conan il Barbaro,* ed. it. Mondadori

grande prova di resistenza al dolore egli cercò di mettere in salvo i feriti ma, mentre stava recandosi al comando di sezione con un uomo in spalla, fu di nuovo colpito alla gamba destra da proiettili di mitragliatrice che gli penetrarono nel piede e in una rotula.
Hemingway fu portato all'ospedale da campo, dove i medici si resero immediatamente conto che le schegge più grosse dovevano essere asportate con urgenza e così, anche se essi non disponevano di anestetici per aiutare il ferito, procedettero all'intervento. Lo scrittore commentò che, mentre sentiva quei laceranti dolori, si aiutava, com'è tipico dell'Otto, con una bottiglia di alcool e col pensiero che, prima o poi, avrebbe a sua volta potuto sparare dei colpi verso il nemico e provocare ad altri un dolore uguale a quello che provava lui in quel momento.

Onestà.

L'onestà è uno dei tratti che maggiormente contraddistinguono un Otto che ha intrapreso un percorso di crescita e d'integrità personale. Come riferisce l'enciclopedia Wikipedia l'onestà, infatti, "*indica la qualità umana di agire e comunicare in maniera sincera, leale e trasparente, in base a princìpi morali ritenuti universalmente validi. Questo comporta l'astenersi da azioni riprovevoli nei confronti del prossimo, sia in modo assoluto, sia in rapporto alla propria condizione, alla professione che si esercita ed all'ambiente in cui si vive*" *ed, inoltre, essa* "*si contrappone ai più comuni disvalori nei rapporti umani, quali l'ipocrisia, la menzogna ed il segreto*".
Troviamo, quindi, compendiati in essa molti dei tratti dell'Otto che abbiamo già visto, unitamente ad una caratura etica che fa mettere da parte la soddisfazione degli impulsi immediati a favore di una visione più complessiva del valore dell'esistenza umana.
L'esempio migliore di persona che illustra questa caratteristica è certamente quello del pastore battista Martin Luther King. Ispiratosi al Mahatma Gandhi come sostenitore della *violenza della non violenza*, egli riuscì, nel giro di pochi anni, a farsi apprezzare universalmente come l'apostolo della disobbedienza civile, anche a costo di essere arrestato e condannato per le sue azioni. In un discorso che tenne in India, lo stesso King sottolineò l'importanza che, ai suoi occhi aveva assunto l'esempio di Gandhi con queste parole: "*Da quando sono in India, sono sempre più convinto che il metodo della resistenza non-violenta sia l'arma più potente a disposizione degli oppressi nella loro lotta per la giustizia e la dignità umana. Veramente il Mahatma Gandhi ha incarnato nella sua vita principi universali certi che sono ineluttabili quanto la legge di gravità*".

Nonostante l'accanito controllo da parte dello FBI, tutto teso a trovare prove contro King che potessero delegittimarlo e screditarlo con ogni tipo di accusa, nulla fu trovato di concreto a suo carico, anche se il capo dello FBI Edgar Hoover, lo etichettava come il bugiardo più celebre. Questa accusa nasceva dal fatto che, anche se dal punto di vista economico e politico la sua onestà era specchiata, a King vennero mosse, anche in modo intimidatorio, diverse accuse relative ad un certo disordine nella sua condotta sessuale ed a comportamenti alquanto discutibili che egli aveva verso molte donne che erano sicuramente attratte da lui.
In ogni caso, il suo atteggiamento verso il denaro (egli divise, ad esempio, i soldi ricavati dal premio Nobel fra le associazioni che si battevano per il rispetto dei diritti umani), l'assoluta determinazione dimostrata nella non accettazione di ogni tipo di compromesso opportunistico e nel perseguimento degli ideali nei quali credeva, la corrispondenza fra il suo comportamento personale e l'esempio che si sforzava di proporre, fecero naufragare tutti i tentativi di condizionarne l'attività politica e l'impegno sociale che restarono inalterati fino al giorno della sua tragica morte.
Un altro personaggio che manifesta il tratto di una profonda lealtà verso il suo gruppo (un altro modo con il quale l'Otto cerca di manifestare la sua onestà, mantenendo gli impegni che ha preso verso quelli che fanno parte della sua cerchia) e di una onestà intellettuale e di azione a prova di ogni tipo di vantaggio o rischio personale, è quello di Walt Kowalski il protagonista del film *Gran Torino*[320] il cui titolo è ispirato all'auto che il protagonista cura in modo quasi maniacale.
Anche se all'inizio del film Kowalski appare come un uomo dominato dal pregiudizio razziale e dall'ansia, che esorcizza mediante una facciata di rudezza, pian piano egli comincia a sentire che quei "diversi" sono molto più vicini a lui di quanto non sembrasse. La sua profonda onestà di pensiero lo porta a interrogarsi e a interrogare un giovane prete, che sembra l'unico a comprenderlo, lo spinge ad agire per difenderli dai soprusi e dalla violenza.
L'onestà per Kowalski è il fondamento stesso dell'esistenza; le cose vanno dette per come sono e nell'agire bisogna sempre essere incisivi, soprattutto se si tratta di non soggiacere ad una prepotenza o essere complici, anche con l'indifferenza o la debolezza, di prepotenze e prevaricazioni su coloro che non sono in grado di difendersi.

[320] Gran Torino (Id., Usa 2008)

Determinazione.

Una volontà risoluta è un'ovvia componente di una passione che non vuole soggiacere a niente e si sforza spesso di andare oltre a quello che è il limite accettato dagli altri. In questo senso la determinazione, la cui origine si trova nella parola *termine*, che nel mondo antico indicava il segno col quale si distingueva il terreno che apparteneva a qualcuno da quello che apparteneva ad altri, esprime bene il significato che si deve attribuire a questo specifico tratto dell'Otto; una risolutezza che non si fa scrupolo di usare tutti i mezzi a sua disposizione pur di ottenere l'obiettivo che si è prefissa e che, a differenza di quella di un Tre, non ha bisogno di alcuna approvazione o di legittimazione esterna.
Nell'usare la sua determinazione un Otto può raggiungere limiti di azione che possono apparire spietatezza ma bisogna sempre ricordare che, per questo tipo, la vita è una sorta di giungla nella quale non si può essere troppo sensibili, se non si vuole soccombere o essere sottomessi.
Un esempio veramente lampante di persona nella quale questo tratto era molto marcato, è quello del generale americano George Patton, il cosiddetto *generale d'acciaio*, comandante della terza armata durante la seconda guerra, che, contravvenendo anche agli ordini del suo diretto superiore Eisenhower, spinse l'avanzata delle sue truppe fino a un punto nel quale si poteva profilare un quasi certo scontro con le truppe dell'Unione Sovietica, avanzanti dall'est.
La determinazione con la quale s'impegnava e spingeva i suoi uomini a combattere era quasi leggendaria e si univa a una marcata forma d'insensibilità verso tutti quelli che non erano in grado o non volevano seguire i suoi comandi. Come ebbe a dire un suo commilitone, il generale Everett Hughes: "*Sono convinto che egli sia un combattente che guarda alla realtà della guerra e fa quello che pochi nel nostro esercito hanno il coraggio di fare: parla apertamente di uccidere. George crede che il modo migliore di accorciare la guerra sia quello di ammazzare quanti più tedeschi, il più in fretta possibile.*[321]
Anche Rhett Butler, l'appassionato spasimante della affascinante Rossella O'Hara, mostra appieno una ferrea determinazione nel cercare di ottenere l'amore della donna e nel riuscire, infine, ad averlo, anche se, fin quasi alla fine del romanzo, ella non lo ricambia. Butler sa bene che Rossella è innamorata di un altro, che utilizza i matrimoni come mezzi e i figli come strumenti, eppure non demorde nemmeno per un attimo perché, come egli stesso spiega: "*Eravamo fatti l'uno per l'altra. Era così ovvio che io ero il*

---

[321] Cfr. Wikipedia nella voce dedicata a George Smith Patton

solo uomo fra i tuoi conoscenti che poteva amarti conoscendoli come eri realmente.....dura, avida, senza scrupoli, come me".[322]
Tuttavia, Rhett mostra anche la stessa determinazione quando, dopo le morti di Melania e Diletta, si rende conto che non prova più niente per Rossella e decide di andarsene. Le parole che pronuncia nel corso dell'ultimo colloquio con la donna sono tanto apparentemente tranquille nella forma quanto inflessibili nella sostanza e diventano quasi brutali, quando egli respinge più volte con fermezza e distacco le profferte di amore che gli vengono rivolte.
Una determinazione feroce, ai limiti della brutalità, era quella che mostrava sul ring il campione panamense Roberto Duran, denominato per la forza dei suoi colpi e la feroce aggressività *manos de piedra*, che riuscì nel corso della sua carriera non solo a diventare campione del mondo in quattro diverse categorie di peso, ma anche a combattere fino alla soglia dei cinquanta anni.

LA FISSAZIONE DI PAREGGIARE I CONTI

La fissazione del tipo Otto è stata da più autori descritta mediante l'uso della parola *vendetta*, ma io, anche se la ritengo fondamentalmente corretta, preferisco usare l'espressione *pareggiare i conti*, sia perché essa esprime più correttamente il modello cognitivo che è utilizzato dalla passione dell'eccesso per combattere chi contrasta i suoi desideri, sia perché essa chiarisce meglio il tipo di reazione che un Otto ha, rispetto a quella che, in una situazione analoga di un torto subito o di una frustrazione percepita, un Quattro può attuare.
Credo che l'esempio del dantesco conte Ugolino possa rappresentare al meglio questa dinamica e chiarirla con un'immediatezza e una crudezza maggiore di mille sottili discussioni. L'episodio è notissimo ma, per riassumerlo in poche parole, si può dire che il conte Ugolino della Gherardesca fu condannato a morire per inedia, insieme ai suoi figli e nipoti maschi, dopo essere stato rinchiuso in una torre per ordine dell'arcivescovo Ruggieri degli Ubaldini.
A seguito di ciò nell'Inferno dantesco Ugolino scarica tutta la sua rabbia e il suo desiderio di pareggiare i conti, rodendo dal di dietro la base della nuca del prelato. L'immagine è vividissima e potente e il messaggio chiarissimo: tu Ruggieri, che mi hai privato del cibo e mi hai reso cieco e folle per la fame e il dolore, sarai per l'eternità mio pasto e capirai cosa vuol dire la disperazione impotente che ho provato io, mentre ti mangerò il cervello.

[322] Op.citata pagina 493

Allo stesso modo il pugile dei pesi massimi Mike Tyson, sentendosi, nel corso del loro secondo incontro oggetto di continui colpi scorretti, portati con la testa dal campione in carica dell'epoca Holyfield, passò immediatamente a pareggiare i conti, mordendo con furia l'orecchio del suo avversario fino a staccargli un pezzo di cartilagine.
Anche il coprotagonista di *Cime Tempestose*, il trovatello Heathcliff, è dominato dall'idea fissa di pareggiare i conti con Hindley, che lo ha costretto a servire come bracciante agricolo e gli ha impedito di avere una degna istruzione e così, dopo averlo condotto all'abbrutimento psico-spirituale dell'alcool e del gioco d'azzardo, gli sottrae quasi tutti i beni di sua proprietà e lo porta lentamente alla morte.
La sua voglia di vendetta, tuttavia, non si ferma a questo. dato che la sua anima ormai inaridita vuole far provare anche al povero e innocente Hareton, figlio di Hindley, i tormenti che egli ha dovuto vivere. Il giovane così viene tenuto in uno stato di abbrutimento e costretto a vivere come un pastore analfabeta e, in questo modo, Heathcliff pareggia, seppure in modo vicario e postumo anche i conti con il padre.
Alla fine del romanzo, però, Heathcliff sente che l'odio che lo aveva motivato è ormai evaporato e che i conti sono stati pareggiati e così, com'è tipico dell'Otto, non trova più in se stesso alcuna motivazione per continuare a essere un persecutore nei confronti sia del giovane che della bella Cathy, la figlia della donna che lui aveva disperatamente amato, e di fatto favorisce lo sviluppo della loro relazione.
Di ben altro spessore è il pensiero costante che agita la mente del generale Massimo Decio Meridio, costretto a diventare un gladiatore nel citato film omonimo, dall'imperatore Commodo, per essersi rifiutato di giurargli lealtà e di servirlo. La voglia di vendetta è sicuramente dominante nella mente di Massimo ma, insieme a essa, vi sono una nobiltà di sentire e una capacità di ben distinguere chi è il vero colpevole delle sue disgrazie, che rendono le sue azioni quasi virtuose seppur violente.
Il coraggio col quale pronuncia nell'arena le parole con le quali sfida l'imperatore, benché egli sia disarmato e circondato da un nutrito gruppo di pretoriani armati, oltre che essere cinematograficamente molto valide, esprimono bene il modo di pensare di un Otto, per il quale è indispensabile rendere chiaro che non si fermerà davanti a nulla e non si arrenderà a nessuno fino a quando non sentirà di aver pareggiato i conti.

**IL TIPO NOVE: LA PASSIONE DELL'ACCIDIA
LA FISSAZIONE DELLA DIMENTICANZA DI SE'**

Elementi di Riferimento:

Energia Squilibrata: Contatto
Paradigma Familiare: Accettazione genitore Manipolativo / Accettazione genitore Distante Emozionalmente
Ferita Originaria: Rinuncia
Cicatrice: Dare Fastidio
Polarità: Iperattività-Letargia
Passione: Accidia
Fissazione: Dimenticanza di Sé

Tratti caratteristici:

- Inerzia Psicologica
- Dimenticanza di Sé
- Iper Adattabilità
- Generosità
- Disponibilità
- Curiosità
- Trasandatezza
- Gregarietà
- Ordinarietà
- Abitudinarietà e tendenze robotiche
- Tendenza a distrarsi- Non voler vedere
- Equilibrio
- Compiacenza
- Solidità e resistenza
- Passività
- Armonicità
- Affabilità

L'esistenza in italiano della parola Accidia, dal greco Achedia, *non prendersi cura*, permette di esprimere l'essenza di questa passione molto meglio di quanto si possa fare con l'uso delle altrettanto adoperate Ozio o Pigrizia. Nel tipo Nove c'è, infatti, certamente una forma di pigrizia ma questa più che un non agire assume spesso, le vesti di un'inerzia psico esistenziale, di un affaccendarsi in mille cose di nessuna importanza, un fare sempre quello che è chiesto dagli altri, un non voler operare distinzioni fra ciò che è essenziale e ciò che ha poca importanza, che sembra essere la posizione esistenziale propria dell'essere umano.

Per questi motivi il tipo Nove è anche collocato convenzionalmente al vertice superiore del simbolo dell'enneagramma, intendendo in questo modo sottolineare il fatto che, anche se tutte le Passioni e le Fissazioni trovano la loro origine in una sorta di dimenticanza del senso più profondo delle cose, nel Nove questa dinamica è più evidente, più radicata, come se la passione dell'Accidia fosse anche quella dalla quale possano essere dedotte tutte le altre.

Nel capitoletto dedicato alla rilettura in termini moderni del significato delle Passioni, ho sottolineato che gli scrittori cristiani classici conoscevano bene questa passione, da loro spesso denominata come il *Demone di Mezzogiorno o dell'Ora Sesta,* facendo riferimento all'orario canonico che i monaci dovevano osservare ed ho riportato un breve brano nel quale Evagrio Pontico, il geniale anacoreta del quarto secolo, ne dava un gustosissimo riassunto.

Riporto di seguito un'altra descrizione di Evagrio, perché grazie a essa possiamo comprendere con immediatezza quali siano gli elementi fondamentali dell'Accidia: "*L'occhio dell'accidioso è continuamente fisso alle finestre e nella sua mente fantastica su possibili visitatori: la porta cigola e quello salta fuori; sente una voce e spia dalla finestra, e non se n'allontana, finché non è costretto a sedersi, tutto intorpidito. Quando legge, l'accidioso sbadiglia spesso, ed è facilmente vinto dal sonno, si stropiccia gli occhi, si sfrega le mani, e, ritirando gli occhi dal libro, fissa il muro; poi, di nuovo rivolgendoli al libro, legge un poco, poi, spiegando le pagine, le gira, conta i fogli, calcola i fascicoli, biasima la scrittura e la decorazione; infine, chinata la testa, vi pone sotto il libro, si addormenta di un sonno leggero, finché la fame non lo risveglia e lo spinge a occuparsi dei suoi bisogn*i".

Quali caratteristiche ricaviamo dal brano di Evagrio? In primo luogo una tendenza a distrarsi facilmente, poi una ricerca di contatto un po' superficiale con le altre persone, un rifiuto per cose troppo elaborate, che sono viste come "artificiose", una quasi incapacità a stare fisicamente fermi (ricordiamo che il Nove appartiene, infatti, al centro dell'azione), un torpore esistenziale che trova svago in una forma di curiosità e infine un facile "accomodamento" alle situazioni, teso a non crearsi troppi problemi. Esamineremo, quindi, questi tratti principali e altri che, del tutto naturalmente, ne discendono, nel corso di questo capitoletto dedicato agli accidiosi.

Tendenza a distrarsi- Non voler vedere e Inerzia Psicologica.

La strategia attuata dal Nove, per realizzare lo scopo del non doversi creare troppi problemi, può impiegare alternativamente il sonno fisico o una strutturazione esasperata del proprio tempo mediante un affaccendarsi in tantissime cose di poca o nessun'importanza, un distrarsi rispetto alle problematiche reali della propria esistenza. La posizione stessa del Nove, posto al vertice del simbolo dell'enneagramma e in opposizione ai tipi Quattro e Cinque, ipersensibili e attenti anche alla minima sfumatura, sottolinea che in questo tipo è in opera una forma di inerzia psicologica, una quasi incapacità ad affrontare di propria sponte problemi e conflitti, anche se questo può significare restare immobili davanti a situazioni di ingiustizia o potenzialmente distruttive.
Il non voler vedere come stanno veramente le cose, non è solo una modalità per restarsene consapevolmente accucciati in un comodo tran tran ma un sistema inconscio, grazie al quale si può evitare di doversi assumere delle responsabilità e restare così fermi davanti agli impulsi che un qualcosa di sgradevole può suscitare nel sé. Un Nove, così, può percepire in modo confuso delle dinamiche di tensione che si sviluppano intorno a lui e preferirà, di conseguenza, cercare di evitare di parteggiare e di non dover affrontare il problema, anche se questo può costargli tantissimo in termini di posizione e vantaggio personale.
La protagonista della bella poesia *La Ragazza Carla*[323], dello scrittore italiano Elio Pagliarani, ci fa comprendere appieno queste dinamiche, visto che la donna sceglie di prendere sonniferi e dormire un intero fine settimana, pur di non avere tempo libero a disposizione e dovere confrontarsi con la vita piatta e banale che sta conducendo.
Come scrive l'autore, descrivendo bene questa caratteristica del Nove: *"Carla, sensibile scontrosa impreparata/ si perde e tira avanti, senza dire/ una volta mi piace o non lo voglio/ con pochi paradigmi non compresi tali, o inaccettati;"*.
L'aspetto del non voler vedere, per mantenersi in una sorta di inerzia psicologica, è quello che mostra all'inizio del romanzo *Sostiene Pereira*[324]

---

[323] Pagliarani E., La Ragazza Carla. Mondatori, 1962
[324] Tabucchi. A., Sostiene Pereira, ed.it Feltrinelli

il protagonista omonimo, un giornalista estremamente tranquillo e senza idee politiche, tutto dedito allo studio della letteratura, in particolare di quella francese e votato completamente al ricordo della moglie morta.
Nel corso della storia, però, Pereira resterà fortemente influenzato dagli accadimenti che toccheranno delle persone a lui vicine e inizierà a prendere consapevolezza della realtà del regime in cui vive, vedrà finalmente e senza più distrarsi le violenze, il clima di intimidazione, la pesante censura a cui è sottoposta la stampa.
Tutte cose cui non aveva fino ad allora fatto caso, isolato com'era dalla vita reale e concentrato, come è tipico del Nove, solo sul pensiero della moglie e sulla paura della morte.
Alla fine del racconto Pereira è cresciuto tanto da trasformarsi da intellettuale abitudinario e pigro in un attivo oppositore della dittatura e, nel modo da antieroe del Nove, compie un gesto di eroismo e di ribellione al regime che diventa anche momento di crescita personale.
Anche il simpatico personaggio di Bridget Jones[325], la protagonista di due romanzi di Helen Fielding e dei film da questi tratti, presenta le stesse caratteristiche di trascuratezza, distrazione, trasandatezza e di incapacità nel vedere ciò che è essenziale ma è anche sostenuta da una indomabile volontà di non arrendersi all'evidenza e alla rassegnazione, che è una delle caratteristiche più positive di questo tipo.
Capacità simili le mostra anche il personaggio di Calvin Jarret, uno dei protagonisti del citato film *Gente Comune,* opera prima alla regia di Robert Redford, che evolve gradualmente da una prima fase, in cui cerca in tutti i modi di non affrontare i problemi della sua famiglia e di tenere gli occhi quanto più possibile chiusi, ad una successiva in cui, con dolorosa consapevolezza, si rende conto di quanto la sua presenza/assenza sia stata deleteria per tutta la famiglia e abbia di fatto sfiorire completamente il rapporto con sua moglie.

Iper Adattabilità e Tendenza a Fare Sacrifici.

La capacità di saper sopportare con pazienza e anche con un po' di rassegnazione situazioni che apparirebbero insopportabili ad altri tipi, è una delle caratteristiche salienti del tipo Nove e si traduce in un'adattabilità molto forte nei confronti delle persone e degli ambienti in cui si trova ad agire. A questo si accompagna una tendenza a cercare di giocare in anticipo, a cercare di evitare di doversi creare il problema se si verifica qualcosa di imprevisto o fastidioso, a costituire scorte di

[325] Fra gli altri, vedi, H. Fielding, *Il Diario di Bridget Jones,* ed.it. Rizzoli

qualunque tipo, per non doversi, poi, dover confrontare con gli esiti di qualcosa che costringa ad affrontare di petto una situazione.
Una persona che conosco, ad esempio, aveva nella cantina della sua casa un grosso quantitativo di ogni tipo di lampadina che era in uso in casa. A motivarlo non era, ovviamente, né un desiderio di possesso né la volontà di accumulare ma, come mi spiegò candidamente, quello di evitare di nuovo il problema che si era verificato quando, per la sua solita pigrizia mentale, era rimasto al buio in una stanza, perché si erano fulminate gradualmente tutte le lampadine senza che lui si ricordasse di comprarle.
Per meglio capire l'aspetto paradossale della situazione, aggiungo che la persona in questione era bravissima nel compiere piccoli lavori domestici ed era, anche per questo, molto popolare fra gli amici che si rivolgevano a lui per aiuto.
La letteratura della fantasy ci permette di osservare molto bene questo tratto grazie al maghetto più famoso di tutti i tempi, Harry Potter, protagonista della saga della scrittrice inglese J.K. Rowling.
Harry, rimasto orfano fin dalla più tenera età a causa degli omicidi dei genitori per mano del potente mago oscuro Valdemort, viene allevato senza amore nella casa della sorella della madre e di suo marito, che proiettano su di lui tutta la rabbia per non essere, a loro volta, dotati di poteri magici e di essere stati costretti ad allevare il bambino.
Nonostante gli zii lo costringano a dormire in uno sgabuzzino nel sottoscala, gli affibbino i compiti più gravosi e lo discriminino apertamente rispetto al loro sfaticato e prepotente figlio, Harry sopporta tutto senza lamentarsi e senza mostrare alcun tipo di risentimento o di desiderio di rivalsa. Così indossa, senza provare particolare astio per questo, degli occhiali rotondi che sono tenuti insieme con del nastro adesivo per ovviare ai danni subiti a causa delle botte del cugino. Timido e educato Harry si adatta a tutto ed è pronto a mettere da parte ogni interesse personale, per cercare di salvare i suoi amici, accontentare i desideri delle persone che gli sono care o per aiutare anche grandi maghi, come Albus Silente, quando ciò gli viene richiesto.
Harry da questo punto di vista è strettamente imparentato col personaggio di Frodo Baggins, di cui parleremo in seguito, perché entrambi sembrano dimostrare la verità del detto secondo cui il possessore di grandi poteri deve anche sopportare grandi difficoltà ma se ne distingue per uno spirito di maggiore fierezza, per l'indomabilità, fino alla morte, e per la sua resistenza alle lusinghe.
Anche Victor Navorski il protagonista del film *Il Terminal*[326], ci permette di vedere quanto un Nove sia capace di adattarsi e di sopportare con

326 The Terminal (Id., Usa 2004)

testardaggine e pazienza ogni tipo di difficoltà, pur di raggiungere il suo scopo che, non a caso, è quello di far contento, come si scoprirà alla fine del film, il suo anziano padre.
Rimasto bloccato, a causa di un colpo di stato che ha fatto perdere valore al suo passaporto, nell'aeroporto internazionale di New York, Victor è confinato in una specie di limbo. Riesce, tuttavia, a sopravvivere mesi interi grazie alla sua abilità nel sapersi adattare e sacrificare. Col passare del tempo egli riesce a farsi benvolere non solo dagli addetti, che spesso trovano in lui l'aiuto di cui avevano bisogno per risolvere i problemi della loro vita ma anche a imparare l'inglese e le leggi americane. Grazie a questo potrà perfino aiutare un passeggero russo, che era stato fermato perché aveva indosso degli antitumorali proibiti negli USA, se non si era in possesso di una ricetta medica, a ritornare a casa, evitando che i preziosi farmaci venissero sequestrati dalla dogana.
Nella mitologia greca la figura archetipica della iper adattabilità è quella del dio fabbro Efesto, figlio della sola Era. Scacciato con forza dalla madre alla sua stessa nascita a causa della sua bruttezza, costretto a vivere con esseri brutali come i ciclopi nelle viscere dei vulcani, Efesto, per paradosso, ebbe in sposa la più bella di tutte le dee, Venere, che, ovviamente, non si preoccupò troppo dei doveri di fedeltà matrimoniali e si prese tutti gli amanti che voleva ed, in particolare, il fratellastro Ares. Quando il povero Efesto escogitò l'ingegnoso sistema di intrappolarli durante un amplesso, nudi in una rete da pesca di sua produzione che neppure il potente dio della guerra riuscì a strappare e chiamò a raccolta tutti gli dei, per renderli testimoni del tradimento, dovette pure subire l'affronto di stare a sentire gli apprezzamenti che tutte le altre divinità maschili facevano sulla bellissima Afrodite.
Efesto, a dispetto della sua personale deformità, era, come tutti i Nove, sempre pronto a rendersi utile in concreto e quasi tutti i manufatti, che erano distintivi degli altri dei erano opera sua. Per farli egli non riceveva l'aiuto di nessuno e, nonostante la fatica, essi erano tutti frutti delle sue braccia operose e dei robot suoi aiutanti.

Generosità e Disponibilità.

La volontà di essere di aiuto pratico, di spendersi per gli altri, è una delle caratteristiche salienti del tipo Nove che, peraltro, non la percepisce nemmeno come tale, sia perché gli sembra che tutti dovrebbero farlo, sia perché, dal suo punto di vista, è solo un modo per fare parte di un gruppo, di una squadra, in definitiva per essere accettati.
Anche in questo caso le grandi dinamiche dell'enneagramma ci permettono di comprendere intuitivamente quanto questa caratteristica sia

opposta a quella che abbiamo visto in azione nei tipi Quattro e Cinque, estremamente concentrati sull'effetto che ogni singolo atto posto in essere può avere su di loro e sulle vite delle persone loro vicine.
Rappresentativo è il caso del personaggio di Irina Palm[327], la protagonista del film omonimo, che nonostante l'età non proprio giovanile e l'inesperienza, accetta di diventare un'entraîneuse in un malfamato locale di Soho, pur di racimolare la somma di denaro che serve per mandare il suo nipotino, affetto da una rara forma di malattia, in Australia, dove si spera di trovare una cura.
Nel corso del film è possibile osservare come la nuora della donna, che dapprima non la comprendeva ed era per questo in freddo con lei, sappia alla fine capire il sacrificio di Irina e spinga il marito ad accettare il denaro offerto, mutando completamente il suo atteggiamento.
Semplicemente meravigliose sono la generosità e la probità di George Bailey, il protagonista dello splendido film di Frank Capra *La Vita è Meravigliosa*[328], che presenta anche una forte presenza di tratti del tipo Uno nel suo carattere. George è, per tutto il film, colui che si sacrifica per rendere migliore la vita degli altri e mantenere il compito trasmessogli dal padre. La sua generosità è tale che George deve rinunciare a quasi tutti i suoi sogni, pur di continuare a essere un punto di riferimento per la sua gente e permettere loro di avere una vita migliore.
L'angelo Clarence, inviato in suo soccorso, quando George vive una crisi di forte sconforto, gli dice che: "*Strano, vero? La vita di un uomo è legata a tante altre vite. E quando quest'uomo non esiste, lascia un vuoto che si sente*". Queste parole sono indubbiamente universalmente vere ma valgono soprattutto per un Nove, da sempre abituato a credere che, dopotutto, quello che lui fa non è diverso da quello che farebbe un altro.
Nel mondo dei cartoon il supereroe per eccellenza, Superman, è anche quello che incarna meglio il modo di essere e di intendere la vita dei Nove. Unico per la sua origine e per i poteri che detiene, Superman non ha alcuna intenzione di ergersi sugli altri, di dominare la terra e di trasformarsi in un superuomo, nel senso che proclamavano i vari fascismi al potere negli anni della sua nascita. All'opposto, egli vuole omologarsi, crede nel senso della fratellanza e dell'uguaglianza e non vorrebbe mai che una vita potesse essere persa.
La sua generosità nei confronti degli abitanti del nostro pianeta è praticamente illimitata, in quanto accetta di mettere a repentaglio più volte la sua vita per salvarci da una folla di esseri malvagi dotati di super poteri o di scienziati folli, il cui unico intento è quello di dominare il mondo,

---

327 Irina Palm (Id., Bel 2007)
328 La vita è meravigliosa (It's a Wonderful Life, Usa 1946)

fino al punto di provare un vero senso di colpa quando è costretto ad uccidere un altro essere vivente.
Nell'ambito più ampio della generosità rientra anche il tratto della disponibilità, grazie al quale il Nove riesce a essere apprezzato per la sua capacità di essere un ottimo amico e viene generalmente riconosciuto come una persona affidabile e su cui si può fare affidamento.
Nel citato film *Sesso, Bugie e Videotape* uno dei personaggi principali è quello di Ann, l'infelice moglie del brillante avvocato John Mullany, che cerca, con la sua disponibilità ad ascoltare e a essere di aiuto pratico, di facilitare la vita dell'introverso e complicato Graham, un tipo Cinque, che viene a stabilirsi per un poco nella loro cittadina.
Ann mostra molte delle qualità migliori del Nove. È pratica, attenta alle esigenze degli altri mentre sottovaluta le sue, di compagnia ed è disponibile non solo col suo tempo ma anche con la sua concreta attenzione. Grazie a ciò Graham troverà una risposta ai suoi problemi e anche Ann potrà finalmente capire cosa vuole dalla sua vita, liberarsi da una esistenza infelice e ricreare un rapporto vero con la sorella.
Termino questa breve carrellata di esempi sulla disponibilità e la generosità del tipo Nove con la citazione del personaggio di Dorothy Boyd, la fedele e nascostamente innamorata segretaria del protagonista Jerry Maguire. Dorothy è l'unica a seguire Jerry, quando egli viene licenziato dalla ditta nella quale lavorano ed è disponibile a continuare l'avventura con lui anche quando i soldi scarseggiano e il suo ménage familiare ne risente.
Inoltre, Dorothy non vuole essere scelta per affetto, riconoscenza o per la sua disponibilità e, con estrema generosità, accetta di prendersi una "pausa di riflessione", quando Jerry le fa capire che non è sicuro dei sentimenti che nutre nei suoi confronti.

Curiosità.

Nel premiatissimo film *Balla Coi Lupi* Kevin Costner, interpretando il ruolo del tenente Dunbar, ci permette di vedere in azione un altro aspetto del tipo Nove, quello della curiosità. Dunbar, eroe suo malgrado, sceglie come luogo nel quale recuperare le sue energie una remota destinazione a stretto contatto con gli indiani Sioux, che nessuno voleva accettare, perché è affascinato dalla possibilità di conoscere la frontiera prima che essa scompaia.
La vita a contatto con un ambiente quasi estremo e con i "selvaggi pellirosse Sioux", fa scoprire all'accidioso Costner che gli indiani non sono per niente tali e che hanno, anzi, un rispetto per tutte le forme viventi e per la natura che i bianchi dovrebbero imparare. Così l'iniziale curiosità

si trasforma presto in rispetto e stima e, come è tipico dei Nove, in un desiderio di essere loro di aiuto nelle difficoltà della loro vita nomade.
Allo stesso modo il desiderio di conoscere le cose del mondo spinge Bilbo Baggins, il protagonista del romanzo *Lo Hobbit*[329], a lasciare, su istigazione del mago Gandalf, la sua tana e a partire per una pericolosa avventura. Come racconta lo stesso Gandalf egli aveva pensato a Bilbo proprio perché era curioso, amava i racconti che parlavano di grandi eventi e aveva ottimi rapporti sia con gli altri hobbit sia con gli altri popoli che abitavano la Terra di Mezzo.
Bilbo non è mai motivato nella sua ricerca da interesse o desiderio di vantaggio personale ma dal piacere di far parte di una squadra. Quando riceve un dono o s'impossessa di qualcosa di veramente prezioso, come gli accade quando entra in possesso dell'Unico Anello, Bilbo non pensa di utilizzarlo per scopi di potere, sebbene, come tutti gli altri possessori, ne diventa in qualche modo succube. Anche se le avventure vissute e le molte peripezie lo fanno diventare, nel corso del romanzo, un personaggio astuto e abbastanza in grado di agire per se stesso, egli resta, fondamentalmente, un personaggio infantile che usa i grandi poteri per fare scherzi dozzinali o scacciare i curiosi dalla sua casa ed è sempre pronto ad accorrere laddove c'è qualcosa che sembra promettere di poter vivere un'esperienza fuori dal comune.
Curiosissimo, oltre che gregario par excellance, è il personaggio del dottor Watson, il celebre aiutante di Sherlock Holmes, che lo seguirà in mille avventure e ne diventerà anche il biografo e il narratore delle principali storie. La molla principale che spinge il buon dottore a seguire Holmes, con la usuale disponibilità del Nove e a diventare le braccia e le orecchie del detective in numerosi casi, è la curiosità di capire quale sia il segreto che si cela dietro un omicidio, una storia misteriosa o una sparizione.
Questa curiosità, tuttavia, non è solo di testa, nel senso che non si nutre tanto di un desiderio di conoscenza intellettuale, quanto della volontà di essere testimone di un evento, di poter essere stato un partecipante, un comprimario ma quasi mai un protagonista di un'avventura.

Testardaggine.

Le forme più tipiche con le quali i Nove esprimono la propria rabbia repressa sono, in realtà, la testardaggine e la dimenticanza delle persone e delle situazioni problematiche. Laddove altri tipi s'irritano e reagiscono con una veemenza più o meno maggiore ad un sopruso, o ad una situazione di tensione, un Nove risponde con l'allontanamento dalla sua

---

[329] J. R. R. Tolkien, *Lo Hobbit. Un viaggio inaspettato*

consapevolezza della persona o della cosa sgradita, radicandosi in un atteggiamento di ostinata negazione di qualsivoglia propria responsabilità, Se un rapporto con un'altra persona o con gli elementi di una situazione non vanno bene, il Nove si giustificherà dicendo a se stesso in modo incrollabile: non è colpa mia, io non ho fatto niente.
Allo stesso modo un Nove, se motivato e sorretto dall'amore delle persone del suo gruppo o dal desiderio di compiacere, può sopportare e superare quasi ogni sorta di prova, senza che a muoverlo ci sia l'intento di ottenere un vantaggio personale.
Il personaggio che mostra in modo evidente questo tratto è quello del pugile Rocky [330]Balboa, il protagonista della saga ideata dall'attore Silvester Stallone, il quale fa della testardaggine in senso positivo il suo credo e la sua forza. Il suo modo di allenarsi, il modo di combattere (in qualche modo ispirato a quello del grande Rocky Marciano), contraddistinto dal resistere ad ogni colpo per cercare di ridurre la distanza, il fatto che anche nel momento in cui più dovrebbe risplendere il suo orgoglio egli pensi a qualcun o qualcosa di altro (la fidanzata Adriana nel primo film, la possibilità di un futuro migliore per il mondo nel terzo), fanno chiaramente vedere come Rocky non pensi principalmente a se stesso ma, al contrario, che sia motivato dal desiderio di essere più uno strumento che un beneficiario dei risultati che ottiene.
Le parole che egli rivolge al figlio, durante l'ultimo film della saga, sono quanto mai emblematiche del modo col quale un Nove sa sopportare le difficoltà, se è sorretto dall'amore e dall'approvazione delle persone care: "*Né io, né tu, nessuno può colpire duro come fa la vita... perciò andando avanti non è importante come colpisci, l'importante è come sai resistere ai colpi, come incassi... se finisci al tappeto e hai la forza di rialzarti, sei un vincente e se credi di essere forte lo devi dimostrare!*"
Una testardaggine simile, nel desiderio di farsi accettare e di riuscire a trovare un posto dove stare nel mondo, lo mostra il personaggio di Jasmine, uno dei due caratteri protagonisti (insieme all'irascibile e malinconica Brenda, un Quattro quintessenziale) del citato film *Bagdad Cafè,* che narra una storia di amicizia tutta al femminile in uno dei luoghi più improbabili e ostili che si possano immaginare. Dopo un'iniziale ostilità da parte di Brenda che trova incomprensibile questa donna, piovutagli in casa con solo una grossa valigia piena di trucchi di magia e tanta disponibilità a fare qualsiasi cosa pur di essere accettata, la relazione si dipanerà in modo tale che le due donne, pur così diverse e agli antipodi per tanti aspetti, finiranno per trovare l'una nell'altra la migliore amica e quel supporto umano di cui avevano tanto bisogno.

---

[330] Rocky (Id., Usa 1976)

Indolenza e Trasandatezza.

Frequentemente si può vedere in azione nei Nove una forma di pigrizia mentale, che si manifesta attraverso un rinviare continuamente il momento nel quale si comincerà un'azione, oppure con un'indolenza rispetto alle cure che si dovrebbero rivolgere a se stessi. Non è, quindi, infrequente che i Nove sottovalutino i sintomi di qualche problema fisico o che, se anche ne avvertono la rilevanza, non facciano nulla per verificarne cause e conseguenze, per non doversi creare il problema di dovere agire al riguardo. Allo stesso modo alcuni Nove, che non risentono dell'influenza del tipo Uno, possono dare un'impressione di trasandatezza e di sciatteria che rispecchia le scarse cure dedicate a se stessi.
Un abbigliamento informale è adottato abbastanza di frequente dalle persone di questo tipo, che preferiscono di sicuro la comodità all'eleganza ostentata e non si sognerebbero mai di indossare delle scomode scarpe con un tacco alto piuttosto che un modesto ma utilissimo mocassino rasoterra.
Il personaggio che meglio rappresenta queste caratteristiche del Nove è probabilmente quello dell'improbabile eroe Il'ja Oblomov, il protagonista dell'omonimo romanzo di Ivan Goncarov. Egli[331] vive la sua vita grazie ad una piccola rendita che ricava da un latifondo lasciatogli in eredità dalla famiglia e che, tra l'altro, situato com'è molto lontano dalla sua abitazione, non si perita nemmeno di amministrare come si deve. Una vecchia vestaglia e il suo letto sono i limiti del suo mondo, dal quale non vuole assolutamente uscire e ci vogliono più di duecento pagine del romanzo per vederlo, finalmente, uscire da sotto le coperte.
Oblomov è un personaggio positivo, ricco di bontà e d'ingenuità ma che galleggia in una grigia indolenza. La sua vita è colma di propositi che non attuerà mai. Vorrebbe organizzare la sua tenuta, migliorare le condizioni di vita dei suoi contadini ma rimanda di continuo la stesura di un progetto di riforma, pensa a come dirigere meglio la tenuta della sua casa ma tutto resta immobile e avvolto nella sporcizia e nella polvere
Le sette persone che si presentano in casa sua, per cercare di convincerlo a uscire, incarnano tentazioni che, in analogia ai peccati capitali, vorrebbero trascinare Oblomov nel vortice della mondanità e dell'impegno in qualcosa ma egli non si fa abbindolare dalle loro profferte o dalle allettanti prospettive e preferisce restarsene nella sua quieta indolenza a osservare la vita che passa senza farsene tropo trascinare.
Anche l'amore, che pure riesce per qualche tempo a sconvolgerlo, assumendo le sembianze della bella e intraprendente Olga, alla lunga

331 I. A. Goncarov, *Oblomov,* ed.it. Feltrinelli

finisce per stancarlo e a diventare un problema, per cui Oblomov conclude che è meglio rimandare l'eventuale decisione sull'impegnarsi davvero o meno in qualcosa che non come lui pensava, uno stato di quiete permanente, coronato da un matrimonio che diventa la fine di ogni turbamento e affanno.

Quello che Oblomov sperava di trovare, innamorandosi, era una esistenza da vivere tranquillamente nella pace della sua tenuta di campagna, come quando era bambino, al riparo dal mondo, dalle sue mille brutture e invece, amando Olga, si è dovuto accorgere che l'amore è sofferenza, affanno, batticuore, emozione intensa.

Come egli stesso dice: "*Oh, se si potesse provare soltanto il tepore dell'amore, senza sperimentare le inquietudini! Ma no, la vita ti colpisce ovunque tu ti diriga, e ti brucia! Di quanto nuovo moto, di quante nuove occupazioni si è arricchita all'improvviso! L'amore è una ben ardua scuola di vita*".

Alla fine del romanzo egli troverà, fra le braccia di Agafia, (una donna che si comporta con lui come una madre buona col figlio docile e non gli chiede mai nulla, prendendosi cura di tutti gli impicci familiari) la sua serenità e sarà in grado di accogliere la morte con tranquillità, senza dare fastidi a nessuno e senza nessun sussulto, tranne quello di chiedere al suo amico Stolz, l'uomo che lo aveva sempre aiutato e gli aveva salvato il patrimonio, di prendersi cura dell'educazione del figlio.

Gregarietà.

Da tutto quello che ho finora descritto, si può dedurre che questo tipo viva una posizione psichica che non lascia troppo spazio alle esigenze profonde della persona, che accetta di subordinare se stessa alle esigenze del partner, della famiglia o, più in generale, del gruppo cui appartiene. Sotto questo profilo il Nove può essere anche confuso con il Due, che può attuare un analogo atteggiamento perché ambedue i tipi ritengono di "poterne fare a meno". Nel Nove, però, manca totalmente l'aspetto del dare per ricevere soprattutto attenzione, che è fondamentale nel tipo Due, mentre è presente una forma di passività, funzionale alla negazione della propria rabbia inconscia.

La gregarietà permette al Nove di ottenere la soddisfazione di partecipare e di far parte di qualcosa senza preoccuparsi di dover dare indicazioni, assumere una posizione di rilevanza o chiedere qualcosa agli altri. Il Nove è sempre disposto a collaborare e obbedire all'autorità, se essa agisce in modo equo e si comporta come se aspettasse sempre che qualcun altro gli dica cosa deve fare.

Molti personaggi letterari presentano la caratteristica di essere sempre un passo indietro rispetto al protagonista, di starsene, per così dire, tranquillamente nella sua ombra e, contemporaneamente, di essere quasi il suo alter ego ideale, quello che lo completa praticamente, permettendogli di inseguire i suoi sogni, i suoi desideri, i suoi obiettivi.
Il personaggio forse più famoso che presenta questo tratto è quello di Melania Hamilton, la comprimaria oscura della scintillante Scarlett O'Hara che, tuttavia, ne è anche il punto di bilanciamento, la più fedele ed ultima risorsa alla quale l'eroina di *Via Col Vento* può fare ricorso, ogniqualvolta il mondo la respinge e frustra i suoi desideri di conquista. Melania è per Scarlett molto più che una rivale da sconfiggere nella conquista dell'uomo dei suoi desideri; essa è una sorta di banco di prova, una persona assolutamente trasparente, leale, disposta a mettere da parte se stessa per il bene dei suoi cari e della stessa Scarlett. Ella è, insomma, una persona di cui Scarlett non riesce assolutamente a capire l'importanza, almeno fino a quando la sua scomparsa non lascia in lei uno sgomento, che può essere ben compreso da tutti quelli che hanno avuto la sfortuna di perdere compagni così soccorrevoli.
L'autrice ci descrive molto bene i sentimenti di Scarlett e la capacità del Nove di essere molto più di quanto appaia a prima vista, con le seguenti parole: "*Dietro quella porta Melania se ne stava andando e con lei se ne andava la forza che l'aveva inconsciamente sorretta per tanti anni. Perché, perché non aveva mai compreso quanto amasse Melania, quanto avesse bisogno di lei? Ma chi avrebbe mai pensato a quella piccola donna come ad una torre di sostegno? Melania così timida davanti agli estranei, Melania che non osava dire ad alta voce la propria opinione……….Sì, Melania, con la spada in mano era pronta a combattere per lei. E ora, guardandosi tristemente indietro Rossella comprendeva che Melania era sempre stata al suo fianco con una spada in mano, discreta come un'ombra, amandola e lottando per lei con appassionata fedeltà, combattendo contro i nordisti, il fuoco, povertà, opinione pubblica e perfino i suoi stessi amati parenti. Rossella sentì il proprio coraggio e la propria fiducia in se stessa abbandonarla, quando si rese conto che la spada che aveva fiammeggiato fra lei e il resto del mondo era ormai riposta nella guaina*".
Ncl citato *I Morti* [332]è presente un personaggio, Julia Morkan, che viene descritto dalla sorella come tipicamente gregariale, perché per trent'anni aveva fatto parte per coro della chiesa senza mai chiedere nulla per sé, malgrado avesse una bella voce, e che poi, si era fatta mettere da parte, senza ribellarsi, da parte del parroco.

332 The Dead - Gente di Dublino (The Dead, Usa 1987)

Nel film, che John Houston, ormai prossimo alla morte, trasse dal racconto di Joyce, il carattere subordinato di Julia è ancor più accentuato, perché la si vede essere l'ombra premurosa che assiste e aiuta la nipote nella sua esibizione al piano, la silenziosa e modesta contropartita della esuberante e decisionista sorella, che è il vero capo di casa, la persona che si occupa di tutte le incombenze pratiche per cercare di essere utile agli altri. Tutti tratti che confermano il suo essere tradizionalista, la sua premurosità e la sua gregarietà da Nove.

Ordinarietà.

Oltre che essere tendenzialmente un comprimario il Nove è probabilmente il tipo che ha più senso pratico e si trova più a proprio agio con la quotidianità. Da questo punto di vista si può affermare che questo tipo non è interessato a coltivare alcuna illusione di specialità e che si trova, anzi, molto bene nella gestione e nella conservazione dell'ordinario.

Lo scorrere quieto del tempo, la cura attenta dell'esistente e l'esigenza di non crearsi troppi problemi, sono tutti elementi che concorrono a far sì che un'accidioso voglia essere una persona che non brilla troppo, che sa stare al suo posto e che di sicuro cerca di non creare problemi o di fare capricci, restando, in qualche modo, in una comoda e quasi infrangibile ordinarietà.

Tutto ciò è facilmente osservabile in una pletora di personaggi letterari dei quali il corifeo è certamente Sancho Panza, l'immortale scudiero dell'*Ingegnoso* don Chisciotte della Mancia, che a differenza del suo più che idealista padrone, espone con queste parole alla moglie, che gli chiede conto del suo comportamento, quale sia per lui il senso reale dell'andare dietro al suo padrone:

"E' vero che la maggior parte delle avventure non riescono come si vorrebbe, perché di cento novantanove vanno a finire a rovescio; nondimeno è una bella cosa attraversare montagne, penetrare nelle foreste, calpestare i precipizi, visitare i castelli e soprattutto, alloggiare in osterie senza dover pagare un solo quattrino."

Sancho è l'ordinarietà fatta persona e non desidera onori, né trattamenti speciali. Quando viene nominato per burla governatore della cosiddetta isola Barattaria, mostra nei suoi giudizi buon senso e discernimento, ma, posto di fronte ad un'immaginaria invasione nemica, non esita, quando l'apparente pericolo è passato, a spogliarsi di tutte le sue cariche e riprendere con semplicità il suo ruolo originario.

Ecco le parole che il Cervantes mette con finezza psicologica in bocca al nostro eroe, mentre barda ed abbraccia il suo asinello: "*Da quando ti ho abbandonato compagno mio, amico mio, per salire sulle torri dell'ambizione e della superbia, mille miserie, mille travagli e quattromila smanie penetrarono dentro il mio cuore...Bene sta san Pietro a Roma; e voglio dire che ognuno sta bene nell'ufficio per il quale è nato; meglio sta a me una sega in mano che uno scettro di governatore. Meglio satollarmi di pane molle, con olio, aceto e sale, che stare soggetto alla miseria di un medico impertinente che mi fa morire di fame; voglio piuttosto starmene nell'estate sotto l'ombra di un faggio e coprirmi di sacco nell'inverno, ma in piena libertà, che dormire in continuo affanno, avvolto in lenzuola d'Olanda e vestito di pellicce.".*

Quando gli chiedono di cambiare parere, Sancho replica, da tipico Nove, che una volta che lui ha risposto no a una proposta, non c'è cosa al mondo che possa indurlo a cambiare parere. Infine, nel momento in cui i suoi burlatori gli chiedono per celia che cosa egli voglia per compenso della sua opera di governatore, Sancho risponde con la semplicità e l'ordinarietà del Nove, che non vuole altro che un po' di biada per il suo asino e mezza forma di pane e cacio per sé.

Alla fine conclude il Cervantes, tutti lo abbracciarono, e a tutti ricambiò l'abbraccio, lasciandoli edificati della sua mancanza di avidità, dei suoi detti e delle sue sentenze, non meno che della sua risoluta e discreta determinazione.

Un Nove che, invece, malgrado (o proprio per questo motivo) non avesse mai voluto correre per la nomination, né diventare presidente, assurse controvoglia alla più alta carica degli Stati Uniti, fu Gerald Ford, nominato in seguito allo scandalo Watergate in sostituzione del presidente eletto Richard Nixon.

Ford più volte ripeté di aver accettato quell'incarico, che gli appariva insopportabilmente gravoso, solo per amore di patria. Malgrado fosse un uomo probo e profondamente devoto alle istituzioni era del tutto sprovvisto di carisma, tanto da apparire molte volte goffo. Non voglio ricordare il sagace commento che il suo acerrimo nemico, l'ex presidente Lyndon Johnson ebbe a profferire nei suoi confronti, dopo una caduta dalla scaletta dell'aereo presidenziale, ma certo quelle parole testimoniavano di una sicura mancanza di prestigio o charme.

Abitudinarietà e tendenze robotiche.

La tendenza a ripetere sempre le stesse routine e a cercare di rimanere in un ordine di attività quasi ritualistico, in modo da non dovere affrontare variazioni rispetto alle usanze di ogni giorno, sono altre caratteristiche specifiche del Nove che, per questi motivi, sembra talvolta agire come un automa, guidato da un programma che ne dirige movimenti e scelte.

Anche se l'abitudine è una prerogativa generale degli esseri umani, si può dire che, in questo tipo, essa assume le vesti di un'inconsapevolezza complessiva dei motivi che spingono a comportarsi in un certo modo. Probabilmente proprio per questa caratteristica il tipo Nove è collocato al vertice superiore del simbolo dell'enneagramma, quasi come se in questo modo si intendesse rappresentare il fatto che, in misura più o meno maggiore, tutti i tipi soggiacciono alla meccanicità.

L'abitudinarietà e la stessa attitudine minimalista e quasi rinunciataria, che abbiamo visto in Sancho Panza, può essere ritrovata in numerosi altri Nove letterari, fra i quali meritano una menzione Bartleby[333] lo scrivano, protagonista del racconto omonimo di Hermann Melville e George Babbitt[334].

Quest'ultimo personaggio principale dell'omonimo romanzo di Sinclair Lewis è il prototipo quintessenziale dell'americano di provincia degli anni 20 del secolo scorso, caratterizzato da una mentalità ristretta e tradizionale, che cerca, almeno per un poco, di sfuggire alla noia profonda e opprimente della sua esistenza, perdendosi in mille occupazioni e considerazioni di poco o nessun conto.

Alla fine, malgrado le sue fantasticherie, Babbitt non diventerà un eroe e se ne tornerà nel suo solito mondo di abitudini, limitandosi a fare piccole trasgressioni frenate sempre dalla sua pavidità di cambiare, intralciate dal fatto che egli, semplicemente, non è in grado di uscire da un mondo di routine e abitudini senza entrarne in un altro, che, magari, può essere più difficile e scomodo.

In Babbit riscontriamo, inoltre, una particolare caratteristica del Nove, che può essere facilmente confusa per avidità ma è, in realtà, una conseguenza della sua voglia di restare nell'ordinarietà delle sue abitudini senza subire scossoni: quella di circondarsi di molti oggetti e spesso collezionarli.

Ho capito bene questo tratto il giorno in cui chiesi a un mio conoscente Nove di prestarmi una lampadina per la torcia. Egli non mi fece alcuna difficoltà ma me la diede solo dopo una lunga ricerca fra i tanti cassetti dell'armadio a muro (aveva, ovviamente, dimenticato in quale aveva messo le lampadine) e, dopo un breve riflettere, mi chiese se per caso ne volevo una colorata. In breve dai vari cassetti vennero fuori non meno di quaranta lampadine. Quando gli chiesi cosa se ne facesse di così tante, mi rispose che non ricordava mai se aveva una lampadina di un certo tipo oppure no, e che, per non doversi creare problemi in caso di necessità, ne comprava almeno dieci alla volta di ogni tipo.

---

333 H. Melville, *Lo Scrivano Bartleby,* ed.it. Feltrinelli

334 S. Lewis, *Babbitt,* ed. it. Mondadori

Equilibrio e Uguaglianza.

Il senso d'uguaglianza del Nove si esprime pienamente nella Costituzione e nella Dichiarazione di Indipendenza degli Stati Uniti (i cui padri fondatori, fra i quali Franklin, appartenevano in larga parte a questo tipo), che s'ispirano sostanzialmente alla lezione della democrazia greca. Il concetto fondamentale di quest'ultima che, vale la pena di ricordarlo, è stata promulgata quando nel resto del mondo occidentale regnavano ovunque sovrani quasi assoluti, afferma con chiarezza che noi tutti siamo creati uguali (e che, quindi, non esiste qualcuno che abbia più diritti di un altro) e che tutti hanno diritto alla felicità.

Il senso di equilibrio è, inoltre, evidente nel testo quando si afferma che prima di cambiare una forma di governo da molto tempo instaurata, è opportuno che si ravvisino in essa tali violazioni alla giustizia e all'equità da far ritenere che sia venuta meno la legittimazione naturale stessa del fondamento di tale autorità, che deve riposare sul consenso dei governati.

Un personaggio letterario che ben illustra queste caratteristiche di equilibrio e pariteticità nelle valutazioni e che non si lascia andare a giudizi dettati dal proprio interesse personale o dalla simpatia o antipatia, è quello di Jane Bennett, sorella di Eliza, la protagonista del più volte citato *Orgoglio e Pregiudizio*.

Jane ci viene descritta come una persona stabile nei sentimenti e nelle valutazioni delle persone con le quali viene in contatto e buona, nel senso che non vuole credere che le persone possano essere, come in realtà sono, maliziose, nel migliore dei casi.

Così lei resta ad aspettare l'uomo che poi alla fine sposerà e non muta, né vuole mutare, il suo giudizio su di lui, malgrado la sorella cerchi ripetutamente di farle vedere le cose in modo diverso.

In questo atteggiamento vi è sicuramente anche dell'ostinazione, che è un altro dei tratti che il Nove può presentare, tuttavia, nel caso di Jane, le valutazioni sembrano più improntate ad equilibrio e ad una forma di naturale fiducia verso i sentimenti dell'altro, che non al contenimento, fino alla negazione, della rabbia che un Nove può provare per qualcosa che lo tocca.

Si può a questo proposito dire che, paradossalmente, i Nove riescono a esprimere in forma diretta la propria rabbia e aggressività soprattutto quando sono toccati valori come l'equilibrio e l'uguaglianza, perché, nella loro visione del mondo, chi non rispetta questi valori vuole porsi al di fuori della comunità umana e questo non permette loro di auto sedare la propria rabbia come, invece, abitualmente fanno.

Condiscendenza e Accomodanza.

L'accidioso è una persona tipicamente accomodante e, per evitare di dover fare discussioni o sorbirsi le lamentele degli altri, è sempre pronto a rinunciare a ottenere qualcosa per sé, a prendersi il carico di lavoro più pesante (anche se questo gli costa, in ogni caso, non poco, sia in termini di fatica fisica che di sopportazione), pur di non dover fermarsi a riflettere sulle cose che fa.

Inoltre e per gli stessi motivi, può essere compiacente verso le persone che gli sono vicine, senza, tuttavia, volerle adulare o manipolare. Una cara amica di questo tipo mi raccontò, per esempio, che dopo aver a lungo girato per negozi per cercare di trovare qualcosa da indossare, riuscì a comprare un pulloverino che le stava veramente bene. Quando tornò a casa fece vedere il capo di abbigliamento alla sorella, la quale non fece mistero che le sarebbe proprio piaciuto averlo e il giorno dopo andò anche lei al negozio senza, però, riuscirne a trovare un altro. A questo punto il nostro Nove, sentite le doglianze della sorella, decise di regalarle il pullover e, quando mi raccontò l'episodio, concluse: "*poverina, era tanto dispiaciuta ed io non volevo che restasse così male per così poco.*

In modo analogo, in una strip che parlava del mondo dei campus universitari, un personaggio Nove diceva al capitano della sua squadra di football americano che lui avrebbe preso la palla, si sarebbe attirato addosso quattro o cinque giocatori della squadra avversaria, avrebbe avanzato fino a pochi metri dalla linea di touchdown e poi gli avrebbe dato la palla in modo che egli potesse segnare il punto.

Fra i personaggi della letteratura e della fantasy che mostrano in modo evidente questi tratti voglio ricordare soprattutto quello di India Bridge, la coprotagonista dei romanzi Mrs. Bridge e Mr. Bridge dai quali il regista James Ivory trasse, unificandone le trame, un unico film[335].

India è la classica donna tradizionalista e ben educata del sud degli Stati Uniti. La sua vita, completamente dominata dalla figura del marito di cui abbiamo già parlato, è quella di una persona tutta dedita ai bisogni della famiglia e che cerca in ogni modo di non avvertire i contrasti che, inevitabilmente, si originano nel proprio nucleo familiare o con le amiche del gruppo, al quale appartiene dal punto di vista sociale.

I mezzi mediante i quali India riesce in questo suo scopo sono principalmente quelli della condiscendenza, una volontà di non opporsi ai desideri degli altri, anche quando essi le procureranno inevitabilmente dolori e dispiaceri, e dell'accomodanza che, nel suo caso, si traduce

---

[335] Mr. & Mrs. Bridge (Id., GB 1990)

principalmente in un tentativo di cercare di rendere meno aspri i problemi e le inquietudini delle persone con le quali entra in contatto.

Solidità e resistenza.

I Nove, anche quelli apparentemente più minuti, sono solitamente persone dotate di grande resistenza fisica e capaci di sopportare, con la loro solidità a tutto tondo, imprese che farebbero sgomentare anche il più coraggioso degli uomini. Questi tratti conferiscono alle persone di questo tipo le caratteristiche di essere affidabili nell'esecuzione dei compiti, di saper lavorare con dedizione e continuità e la capacità di portare avanti con determinazione un progetto in cui credono, anche se esso, magari, non porta loro diretti vantaggi personali.

In genere, anzi, i Nove proprio a causa della loro solidità sottovalutano il peso degli sforzi che fanno, dato che sono molti più interessati al sentirsi parte di qualcosa, a farsi contagiare dall'entusiasmo, piuttosto che a valutare con attenzione le conseguenze a lungo termine del loro impegno.

Fra i molti personaggi Nove che illustrano questi tratti, è impossibile non ricordare quello di Frodo, lo hobbit protagonista del *Signore Degli Anelli*[336], che riesce a sopportare il gravoso onere di portare l'anello del potere assoluto senza usarlo e senza cedere al suo fascino, per la durata di un viaggio lunghissimo. Un'impresa che lo condurrà fino allo stremo delle risorse fisiche e a un'aspra lotta psicologica per non cedere alle lusinghe della vanità, dell'autorità e dell'affermazione negativa di sé, che l'anello suscita nel suo detentore.

Frodo riesce, proprio grazie alle sue caratteristiche da Nove di solidità, resistenza, equilibrio e ordinarietà, laddove eroi, valorosi guerrieri, maghi dotati di grandi poteri ed esseri sovraumani vari hanno fallito o sanno che fallirebbero miseramente.

Il ruolo del coprotagonista dotato di equilibrio, buon senso, resistenza ai compiti che gli sono imposti e capacità di trasportare il protagonista laddove questo vuole essere portato, è svolto in modo perfetto da numerosi personaggi Nove, fra i quali spicca con evidenza quello di Hoke, l'autista afroamericano della rigorosa e pungente Daisy, la vecchia maestra di cui ho parlato a proposito del tipo Uno.

Anche Marge Gunderson, la poliziotta protagonista del film *Fargo*[337], che non esita un istante a inoltrarsi nella campagna innevata, malgrado sia incinta e a dispetto del gran freddo, per indagare su un duplice omicidio, mostra un'analoga capacità di resistenza allo sforzo fisico e una paziente

---

[336] J R R. Tolkien,, *Il Signore degli Anelli,* Ed.It. Bompiani

[337] Fargo (Id., Usa 1996)

capacità di ascolto (un'altra caratteristica del Nove), grazie alla quale riuscirà ad ottenere alcune informazioni decisive per la risoluzione del complicato caso.
Una proverbiale capacità di sopportazione, dovuta a un'incrollabile fiducia sia nel suo Dio inconoscibile che nella sua innocenza personale, è quella che mostra l'omonimo protagonista del biblico *Libro di Giobbe,* il cui nome è, addirittura, diventato noto nei secoli come sinonimo di pazienza e di resistenza a ogni tipo di sventura o di malanno fisico.
Giobbe, come dice l'etimologia stessa del suo nome, è il *perseguitato,* colui che è stato ingiustamente privato dei suoi cari, dei suoi beni e della sua stessa salute fisica ma che continua (anche se non si capisce bene se lo fa per opportunismo fideistico, o per quella caratteristica del Nove di non voler credere alla negatività degli esseri che gli sono cari) a sopportare tutto, rifiutandosi di cedere all'ateismo o alla evidenza della malevolenza di un Dio nei suoi confronti.
Il rifiuto di Giobbe di credere che abbia in qualche modo peccato contro Dio, sia pure in modo involontario o solo per un sopposto spirito d'orgoglio, come gli suggeriscono gli amici, venuti in apparenza a consolarlo ma in realtà a criticarlo, trova la sua spiegazione nella caratteristica del Nove di credere di essere una persona buona, che non può aver commesso qualcosa che non vada bene o abbia davvero fatto arrabbiare o danneggiato un altro.
Più determinato e apparentemente anche più vanitoso appare, invece, un personaggio come lo statista e uomo politico inglese Winston Churcill. Quest'ultimo, che con il suo grosso volume corporeo rappresentava fisicamente l'immagine stereotipa del Nove, credeva, in realtà, di essere molto vanitoso (nel senso, ovviamente, comune e non specialistico del termine), per la sua relativa cura dell'immagine di sé. Il nucleo profondo della sua personalità, per come l'ha descritta lui stessa nella sua autobiografia, era, invece, quella di un tipico Nove che sente la necessità di entrare in lotta perché, da parte di un altro, sono stati violati dei principi fondamentali di equilibrio e giustizia.
Egli trasmise la sua capacità di resistenza e la sua solidità psicologica a una nazione intera con i suoi discorsi, che sono restati scolpiti nella memoria collettiva di una nazione. Per dare un esempio concreto di quello che voglio intendere, riporterò di seguito uno stralcio di uno dei più famosi: "*Vorrei dire alla Camera, come ho detto a coloro che hanno accettato di far parte di questo Governo: «non ho altro da offrirvi che sangue, fatica, lagrime e sudore. Abbiamo di fronte a noi un cimitero dei più penosi. Abbiamo di fronte a noi molti, molti lunghi mesi di lotta e di sofferenza. Se chiedete quale sia la nostra politica, risponderò: di muover guerra, per terra, mare e aria, con tutto il nostro potere e con tutta la*

forza che Dio ci dà, di muover guerra contro una mostruosa tirannia, mai superata nell'oscuro deplorevole elenco dei delitti umani. Questa è la nostra politica. Se chiedete quale sia il nostro obiettivo vi rispondo con una parola: la vittoria, la vittoria ad ogni costo, la vittoria malgrado ogni terrore, la vittoria per quanto lunga ed aspra possa essere la via; perché senza vittoria non vi è sopravvivenza."

A proposito della sua solidità, attestata da una grandissima capacità di lavoro, credo che possa essere annoverata anche la creazione del carro armato denominato Tank. Questo veicolo tozzo e massiccio, non aveva alcuna pretesa stilistica ma era estremamente resistente e rappresentava in qualche modo una forma di proiezione inconscia del suo ideatore.

Passività.

La passività, il cedere facilmente alle pretese e ai suggerimenti delle persone care, sono altri dei tratti caratteristici del Nove e si oppongono alla testardaggine che, invece, fa sì che essi talvolta non vogliano ascoltare nemmeno i consigli più assennati, pur di mantenere ferma la propria posizione.

La passività, tuttavia, non è mancanza di attività quanto, piuttosto, una troppo facile accettazione delle posizioni e delle necessità dell'altro, che prevalgono sulle proprie che restano, per così dire, sospese in un mondo di fantasticheria dal quale potrebbero anche non venire mai fuori.

Tutti questi elementi appaiono evidenti nel personaggio manzoniano di Lucia Mondella, la cui innocenza riesce a colpire nel più profondo dell'animo il fosco ma non insensibile, Innominato. La scena in cui Lucia, pur dissentendo, si fa convincere dalla madre e da Renzo a sposarsi, pronunciando davanti ad un sorpreso don Abbondio la formula matrimoniale, suona veritiera solo perché a subire quella decisione, che significa sposarsi senza un minimo di cerimonia e di soddisfazione, per causa di forza maggiore, c'è un tipo Nove.

Anche quando Lucia diventa la destinataria delle confidenze dell'appassionata e ribelle Geltrude, possiamo vedere in lei la solita capacità di ascolto del Nove ma anche la passività con la quale si limita ad assorbire come una spugna i racconti, senza un vero trasporto o una condivisione emozionale del contenuto doloroso degli stessi.

Allo stesso modo, quando Donna Prassede si mette in testa di dissuaderla dallo sposarsi con Renzo, che viene descritto dalla donna in modi pessimi, Lucia si limita a subire passivamente ed evita di rispondere verbalmente, con la solita passività, senza tentare in alcun modo di ribattere agli argomenti della sua supposta benefattrice.

In modo diverso ma analogo, due eroine di opere molto diverse fra loro, quali *Le Relazioni Pericolose* e *Amleto,* madame de Tournel e Ofelia, si lasciano in qualche modo sopraffare dalle esigenze e dalle determinazioni degli altri, cedendo ai loro desideri, senza riuscire in alcun modo ad opporre la propria volontà e finendo per essere distrutte da un rifiuto che, appare inaccettabile ed inspiegabile, in quanto rottura di una relazione costruita su una quasi simbiotica accettazione della volontà altrui.
La prima, una creatura di così raro candore da risultare quasi non credibile nella realtà degli esseri umani, se non conoscessimo la speciale caratteristica del Nove di non riuscire a vedere con facilità cattiveria o altri sentimenti negativi nelle persone che amano, si lascia sedurre dal visconte di Valmont, uno sfrenato libertino che la circuisce e la conquista per una scommessa e poi, dopo che questi la ha abbandonata senza nessuno scrupolo, si ritira in un convento dove si lascia morire di consunzione, senza mai mostrare uno spiraglio di reattività contro un simile ignobile comportamento.
La seconda, anch'essa un'innocente nelle mani di abili macchinatori, subisce l'influenza manipolativa del padre e vive la situazione peggiore che può accadere a un Nove: quella di un conflitto fra persone che ama, nel caso di specie soprattutto fra il padre Polonio (che suppone la pazzia in Amleto e vorrebbe per questo impedirle di frequentarlo) e il suo amato principe.
Ofelia sarà la vera vittima di tutta la tragedia, subendo da incolpevole non solo accuse meschine e immeritate e l'abbandono da parte di Amleto ma anche il cinico e interessato utilizzo da parte del padre che, tramite lei, vuole solo raggiungere i suoi fini. La passività di Ofelia sembra quasi emblematicamente immortalata nei numerosi quadri nei quali lei, riccamente vestita, sembra lasciarsi andare alla corrente che la annegherà, come se, anche in questo caso, non riuscisse a opporsi alla forza contraria che la trascina via.
Analogamente passiva, anche se ancor più paradossale nei suoi comportamenti, in quanto espressione metaforica della Verità, è il personaggio della signora Ponza, la coprotagonista dell'opera teatrale *Così E' Se Vi Pare*[338]. La donna, espressamente segregata in casa dal marito per gelosia assoluta o per difendere, paradossalmente, la presunta pazzia della propria madre, la signora Frola, (l'opera tace volutamente e in modo ambiguo su questo), accetta passivamente di piegarsi ai desideri dei suoi cari e, perfino nel momento culminante della pièce, compare in scena non a volto nudo, ma completamente avvolta da un velo nero.

---

[338] L. Pirandello, *Così è(se vi pare),* ediz.BUR

Quando le è chiesto se lei sia la vera figlia della signora Frola, come sostiene quest'ultima, o la seconda moglie del signor Ponza, come invoca il primo, la donna si rifiuta di spiegare e, con una frase perfetta per sottolinearne la passività, che per un Nove può anche spingersi fino alla incapacità di auto definirsi, dice di sé che ella è "colei che mi si crede".
Una figura maschile biblica dotata di una formidabile passività, che sconfina evidentemente anche in una forma di pigrizia difensiva, è quella del profeta Giona.
Quando Dio gli ordina di recarsi a Ninive e di annunciare alla città la sua prossima distruzione, a causa dei peccati commessi dai suoi abitanti, Giona, molto prudentemente (la linea di connessione con il tipo Sei era evidentemente forte in lui), cerca di sfuggire all'ordine, imbarcandosi su una nave che andava nel senso opposto. Ovviamente, tuttavia, il profeta non poteva sfuggire alla sua missione ed ecco che Dio fece ribollire il mare e suscitò una grossa tempesta, mentre Giona, con tutta calma, si era messo tranquillamente a dormire sotto coperta.
La tempesta infuriava a tal punto che i superstiziosi marinai, meravigliati dalla stranezza di quell'evento fuori stagione, si chiesero se fra loro non vi fosse qualcuno che portasse iella, o, che avesse offeso qualche dio e, quando fecero la conta, la scelta cadde su Giona. Quest'ultimo, con la solita quasi indifferenza del Nove nei confronti di se stesso, non si oppose alla situazione e, anzi, suggerì lui stesso di essere buttato a mare.
Se c'è qualcosa di veramente buffo nelle scritture, credo che ciò possa essere ritrovato in questo episodio. M'immagino, infatti, le facce dei marinai e del capitano nell'udire questo suggerimento che significava, come tutti ben sapevano, morte sicura per un comune mortale. Non a caso la Bibbia ci racconta che i marinai erano dubbiosi davanti a questa proposta. Come interpretare, infatti, un suggerimento che sembrava tanto sfavorevoli a se stessi. E se avesse nascosto qualche trappola o ci fosse stato qualcosa che sfuggiva loro in quel momento ma si sarebbe poi ritorto contro di loro?
Come sappiamo, alla fine Giona venne buttato in acqua e venne inghiottito da un grosso pesce che lo gettò sulle coste della città prescelta, dove egli predisse la distruzione della stessa e dove Dio gli permise di trovare quella capacità di provare amore per se stesso e gli altri che egli aveva perso avvolto nell'oscurità della sua passività psicospirituale.

Armonicità e Affabilità.

Al suo meglio il Nove è una persona veramente armoniosa, abile nel trovare i motivi che uniscono le persone, affabile nei modi (come abbiamo visto vuole essere sempre una sorta di bravo bambino) e capace di una

qualità di ascolto incondizionato che lo rende un amico comprensivo e qualcuno con cui ci si può confidare, senza paura di essere giudicato a prescindere.
La capacità del Nove di mettere da parte i suoi desideri e di amare ardentemente tutta l'umanità e la pace, traspare con evidenza nelle figure gigantesche di due uomini che hanno illuminato con la loro presenza spirituale il secolo passato, il Mahatma Gandhi e Angelo Roncalli, meglio noto come papa Giovanni Ventitreesimo.
Se il primo è giustamente passato alla storia come l'apostolo della non violenza, il secondo, considerato all'atto della sua elezione solo come un papa di transizione, ha mutato profondamente i costumi e la sensibilità della chiesa cattolica, spingendola a confrontarsi grazie al Concilio Vaticano Secondo, con l'esperienza di fede di tutte le religioni, anche di quelle che non si richiamano alla parola e all'insegnamento di Cristo.
Ambedue erano totalmente privi d'ambizione personale e si sono trovati a essere, quasi controvoglia, la guida spirituale di grandi masse, che vedevano in loro uomini che insegnavano sempre e soprattutto ad amare.
Uno splendida illustrazione di questa caratteristica si può trovare nel seguente esempio riguardante Gandhi. Un giorno, nel mezzo delle sanguinose guerre che divisero l'India dal Pakistan, dopo la seconda guerra mondiale, un indù si recò dal Mahatma e, piangendo, gli confessò di aver ucciso un mussulmano, dopo che la sua famiglia era stata sterminata da altri mussulmani.
Gandhi lo abbracciò e gli disse semplicemente che avendo perso una famiglia doveva farsene un'altra. Lo invitò, quindi, ad adottare un bambino orfano e stringendolo forte aggiunse: "Mussulmano, però".
Papa Giovanni aveva più volte dichiarato che la sua massima ambizione era quella di fare il parroco di campagna ed era conosciuto negli aspetti ecclesiastici come il monsignore il cui motto è": *Lasciateci avere comprensione l'uno per l'altro*. Nonostante fosse, un tradizionalista in fatto di teologia, egli ebbe il merito di ricondurre la chiesa cristiana moderna alla necessità di comprensione verso tutti gli esseri umani.
Il famoso e meritato titolo di Papa Buono, col quale la storia lo ricorda, era certamente dovuto al fatto che in lui all'istintivo buon cuore del Nove, si accoppiava una gran capacità di agire per il bene che non faceva distinzioni e superava qualsiasi fatalismo passivo.

LA FISSAZIONE DELLA DIMENTICANZA DI SÉ

Da quanto è stato finora esposto, risulta evidente che il Nove non mette tipicamente se stesso al centro del palcoscenico e tende, anzi, a dimenticare con facilità i suoi bisogni e le sue necessità. Non c'è umiltà in questo, tuttavia, perché, come ho più volte sottolineato, il Nove pensa a se stesso in termini parecchio positivi, anche se, per evitare di confrontarsi con l'aggressività affermatrice degli altri e la consapevolezza della propria passività, preferisce cercare di distrarsi.

Non meraviglia, quindi, che lo stile di pensiero dominante nel Nove tenda a cercare di evitare la troppa consapevolezza, che ci si lasci andare a fantasie, anche di tipo passivo aggressivo, che permettano di non dover agire o di non dovere troppo impegnarsi, che ci sia una sorta di mancanza di chiarezza interiore riguardo al come utilizzare il proprio tempo, per raggiungere degli obiettivi che restano confusi ed indistinti.

Il mondo cognitivo del Nove è riempito da fantasie, che restano il più delle volte senza costrutto pratico, grazie alle quali la persona tende a distrarsi e a figurarsi il modo nel quale potrebbe essere più facilmente accettato. Per questi motivi la definizione che si usa in prevalenza nel mondo dell'EdT, per designare la fissazione del Nove, fa riferimento a questa sorta di dimenticanza di se stessi, che è una contropartita naturale dell'intorpidimento psicospirituale indotto dall'accidia.

Si può dire che, così come il falso distacco del tipo Cinque ricorda quello del Buddha prima di ottenere l'illuminazione, allo stesso modo l'ipercompiacenza e la facile rinuncia alle cose del Nove non è corrispondente ad un vero non attaccamento ma cela in profondità una inadeguatezza di confrontarsi realmente sia con i propri moti aggressivi repressi, sia con l'ansia che l'incapacità di farsi valere porta a carico del sé, e che ambedue, inevitabilmente, richiedano, per essere sostenibili, che la persona tenda a obliare se stessa.

Presenta, ad esempio, questa caratteristica il personaggio di Elizabeth (Beth) March, la terza delle quattro sorelle protagoniste del citato romanzo Piccole Donne di Louise Alcott, che non nutre alcuna ambizione né ha voglia di apparire speciale o di brillare.

Come scrive giustamente una studiosa di EdT anche lei di questo tipo, descrivendo il personaggio di Beth in un suo saggio sul romanzo: "*Il suo carattere fa da contraltare a quello delle altre sorelle che, al contrario di lei, sono tutte vitali. A mio parere Beth è un Nove, perché il suo personaggio è inerte e quasi non esiste, se non nel modo in cui non pensa a sé e si muove solo se colpita fortemente dalla sofferenza altrui (tant'è che si prende la scarlattina, pur di aiutare una famiglia povera). Inoltre, è descritta come la più buona delle sorelle, quella che fa di tutto per mantenere la pace tra coloro che la circondano, ma questa bontà racchiude, in realtà, un'incapacità ad affermarsi e rimanda a quella caratteristica del Nove di crogiolarsi in un torpore esistenziale, che tiene lontano il confronto con i reali problemi quotidiani. È facilmente visibile in tutto il film come Beth si dedichi completamente agli altri e in questo modo si dimentica di se stessa".* [339]

Nel citato romanzo *Cent'Anni di Solitudine* c'è un personaggio che esemplifica ancor meglio questa caratteristica del Nove, poiché essa attraversa quasi tutta la storia del villaggio di Macondo e della famiglia Buendìa restando, però, sempre assolutamente in secondo piano e mai rivendicando il ruolo al quale avrebbe diritto.

Si tratta di Santa Sofia del la Pietad una ragazza messa letteralmente nel letto di Arcadio da un accordo fra i suoi genitori e Pilar Ternera e che, per tutto il romanzo, non sembra avere volontà propria, limitandosi prima ad essere l'ombra dell'uomo che hanno scelto per lei e che lei si fa tipicamente piacere, fino a dargli tre figli, di cui due addirittura postumi, eppoi della suocera Ursula, con la quale collabora fedelmente e senza mai rivendicare neppure un minimo riconoscimento.

Tanto dimesso è il ruolo che Sofia occupa, che la nuora Fernanda per lungo tempo pensa che lei solo una domestica e non sua suocera. Quello che Marquez scrive di questo personaggio, illustra perfettamente il modo di agire e di essere delle persone nelle quali è forte la dimenticanza del sé.

"*Per Santa Sofia la riduzione degli abitanti della casa avrebbe dovuto rappresentare il riposo al quale aveva diritto dopo mezzo secolo di lavoro. Non si era sentito un lamento da quella donna riservata, ...che aveva consacrato tutta una vita di solitudine e silenzio all'allevamento di qualche bambino che neppure più ricordava di esserle figlio o nipote e si era occupata di Aureliano completamente come se fosse uscito dalle sue viscere, senza nemmeno sapere di essergli bisnonna... Santa Sofia non parve prendersela mai per quella condizione di subalterna. Al contrario, si aveva l'impressione che le piacesse darsi da fare, senza un minimo di requie, senza una rimostranza, mantenendo ordinata e pulita l'immensa casa nella quale era vissuta sin dall'adolescenza e che sembrava più una caserma che una dimora*".

Come se non bastasse, Marquez ci suggerisce anche che nessuno mai l'aveva sentita lamentarsi, malgrado dormisse a terra su una stuoia e mangiasse quello che trovava, fino al giorno in cui, dopo che sono morti i suoi figli e in particolare Ursula, decide che è giunto il momento di uscire dalla casa perché sente di non riuscire più a tenerla in ordine.

---

[339] *Piccole Donne* di Raffaella Foggia in Rivista ASS.I.S.E. nr 12

Anche in questo caso, tuttavia, Sofia non perde il suo tratto di quasi invisibilità e di modestia, visto che non chiede nulla per sé e non vorrebbe portare via nemmeno il più piccolo oggetto, fino al punto che il pronipote Aureliano (che, come già detto, non sa nemmeno della parentela), non sente che quella donna, che lo aveva sempre assistito meritava un riconoscimento concreto, per permetterle di affrontare con serenità la vecchiaia e le dona, quindi, alcuni famosi pesciolini d'oro.
Sofia accetta il dono con la solita passività mentale e va via, uscendo per sempre dal romanzo, chiudendo semplicemente la serratura della casa, quasi come se volesse sottolineare anche con questo ultimo gesto, che la sua attenzione è assorbita sempre dalle cose concrete di casa, a discapito della considerazione che dovrebbe dare a se stessa ed ai suoi sentimenti.

Capitolo Sette: Un Progetto Evolutivo.

Carenze energetiche da reintegrare, messaggi di cui liberarsi.

Nel capitolo sulle carenze energetiche ho affermato che l'analisi delle situazioni familiari infantili dei partecipanti ai corsi e di altre persone intervistate sull'argomento, sembravano suggerire che alla base della nascita di ogni tipo vi fosse uno squilibrio di un'energia in particolare, dovuta agli specifici messaggi che l'ambiente sembrava veicolare e alle risposte del bambino.

Una volta stabilitisi, questi cicli di stimolo/riscontro venivano incessantemente reiterati, perché l'organismo in evoluzione aveva trovato in essi quella che sembrava essere la migliore risposta adattativa possibile nella situazione data e, malgrado il molto tempo che poteva essere trascorso da quei momenti iniziali, essa restava, per così dire, eternata nella parte più recondita della psiche.

In quest'ultimo capitolo esaminerò più da vicino quali siano le implicazioni che nascono da questi schemi precocemente sviluppati e del come, per ognuno di essi, è possibile riscontrare sia una sorta di "buco", che va riempito, sia un tabù, che va adeguatamente compreso e rimosso.

Voglio ancora sottolineare che, a mio avviso, un bilanciamento di queste situazioni di scompenso, per carenza od eccedenza, è assolutamente necessario, se si vuole percorrere la strada che, dalla totale soggezione alla meccanicità, conduce fino alla integrazione ed alla espressione più compiuta del sé. Questo non significa assolutamente negare che sia credibile realizzare un percorso integrativo di ordine spirituale ma, piuttosto, suggerire ai lettori la possibilità di un auto-aiuto più di ordine pratico e tangibile.

In questo contesto va ancora ribadito che l'EdT non è una forma di terapia psicologica e non ha come suo scopo quello di intervenire su gravi nevrosi o altre forme di malattia psichica ma quello di fornire alle persone degli strumenti, da poter utilizzare per meglio comprendere se stessi e gli altri ed intervenire, grazie ad un percorso di conoscenza e consapevolezza, sugli aspetti ripetitivi e automatici che limitano, fin quasi ad annullarla, la capacità di affrontare la propria esistenza in un modo più libero, concreto ed equilibrato.

Una parte importante in questo discorso deve necessariamente essere occupata dall'esame e dalla comprensione delle relazioni affettive (in termini di contributo che ambedue i partner apportano allo sviluppo, alla

stasi o, perfino, alla disgregazione di se stessi e della coppia), che vengono poste in essere nella vita quotidiana ed alle loro modalità di concretizzazione. Ciò, ovviamente, allo scopo di aiutare nel cambiamento di quelle che non apportano un contributo di crescita e di cogliere le opportunità, eventualmente inespresse, nelle stesse.
Ogni carenza energetica provoca una sorta di rattrappimento nella strutturale naturalezza della persona e una permanente lesione nella capacità di vivere pienamente le emozioni (quella che ho definito come Ferita Originaria), che diventano poi distorsione caratteriale. A questi due fenomeni si accompagna, inoltre, lo sviluppo di una serie di tabù, il cui scopo è di non permettere di poter essere consapevoli di quello che più ci è mancato.
Una prima conseguenza di questa situazione è che le persone non hanno idea dei messaggi negativi contenuti in questi tabù e nemmeno dei divieti che essi implicitano. Così, pur subendone tutte le conseguenze sulle loro vite, esse non riescono a rendersi conto del dove indirizzare la loro consapevolezza e di cosa poter fare per cambiare concretamente.
Di seguito riepilogherò, quindi, l'elenco delle Ferite Originarie e delle energie più carenti per ogni singolo tipo e collegherò ognuna di esse ai tabù che più frequentemente ne derivano, in modo che il discorso smetta di essere solo teorico e diventi, invece, riscontrabile per ognuno nella propria personale esperienza di vita.

Tipo Nove: Ferita- Rinuncia. Energia più squilibrata- Contatto.

Molti Nove hanno descritto i loro genitori usando espressioni del tipo, *la madre dalle lunghe braccia*, oppure, il *padre che ti chiedeva di fare per tenerti vicino,* ed era loro evidente che, in definitiva, i caregivers non gli avevano fatto mancare attenzione o accettazione, quanto, piuttosto, la percezione di importanza che discende dalla vicinanza e da un contatto incondizionato.
Così è sembrato loro che essere accettati era già un grande risultato e che, di conseguenza, non dovevano fare qualcosa che potesse rompere o peggiorare la situazione che si era venuta a creare.
Da qui sono nati alcuni divieti, diventati poi, nel corso del tempo, fra i tratti più tipici del Nove, che hanno generato un tabù **a chiedere per sé, a contrariare, a contrattare,** e hanno leso il diritto a sentirsi importante in quanto individuo, dando in cambio al bambino che cresceva, però, la sensazione di essere buono e di valere per la sua capacità di prendersi carico e di partecipare alle situazioni con un suo contributo. In questo

modo il bambino ha inghiottito il veleno avvolto nel miele e, per tenere a bada la naturale rabbia che deriva dal rinunciare ad affermarsi, ha dovuto anche creare una barriera di inconsapevolezza, che col tempo si è trasformata in quella sorta di dimenticanza del sé di cui ho parlato in precedenza.
Riappropriarsi, quindi, della capacità di battersi per se stessi, anche quando ciò significa necessariamente confliggere con persone care, è uno dei primi passi che un Nove deve imparare a fare. In questo può, però, essere molto aiutato dalla consapevolezza che la sua abitudine a rinunciare in favore di un altro non è una sua attitudine naturale, ma il segnale di una profonda ingiustizia di cui è stato vittima quando non era in grado di potersi pienamente difendere.

Tipo Uno: Ferita- Umiliazione.
Energia più squilibrata- Contenimento.

Nel caso del tipo Uno, come ho già detto, più che di carenza indotta dall'insufficienza dell'energia del contenimento in termini assoluti, si deve necessariamente parlare di una menomazione allo sviluppo emozionale del bambino prodotta da una cattiva applicazione della stessa.
In particolare, l'ambiente non riesce a comprendere adeguatamente le risposte emozionali del bambino e a tarare il suo agire in un modo che non sia lesivo del suo sentire e del suo rispecchiarsi. Si può anche aggiungere che l'ambiente non riesce a creare un'adeguata sintonia fra i bisogni del bambino in via di crescita e la risposta emozionale che accompagna le azioni da intraprendere, finendo, così, per apparire troppo lontano e giudicante.
Il risultato di questa interazione si concretizza in uno sforzo molto intenso del bimbo per non sentirsi più un oggetto di vergogna, in un tentativo di auto contenimento che non lascia molto spazio alla libera istintività, al gioco sfrenato, all'auto permissività.
Questo quadro genera, ovviamente, una serie di divieti che, pur somigliando in qualche modo ad alcuni di quelli che abbiamo visto in azione nel Nove, se ne differenziano per la parte più attiva, dal punto di vista dell'agire per sé, cui il bambino si abitua, per sostenere il suo senso di valore e per essere sicuro di non incorrere più nella condanna da parte dell'ambiente.
Così ritroveremo qui il tabù ad **avere diritto a spiegazioni, al rispetto dei propri tempi naturali, a sporcarsi**, che porteranno un Uno ad essere estremamente disciplinato, a cercare di completare nel più breve termine

possibile i suoi compiti, a controllarsi in un modo che facilmente può sconfinare nell'ossessivo e nell'innecessario.
Anche qui il percorso di auto aiuto passa attraverso la cognizione che il proprio bambino naturale è stato oggetto di una compressione molto intensa, di un'esposizione a un sentimento di vergogna non meritato, e a una sensazione d'indegnità che non è stata per nulla compensata dalla possibilità offerta dall'ambiente di non sentirla più se ci si sforzava a sufficienza.

Tipo Due: Ferita- Abbandono.
Energia più squilibrata- Rispecchiamento.

Ho già accennato al fatto che un corretto rispecchiamento deve considerare il bambino reale e non uno idealizzato o non visto nel suo giusto ruolo. In altre parole il piccolo, maschio o femmina non importa, non deve essere visto da uno o da ambedue i caregiver come un sostegno o, peggio ancora, come un sostituto emozionale del partner, perché questo farà sì che, in luogo del suo corretto valore, il bambino svilupperà un senso di sé largamente dipendente dall'esagerata importanza che sente di avere nella recita familiare, o derivato dalla rilevanza sociale del gruppo di cui fa parte e con il quale si identifica.
Conseguenza di una simile situazione è che i naturali sensi d'imbarazzo, carenza e d'impotenza non potranno essere ammessi alla coscienza, pena la perdita della considerazione e dell'importanza goduta. Ciò genererà la paura della possibilità di non essere più voluti ed abbandonati se non si dimostra costantemente di essere "carini", "disponibili" e "comprensivi".
Nascono così nel Due i tabù relativi al **chiedere in modo diretto, ad essere oggettivi** nella valutazione di una situazione che coinvolge una persona cara o se stessi, a **scompiacere** soprattutto coloro che sono investiti di una carica di autorità.
In definitiva, e nonostante un Due dica a se stesso il contrario, quello che viene perduto è proprio la naturalezza nei comportamenti e nel sentire profondo, che vengono rimpiazzati da un sintonizzarsi sui bisogni e le aspettative delle persone che si vogliono assecondare e da una maschera di super valutazione fittizia della propria importanza e centralità.
Riconoscere che si può essere stati inutili, arroganti, manipolativi, invadenti, incapaci di fronteggiare a lungo una situazione oppressiva, non significa accettare di essere individui indesiderabili e da allontanare il prima possibile. Le debolezze fanno parte dell'essere uomini, e accettarle in se stessi e negli altri, riconoscendo con consapevolezza che non si è perfetti e nemmeno poi tanto importanti, è il primo passo che bisogna

compiere per riappropriarsi della naturalezza del bambino interiore e della capacità di saper essere, senza dover chiedere o dare nulla in cambio.

Tipo Tre: Ferita-Disprezzo.
Energia più squilibrata- Accettazione.

Il bambino deve sentire di essere accettato in un modo totale e incondizionato e questo è vero sia nella prima infanzia sia, in modo più deciso, quando la facoltà di comprendere e discriminare il sé dall'altro comincia a farsi più profonda e pronunciata.
Un investimento oggettuale dei genitori sui figli è quasi sempre una cosa normale, perché il bambino diventa il contenitore di buona parte dei desideri e delle speranze che non sono state realizzate dai primi ma l'aspettativa non deve diventare eccessiva perché, altrimenti, le parti più fragili e delicate finiranno per non essere più accettate e il bambino stesso finirà per percepirle come deleterie e controproducenti per sé.
Questo processo non è, ovviamente, senza conseguenze per la strutturazione della personalità, perché resterà sempre presente una percezione che il nutrimento emozionale primario deve, in qualche modo, essere "comprato", mediante prestazioni e performance che richiedono ogni caso il confronto fra il proprio sé e quello di un qualcun altro. L'insicurezza derivante da questa situazione è tanto forte che il bambino, per combatterla, struttura e si attacca vigorosamente a un'immagine perfettamente aderente a quella che gli viene richiesta, attivando le proprie energie a questo scopo.
I tabù che discendono da queste esperienze includono una sorta di divieto a **ricevere gratuitamente, a poter essere veramente autentici o ad aspettarsi un'attenzione incondizionata** e, quindi, a doversi in qualche modo comprare l'affetto attraverso le proprie performance e, soprattutto, mediante il rifiuto assoluto di accettare le proprie incapacità.
L'esito finale di questo processo fa sì che la persona quasi non riesca più a distinguere in se stessa ciò che è artefatto da ciò che è reale, una sorta di trasformazione in macchinario funzionale a certi obiettivi, delle sue parti più delicate e questo, inevitabilmente, finisce per impedire una comprensione empatica di se stessi e degli altri.
Recuperare la convinzione che si può essere oggetto di attenzione e amore, anche senza che si faccia qualcosa per "acquistarlo", è uno dei compiti più importanti per un tipo Tre. Le persone di questo tipo, da adulti, proprio non riescono a capacitarsi che ci si possa interessare a qualcuno che non mostra alcun segno di particolare merito o capacità

particolari. In questo processo può aiutare molto la convinzione che nessuno può sottrarci quello che solo noi possiamo dare a noi stessi.

Tipo Quattro: Ferita-Disperazione. Energia più squilibrata- Incoraggiamento.

I bambini dovrebbe avere tutti diritto a una comprensione empatica da parte dell'ambiente nel quale crescono e a ricevere, almeno, una forma di equità in grazia della quale vengono valutati più i loro sforzi che i risultati conseguiti. In questo mondo ideale, quindi, il bambino riceverebbe un incoraggiamento emozionale costante, che gli permetterebbe di superare i problemi ai quali, inevitabilmente, va incontro nel suo percorso di crescita e gli farebbe percepire che anche i rifiuti e i dinieghi (che gli sono eventualmente posti), non sono immotivati e incomprensibili ma rispondono a precise situazioni, che devono essere, comunque, emozionalmente accettabili.

In tutti i tipi si può riscontrare una carenza da questo punto di vista ma essa nel Quattro diviene particolarmente acuta, perché l'ambiente si mostra molto poco sensibile alle esigenze emozionali del bambino che si sente, di conseguenza, quasi colpevole di questa situazione e di certo ne soffre. Egli cercherà, di conseguenza, di capire in ogni modo perché sta vivendo questa situazione e di rispondere a essa in un modo che gli permetta di non sentirla più.

L'esito di questo processo è, ovviamente, insoddisfacente per il bambino, perché qualsiasi sofferenza, rinuncia, sforzo o auto accusa non serviranno a compensare il dolore e il vuoto che si continuerà a provare per l'insensibilità percepita; questo perpetuerà la sensazione che l'amore non potrà mai essere di nuovo ottenuto o che, comunque, verrà inevitabilmente perso.

Da ciò discendono alcuni dei divieti che più fanno soffrire il Quattro anche da adulto, quale quello di **non poter essere meno che perfetti, di sentirsi degno, a essere soddisfatto, a fare le cose alla leggera, a essere veramente empatico con se stesso.**

Convincersi che non si è più dei bambini bisognosi, che nessuno può toglierci quello che è nostro fin da prima della nascita, come il senso di dignità o il rispetto per sé, che le possibilità di ottenere amore e soddisfazione dipendono anche e soprattutto da una nostra predisposizione, più che dalla "concessione" dell'altro, è un passo indispensabile che un Quattro deve compiere, se vuole cominciare a liberarsi dalla sua visione tragica e meccanicamente insoddisfacente del mondo.

Tipo Cinque: Ferita- Auto Limitazione. Energia più squilibrata- Comunicazione.

Molti Cinque hanno riferito che nel loro ambiente familiare prevaleva una scarsa propensione per l'ascolto e la condivisione, perché le persone erano sempre preoccupate o prese da qualcosa d'altro e ciò ha prodotto una carenza fondamentale nel campo della comunicazione.
Il bambino, in altri termini, ha vissuto l'esperienza che la sua comunicazione non interessava all'ambiente (o, perlomeno, questo è ciò che gli è rimasto come impressione durevole) e, di conseguenza, ha cominciato a provare un senso d'inutilità per ogni tipo di rapporto che non sembrava corrispondere alla sua richiesta inespressa, a dispetto delle aspettative, talvolta elevate, che l'ambiente nutriva su di lui.
L'esito finale di questo processo porta il bambino a evitare di ritrovarsi in situazioni nelle quali la sua affermazione (in quanto espressione del sé) viene negata dall'ambiente e, contemporaneamente, a sottrarsi sempre di più alle richieste che vengono vissute come "soffocanti" in senso quasi letterale. Ritengo, a questo proposito, molto interessanti le osservazioni di alcuni Cinque che riferiscono di aver provato, fin da molto piccoli, una sensazione di soffocamento, quando si trovavano a essere "riempiti", senza che loro lo avessero assolutamente chiesto, o di "svuotamento", quando erano costretti a esternare sensazioni di gratitudine per avere ricevuto qualcosa che non interessava loro.
Conseguentemente, si sono sviluppati alcuni divieti che hanno condizionato lo sviluppo psicologico del bambino, costringendolo a una forma di contenimento e di raffreddamento dei processi interni. Fra di essi quelli che mi sembrano i più significativi sono: **il divieto a esprimere emozioni, quello di essere centro incondizionato d'interesse, quello di rifiutare ciò che ti viene da chi ti sta vicino.**
Per un Cinque è difficile convincersi che la vera comunicazione, compresa quella fisica e istintuale, è fatta di fasamento dei tempi e di rispetto dei ritmi del sé e dell'altro, perché l'inveterata abitudine ad auto contenersi e a limitare l'attenzione (se quello che viene trasmesso non sembra avere un interesse specifico), porta ad una riduzione dei momenti nei quali si è disposti a contattarsi ed a contattare l'altro.
Cionondimeno, la strada per liberarsi dalla meccanicità passa attraverso l'apertura e il non trattenimento, mediante la rinuncia delle abitudini di autoseclusione e di richiesta di essere sempre a disposizione che un

Cinque adulto, silenziosamente, continua a portare avanti. Se si riesce a trattenere l'attenzione sul fatto che ci si sta continuando a comportare come un bambino piccolo, che per rabbia verso l'ambiente decide di punirsi (sviluppando una forzata costrizione di sé), si può, a mio avviso, cominciare a percorrere la strada verso una vita più libera e soddisfacente.

Tipo Sei: Ferita- Ordini Negativi.
Energia più squilibrata- Permesso/Limite

Per quanto possa sembrare strano, il Sei è il tipo nel quale più frequentemente si può riscontrare il sentimento dell'invidia a livello cosciente e una conseguente forma di stizza verso chi sembra avere maggiori certezze, riguardo al ruolo che si occupa nell'ambito della recita familiare. Analizzando questo sentimento, grazie alle testimonianze delle persone, mi sono reso conto che ciò accadeva quasi sempre perché gli altri membri del gruppo, usati come termini di paragone, godevano di una posizione precisa che sembrava preclusa a loro.
Abbastanza spesso il Sei da bambino era stato un figlio intermedio, posizionato in un situazione nella quale non era stato particolarmente responsabilizzato da uno o ambedue i genitori, come solitamente accade ai primogeniti e, contemporaneamente, non era il "piccolino", classicamente l'ultimogenito, più oggetto di protezione e autorizzazioni.
Questo stare in quella che si può definire come la terra di mezzo, non è privo di conseguenze sullo sviluppo del bambino, perché, se non è accompagnato da una serie di comportamenti coerenti, precisi e ripetuti dei caregiver e da una vicinanza almeno empatica, conduce facilmente a una difficoltà di comprensione del senso delle risposte che si ricevono e dei derivanti comportamenti.
Il bambino, in altri termini, non riesce a capire se e fino a che punto può allontanarsi, se può o non può fare una cosa o in che modo deve agire per ricevere attenzione, perché non vi è certezza di risposta da parte dell'ambiente se non, eventualmente, in termini negativi (cioè, *non fare questo, non fare quello, non muoverti, attento a quell'altro,* che non permettono lo sviluppo di un senso interiore di certezza.
Da ciò discendono alcuni dei divieti che si possono ricontrare in modo più evidente in alcuni tipi Sei, fra i quali il **diritto ad affermarsi, il diritto ad allontanarsi senza il permesso di un'autorità, il diritto a realizzare ed a fidarsi.**
Don Abbondio, il personaggio manzoniano che è la personificazione stessa della Paura percepita, ragionando con se stesso sosteneva che il

coraggio *se uno non lo ha, non se lo può dare*. Io sostengo che è esattamente vero il contrario. Solo la consapevolezza interiore che non si hanno tutte le energie per affrontare i pericoli e le opportunità che il mondo offre, può permettere a un Sei di capire che non è più un bambino bisognoso di una bussola esteriore e che la forza necessaria per saper affrontare le situazioni con cuore aperto e animo disponibile, può essere trovata esclusivamente in se stessi.

Tipo Sette: Ferita- Allegria Forzata. Energia più squilibrata- Coerenza.

La paura è ovviamente presente in tutti i bambini che devono, con i limitati mezzi che l'evoluzione ha messo a loro disposizione, cercare di gestire sovraccarichi emozionali la cui origine e potenza sono molto spesso molto aldilà delle loro facoltà di cognizione e sopportazione. Per questo l'aiuto dell'ambiente risulta determinante, nel creare i supporti emozionali e di comprensione che permetteranno al futuro adulto di sentirsi in grado di affrontare il mondo in modo autentico e adeguato a quello che accade.
Se, tuttavia, il bambino non può permettersi di vivere alcuni dei suoi sentimenti in modo aperto e approvato dall'ambiente, che può perfino sentirsi minacciato o colpevolizzato da ciò che egli sta provando, allora, come abbiamo già visto, preferirà cercare di evitare di mostrare il più possibile quanto realmente prova, fino al punto di evitare di percepire la difformità o non sentire, addirittura, più nulla.
Ovviamente, i sottostanti sentimenti di paura e d'inadeguatezza saranno sempre presenti ma il piccolo Sette cercherà di tenerli a bada, adottando comportamenti che potranno anche risultare esagerati ma saranno, in ogni caso, finalizzati al mantenimento di un atteggiamento "positivo", che permetterà di trovare in lui un elemento di divertimento e di sostegno rispetto agli accadimenti.
Ciò è risultato vero soprattutto nell'esperienza di molti Sette primogeniti, o del sesso atteso e lungamente desiderato dai genitori, che sono stati visti, fin dalla loro nascita, come elementi di gioia e di positività e che non potevano permettersi di esprimere sentimenti dolorosi o di aperta negatività e preferivano dissimularli con il sorriso o, più raramente, con l'aggressività verso soggetti che erano emozionalmente indifferenti.
Come persone hanno riferito, questa situazione spesso viene a originarsi perché non esiste una vera coerenza fra i messaggi che i caregiver offrono al bambino. Anche se è normale che i messaggi e i comportamenti

genitoriali differiscano in una certa misura, essi non devono provocare disturbi nella percezione di sé del bambino, che deve poter sapere se, e in quale misura, può aspettarsi una corretta importanza nella relazione.
Da questi paradigmi, insieme con una forma generale di auto permissività, discendono alcuni dei divieti che possiamo osservare nel tipo Sette, fra i quali i più frequenti sono **il diritto a contattare apertamente il dolore, a prevedere correttamente gli sviluppi di una situazione, a saper valutare con certezza le conseguenze di un'azione o di un comportamento, a sapersi moderare nella ricerca di quello che sembra attraente.**
Accettare che ogni azione possa produrre delle conseguenze, potenzialmente in grado di sovvertire quello in cui si credeva, è che un qualsiasi accadimento possa d'improvviso metterci in uno stato dal quale non vi è via di uscita, non è gradevole per nessuno ma lo è ancor meno se ciò accade a un tipo Sette. Fare i conti con l'incoerenza fra apparenza e comportamenti, l'impotenza che a un certo livello incombe sulle vite di tutti, il riconoscimento che dietro ogni azione, anche la più apparentemente innocente, c'è il desiderio infantile di dimostrarsi in grado di padroneggiare una situazione, è sicuramente spiacevole ma decisamente più sano che continuare meccanicamente a mentire a se stessi e agli altri. Inoltre, intraprendere questa via non significa automaticamente perdere la stima o l'affetto delle persone che non condividono questa visione del mondo, come temeva originariamente il bambino soggetto a un'autorità giudicante.

Tipo Otto: Ferita- Maltrattamento.
Energia più squilibrata- Cibo-Riconoscimento.

Molti Otto hanno riferito di aver letteralmente sofferto la fame quando erano bambini, perché i caregiver erano assenti o troppo impegnati per dare loro l'attenzione necessaria per raccogliere le loro richieste. Altri, anche da adulti, vibrano letteralmente di rabbia, quando raccontano di esperienze vissute con persone incapaci di provvedere a loro o di situazioni di privazione, nelle quali hanno visto coinvolti loro familiari più deboli, come un fratellino o una sorellina minore.
In tutti questi casi il bambino ha subito un processo di indurimento che lo ha portato a non fidarsi troppo degli altri e a non aspettarsi di essere "nutrito" gratuitamente, in termini sia concreti che simbolici. Ho denominato l'esito di questo sviluppo con la generica parola *Maltrattamento* ma voglio ora meglio specificare i termini del processo,

per permettere una migliore comprensione della differenza che si può verificare in presenza di atteggiamenti analoghi fra i vari tipi.
Qui l'ambiente si mostra incapace di riconoscere le basilari esigenze del bambino e di rispondere ad esse in un modo empatico ed esauriente in un modo simile a quello che abbiamo in opera nel tipo Quattro. La carenza, tuttavia, è più determinata da una mancanza di sensibilità o da una incapacità in termini concreti e pratici, oltre che emozionali (anche per questo nell'enneagramma il Quattro si presenta in opposizione al tipo Otto, quasi a sottolineare che nel primo è in opera un maltrattamento più emozionale, che produce una eccessiva sensibilità, mentre nel secondo oltre al primo è anche presente un comportamento pratico, che indurisce e rende rude il bambino) .
La mancanza di riconoscimento dei propri diritti e delle proprie necessità rende il bambino molto reattivo e pronto a usare la propria rabbia affermatrice, come mezzo per mantenere integro il senso di sé e fronteggiare la sua impotenza anche se, in questo sforzo, molte parti vitali devono essere quasi pietrificate, se non addirittura rimosse e combattute.
Da qui derivano alcuni dei divieti che possono rendere un Otto più simile a un replicante in lotta contro l'universo intero, come quelli di Blade Runner, che non a una persona capace di vivere la sua vita senza tradire la sua naturalezza più profonda. Fra essi, solo per citarne i più evidenti, dobbiamo annoverare il diritto **a potersi fidare completamente, ad aspettarsi vera empatia, a ottenere una vicinanza incondizionata.**
Aprirsi alla esperienza dei sentimenti dolci può essere estremamente complesso per un Otto, che si è abituato a considerarli come elementi deleteri perché capaci di fiaccarlo, facendogli riprovare sensazioni di impotenza e di mancato soddisfazione dei suoi bisogni e tuttavia, se non si vuole vivere la propria vita come una biglia, che viene continuamente sospinta in qualche direzione dalla forza di qualche colpo subito, è anche la strada maestra per ritrovare il bambino interiore costretto al silenzio da tanto tempo e che possiede i più bei tesori che la vita può offrire.

Cosa si può fare? Creare un'alternativa possibile.

Cogli l'attimo, cogli la rosa quand'è il momento". Perché il poeta usa questi versi? [...] Perché siamo cibo per i vermi, ragazzi. Perché, strano a dirsi, ognuno di noi in questa stanza un giorno smetterà di respirare: diventerà freddo e morirà. Adesso avvicinatevi tutti, e guardate questi visi del passato: li avrete visti mille volte, ma non credo che li abbiate mai guardati. Non sono molto diversi da voi, vero? Stesso taglio di capelli... pieni di ormoni come voi... e invincibili, come vi sentite voi... Il mondo è la loro ostrica, pensano di esser destinati a grandi cose come molti di voi. I loro occhi sono pieni di speranza: proprio come i vostri. Avranno atteso finché non è stato troppo tardi per realizzare almeno un briciolo del loro potenziale? Perché vedete, questi ragazzi ora sono concime per i fiori. Ma se ascoltate con attenzione li sentirete bisbigliare il loro monito. Coraggio, accostatevi! Ascoltate! Sentite? "Carpe", "Carpe diem", "Cogliete l'attimo, ragazzi", "Rendete straordinaria la vostra vita"![340]

Credo che a questo punto il lettore si stia chiedendo se e in che modo può concretamente operare, per cercare di riequilibrare le specifiche problematiche energetiche descritte in precedenza e recuperare la naturale libertà, in modo da vivere in un modo molto più pieno e vero.
La mia risposta a queste domande è che io ritengo che ogni essere umano abbia, fino all'ultimo respiro della sua vita, la potenzialità di fare della sua vita un'opera d'arte; qualcosa di molto simile allo sbocciare di un fiore.
Nessuno, fortunatamente, è escluso per sempre dalla possibilità di riaccedere alle migliori qualità di cui era naturalmente dotato e di ricreare in sé l'armonia e l'apertura che aveva all'inizio della sua vita. Si tratta di un impegno non facile e dall'incerto esito e, tuttavia, esso è anche quello per cui vale più la pena di impegnarsi, se si vuole dare un senso al tempo della propria vita in questo mondo e su questo piano dell'esistenza.
Ammetto, tuttavia, che anche se non credo esista un unico metodo universalmente valido, alcuni criteri fondamentali devono essere ben compresi e sempre messi in opera, se si vuole che qualcosa effettivamente cambi in meglio per noi.

[340] L'attimo Fuggente (Dead Poets Society, Usa 1989)

Autoconsapevolezza

Per quanto riguarda l'autoconsapevolezza va ben capito che essa non deve essere semplice comprensione dei fenomeni, ma piuttosto la capacità di rispondere in modo adeguato e positivo a quelle antiche problematiche energetiche che ancora ci portiamo dietro.
Così è importante essere consapevoli che non possiamo e non dobbiamo perpetuare in eterno una situazione nella quale le energie di cui abbisogniamo ci vengano fornite da qualcuno che è estraneo a noi stessi, perché questo significherebbe continuare a porci nella situazione di impotenza o di falso rifiuto che abbiamo vissuto nell'infanzia.
Lamentarsi di questa consapevolezza può darci un minimo di consolazione ma non cambierà il nostro stato interiore e la modalità di approccio con le cose che fanno parte della nostra vita. Occorre, quindi, che in primo luogo ci assumiamo le nostre responsabilità, convincendoci che più che di un aiuto esterno (utile, comunque, in alcune fasi), abbiamo bisogno di un intervento, composto di tre fasi: auto osservazione, comprensione e intervento.
Questo non significa negare importanza alla forza e al significato delle relazioni di cui, in qualità di esseri umani, abbiamo necessità ma sottolineare con forza che non possiamo limitarci ad avere in esse un ruolo esclusivamente passivo e che non possiamo nemmeno continuare ad accettare lo status quo, per il timore di poter perdere quel comodo ma ormai superato e spesso soffocante, adattamento che abbiamo trovato.
Un esame rigoroso della specificità e della qualità dei rapporti affettivi che fanno parte della nostra vita è, probabilmente, uno dei passi più importanti che dobbiamo, quindi, compiere, se vogliamo percorrere la strada che porta al vero sé e alle nostre vere potenzialità.
La nostra storia familiare ci dovrebbe condurre, come insegnava lo psicologo Eric Berne, a ripetere gli stessi giochi che abbiamo imparato presto nella vita.
Io concordo fondamentalmente con questa impostazione e credo che in questo modo si dovrebbe comprendere meglio la scelta dei partner che facciamo (non quella dei nostri amici che, anzi, dovrebbero rappresentare aspetti del tutto estranei alle nostre assuefazioni). Aggiungo, però, una considerazione che la conoscenza dell'EdT e l'esperienza di molte persone mi induce a fare: spesso scegliamo partner che sono dello stesso tipo di uno dei nostri genitori ma di una diversa variante istintuale. In questo modo possiamo illuderci di star facendo esperienze completamente diverse, restando nello stesso tempo inconsapevoli che siamo comodamente fermi nella nostra abitudinarietà.

E' ovvio che l'amore motiva tutti gli esseri umani e che esso sfugge per definizione a una spiegazione logica ma, aldilà del sentimento che ci ha condotto verso una persona, occorre, prima o poi, verificare se la relazione che da quell'impulso emozionale deriva, ci arricchisce, ci fa stare in una situazione di stasi assoluta (magari mascherata da movimenti che non servono a nulla, se a non a distrarre), o ci conduce, addirittura, verso la dipendenza e le degenerazione.

Da questo punto di vista i rapporti che non ci aiutano a comporre lo squilibrio energetico che ci portiamo dietro, non sono funzionali alla crescita ma solo alla stagnazione. Possiamo avere degli apparenti validissimi motivi per mantenerli ma, se non vogliamo continuare a restare imprigionati nella nostra meccanicità, dobbiamo guardarli per quello che veramente ci danno.

Non occorre pensare che le persone con cui entriamo in relazione debbano essere particolarmente intuitive, profonde o disponibili per esserci di aiuto (questo continuerebbe a mantenere viva l'illusione che abbiamo bisogno di un altro "speciale", che dal di fuori ci riempia) ma semplicemente aspettarsi che, se davvero una persona dice di essere interessata a noi, allora dovrebbe anche essere interessata a far crescere la relazione, in modo che essa risulti più soddisfacente per ambedue i partner.

Un lavoro di squadra è particolarmente utile (e l'EdT in questo è un formidabile strumento di aiuto) quando si tratta di essere consapevoli dei divieti che ambedue i partner trascinano nella loro vita, perché esso impegna a non dover pensare solo in termini di se stessi ma con un punto di vista più aperto ed oggettivo, che deve tener necessariamente conto delle necessità dell'altro.

I divieti fanno parte del Sistema Difensivo, di cui ho parlato in precedenza ma non vanno confusi con i cosiddetti *Evitamenti*, che, impedendo di vivere determinate esperienze o situazioni, servono a preservare una immagine emozionalmente carica o un complesso di idealizzazioni. Essi sono specifici impedimenti che portano all'incapacità di governare buona parte del nostro flusso di vitalità, e non ci permettono di godere di quelli che sono veri e propri diritti dei quali ognuno dovrebbe godere.

Deve essere ben capito che ci dobbiamo confrontare con questi messaggi negativi, perché essi impediscono di percepire che nella vita alcune cose non solo non ci sono inibite, ma che ci spettano di diritto. Essi formano degli intimi convincimenti che non è assolutamente facile disfarc. Per questo avere accanto qualcuno in cui possiamo avere fiducia, nel momento in cui ci apriamo a queste possibilità e cominciamo a sperimentare quello che non ci siamo permessi da tanto tempo, ci può dare una forma di appoggio che non è dipendenza o delega, ma che aiuta a percorrere la strada per ritrovare le potenzialità che ci erano proprie.

Riconoscere e combattere i messaggi negativi può, in un primo tempo, farci sentire confusi o persi, e tuttavia, dopo un po', ciò porta ad aumentare in modo significativo la propria autonomia e a utilizzare gran parte della propria energia per cercare di ottenere una vita più piena e soddisfacente. Così se, ad esempio, un Sei riesce a comprendere che dentro se stesso è continuamente in opera un meccanismo che non gli permette di fidarsi completamente delle proprie capacità e della continuità dell'altro, allora gran parte della propria energia mentale continuerà a essere spesa per alimentare il dubbio e restare bloccati nella doppia illusione di dover ricercare il controllo o la protezione per sentirsi sicuri.
Liberarsi dei divieti può, quindi, essere visto come un necessario *dimagrimento* della struttura egoica. Così come fare una dieta serrata può essere complicato (perché togliere può essere molto più difficile che mettere), riuscire ad adottare comportamenti che pure ci riequilibrano, può risultare difficile anche per la persona più desiderosa di affrancarsi.
Solo se riusciamo ad essere costantemente consapevoli e presenti al desiderio di non ripetere più comportamenti che ci imprigionano, potremo trovare dentro di noi quella spinta necessaria per non dover, prima o poi, confrontarci con la terribile verità di cui parla John Keating, il protagonista del citato *L'Attimo Fuggente*, in una delle frasi più citate del film: *"molti uomini hanno una vita di quieta disperazione: non vi rassegnate a questo"*.

Autodominio.

Nei capitoli iniziali del libro ho ricordato come molti maestri di saggezza e filosofi (in ultimo Cartesio), abbiano ripetutamente suggerito che il nostro vivere dovrebbe essere improntato a uno strenuo controllo delle Passioni. Questo è vero ma non significa e non può significare che si debba, o semplicemente si possa, rinunciare a ciò che è nostro per natura.
L'autodominio non è repressione dell'espansività con la quale ci affacciamo al mondo ma una corretta considerazione delle proprie esigenze, in relazione a quelle degli altri e delle possibilità che la realtà offre. Non è inibizione quanto, piuttosto, un non cedere alle lusinghe di quelle che un tempo si chiamavano tentazioni e che sono sempre una ricerca eccessiva del piacere, un trovare i mezzi che possono essere più idonei per contemperare il desiderio con il rispetto di sé e degli altri.
Come diceva Gurdijeff, il lavoro sull'autodominio dovrebbe indirizzarsi verso il controllo di quelle spinte interiori che, anziché condurci verso una padronanza della nostra vita e delle nostre capacità, ci porta verso la ripetitività meccanica e il trascinamento da parte di elementi sui quali sembra che non riusciamo ad influire.

Ciò deve necessariamente significare capacità di interrogarsi sulla qualità delle azioni che si pongono in essere e cercare di trovare spunti per aumentare quella creatività che può concorrere a raggiungere una vera soddisfazione e a dare un più profondo significato della nostra vita.
L'autodominio deve, quindi, condurci in direzioni che rendano sempre più facile il riequilibrio delle situazioni di cui soffriamo e permetterci di comprendere se stiamo realmente agendo in un modo che è funzionale alla crescita e alla liberazione.

Creatività

Aumentare la creatività permette di dare attenzione a noi stessi senza inflazionare l'ego o rendere più pervasive le sue dinamiche di meccanicità, quasi come se, operando in questo senso, si riuscisse a nutrire bene e a far crescere un bambino che ci è stato affidato perché qualcuno molto saggio ha ritenuto che noi fossimo, in assoluto, la persona più adatta a farlo.
Gli esempi di molte persone che, impegnandosi in questo tentativo, hanno ottenuto dei significativi cambiamenti, mi permettono di sottolineare come lo sforzarsi di trovare nuovi modi per rispondere ad esigenze ormai consapevolizzate può essere di valido supporto nella loro gestione e nella crescita complessiva.
Reputo, addirittura, che comprendere e lavorare su questo aspetto sia determinante per ottenere un cambiamento radicale delle dinamiche del nostro tipo, come alcuni esempi, tratti dalla vita reale di persone che hanno accettato di parlare delle loro esperienze, mi permette di fare.
Un tipo Otto che aveva un passato d'indifferenza da parte della madre e di troppo controllo da parte di un patrigno severo, che lo avevano portato ad essere un ribelle prepotente per difesa della sua parte più sensibile, ebbe in eredità, da parte di una zia, che era stata l'unica persona a mostrare interesse per lui, dei vasi di terracotta ed alcuni costosi servizi per caffè o the di porcellana.
Il suo primo impulso fu quello di liberarsi rapidamente di quelle cose, vendendole, se ci riusciva, o buttandole via, se non trovava nessuno cui cederle. Poi, però, cominciò a pensare che quegli oggetti erano una sorta di legame, un lascito che testimoniavano l'affetto che quella donna aveva provato per lui e questo lo fermò. Lavorando sulla consapevolezza del maltrattamento, che gli aveva reso ostili e indifferenti tutti gli altri suoi parenti, sentì che non voleva rompere quel gradevole vincolo e così si portò a casa, stupendosi egli stesso, quelle cose fragili.
Dopo un po' in lui crebbe il desiderio di voler rendere omaggio alla zia e di dimostrare a se stesso che lei non si era sbagliata, affidandogli quelle

cose. Cominciò così ad occuparsi dei vasi e successivamente delle tazzine di porcellana che non erano in buone condizioni, imparando, lui che sapeva usare solo il martello ed il trapano, a prendersi cura con attenzione e delicatezza di qualcosa che era tanto fragile, ad avere una diversa predisposizione interiore, a creare un mondo nel quale la sua attenzione non andava più a quale fosse il suo ruolo o a chi detenesse il potere, come aveva fatto sempre nella sua vita ma a quale atto potesse essere quello più adatto a preservare quella bellezza ed a renderla durevole.
In questo modo e senza volerlo, riuscì anche a sopire l'ansia che lo aveva accompagnato per tutta la vita e a far parlare, finalmente, il suo bambino interiore a lungo costretto al silenzio.
Un Sette giustificava molti dei suoi comportamenti apertamente irresponsabili verso se stesso e le persone che gli stavano vicino, con una finta logica. Questo gli permetteva di trovare sempre una spiegazione apparentemente coerente alle azioni che aveva intrapreso e ai rischi che aveva sostenuto, e le sue spiegazioni diventavano sempre più ingegnose e irremovibili se sentiva che stavano "cercando di metterlo in trappola".
Lavorando consapevolmente sulla problematica della coerenza, egli cominciò a far riaffiorare alla coscienza momenti della sua vita nei quali aveva voluto essere vicino a sua madre e confortarla, cercando di distrarla in ogni modo dalla sua problematica depressiva. L'antico messaggio: "*Non importa come sto io, ma quello che faccio per distrarre mamma*", gli cominciò a risuonare chiarissimo in mente, spingendolo a cercare di vedere la sua vita in un altro modo.
Fin da bambino era sempre stato appassionato della favola della *Bella e la Bestia* senza, però, mai riuscire veramente a capire come mai quella che, logicamente, reputava una stupidaggine, gli tornasse in mente frequentemente. Ora cominciava a capire, vagamente, che la favola per tutto quel tempo stava parlando a lui, suggerendogli qualcosa.
Decise, così, di scrivere storie nelle quali i personaggi si trovavano in una situazione simile a quella della Bestia del film e avrebbero, quindi, dovuto sentire quello che sentiva lui e comportarsi secondo quella che gli sembrava l'unica logica conseguente ma fin da quando finì il primo racconto e lo diede da leggere ai suoi amici, fu travolto, con suo stupore, da una valanga di punti di vista diversi da quelli che egli aveva sempre avuto in considerazione.
In particolare l'idea trasmessagli da una sua amica, secondo cui la Bestia si poteva sentire veramente disperato e in colpa ma non poteva veramente mostrarlo, lo colpì, facendogli capire che le sue ribellioni e il suo cinismo apparente, mascheravano l'intimo desiderio di "essere smascherato", e quindi, salvato, dalla Bella comprensiva e dolorante.

Alla fine di questo lungo percorso egli si abituò a chiedere in modo più diretto, a cercare di evitare di costruire trappole di idee, nelle quali rinchiudere se stesso e gli altri e a non essere più pigro nel tentativo di evitare di doversi confrontare con le sue problematiche.

Una donna Quattro aveva vissuto gran parte della sua vita in situazioni nelle quali non c'era spazio per ricevere molto affetto. Una mamma fredda affettivamente e un padre buono ma distante, l'avevano resa quasi sicura che nel mondo non c'era da attendersi di essere capiti e che era più facile restare delusa che ottenere una qualsiasi forma di soddisfazione dagli altri.

La consapevolezza della problematica inerente all'Incoraggiamento, che si trascinava da sempre, la spinse a trovare mezzi per darsi ogni giorno una piccola soddisfazione, prima facendosi dei piccoli regali che la tenevano anche impegnata e poi, in modo più deciso, cercando di creare qualcosa che le potesse far sentire di aver fatto qualcosa che le piaceva.

In questo modo riuscì anche a mollare la presa che aveva su stessa, permettendosi di non essere perfetta e, anzi, godendo delle esperienze nelle quali non sembrava in un primo momento riuscire. L'impegno non le era mai mancato e, man mano che imparava ad autosostenersi, si trasformava in una crescente capacità di sentirsi finalmente appagata da quello che faceva.

Dopo un po' di tempo e di esercizio, con stupito piacere, si accorse che quasi non riusciva più a ricordarsi dei suoi momenti di insoddisfazione. "*Ho troppe cose belle che mi aspettano*", mi confidò, *"per potermi permettere di perdere il tempo con quello che non va"*.

Una donna Cinque aveva fatto la ricercatrice per conto di alcune aziende chimiche per tutta la vita e, da quando era andata in pensione, sentiva di avere molto tempo a disposizione e la necessità di mettere a disposizione di qualcun altro tutto quello che aveva imparato.

Conobbe, per caso, un bambino che a causa di problemi familiari aveva un pessimo rendimento a scuola e, dopo un po' di tempo, cominciò a sentire che voleva cercare di aiutarlo, nemmeno lei sapeva bene il perché. Cominciò così a farsi delle domande in proposito e si rese conto che, all'origine di tutto, c'era il suo vecchio problema della mancanza di vera comunicazione con il resto della gente. Cominciò, così, a escogitare modi per giocare con quel bambino che le permettessero, contemporaneamente, di trasmettergli informazioni utili e poi, col consenso della madre, cominciò a farlo venire a casa sua per dargli vere e proprie lezioni.

Quell'esperienza, vissuta dapprima cautamente e poi con crescente soddisfazione, le permise di sentirsi veramente in contatto con qualcuno e di mettere da parte anche la sua arroganza intellettuale, perché, per produrre frutto, lei era la prima a imparare come doveva comunicare.

Liberando pienamente la sua creatività, si permise di sentire che voleva far parte di un qualcosa che la facesse andare oltre i suoi soliti interessi e di voler mettere i bisogni degli altri prima dei suoi. Così, cominciò a insegnare a bambini indigenti accettando di donare il suo tempo, le sue energie, la sua attenzione, fino a permettersi perfino di contattare e farsi contattare fisicamente.

Conclusione.

Nel lavoro di auto cambiamento l'ego all'inizio può esserci di ostacolo perché tende, ovviamente, a difendere con tutte le forze le sue certezze, proprio perché esse lo rassicurano e lo proteggono tuttavia, anche se è una forma limitata e distorta della nostra più completa auto consapevolezza, non va considerato come un nemico ma come un bambino da rieducare con cura ed amore per affrancarlo dall'egoismo.
Se la nostra parte bambina riesce a sentire di essere veramente amata, accettata e sostenuta, può, come tutti i bambini, a sua volta donare a noi stessi e a tutti quelli che fanno parte della nostra vita, profonda gioia e gratitudine.
Per ottenere questo bisogna percorrere la strada che, passando dal triangolo centrale dell'EdT fatto di inconsapevolezza-ignoranza - inganno, cerca, con amore ed empatia, di integrare quelle energie che più ci sono mancate, seguendo, come ho appena cercato di dimostrare, tre principi fondamentali che non devono mai venir meno; l'autoconsapevolezza, il vero auto dominio e la crescita della nostra creatività.

Appendice

ALCUNE MODALITÀ DI CLASSIFICAZIONE DEI CARATTERI.

Tipologie costituzionali[341]

Ippocrate/Steiner/Costituzionalisti

La prima descrizione sistematica del carattere umano viene da Teofrasto di Lesbo (372-287 a.C.), che parla di una *forza direttiva* in cui spiccano solo le componenti negative, mentre[342] un primo tentativo di tipologia su base scientifica, fondato sul metodo puramente descrittivo e non sperimentale, risale a Ippocrate (460-377 a.C.).
Egli limitò le tipologie fondamentali a quattro, derivanti dall'"umore" corporeo prevalente:

- ***sanguigno/impulsivo*** (dal *sangue* che proviene dal cuore) caratterizzato da vivacità, socievolezza e attività
- ***flemmatico/linfatico*** (dal *flemma* che viene dal cervello), portato al sentimentalismo, lento nei movimenti e indeciso
- ***collerico/bilioso*** (dalla *bile gialla* che viene dal fegato) proprio di chi è tenace, volitivo, ribelle, con intelligenza rapida, facile all'ira e alle forti passioni
- ***malinconico/atrabiliare*** (dalla *bile nera* che viene dalla milza e giunge allo stomaco) caratterizzato da una propensione alla tristezza e alla depressione.

Agli inizi del '900, Steiner riprese e perfezionò la teoria dei quattro temperamenti, sganciandola dalla spiegazione dei quattro umori e

[341] Oltre a quella di Ippocrate, altre teorie costituzionali sono quelle di Galeno, Wundt, De Giovanni, Viola e Pende e quella del movimento pedagogico "Waldorf" di Steiner (inizi del '900).
[342] Teofrasto, *I Trenta Caratteri.*

sostenendo che l'essere umano era "tripartito", formato, cioè, dall'unione di tre elementi sostanziali: corpo, anima e spirito.
I quattro temperamenti anche per Steiner erano quelli di Ippocrate ma, nella sua spiegazione, quello dominante veniva determinato dal prevalere nella struttura dell'individuo di una delle sue parti costitutive, che egli identificava in *corpo fisico, corpo eterico, corpo astrale, io.* Esso risultava essere, pertanto, una sorta di base caratteriale dipendente dalla costituzione fisica, che imprimeva la sua connotazione a tutta la vita psichica dell'individuo.
Queste in breve, secondo Steiner le caratteristiche principali dei quattro temperamenti.

- Il ***temperamento sanguigno***, caratterizzato da elevata sensibilità agli stimoli esterni e da scarsa forza interna, si distingueva per la volubilità degli interessi e l'amore per il cambiamento. L'età nella quale è naturalmente più accentuata la componente sanguigna del temperamento è quella infantile.
- Il ***temperamento flemmatico***, caratterizzato da scarsa forza e scarsa sensibilità agli stimoli esterni, con prevalenza della tendenza alla pigrizia e alla vita vegetativa. L'età nella quale si accentua naturalmente la componente flemmatica del temperamento è quella senile.
- Nel ***temperamento collerico***, l'individuo persegue con determinazione i suoi obiettivi e ha numerosi interessi ma può soffrire di eccessi comportamentali. L'età nella quale si accentua naturalmente la componente collerica del temperamento è quella adolescenziale e giovanile.
- Il ***temperamento malinconico*** è dotato di elevata forza e scarsa sensibilità agli stimoli esterni, il che comporta una capacità non indifferente di tenere fermi i propri propositi e di perseguire con tenacia i propri obiettivi. L'età nella quale si accentua naturalmente la componente malinconica del temperamento è quella adulta[343].

La prima *scuola costituzionalista*, a impostazione veramente scientifica, è stata quella di De Giovanni, Viola e Pende, iniziata alla fine dell'ottocento che prendeva come punto di partenza il corpo per risalire alle principali

---

343 Attualmente, una certa ripresa dell'interesse per lo studio del temperamento è presente anche nella psicologia americana, come si può vedere, ad esempio, in Jerome Kagan, il quale propone un'articolazione basata anch'essa su quattro tipi fondamentali, che sono: timido, spavaldo, allegro, malinconico. Non è difficile individuare un certo parallelismo con i quattro temperamenti classici, associando lo spavaldo al collerico, l'allegro al sanguigno, il timido al flemmatico (ma qui è l'associazione più forzata), mentre il malinconico è addirittura omonimo.

caratteristiche psichiche[344]. Secondo questa scuola gli individui dovrebbero essere classificati in tre categorie:

- ***brachitipo*** (sviluppo del tronco prevalente su quello degli arti),
- ***longitipo*** (sviluppo prevalente degli arti),
- ***normotipo*** (equilibrio).

Tipologie correlazionali

Nonostante queste tipologie abbiano il limite di inquadrare un individuo in un tipo determinato e, quindi, quasi a incasellarlo rigidamente, comprimendo i fattori psicologici su quelli biologici, esse rappresentano comunque i primi studi per classificare e comprendere il carattere e la personalità degli esseri umani.

Kretschmer/ Sheldon

Ernst Kretschmer contrappose alle scuole costituzionaliste una tipologia che si basava sulle correlazioni tra l'aspetto organico e quello mentale. Kretschmer sostenne che al tipo fisico cosiddetto Leptosomico (longilineo) corrispondeva il tipo psichico *Schizotimico* e a quello fisico Picnico (brevilineo) corrispondeva quello psichico *Ciclotimico*[345]. Essi si differenziavano nel seguente modo: lo Schizotimico (dal greco antico schizo=divido, thymos=stato d'animo) era caratterizzato da tonalità psichica che oscillava dalla sensibilità alla ipersensibilità, una attenzione concentrata su una cosa per volta, energia psichica notevole, psicomotricità inadeguata, attività mentale orientata alla riflessione, affettività concentrata su un numero ristretto di persone e comportamento prudente.
Il Ciclotimico (cyclo=circolo, thymos=stato d'animo), invece, era caratterizzato da tonalità psichica che oscillava dall'eccitazione alla depressione, attenzione diffusa su varie cose per volta, energia psichica limitata, psicomotricità adeguata, attività mentale orientata alla vita pratica, affettività diffusa e comportamento in genere spavaldo.

---

344 Così un criterio per stabilire a quale categoria appartenga un soggetto di 25-30 anni, si può ottenere dividendo l'altezza per il perimetro toracico; se il quoziente ottenuto si avvicina a 1,87 il soggetto è quasi normolineo, se inferiore è brevilineo, se superiore è longilineo. A ciascun tipo costituzionale corrisponderebbero alcune caratteristiche ed una maggiore facilità a contrarre certi tipi di malattie.

345 Quando questi tipi caratterologici sconfinano nel patologico si verificano, rispettivamente, la schizofrenia e la psicosi maniaco-depressiva

La classificazione di Kretschmer stimolò altri studi, come quelli di William Sheldon, che negli anni quaranta propose una classificazione tipologica in cui gli individui erano riconducibili a tre fondamentali tipi fisici cui corrispondevano altrettanti tre tipi caratterologici: *l'Ectomorfico, l'Endomorfico e il Mesomorfico.*
Il primo, simile al tipo longilineo del De Giovanni e al leptosoma del Kretschmer, era caratterizzato da fragilità fisica e a esso corrispondeva caratterologicamente il *Cerebrotonico* simile allo schizotimico del Kretschmer e, quindi, intellettuale, introverso, irritabile, timido, inibito.
Il secondo, invece, era simile al tipo brevilineo del De Giovanni e al picnico del Kretschmer con un corpo che sembrava costruito intorno al sistema digestivo e cui corrispondeva il tipo caratteriologico *Viscerotonico* simile al ciclotimico del Kretschmer e, quindi, espansivo, socievole e amabile per natura
L'ultimo, corrispondente al normolineo del De Giovanni e al tipo atletico del Kretschmer in cui predominava la struttura ossea e muscolare del corpo e che corrispondeva al tipo caratteriologico *Somatotonico* attivo, energico, e aggressivo.

Psicoanalisi e Tipi di Personalità

Accanto ai contributi appena descritti, che prendevano in esame l'organizzazione della personalità e del comportamento, nuovi spunti di grande interesse furono forniti da Freud e dai suoi seguaci.
Il punto di partenza nasceva dalla considerazione che evidentemente gli stadi evolutivi, le diverse strategie adattive e le differenti soluzioni ai conflitti, potevano assumere un'ampia gamma di configurazioni individuali e dar luogo a un articolato range di tipologie caratteriali.
Seguendo la sistematizzazione di Otto Fenichel,[346] si può tentare di ordinare tali quadri differenziali riguardo a tre principali variabili:

1. rapporti tra le istanze della personalità.
2. tipo di meccanismo di difesa prevalentemente usato.
3. regressioni alle varie fasi evolutive psicosessuali.

Tipologie basate sui rapporti tra istanze della personalità.

Nello scritto "Tipi libidici"[347] Freud distingue tre tipi caratteriali in base alla specifica predominanza di una delle tre istanze della personalità. Essi

[346] Otto Fenichel *Trattato di Psicoanalisi* Ubaldini editore 1951.
[347] Contenuto in *L'Uomo Mosè e la Religione Monoteistica e altri scritti* 1930-

sono: il *tipo erotico* che si lascia dirigere dalle esigenze dell'Es, il *tipo narcisistico* centrato sui bisogni di conservazione di Sé e il *tipo ossessivo* che si caratterizza per la dominanza di un Superego rigido.
Fenichel sviluppò ulteriormente tale approccio, identificando alcuni quadri più analitici all'interno di ciascuna tipologia, come il tipo frigido (dominato dall'Es che tende a evitare tutte le emozioni.)

Tipologie basate sui meccanismi di difesa utilizzati.

Il carattere, che rappresenta in qualche modo la rigidità delle soluzioni adattive scelte dall'io, può essere definito anche con riferimento al tipo di meccanismo di difesa[348] prevalentemente adottato. Fenichel distingue conseguentemente due tipi di caratteri: i *sublimativi*, in cui l'Io invece di opporre rigidamente una diga alla corrente istintuale la canalizza e riesce a scaricare la pulsione e i *reattivi* che si oppongono alla pulsione con misure difensive, non riuscendo né a soddisfare completamente le esigenze istintuali, né a sublimarle.

Tipologie Basate sulle Fasi Psicosessuali

Ogni fase psicosessuale è caratterizzata da una specifica tipologia di bisogni istintuali, da determinati conflitti e da problematiche di adattamento alla realtà. In base a ciò è possibile distinguere i principali tratti caratteriali collegati alle varie fasi nel seguente modo:
tratti collegati con la fase orale: orientamento passivo-dipendente, bisogno di rassicurazione, dipendenza dagli altri, tendenza a cercare gratificazioni legate al cibo, voracità intellettuale come spostamento del bisogno dovuto alla fame ad altri ambiti di attività.
tratti collegati con la fase anale: taccagneria, ordine e perfezionismo, testardaggine.
tratti collegati alla fase uretrale: ambizione e competitività.
tratti collegati alla fase fallica: risolutezza, decisione, temerarietà, vanità ed esibizionismo.

1938, ed.it. Bollati Boringhieri, 2003,

348 Un meccanismo di difesa, nella teoria psicoanalitica, è una funzione propria dell'Io attraverso la quale questo si protegge da eccessive richieste libidiche o da esperienze di pulsioni troppo intense che non è in grado di fronteggiare direttamente. Vedi, per chiarimenti, Anna Freud, *L'Io e i Meccanismi di Difesa* Giunti Editore.

Il ***carattere genitale*** sarebbe quello ideale, implicando la capacità di regolare le energie istintive e di sublimarle, superando l'ambivalenza nelle relazioni oggettuali.

Jung

La teoria di Jung si basa innanzi tutto sulla distinzione tra *introversione* (in cui si tende a orientare l'energia psichica verso il mondo interiore) ed *estroversione* (in cui l'energia è orientata verso il mondo esteriore). Ciascuno di noi utilizza questi due orientamenti, ma generalmente uno tende a prevalere sull'altro in maniera più o meno marcata.
In secondo luogo, Jung distingue quattro funzioni psichiche che ci consentono di adattarci al mondo: *Pensiero* -che utilizza processi logici- *Sentimento* -che utilizza giudizi di valore- *Sensazione* -che percepisce i fatti- *Intuizione* -che percepisce le possibilità presenti dietro i fatti.[349]
Naturalmente, ciascuno di noi possiede e utilizza le quattro funzioni, ma c'è sempre una funzione che tendiamo ad utilizzare meglio o più frequentemente e che viene considerata come predominante. Accanto a questa, per così dire, funzione principale ce né è, però, anche una d'appoggio e un'altra facoltà psichica che usiamo meglio.
La combinazione di Estroversione / Introversione; Pensiero / Sentimento; Intuizione/ Sensazione; Giudizio/Percezione dà luogo a 16 tipi psicologici differenti[350]

Myers e Briggs

Negli anni Cinquanta gli psicologi Myers e Briggs muovendosi nella tradizione di Jung e modificandola, hanno aggiunto una quarta scala per semplificare le descrizioni e hanno sviluppato un test, denominato MBTI, per misurare il loro sistema di categorizzazione della personalità.
Semplificando, la classificazione delle personalità di Myers e Briggs assume che la nostra personalità possa essere definita tramite quattro scale ortogonali (cioè indipendenti): *stimolo*, *attenzione*, *decisione* e *vitalità*. All'interno di ogni scala ogni persona ha una preferenza per uno dei due opposti che la definiscono e ciò comporta che vi sia un totale di sedici differenti combinazioni, ognuna delle quali definisce un particolare

---

[349] La coppia Pensiero-Sentimento è, secondo Jung, di carattere razionale e dà origine al ***Giudizio***, mentre la coppia Intuizione-Sensazione è di carattere irrazionale e dà origine alla ***Sensazione***.

[350] Vedi dell'autore *Tipi Psicologici*, editore Bollati Boringhieri.

archetipo di personalità. Questo modello non misura la sanità mentale, visto che presume che tutte le preferenze e classi rientrino nell'ambito della normalità.

Reich

Negli anni '30 Wilhelm Reich elaborò una analisi del carattere che partiva dal presupposto che i sintomi delle nevrosi trattate persistevano, nonostante l'analisi, e che le resistenze erano difficili da sciogliere, se non cambiando la visione complessiva delle cose.
La sua attenzione, quindi, si spostò dal "cosa" comunicava il paziente al "come" lo faceva, dando attenzione ad esempio al linguaggio non verbale.
Lo scopo dell'analisi del carattere era quello di ripristinare un equilibrio più funzionale del carattere stesso.
Per Reich le resistenze caratteriali, nel loro insieme, davano vita alla *corazza* o *armatura caratteriale* (muscolare, energetica, caratteriale), che da un lato serviva all'individuo per fronteggiare le esperienze frustranti e dolorose della vita ma dall'altro lo bloccava in un rigido modo di vivere.

Questi i caratteri secondo la visione di Reich:[351]

- *orale-depressivo* caratterizzato da un fisico alto e sottile, uno scarso interesse al cibo, incapacità di andare in collera, bisogno di essere lodato, bassa autostima, ostinazione passiva e tendenza alle dipendenze.
- *coatto* caratterizzato da un fisico scialbo e imbranato, poca elasticità di pensiero, avarizia, dubbio, e tendenza a collezionare cose anche di scarsa importanza
- *fallico-narcisista* caratterizzato da un fisico atletico, arroganza, freddezza, ricercatezza, efficienza e rapporti interpersonali disturbati
- *isterico* caratterizzato da un atteggiamento sessuale invadente, civetteria, atteggiamenti passivi e provocatori, incostanza, tendenza alla somatizzazione.
- *masochista* caratterizzato da una sensazione soggettiva di sofferenza, tendenza a lamentarsi e comportamenti maldestri.

[351] Vedi W.Reich *Analisi del Carattere*, Ediz: SugarCo 1996

Lowen

Secondo Lowen, allievo di Reich, esisteva una chiara corrispondenza tra la struttura del carattere e l'atteggiamento corporeo dell'individuo. Egli individuò le seguenti cinque tipologie di carattere[352], contraddistinte da precise componenti emotive e fisiche:

- *Carattere Schizoide* (o Cerebrale) caratterizzato da un blocco generale dell'energia. Lowen lo riteneva proprio di un individuo cui, in qualche modo, era stato negato il diritto di esistere, cosa questa che lo aveva costretto a essere autosufficiente. L'energia restava contratta e congelata a livello corporeo nella pancia, non raggiungendo le strutture più periferiche che risultavano, di conseguenza, scariche di energia.
- *Carattere Orale* caratterizzato da bassa energia. Secondo lo psicologo era stato in origine un bambino non nutrito di cibo buono e amore e questo era, da adulto, il suo bisogno. La sua respirazione era poco profondo e non forniva sufficiente energia per riuscire a soddisfare i propri bisogni.
- *Carattere Psicopatico* (o Narcisista) caratterizzato da una parte alta del corpo più sviluppata della parte bassa. Si trovava in un individuo che, da bambino, non era stato rispettato né sostenuto, per cui tutta la sua energia era convogliata verso il raggiungimento del potere, per dimostrare di essere.
- *Carattere Masochista* caratterizzato da un'enorme energia fattiva che dipendeva, secondo Lowen, dal fatto che da bambino gli era stato negato il diritto di essere autonomo e indipendente. A livello corporeo si notava una "compressione": il busto sembrava schiacciato dall'alto a livello del collo e dal basso al livello delle pelvi.
- *Carattere Rigido* la cui energia era ben distribuita ma trattenuta dall'individuo cui, secondo Lowen, era stato negato il diritto alla sessualità. A livello corporeo questo si traduceva nel tenere indietro il torace, cioè il "cuore", sebbene il corpo fosse proporzionato, armonioso e integrato.

[352] Vedi Alexander Lowen, *La depressione e il corpo*, Astrolabio, Roma,1980.

APPENDICE B

Fonti Letterarie

Alighieri D. *La divina commedia* Hoepli, 1988
Austen J. *Emma* Trad. It. Mondadori, 2002
Austen J. *Orgoglio e pregiudizio* Trad. It. Giunti, 2008
Austen J. *Ragione e sentimento* Trad. It. Mondadori, 2007
Borges J. L. *La biblioteca di Babele* in *Finzioni* Trad. it. Einaudi 2006,
Bronte C. *Jane Eyre* Trad. It. Mondadori 2013
Bronte E. *Cime tempestose* Trad. It. Mondadori 2010
Camus A. *Lo straniero* Trad. it.Bompiani, 2001
Choderlos de Laclos P. *Le relazioni pericolose* Trad. it.Garzanti, 2007
Cioran E. *L'Inconveniente di Essere Nati* Trad. it.Adelphi, 1991
Collodi C. *Le avventure di Pinocchio* Mondadori 2008
Conan Doyle A. *Le avventure di Sherlock Holmes* Trad. it. Rizzoli, 2009
De Filippo E. *Filumena Marturano* Einaudi 1997
Dickens C. *Davide Copperfield* Trad. it. Einaudi, 2005
Dickens C. *Il canto di Natale* Trad. it. Rizzoli, 2011
Dickinson E. *Tutte le poesie* Trad. it. Garzanti, 2008
Dumas A. *Il conte di Montecristo* Trad. it. Garzanti, 2011
Garcia Marquez G. *Cent'anni di solitudine* Trad. it. Mondadori, 1995
Garcia Marquez G. *L'amore ai tempi del colera* Trad. it. Mondadori, 2005
Goethe J. W. *I dolori del giovane Werther* Trad. it. Giunti, 2009
Harris J. *Chocolat* Trad. it. Garzanti, 2009
Høeg P. *Il senso di Smilla per la neve* Trad. it. Mondadori, 1996
Hugo V. *I miserabili* Trad. it. Rizzoli, 1998
Kafka J. *Il processo* Trad. it. Garzanti, 2008
Larkin P. *Finestre Alte* Trad. it. Einaudi, 2002
Marco Aurelio *A Se Stesso* Trad. it. Garzanti 2009
Manzoni A. *I promessi sposi* Mondadori, 1995
Milton *Il Paradiso perduto* Trad. it. Bompiani, 2009
Mitchell M. *Via col vento* Trad. it. Mondadori, 2001
Lazarus M. *Momma* Trad. it. Il Mago, 1972
Moliere *Il malato immaginario* Trad. it. Garzanti 2002

Moravia A. *Gli indifferenti* Bompiani, 2000
Omero *Iliade* Trad. it. Marsilio, 2003
Omero *Odissea* Trad. it. Marsilio, 2000
Ondaatje M. *Il paziente inglese* Trad. it. Garzanti, 2004
Ovidio *Le Metamorfosi* Trad. it. Rizzoli, 1994
Rostand E. *Cyrano de Bergerac* Trad. it. Loescher, 1999
Rowling J. K. *Harry Potter e la pietra filosofale* Trad. it. salani, 2008
Seneca *Lettere a Lucilio* Trad. it. Rizzoli, 1993
Shakespeare W. *Amleto* Trad. it. Mondadori, 1988
Shakespeare W. *Antonio e Cleopatra* Trad. it. Garzanti, 2003
Shakespeare W. *Macbeth* Trad. it. Mondadori, 2004
Shakespeare W. *Otello* Trad. it. Garzanti, 2007
Shakespeare W. *Il mercante di Venezia* Trad. it. Garzanti, 2007
Stevenson L. *Lo strano caso del Dott. Jeckyll e di Mr Hyde* Trad. it. mondadori, 2002
Svetonio *Vita dei Cesari* Trad. it. Garzanti, 2007
Travers P. L. *Mary Poppins* Trad. it. Rizzoli, 2009
Vargas F. *L'uomo dei cerchi azzurri* Trad. it. Einaudi, 2007
Wilde O. *Il ritratto di Dorian Gray* Trad. it. Mondadori, 2003
Williams T. *Morte di un commesso viaggiatore* Trad. it. Einaudi.
Williams T. *Un tram che si chiama desiderio* Trad. it. Einaudi, 1973

Fonti Cinematografiche

- A Beautiful Mind (***Id***., Usa 2001)
- A spasso con Daisy (***Driving Miss Daisy***, Usa 1989)
- Adele H., una storia d'amore (***L'histoire d'Adèle H.***, Fra 1975)
- Amadeus (***Id***., Usa 1984)
- American Beauty (***Id***., Usa 1999)
- Bagdad Cafè (***Out of Rosenheim***, Ger 1987)
- Balla coi lupi (***Dances with Wolves***, Usa 1990)
- Batman (***Id***., Usa 1989)
- Biancaneve e i sette nani (***Snow White and the Seven Dwarfs***, Usa 1937)
- Cane di paglia (***Straw Dogs***, Usa 1971)
- Cape Fear - Il promontorio della paura (***Cape Fear***, Usa 1991)
- China Blue (***Id***., Usa 1984)
- Chocolat (***Id***., GB 2000)
- Cinderella Man - Una ragione per lottare (***Cinderella Man***, Usa 2005)
- Conan il barbaro (***Conan the Barbarian***, Usa 1982)
- Contact (***Id***., Usa 1997)
- Dead Man Walking - Condannato a morte (***Dead Man Walking***, Usa 1995)
- Fantozzi (***Id***., Ita 1975)
- Fargo (***Id***., Usa 1996)
- French Kiss (Id., Usa 1995)
- Gente comune (***Ordinary People***, Usa 1980)
- Gran Torino (Id., Usa 2008)
- I predatori dell'arca perduta (***Raiders of the Lost Ark***, Usa 1981)
- Il diavolo veste Prada (***The Devil Wears Prada***, Usa 2006)
- Il gladiatore (***Gladiator***, Usa 2000)
- Il silenzio degli innocenti (***The Silence of the Lambs***, Usa 1991)
- Il talento di Mr. Ripley (***The Talented Mr. Ripley***, Usa 1999)
- In Her Shoes - Se fossi lei (***In Her Shoes***, Usa 2005)
- Into the Wild - Nelle terre selvagge (***Into the Wild***, Usa 2007)
- Irina Palm (***Id***., Bel 2007)
- Jerry Maguire (***Id***, Usa 1996)
- L.A. Confidential (***Id***., Usa 1997)

- La dolce vita (***Id.***, Ita 1960)
- La fabbrica di cioccolato (***Charlie and the Chocolate Factory***, Usa 2005)
- La gatta sul tetto che scotta (***Cat on a Hot Tin Roof***, Usa 1958)
- La mia adorabile nemica (***Anywhere But Here***, Usa 1999)
- La migliore offerta (***Id.***, Ita 2013)
- La prima cosa bella (***Id.***, Ita 2010)
- La valle dell'Eden (***East of Eden***, Usa 1955)
- La vita è bella (***Id.***, Ita 1997)
- La vita è meravigliosa (***It's a Wonderful Life***, Usa 1946)
- L'attimo fuggente (***Dead Poets Society***, Usa 1989)
- Le ali della libertà (***The Shawshank Redemption***, Usa 1994)
- Le relazioni pericolose (***Dangerous Liaisons***, Usa 1988)
- Lezioni di piano (***The Piano***, NZ 1993)
- Mary Poppins (***Id.***, Usa 1964)
- Match Point (***Id.***, Usa 2005)
- Mi chiamo Sam (***I Am Sam***, Usa 2001)
- Million Dollar Baby (***Id.***, Usa 2004)
- Misery non deve morire (***Misery***, Usa 1990)
- Monsieur Verdoux (***Id.***, Usa 1947)
- Mr. & Mrs. Bridge (***Id.***, GB 1990)
- My Fair Lady (***Id.***, Usa 1964)
- Nella società degli uomini (***In the Company of Men***, Can 1997)
- New York Stories (***Id.***, Usa 1989)
- Qualcuno volò sul nido del cuculo (***One Flew Over the Cuckoo's Nest***, Usa 1975)
- Quel che resta del giorno (***The Remains of the Day***, GB 1993)
- Rocky (***Id.***, Usa 1976)
- Rush (Id***.,*** Usa 2013)
- Saving Mr. Banks (***Id.***, Usa 2013)
- Se scappi, ti sposo (***Runaway Bride***, Usa 1999)
- Sesso, bugie e videotape (***Sex, Lies, and Videotape*** Usa 1989)
- Settembre (***September***, Usa 1987)
- Spiderman (***Spider-Man***, Usa 2002)
- Stand by Me - Ricordo di un'estate (***Stand by Me***, Usa 1986)
- Stregata dalla luna (***Moonstruck***, Usa 1987)
- The Big Kahuna (***Id.***, Usa 1999)
- The dead - Gente di Dublino (***The Dead***, Usa 1987)
- The Terminal (***Id.***, Usa 2004)

- Tucker - Un uomo e il suo sogno (***Tucker: The Man and His Dream***, Usa 1988)
- Turista per caso (***The Accidental Tourist***, Usa 1988)
- Un angelo alla mia tavola (***An Angel at My Table***, NZ 1990)
- Un'altra donna (***Another Woman***, Usa 1988)
- Wall Street (***Id.***, Usa 1987)

Bibliografia

- AA. VV. (1782):: Filocalia. Trad. it. Gribaudi ed., Milano 1987
- AA.VV. (1962):: I Sette Peccati Capitali. Trad. it. Longanesi ed., Milano1964
- AA. VV. (1982):: Interviews with Oscar Ichazo. Arica Institute Press, Arica 1982
- Accursio G. (2004):: Introduzione alla Psicologia della Personalità. Il Mulino ed., Roma 2004
- Adams P(1993):: Salute! Ovvero come un medico clown cura gratuitamente i pazienti con l'allegria e con l'amore. Apogeo ed., Milano 2004,
- Allegri R., (2010):: Madre Teresa mi ha detto. Ancora Ed, Milano 2010
- Anderson B. (1997):: Interview with Laleh Bakthiar in Enneagram Monthly Feb 1997
- Assagioli R. (1973):: Principi e metodi della Psicosintesi Terapeutica. Astrolabio ed., Roma 1973
- Bakthiar L. (1994):: God's Will Be Done Kazi Pub., Chicago 1994
- Barbato A. (2001):: From Essence to Birth of Ego in Enneagram Monthly May 2001
- Barbato A., Labanauskas J. (2000):: Inner Polarities: The Structure of Passion in Enneagram Monthly March 2000
- Benestau J (2002):: Mensonges Freudiens Histoire d'une désinformation séculaire. Pierre Mardaga Editeur, Paris 2002
- Bennett J. G. (1973):: Gurdijeff un Nuovo Mondo. Trad. it. Astrolabio ed., Roma 1981
- Berne E. (1964):: A che gioco giochiamo? Trad. it. Bompiani ed., Milano 2000
- Berne E. (1972):: Ciao E Poi? Trad. it. Bompiani ed., Milano, 2000
- Berne E. (1975):: A Layman's Guide to Psychiatry and Psychoanalysis. Grove Press, New York, 1975
- Blake A. Gurdijeff, Bennett and the Enneagrams in Enneagram Monthly Mar. '97.
- Buckley K.W. (1989): Mechanical Man Guilford Press. New York 1989

- Canetti E. (1974):, Il testimone auricolare. Cinquanta caratteri. Trad. it. Adelphi ed., Milano 1995
- Robert Cialdini Le Armi della Persuasione ediz. Giunti 1989
- Climaco G. (1492):: La scala del Paradiso. Trad. it. Edizioni Paoline, Roma, 2007
- Condon T. (2002):: The Trouble with Typing in Enneagram Monthly Sept. 2002
- Confalonieri G. (1958):: Storia Della Musica. Accademia ed., Milano 1975
- Corman L. (1985): Viso e carattere. Introduzione alla morfopsicologia. Trad. it., Edizioni Mediterranee, Roma 2003
- Cremerius J. (1999):: Il futuro della psicoanalisi in Psicoterapia e Scienze umane, 1999, XXXIII, 4.
- Davenport G. (2001): Awakening Essence a Process in Enneagram Monthly Oct 2001
- Durkheim E. (1897): Il suicidio. Studio di sociologia. Trad. it. BUR ed., Milano, 2007
- Ebert A. (1996): Are the Origins of the Enneagram Christian after all? in Enneagram Monthly Jan 96
- Effross W. Owning Enlightnment vol.51 Summer 2003 in Buffalo Law Review
- Fazzo V. (a cura di) (1998): La Fede Ortodossa. Città Nuova ed., Roma 1998
- Fine R. (1967): La Psicologia Del Giocatore Di Scacchi. Adelphi ed., Milano 1976
- Foggia R. (2007): Piccole Donne. Uno sguardo femminile in Rivista ASS.I.S.E. http://www.enneagramma.info/piccole-donne-uno-sguardo-femminile/
- Fromm E.(1975): Anatomia della Distruttività Umana. Mondadori ed., Milano 1978
- Giovanni della Croce La Notte Oscura dell'Anima. Gribaudi Ed.
- Gregorio Magno Commento morale a Giobbe. Città Nuova Ed., Roma 1997
- Gregorovius F (1854): Storia della Città di Roma nel Medioevo, Einaudi, Torino, 1973
- Gurdijeff G. I. (1976): I Racconti di Belzebù a suo nipote. Trad. it., Neri Pozza ed.Vicenza 2009
- Hofmann M. (1959): Tchaikovski. Edition du Seuil, Paris 1959
- Ichazo O. (1982): Between metaphysics and protoanalysis. A theory for analyzing the human psyche. Arica Institute Press, New York 1982

- Ichazo O. (1991): Letter to the Transpersonal Community in The Arican Journal Aut.1991
- Oscar Ichazo Arica Hypergnostic Questions ediz. Arica Institute 1993
- Isaacs A., Labanauskas J. (1996): Ichazo O. An Interview with in Enneagram Monthly Nov. 1996
- James O. (): Ti Hanno F****to. Trad. it. Rizzoli ed., Milano 2002
- Levi M. A., (1994): Adriano un ventennio di cambiamento. Bompiani ed., Milano1994
- Majakovskij V. (1969): Opere Scelte. Feltrinelli ed., Milano 1969
- Massimo il Confessore in Filocalia Op.cit. vol.II Trad. it. Gribaudi ed., Milano 1987
- Medveded R (1971): Lo Stalinismo. Mondadori ed., Milano 1971
- Mommsen T. (1856): Storia di Roma antica. Trad. it. Feltrinelli ed., Milano 2001
- Naranjo C.: Carattere e Nevrosi. Trad. it. Astrolabio ed., Roma, 1996
- Naranjo C. Gli Enneatipi nella Psicoterapia Trad.it. Astrolabio 2003
- O'Hanrahan P. (1998): Working with the Instincts and Subtypes in Enneagram Monthly July/Aug 1998
- Ouspensky P. D. (1949): Frammenti di un Insegnamento Sconosciuto. Trad. it. Astrolabio ed., Roma 1976
- Pagano A (2015): Fryderyk Chopin e la sua relazione con George Sand in rivista ASSISE: http://www.enneagramma.info/fryderyk-chopin-e-la-sua-relazione-con-george-sand-2/
- Palmer H.(1996): L'Enneagramma La geometria dell'anima che vi rivela il vostro carattere. Trad. it. Astrolabio ed., Roma 1996
- Plomin R. (1994): Natura ed Esperienza. Trad. it. Raffaello Cortina ed., Milano 1998
- Plomin R., Dunn J.,(1990): Vite separate. Perché i fratelli sono così diversi? Trad. it. Giunti ed., Firenze 1997
- Pontico Evagrio. Gli otto spiriti della malvagità. Sui diversi pensieri della malvagità. San Paolo Ed., Roma 1996
- Pontico Evagrio Sui pensieri. Istruzioni per praticare la custodia del cuore e della mente nel cammino spirituale Appunti di viaggio ed., Roma 2006
- Renner R.(1991): Edward Hopper - Trasformazioni del Reale Taschen ed., Colonia 1991
- Rohr R. e Ebert A. Scoprire l'Enneagramma Trad.it. Edizioni San Paolo 1993

- Saba A. (a cura di) (1960): Giuseppe Giusti, Poesie scelte, Il giardino di Esculapio ed., Milano 1960.
- Scardovelli M (2000): Subpersonalità e Crescita dell'Io. Borla ed., Roma 2000.
- Scarr S. (1997): Why Childcare has little impact on most children's development in Current Directions in Psychological Science 6, 1997.
- Searle J. The Literary Enneagram Ed. Metamorphous Press 2001
- Shah I. (): L'Io che comanda. Trad. it. Astrolabio ed. Roma 1996
- Shah I. (): I Sufi. Trad. it.. Edizioni Mediterranee, Roma 1990
- Skinner B.F (1971): Oltre la Libertà e la Dignità. Trad. it. Mondadori ed., Milano 1973
- Tart C. (a cura di) (1975): Transpersonal Psychologies. Harper and Row Press, New York 1975
- Venter J. C. et al. (2001): The Sequence of Human Genome in Scienze Magazine vol.291 del 16/2/2001
- Watzlawick P(2008): Istruzioni Per Rendersi Infelici. Trad. it. Feltrinelli ed., Milano 2013

Antonio Barbato è Presidente dell'Associazione Italiana Studi Enneagramma (ASS.I.S.E.) da oltre quindici anni. Da sempre profondamente interessato alla parte interiore dell'essere umano e alla possibilità di una crescita psicologica e spirituale, è l'autore italiano più noto all'estero nel campo dell'Enneagramma delle Personalità.
Numerosi suoi articoli sono stati pubblicati sulle più importanti riviste internazionali del settore (Enneagram Monthly, Journal de Enneagramme; Indsight) e italiane, e tradotti in diverse lingue per i contributi originali alla comprensione delle influenze ambientali sulla formazione delle passioni e del carattere. Ha tenuto, in oltre venti anni di insegnamento, numerosissimi seminari sull'Enneagramma delle Personalità, presso università ed enti privati. Ulteriori notizie sui suoi lavori possono essere reperite all'indirizzo web dell'ASS.I.S.E. www.enneagramma.info

Printed in Great
Britain
by Amazon

31562870R00272